GRAETZ · GESCHICHTE DER JUDEN

Geschichte der Juden

VON DEN ÄLTESTEN ZEITEN
BIS AUF DIE GEGENWART

Aus den Quellen neu bearbeitet von
Dr. H. Graetz

Sechster Band

Vierte Auflage

GESCHICHTE DER JUDEN

VOM AUFBLÜHEN
DER JÜDISCH-SPANISCHEN KULTUR
(1027)
BIS MAIMUNIS TOD

Von
DR. H. GRAETZ

arani

Reprint der Ausgabe letzter Hand, Leipzig 1896

© arani-Verlag GmbH, Berlin 1998
Gesamtherstellung: Ebner Ulm
ISBN 3-7605-8673-2

Geschichte der Juden

von

den ältesten Zeiten bis auf die Gegenwart.

Aus den Quellen neu bearbeitet

von

Dr. H. Graetz,
weil. Professor an der Universität und am jüdisch-theologischen Seminar zu Breslau.

Leipzig,
Oskar Leiner.

Geschichte der Juden

vom

Aufblühen der jüdisch-spanischen Kultur
(1027)

bis

Maimunis Tod.

Von

Dr. H. Graetz,
weil. Professor an der Universität und am jüdisch-theologischen Seminar zu Breslau.

Sechster Band.

Vierte Auflage.

Leipzig,
Oskar Leiner.

Das Recht der Übersetzung in fremde Sprachen vorbehalten.

Inhalt.

Zweite Periode des dritten Zeitraumes.

Erstes Kapitel.

Untergang des Gaonats und erstes rabbinisches Zeitalter. Epoche des Ibn-Nagrela und Ibn-G'ebirols. R. Haï Gaon, sein Charakter und seine Bildung; Samuel ben Chofni; Chiskija, der letzte Gaon. Die Afrikaner Gemeinde, R. Chananel und R. Nissim, ihre Leistungen und Schriften. Der Staatsmann, Dichter und Rabbiner Samuel Ibn-Nagrela. — Der Grammatiker Jona Ibn-G'anach und seine Bedeutung . . . . . 1—23

Zweites Kapitel.

Zeitalter des Ibn-Nagrela und Ibn-G'ebirols. (Fortsetzung.) Ibn-G'ebirol, sein Leben, Charakter, seine Lieder und seine Philosophie. Der Staatsmann Jekutiel Ibn-Hassan. Bachja (Bechaja) und seine Moralphilosophie. — Der Bibelkritiker Jizchaki Ibn-Jasus. Der Dichter Joseph ben Chasdaï. Tod des Samuel Ibn-Nagrela. Sein Sohn Joseph, sein Charakter und sein tragisches Ende. Der jüdische Staatsmann und Dichter Abu-Fadhl ben Chasdaï. Ibn-G'ebirols Tod. — Die französischen und deutschen Gemeinden: Joseph ben Elem, die Brüder Menahem ben Chelbo und Simon Kara. R. Mose aus Narbonne. Die lothringischen Weisen. Die Wormser Synagoge. Jakob ben Jakar, Isaak Halevi und Isaak ben Jehuda. Das Buch Zerubabel. Die Juden in Böhmen und Polen. Die Karäer . . . . 24—57

Drittes Kapitel.

Zweites rabbinisches Zeitalter. Epoche der fünf Isaak und Jizchakis. Isaak Ibn-Albalia, seine Stellung und Leistung. Isaak Ibn-Giat, Isaak Alfâßi. Raschi, sein Leben, seine Leistungen und seine Schule. Die Juden Italiens; R. Nathan aus Rom. Die Juden im christlichen Spanien. Die jüdischen Räte Isaak

VI   Inhalt.

                                                                    Seite
Ibn-Schalbib und Cidellus. Kaiser Heinrich IV. und Papst
  Gregor VII. im Verhältnis zu den Juden. Alfonso von Kastilien
  und seine jüdischen Räte. Tod Ibn-Schalbibs, Ibn-Giats und
  Ibn-Albalias. Alfaßi in Spanien. Die Karäer in Spanien.
  Ibn-Altaras; Jesua Abu Alfarag. Verfolgung der Karäer durch
  Joseph Alcabri. Cidellus' Ungnade . . . . 58—81

Viertes Kapitel.

Der erste Kreuzzug und seine Leiden. Stellung der Juden in
  Deutschland vor dem Kreuzzuge. Die Gemeinde von Speyer
  und Heinrich IV. Die Märtyrer von Trier und Speyer. Emme-
  rich von Leiningen und die Märtyrer von Mainz. Blutige Ver-
  folgung der Cölner Gemeinde in der Umgegend dieser Stadt.
  Leiden der Juden von Böhmen. Elender Tod der Juden
  Jerusalems. Kaiser Heinrichs Gerechtigkeit gegen die Juden.
  Rückkehr der gewaltsam Getauften. Verkümmerung der deutschen
  Juden. Der Tod Alfaßis und Raschis . . . . 82—98

Fünftes Kapitel.

**Drittes rabbinisches Zeitalter. Epoche des Joseph Ibn-Migasch
  und des Jehuda Halevi, Ibn-Esra und R. Tams. Höhe-
  punkt der jüdisch-spanischen Kultur.** Lage der Juden unter
  den Almoraviden. Die jüdischen Wesire Ibn-Almuallem, Ibn-
  Kamnial, Ibn-Mohagar. Der Polizeiminister und Astronom
  Abraham ben Chija. Die Rabbinen Joseph Ibn-Sahal, Baruch
  Ibn-Albalia, Joseph Ibn-Zadik, Joseph Ibn-Migasch. Die
  Dichter Ibn-Tabbon, Ibn-Salbol und Ibn-Esra . . . . . 99—116

Sechstes Kapitel.

Abulhassan Jehuda Halevi. Seine Biographie, seine Jugendpoesie und seine Stellung. Sein Dichterwert, seine Zioniden.
  Sein philosophisches System im Buch Chozari. Seine Sehnsucht nach dem heiligen Lande. Seine Reise. Sein Aufenthalt in Ägypten. Der Fürst Samuel Almanßur. Jehudas
  Aufenthalt in Jerusalem. Seine Klage über Verkommenheit
  und seine letzte Zionide. Sein Tod und die Sage darüber 117—140

Siebentes Kapitel.

Drittes rabbinisches Zeitalter. (Fortsetzung.) — **Verfolgung durch
  den zweiten Kreuzzug und die Almohaden.** — Zustand der
  nordfranzösischen Gemeinden. Jüdische Prévôts. Nathan Official und seine Disputationen mit Prälaten. Die Tossafisten-
  schule. Joseph Kara. Elieser ben Nathans Martyrologium.
  Der zweite Kreuzzug. Peter Venerabilis und der Mönch
  Rudolph. Bernhard von Clairvaux und Kaiser Konrad, Annehmer der Juden. Die Verfolgung der Almohaden. Abdul-

Inhalt. VII

Seite

mumen und sein Edikt. Der Fürst Jehuda Ibn-Esra. Die
Karäer in Spanien. Jehuda Hadassi. Der Geschichtsschreiber
Abraham Ibn-Daud und seine Religionsphilosophie. Abraham
Ibn-Esra und seine Leistungen. R. Tam und die synodal-
rabbinischen Verordnungen . . . . 141—187

Achtes Kapitel.

Viertes rabbinisches Zeitalter. Maimunische Epoche. Rundblick.
Die Juden Spaniens; Toledo; Joseph Ibn-Schoschan; Abraham
Ibn-Alfachar; der Dichter Charisi. Abraham Ibn-Dauds
Märtyrertod und die Jüdin Formosa (Rahel). Scheschet Ben-
veniste; der Dichter Abraham ben Chasdaï. Der Tourist
Benjamin von Tudela. Serachja Halevi Gerondi. Die Pro-
vence; Narbonne; Abraham ben Isaak und die Kimchiden.
Die Gemeinden Beziers, Montpellier und Lunel; Meschullam
ben Jakob und seine Söhne. Jonathan Kohen und die Tibbo-
niden. Die Gemeinde Posquières und Abraham ben David.
Der judenfreundliche Graf Raymund von St. Gilles und
Toulouse und Isaak ben Abba-Mari. Die Gemeinde Mar-
seille. Philipp August und die erste Vertreibung der Juden
aus Nordfrankreich. Der Tossafist Isaak der Ältere (Ri). Die
Märtyrer von Bray. Verkümmerung der nordfranzösischen
Juden. Simson von Sens und Jehuda Sir Leon der Fromme.
Das Buch der Frommen. Die Juden Englands: Jakob von
Orleans. Das Judengemetzel in London. Richard Löwen-
herz. Das Gemetzel der Juden in England. Die Belagerung
der Juden von York. Johann ohne Land und die Juden . 188—227

Neuntes Kapitel.

Rundblick. (Fortsetzung.) Die Juden in Deutschland und ihr
Verhältnis zu den Kaisern. Die Kammerknechtschaft. Die
letzte Spur ihrer Selbständigkeit. Die Verfolgungen. Die
rabbinisch-deutsche Schule; Eliëser von Metz. Jehuda der
Fromme von Regensburg. Der Martyrologe Ephraim von
Bonn. Der Minnesänger Süßkind von Trimberg. Petachja,
der Tourist. Die Juden Italiens. Papst Alexander III.
Die Juden im byzantinischen Reiche. Die Gemeinden in
Syrien und Palästina. Die Bagdader Gemeinde. Das erneuerte Exilarchat. Der Exilsfürst Samuel Chasdaï. Die
Moßuler Gemeinde. Die kriegerischen Juden in Adherbeigan.
Der Pseudomessias David Alrui. Die kriegerischen jüdischen Stämme um Nischabuhr. Die Gemeinde von Susa
und das Danielgrab. Die Juden in Indien. Die freien
jüdischen Stämme in Arabien. Der Exilsfürst Daniel und
das Schulhaupt Samuel ben Ali. Tataren als jüdische
Proselyten. Das Grabmal des Propheten Ezechiel als Wallfahrtsort. Esras Grabmal. Die zum Islam abgefallenen
Juden, Nathanael Hibat-Allah Abulbarkat, Isaak Ibn-Esra

und Samuel Ibn-Abbas. Die Karäer; Jephet ben Said. Die ägyptischen Gemeinden und ihr Oberhaupt (Nagid); Nathanael Hibat Allah Algami. Die karäischen Gemeinden in Ägypten. Die Mosesynagoge in Dimuh . . . . . . 228—263

Zehntes Kapitel.

Maimuni (Maimonides). Seine Geburt, Jugendgeschichte und Jugendarbeiten. Seine Auswanderung nach Fez. Maimuns, des Vaters, Ermahnungs- und Trostschreiben an die afrikanischen Gemeinden. Maimunis erste Streitschrift zugunsten der Scheinmohammedaner. Auswanderung der Familie Maimun von Fez nach Palästina und Ägypten. Maimunis Schicksalsschläge. Sein Mischnahkommentar und dessen Bedeutung. Maimunis Dogmatik und Glaubensartikel. Saladins Verhalten gegen die Juden. Verfolgung der Juden in Südarabien; Maimunis Sendschreiben nach Jemen. Das Ende des falschen Messias in Südarabien. Maimunis Verordnungen als Rabbiner. Maimunis Religionskodex und seine Bedeutung . . . . 264—297

Elftes Kapitel.

Maimuni. (Fortsetzung.) Folgenreiche Wirkung von Maimunis Religionskodex. Gegnerschaft gegen denselben. Joseph Ibn-Aknin. Maimuni wird Hofarzt. Seine Bedeutung als medizinischer Schriftsteller. Jerusalem wieder von Juden bevölkert. Samuel ben Alis Feindseligkeit gegen Maimuni. Der More Nebuchim und seine Bedeutung. Maimunis Abhandlung über die Auferstehung. Maimunis Einfluß auf die Gemeinden der Provence. Maimuni Leibarzt des Sultans Alfadhel und seine Makrobiotik. Maimunis Lebensweise im Alter. Sein Tod und die Trauerfeierlichkeit um ihn. Sein Grab . . . . . 298—330

Noten . . . . 331—399

Register . . . . 400—406

Einleitung.

Es klingt zwar befremdlich und ruhmredig, ist aber darum nicht minder wahr, daß die Geschichte der Juden im Mittelalter, d. h. die Geschichte des jüdischen Stammes in Knechtsgestalt, auch eine Glanzperiode hat. Freilich, wenn man geschichtlichen Glanz leuchtende Strahlen nennt, die die Oberfläche des Daseins mit Schimmer überziehen, aber das Innere ausdörren, oder wenn man darunter versteht hellzuckende Blitze im Gefolge von rollendem Donner, welche zwar ein prächtiges Schauspiel bieten, aber dabei den Anbau der Jahrhunderte schonungslos zerstören, dann ist allerdings die mittelalterliche jüdische Geschichte vollständig glanzlos. Begreift man aber darunter still wachsende geschichtliche Saaten, die, vom Tau befeuchtet und von den Winden hin und her bewegt, sich frisch und erfreulich ausnehmen und das Gefühl der Befriedigung ins Herz gießen, dann darf man mit Fug und Recht die Periode der jüdischen Geschichte von dem staatsmännischen Rabbinen Samuel Nagid bis zum rabbinischen Weltweisen Moše Maimuni als eine reiche und glanzvolle, als eine klassische bezeichnen.

Geräuschlos blühte die Saat wissenschaftlicher Forschungen, die Saat einer lebenswarmen, wahren, reichen Poesie, die Saat einer höheren Gesittung unter den Gemeinden der pyrenäischen Halbinsel und der Kolonien, die von dort ausgegangen sind. Aus der Dürftigkeit der saburäischen Epoche hat sich die jüdische Geschichte, angeregt im Morgenlande durch den Gaon Saadia und im Abendlande durch den geistvollen Staatsmann Chasdaï Ibn-Schaprut, zu einer reichen, gediegenen Kulturhöhe emporgearbeitet, welche die Beschränktheit und Einseitigkeit der naivgläubigen Lebensanschauung überwunden, läuterndes Denken in die Religion hineingetragen hat und die tiefsten Gedanken künstlerisch und anmutig zu gestalten vermochte. Die Entfaltung dieser Kulturhöhe bildet den Inhalt des beinahe 200jährigen rabbinischen Zeitalters bis Maimuni. War der jüdische Stamm bis dahin Träger der unvermittelten Religion und hatte er in seiner Wandlung zwei Religionsformen aus sich herausgesetzt, so wird er in dieser Periode zugleich Bewahrer des heilbringenden Denkens, des an Gott anknüpfenden Gedankens. Die Lehre des Sinaï ließ sich von dem Lichte philosophischer Erkenntnis durchleuchten, brachte dadurch eine neue, eigentümliche Erkenntnis hervor und kehrte eine neue Seite des menschlichen Geistes heraus. Man spricht jetzt nicht mehr so verächtlich von der mittelalterlich-christlichen Scholastik, ja man überschätzt sie sogar hin und wieder, räumt ihr jedenfalls ein, daß sie den Geistesfunken in der mönchischen Finsternis unterhalten hat. Wohlan! Diese Scholastik ist eine Tochter des Judentums und ist von jüdischen Denkern groß gezogen worden, wenn sie auch eine eigene judentumsfeindliche Richtung einschlug, so wie das Christentum und der Islam Söhne des Judentums sind, wenn sie sich ihm auch entfremdet haben.

Als das Christentum erst zaghaft an die philosophische Erkenntnis herantrat, bestand bereits eine vollendete jüdische Philosophie, und ehe noch die romanische und germanische Poesie dem Wickelbande entwachsen war, hatte bereits die neuhebräische Poesie ihre Meisterschaft erreicht. Wohl haben im Altertume die Griechen und an der Grenze des Mittelalters und der Neuzeit die Italiener Größeres in Kunst und Wissenschaft geleistet, aber diese Geistesgüter blieben dort auf einen kleinen Kreis Auserwählter beschränkt, um den herum sich die Unwissenheit und die Sittenlosigkeit behaglich ausdehnte. Innerhalb des Judentums dagegen, wie es sich in Spanien gestaltete, wurden der Forschergeist und der Geschmack an dichterischen Schöpfungen Gemeingut ganzer Gemeinden und übten auf deren sittliches Verhalten einen wohltätigen Einfluß. Wie innerhalb der

Judenheit in betreff der Religion der Unterschied von Priestertum und Laientum nicht bestand, so auch in betreff des Forschens und geistigen Strebens in dieser Periode. Die jüdische Wissenschaft und die jüdische Poesie in der klassischen Zeit hat zugleich einen Gesinnungsadel, eine Gehobenheit der Stimmung und der Anschauung, einen mächtigen Schwung erzeugt, welche von den vielfachen Hemmnissen politischen und kirchlichen Druckes sich nicht bewältigen ließen, ja sie kaum gewahrten. Es traten zahlreiche große, reichbegabte Persönlichkeiten in dieser Periode auf, wie sie kaum irgendwo in so reicher Fülle vorkamen, und diese bilden die Merkzeichen der einzelnen Epochen innerhalb derselben. Markierte Einschnitte hat diese Periode nicht.

Zweite Periode des dritten Zeitraumes.

Erstes Kapitel.

Untergang des Gaonats und erstes rabbinisches Zeitalter, Epoche des Ibn-Nagrela und Ibn-G'ebirols.

R. Haï Gaon, sein Charakter und seine Bildung; Samuel ben Chofni; Chiskija, der letzte Gaon. Die Afrikaner Gemeinde, R. Chananel und R. Nissim, ihre Leistungen und Schriften. Der Staatsmann, Dichter und Rabbiner Samuel Ibn-Nagrela. — Der Grammatiker Jona Ibn-G'anach und seine Bedeutung.

(1027—1070).

Die arabische Kultur, von Osten nach dem äußersten Westen, von Damaskus und Bagdad nach der pyrenäischen Halbinsel verpflanzt, hatte bereits die Mittagslinie überschritten. Mit dem Untergang des omejadischen Kalifats in Cordova und mit der Zersplitterung desselben in kleine Königreiche (Emirate) neigte sie sich dem Untergange zu. Die jüdische Kultur dagegen, gleicherweise vom Osten hierher versetzt, begann in demselben Lande erst ihre zunehmende Bewegung von der Dämmerung zur Mittagshöhe. Ihr Aufgang war hell und sonnig. Während das Karäertum folgerichtig einem Versteinerungsprozeß verfiel, entwickelte sich das auf den Talmud begründete rabbanitische Judentum immer mehr zum Selbstbewußtsein und zur Reife, sog neue Säfte ein und entfaltete neue Blüten. Das jüdische Andalusien konzentrierte in sich alle Seiten des religiös-wissenschaftlichen Lebens und wurde, nachdem das Gaonat vollständig erlosch, einigender Mittelpunkt des Judentums. Es trat in diesem halben Jahrhundert eine lange Reihe so bedeutender Persönlichkeiten auf, daß jede derselben für sich allein dem Zeitalter ihren Namen aufzudrücken vermocht hätte. Die Namen der Fürsten Samuel und Joseph, des Dichters Ibn-G'ebirol, und des tiefen Bibelforschers Ibn-G'anach haben einen Klang, der über den jüdischen Kreis hinaustönt. Babylonien erzeugte zwar in dieser Zeit zwei Männer von hoher Bedeutung: R. Haï und Samuel ben Chofni, aber sie verklärten nur das untergehende Gaonat mit farbigem Abendglanze.

Auch die Zahl der Männer zweiten Ranges, deren Leistungen nicht unbedeutend waren, ist in diesem Zeitabschnitte nicht klein. Das erste rabbinische Geschlecht, wie diese Zeitepoche genannt wird, hat klassische Bedeutung; es wirkte nach allen Seiten hin schöpferisch und originell und überstrahlte seine Vorgänger. Die hebräische Sprachwissenschaft wurde zur Vollendung gebracht, die neuhebräische Poesie erreichte ihre Meisterschaft, das Talmudstudium schuf sich eine Methodologie, welche das Vereinzelte und Unzusammenhängende unter Regeln brachte. Die Philosophie, bis dahin unter Juden und Arabern in niedriger Sphäre gehalten, erhob sich zu einer Gedankenhöhe, von der aus die Welt in einem anderen Lichte erschien. An dem Höhen= und Breitenmesser der Kultur nahmen die rabbanitischen Juden dieser Zeit den höchsten Grad ein, die Mohammedaner den zweiten und die christliche Bevölkerung erst den dritten oder sie stand vielmehr auf Nullgrad. Alles Erhabene, Edle und Befreiende, das im menschlichen Geiste liegt, wurde in dieser Zeitepoche von jüdischen Denkern ans Licht gefördert. Die Gedankenklarheit, welche selbst die Vertreter des Talmuds in den babylonischen Schulen offenbarten, sucht man vergebens bei ihren hervorragenden Zeitgenossen in der christlichen und islamitischen Welt.

R. H a ï (oder Haja, geb. 969, gest. 1038), im achtzehnten Lebensjahre zum höchsten Rang nächst dem Gaon erhoben, als Dreißiger Nachfolger seines Vaters Scherira mit der Gaonwürde von Pumbadita bekleidet, dessen Name beim Amtsantritt in öffentlicher Vorlesung aus den Propheten genannt und der mit dem König Salomo verglichen wurde (B. V$_4$ S. 368f.), verdiente den hohen Vorzug, den ihm die auswärtigen Gemeinden wie die babylonischen einräumten. Er war ein ebenso edler, strengsittlicher Charakter wie selbständiger Denker, in allen Fächern der Wissenschaft, wie sie damals gelehrt wurden, heimisch und nach vielen Seiten hin schriftstellerisch tätig. R. H a ï erinnert an Saadia, den er als Ideal verehrte und gegen Angriffe in Schutz nahm, nur war er mehr Talmudist, Saadia dagegen mehr Religionsphilosoph. Gleich ihm verstand Haï das Arabische so meisterhaft, daß er viele rechtsgutachtliche Anfragen in dieser Sprache beantwortete und wissenschaftliche Gegenstände darin behandelte. In dieser Sprache schrieb er ein Verzeichnis der hebräischen Wurzeln (Chawi, Meassef), das von einem späteren Kenner (Ibn-Esra)[1]) sehr gerühmt wurde. In diesem Wörterbuche erklärte er manche dunkle Schriftverse, aber ein exegetisches Werk hat er wohl nicht verfaßt. Gleich dem Gaon aus Fajûm war Haï frei von jener eng-

---

[1]) Ibn-Esra, Einleitung zu Mosnajim. Vgl. Note 1.

herzigen Ausschließlichkeit, welche die Wahrheit nur im eigenen Religions=
kreise finden will und außerhalb desselben nur Unwahrheit sieht. Er
war mit dem geistlichen Oberhaupt der morgenländischen Christen von
Bagdad befreundet, und als er in seinen exegetischen Vorträgen auf
eine Schwierigkeit stieß, scheute er sich nicht, bei dem damaligen Katho=
likos (Mar=Elia I.) anzufragen, der ihm auch bereitwillig aus seiner
syrischen Übersetzung Auskunft erteilte. Einer seiner Zuhörer, der aus
Sizilien nach Pumbabita gekommen war, um an der Quelle talmudische
Weisheit zu schöpfen, M a z l i a c h J b n = A l = B a z a k, konnte sein
Erstaunen über diesen freundlichen Verkehr zwischen dem Gaon und dem
Katholikos und über die Autorität, welche jener diesem einräumte, nicht
zurückhalten. Darauf bedeutete ihn R. Hai, nach der talmudischen
Lehre sei der Jude verpflichtet, die Wahrheit von jedermann anzu=
nehmen[1]). Zur Erklärung seltener und veralteter Wörter in der Bibel
nahm R. Hai ohne Scheu den Koran und die alten Traditionen der
Mohammedaner zu Hilfe, um ihre Bedeutung festzustellen[2]). Er war
überhaupt ein vorurteilsloser Weiser, der das Licht und nicht die Finster=
nis liebte. Er disputierte öfter mit mohammedanischen Theologen über
das Verhältnis des Judentums zum Islam und soll sie vermöge seiner
Rednergabe zum Schweigen gebracht haben[3]). Seine starke Seite war
indessen der Talmud und darin glich er seinem Vater Scherira, nur hat
er darin mehr geleistet als sein Vorgänger. Er verfaßte einen ganz knap=
pen worterklärenden Kommentar zu dem schwierigsten Teil der Mischna
und des Talmuds. Das talmudische Zivilrecht über Verträge, Darlehn,
Grenzbestimmungen, Eide behandelt R. Hai mit systematischem Geiste[4]),
wie noch keiner vor ihm, und er wurde dadurch Muster und Autorität
für Spätere.

Metaphysische Forschung war aber seine Sache nicht, obwohl er
auch für die Gotteseinheit geschrieben hat[5]). Aber obwohl R. Hai nicht
Philosoph von Fach war, hatte er doch gesunde Ansichten über den Wert
des mystischen Wahnglaubens, dessen verdüsternder Nebelschleier, mit

---

[1]) Sendschreiben des Mazliach an Samuel Nagid, zitiert von Mose Jbn-
Esra in dessen (handschriftlicher) Poetik und von Joseph Jbn-Aknin in dessen
Kommentar zum Hohenlied (ebenfalls Ms.), mitgeteilt in Ersch und Grubers
Enzyklopädie Sec. II, Teil 31, S. 56, Note 86; vgl. Zeitschrift der deutschen
morgenländischen Gesellschaft, Jahrg. 1858, S. 373.

[2]) Note 2.

[3]) Das.

[4]) Rapaport, Biographie des Hai Gaon in Bikkure ha-Ittim. Jahrg. X.

[5]) Vgl. die Notiz bei Munk, Guide des égarés I, p. 462.

dem Nimbus der Religion gefärbt, den Schwachköpfigen als eine Sonne erschien, ihm aber als ein Irrlicht galt.

Der Wunderglaube, der unter allen Zonen, in allen Religionsformen und zu allen Zeiten die gedankenlose Menge befangen macht und ihr den freien Blick in die Weltordnung und in die göttliche Weisheit raubt, hatte unter den Juden, von mannigfachen Elementen genährt, einen breiten Platz gefunden, ebenso wie in der christlichen und islamitischen Welt. Er war besonders heimisch in Palästina und Italien und machte auch in anderen Ländern Propaganda. Die Wahnbefangenen glaubten, der wahrhaft Fromme könne zu jeder Zeit Wunder tun, ebenso bedeutende und überraschende, wie ehemals die Propheten. Sie müßten sich aber dazu magischer Formeln, namentlich der Buchstabenversetzung des heiligen Namens bedienen. Schriebe man den Gottesnamen auf gewisse Blätter oder Scherben, so könne man damit Räuber bändigen, sich unsichtbar machen, große Räume im Nu durchlaufen, das stürmische Meer besänftigen, einem Menschen augenblicklich den Tod geben und noch andere Wunder verrichten. Ältere mystische Schriften, welche Mittel für Wundertätigkeit angaben und als Spiel einer ausschweifenden Phantasie verfaßt wurden, galten den Späteren als unfehlbare Weisheit. R. Haïs wahre Religiosität sah dagegen in solchem Wahnglauben eine Schändung und Entweihung der Religion und sprach sich mit Entrüstung darüber aus, obwohl sein Vater, für ihn eine Autorität, nicht frei davon war. Ein Jünger des Jakob ben Nissim aus Kairuan hatte bei R. Haï einst angefragt, was von der magischen Wunderkraft der Gottesnamen, deren sich manche rühmten, zu halten sei, und er antwortete darauf, bündig und einsichtsvoll, all das sei Wahn und Aberwitz. Aber die Kairuaner fühlten sich von dieser Antwort nicht befriedigt, zumal sie von palästinensischen und römischen Weisen gehört hatten, daß diese selbst Wundertaten vermittelst der mystischen Formeln des Gottesnamens erlebt hätten. Sie baten daher R. Haï wiederholt, ihnen gründlichen Bescheid darüber und über manches andere zu geben, wie über die Bedeutung von Träumen und Zaubereien. Sie wünschten besonders, daß er ihren Zweifel löse, da sie auch im Talmud die Wunder-Wirksamkeit von aufgeschriebenen Gottesnamen bestätigt fänden.

Auf diese zwei Anfragen schrieb R. Haï eine ausführliche, kernige, einschneidende Antwort, die wegen ihrer vernünftig nüchternen Haltung um so mehr inhaltlich bekannt zu werden verdient, als Spätere R. Haï zum Parteigänger der Mystik gemacht haben. „Wenn es jedermann möglich wäre, durch Formeln (Nusschim) Wunder zu tun und die Naturordnung aufzuheben, wodurch wären dann die Propheten bevorzugt gewesen?" — so lautete seine Antwort. Einige Autoritäten haben sogar behauptet, daß nicht einmal fromme Männer, wie die Talmudisten, Wunder zu tun vermocht hätten. Denn die Macht, in den Naturgesetzen zeitweise eine Störung hervorzubringen, habe die Gottheit nur den Propheten eingeräumt, damit sie sich dadurch als wahre Gottgesandte bewähren könnten. Wenn nun jeder Fromme dasselbe zu tun vermöchte, und wenn ihrer gar sehr viele wären, so würden sie das Wunderbare zu einer ganz gewöhnlichen Erscheinung machen, es zu einer Alltäglichkeit herabdrücken, und die Bewegung der Sonne von West nach Ost würde nicht mehr Eindruck machen als die umgekehrte oder gewöhnliche Bewegung, kurz das Wunder höre dann auf, Wunder zu sein. Es sei sogar sündhaft, bemerkt R. Haï, sich des Gottesnamens zum Zwecke der Wunderturei zu bedienen. Er machte sich ferner in diesem Sendschreiben lustig über das vorgebliche Sichunsichtbarmachen vermittelst des Gottesnamens; das sei ebenso unmöglich wie lächerlich. Die Erzählungen, auf welche sich die Fragesteller beriefen, daß der Gaon R. Natronaï, den Raum überspringend, von Babylonien nach Frankreich gewissermaßen geflogen sei, erklärte er für erfunden und von einem Betrüger ausgesprengt. In seiner Gegend selbst wisse man davon nichts. Man erzähle sich zwar, daß der Gaon R. Mose sich mit Amuletten und Beschwörungen abgegeben; aber einiges davon halte er für erlogen und anderes sei auf Rechnung des Umstandes zu setzen, daß dieser R. Mose in Sura gelebt habe, wo wegen der Nähe des alten Babylon dergleichen Aberglauben sich aus dem Altertume fortgepflanzt haben möge; Pumbadita dagegen, das entfernt von jenem Ursitze des Wahnglaubens sei, sei ganz frei von solchen Vorstellungen. R. Haï warnte endlich die Kairuaner, solchem Wahngebilde Raum zu geben; es sei in diesen Dingen viel Zweifel und wenig Wahrheit, und „ein Tor ist, der alles gläubig annimmt"[1]).

In demselben Sinne sprach er sich auch über einen anderen Aberglauben aus. Es wurde bei ihm angefragt, warum man im Anfange der astronomischen Jahreszeiten sich scheue, Wasser zu trinken. Die Personen, welche diese Frage an ihn richteten, erwarteten vielleicht eine mystische Auskunft. Er aber erwiderte, es sei ein lächerlicher Brauch, um den Beginn der Jahreszeiten nicht mit Wassergenuß, sondern mit etwas Schmackhaftem einzuleiten, „ich aber sage, süß ist das Jahr des Arbeiters, sei es viel oder wenig, er genießt es"[2]). — Anstößige Talmudstellen deutete R. Haï nur, um ihnen einen zusagenderen Sinn zu geben. Er

[1]) Note 2.
[2]) Ibn-Esra, Iggeret ha-Schabbat ed. Livorno p. 61 b.

wurde einst gefragt, wie es mit dem talmudischen Ausspruche zu halten sei, daß ein des Gesetzes Unkundiger (Am-ha-Arez) kein Fleisch genießen dürfe, daß sein Vermögen herrenlos und er selbst als vogelfrei zu betrachten sei. Manche hielten sich ernstlich an diesen Ausspruch und machten sich kein Gewissen daraus, sich das Vermögen solcher Ungebildeten widerrechtlich anzueignen. R. Haï erwiderte darauf sehr scharf und entschieden, daß diejenigen, welche den Talmud in diesem Sinne auffaßten, selbst als vogelfrei erklärt zu werden verdienten[1]. — In seiner freieren Auffassung des Judentums gestattete er den Umgang mit Karäern[2] und erlaubte sogar, daß sie ihre Kinder am Sabbat beschneiden.

R. Haï hatte sich auch in der Dichtkunst versucht, aber die Überbleibsel seiner Muse zeugen nicht von bedeutender poetischer Begabung. Er hat zwar den jüdisch-spanischen Dichtern die Anwendung des Versmaßes entlehnt und es für ein liturgisches Stück benutzt; aber der regelrechte Versbau verdeckt nicht die poetischen Blößen. Indessen wenngleich die poetischen Erzeugnisse R. Haïs von seiten der Form verfehlt erscheinen, so sind sie inhaltlich um so bedeutender. Sein hundertneunundachtzig Verse enthaltendes Sinngedicht (Mussar haskel) ist eine Perlenschnur von kernigen Sittenregeln, die er aus der Schrift, dem Talmud und dem eigenen Herzen geschöpft und epigrammatisch zugespitzt hat. Es erinnert an die Salomonischen Sprüche und an das phokylideische Mahngedicht (B. III$_5$, 2. Hälfte, S. 377). Dieser gediegen sittliche Inhalt des Gedichtes ist würdig befunden worden, ins Lateinische übersetzt zu werden[3].

Durch R. Haïs Verdienste hatte sich die pumbaditanische Hochschule wieder ein wenig gehoben. Er wurde von vielen Seiten als Autorität anerkannt. Die großen Lehrer R. Nissim und R. Chananel aus Kairuan, R. Abraham Kabasi (aus Kabes in Nordafrika), die Gemeinde von Fez, der Wesir R. Samuel Nagid, R. Gerschom aus Mainz und noch andere Autoritäten und Gemeinden dreier Weltteile wendeten sich an ihn mit Anfragen und huldigten ihm, als dem Hauptvertreter des Judentums. Man nannte ihn „den Vater Israels". Da das Exilarchat seit dem Tode

---

[1] Responsa Gaonim Schaare Teschubah No. 23.
[2] Maimuni responsum in der Briefsammlung ed. Amstel. p. 45 a, b und Responsa David Jbn-Abi-Simra II, No. 796, p. 37 d.
[3] Das Gedicht ist abgedruckt in Dukes Ehrensäulen. Die lateinische Übersetzung von Jean Mercier cantica eruditionis intellectus auctore percelebri R. Haï (Paris 1561), zuletzt von Caspar Seidel: carmen morale στροφόρυθμον elegantissimum R. Chaï, in dessen manipuli linguae sanctae (Leipzig 1638); vgl. Fürst, Bibliotheca judaica I, 356. Das Gedicht führte auch den arabischen Titel Arguzah (ארגוזה) von dem Versmaße.

des Enkels von David ben Sakkai erloschen war (V₄ Seite 314), so bildete R. Haï die Spitze des Judentums, und es konnte durch keinen Besseren vertreten werden. Ungleich den früheren pumbaditanischen Gaonen, die mit scheelen Augen auf das Bestehen der Schwesterakademie blickten, ungleich seinem Vater, der eine Art Schadenfreude darüber empfand, daß Sura ohne Oberhaupt war, trug R. Haï, wie es scheint, selbst dazu bei, ihr einen gaonischen Vertreter zu geben. In Sura fungierte nämlich während dessen Gaonat R. Samuel ben Chofni,[1]) R. Haïs Schwiegervater und ihm ebenbürtig an Kenntnissen und Tugenden. Er verfaßte mehrere Werke über Ritualien in systematischer Ordnung, kommentierte den Pentateuch und philosophierte gleich den Mutaziliten über die Einheit Gottes. Sein pentateuchischer Kommentar wird zwar nicht sehr gerühmt; er war nach Art der karäischen Erläuterungen weitläufig angelegt und enthielt Untersuchungen über Gegenstände, die gar nicht zur Sache gehören. Aber mag auch seine exegetische Leistung keinen Fortschritt bezeichnen, so ist doch die Tatsache nicht gering anzuschlagen, daß die Gaonen die von Saadia vorgezeichnete Bahn, das Judentum in wissenschaftliche Form zu bringen, verfolgten. Samuel ben Chofni blieb der vernunftgemäßen Richtung treu, das scheinbar Übernatürliche in der biblischen Erzählung in den Kreis des Natürlichen zu ziehen, sogar im Widerspruche mit der talmudischen Auffassung. Die Erscheinung des Propheten Samuel, durch die Zauberin von Endor heraufbeschworen, und die Erzählung von Bileams Eselin erklärte er als eine Traumerscheinung[2]). Auch gegen das Karäertum richtete er Angriffe, wie Saadia es getan, wie denn überhaupt in der letzten Stunde des Gaonats noch ein heftiger Federkrieg zwischen Rabbaniten und Karäern ausbrach. Der Inhalt seiner Polemik ist nicht bekannt. Gegen Samuel schleuderte ein zeitgenössischer Karäer Israel ben Daniel Iskandri (Dajan) hebräische Epigramme, welche aber ohne poetischen Reiz und überhaupt ohne Wert sind[3]). — Von Samuel ben Chofnis Wirksamkeit ist sonst nichts bekannt; er starb vier Jahre vor seinem Schwiegersohne R. Haï (1034)[4]) und schloß die Reihe der suranischen Gaonen.

Die Hochschule scheint nach seinem Tod nicht einmal den Versuch gemacht zu haben, sich fortzusetzen. Die Zeiten waren dem Gaonate

---

[1]) Vgl. W. Bacher, Le commentaire de Samuel Ibn-Hofni. Revue des Études juives, T. XV, p. 277 ff.; T. XVI, p. 106 ff.
[2]) Vgl. darüber Rapaport, Biographie des R. Haï. Note 8.
[3]) Bei Pinsker, Likuté, Note XI, S. 174 ff.
[4]) Abraham Ibn-Daud.

nach allen Seiten hin ungünstig, und es vermochte sich mit aller Kraftanstrengung nicht zu behaupten. Als R. Haï starb (20. Nissan = 28. März 1038)[1], von der Gesamtjudenheit betrauert und von dem größten Dichter der Zeit Ibn-G'ebirol sowie von seinem afrikanischen Verehrer R. Chananel in Versen verherrlicht[2], hatte auch die letzte Stunde der pumbaditanischen Hochschule geschlagen. Zwar wählte das Kollegium sofort einen Nachfolger in einem Manne, welcher beide Würden, das Gaonat und Exilarchat, in sich vereinigte, aber gewissermaßen nur damit beide in einer Person zu Grabe getragen werden sollten. Chiskija[3], Urenkel jenes streitsüchtigen Exilarchen David ben Sakkaï, wurde zum Schulhaupte ernannt. Aber der Glanz, den man sich von ihm versprochen haben mochte, konnte sich nicht zeigen. Chiskija hatte boshafte Feinde, die ihm seine Rangerhöhung mißgönnten. Sie verleumdeten ihn bei Hofe, man weiß nicht aus welchem Grunde oder unter welchem Vorwande. Der Inhaber der politischen Gewalt im morgenländischen Kalifate war damals der Bujide G'elal Abdaulah, der dem Schattenkalifen den Titel „König der Könige" und die Einnahmen von Christen und Juden abgetrotzt hatte. Dieser Großsultan mochte die gerechte oder ungerechte Anklage gegen Chiskija benutzt haben, um sich zu bereichern. Der letzte Exilsfürst wurde in den Kerker geworfen, gefoltert, wahrscheinlich um seine Schätze anzugeben, aller Güter beraubt und zuletzt hingerichtet (1040)[4]. Das Gaonat starb unter der Folterqual von seiten des ohnmächtigen Kalifats. Babylonien hatte seine Rolle in der jüdischen Geschichte hiermit ausgespielt und sank eine Zeitlang zur völligen Bedeutungslosigkeit herab. Chiskijas zwei Söhne, auf die ebenfalls gefahndet wurde, entflohen, irrten lange umher und fanden erst Rast in Spanien, wo sie als die letzten Sprößlinge des Davidschen Hauses geehrt wurden und sich unter dem Namen Ibn-Daudi der friedlichen Beschäftigung mit den Musen hingaben[5].

Auch Nordafrika, das unter Isaak Israeli, Dunasch ben Tamim und dem eingewanderten R. Chuschiel eine kurze Blütezeit feierte, hatte in der ersten Hälfte des elften Jahrhunderts seine letzten Autoritäten und fiel dann ebenfalls der Vergessenheit anheim. Diese zwei Autoritäten waren, wie schon erwähnt, R. Chananel ben Chuschiel und R.

[1]) Abraham Ibn-Daud.
[2]) Die zwei Elegien auf R. Haï in Edelmanns Chemda Genusa, p. XVI, und Rapaport, Biographie des R. Chananel in Bikkure ha-Ittim, Jahrg. XI, p. 37 f. Graetz, Hebr. Blumenlese S. 48.
[3]) Vgl. Bd. V₄, S. 449 f. Revue des Études juives VIII, 125.
[4]) Abraham Ibn-Daud. [5]) Das.

Nissim ben Jakob Ibn-Schahin (blühten um 1015 bis 1055)[1]). Obwohl diese zwei Rabbinen an einem Orte lebten und so oft zusammen genannt wurden, daß sie wie ein unzertrennliches Zwillingspaar auftreten, scheinen sie doch keineswegs miteinander befreundet gewesen zu sein. Es scheint vielmehr zwischen beiden dieselbe Eifersüchtelei geherrscht zu haben, wie zwischen R. Chanoch und Ibn-Abitur, indem R. Nissim ein Eingeborener und R. Chananel der Sohn eines Eingewanderten war. Man weiß auch nicht einmal recht, welcher von beiden offizieller Rabbiner von Kairuan war. Beide standen aber dem Lehrhause vor. R. Chananel betrieb dabei ein großartiges Geschäft, R. Nissim dagegen war so arm, daß er von dem zeitgenössischen jüdischen Minister in Granada unterstützt werden mußte[2]). In beiden zeigt sich indes eine auffallende Ideengleichheit, so daß beide fast denselben Gedankengang hatten, dieselben Studien pflegten und Werke fast desselben Inhalts und in derselben Form schrieben, nur daß R. Chananel sich der hebräischen, R. Nissim aber der arabischen Sprache bediente. Beide brachten ein neues Element zum Talmudstudium hinzu und machten es daher gründlicher, als es selbst die Gaonen zu betreiben vermocht hatten. — Der jerusalemische Talmud, obwohl an der Quelle der Überlieferung geboren und älter als der babylonische, litt an der Ungunst des Geschickes, dem Bücher wie Menschen ausgesetzt sind. Während der babylonische Talmud im Osten bis nach Chorasan und Indien und im Westen bis an das Ende der alten Welt bekannt war, blieb sein Zwillingsbruder außerhalb seiner Geburtsstätte lange unbekannt. Während der erstere zahlreiche Ausleger und Erklärer fand, die ihn bis in die innersten Falten untersuchten, wird von dem jerusalemischen nur ein einziger Kommentator aus älterer Zeit namhaft gemacht, der noch dazu unbekannt ist[3]). Erst infolge der Eroberung Palästinas durch die fatimidischen Kalifen trat Nordafrika in Verbindung mit dem heiligen Lande, und palästinensische Weise kamen nach Kairuan[4]). Diese brachten wohl den jerusalemischen Talmud dahin. Die zwei Rabbinen Kairuans beschäftigten sich nun zuerst eingehend mit ihm und zogen ihn in den Kreis des Talmudstudiums[5]). R. Nissim verfaßte einen Schlüssel zum Talmud (Maf-

---

[1]) Vgl. Note 3, I.   [2]) Abraham Ibn-Daud.
[3]) Der Kommentator des Jeruschalmi Jakob ben Ephraim wird von Salmon ben Jerucham zitiert in dessen arabischem Psalmenkommentar, mitgeteilt von Pinsker, Likuté S. 14, also vor dem Jahre 950.
[4]) Vgl. R. Hais Responsum in Taam Sekenim, S. 54.
[5]) Daß sich R. Nissim mit Jeruschalmi beschäftigte, hat Rapaport in der Biographie nachgewiesen (Note 17). Aber auch R. Chananel tat dasselbe. Vgl. Orientalisches Literaturblatt, Jahrg. 1850, Nr. 16. Rapaports Unter-

téach)¹), worin er kurze und dunkle Stellen im babylonischen Talmud teils aus dem jerusalemischen und teils aus Parallelstellen ergänzte und erläuterte. Nach den im „Schlüssel" aufgestellten Grundsätzen stellte er auch Entscheidungen für das Ritual= und Zivilrecht zusammen in einem anderen Werke (Megillat Setarim). Ganz ähnliche Werke verfaßte auch R. Chananel: eine Wort= und Sacherklärung zum Talmud (Perusch) mit Rücksichtnahme auf den jerusalemischen und praktische Entscheidungen (Mikzoot, verf. 1038).

Beide verfaßten auch Kommentarien zum Pentateuch, R. Chananel auch zu den übrigen heiligen Schriften. Beide huldigten jener von Saadia angebahnten Richtung der vernunftgemäßen Auffassung, vermöge welcher sie allzuderbe Wunder und anstößige agabische Aussprüche umdeuteten²). Diese zwei Autoritäten standen mit Babylonien und Spanien in lebhafter Verbindung, bildeten die Mittelglieder zwischen beiden und erlebten das völlige Erlöschen des Gaonats und den aufgehenden Glanz der andalusischen Gemeinden. R. Chananel starb ohne männliche Nachkommen und hinterließ sein reiches Vermögen neun Töchtern. Auch R. Nissim hatte keinen Sohn, der sein Amt hätte fortsetzen können, aber mehrere Jünger, sogar aus Spanien³), die zu seinen Füßen saßen. Nach dem Tode dieser beiden afrikanischen Autoritäten war die kairuanische Schule ganz bedeutungslos⁴). Einer ihrer Jünger aus der neuerbauten zanatischen Hauptstadt Kalah Jbn=Hammad⁵) wurde später eine talmudische Größe, verdankte aber seinen Ruhm lediglich seiner Übersiedelung nach Spanien.

Das jüdische Spanien übernahm also die ganze Erbschaft von Judäa, Babylonien und Nordafrika und mehrte das ererbte Gut für die kommenden Geschlechter vielfältig. Als wenn Andalusien ein jüdischer Staat

---

suchungen über R. Chananel und Nissim liegen meiner Darstellung zugrunde. Nur zwei Resultate derselben haben sich nicht bestätigt. Das Sefer-Chefez gehört nicht R. Chananel, sondern einem R. Chefez an (Orient, Jahrg. 1849, S. 110, 247), und der kairuanische R. Nissim ist nicht der Verfasser der **Maasziot**, sondern ein späterer Enkel des Asketen R. Ascher ben Meschullam **aus** dem dreizehnten Jahrhundert. Reifmann, Orient, Jahrg. 1841, Literaturblatt S. 617.

¹) Zum Teil herausgegeben von Goldenthal. Wien 1847.
²) Zu den von Rapaport gegebenen Belegen kommt noch hinzu R. Nissims Responsum in Heilbergs Nité Naamanim S. 15f. Der mystische Schluß darin, der an Jbn=Esra und die Kabbalisten erinnert, ist sicherlich interpoliert.
³) R. Nissims **Maftéach** ed. Goldenthal p. 4a und 25a.
⁴) Abraham Jbn=Daud.
⁵) Vgl. über diese Stadt (erbaut 1007—1008) de Slane, Ibn-Khaldoun, **Histoire des Berbères** II, 43.

wäre, suchten die flüchtigen Söhne des jüdisch-chazarischen Fürsten und die Söhne des letzten Exilarchensprößlings dort Zuflucht und Ruhe. An der Spitze der spanischen Gemeinden stand ein Mann, der durch Weisheit, Tugend und Stellung den Vorrang verdiente, S a m u e l I b n - N a g r e l a (oder Nagdela), der erste in der Reihe der nachgaonäischen Lehrautoritäten. Er hat das Rabbinentum zu einem idealen Glanze gebracht; einen würdigeren Vertreter konnte es nicht finden. Samuel Ibn-Nagrela vereinigte in seiner Person allein die verschiedenen Eigenschaften des Triumvirats, welches den Ruhm des jüdischen Spanien begründet hat. Er war zugleich Chasdaï, der hochherzige, wissensfördernde Fürst, Mose ben Chanoch, der tiefe Talmudkundige, und Dunasch ben Labrat, der Dichter und Grammatiker.

Der Lebensgang des S a m u e l (Jsmael) H a l e v i I b n - N a g r e l a war eigentümlich. Geboren in Cordova (993)[1]), wohin sein Vater J o s e p h aus Merida übersiedelt war, wurde er im Lehrhause des R. Chanoch mit dem reichen und schwierigen Stoff des Talmuds vertraut. In die Feinheiten der hebräischen Sprache weihte ihn Jehuda Chajug, der Begründer der hebräischen Sprachkunde, ein. Für andere Wissensfächer und namentlich für das Arabische, das er sich mit großer Meisterschaft aneignete, bot ihm die andalusische Hauptstadt, welche damals auf dem Höhepunkt der Kultur stand, Gelegenheit genug. Als zwanzigjähriger Jüngling mußte Samuel mit vielen anderen wegen des erbitterten Bürgerkrieges Cordova verlassen. Der berberische Häuptling S u l a i m a n n, der im Kampfe mit den Arabern und der sklavonischen Leibwache der Kalifen Sieger über dieselben geblieben war, zerstörte mit afrikanischer Wut die Prachtgebäude der Hauptstadt, ließ Frauen und Töchter schänden und brachte die reichsten Familien an den Bettelstab (April 1013). Die angesehenen jüdischen Familien wanderten wegen solcher Drangsale nach Granada, Toledo und sogar nach dem entfernten Saragossa aus. Samuel Ibn-Nagrela ließ sich in der Hafenstadt Malaga nieder, man weiß nicht, ob mit oder ohne seine Eltern. Er lebte von einem kleinen Kram und betrieb dabei Talmud- und Sprachstudien. Er verstand außer dem Hebräischen, Arabischen und Chaldäischen noch vier Sprachen, wohl Lateinisch, Kastilianisch und Berberisch. Ungleich den übrigen Juden, welche das Arabische meistens mit hebräischen Schriftzügen schrieben, war Ibn-Nagrela in der arabischen Schönschrift

---

[1]) Die Hauptquellen über denselben sind Abraham Ibn-Daud und die interessanten Notizen von Munk in dessen Notice sur Aboulwalid (p. 87 ff.), die ich hier zugrunde lege. Nur für neue Tatsachen gebe ich Belege. Vgl. darüber andere Quellen Note 3 I.

Meister¹), worauf die Araber damals einen besonderen Wert legten. Seiner Sprachkenntnis und Kalligraphie verdankte er eine so hohe Stellung, wie sie kein Jude bis dahin seit dem Untergange des jüdischen Staates inne hatte.

Bürgerkriege und der Ehrgeiz der Statthalter (Emire) hatten den von den omejadischen Kalifen geschaffenen Organismus des andalusisch-mohammedanischen Reiches in kleine Gebietsteile zerstückelt. Es entstand in Andalusien nach dem Untergange der letzten Omejaden eine Kleinstaaterei ähnlich wie ehemals in Deutschland und Italien; die arabischen Geschichtschreiber nennen daher die Regenten dieser Zeit „die Könige der Zerrissenheit". Ein Stamm der Berber²), die S i n h a ǵ a h, gründeten unter einem Häuptling M a k s e n aus der Familie der Ziriden im südlichen Spanien ein eigenes Königreich (1020). Das von Juden reich bevölkerte Granada wurde Hauptstadt dieses Königsreichs und Malaga gehörte ebenfalls dazu. In Malaga hatte der Wesir des zweiten granadischen Königs H a b u s, mit Namen A b u l k a s i m Ibn - A l a r i f, einen Palast neben Samuels Kramladen. Diese Nachbarschaft brachte dem kümmerlich lebenden jungen Gelehrten Glück, enthob ihn den beengenden Nahrungssorgen und stellte ihn auf eine Höhe, die seiner Bedeutung entsprach. Eine vertraute Sklavin des Wesirs, welche ihrem Herrn Bericht zu erstatten hatte, ließ sich nämlich regelmäßig die Briefe von ihrem Nachbar, dem jüdischen Krämer, schreiben. Die Briefe verrieten aber so viel sprachliche und kalligraphische Gewandtheit, daß der Wesir Ibn-Alarif begierig war, den Schreiber kennen zu lernen. Als er seinen Namen erfuhr, ließ er Samuel zu sich rufen und bewog ihn, in seinen Dienst als Geheimschreiber zu treten (um 1025). Bald gewahrte Habus' Wesir, daß Ibn-Nagrela eben so tiefe politische Einsicht besaß wie geschmackvollen arabischen Stil und zog ihn bei wichtigen Staatsangelegenheiten zu Rate. Da nun Samuels Ratschläge sich durch glückliche Erfolge als treffend bewährten, so unternahm der arabische Staatsminister nichts ohne dessen Zustimmung. Samuel sollte bald noch höher steigen.

Ibn-Alarif war erkrankt und der König Habus war in Verzweiflung, was er ohne ihn in den verwickelten Verhältnissen, in denen er zu den

---

¹) Jehuda Ibn-Tibbon, Mahnungsschreiben an seinen Sohn (ed. Berlin), S. 4.

²) Juden und Araber nannten die Berber Philister, weil sie glaubten, daß die von David geschlagenen Philister nach Afrika ausgewandert wären. Vgl. Abraham Ibn-Daud und Ibn-Alhakim bei de Slane, Histoire des Berbères, appendice I, S. 301.

Nachbarstaaten stand, anfangen sollte. Der sterbende Wesir verwies ihn aber auf seinen jüdischen Geheimschreiber, gestand ihm, daß er seine gelungenen Operationen lediglich dessen weisen Eingebungen verdankte, und empfahl ihn Habus dringend zu seinem Ratgeber. Der granadische König, der als Berber weniger Vorurteile gegen Juden hatte als die arabischen Muselmänner, nahm keinen Anstand, Samuel Ibn-Nagrela mit der höchsten Würde als seinen Staatsminister (Katib)[1]) zu bekleiden und ihm die Leitung der diplomatischen und militärischen Angelegenheiten anzuvertrauen (1027). Der Krämer von Malaga wohnte seitdem im königlichen Palaste und der Talmudjünger R. Chanochs hatte eine gewichtige Stimme in der Politik der pyrenäischen Halbinsel. Denn ein mohammedanischer König, der sich einen Wesir wählte, herrschte wohl und hatte despotische Launen, aber regierte nicht. Das war Sache seines Hauptministers, der ihm dafür mit seinem Kopfe verantwortlich war. Samuel hatte also sein Glück zunächst seiner Feder zu verdanken und er feierte sie auch durch ein Sinngedicht[2]). Habus hatte seine Wahl nicht zu bereuen. Sein Königreich gedieh unter der Hand des einsichtsvollen und tätigen jüdischen Staatsmannes. Die Launen des berberischen Königs wußte Samuel zu beschäftigen und ihn für sich einzunehmen Er verfaßte auf ihn ein Lobgedicht in sieben Sprachen[3]), und nichts war einem mohammedanischen Herrscher schmeichelhafter, als sich in kunstreichen Versen verherrlicht zu sehen. Bei der moslemischen Bevölkerung machte er sich durch sein bescheidenes Auftreten beliebt. Mit Geduld ertrug er Widerwärtigkeiten. Er verband mit einem hellen überlegenen Geiste, mit sanften einnehmenden Manieren einen festen Charakter. Gewandt, klug, immer Herr seiner selbst, war Ibn-Nagrela stets von ausgesuchtester Höflichkeit, verstand die Umstände zu benutzen und besaß die Gabe, seine Gegner zu entwaffnen. Ungeachtet seines lebhaften Geistes sprach er wenig, dachte dafür aber viel[4]). Ibn-Nagrela entwarf selbst mit Meisterhand das Bild eines würdigen Herrschers, das sein Leitstern gewesen zu sein scheint. „Wessen Rat lauter ist gleich dem Sonnenlicht, wer rein ist von der Lüfte Flecken, wessen Augen sich nicht dem Schlafe schließen, wessen Gedanke fest wie Türme, wen die Würde

---

[1]) Samuels Zeitgenosse Ibn-Chajan bemerkt ausdrücklich, daß jener den Titel Katib führte, bei Dozy, Histoire de l'Afrique et de l'Espagne intitulée al-Bajano-l-Maghrib par Ibn-Adhari I. introduction p. 84, 96. Vgl. daselbst Histoire des Musulmans d'Espagne IV, 35 f.
[2]) Ibn-Tibbon a. a. O.   [3]) Saadia Ibn-Danan in Chemda Genusa.
[4]) So schildert ihn der mohammedanische Zeitgenosse Ibn-Chajan bei Dozy a. a. O. 97.

gleich Waffenglanz umstrahlt, wer den Willen anderer sich untertan zu machen weiß und sich fern hält von dem, was Schande bringt, der ist der Herrschaft würdig"¹). Seine Weisheit und Frömmigkeit bewahrten ihn vor jenem Hochmut, der Emporkömmlingen so eigen ist und sie verhaßt macht. Daher konnte sich Samuel fast drei Jahrzehnte in seiner hohen Stellung als Regent des Königreichs Granada behaupten.

Seine Sanftmut, mit der er seine Gegner zu entwaffnen wußte, vergegenwärtigt eine Anekdote. In der Nähe von Habus' Palaste hatte ein muselmännischer Gewürzkrämer einen Laden, und so oft dieser den jüdischen Minister in Begleitung des Königs sah, überhäufte er ihn mit Schimpfwörtern und Flüchen. Habus, darob erzürnt, befahl einst Samuel, den lästigen Fanatiker zu züchtigen und zwar ihm die Zunge ausschneiden zu lassen. Der jüdische Wesir kannte aber ein anderes Mittel, den Fluchenden stumm zu machen. Er gab ihm Geld und dieses verwandelte sein Fluchen in Segen für ihn. Als Habus einst den Gewürzkrämer wieder bemerkte, war er darüber erstaunt und stellte Samuel zur Rede. Dieser antwortete: „Ich habe ihm die böse Zunge ausgerissen und ihm dafür eine gute gegeben"²). Übrigens war dieser Gewürzkrämer nicht sein einziger Feind, er hatte deren manche und sehr gefährliche. Fanatische Mohammedaner sahen in der Erhebung eines „Ungläubigen" zu einem so hohen Range, der ihm die vollziehende Regierungsgewalt in die Hände gab, eine Verhöhnung ihrer Religion. Es erregte ihren Unwillen, daß die zahlreiche jüdische Bevölkerung des Königreichs Granada das Haupt erhob und sich den Moslemin ebenbürtig fühlte.

Das Glück war aber auch diesem jüdischen Wesir günstig, obwohl er nahe daran war, seine Stellung und vielleicht auch sein Leben zu verlieren. Als der König Habus gestorben war (1037), entstanden in Granada zwei Parteien, die sich um zwei Prinzen scharten. Die meisten berberischen Großen und auch einige einflußreiche Juden, Joseph-Ibn-Migasch, Isaak ben Leon und Nehemia Eskafa waren für den jüngern Sohn Balkin (oder Bologgin)³). Eine kleinere

¹) Samuels Ben-Mischle bei Dukes Blumenlese, S. 56, Graetz, Blumenlese S. 33.
²) Handschriftliche Anekdotensammlung in hebräischer Sprache im Besitz des Herrn Carmoly, der die Freundlichkeit hatte, mich davon Einsicht nehmen zu lassen.
³) de Slane, Munk und Dozy sprechen nach Ibn-Khaldun den Namen Bologgin aus. Gayangos weist aber nach (in seiner History of the mahometan dynasties II), daß diese Aussprache falsch ist. Auch Abr. Ibn-Dauds Orthographie spricht für die Aussprache Balkin.

Partei und darunter auch Samuel wünschten den älteren Sohn, namens Badis, zum Nachfolger. Schon war die zahlreichere Partei bereit, Balkin zu huldigen, als dieser selbst zugunsten seines älteren Bruders abdankte. Badis wurde König (Oktober 1037), und Samuel behielt nicht nur seine bisherige Stellung, sondern war der Tat nach König von Granada, da sich der den Lüsten ergebene Badis noch weniger als sein Vater um Regierungsgeschäfte kümmerte. Später bereute Balkin seine Großmut gegen seinen Bruder und legte dessen Regierung Hindernisse in den Weg. Badis gab infolgedessen Balkins Leibarzt einen Wink, ihm während einer Krankheit keine Arzneimittel zu reichen, was seinen Tod herbeiführte. Nach dessen Tode blieben Badis' Regierung und Jbn-Nagrelas Stellung unangefochten. Balkins Anhänger mußten Granada verlassen, darunter auch die drei eben genannten Juden. Sie wanderten nach Sevilla aus und wurden freundlich von dem dortigen Könige, dem Abbabiden Mohammed Algafer aufgenommen, der ein Gegner des Königs von Granada war. Einer der drei Flüchtlinge, Joseph Jbn-Migasch I., von dem König von Sevilla zu einem hohen Posten erhoben[1]), wurde der Ahn eines bedeutenden Mannes. Das Glück oder Gottes Beistand wendete von Jbn-Nagrela eine höchst drohende Gefahr ab, die über seinem Haupte und den Gemeinden des Fürstentums Granada schwebte. Um sich gegen die feindliche arabische Bevölkerung und deren Häupter in Sevilla und Cordova zu halten, mußte sich der berberische Fürst mit dem sklavonischen Fürsten Zohair verbünden, welcher sich des Gebietes von Almeria am Meer bemächtigt hatte. Dieses Bündnis sollte nach Habus' Tod mit seinem Nachfolger Badis erneuert werden. Zohairs Minister Jbn-Abbas, ein hochmütiger und fanatischer Mohammedaner, suchte es aber zu vereiteln, so lange der jüdische Minister Samuel Badis' Ratgeber bliebe. Jbn-Abbas und sein Gesinnungsgenosse Jbn-Bekanna, Statthalter von Malaga, arbeiteten gemeinschaftlich auf Samuels Sturz hin, zuerst mit Verleumdung bei Badis und, als diese fehlschlug, mit Herausforderung. Zohair traf plötzlich mit seinem Minister und zahlreichem Gefolge in Granada ein, stellte freche, harte Bedingungen für die Erneuerung des Bündnisses und verlangte in erster Linie Samuels Entfernung vom Amte. Wäre Badis darauf eingegangen, so wäre es um Samuels Leben geschehen gewesen, und auch seine Stammesgenossen wären in Mitleidenschaft gezogen worden. Aber gerade die übermütige Frechheit, mit der Jbn-Abbas diese Forderung ertrotzen wollte, erbitterte den Fürsten und die

---

[1]) Abraham Jbn-Daud.

berberische Kriegspartei gegen ihn und seinen Herrn. Als diese mit ihrem Gefolge von Granada abgezogen, lauerten ihnen berberische Scharen an den Engpässen auf und brachen die Brücke bei Alpuente ab, welche nach Almeria führte. Diese Kriegslist gelang. Zohairs Truppen wurden zum Teil aufgerieben, zum Teil in die Flucht gejagt, zum Teil gingen sie zum Feinde über. Ibn-Abbas wurde gefangen, in den Kerker geworfen und nach mehrwöchentlicher Kerkerhaft erstochen, gerade an dem letzten Tage des Hüttenfestes, an dem Freudentage. Samuel Ibn-Nagrela mit der jüdischen Gemeinde zu Granada jubelte und dankte Gott für diese unerwartete Rettung. Er dichtete ein schwungvolles Danklied auf dieses Ereignis und wollte den Tag der Errettung zum ewigen Andenken gefeiert wissen gleich der Purimfeier. Er stieg nach diesem Vorfall noch mehr in Gunst bei Babis. Zur selben Zeit hatte Samuel einen bedeutsamen Traum in Versen:

> „Untergegangen ist Ibn-Abbas,
> Und mit ihm seine Freunde und Genossen.
> Auch der andere Fürst wird bald vergehen"[1].

In der Tat erlitt Ibn-Bekanna später einen schmählichen Tod[2]. Ibn-Nagrela hatte indes auch warme Anhänger unter den Arabern. Ein Dichter M o n t a f i l pries ihn mit überschwenglichen Versen:

> „Statt Gott in Mekka zu suchen
> Und dort den schwarzen Stein zu küssen,
> Würden die Menschen, wüßten sie Wahrheit von Wahn zu scheiden —
> Dir, o Ismael, die Hände küssen,
> Die den Segen spenden.
> Ich bekenne mich in deinem Hause
> Offen zum Gotte, der den Sabbat eingesetzt;
> Unter meinem Volke bekenne ich ihn heimlich[3]."

Interessant ist es von einem zeitgenössischen Geschichtsschreiber zu erfahren, wie der jüdische Minister an die mohammedanische Bevölkerung Regierungserlasse formulierte. Samuel, oder wie ihn die Araber nannten, Ismael Ibn-Nagrela gebrauchte ohne Skrupel in den Zirkularen die den moslemitischen Regenten eigenen Formeln. Er eröffnete die Erlasse mit den Worten: Chamdu-l-Illahi (Gott Lob), fügte, wenn er Mohammeds Namen zu nennen hatte, den Beisatz hinzu: „Gott möge über ihn beten und ihn segnen". Er mahnte diejenigen, an welche die Regierungsschreiben gerichtet waren, ferner nach der Vorschrift des Is-

---

[1] Mose Ibn-Esra, Poetik, vgl. Graetz, Blumenlese 34, 6.
[2] Dozy das. p. 58.
[3] Das. p. 98 aus Ibn-Bassan.

lam zu leben; kurz seine Erlasse waren ganz und gar in mohammedanischem Stile gehalten[1]).

Ohne Zweifel haben Habus und später Badis dem jüdischen Wesir auch eine gewisse Macht über die jüdischen Gemeinden des granadischen Königreichs eingeräumt, wie sie vor ihm Chasdaï und Ibn-G'au in Cordova besaßen. Samuel war nämlich Oberhaupt und „Fürst" (Nagid) der Juden; diesen Titel führt er bei jüdischen Schriftstellern. Der Staatsminister war zugleich **Rabbiner**, stand einem Lehrhause vor, hielt Vorträge vor Jüngern über den Talmud[2]), erließ gutachtliche Bescheide[3]) auf religiöse Anfragen, kurz er fungierte vollständig wie ein Rabbiner jener Zeit. Mit derselben Feder, mit der er Regierungserlasse ausfertigte, schrieb er auch Gutachten und Abhandlungen über den Talmud. Samuel Nagid stellte zuerst eine Methodologie des Talmuds (Mebo-ha-Talmud)[4]) auf, worin er die technischen Ausdrücke klar und faßlich erläuterte. Als Eingang dazu fügte er die **Traditionskette** zusammen, die Reihenfolge der mit Autorität bekleideten Träger des Judentums von den Männern der großen Versammlung durch die Tannaiten, Amoräer, Saburäer und Gaonen hindurch bis auf R. Mose und R. Chanoch, seine Lehrer. Er verfaßte auch einen Kommentar zum ganzen Talmud für die religiöse Praxis, der von den Späteren sehr geschätzt und als Norm anerkannt wurde (Hilcheta Gabriata)[5]).

Samuel Ibn-Nagrela war auch neuhebräischer Dichter und verstand Reim und Versmaß gewandt zu handhaben. Er verfaßte Gebete nach Psalmenart mit voller Glaubensinnigkeit und Hingebung und nannte die Sammlung den **jungen Psalter** (Ben Tehillim). Er komponierte gedankenreiche Sentenzen und Parabeln, eine Frucht seiner tiefen Beobachtung der Menschen und Verhältnisse und nannte diese Komposition das **junge Spruchbuch** (Ben Mischlé). Endlich stellte er eine Lebensphilosophie nach dem Muster des „Predigers" zusammen (Ben Kohelet). Da er das letztere in reifem Alter verfaßte, so war es das ge-

---

[1]) Ibn-Chajan a. a. O., S. 96.
[2]) Folgt aus Abraham Ibn-Dauds Darstellung S. ha-Kabbalah ed. Amsterdam, 73 bis Ende, 74 a, und aus dem Lobgedichte des Dichters Joseph ben Chasdaï bei Dukes, Nachal Kedumim p. 20.
[3]) In der Gutachtensammlung Peer ha-Dor No. 185 und an anderen Stellen.
[4]) Ist zum Teil gedruckt in den Talmudausgaben; der historische Teil ist von Abraham Ibn-Daud und anderen benutzt. Fragmente daraus befinden sich im Besitze Carmolys handschriftlich.
[5]) Meïri Bet ha-Bechira ed. Stern, Einleitung S. 11. Vgl. Asulaï sub voce Samuel Nagid.

lungenste seiner schriftstellerischen Werke, voll Erhabenheit und Beredsamkeit[1]). Er dichtete auch Epigramme und Lobgedichte, aber seine dichterischen Kompositionen, die weltlichen und geistlichen, sind schwunglos, schwerfällig und dunkel, gedankenreich, aber ohne schöne Form. Man urteilte schon vor Alters von ihnen: „Kalt wie der Schnee des Hermon oder wie die Lieder des Leviten Samuel"[2]).

Kein Wunder, daß ein solcher Mann von lauterem Seelenadel und tiefem Sinn für die Weisheit und Religion überall Segen verbreitete, Wissenschaft und Poesie förderte und die Pfleger des Geistes mit fürstlicher Freigebigkeit unterstützte. Samuel stand mit den bedeutenden Männern seiner Zeit in Irak, Ägypten und Afrika in brieflicher Verbindung, namentlich mit dem letzten großen Gaon R. Haï und mit Nissim, spendete ihnen von seinen Reichtümern, ließ Bücher kopieren und verschenkte sie an arme Studierende, munterte schlummernde Talente auf und war der Schutzgeist seiner Stammesgenossen in der Nähe und Ferne. Den größten Dichter der Zeit Ibn-G'ebirol tröstete er mit herzgewinnender Freundlichkeit in seinem Trübsinn. Mit Recht schildert ihn ein Schriftsteller der nachfolgenden Generation mit den Worten: „Zu Samuels Zeit erhob sich das Reich der Wissenschaft aus seiner Niedrigkeit und die Gestirne der Erkenntnis erglänzten wieder. Gott hat ihm einen hohen Geist verliehen, der die Sphären erreichte und den Himmel berührte, auf daß er die Wissenschaft und ihre Pfleger liebe und die Religion und ihre Träger verherrliche"[3]).

Die Stellung der Juden in dem Königreich Granada, dessen Zügel ihr Glaubensgenosse leitete, war gehoben. Sie hatten Anteil an den Staatsämtern und dienten sogar im Heere[4]). In keinem Lande der Welt genossen sie damals eine so durchgreifende Gleichstellung, wie in dem ziridischen Staate. Es war ein freundlicher Sonnenblick nach vielen düsteren Tagen. Sie waren bei dem herrschenden Stamm, den Berbern, noch beliebter als die stockarabische Bevölkerung, welche mit stillem In-

---

[1]) Munk, Notice, a. a. O. p. 107 und Dukes, Nachal Kedumim S. 31 ff. Von den 432 Sentenzen des Ben Mischlé sind noch etwa 100 vorhanden, zum Teil zerstreut gedruckt: Zion I, 131; Orientalisches Literaturblatt, Jahrg. 1840 col. 811; 1843, 357; 1845, 652, 697, 614; 1846, 797, 807; 1851, 308, 327; vgl. Jehuda Ibn-Tibbon, Ermahnungsschreiben, das viele Sentenzen von Samuel enthält.

[2]) Dukes, Nachal Kedumim, S. 5.

[3]) Mose Ibn-Esra, Poetik, bei Munk, Notice. p. 108.

[4]) Folgt aus den Notizen bei Munk, daselbst 98 und 104. Dozy, Histoire des Musulmans d'Espagne daselbst p. 113 f.

grimm die Herrschaft der Sinhagiten ertrug und ihren Blick auf den Nachbarstaat Sevilla richtete, wo ein König aus arabischem Vollblute regierte.

Der Staatsminister und Rabbiner Ibn-Nagrela beschäftigte sich auch mit der Erforschung des Baues der heiligen Sprache, aber das war seine schwache Seite. Er war über die von Chajug aufgestellten Regeln nicht hinaus gekommen. Für die Verdienste seines Meisters war er aber so sehr eingenommen, daß er für neue Leistungen kein Verständnis hatte. Samuel verfaßte zweiundzwanzig Schriften über die hebräische Grammatik. Indessen wird nur eine einzige, „das Buch des Reichtums" (Sefer ha-Oscher)[1]), als nennenswert angeführt. Die übrigen waren wohl nur gelegentliche Streitschriften, die er gegen den größten hebräischen Sprachforscher Ibn-G'anach geschleudert hatte. Denn mit diesem lebte Samuel in Unfrieden. Dieser tiefste Kenner der hebräischen Sprache in alter Zeit, der nicht weniger eine Zierde der spanischen Judenheit war als der Wesir Ibn-Nagrela, verdient ein besonderes Blatt in der jüdischen Geschichte, zumal er eine lange Zeit unbekannt und verkannt blieb.

Jona Marinus (mit dem arabischen Namen Abulwalid Merwan Ibn-G'anach, geb. um 995, gest. um 1050)[2]) verdankte seine Heranbildung ebenfalls Cordova in der nachchasdaischen Zeit, als der Enthusiasmus für Kenntnisse und die schwärmerische Liebe für die heilige Sprache die Herzen entzündet hatten. Sein Lehrer in der hebräischen Grammatik war der Menahemist Isaak Ibn G'ikatilla und in der Poetik Isaak Ibn-Sahal (B. V₄ S. 373). Die Arzneikunde erlernte er wohl an der Hochschule von Cordova, die der Kalife Alhakem ins Leben gerufen hatte. In seiner Jugend machte Ibn-G'anach wie alle Welt damals hebräische Verse, von denen ihm einige selbst später, als er einen besseren Geschmack und Urteil hatte, nicht ganz schlecht vorkamen. Aber er gab die Reimerei auf, um sich ganz und gar in die hebräische Sprache zu vertiefen und ihr feinstes Geäder zu erkennen. Er lebte ganz in der Erforschung der heiligen Schrift und erlangte eine Meisterschaft darin, die bis auf den heutigen Tag noch nicht übertroffen ist. Vieles hat die Nachwelt von Ibn-G'anach gelernt, aber noch viel

---

[1]) Der arabische Titel dieser Schrift lautete Kitab al-Istaghnaa (Munk das. 107, Note 1, und Ersch und Gruber, Enzyklopädie II, B. 31, S. 57, Note 86, 87). Die grammatische Schrift verfaßte Samuel bereits als Staatsmann, denn er erwähnt darin R. Hai als einen Verstorbenen, also nach 1038.

[2]) Das Biographische und Literaturhistorische über Ibn-G'anach ist zu finden bei Munk in dessen klassischer Notice sur Aboulwalid Ibn-Djanah; in Kirchheims Einleitung zu S. Rikmah und in Ewalds und Dukes Beiträge I und II. Über die Zeit seiner Schriftstellerei vgl. Note 3, II

mehr können die hebräischen Sprachforscher und Bibelkundigen von ihm lernen. — Auch er mußte, wie sein Gegner Jbn=Nagrela, Cordova wegen der Zerrüttung unter dem Berber Sulaiman (1013) verlassen und ließ sich in Saragossa nieder. Hier, im spanischen Norden, wo eine ganz andere Luft weht, war die Naivität der Unkultur heimisch. Die Juden Saragossas oder der größte Teil von ihnen waren noch in dem Vorurteil befangen, daß das Judentum, das rabbinische Judentum, durch Forschung und namentlich durch grammatische Untersuchungen gefährdet werden könnte. In Nordspanien gab es nämlich karäische Gemeinden, wenn auch in winziger Zahl. Und darum galten im rabbanitischen Kreise hebräische Grammatik und tiefere Bibelforschung nicht als harmlose Studien, sondern als Weg zur karäischen Ketzerei und wurden beargwöhnt. Aber diese Ketzerriecherei hinderte Jbn=G'anach nicht, sich immer tiefer in den Bau der hebräischen Sprache und in die Erforschung des einfachen Bibelwortes zu versenken. Er betrieb zwar auch die Arzneikunde praktisch und theoretisch, schrieb einige Werke über Medizin[1]), aber sein Hauptaugenmerk war auf eine gründliche Bibelexegese gerichtet und der grammatische Apparat war ihm nicht Hauptsache, sondern lediglich Mittel zum sinngemäßen Verständnis der heiligen Schrift[2]).

In seinen gründlichen und mit Geist geführten Untersuchungen kam Jbn=G'anach auf ganz neue Resultate, welche von Chajug nicht erkannt worden waren. Er mußte daher an dessen grammatischem System manche Ausstellungen machen. Er tat dies mit Bescheidenheit und mit voller Anerkennung von Chajug's Verdiensten und bemerkte dabei, daß er den ersten Begründer der hebräischen Sprachforschung zwar sehr hochschätze, indem „er selbst und viele andere an der Brust seiner Weisheit gesogen haben", aber er müsse mit Aristoteles sagen, „seine Liebe zur Wahrheit sei noch größer, als die zu Plato"[3]). Noch vor seiner Auswanderung aus Cordova nach Saragossa, also noch in seiner Jugend, hatte er gegen Chajug's Gesichtspunkte in einem Schriftchen angekämpft. Sein selbständiges über Chajug hinausgehendes Verhalten hatte aber dessen warme Anhänger, darunter Samuel Jbn=Nagrela, welcher einer der ersten war, tief verletzt. Es entstand daher ein heftiger Federkrieg zwischen Jbn=Gjanach und den Jüngern der Chajug'schen Schule, der in leidenschaftliche persönliche Angriffe ausartete, ebenso wie der Streit

---

[1]) Vgl. Munk a. a. O., S. 81. Wüstenfeld, Geschichte der arabischen Ärzte, Nr. 150.

[2]) Daß Jbn=G'anach die Vulgata gekannt und mit Christen disputiert hat, erwähnt Bacher, Revue des Études juives IV, p. 273.

[3]) Zitiert von Serachja Halevi im Maor, Vorwort.

zwischen der Schule Menahems und Dunaschs. Samuel Jbn-Nagrela und Jona Jbn-G'anach drückten gegeneinander Pfeile des Witzes und der Jronie ab. Grammatische Streitschriften folgten aufeinander von der einen und der anderen Seite. Der letztere gibt einmal zu verstehen, daß ihn Samuel aus Neid verunglimpft und ausgesprengt habe, eine von ihm ursprünglich aufgestellte Bemerkung sei ein Plagiat an älteren orientalischen Grammatikern[1]). Die zwei Hauptträger der jüdischen Kultur in diesem Zeitabschnitte, der feinsinnige Fürst und das Genie der hebräischen Sprachforschung, waren bittere Gegner, und ihre Feindschaft scheint niemals zur Versöhnung gekommen zu sein. Persönliche Antipathie und die Zwischenträgerei geschäftiger Freunde mögen gleichen Anteil daran gehabt haben.

Im Gefühle des herannahenden Alters, das Jbn-G'anach mit Plato die „Mutter der Vergeßlichkeit" nennt, arbeitete er sein Hauptwerk aus, worin er die Summe seiner Forschungen und den ganzen Reichtum seines innern Lebens niederlegte. Er hat darin Grundsätze der hebräischen Grammatik entwickelt, die wegen ihrer Tiefe und Kühnheit teils nicht erfaßt und teils verdammt wurden. Jbn-G'anach war nicht bloß der Schöpfer der hebräischen Syntax, sondern hat sie auch der Vollendung nahe gebracht. Aber noch bedeutender als seine grammatischen Gesichtspunkte sind die lichtvollen exegetischen Grundsätze, die er in diesem Werke auseinandersetzte, wie die Bibel ausgelegt und wie sie verstanden sein soll. Keiner vor ihm und nur sehr wenige nach ihm bis auf den heutigen Tag haben die Kunstwerke der heiligen Literatur in allen ihren Feinheiten so richtig verstanden und so treffend zu beleuchten gewußt wie Jbn-G'anach. Von der Höhe, zu der er die Bibelforschung erhoben, erscheinen alle vorangegangenen Leistungen, von dem ersten karäischen Bibelforscher bis auf Saadia, Menahem, Dunasch und Chajug' nur als Schülerarbeiten. Die Karäer hatten zwar jedes Wort der heiligen Sprache auf die Goldwage gelegt, seine Bedeutungen durch Vergleichung zu erforschen gesucht und um Sinn und Zusammenhang sich vielfach abgemüht, aber sie hatten die Exegese in Dienst genommen, in den Dienst ihres talmudfeindlichen Bekenntnisses und sie blieb ihnen stets eine stumpfe Sklavin. Auch Saadia hatte die Exegese nur als Mittel gebraucht, um das Karäertum zu bekämpfen und gewisse philosophische Theorien biblisch zu färben. Andere wiederum gebrauchten sie lediglich als Stilmuster für elegante Prosa und Poesie. Erst Jona Jbn-G'anach erhob die Bibelforschung zu einer selbständigen Wissenschaft, die ihren Zweck

---

[1]) Rikmah ed. Kirchheim p. 185.

in sich selbst hat. Er wollte der heiligen Schrift zu ihrem eigenen göttlichen Inhalt verhelfen. Der verschrobenen Auslegungsweise, welche die heilige Schrift die Sprache der Kinder und Gedankenlosen reden läßt, setzt er eine einfache, tief in den Sinn eindringende Erklärungsweise entgegen, welche den Geist der heiligen Verfasser um so strahlender erscheinen läßt. Ibn-G'anach machte zuerst auf die Ellipse und auf die Wort- und Versversetzung in den heiligen Büchern aufmerksam und war kühn genug, manches Unverständliche, Rätselhafte und scheinbar Ungereimte darin auf Rechnung einer Laut- und Wortveränderung zu setzen. Über zweihundert dunkle Stellen erklärte er ganz einfach und sinngemäß durch die Annahme, daß dem betreffenden Schriftsteller ein ungehöriges Wort für ein passendes entfahren sei[1]). Durch die Angabe des rechten Wortes stellte Ibn-G'anach den richtigen Sinn in vielen Versen wieder her, welche bis dahin kindisch gedeutet worden waren. Er war der erste verständige Bibelkritiker. Obwohl er von der Göttlichkeit der heiligen Schrift ganz durchdrungen war, stellte er nicht wie andere ihre Redeweise so hoch, daß sie baren Unsinn aussagen dürfe, sondern nahm an, daß sie, wenn auch des göttlichen Geistes voll, sobald sie an Menschen gerichtet sei, den Regeln menschlicher Ausdrucksweise unterliege. Ibn-G'anach behauptete nicht geradezu, daß die Abschreiber und Punktatoren aus Mißverständnis Wörter oder Formen in der heiligen Literatur verändert oder verdorben hätten, sondern nur daß die heiligen Männer als Menschen auch den Tribut des Menschlichen gezahlt hätten. Mit Recht nannte er sein Hauptwerk (das er wie andere fünf Schriften in arabischer Sprache verfaßte), Kritik (Al-Tanchik) und teilte es in zwei Teile, in Grammatik mit Exegese verbunden (Al-Luhma', Rikmah, Buntgewirktes), und in Lexikon (Kitab al-Asswal)[2]).

Dieses großartige Werk, das nächst der religions-philosophischen Schrift Saadias die bedeutendste Erscheinung in der jüdischen Literatur des Mittelalters bis ins elfte Jahrhundert ist, zeugt nicht bloß von des Verfassers hohem, lichtvollem Geiste, sondern auch von seiner sittlichen und religiösen Größe. Ibn-G'anach bemerkt in der wissenschaftlich gehaltenen Einleitung: er habe sich der Mühe der Ausarbeitung unterzogen, nicht aus Eitelkeit und Ruhmsucht, sondern um ein tieferes Ver-

---

[1]) Rikmah, c. 28; vgl. dazu Ibn-Esra zu Daniel I 1, und Zachot ed. Lippmann, S. 72 und Anmerkung dazu.

[2]) Das arabische Original ist noch Handschrift in der Boblejana bis auf die Einleitung, welche Munk in dessen Notice etc. veröffentlicht hat. Der erste Teil in hebräischer Übersetzung von Jehuda Ibn-Tibbon ist von Kirchheim herausgegeben worden unter dem Titel Rikmah (Frankf. a. M. 1857).

ständnis der heiligen Schrift und dadurch wahre Frömmigkeit zu fördern. Er sei dazu von einem unwiderstehlichen Drange getrieben worden, und die Lust an der Arbeit habe ihm nicht Ruhe, nicht Erholung gelassen. In der ernsten Beschäftigung damit seien ihm die Gedanken wie durch höhere Eingebung prophetischer Art zugekommen. — Obwohl Jbn-G'anach vielfache Feinde hatte an solchen, welche sein Verdienst schmälerten, und an solchen, welche ihn wegen seiner wissenschaftlichen Auffassung der Bibel als Ketzer verdammten, so sprach er in seinem Werke durchaus nicht feindselig von ihnen, ja nannte sie nicht einmal beim Namen, und wenn es auf ihn angekommen wäre, so würde die Nachwelt von der Gegnerschaft des Ministers Samuel Jbn-Nagrela gegen ihn nichts erfahren haben. — Mit der Philosophie war Jbn-G'anach nicht unbekannt; er spricht von Plato und Aristoteles als Kenner[1]). Er schrieb auch ein Buch über Logik, wohl im aristotelischen Geiste. Aber metaphysischen Untersuchungen über das Verhältnis Gottes zur Welt und über die Urprinzipien, womit sich seine jüdischen Zeitgenossen und Landsleute und namentlich Jbn-G'ebirol beschäftigt haben, war er abhold und sprach sich darüber tadelnd aus, daß sie nicht zur Gewißheit führen, sondern den Glauben untergraben[2]). Jbn-G'anach war ein nüchterner Denker und Feind jeder schwärmerischen, exzentrischen Richtung. Darum blieb ihm auch die Poesie fern; er gestand ein, daß ihm im reifen Alter kein Vers gelingen wollte, obwohl er sich Mühe damit gegeben[3]). Er war der Gegenfüßler der dritten Größe im Triumvirate dieses Zeitabschnittes, des Jbn-G'ebirol, mit dem er, obwohl in einer und derselben Stadt lebend, nicht im besten Einvernehmen gestanden zu haben scheint[4]).

[1]) Rikmah, Einleitung, p. XI.
[2]) Das. Text, p. 161.
[3]) Das. p. 185 f.
[4]) Geigers Vermutung, daß Jbn-G'ebirols Gedicht in der Sammlung Schire Schelomo von Dukes, Nr. 22, sich auf Jona Jbn-G'anach bezieht, wird durch den Inhalt selbst widerlegt.

Zweites Kapitel.

Zeitalter des Ibn-Nagrela und Ibn-G'ebirols.
(Fortsetzung).

Ibn-G'ebirol, sein Leben, Charakter, seine Lieder und seine Philosophie. Der Staatsmann Jekutiel Ibn-Hassan. Bachja (Bechaja) und seine Moralphilosophie. — Der Bibelkritiker Jizchaki Ibn-Jasus. Der Dichter Joseph ben Chasdaï. Tod des Samuel Ibn-Nagrela. Sein Sohn Joseph, sein Charakter und sein tragisches Ende. Der jüdische Staatsmann und Dichter Abu Fadhl ben Chasdaï. Ibn-G'ebirols Tod. — Die französischen und deutschen Gemeinden; Joseph Tob Elem, die Brüder Menahem ben Chelbo und Simon Kara. R. Mose aus Narbonne. Die lothringschen Weisen. Die Wormser Synagoge. Jakob ben Jakar, Isaak Halevi und Isaak ben Jehuda. Das Buch Zerubabel. Die Juden in Böhmen und Polen. Die Karäer.

1027—1070.

Eine ganz ideale Erscheinung, eine reich begabte Persönlichkeit, lieblicher Dichter und zugleich tiefsinniger Denker war Salomon ben Jehuda Ibn-G'ebirol, oder wie sein Name nach arabischer Umlautung klang, Abu-Ajub Sulaiman Ibn-Jachja (geb. um 1021 gest. 1070)[1]). Jeder Zoll an ihm war Sang und Gedanke, und alles, was nicht mit Poesie und Philosophie im Zusammenhang steht, erschien ihm kleinlich und nichtig. „Fliehend die irdischen Dinge, weihte Ibn-G'ebirol seine Seele, welche sich von der Befleckung niedriger Wünsche erhoben hatte, ganz den geistigen Interessen. Jünger als seine gelehrten Zeitgenossen übertraf er sie durch die Anmut seines Wortes"[2]). Obwohl uns der Himmelsflug seines originellen Geistes und die Ergüsse seines warmen Herzens vollständig erschlossen sind, so herrscht doch noch über seinen Lebensgang tiefes Dunkel, und man ist bei der Darstellung einer Persönlichkeit, an der jeder Schritt interessant ist, auf Mutmaßungen angewiesen. Sein Vater Jehuda, der in Cordoba gewohnt, scheint während der Kriegsunruhen zugleich mit Samuel Ibn-Nagrela nach Malaga ausgewandert zu sein. In diesem Orte wurde das dichterische

---

[1]) Über das Biographische vgl. Note 3 II. Die christlichen Scholastiker haben seinen Namen in Avicebrol und Avicebron verstümmelt.

[2]) Mose Ibn-Esra bei Munk, Mélanges, S. 263.

und philosophische Genie des Jahrhunderts, der jüdische Plato, geboren und erzogen, an dem sich viele Herzen erwärmt und viele Geister erleuchtet haben.

Es scheint, daß Ibn-G'ebirol seine Eltern früh verloren hat, und daß sie ihm kein Vermögen hinterlassen haben. Er hatte nicht einmal einen Bruder, in dessen Brust er sein weiches Gemüt hätte ausschütten können. Er klagt daher über seine tiefe Verwaistheit mit Worten, die den Leser zum Mitgefühl hinreißen:

„Schmerzgebeugt ohne Vater und Mutter
Jung und vereinzelt stehe ich da,
Keinen Bruder, keinen Freund nenne ich mein."[1]

Sein weichgestimmtes, poetisches, zur Schwärmerei geneigtes Gemüt wurde infolge dieser Verlassenheit noch mehr verdüstert. Der Knabe kannte nicht den Frohsinn der Jugend, und über die Züge des Jünglings streifte niemals der Sonnenstrahl des Lächelns. Ibn-G'ebirol vergegenwärtigt das Bild eines Jünglings, den Melancholie und Forschung frühzeitig zum Greise gemacht haben. Er selbst malt sich in diesem Bilde:

„Ich bin das Kind, mit dem Herzen eines Achtzigers.
Mein Leib wandelt auf Erden, mein Geist schwebt auf Wolken."[2]

Er zog sich, von der Außenwelt abgestoßen, in sich selbst zurück und vertiefte sich in sein reiches Innere, das voller Sang und Ideen war. Die Poesie und der philosophisch durchleuchtete Glaube waren die beiden Engel, die ihre Fittiche schützend über ihn ausbreiteten und ihn vor Verzweiflung bewahrten. Aber sie vermochten nicht, ihm Freude ins Herz zu gießen, seine Gesinnung blieb ernst, und seine Lieder haben daher einen vorherrschend düsteren Zug. Die ersten dichterischen Ergüsse seiner Seele waren sicherlich Gebete, die ganz eigen geartet sind, die Seele vom Irdischen loslösen und sie vor Gottes Thron unter die Chöre lobsingender Engel versetzen. Noch an der Grenze des Knabenalters dichtete Ibn-G'ebirol über Kunstformen mit einer Vollendung, die das geborene Genie kennzeichnet. Aus seinem sechzehnten Lebensjahre stammt ein Gedicht, das voller Trauer ist und das Merkwürdige hat, daß der junge Dichter darin altersreife Betrachtungen über sich und sein Geschick anstellt:

---

[1] Schire Schelomo, Sammlung der weltlichen Lieder Ibn-G'ebirols, herausgegeben von Dukes (Hannover 1858) Nr. 1. Auch zum Teil zusammengestellt in Graetz, Blumenlese und Geigers G'ebirol 1864. Seine liturgischen Lieder von S. Sachs herausgegeben und erläutert.
[2] Bei Dukes, Nachal Kedumim das. Nr. 9, S. 14.

„Sehe ich lachen, weint mein Herz,
Weil das Leben mir verkümmert ist.
O Freund! Soll ein Sechszehnjähriger stets nur klagen,
Der sich in seiner Jugend freuen sollte, gleich einer Lilie im Tau!
Mein Herz richtet mich von Kindheit an,
Darum ist meine Seele gebeugt. —
Indessen was nützt's sich zu härmen
Schweig' und hoff' mein Herz, für jede Wunde gibt's Balsam.
Was nützt's zu klagen über Drangsal,
Was frommt die nimmer ruhende Träne!"[1]

In dem Alter, in welchem die meisten Menschen noch tändeln, war Ibn-G'ebirol bereits ein vollendeter Dichter und bekundete eine Meisterschaft, durch welche er alle Vorgänger verdunkelte. Man sieht es seinen Gedichten an, daß er nicht nach Wort und Reim, nicht nach Gedanken und Bild zu suchen brauchte, sondern daß ihm alles in Fülle zuströmte. Dabei weiß er Maß zu halten, um die Linie, welche das Schöne vom Übertriebenen scheidet, nicht zu überschreiten. Die greise hebräische Sprache verjüngte sich an dem glutvollen Herzen dieses dichterischen Kindes und wurde die treue Dolmetscherin seiner Gedanken und Gefühle. Wie ernst und tief muß er sich schon in zarter Jugend mit der heiligen Sprache beschäftigt haben, daß er sie wie eine lebendige, mit der Muttermilch eingesogene zu beherrschen vermochte! Er machte sie biegsam, glättete und verfeinerte sie, und sie schmiegte sich ihm wie einem Liebling an. Das hebräische Versmaß erweiterte dieser junge Dichter vielfach und veredelte es zu ohrenschmeichelndem Klange. Die Muse, die weder in der biblischen noch in der neuhebräischen Poesie unter einem Bilde angeschaut wurde, personifizierte er zart und sinnig, im Geist der hebräischen Sprache, als Taube mit goldnen Fittichen und süßem Laute[2]. Mit Recht wurde er Meister der Dichtkunst und der Beredsamkeit genannt und zog die Aufmerksamkeit der Zeitgenossen auf sich[3].

In seiner Verlassenheit und Not fand der junge Dichter einen Tröster und Beschützer an einem Manne, den Ibn-G'ebirols Poesie verherrlicht und verewigt hat, ohne welche er ganz unbekannt geblieben wäre. **Jekutiel Ibn-Hassan oder Alhassan**[4] scheint in

[1]) Dukes, Nachal Kedumim, Nr. 3.
[2]) Das. Nr. 14, 22, 34.
[3]) Mose Ibn-Esra bei Munk, Mélanges, p. 263 f.
[4]) Vgl. über ihn Frankel, Monatsschrift Jahrg. 1858, S. 454 ff. und Zeitschrift der deutschen morgenländischen Gesellschaft 1859, S. 515. Jekutiel ben Hassan mit dem Astronomen Hassan ben Hassan zu identifizieren, ist deswegen unzulässig, weil dieser bereits im Jahre 971, als er sein astronomisches Werk ausarbeitete, ein Greis genannt wird, also nicht im Jahre 1039 ermordet worden sein kann. Auch schildert ihn Ibn-G'ebirol nicht als Greis.

Saragossa eine hohe Stellung unter dem König Jachja Jbn-Mondhir eingenommen zu haben, ähnlich der Samuel Jbn-Nagrelas in Granada. Er wird als Fürst über Fürsten geschildert, „auf dessen Worte Hohe lauschen". — „Die Regierung der Könige ruhte auf seiner Schulter, nach seinem Ausspruch verwalteten die Fürsten und auf seinen Wink traten die Räte zusammen." Jekutiel Jbn-Hassan wird auch als fürstlicher Spender besungen, „der wie ein Vater für alle sorgt, dessen Mund für jedermann eine Heilsbotschaft, dessen Herz voll milder Freigebigkeit ist, und dessen Lippen stets die Treue bewahren." — „Er beherrschte mit seinem Herzen die Herzen, flehte die Armen an, von ihm Gaben anzunehmen und zwänge sie dazu, weigerten sie sich des." Dieser hochgestellte Mann Saragossas nahm sich des verlassenen Dichters Jbn-G'ebirol liebend an, unterstützte ihn und sänftigte sein aufgeregtes Gemüt durch freundliche Reden (um 1038)[1]). Jbn-G'ebirols Mund floß auch zum Lobe seines Gönners über. Seine Phantasie entlehnte der Natur ihre Reize und der Bibel ihre Bilderpracht, um Jekutiel damit zu verherrlichen. Er legte ihm die ganze Welt zu Füßen. „Jekutiels ernstes Wort ist wie ein Feuerbrand, sein mildes wie erfrischender Tau." — „Geböte er der Welt zu wanken, so würde sie gehorsam seinen Befehl vollziehen." — Wer will dem siebzehnjährigen Dichter mit beflügelter Phantasie Übertreibungen zum Vorwurfe machen? Jm Schutze seines hochgestellten Gönners öffnete sich Jbn-G'ebirols Herz einer heiteren Lebensanschauung. Er konnte in Saragossa ein wenig aus sich selbst, aus seiner brütenden Gedankenwelt heraustreten und an der Gegenwart Genüge finden. Sein weiches, zärtliches Gemüt war für Freundschaft geschaffen und er erwarb sich mehrere Freunde, an denen er mit der ganzen Glut seines schwärmerischen Herzens hing und deren Zuneigung er mit dem Golde der Poesie belohnte. Seine Muse besang in dieser Zeit seinen Gönner, seine Freunde, die Weisheit, die Natur. Seine Naturschilderungen sind lebhaft, anschaulich, feurig.

Aber als gönnte ihm das Geschick keine behagliche Stimmung, entriß es ihm den Beschützer, ehe er sich noch in ein freundliches Dasein einleben konnte. Jekutiel wurde ihm und allen Edeln plötzlich entrissen. Er wurde wahrscheinlich in den Sturz des Königs von Saragossa hineingezogen, welchen eine Palastrevolution herbeigeführt hatte. Abdallah Jbn-Hakam, ein Vetter des Königs Jachja Jbn-Mondhir, verschwor sich gegen seinen königlichen Verwandten, überfiel ihn plötzlich in seinem Palaste, schlug ihm das Haupt ab und bemächtigte sich seiner Schätze

---

[1]) Vgl. Note 3 II.

(1039). Jachjas Günstlinge wurden von dem Verschwörer nicht verschont, und auch Jekutiel Jbn-Alhassan scheint zur selben Zeit von einem traurigen Lose betroffen worden zu sein. Er wurde gefesselt und dann von Übeltätern erschlagen. Die Trauer um den tragischen Tod des gefeierten Jekutiel war in Nordspanien groß. Die Dichter wetteiferten, sein Grab mit den Blumengewinden der Poesie zu schmücken. Jbn-G'ebirols Schmerz war grenzenlos und sein Klagelied auf seinen Wohltäter ist wahrhaft erschütternd, aber auch Muster schwungvoller Poesie. Das Gedicht von mehr als zweihundert schöngeformten Versen ist ein Ehrendenkmal für den Verblichenen wie für den Sänger. Schon der erste Vers drückt tiefsinnig den ganzen Wert Jekutiels aus und der Dichter hätte zu seinem Preise nichts hinzuzufügen brauchen:

„Jekutiels Leben ist abgelaufen.
So sind denn auch die Himmel vergänglich!"[1]

Jbn-G'ebirols Schmerz um den hingerichteten Gönner war um so aufrichtiger, als er ihm ganz besonders gestorben war. Der Halt, den Jekutiel der Verlassenheit des jungen Dichters gegeben hatte, war entschwunden. Er klagt darum:

„Lasset mich weinen, sehet mich nicht an,
Fraget nicht, warum meine Lippen beben.
Von meinem Haupte ist der Schatten gewichen,
Jekutiel ist hin, der die Schwachen mit Kraft gerüstet."

Die düstere Stimmung bemächtigte sich seit diesem tragischen Vorfalle von neuem seines Gemütes. Er sah alles Grau in Grau, beklagte sich über Verkennung, über Verrat von seiten seiner Freunde, über Verfolgung. Mit der den auserwählten Dichtern eigenen selbstquälerischen Empfindlichkeit drückte er sich den Pfeil des Schmerzes in die eigene Brust, sah sich überall von Feinden umgeben, von Neidern verkleinert. Seine poetischen Erzeugnisse seit dieser Zeit tragen wieder den Trauerflor. Was aber andere niedergebeugt hätte, das gab ihm noch mehr Schwungkraft; er näherte sich jetzt erst dem Höhepunkt seiner poetischen und literarischen Größe. Das Versemachen war ihm so leicht, daß er im neunzehnten Jahre (1040) eine hebräische Grammatik mit allen trokkenen Regeln in vierhundert Versen ausarbeitete und sich dabei die Fesseln akrostichischer Künsteleien und eines Reimes auferlegte, der sich mit

---

[1] Alles hier Dargestellte findet sich in den Schire Schelomo und Graetz, Blumenlese S. 41 f. Übrigens stammen sicherlich nicht sämtliche Elegien auf Jekutiel von Jbn-G'ebirol.

demselben Klange durch die ganze Versreihe hindurchzieht (Anak). Im Eingange zu diesem Lehrgedichte verherrlichte Ibn-G'ebirol die heilige Sprache als die gottbegnadigte, „in welcher Engelchöre täglich ihren Schöpfer preisen, in welcher Gott das sinaitische Gesetz offenbart, die Propheten geweissagt, die Psalmisten gesungen." Er tadelte seine Landsleute, die Saragossaner, „die blinde Gemeinde", wegen ihrer Gleichgültigkeit gegen ein korrektes Hebräisch: „Ein Teil von ihnen spricht Idumäisch (Romanisch) und ein anderer die Sprache Kedars" (Arabisch). Seine versifizierte hebräische Grammatik[1]) sollte Liebe für die Sprache der Bibel erwecken und eine Methode an die Hand geben, ihre Gesetze zu begreifen.

In Saragossa verfaßte Ibn-G'ebirol auch ein moralphilosophisches Werk (1045), das zwar nicht die Tiefe seiner späteren philosophischen Arbeiten zeigt, aber doch merkwürdig genug ist wegen des eigentümlichen Geistes, der darin weht, und der Vertrautheit, welche der noch kaum zum Manne herangereifte Verfasser mit den Meistern der Philosophie bekundet. Neben Aussprüchen der heiligen Schriften und ethischen Sentenzen aus dem Talmud verwebte Ibn-G'ebirol darin Kernsprüche von „dem göttlichen Sokrates", seinem Jünger Plato, von Aristoteles, arabischen Philosophen und besonders von einem jüdischen Moralphilosophen **Alkuti** (vielleicht Chefez Alkuti)[2]). Diese Schrift „**zur Veredelung der seelischen Neigungen**"[3]) stellt ein eigentümliches System der menschlichen Temperamente und Leidenschaften auf, zählt zwanzig Triebe und Neigungen, entsprechend den vier Gemütsmischungen, multipliziert mit den fünf Sinnen, und gibt an, wie der Hang der Seele nach der einen Seite ins sittliche Gleichgewicht gebracht werden könne. Erstaunlich ist es, wie der junge Verfasser einen so tiefen Einblick in die Seelenzustände der Menschen und in die Weltverhältnisse haben konnte, als wenn er ihn aus der reifen Erfahrung in einem vielbewegten, geschäftigen Leben gewonnen hätte!

Ibn-G'ebirols moralphilosophische Schrift enthält hämisch geißelnde Anspielungen auf Persönlichkeiten der Saragossaner Gemeinde, die er

---

[1]) Ein Teil des grammatischen Gedichtes ist abgedruckt in **Parchons Machberet** und in Dukes, Schire Schelomo Nr. 55.

[2]) Dieser Alkuti wird in Mose Ibn-Esras Poetik als Verfasser einer gereimten Paraphrase des Psalters genannt; vgl. Steinschneider, Jewish Literature p. 101.

[3]) Der arabische Titel: Islach al-Achlák, der hebräische Tikkun Midot ha-Nefesch, das Original befindet sich in der Bodlejana; die hebräische Übersetzung von Jehuda Ibn-Tibbon ist oft abgedruckt. Die Jahreszahl ist im Ms. angegeben 4805 = 1045.

wohl geflissentlich verletzen wollte, und die sich um so empfindlicher getroffen fühlen mußten, als er hinzufügte: „Namen brauche ich nicht zu nennen, sie sind bekannt genug." Er schildert die Hochmütigen, die sich über ihre Genossen erheben, ihnen den Rücken zukehren, ihre Einsicht für die beste halten; die Haßerfüllten, welche Liebe auf den Lippen tragen. Im Eingange bemerkt er, er sei überzeugt, daß Feinde und Neider seine Schrift als günstige Gelegenheit benutzen würden, ihn zu verfolgen. Er wolle sich aber dadurch nicht hindern und ihren Übermut ruhig über sich ergehen lassen. „Mögen sie mich dafür hassen, daß ich das Gute erstrebe." Ibn-G'ebirol hielt es für nötig zu versichern, daß die Untersuchung aus seinem Geiste entsprungen sei, und er sich keines andern dabei bedient habe. Kurz, das Schriftchen scheint eine Herausforderung gegen einige Saragossaner zu sein, welche seine Gegner waren. Was Ibn-G'ebirol gefürchtet hatte, traf bald ein; er wurde aus Saragossa von einflußreichen Männern, die gegen ihn erbittert waren, ausgewiesen (nach 1045)[1], gewiß durch angesehene Gemeindeglieder. Dafür brandmarkte er die Stadt als ein zweites Gomorrha in einem schwermütigen, herzzerreißenden Klageliede, das ein Notschrei der Verzweiflung in schönen Rhythmen ist. Wohin er sich darauf gewendet hat, ist nicht bekannt. Der unglückliche junge Dichter war so trostlos, daß er im Unmute sich vorsetzte, Spanien ganz den Rücken zu kehren und nach Ägypten, Palästina und Babylonien auszuwandern[2]. Er ermutigt in einem Gedichte seine Seele zu dem Entschlusse, den Staub Spaniens abzuschütteln. Er rief sich das Beispiel der Patriarchen und des größten Propheten in Erinnerung, welche ihr Geburtsland verließen und auf Wanderungen gingen. Apostrophisch redete er Spanien an:

„Wehe dir, Land meiner Feinde,
Ich hab' kein Teil an dir,
Magst Freud du oder Leid erfahren."[3]

Er führte indessen diesen Entschluß nicht aus, sondern wanderte in Spanien umher, erfuhr wirkliches oder eingebildetes Mißgeschick, klagte über die Unbeständigkeit der Zeit und seiner Freunde und brachte seine Klagen wieder in schön gegossene Verse:

---

[1] Salomo Bonfied, mitgeteilt in Edelmanns Dibre Chefez, S. 21 und an andern Stellen. Vgl. die Notiz von Mose Ibn-Esra bei Munk a. a. O., p. 264.
[2] Schire Schelomo Nr. 2, S. 6. Graetz, Blumenlese, S. 47, 9.
[3] Schire Schelomo das. Nr. 2. Graetz das.

> „Scheltet mich nicht ob meiner reichen Tränen,
> Ohne sie wär' mein Herz verkohlt.
> Meine Wanderungen haben die Kraft mir gelähmt
> Eine Fliege könnte mich mit einem Arme tragen."[1])

Der Schutzgeist der spanischen Juden, Samuel Ibn-Nagrela, scheint sich seiner angenommen und ihm eine Ruhestätte bereitet zu haben. Dafür verherrlichte ihn Ibn-G'ebirol in wohlklingenden Weisen[2]). Unter dem mächtigen Schutze des jüdischen Ministers beschäftigte er sich mit philosophischen Forschungen, welche neben der Poesie seinen Geist erfüllten. Wenn die Dichtkunst seine Geliebte war, so war ihm die Weltweisheit eine Mutter. Er singt:

> „Wie sollt' die Weisheit ich verlassen,
> Hab' ich doch einen Bund mit ihr geschlossen!
> Sie ist meine Mutter, ich ihr Lieblingskind,
> Sie ist meine Zier, mein Halsgeschmeid',
> Sollt' meinen Schmuck ich ablegen?
> So lang ich leb' wird sich mein Geist
> Zu ihrer Himmelshöhe schwingen,
> Ich ruhe nicht bis ich ihren Urquell aufgefunden."[3])

Wie Ibn-G'ebirol noch halb als Kind die schwierigsten Kunstformen für die hebräische Poesie schuf, und sie wie mit spielender Leichtigkeit behandelte, so stellte er, noch halb Jüngling, ein Gedankensystem über die höchsten Probleme auf, welche den menschlichen Geist beschäftigen. Wohin geht das höchste Ziel des Menschen? Was ist das Wesen und der Ursprung der Seele, und wohin gelangt sie nach dem Scheiden vom irdischen Schauplatze? Wie ist das höchste Wesen zu begreifen, und wie hat es, einig und vollkommen, das Vielfache, Ge-

---

[1]) Schire Schelomo, Nr. 29. Von seinen Wanderungen spricht auch das Gedicht Nr. 46, das im Hebräischen ebenso schön wie unübersetzbar ist:

אבן מיורדער זנחתני מאוד עדי כי קראתיך אבי זנוח
רום שלחה רגלי לשוטט באנוש לא מצאה כי אם בך מנוח
כמה תבכה אהבת לבב ואל נשבע ברוחו מעבור כי נח.

Auch eine klagende Äußerung in seiner Bußhymne (Keter Malchut) spricht davon, worauf Dr. M. Sachs aufmerksam gemacht hat (religiöse Poesie der Juden in Spanien 213, 3).
[2]) Vgl. Note 3 II.
[3]) Das. Nr. 7 Ende. Schon in dem Gedichte nach der Verbannung aus Saragossa deutet er an, daß er sich fortan der Metaphysik zuwenden wolle und in ihr Ruhe zu finden hoffe (Nr. 1 Ende). Daraus ergibt sich, daß er sein philosophisches System nach 1045 geschrieben hat. In Keter Malchut deutet er an, daß er die Hälfte seines Lebens — 35 Jahre — bereits hinter sich habe, es also um 1055 verfaßte.

spaltene und Mangelhafte, die sichtbare Welt, hervorgebracht? Für diese und noch viele andere metaphysische Fragen versuchte Jbn-G'ebirol eine Lösung, aber nicht für das gläubige Gemüt, sondern für den urteilsfähigen Geist, um ihm im unendlichen Weltenraume seine Stelle anzuweisen, ihm den Blick zu öffnen für die unsichtbare Geisterwelt über ihm und für das Verständnis der Sinnenwelt unter ihm, damit er dem innigen Zusammenhang beider nachspüre. In diesem System entwickelte er einen so übersprudelnden Ideenreichtum und eine so überwältigende Gedankentiefe, daß der Denker sich zusammennehmen muß, ihm folgen zu können. Ihm aber entwirrten sich die so sehr verwickelten Gedanken, welche das ganze Weltall von dem Urwesen, die ganze Stufenleiter der Wesenheiten, bis zum starren Stein herab umspannen, so leicht und so faßlich, daß er für alles das passendste Wort und das entsprechendste Bild fand. Ja, einen Teil dieser Gedanken goß er in ein Gedicht — in Gebetform (Keter Malchut) —, das an Erhabenheit, Schwung und Wahrheit seinesgleichen sucht. Allerdings waren die leitenden Ideen des Jbn-G'ebirolschen Systems bereits früher von älteren Denkern ausgesprochen worden, namentlich hat er sie aus der Philosophenschule der Neuplatoniker entlehnt, welche den letzten Ausläufer der griechischen Philosophie bildeten. Er knüpfte daran an, weil diese halb poetische, halb gedankliche Weltanschauung seiner Dichterseele am meisten zusagte. Allein, da Jbn-G'ebirol diese Gedanken nicht aus direktem Verkehr mit der neuplatonischen Schule überkommen waren — über ein halbes Jahrtausend war verflossen, seitdem sie der Kaiser Justinian in Athen schließen ließ —, sie ihm vielmehr in verstümmelter Gestalt und in schlechter Übersetzung durch syrische und arabische Dolmetscher zugeführt worden waren, und da er auch den Gedankenkreis des Judentums über Gott und Weltschöpfung damit in Verbindung brachte, so kann man sein metaphysisches System dennoch sein Eigentum nennen. Er war mindestens origineller als die mohammedanischen Philosophen Alfarabi und Jbn-Sina (Avicenna), welche Aristoteles sklavisch folgten. Jbn-G'ebirol hat aus zerstückelten Gedankengliedern ein organisches Ganzes geschaffen. Sein System entwickelte er in einem Werke, das er die „Quelle des Lebens" (Mekor Chajim, fons vitae) oder auch „Über den allgemeinen Weltengrund" (de materia universali) nannte, und zwar in arabischer Sprache, die er ebenso gewandt wie das Hebräische beherrschte. — Ein christlicher Kaiser hat den Tempel der Philosophie in Athen aufgehoben und ihre letzten Priester in die Verbannung geschickt. Sie war daher seit der Zeit in Europa geächtet, mindestens fremd und mußte ihre Heimat in Asien aufschlagen. Der jüdische Denker Jbn-G'ebirol verpflanzte sie zuerst[1]) wieder nach Europa und baute ihr einen Altar in Spanien, wo sie seit der Zeit eine bleibende Stätte fand.

Dichterisch gestimmt wie Plato, hat Jbn-G'ebirol diesem geistesverwandten griechischen Philosophen die Dialogform entlehnt. Sein System wickelt sich in einer lebendigen Unterredung zwischen Meister und Jünger ab. Er überwand dadurch die Trockenheit, welche metaphysischen Untersuchungen anhaftet und sie ungenießbar macht. Als Ergänzung zu seiner „Lebensquelle" verfaßte er eine andere philosophische Schrift über den schöpferischen Willen Gottes (origo largitatis) et causa essendi)[2]), die aber nicht mehr vorhanden ist. Dem verwickelten Gange der Jbn-G'ebirolschen Philosophie zu folgen, ist überflüssig, da sie für die Auffassung und Durchleuchtung des Judentums sehr wenig getan hat. Er nahm in seinem System so wenig Rücksicht darauf, daß, wenn man nicht wüßte, daß er ein Jude, ein treuer, seiner Religion innig ergebener Jude war, man es daraus nicht erkennen könnte. Ein Überblick über die leitenden Gedanken der höchst subtilen Auseinandersetzung wird daher für den Zweck der jüdischen Geschichte genügen. Jbn-G'ebirol ging zwar, um seinen Gedankengang recht faßlich zu machen, von der sichtbaren Welt aus, um vermittelst fortgesetzter Abstraktionen nachzuweisen, daß auch die irdische Welt auf geistigem Grunde beruhe. Allein zum leichteren Verständnis seines

---

[1]) Die neuplatonisch-christlich-mystische Schule des Johannes Scotus Erigena um 850 hat wenig Einfluß geübt und war in Europa ziemlich verschollen. Der arabisch-spanische Philosoph Jbn-Baga (Aven-Pace) schrieb erst 1118, die ersten namhaften christlichen Scholastiker, Wilhelm von Champeaux und Abälard traten um dieselbe Zeit auf. Folglich war Jbn-G'ebirol der erste Philosoph des Mittelalters in Europa. Er war aber bis Anfang des jetzigen Jahrhunderts vollständig vergessen. Jourdain hat ihn erst unter dem Namen Avicebron erweckt, ohne etwas Bestimmtes über ihn und sein System zu wissen. Munk bleibt das ungeschmälerte Verdienst, ihn der Geschichte der Philosophie wiedergegeben zu haben. Er hat Fragmente einer hebräischen Übersetzung des Mekor Chajim und eine vollständige lateinische Übersetzung desselben, unter dem Titel fons vitae, aus der Bibliothek St. Viktor ans Licht gezogen und sie durch französische Übersetzung und Erläuterung zugänglich gemacht (in seinen Mélanges de philosophie juive et arabe, Paris 1857—1859). Zu gleicher Zeit fand ein anderer Gelehrter, Dr. Seyerlen, eine lateinische Übersetzung in der Bibliothèque Mazarine und gab davon Rechenschaft und eine eingehende Exposition in den Theologischen Jahrbüchern, Jahrgang 1856—1857. Ritter hat infolgedessen Jbn-G'ebirol in die Geschichte der Philosophie eingereiht (in seiner Geschichte der christlichen Philosophie, Göttingen 1858, Bd. I, S. 610 ff.).

[2]) Bei Munk a. a. O., S. 223 aus der lateinischen Übersetzung.

Graetz, Geschichte. VI.   3

Systems scheint es angemessener, von der Spitze, dem Urgeiste, auszugehen, um von da aus den Stufengang bis in die niedrigsten Sphären hinabzusteigen.

Gott ist wesentlich die in sich geeinte Ursubstanz, deren enggeschlossene Einheit durch nichts gestört ist, sie ist nicht wie die Zahleneinheit, die vermehrt und vermindert, geteilt und verändert werden kann; in ihr ist der Unterschied von Wesen und Form (Substanz und Akzidenz) unstatthaft. Diesen Satz weitläufig zu beweisen, hielt Jbn-G'ebirol für überflüssig, ebenso wie die Existenz Gottes. Wozu erst den Nachweis führen, daß ein höchstes Wesen wirklich vorhanden ist, da doch alles Vorhandene, Geistiges und Jrdisches, nur in Gott und aus Gott ist! „Du, o Gott, bist das alleinige Sein, aus dessen Lichtesstrahlen alle Wesen geworden, und in dem wir alle leben." Alles außer Gott ist nur möglich, er allein ist aber notwendig seiend[1]). Außer dem Begriffe der Einheit und Einheitlichkeit (die aus dem Gottesbewußtsein des Judentums als unbestrittene Voraussetzung herübergenommen wird) läßt sich ihm kein Attribut (Eigenschaft) beilegen[2]). Die Ursubstanz ist daher unverkennbar und unbegreiflich, weil sie über alles erhaben und unendlich ist[3]). Der menschliche Geist vermag nur aus seiner eigenen Anlage und aus der sorgfältigen Weltbetrachtung das Wesen Gottes zu erfassen[4]). — Diesem lichterfüllten, einheitlichen, unendlichen Urwesen steht die endliche Welt gegenüber wie eine dunkle, zerklüftete, unbeholfene Masse. Wie verhalten sich die irdischen, geteilten, zusammengesetzten dürftigen Wesenheiten zu der absoluten Ursubstanz? Sind sie von ihr unmittelbar ins Dasein gerufen worden? Waltet die göttliche Fülle in dieser armseligen, niedrigen Welt? Jn der Beantwortung dieser Fragen liegt der Schwerpunkt des Jbn-G'ebirolschen Gedankensystems. Es konnte sich weder mit der gläubigen Annahme einer unmittelbaren Weltschöpfung aus nichts, noch mit der aristotelischen d. h. überhaupt heidnischen Hypothese befreunden, daß die Gottheit einen Urstoff der Welt neben sich vorgefunden und ihn bloß geformt und gemodelt habe. Gegen das eine sträubt sich das philosophische, gegen das andere das religiöse Bewußtsein. Das eine scheint die Unendlichkeit ins Endliche herabzuziehen, das andere eine tiefe Kluft zwischen Gott

---

[1]) Dieser Gedanke, der in Mekor Chajim nur hin und wieder zum Vorschein kommt, ist im Keter Malchut in Gebetform auseinandergesetzt (im Eingang), Mekor Chajim ed. Munk; K. III, § 8; IV, 30; V, 31.
[2]) Keter Malchut, das.
[3]) Mekor Chajim I, 5; V, 55.
[4]) Das. II, 5.

und Welt zu setzen. Die Unmittelbarkeit der Schöpfung schmälert den Gottesbegriff, indem sie ihn mit dem niedrigen Irdischen in unmittelbare Verbindung bringt, die Annahme der bloßen Formenspendung an den selbständig auftretenden Urstoff beeinträchtigt die göttliche Allmacht und entgeistigt die Welt, indem sie Gott und Welt als eine verschiedenartige Zweiheit auseinander hält.

Ibn-G'ebirol beantwortete die Frage über das Verhältnis Gottes zur irdischen Welt auf eigentümliche Weise. In der Ursubstanz ist eine spendende, bewegende, schöpferische Kraft vorhanden, die sich als **Wille** oder als das **Wort Gottes** äußert. In diesem göttlichen Willen, der eins und gleichartig mit dem Wesen Gottes ist, schlummert eine unendliche Fülle vollkommener Wesenheiten. Er gleicht einem unendlichen Lichte, fähig eine Unendlichkeit von Welten zu durchleuchten. Diesem Urlichte, dem göttlichen Willen, entströmen ohne Mittel, ohne Bewegung und ohne Zeitmaß Kräfte, die ihm gleichartig sind, einfache, unendliche, geistige, schöpferische Kräfte, die auch in derselben Art weiter zu wirken vermögen. Zunächst entströmen ihm zwei Kräfte, die eine als **Vermögen**, eine unendliche Fülle der Wesenheiten hervorzubringen und zu gestalten, und die andere, sie zu tragen und festzuhalten, die Grundbedingungen alles Seins, die **allgemeine Wesensform und der allgemeine Wesensgrund** (forma universalis et materia universalis). Diese Kräfte scheinen zwar zwiefach und getrennt, sind aber doch geeint, der göttliche Wille ist es, der sie eint, so daß die Wesensform nicht einen Augenblick ohne ihren Grund ist, und dieser nie ohne die Form. Sie bilden zwar keine durchgreifende Einheit, aber eine vermittelte. Der göttliche Wille ist gewissermaßen der **geistige Raum**, der sie eint und hält. Dadurch sind sie von ihm verschieden, obwohl sie mit ihm zusammen ein einheitliches Attribut Gottes ausmachen und zueinander in einem Verhältnis stehen wie Schreiber, Schrift und Tafel[1]).

Alle Wesenheiten, die dem göttlichen Willen entströmen, haben an ihrem Ursprunge teil, hangen untereinander und mit ihm zusammen und bestehen ebenfalls aus geistigem Grunde und geistiger Form. „Du, o Gott, hast den Willen aus dir entlassen, den Künstler, das Sein aus nichts zu ziehen, wie Strahlen sich aus dem Lichtquell ziehen. Er schöpft aus dem Lichtborn ohne Eimer und bewirkt alles ohne Mittel. — Die Kraft reicht bis an den äußersten Saum der niedrigsten Kreatur"[2]).

---

[1]) Mekor Chajim I, 2; III, 39; II, 20, 26; III, 10, 12, 39; V, 42, 60, 62.
[2]) Keter Malchut.

Indessen je weiter sich die Wesen von ihrem Urquell entfernen, je mehr
büßen sie an Einfachheit, Kraft, Helligkeit und Geistigkeit ihres Ursprungs ein und werden immer mehr und mehr mannigfaltig, zusammengesetzt, teilbar, schwach, dunkel, dicht, körperlich und eben darum den
Sinnen wahrnehmbar. Die dem göttlichen Willen entströmten Wesen
bilden daher eine herabführende Stufenreihe, von denen je die höheren
geistiger, feiner und kräftiger sind, als die unter ihnen befindlichen.
Die ganze Wesensfülle wird aber von dem allumfassenden Wesensgrund,
der allgemeinen Materie getragen; sie bilden gewissermaßen seine Teile.
Die letzte Stufenreihe bildet der Raum und die Körperlichkeit, welche
ihre Formen an dem Größenverhältnis, an den Figuren und Farben
haben. Diese niedrigsten Wesen sind wegen ihrer Entfernung von ihrem
Ursprunge, dem göttlichen Willen und der ersten Wesensfülle, getrübt,
verdichtet, an sich unbeweglich und daher zur Leidentlichkeit herab-
gesetzt. Das von oben strömende Licht können sie nur schwach empfangen
und vermögen daher statt wesenhafter Gestaltungen nur Schatten aus
sich zu entlassen[1]).

Zwischen der Ursubstanz und der letzten verdichteten und ver-
körperten Wesensreihe muß es Mittelstufen geben, welche nach oben
mit dem göttlichen Willen und nach unten mit der irdischen Welt in
Verbindung stehen. Ohne diese Verbindung bestände nicht nur eine
bodenlose Kluft zwischen dem Höchsten und dem Niedrigsten, sondern
das letzte könnte ohne die spendende Einwirkung von oben nicht einen
Augenblick bestehen[2]). Solcher Mittelstufen gebe es drei, die **allgemeine** oder **Weltvernunft** (intellectus universalis), „die
höchste, zehnte Sphäre, welche aus dem Silber der Wahrheit und aus
dem Golde des Geistes gegossen ist"; ferner die allgemeine **Weltseele**
(anima universalis) und endlich die allgemeine **Natur**. Es sind
drei absteigende Stufen des Geistigen, von denen jedes Höhere die
niedrigere Stufe umspannt, umkreist und durchdringt. Der Weltgeist
ist vermittelst der zwei ersten Kräfte dem göttlichen Willen entstrahlt,
und die Natur steht mit der Körperwelt in Verbindung, beseelt und
bewegt sie. Die mittlere Stufe, die Weltseele, ist der Raum für die
Geister und Engelscharen, und auch die beseelten, geistigen neun Stern-
kreise haben teil an ihr[3]). Solchergestalt steht die ganze Wesensreihe in
stetigem Zusammenhang miteinander; die niedern Stufen empfangen

---

[1]) Mekor Chajim I, 3; II, 6, 10; III, 13, 32; IV, 29; V, 26. Auch
Keter Malchut.
[2]) Das. III, 1—8; vgl. auch Keter Malchut No. 23, 24.
[3]) Das. III, 24; IV, 19; V, 18.

von den höhern, wenden sich ihnen in Sehnsucht und Liebe zu und werden von dem geistigen Raum, dem göttlichen Willen, gehalten und getragen. Das ganze Weltall, Geistiges und Körperliches, wird von dem göttlichen Urwesen vermittelst des Willens erfüllt, und kein einziges Wesen ist ganz leer davon. So verschieden auch Geistiges und Körperliches ist, so bildet diese Verschiedenheit doch nicht einen **wesentlichen**, sondern nur einen **Gradunterschied**, im Verhältnis von Mehr und Minder, von Höher und Niedriger. Sie haben sämtlich Verwandtschaft und Ähnlichkeit miteinander, beruhen allesamt auf den zwei Kräften des Wesensgrundes und der Wesensform. Die körperliche Welt ruht ebenfalls auf geistigem Grunde und bildet das Spiegelbild der Geisteswelt; die niedere Welt enthält **Eindrücke** und **Spuren** der höheren Welt[1]).

Die Seele entstammt dem allgemeinen Weltgeiste, hat teil an ihm und ist mit ihm gleichen Wesens, einfach, geistig, unendlich und ewig. Sie durchdringt alle Wesen, trägt sie in sich in geistiger Verklärung und erfaßt sie mit eines Blickes Schnelle. „Aus dem Feuer der Seele ist der Leib erschaffen und aus Nichts ins Dasein getreten. Die Gottheit ist in ihn in Feuer eingegangen." Mit dem Leibe geeint und Mensch geworden, tritt die Seele mit der Sinnenwelt in innige Verbindung, wird aber eben dadurch ihrem höheren Ursprunge entfremdet. Ihre höheren Kräfte, als Eindrücke der Geisteswelt, werden gebunden, die Dunkelheit des Körperwesens bedeckt sie und trübt ihren ursprünglichen Glanz: sie wird gewissermaßen verdichtet. Sie gleicht dann einem hellen Spiegel, auf einem dichten und trüben Körper angebracht. Um sich indessen aus der Dunkelheit zum Licht emporzuarbeiten und erheben zu können, verlieh der Schöpfer ihr in ihrem leiblichen Zustande das Vermögen der Sinneswahrnehmungen, damit sie vermittelst der Erkenntnis der niedrigen Wesenssphäre zu der der höheren Welt sich erheben könne. Wendet sich die Seele ihrem Ursprunge, dem Weltgeiste und damit der Ursubstanz zu, so kann sie über die sinnliche Beschränktheit hinwegkommen. Bleibt sie bei der letzten, so büßt sie ihr höheres Sein und ihren Zusammenhang mit der höheren Welt ein[2]). Daß die Seele unsterblich ist, versteht sich nach dieser Auffassung so sehr von selbst, daß es gar nicht bewiesen zu werden braucht. — Der Mensch bildet in seiner Zusammensetzung von Seele und Leib eine Welt im kleinen (Mikrokosmus) und ist in Bau und Ordnung ein getreues Abbild der

---

[1]) Mekor Chajim II, 1, 12, 23, 30; III, 1, 21, 27, 36; IV, 3—4, 24; V, 47—49. [2]) Daj. I, 5; II, 5; III, 24; V, 65. Keter Malchut No. 28—30.

höheren Welt. Das Wesen des Weltgeistes, das feinste, einfachste und erhabenste in der Stufenleiter der Substanzen, ist in ihm vermittelst der Seele und des Lebensodems geeint. Aus der Betrachtung seiner selbst vermag der seelenbegabte geistesentsprungene Mensch die Natur und den Zusammenhang der höheren Welt zu erkennen, selbst die Gottheit, wenn auch dunkel, zu begreifen[1]). Der edelste Teil des Menschen ist daher sein Erkenntnisvermögen, vermittelst dessen er das Weltall umspannt und durchdringt. Dadurch kann er ewige Glückseligkeit erreichen. Für diese Glückseligkeit ist er erschaffen, das ist sein höchstes Gut, sein letztes Ziel. Die Handlungsweise des Menschen soll seiner Erkenntnis entsprechend sein. Vermöge richtigen Erkennens und demgemäßer Tätigkeit kann sich der Mensch der einengenden Bande der Natur entschlagen, sich von der ihm als leiblichem Wesen anhaftenden Getrübtheit und Dunkelheit befreien und mit der höheren Welt in unvermittelte Verbindung treten[2]).

Bei diesem Gedanken bricht Jbn-G'ebirols System ab, es deutet den Übergang von der philosophischen Weltbetrachtung zu dem religiössittlichen Leben (Ethik) nur wie hingehaucht an, ohne auch nur anzudeuten, welche Art von Tätigkeit der Erkenntnis entspricht und befreiende Wirkung hat. Ebensowenig verriet Jbn-G'ebirol, wie er sein System mit dem Judentum ausgeglichen hat, und ob er sich damit in Übereinstimmung oder im Widerspruch zu befinden glaubte. Nur aus einem entlegenen Zeugnis scheint hervorzugehen, daß auch er wie Philo und Saadia Schriftverse allegorisierte[3]), um sie den Ideen seiner Philosophie anzubequemen. — In Übereinstimmung mit der Lehre des Judentums ist nun Jbn-G'ebirols Gedankengang allerdings nicht. So sehr er sich auch bemüht, mit Worten die Schöpfung aus Nichts zu betonen[4]), so kann im Grunde in seinem System von einem eigentlichen Schaffen im buchstäblichen Sinne keine Rede sein. Das Weltall, die geistigen und körperlichen Sphären entströmen dem göttlichen Willen und stufen sich ab: sie müssen daher ebenso ewig wie dieser Wille und das Urwesen sein. „Der Wille Gottes wirkt und schafft ohne Zeitmaß"[5]). Die Welt muß daher nach dieser Anschauungsweise ebenso ewig sein wie die Gott innewohnende Schöpferkraft. Auch in einem

---

[1]) Mekor Chajim III, 6, 44. [2]) Das. I, 1—2.
[3]) Vgl. darüber das Zitat von Jbn-Esra Orient, Jahrg. 1850. Literaturblatt 515. Jellinek, Beiträge zur Geschichte der Kabbala, S. 30.
[4]) Vgl. den Passus aus der lateinischen Übersetzung des Mekor Chajim bei Munk, Mélanges, p. 191. Note 1.
[5]) Vgl. Mekor Chajim III, 15; V, 34, 59, 63.

andern Punkte weicht das Jbn-G'ebirolsche System von der Lehre des Judentums ab. Diese bezeichnet die Schöpfung der Welt als einen freien Willensakt Gottes; er war keineswegs dazu genötigt, nicht einmal durch sein eigenes Wesen. Die Ursubstanz und der göttliche Wille Jbn-G'ebirols dagegen müssen notwendig schaffen, die Fülle der Wahrheit muß entströmen, es liegt in der Natur der göttlichen Schöpferkraft, sich zu entäußern[1]). Endlich scheint auch diese Anschauungsweise, so sehr sie auch im Weltkreise den Menschen hochstellt, ihm die Willensfreiheit zu rauben. Die Seele ist, wie sie ist, ein Ausfluß höherer Kräfte und muß gewissermaßen dem Zuge ihrer Natur folgen.

Jbn-G'ebirols Gedankengang hat daher zunächst in jüdischen Kreisen wenig Anklang gefunden und kaum bemerklichen Einfluß geübt. Die jüdischen Denker fanden den Inhalt, in dem sie sich nicht heimisch fühlten, fremdartig, und die Form der Beweisführung zu sehr verwickelt, sprungweise auseinandergesetzt, wenig folgerichtig und unbefriedigend. Desto mehr Aufmerksamkeit erregte Jbn-G'ebirols System anfangs unter Arabern und christlichen Scholastikern. Ein Jahrhundert nach seinem Erscheinen wurde sein Hauptwerk ins Lateinische übersetzt. Ein christlicher Priester und ein getaufter Jude arbeiteten an der Übertragung. Einige Hauptlehrer der christlichen Scholastik bekannten sich zu Jbn-G'ebirols Anschauungsweise, andere bekämpften sie, alle nahmen Rücksicht darauf[2]). Später hat die Kabbala ihm einige Formen entlehnt.

[1]) Mekor Chajim V. 68.
[2]) Daß die Araber Jbn-G'ebirols Philosophie benutzen, behauptet Ritter, Geschichte der christlichen Philosophie I, 611. Ins Lateinische wurde der **Mekor Chajim** übersetzt von dem Konvertiten Johannes Abendeath und dem Diakonus Domingo (Dominicus) Gonsalo (Gundisalvi) von Toledo (um 1130—1150), und zwar so, daß der erstere es ins Kastilianische, der letztere dieses ins Lateinische übertrug. Der Epilog zur Übersetzung lautet in dem Kodex der Bibliothèque Mazarine, mitgeteilt von Seyerlen (Theologische Jahrbücher, Jahrg. 1856, S. 488): finitus est tractatus quintus qui est de materia universali et forma universali, et ex ejus consummatione consummatus est totus liber, cum auxilio Dei et ejus misericordia, Avencebrol. — Transtulit hispanis interpres linguae Johannis tunc ex arabico non absque juvante Domingo. Vgl. über diese zwei Übersetzer und ihre Zeit Jourdain, Recherches critiques sur l'âge et l'origine des traductions latines 1, III, § 8. Benutzt haben Jbn-G'ebirols philosophische Schriften: Wilhelm von Auvergne, Bischof von Paris (st. 1248), Albertus Magnus, Dominikaner, Bischof von Regensburg (schrieb um 1250), Thomas von Aquino, ebenfalls Dominikaner (schrieb nach 1260) und Duns Scotus (st. 1308). Vgl. darüber Munk a. a. O., S. 29 ff. — Ins Hebräische wurde es erst um 1270 von Schem-Tob Falaquera im Auszuge übersetzt, den Munk ediert hat.

Ein anderer jüdischer Philosoph in dieser größenreichen Zeit verfolgte eine andere Richtung als Jbn-G'ebirol und zog, obwohl er auf dem Standpunkte des Judentums stand, ebenfalls fremde Elemente hinein. B a c h j a (Bechaja, Bachiel?) ben Joseph J b n - P a k u d a (Bakuda) stellte in seiner Persönlichkeit das Muster tiefsinniger Religiosität und hingebungsvoller Sittlichkeit dar und begründete eine ganz originelle Moraltheologie des Judentums. Bachja war eine jener Naturen, deren Seelenenergie und tiefsinnige Kraft, wenn von den Zeitumständen begünstigt, eine religiöse Reformation zuwege bringen. Von den Lebensumständen dieses jüdischen Moralphilosophen ist gar nichts bekannt, nicht einmal in welchem Teile Spaniens er gelebt, nur so viel, daß er Zeitgenosse Jona Jbn-G'anachs und Jbn-G'ebirols war (schrieb 1050—60), ohne daß er auf den letzteren Rücksicht genommen hätte. Bachja geht für uns in seinem Werke „A n l e i t u n g z u d e n i n n e r e n P f l i c h t e n" (das er in arabischer Sprache verfaßte[1]) ganz auf. Ein tiefer religiös-sittlicher Ernst weht den Leser aus diesem Werke an, an dem nichts so wichtig erscheint, als völlige Hingebung an innerliche Religiosität und an gottdurchdrungene Lebensheiligkeit, Bibelforschung, Grammatik, Dichtkunst, spekulative Philosophie, alles, was die Geister der Zeit so mächtig beschäftigte, sind nach Bachjas Ansicht ganz untergeordnete Fächer, kaum der Mühe wert, sich ernstlich damit abzugeben. Selbst das Talmudstudium hatte in seinen Augen keinen hohen Wert, insofern es lediglich die äußerliche Religiosität, die Ausübung der Satzungen, „die Pflichten der Glieder", fördert[2]). Bachja Jbn-Pakuda strebte nach V e r i n n e r l i c h u n g d e s J u d e n t u m s; die inneren Pflichten, welche das Gewissen auflegt, standen ihm unendlich höher als die Vorschriften, welche der Religionskodex einschärft. Er zerlegte, wie die heiden-christlichen Lehrer in den ersten Jahrhunderten, das Judentum in zwei Bestandteile, in das Reinreligiöse, Sittengesetzliche einerseits und in das Zeremoniell-Religiöse anderseits und räumte dem erstern viel höheren Wert als dem letzteren ein.

Die vollständige Hingebung an das Göttliche und die selbstlose Lebensheiligkeit, die Bachja als das Höchste hinstellte, waren ihm aber

---

[1] Der arabische Titel lautet Kitab al Hidajah ilâ Faraidh al-Kulub; hebr. Chobot ha-Lebabot, in vielen Editionen vorhanden. Ich zitiere nach Jellineks Edition (Leipzig 1846) und verweise auf die Einleitung des Herausgebers, wo das Literarhistorische und Bibliographische fleißig zusammengetragen ist.

[2] Daf. S. 14, 19, 151.

nicht Sache der Theorie, sondern füllten sein ganzes Wesen aus und
steigerten seine Gewissenhaftigkeit bis zur Peinlichkeit. Er läßt uns
selbst in seinem Werke einen Blick in sein Inneres werfen, wie er dazu
kam, das Werk zu verfassen. Er habe sich nämlich vergebens in der damals
vorhandenen jüdischen Literatur nach einem Wegweiser für ein
innerlich-religiöses Leben umgesehen. Und doch gäbe es nichts wichtigeres
als ein solches: Verstand, Schrift und Tradition, die drei Grundquellen
der Wahrheit, bezeugten es, daß ohne ein innerliches Erfassen
des Religiösen, ohne „die Herzenspflichten" als den Grundzug, die
Religion zu einem mechanischen Tun herabsinke.

Das Bedürfnis nach einem Leitfaden für die innerliche Religiosität
und der Mangel an einem Lehrbuche für die Moraltheologie
des Judentums bestimmten nun Bachja, zunächst für sich ein solches
auszuarbeiten. Es war für ihn eine Gewissenssache, sich klar zu machen,
wie er zu jeder Stunde und bei jedem vorkommenden Falle seine Pflicht
erfüllen könnte, „damit sein Denken, Fühlen und Tun eins sei in Gott".
Nachdem er sich einen solchen Leitfaden angelegt hatte, hielt es Bachja
für seine Pflicht, das Licht, das ihm aufgegangen war, auch seinen
Glaubensgenossen leuchten zu lassen, „die lau sind im Ausüben der
religiösen Satzungen und noch mehr in der Erfüllung der Herzenspflichten".
Zwar stiegen ihm Bedenken an seiner Befähigung dazu
auf, da seine Kraft für die Behandlung eines so hochwichtigen Gegenstandes
unzulänglich sei, und besonders, da er keine Gewandtheit im
arabischen Stile zu besitzen glaubte. Aber er mußte sich anderseits
gestehen, daß nur die Trägheit ihm die Aufgabe schwieriger darstelle,
als sie es in Wirklichkeit ist. „Denn die Seele ist zum Bösen geneigt
und lässig, das Gute zu tun, sucht Ausflüchte, um der Ruhe frönen
zu können. Jeder Mensch hat seinen Feind in sich." Bachja hatte Selbstüberwindung
genug, um die in ihm aufgestiegenen Bedenklichkeiten
zum Schweigen zu bringen, und diesem Entschlusse verdankt die jüdische
Literatur ein Werk, das Tausende zu inniger Frömmigkeit erweckte
und das kein Gegenstück gefunden hat.

Obwohl Bachja das Ziel alles menschlichen Strebens in Läuterung
des Herzens und in Gesinnungsreinheit setzte, dem Wissen dagegen
einen untergeordneten Wert beilegte, so konnte er doch der Zeitrichtung
innerhalb der jüdischen Kreise, welche der philosophischen Erforschung
huldigten, seinen Tribut nicht vorenthalten. Auch er mußte die Untersuchung
über die göttliche Einheit an die Spitze seines Moralsystems
setzen und den Grundsatz unterschreiben, daß nur eine geläuterte Erkenntnis
von Gott die Pflichtenlehre zu regeln vermöge. Das erste

Kapitel seines Werkes „über die Gotteseinheit" hat daher nichts Originelles. Bachja folgte darin der jüdischen Scholastik (Mutazila), wie sie von Saadia und David Almokammez angebaut war. Aus der Erhabenheit Gottes folgerte er die Untergeordnetheit des Menschen, als einer beschränkten Kreatur, und daß die Erkenntnis der Abhängigkeit des Menschen von Gott der Grund der Pflichtlehre sei. Es folge zunächst daraus, daß der Mensch verpflichtet sei, sich zum Diener Gottes zu machen und seinen heiligen Willen zu erfüllen. Dieser göttliche Wille sei in dem schriftlichen und mündlichen Lehrinhalt des Judentums niedergelegt. Unbedingtes Gottvertrauen und Gleichgültigkeit gegen das äußere Geschick seien die zweite Konsequenz der wahren Gotteserkenntnis. Dadurch werde ungetrübte Seelenruhe erworben. Der Gottesdienst habe nur Wert, wenn er auf dem Goldgrunde lauterer Gesinnung ruhe. Die höchste Tugend des Menschen sei Demut und ihr Beweggrund Liebe zu Gott.

Die Verinnerlichung der Religion führte Bachja zu einer ausschreitenden Konsequenz, zur st r e n g e n A s k e s e , die ihm die höchste Stufe der Lebensweisheit deuchte, welche der Mensch erreichen könne. Das Judentum schärfe nach seiner Ansicht Genügsamkeit und Enthaltsamkeit ein. Die Patriarchen von Henoch bis Jakob hätten zwar keine genußbeschränkenden Gesetze gehabt, auch deren nicht bedurft, weil ihr Geist stets Sieger über das Fleisch geblieben sei. Aber deren Nachkommen, das jüdische Volk, sei zur Enthaltsamkeit verpflichtet worden, weil es durch Berührung mit den Ägyptern verderbt und durch die erbeuteten Güter bei der Besitznahme des Landes Kanaan der Genußsucht verfallen sei. Darum habe das Gesetz das Nasiräertum empfohlen. Je entarteter das jüdische Volk wurde, desto mehr hätten sich einzelne und namentlich die Propheten bewogen gefühlt, den Umgang mit der Gesellschaft und weltliche Beschäftigung aufzugeben, sich in Einöden zurückzuziehen und ein beschauliches Leben zu führen. Diesem Beispiele müsse man folgen. Es sei zwar unmöglich, daß alle Menschen der Welt und ihrer Tätigkeit entsagen; denn das würde zur Verödung führen, die von Gott nicht beabsichtigt sei. Aber es müsse eine Klasse Beschaulicher und Weltentsagender (Peruschim) geben, welche den Weltkindern zum Muster dienen solle, wie die Leidenschaften gezügelt und geregelt werden könnten. Bachja war nahe daran, das Mönchtum zu verherrlichen und es in das Judentum einzuführen, wozu das Mittelalter in der mohammedanischen wie in der christlichen Welt eine entschiedene Neigung hatte. Er hätte, obwohl mit der Philosophie vertraut, wie sein jüngerer Zeitgenosse, der mohammedanische

Philosoph Algazali, als jüdischer Sufi sein Leben der klösterlichen Zurück-
gezogenheit und dem beschaulichen Hinbrüten geweiht, oder die karäischen „Trauernden um Zion" nachgeahmt, wenn nicht im rabbinischen
Judentum der Boden für ein solches Übermaß von Schwärmerei fehlte.
Bachjas Moraltheologie hat daher noch weniger als Jbn-G'ebirols
neuplatonisch gefärbte Philosophie einen bedeutenden Einfluß
gewonnen.

Das erste rabbinische Zeitalter war so reich an originellen Geistern,
daß es auch eine Persönlichkeit erzeugte, deren Richtung dahin ging,
den festen Grund des Judentums zu erschüttern. Es war ein Mann,
dessen tiefe Kenntnis der Philosophie und der Arzneikunde auch von
den Arabern gerühmt wurde. Er führte eine lange Namenreihe: A b u -
J b r a h a m J s a a k J b n - K a s t â r (oder Saktar) b e n J a s u s
und noch dazu den Schriftstellernamen J i z c h a k i [1]. Aus Toledo
stammend (geb. 982, starb 1057), war er Leibarzt der Fürsten von
Denia, Mugahid und seines Sohnes Ali Jkbal-Abdaula. Ben-Jasus
verfaßte eine hebräische Grammatik unter dem Titel „Z u s a m m e n -
s e t z u n g e n" und ein anderes Werk unter dem Namen S e f e r
J i z c h a k i [2], worin er eine überraschende Kühnheit in der Bibel-
auffassung zeigte. Er behauptete nämlich, daß das Stück des Pentateuchs
(Genesis), welches von den Königen Jdumäas handelt, nicht von Mose
geschrieben, sondern erst viele Jahrhunderte später hinzugefügt sei, eine
kritische Behauptung, welche im Mittelalter ganz vereinzelt dasteht und
erst in jüngster Zeit geltend gemacht wurde. Sonst ist von Ben-Jasus
Jizchaki nichts weiter bekannt.

Nicht mit Stillschweigen darf ein Dichter übergangen werden, der
an Flug der Phantasie, Tiefe der Gedanken und Schönheit der Form
nur an Salomo Jbn-G'ebirol einen Ebenbürtigen hatte, aber soviel
bekannt ist, nur ein einziges Gedicht hinterließ, „ein verwaistes Lied",

[1] Über das Biographische des Ben-Jasus vgl. Zeitschrift der deutschen
morgenländischen Gesellschaft, Jahrg. 1854, S. 551 und 1855, S. 838 aus
Mose Jbn-Esras Poetik. Die Jdentität von Ben-Jasus und Jizchaki
stellt richtig Joseph ben Elieser Tob-Elem Sephardi auf in dessen Superkommentar zu Jbn-Esra (Handschrift), mitgeteilt in Zion I, 46. Unter Jizchaki Isaak Israeli zu verstehen, wie Jakob ben Reuben in seiner polemischen
Schrift (Handschrift) tut, ist gar nicht zu denken, weil Isaak Israeli nichts
Exegetisches geschrieben hat, sondern nur eine Abhandlung über die ersten
Kapitel der Genesis. Auch nennt Jbn-Esra diesen, wo er von demselben
spricht, durchaus nicht Jizchaki. Über Ben-Jasus' Grammatik s. Note 1, II.
und über dessen biblische Kritik Jbn-Esra zu Genesis 36, 32.

[2] Ibn-Esra, Sefer ha-Schem.

wie er selbst es nannte. Abu-Amr Joseph ben Chasdaï war wahrscheinlich aus Cordova gebürtig. Seine zwei Brüder, welche durch die Kriegsunruhen in Spanien zum Auswandern gezwungen waren, wurden von dem Staatsmanne Samuel Jbn-Nagrela beschützt; einer dieser Brüder Abulwalid war ein hebräischer Grammatiker und wird von Jbn-G'anach rühmend genannt. Aus Verehrung und Dankbarkeit für den edlen Beschützer dichtete Joseph ben Chasdaï jenes tiefsinnige, kunstvolle, phantasiereiche Lied, worin er Samuel und seinem jungen Sohne Joseph mit schwärmerischer Begeisterung huldigte (um 1044—46)[1].. Samuel, der sich nichts schenken ließ, nicht einmal eine Lobesspendung, dichtete zum Lobe Joseph ben Chasdaïs ein ähnliches Lied in demselben Versmaß, das aber schwerlich denselben poetischen Reiz gehabt hat. Joseph ben Chasdaï hinterließ einen Sohn, der später in Saragossa eine ähnliche Stellung einnahm, wie Jbn-Nagrela in Granada.

Samuel, der Stolz der spanischen Juden, der, wie sein Biograph von ihm sagt, vier Kronen trug, die Krone der Lehre, des Levitentums, des Ruhms und darüber die Krone der Hochherzigkeit[2], der über ein Vierteljahrhundert die Seele der jüdisch-spanischen Gemeinden war, starb von seinen Zeitgenossen aufrichtig betrauert (1055). Vor dem Elviratore in Granada setzten sie seine Hülle bei, und sein Sohn errichtete ihm ein kunstvolles Denkmal. Ein noch schöneres Denkmal setzte ihm Salomo Jbn-G'ebirol in wenigen aber inhaltsreichen Versen:

> „In meinem Herzen ist dein Ort.
> Fest steht dein Zelt für immer dort.
> Dich such' ich da, dich find' ich da,
> Bist mir wie meine Seele nah".[3]

Samuels vortrefflicher Sohn Abu Hussain Joseph Jbn-Nagrela (geb. 1031)[4] folgte ihm in allen seinen Würden. Der König Badis, der an ihm ebensoviel Wohlgefallen wie an seinem Vater fand, übertrug ihm das Wesirat[5] und damit auch die Oberhoheit über die jüdische Gemeinde von Granada. Diese erkannte ihn als ihren **Rabbiner** und **Führer** (Nagid) an, obwohl er erst ein Zwanziger war. Joseph hatte eine fürstliche Erziehung genossen. Sein Vater hatte ihn

[1] Vgl. Note 3, II.
[2] Abraham Jbn-Daud.
[3] Schire Schelomo No. 28. Auch No. 27 das. ist auf Samuels Tod gedichtet, ob aber von Jbn-G'ebirol, ist fraglich.
[4] Vgl. über Joseph das Nähere Note 3, I.
[5] Jbn-Chajan bei Dozy. Einleitung zu Jbn-Adhari I, 97.

von einsichtsvollen Lehrern aus verschiedenen Gegenden unterrichten lassen, und er zeigte schon in der Jugend eine entschiedene Geistesreife. Im Arabischen ebenso gewandt wie sein Vater, war Joseph noch bei dessen Leben Sekretär des Erbprinzen Balkin[1]). Mit achtzehn Jahren hatte ihm der Vater eine Gattin zugeführt, die er nicht unter den Reichen und Vornehmen Andalusiens ausgesucht hatte, die gelehrte und tugendhafte Tochter des armen R. Nissim aus Kairuan. Erbe aller Größe seines Vaters, lebte er, obwohl reich und von ausnehmender Schönheit, in der Vollkraft der Jugend in einer Mäßigkeit[2]), welche einen grellen Gegensatz gegen die Schwelgerei mohammedanischer Großen bildete. Als Minister sorgte Joseph für das Staatswohl und regierte ebenso selbständig wie sein Vater. Die Wissenschaft und ihre Pfleger unterstützte auch er, und so groß war seine Freigebigkeit und so überwältigend sein Gesinnungsadel, daß ihn auch arabische Dichter besangen. „Grüße sein Gesicht," sagte ein Mohammedaner von ihm, „und du findest Glück und Hoffnung. Niemals hat ein Freund Fehl an ihm gefunden"[3]). Als die Söhne des letzten Gaon von exilarchischer Abkunft nach Spanien flüchteten, nahm sie Joseph Ibn-Nagrela gastfreundlich auf und ließ sie in Granada eine neue Heimat finden[4]). Der junge jüdische Wesir leitete wie sein Vater ein Lehrhaus und hielt Vorträge über den Talmud[5]).

Nur in zwei Punkten wich Joseph vom Benehmen seines Vaters ab; er beförderte allzu auffallend seine Glaubensgenossen zu Staatsämtern und benahm sich gegen Untergebene hochfahrend[6]). Ein naher Verwandter seines Hauses nahm die nächste Stelle im Staate nach ihm ein[7]). Dadurch erregte Joseph den Haß der Berbern, der herrschenden Bevölkerung in Granada, gegen sich und die Juden. Sie beneideten eine so fürstliche Pracht; er besaß einen Palast, der mit Marmor ausgelegt war[8]). Einige Vorfälle während seines Wesirats steigerten den Haß zum Ingrimme. Zwischen dem Erbprinzen Balkin und Joseph, der früher dessen Sekretär gewesen war, herrschte eine gegenseitige Antipathie. Plötzlich starb Balkin, man glaubte durch

---

[1]) Ibn-Chajan, S. 99.
[2]) Das. 100.
[3]) Almakkari bei Munk, Notices sur Aboulvalid, S. 106.
[4]) Abraham Ibn-Daud.
[5]) Ders., vgl. Zeitschrift Chaluz, Jahrg. II, S. 61.
[6]) Ders. bei Munk a. a. O., S. 99, 104: bei Dozy das. S. 100.
[7]) Bei Dozy, S. 90.
[8]) Das. IV, S. 114.

Vergiftung. Der König Badis ließ hierauf einige Diener und Frauen des Prinzen als Schuldige hinrichten. Die übrigen entflohen aus Furcht vor derselben Strafe (1064). Das Volk aber glaubte, Joseph habe dem Prinzen Gift gegeben[1]). Ein anderer Vorfall, wobei sich Joseph ebenso menschlich wie staatsklug und seinem Herrn ergeben zeigte, scheint ihm Badis' Gunst entzogen zu haben. Zwischen den zur Herrschaft gelangten Berbern in Granada und anderwärts in Spanien und den echten Arabern herrschte ein so erbitterter Rassenhaß, daß jede Stadt von gemischter Bevölkerung fast in zwei Lager geteilt war. Als einst König Badis erfuhr, daß der berberische Beherrscher von Ronda durch eine von dem Könige von Sevilla angezettelte Verschwörung der Araber seinen Tod gefunden hatte, war er voller Mißtrauen gegen die Araber seiner Hauptstadt. Er fürchtete jeden Augenblick in eine Schlinge zu geraten und gleich seinem Stammesgenossen als Opfer einer Verschwörung zu fallen. Badis faßte daher einen teuflischen Plan, sämtliche Araber seiner Hauptstadt während des Gottesdienstes an einem Freitag von seinem Heere niedermachen zu lassen. Diesen Plan teilte er seinem jüdischen Minister mit, ohne den er nichts unternahm, und fügte hinzu, daß sein Entschluß so fest stehe, daß er durch Gegengründe nicht wankend gemacht werden könne. Auch erwartete er von ihm strengste Verschwiegenheit darüber. Joseph hielt aber den Mordplan für einen unheilvollen politischen Fehler und unterließ nichts, dem blutdürstigen König dieselbe Überzeugung beizubringen. Er stellte ihm eindringlich vor, daß der Plan scheitern könne, und die Araber der Stadt und Umgegend zur Selbstrettung die Waffen ergreifen würden; aber selbst im Falle, daß die ganze arabische Bevölkerung ohne Gegenwehr fallen sollte, würde die Gefahr nicht schwinden, sondern nur noch wachsen, denn die rein arabischen Nachbarstaaten, wie der von Sevilla, würden dadurch zu um so größerer Wut aufgestachelt werden und einen Rachezug gegen den Verderber ihrer Stammesgenossen unternehmen. „Ich sehe sie schon," sprach Joseph lebhaft, „ich sehe sie schon wutentbrannt herbeiströmen, jeder von ihnen schwingt sein Schwert um dein Haupt, o König, und unzählige Feinde wie die Wogen des Meeres stürzen sich auf dich, gegen welche du und dein Heer nichts vermögen." So der jüdische Staatsmann.

Badis beharrte aber bei seinem Entschlusse und erteilte in diesem Sinne seine Befehle an seine Truppenführer. Allein Joseph hielt es für seine Pflicht, ein solches Unheil vom Haupte der arabischen Be-

---

[1]) Dozy, Histoire, S. 84, 98.

völkerung und des Königs wider dessen Willen abzuwenden, und setzte
dabei sein Leben aufs Spiel. Durch Frauen, denen er vertrauen durfte,
ließ er die angesehenen Araber der Hauptstadt heimlich warnen, sich
am nächsten Freitag nicht in die Moschee zu begeben, sondern sich ver=
steckt zu halten. Sie verstanden den Wink und befolgten ihn. Am Freitag
waren die Truppen in der Nähe des Palastes aufgestellt. Badis' Spione
fanden daher in der Moschee nur Berbern und wenige Araber aus der
niederen Volksklasse. Badis mußte den Plan aufgeben, aber sein Zorn
wandte sich gegen seinen Minister, den er im Verdacht hatte, sein Ge=
heimnis verraten zu haben, und er machte ihm bittere Vorwürfe darüber.
Joseph leugnete die Tatsache, die Araber gewarnt zu haben, und be=
hauptete, sein Plan habe sich infolge der geheimnisvollen militärischen
Vorkehrung ohne Zweck von selbst verraten. Schließlich bemerkte er,
der König möge Gott danken, daß er ihn vor unausbleiblicher Gefahr
geschützt habe. „Die Zeit wird kommen, wo du meine Anschauung von
der Sache billigen und die Ratschläge, die ich dir erteilt, gutheißen
wirst." Auch ein berberischer Scheich unterstützte die Worte des Wesirs,
und Badis beruhigte sich. Allein ein Stachel blieb ihm im Herzen gegen
seinen jüdischen Minister zurück, und er war voller Argwohn gegen
ihn. Joseph konnte sich auf seinem Posten nur durch Spione behaupten,
welche ihm von jeder Äußerung des Königs Kunde brachten[1]). Die
berberische Bevölkerung merkte aber wohl, daß der jüdische Wesir nicht
mehr die volle Gnade ihres Herrschers genoß und durfte es wagen, sich
gegen ihn zu verschwören und ihren Haß an ihm und an den Juden zu
kühlen. Immer mehr nachteilige Gerüchte wurden über ihn in Um=
lauf gesetzt. Seine Feinde gewannen die Oberhand. Ein fanatischer
mohammedanischer Dichter Abu = Ischak al = Elvira stachelte
durch ein zündendes Gedicht den Judenhaß der Moslemin von Granada
zu Tätlichkeiten auf:

> „Sag' den Sinhagiten, den Vollkräftigen der Zeit und den
> Löwen der Wüste — euer Herr hat gefrevelt, er gab Ehre den Un=
> gläubigen. Er machte zum Minister (Kâtib) einen Juden, während er
> einen solchen unter den Gläubigen finden konnte. Die Juden wiegen
> sich in törichten Hoffnungen, erheben sich zu Herren und behandeln
> mit Stolz die Moslemin. Ich sah als ich in Granada ankam, daß
> die Juden die Alleinherrschaft haben, daß sie Hauptstadt und Pro=
> vinzen unter sich teilen. Überall befiehlt einer dieser Verfluchten.[2])

Dieses aufregende Gedicht war bald im Munde aller Moham=
medaner, es war das Eulengekrächze vor Josephs Tod.

---

[1]) Bei Dozy und Note 3, I.
[2]) Almakkari bei Munk a. a. O., S. 102 f.; Dozy. Histoire IV. p. 112 f.

Ein Vorfall entfesselte die Wut seiner Gegner zum Morde. Truppen eines Nachbarfürsten, Almotassem von Almeria, hatten einen Einfall in das Gebiet von Granada gemacht, und diese sollen ausgesagt haben, daß ihr Herr im Einverständnis mit dem Minister Joseph stehe, und daß sie auf dessen Anregung gerufen worden seien, weil er beabsichtigte, das Land Almotassem zu überliefern. Das Wahre an der Sache läßt sich nicht mehr ermitteln. Möglich, daß Almotassem selbst diese Lügen über den umsichtigen jüdischen Wesir ersonnen hat, um dessen Untergang herbeizuführen. Sobald sich die Aussage der almerischen Soldaten verbreitet hatte, stürzten sich noch an demselben Tage, an einem Sonnabend, die Sinhagiten, begleitet von einer Menge niedrigen Gesindels, auf Josephs Palast. Als dieser die Nachricht von der Aufregung erhalten hatte, verbarg er sich in einer Kohlenkammer und schwärzte sich das Gesicht, um sich unkenntlich zu machen. Die wütenden Feinde erkannten ihn nichtsdestoweniger, töteten ihn und kreuzigten ihn vor dem Tore von Granada[1]). Eines solchen elenden Todes starb der jugendliche Minister im fünfunddreißigsten Lebensjahre (9. Tebet = 30. Dezember 1066)[2]). Auch sämtliche Juden Granadas, welche sich nicht durch die Flucht gerettet hatten, traf die Wut der aufgeregten Meuchelmörder. Über 1500 jüdische Familien fanden an demselben Tage ihren Tod, und ihre Häuser wurden zerstört[3]). Nur wenige entgingen dem Gemetzel, darunter Josephs Frau mit ihrem jungen Sohne Asaria, welche nach Lucena entflohen. Diese hatten aber von den Reichtümern so wenig retten können, daß sie auf Kosten der Lucener Gemeinde unterhalten werden mußten. Josephs bedeutende Büchersammlung wurde teils zerstört, teils verkauft. Die Trauer um die jüdischen Märtyrer Granadas und den edlen jüdischen Fürsten war groß. Selbst ein arabischer Dichter, Ibn-Alfara, der Joseph beim Leben besungen hatte, weihte ihm ein Trauerlied, worin die Worte vorkommen: „Mir ist die Treue Religion und diese befiehlt mir, für den Juden eine Träne zu weinen." Wegen dieser Träne wurde der mohammedanische Dichter am Hofe des Königs von Almeria angeschwärzt, und dieser wurde gewarnt, ihm Gastfreundschaft zu gewähren. Der Fürst bemerkte aber dagegen: „Dieser Dichter muß ein edles Herz haben, daß er einen Juden nach dessen Tode beweint hat; denn ich kenne Moslemin, die sich um ihre Glaubensgenossen wenig kümmern"[4]).

---

[1]) Bei Dozy, Histoire, 101. [2]) Vgl. Note 3, I.
[3]) Bei Dozy das. Abraham Ibn-Daud; Ibn-Verga, Schebet Jehuda No. 5.
[4]) Almakkari bei Munk a. a. O., S. 105 f.

Der Aufstand gegen Joseph Jbn-Nagrela in Granada war die erste Judenverfolgung auf der pyrenäischen Halbinsel seit der Herrschaft des Islams. Sie scheint noch einige Zeit fortgedauert zu haben. Denn die Juden des ganzen Königreichs Granada wurden gezwungen, auszuwandern und ihre liegenden Güter zu verkaufen[1]). Indessen hatte sie keine Folgen für die jüdischen Bewohner in anderen Teilen Spaniens[2]). Die Fürsten oder Könige der einzelnen Landstriche, welche sich nach dem Sturze des Kalifats von Cordova unabhängig gemacht hatten, waren so gehässig und eifersüchtig aufeinander, daß die von einem derselben Verfolgten Schützlinge seines Gegners wurden. Die drei angesehenen Juden, welche aus Granada ausgewiesen worden waren (o. S. 15), wurden von dem Abbadiden Almuthabid, König von Sevilla, freundlich aufgenommen. Joseph Jbn-Migasch I. erhielt von ihm einen hohen Posten. Der König von Saragossa Almuktabir Villah, ein Beförderer der Wissenschaft und Poesie, hatte ebenfalls einen jüdischen Wesir, Abu-Fadhl, einen Sohn jenes Dichters Joseph Jbn-Chasdaï, der mit Jbn-G'ebirol um die Palme der Poesie rang (o. S. 44). Dieser Abu-Fadhl Chasdaï (geb. um 1040) war ebenfalls Dichter, aber obwohl er auch das Hebräische verstand, so sang sein Mund doch nur arabische Lieder. Von ihm urteilte ein arabischer Kunstrichter: "Wenn Abu-Fadhl dichtete, glaubte man Zauberei wahrzunehmen; er reihte nicht Verse, sondern Wunder aneinander"[3]). Abu-Fadhl war ebenso ausgezeichnet in anderen Wissenszweigen; er verstand Musik theoretisch und praktisch. Seine Lieblingsbeschäftigung scheint indessen spekulative Philosophie gewesen zu sein. Die glänzenden Eigenschaften seines Geistes zogen die Augen des Herrschers von Saragossa auf sich, und er wurde dessen Wesir (1066). Spätere arabische Geschichtschreiber behaupten, Abu-Fadhl sei zum Islam übergetreten, weil er sonst nicht die Wesirwürde hätte bekleiden können, und sie fügen hinzu, er sei aus leidenschaftlicher Liebe zu einem mohammedanischen Mädchen vom Judentume abgefallen. Indessen ist nicht viel auf diese Nachrichten zu geben, da die jüdischen Quellen ihn als Juden aufführen[4]), und es von den Arabern bekannt ist, daß sie aus Neid, eine ausgezeichnete Persönlichkeit in den Reihen der Juden zu wissen, sie gerne zum Apostaten stempelten.

---

1) Folgt aus Alfássi, Responsa No. 131.
2) Abraham Jbn-Daud.
3) Jbn-Chakan bei Munk, Notice, S. 209, wo auch alles übrige über Abu-Fadhl zusammengestellt ist.
4) Saadia Jbn-Danan in Chemda Genusa, p. 16a.

Den Schluß des ersten rabbinischen Zeitalters bildet das Hinscheiden des edlen philosophischen Dichters Salomo Jbn-G'ebirol. Sein verdüstertes Gemüt scheint durch die tragischen Vorgänge in Granada noch trüber gestimmt worden zu sein, sei es, daß er selbst zur Zeit des Gemetzels in Granada war, oder daß er auch aus der Ferne den innigsten Anteil an dem Untergange Josephs und vieler Glaubensgenossen nahm. Mit Joseph Jbn-Nagrela scheint er befreundet gewesen und von ihm unterstützt worden zu sein. Seine letzten Dichtungen waren daher elegische Klänge über das harte Los, das Israel von jeher traf: „Warum herrscht der Sklave über Fürstensöhne? Schon tausend Jahre dauert meine Verbannung, und ich gleiche dem heulenden Wüstenvogel. Wo bleibt der hohe Priester, der das Ende mir erfragte!" (1068)[1]. Im letzten Lebensjahre klagte Jbn-G'ebirol in derselben Weise: „Unsere Jahre schwinden in Dürftigkeit und Elend, wir harren auf Licht, und uns ereilet Düster und Niedrigkeit, Sklaven herrschen über uns. Babylon herrschte über mich bis zu seinem Falle, es engten mich dann Rom, Jawan und Persien ein und zerstreuten mich, und nun reibt mich Ismael auf schon vierhundertundeinundsechzig Jahre" (seit der Hedschra 1069). Das waren wohl Jbn-G'ebirols Schwanengesänge. Seine letzten Lebensjahre brachte er nach vielfacher Wanderung in Valencia zu, wo er, kaum fünfzig Jahre alt, starb (1069 oder 1070). Die Sage erzählt, ein arabischer Kunstgenosse habe ihn aus Neid auf seine treffliche Sangesweise erschlagen und seine Leiche unter einem Feigenbaume eingescharrt. Dieser Feigenbaum habe infolgedessen einen außerordentlichen Blütenschmuck gezeigt und die Aufmerksamkeit der Vorübergehenden auf sich gezogen, bis die Untat an dem edlen Dichter entdeckt worden sei. Israel war der Feigenbaum, den Jbn-G'ebirol mit dem Safte der Poesie durchtränkt und dessen Blütenschmuck er gefördert hat.

In der Zeit, als Spanien eine Fülle ausgezeichneter Persönlichkeiten erzeugte, waren Frankreich und Deutschland arm an bedeutenden, schöpferischen Männern, und die Geschichte der Juden dieser Länder hat noch immer einen dürftigen Charakter. Ihre Existenz war ihnen zwar nicht verkümmert, sie waren noch immer Landbesitzer, trieben Weinbau, Handwerke und Handel unbeschränkt, nur mußten sie an die Fürsten, in deren Gebiet sie wohnten, eine Art Judensteuer zahlen[2]. Hin und

---

[1] Jbn-G'ebirols liturgische Poesien, das erste beginnend: שרש בנו ישי; das zweite ילדותי ספו בדלות, שנותי worin die Zahl: הרי ששים ואחת וארבע מאות = 461 der Hedschra vorkommt.

[2] Responsa des Meïr von Rothenburg Nr. 940 und 941; Vaisette, Histoire de Languedoc II, p. 260.

wieder kamen auch wohl Verfolgungen vor, wie zu Lyon (1049), wo die Juden erschlagen wurden, und ihre Habe an die Geistlichkeit überging[1]). Die französischen Krieger, welche nach Spanien zogen, um einen Kreuzzug gegen die Mohammedaner zu eröffnen, töteten unterwegs manchen unschuldigen Juden (1065); der Graf Berengar von Narbonne schützte bei dieser Gelegenheit die Juden seiner Stadt[2]). Es ist belehrend, welche Umwandlung in der Stimmung gegen die Juden im elften Jahrhundert eintrat. Früher pflegten Geistliche den Pöbel gegen die Söhne Israels zu hetzen, wie Avitus von Clermont, Agobard und Amolo von Lyon. In dieser Zeit dagegen schützten sie die Geistlichen vor der Wut der verblendeten Menge[3]). Der Papst Alexander II. lobte sie dafür und wies auf die Aussprüche des Papstes Gregor I. hin, daß den Juden keine Gewalt angetan werden dürfe. Die Sarazenen zu töten sei Christenpflicht, weil sie die Christen verfolgten, die Juden dagegen, die sich ruhig verhielten, sollten verschont bleiben. — Solche vorübergehende traurige Vorfälle wären nicht imstande gewesen, den Geist der Juden niederzuhalten, wenn er gehoben gewesen wäre; allein es fehlte den französischen und deutschen Juden Schwung und Hochsinn. Sie standen nicht tiefer als ihre christlichen Landsleute, aber auch nicht höher. Ihre Hauptbeschäftigung diesseits und jenseits des Rheins war das Talmudstudium, das R. Gerschom bei ihnen geweckt hatte[4]). „Sie verscheuchen ihren Schlaf, um sich in den Talmud zu vertiefen."

Die bedeutendste unter den talmudischen Autoritäten Frankreichs dieser Zeit war R. Joseph ben Samuel Tob-Elem[5]) (Bonfils), Rabbiner der Gemeinden von Limousin und Anjou, der aber nichts Selbständiges schuf, sondern nur ältere Sammelwerke, die Ordnung der Tannaiten und Amoräer, die Entscheidungen des Jehudaï Gaon und gaonäische Gutachten redigierte und für deren Verbreitung sorgte. Tob-Elem war auch ein fruchtbarer liturgischer Dichter, aber seine Verse sind holprig und durchaus unpoetisch, ganz im Geschmacke der deutschfranzösischen Reimerei. Neben ihm werden genannt drei Brüder (aus le Mans?), Elia der Alte, Jekutiel und Isaak, Söhne Mena-

[1]) Menestrier, Histoire civile de la ville de Lyon, S. 244.
[2]) Histoire de Languedoc II, 214.
[3]) So Gilbert Crepin, Abt von Westminster (1084—1117) in seiner Schrift: Altercatio Judaei de fide christiana, vgl. darüber Israel Levi: Controverse entre un juif et un chrétien in Revue des Études T. V, p. 240.
[4]) Selicha des Simon ben Abun von Mainz.
[5]) Vgl. über denselben die gründliche Abhandlung von Luzzatto, Bet ha-Ozar, p. 48 f. und Landshuth, Amudé Aboda 96 f.

hems, die letzten zwei talmudischen Autoritäten in Orleans. Der erstere, ein Schwager R. Haïs, war ein liturgischer Dichter, der ebenfalls, wie viele Vorgänger und auch sein Zeitgenosse Salomo Jbn=G'ebirol, die 613 Pflichten des Judentums in Verse brachte (Asharot)¹). Aber welcher Abstand zwischen dem spanischen und dem französischen Dichter! Diese drei Brüder hatten auch eine talmudisch gelehrte Schwester, namens Bellet²). Noch sind von französisch-jüdischen Schriftstellern aus dieser Zeit zu nennen zwei Brüder, die sich beide auf Schrifterklärung verlegten, aber in entgegengesetzter Richtung; beide lebten wohl in le Mans. Der eine, Menahem ben Chelbo³), gab sich Mühe, den einfachen Wortsinn der heiligen Schrift zu suchen. Tief eingehend ist zwar Menahems Erklärung keineswegs; denn die jüdischen Gelehrten Frankreichs und Deutschlands waren mit der hebräischen Grammatik noch wenig vertraut; sie kannten nur die Anfängerleistung des Ben=Saruk und Dunasch. Allein die erste Regung einer nüchternen Bibelauslegung auf französischem Boden ist als solche eine interessante Erscheinung. Menahem ben Chelbo schrieb einen Kommentar zur ganzen Bibel, von dem sich jedoch nur kleine Bruchstücke erhalten haben. — Sein Bruder Simeon ben Chelbo Kara⁴) (der seinen Namen von dem Vorlesen der Sabbatabschnitte hat) wußte nichts von einer nüchternen Bibelerklärung, sondern hielt sich an die agadische Auslegung, wie sie in den jüdischen Kreisen Deutschlands und Frankreichs üblich war. Simeon Kara sammelte zu diesem Zwecke sämtliche ihm bekannte agadische Aussprüche aus älteren Werken, stellte sie zum betreffenden Verse zusammen und nannte das Sammelwerk Jalkut. — Ein eben solcher Agadasammler war R. Mose aus Narbonne⁵), Kanzelredner (Darschan) dieser Gemeinde; diese Sammlung ist unter dem Titel „Bereschit Rabba" bekannt.

Das klassische Land für Talmudstudium war Lothringen, das damals eine weitere Ausdehnung hatte und die mittlere Rheingegend umfaßte. Die „Weisen Lotharingens" (Chachme Lothar) galten als maßgebende Autoritäten. Man verstand unter dieser Bezeichnung zunächst die Vorsteher der Talmudschulen von Mainz und Worms. In Worms wurde in dieser Zeit eine Synagoge vollendet (1034), welche

---

¹) Vgl. über die Quellen Landshuth a. a. O., S. 13 f.
²) Note 1, III.
³) Vgl. darüber Geiger, Parschandata, S. 17.
⁴) Vgl. die gediegene Abhandlung von Rapaport, Kerem Chemed VII, S. 4 ff.
⁵) Vgl. Zunz, Gottesdienstliche Vorträge, S. 287 ff.

im byzantinischen Stile mit Säulen und Kapellen erbaut, zu ihrer Zeit als ein Prachtwerk, als ein Tempel im kleinen gegolten hat und durch Wundersagen noch mehr verherrlicht wurde. Ein kinderloses Ehepaar, Jakob ben David und seine Frau Rahel, haben sie auf ihre Kosten bauen lassen, und die dankbare Gemeinde hat ihre Namen durch eine Inschrift und durch eine jährliche Gedächtnisfeier verewigt[1]). Die lothringischen Autoritäten waren zu dieser Zeit R. Isaak Halevi (Segan Levija) ben Eleasar in Worms, Vater dreier gelehrter Söhne, ferner R. Jakob ben Jakar in Mainz und R. Isaak ben Jehuda, zuerst in Worms und später Rabbiner in Mainz[2]). Sämtlich Jünger des R. Gerschom beschäftigten sie sich mit mündlicher und schriftlicher Auslegung des Talmuds, mit Beantwortung von Rechtsfragen und allenfalls auch mit Erklärung der heiligen Schrift in agadischer Manier. Bedeutende Leistungen sind von ihnen nicht geblieben. Wenn man noch den liturgischen Dichter Benjamin ben Samuel[3]) aus Constanz (?) nennt, der sehr viele synagogale Gebetstücke dichtete und den Ehren=titel „der Poetan" führte, so ist damit alles erschöpft, was das jüdische Deutschland und Frankreich an Berühmtheiten aufzuweisen hatte. Welche Armut gegen die Gestaltenfülle im jüdischen Spanien! Die Frömmigkeit der Juden dieser Länder und namentlich ihrer Führer war düster und büßermäßig. Sie glaubten nie genug getan zu haben. Aus übertriebener religiöser Skrupulosität feierten sie den Versöhnungs=tag zwei Tage und fasteten an beiden Tagen ohne Unterbrechung[4]).

Für die westeuropäischen Juden rief ein Mystiker, vermutlich aus Italien, in dieser Zeit messianische Hoffnungen wach. Er verfaßte eine messianische Geheimschrift (Apokalypse) unter dem Titel „das Buch

---

[1]) Die Inschriften sind am korrektesten mitgeteilt in L. Levysohns Epita=phien des Wormser Friedhofes (S. 104). Die Jahreszahl der Vollendung der Synagoge ist deutlich angegeben: Elul 794 der Weltära (1034). Ein anderes Datum ist durch einen Vers ausgedrückt, dessen Zahlenwert 946 be=trägt. Diese Zahl gilt als ein Rätsel, weil sie die erstgenannte aufhebt. Mir scheint sie eine Jahreszahl nach der Ära der Tempelzerstörung zu sein $946 + 68 = 1014$, und das Datum zu bedeuten, an dem der Bau der Syn=agoge begonnen hat, so daß der ganze Bau von 1014 bis 1034 gedauert hätte. Daß sie damals bloß restauriert worden sei, wie Levysohn behauptet, geht aus der Inschrift nicht hervor.

[2]) Vgl. darüber Zunz in dessen Zeitschrift zu Raschis Biographie und zur Geschichte S. 63, die Ergänzungen dazu von Simson Bloch S. 7 f., Levy=sohn a. a. O., S. 14 und 101.

[3]) Vgl. darüber Landshuth, Amudé Aboda, S. 53.

[4]) Raschi, Pardes, S. 44 d und R. Hai, mitgeteilt von einem Karäer bei Pinsker Likuté, Noten S. 144, Anmerkung.

Zerubabel"[1]), worin er prophezeite, daß zwischen den Jahren 1063 und 1068 die Wunderzeichen der messianischen Erlösungszeit eintreten würden. Seine Prophetengabe hat sich zwar nicht bewährt, aber seine Darstellung von dem Ende der Leiden Israels verdient nichtsdestoweniger wegen ihrer Form, die nicht ohne dichterischen Anflug ist, einige Aufmerksamkeit. — Der davidische Königssohn Zerubabel, der den Übergang der davidischen Dynastie vom Königtum zum Exilsfürstentume bildet — Zerubabel wird vom Drange getrieben, etwas über die Zukunft Israels und des messianischen Erlösers zu erfahren, seine Seele ergießt sich in ein inbrünstiges Gebet. Ein Geist trägt ihn zwischen Himmel und Erde nach Rom, „der Blutstadt". Hier tritt er durch höhere Weisung in ein Schandhaus auf einem Markte und gewahrt einen unansehnlichen, wundenbedeckten, häßlichen Mann, der ihm auf seine Frage erklärt, daß der Ort das große Rom sei. Der Mann in abschreckender Gestalt gibt sich Zerubabel als der Messias, der Sohn Davids, zu erkennen, und da dieser ungläubig das Gesicht abwendet, verwandelt jener sich plötzlich in die Gestalt eines schönen kräftigen Jünglings und eröffnet ihm, daß er bis zur Zeit des Endes in Rom gefesselt sei. Auch der Angesichtsengel Metatoron erscheint

---

[1]) Das mystische Sefer Zerubabel hebt wiederholentlich hervor, nach Ablauf von 990 Jahren seit der Tempelzerstörung, d. h. 1068 werde der Sohn Davids auftreten. Fünf Jahre vorher wird der ephraimitische Messias erscheinen und erschlagen werden. Diese Schrift ist zuerst gedruckt Konstantinopel 1519 in der Sammlung לקוטים שונים. Neuerdings hat sie Jellinek nach zwei Handschriften ediert (Bet ha-Midrasch II, 54—57). Beide Editionen sind sehr korrumpiert (die Wilnaer von 1819 kenne ich nicht) und können einander ergänzen. In betreff des ephraimitischen Messias heißt es in der Editio Jellinek: משיח בן חפצי בת יבוא ה' שנים אחר יוסף, was falsch ist, richtiger in der princeps: לפני חפצי בת. Die Schrift scheint mir in Italien verfaßt zu sein, ich schließe dies teils daraus, daß gegen das päpstliche Rom polemisiert wird, und teils daraus, daß der Autor sich mit der römischen Geschichte dieser Länder vertraut zeigt. Er gibt nämlich an, es werden 70 Könige über Rom herrschen, der zehnte wird den Tempel zerstören, והעשירי יחרוב בית המקדש (ed. J. p. 55). Und allerdings war Titus der zehnte Imperator: Octavianus Augustus, Tiberius, Caligula, Claudius, Nero, Galba, Otho, Vitellius, Vespasianus, Titus. Die Kunde von den drei ephemeren Cäsaren Galba, Otho, Vitellius setzt eine Vertrautheit mit der römischen Geschichte voraus, wie sie nicht einmal der geschichtskundige Spanier Abraham Ibn-Daud (in זכרון דברי רומי) hatte, um wieviel weniger ein deutscher oder französischer Jude oder gar ein Orientale! Nur ein Italiener konnte diese Episode in der römischen Geschichte kennen. Die Schrift ist demnach um 1050—1060 verfaßt. Zitiert wird sie zuerst von Ibn-Esra um 1150 und zwar als Pseudepigraphie im Kommentar zu Exodus 2, 22.

Zerubabel, bestätigt die Worte des Messias und erklärt, derselbe sei zur Zeit Nebukadnezars geboren, von einem Geiste nach Rom versetzt und dort in unkenntlicher Gestalt verborgen gehalten worden. Der Messias führe den Namen **Menahem ben Amiel** (der Tröster, Sohn des Gottesvolkes). Der Engel Metatoron offenbart ferner die Zeit, wann das Licht Israels aufsteigen und der Messias offenkundig auftreten werde. Zuerst werde der Vorläufer des Messias vom Stamme Ephraim oder Joseph unter dem Namen **Nehemia ben Chuschiel** erscheinen, werde Israel sammeln, es nach Jerusalem führen und dort drei Monate[1]) opfern. Aber **Armilaos**, der von einem Marmorstein in Weibsgestalt[2]) und vom Satan erzeugte Feind des Messias (Antimessias), mit rotem Haare, affenartigen langen Händen, riesiger Gestalt, tiefliegenden Augen und einem Doppelwirbel, werde gegen ihn Krieg führen, ihn erschlagen und Israel in die Wüste zersprengen. Dann werde Gott der Mutter des Menahem, namens **Chefzi-Bah**, einen Wunderstab übergeben, den blütentreibenden Aronsstab, der in Tiberias aufbewahrt war. Mit diesem Wunderstab werde die Messiasmutter ausziehen und trotz ihrer Schwäche zwei mächtige Könige besiegen.

Dann, wenn neunhundertundneunzig Jahre seit der Zerstörung des zweiten Tempels abgelaufen sein würden (1068), werde Chefzi-Bah diesen Stab ihrem Sohne überreichen, dieser werde plötzlich im Tale Arbel auftreten. Aber die Weisen Israels würden wegen seiner Knechtsgestalt an ihn nicht glauben. Da werde er sich in seiner Würde zeigen, werde mit dem Propheten Elia durch die Tore in Jerusalem einziehen und den erschlagenen Nehemia auferwecken. Das messianische Triumvirat, Menahem und die beiden Vorläufer, würden aus dem Weltmeere alle diejenigen erwecken, welche wegen Religionsverfolgung ihren Tod in den Wellen gefunden. Die Erde werde in ihrem Innersten erzittern, Berge würden einstürzen, der Ölberg werde sich spalten. Die Israeliten würden sich aus der Nähe und Ferne sammeln, und der Messias werde der verwitweten Mutter Zion ihre Söhne zuführen. Mit seinem Hauch wird er den Wüterich Armilaos töten. Der Tempel wird sich wieder in seinem Glanze erheben und auf fünf hohen Bergen erbaut sein. — Aber weit entfernt, sich unter dem Banner des Messias zu sammeln, zerstreuten sich die Söhne Judas immer mehr und mehr und setzten sich in jedem von der Kultur halb eroberten Landstrich fest.

---

[1]) So in der ed. princeps, in der ed. Jellinek dagegen korrumpiert 40 Jahre statt 40 Tage.

[2]) Vgl. über diese Sage: Geschichte B. V₄, S. 471.

Allmählich treten die Juden des östlichen Europa aus der Dunkelheit ihres Daseins heraus. Sie waren in diesem Zeitraum bereits in Böhmen, Mähren und Polen angesiedelt. Die Prager Gemeinde behauptet zwar eine der ältesten in Europa zu sein, und ihr hohes Alter will sie durch einen Grabstein bekunden, der bereits ein Jahrhundert vor der Entstehung des Christentums gesetzt worden sei. Allein da sie zu viel beweist, beweist sie gar nichts. Sicher ist nur das Vorhandensein der Juden in Böhmen im zehnten Jahrhundert, wo sie christliche Sklaven besaßen; der Apostel der Preußen, früher Erzbischof von Prag, Woytech Adalbert, hatte unruhige Träume darüber, daß die Gläubigen den Juden dienen sollten (vor 990)[1]. Im elften Jahrhundert galten die der Vorstadt Wyssehrad für so sehr reich, daß eine mährische Fürstin ihrem habsüchtigen, feindseligen Schwager, dem Böhmenkönig, sagen konnte: „Reiche Leute, die du bei uns suchst, findest du in der Mitte deines eigenen Landes, in der Prager Vorstadt und im Dorfe Wyssehrad, die voll sind von Silber und Gold; halte dich an diese"[2]. Alles was sonst von den böhmischen Juden erzählt wird, daß sie von den Christen zur Bekämpfung der Heiden von Prag zu Hilfe gerufen worden, daß sie dann wieder vertrieben und ihre Köpfe gezählt worden seien, deren Zahl sich auf 5200 belaufen haben soll, ist eitel Erdichtung späterer Schriftsteller[3]. In Mähren gab es im elften Jahrhundert ebenfalls Juden. Einer derselben, namens Podiva, baute eine Burg, der er seinen Namen beilegte (unweit Lundenburg an der Grenze von Mähren und Österreich, vor 1067)[4]. In dem neubegründeten Königreiche Polen, namentlich in der damaligen Hauptstadt Gnesen besaßen die Juden im elften Jahrhundert ebenfalls christliche Sklaven, und es wurde ihnen nicht verwehrt, obwohl die Herrscher Christen waren[5].

---

[1]) Vita St. Adalberti in Canisius, Thesaurus monumentorum ecclesiasticorum sive lectiones antiquae T. III, pars 1. p. 49, 60. Die alten Grabsteine der Prager Gemeinde sind in der Verfolgung von 1389 zerstört worden, und der jetzt vorhandene älteste datiert von 1439; vgl. Rapaports Einl. zu Gal. Ed. p. XXXVII.

[2]) Cosmas von Prag, Chronicon Boemorum II, 45; bei Pertz, Monumenta Germaniae T. XI, p. 98 vor dem Jahre 1091.

[3]) Vgl. über Hagels Lügengewebe in betreff der böhmischen Juden vor dem ersten Kreuzzug Ersch und Grubers Enzyklopädie Sect. II, T. 27, p. 127 b, wo es kritisch widerlegt ist. [4]) Cosmas bei Pertz das. p. 80.

[5]) Anonymus, Chronica Polonorum bei Pertz das. p. 445 noch vor dem Jahre 1085. Die Annahme von dem noch früheren Vorkommen der Juden in Polen ist durch keine einzige authentische Quelle dokumentiert. Die hebräisch-polnischen Münzen, welche als Beweise angeführt werden, sind augenscheinlich spuria.

An der Kultur ihrer Brüder im Westen hatten die osteuropäischen Juden keinen Anteil. Auch vom Talmud hatten sie keine Kunde und erst ein Jahrhundert später werden Talmudkundige aus Böhmen, und auch nur spärlich, genannt. Man kann nicht einmal entscheiden, ob die ostpreußischen Juden ursprünglich von Westen oder von Südrußland eingewandert waren, und ob sie zu den Rabbaniten oder zu den Karäern gehörten. —

Die Karäer waren in dieser Zeit so sehr verkommen, daß sie nicht einen einzigen Mann von Bedeutung aufzuweisen vermochten. Der einzige karäische Schriftsteller aus dieser Zeit, Jakob ben Rëuben[1]), Verfasser eines biblischen Kommentars (Sefer ha-Oscher, um 1050), wahrscheinlich im byzantinischen Reiche lebend, hat keinen selbständigen Gedanken aufgestellt, sondern nur geistlos die Ansichten älterer Autoritäten zusammengetragen. Selbst ihr Lieblingsstudium, die hebräische Grammatik, an dem sie von ihrem ersten Auftreten an gearbeitet haben, war bei ihnen noch so wenig ausgebildet, daß der Verfasser eines hebräischen Lexikons (in arabischer Sprache) in dieser Zeit, Ali Ibn-Sulaiman, genötigt war, die von Chajug aufgestellten Regeln und grammatischen Bemerkungen aufzunehmen[2]). Die Rabbaniten, obwohl in manchen Fächern Jünger der Karäer, hatten diese in kaum einem Jahrhundert auf deren eigenem Gebiete so sehr überflügelt, daß dieselben ihnen nicht mehr folgen konnten. Diese Meisterschaft erreichten die spanischen Rabbaniten am meisten.

[1]) Pinsker hat sehr glücklich nachgewiesen, daß dieser Karäer nicht zur Zeit des ersten Kreuzzuges geschrieben hat, sondern zwischen 1010, dem von Jephet aufgestellten messianischen Jahre, und 1088, dem Jahre der Abfassung des Kommentars von Abulfaraġ Jeschua. Vgl. Likute Kadmonijot, Beilage Nr. 8.

[2]) Das. Text S. 195 ff.

Drittes Kapitel.

Zweites rabbinisches Zeitalter.
Epoche der fünf Isaak und Jizchakis.

Isaak Ibn-Albalia, seine Stellung und Leistung. Isaak Ibn-Giat, Isaak Alfâsi. Raschi, sein Leben, seine Leistungen und seine Schule. Die Juden Italiens; R. Nathan aus Rom. Die Juden im christlichen Spanien. Die jüdischen Räte Isaak Ibn-Schalbib und Cidellus. Kaiser Heinrich IV. und Papst Gregor VII. im Verhältnis zu den Juden. Alfonso von Kastilien und seine jüdischen Räte. Tod Ibn-Schalbibs, Ibn-Giats und Ibn-Albalias. Alfâsi in Spanien. Die Karäer in Spanien. Ibn-Altaras: Jesua Abu Alfarag. Verfolgung der Karäer durch Joseph Alcabri. Cidellus' Ungnade.

1070—1196.

Die erste Judenverfolgung auf andalusischem Boden, durch die mohammedanischen Fanatiker in Granada ausgeführt, erschütterte zwar im ersten Augenblick sämtliche Gemeinden Spaniens, war aber nicht imstande, sie für die Dauer zu entmutigen und einen Stillstand in ihren edlen Bestrebungen zu bewirken. Die Beschäftigung mit Wissenschaft und Poesie war den südspanischen Juden so sehr zur Natur geworden, daß nur gehäufte Schicksalsschläge sie in ihnen unterdrücken konnten. Die Verfolgung blieb überhaupt vereinzelt und fand keine Nachahmung. Granadenser hatten den jüdischen Wesir und sämtliche Juden ermordet, das hinderte aber andere Könige und Emire nicht, befähigte Juden an ihren Hof zu ziehen, ihnen wichtige Geschäfte anzuvertrauen und dadurch den Juden überhaupt bis zu einem gewissen Grad gleiche Stellung mit der herrschenden Bevölkerung im Staate einzuräumen. Ein arabischer Geschichtschreiber klagte darüber, daß die Fürsten der Gläubigen, der Genußsucht ergeben, ihre Macht in die Hände der Juden gelegt und sie zu Hagibs, Wesiren und Geheimschreibern gemacht hätten[1]). Das Beispiel der mohammedanischen Höfe wirkte sogar auf die christlichen Staaten. Auch sie begannen ausgezeichnete Juden in den Staatsdienst zu nehmen und zogen von deren Gewandtheit, Brauchbarkeit und Treue einen nicht geringen Gewinn

[1]) Ein anonymer Autor bei Dozy, Scriptorum Arabum loci II, p. 16.

für das Wachstum ihrer Macht. Daher blieb die Stellung der spanischen
Juden anfangs von den Fortschritten der christlichen Waffen und der
allmählichen Auflösung der mohammedanischen Fürstentümer vollständig unangetastet. Sie fühlten sich unter der Herrschaft des Kreuzes
ebenso heimisch in Spanien, wie unter dem Halbmonde und konnten
ihrem Drange nach Forschung ungehemmt folgen. Der Wetteifer auf
dem Gebiete der Wissenschaft und der Poesie, weit entfernt zu er-
kalten, nahm womöglich noch immer zu, und die Zahl derer, welche
ihren Geist damit erfüllten, mehrte sich von Jahr zu Jahr. Doch tritt
in dem Zeitalter nach Ibn-Nagrela und Ibn-G'ebirol die Erscheinung
auf, daß Poesie, Sprachforschung, Schrifterklärung und Philosophie,
obwohl auch sie eifrige Pflege fanden, mehr gegen das Talmudstudium
zurücktraten; dieses wurde eifriger als die übrigen Fächer betrieben und
bildete gewissermaßen den Mittelpunkt. Der Talmud selbst wurde nicht
mehr in hergebrachter Weise, sondern selbständig kritisch erforscht und
erklärt. Die Talmudisten und Rabbinen fingen an von der traditionellen
Erklärungsweise, wie sie durch die Gaonen vermittelt worden ist, ab-
zuweichen und sich durch Vergleichung und scharfsinnige Anwendung
einen eigenen Weg zu bahnen. Die Dialektik, welche im Talmud liegt,
wurde wieder emporgeschnellt und zu gleicher Zeit in Spanien, Afrika
und Frankreich wieder angebaut. Gediegene poetische Erzeugnisse dagegen hat dieser Zeitabschnitt nur wenig gefördert. Grammatische und
exegetische Forschungen, von Mose Ibn-G'ikatilla und Ibn-Balam vertreten, haben nur Unbedeutendes zu den bereits gewonnenen Resultaten
hinzugefügt; auf philosophischem Gebiete wurde gar nichts erzeugt.
Aber das Talmudstudium, von genialen Männern vertreten, nahm einen
solchen Aufschwung, daß die Leistungen der gaonäischen Vorgänger
allmählich ganz in den Schatten gestellt wurden. Diese Männer, von
denen fünf den Namen Isaak führen und der sechste J i z ch a k i hieß,
sind als die Hauptträger des zweiten rabbinischen Zeitalters anzusehen.
I s a a k I b n = A l b a l i a , auch durch seine politische Stellung ausgezeichnet; I s a a k I b n = G i a t und I s a a k b e n R e u b e n ,
beide zugleich Talmudisten und liturgische Dichter; I s a a k I b n =
S a t n i , minder bedeutend als die eben genannten; I s a a k A l f â ß i
und S a l o m o J i z ch a k i , beide Schöpfer einer selbständigen, über
die gaonäische Methode hinausgehenden Lehrweise. An die Biographie
dieser Männer ist die Geschichte dieser Epoche geknüpft.

Isaak ben Baruch Albalia führte seinen beurkundeten Ursprung
auf einen edlen jerusalemischen Exulanten, Baruch, zurück, den Titus
einem Prokonsul nach Merida zugeschickt haben soll, um für ihn die

Seidenfabrikation, die in seiner Familie heimisch war, in Spanien zu betreiben (B. V₄, S. 61). Später waren die Albalia nach Cordova ausgewandert und gehörten zu den vornehmsten Familien der andalusischen Hauptstadt. Der junge Isaak (geb. 1035, gest. 1094) verriet frühzeitig viele Begabung und brennenden Wissensdurst. Seine Neigungen waren zwischen Astronomie, Mathematik, Philosophie und Talmud geteilt. Sein Lehrer fürs Talmudische war ein gelehrter Franzose Perigors. Samuel Ibn-Nagrela ermunterte ihn zum Studium durch Geschenke und Schriften, und sein Sohn Joseph bereitete ihm mit seinem Reichtum ein unabhängiges Dasein. Abwechselnd lebte Isaak Ibn-Albalia in Cordova und bei seinem edlen Gönner in Granada[1]). Obwohl er auch mit Poesie tändelte, und ein Geschmacksrichter (Charisi) von seinen Versen sagt: „Sie dringen ins Herz"[2]), so war sein Geist doch mehr dem ernsten Studium zugewandt

Kaum dreißig Jahre alt, hatte Isaak Ibn-Albalia Hand an einen Kommentar gelegt, um die schwierigsten Stellen im Talmud zu erläutern, den er „buntes Allerlei"[3]) nannte, aber wegen des bedeutenden Umfanges nicht vollendete. Zu gleicher Zeit arbeitete er an einem astronomischen Werke über die Prinzipien der jüdischen Kalenderberechnung, unter dem Titel Ibbur, das er seinem Gönner Joseph Ibn-Nagrela widmete (um 1065)[4]). Isaak Albalia polemisierte in diesem Werke gegen seine Vorgänger auf diesem Gebiete, gegen Saadia, von dem er jedoch mit großer Verehrung spricht, und gegen Hassan ben Mar Hassan, der ebenfalls über dieses Thema geschrieben[5]).

Dem Gemetzel an dem blutigen Tage von Granada (1066) entging Isaak Ibn-Albalia, der sich zurzeit bei seinem Freunde Joseph befand, glücklich und nahm dann seinen bleibenden Wohnsitz in Cordova. Hier lernte ihn der für Wissenschaft und Poesie glühende edle abbadidische Prinz Abulkassim Mohammed kennen und schätzen. Als dieser den Thron von Sevilla unter dem Namen al-Mutamed bestieg (Mai 1069), berief er ihn an seinen Hof nach Sevilla und erhob ihn zu seinem Sternkundigen, doch weniger um den Lauf der Sterne zu berechnen, als vielmehr um aus der Stellung der Sterne die Zukunft zu deuten. Der König von Sevilla, obwohl hochgebildet und kühn, war dem astro-

---

[1]) Abraham Ibn-Daud.
[2]) Tachkemoni Pforte 3.
[3]) Kupat ha-Rochelim.
[4]) Abraham ben Chija, Sefer ha-Ibbur ed. Filipowski, p. 55 und Abraham Ibn-Daud.
[5]) Das. p. 54, 55, 60, 94; vgl. B. V₄, S. 374.

logischen Wahn der Zeit ergeben[1]). Er ernannte wohl auch Isaak
Albalia zum Fürsten über sämtliche Gemeinden seines Reiches, das
durch glückliche Eroberungen das mächtigste des mohammedanischen
Spaniens war und sich nördlich bis Cordova und östlich bis Murcia
erstreckte. Isaak führte daher gleich Ibn-Chasdaï, Ibn-G'au und Ibn-
Nagrela den Titel Fürst (Nassi)[2]). Zugleich war er Rabbiner über
die Gemeinden des sevillanischen Reiches, und auch auswärts wurde
er als solcher anerkannt. Da sich al-Mutamed sehr freigebig gegen seinen
Astronomen zeigte, so war Isaak imstande, eine große Büchersammlung
anzulegen. Er brachte nämlich den größten Teil der zerstreuten Bibliothek seines unglücklichen Gönners Joseph Ibn-Nagrela durch Kauf an
sich. Wie sein Herr al-Mutamed der angesehenste Fürst in Spanien
war, so auch Isaak der angesehenste und gelehrteste Mann unter den
spanischen Juden. Das schöne S e v i l l a wurde durch ihn Mittelort
des jüdischen Spaniens, wie früher Cordova und Granada. Al-Mutamed,
der letzte edle Herrscher aus dem Stamm der Araber in Spanien,
hatte auch einen anderen jüdischen Beamten an seinem Hofe, I b n -
M i s ch a' l , den er zu diplomatischen Sendungen brauchte[3]).

Von seinem Zeitgenossen I s a a k b e n J e h u d a I b n - G i a t ,
auch ben Moschia' genannt (geb. um 1030, starb 1089), sind nur wenige
biographische Züge bekannt. Er stammte aus einer angesehenen und
reichen Familie, die ihren Wohnsitz in Lucena (unweit Cordova) hatte.
Beide Ibn-Nagrela gaben auch ihm in seiner Jugend viele Beweise
ihrer Hochachtung, und er war ihnen mit ganzem Herzen zugetan.
Nach dem tragischen Ende des Joseph Ibn-Nagrela gab sich Ibn-Giat
viele Mühe, dessen Sohn A b u n a ß a r A s a r i a zum Rabbinen von
Lucena zu befördern. Aber der Tod raffte den letzten Sprößling dieses
edlen Hauses hin. Wahrscheinlich wurde auf Ibn-Giats Verwenden
Joseph Ibn-Nagrelas Frau, die gelehrte Tochter des Kairuaners
R. Nissim, von der Lucener Gemeinde bis an ihr Lebensende ehrenvoll unterhalten[4]). Wegen seiner Gelehrsamkeit und Tugend wählte
diese Gemeinde Isaak Ibn-Giat zu ihrem religiösen Oberhaupte. Liturgische Poesie, Philosophie und Talmud, das waren die drei Gebiete,
die er anbaute.

---

[1]) Conde, Historia de la dominación de los Arabes en España II, 20.
[2]) So wird er genannt bei Abraham Ibn-Daud, in dem Responsum in
Temim Deïm Nr. 224 und von Serachja Halevi in Maor zu Sabbat II.
[3]) Gayangos, History of the dynasties, Appendice II, p. XXXII.
[4]) Abraham Ibn-Daud.

Ibn-Giats Poesie hat indes nicht viel Originelles[1]). Jener geschmeidige Fluß der Sprache wie des Reimes, jene Anmut und Zierlichkeit, jene hinreißende Wärme und Pracht der Bilder, jene saubere, künstlerische Ausarbeitung des einzelnen, der poetische Schmelz und Duft, wie sie den Gedichten Ibn-G'ebirols eigen sind, blieben Ibn-Giat durchaus fremd. Oft dunkel und schwerfällig, hart und rauh in seinen Ausdrücken, rätselhaft in seinen Bezeichnungen, wortkarg bei gedrungener Gedankenfülle, könnte Isaak Ibn-Giat füglich der Kalir der spanischen Sprache genannt werden. Er schwängerte oft seine Hymnen mit naturgeschichtlichen und philosophischen Stoffen, die ihnen einen gelehrten Anstrich gaben. Ansprechend sind jedoch seine Bußlieder. In zierlicher Form und reiner Sprache bilden sie in ihrer gedrungenen Kürze gleichsam Ruhepunkte für die betrachtende Seele. Es sind Gebete um Vergebung der Sünden, Mahnungen zu bußfertiger Reue, Rückkehr zu Gott, fromme Wünsche für die Erhaltung des gebeugten Volkes und seines Heiligtums. Seine zahlreichen liturgischen Dichtungen sind in einigen Gemeinden Bestandteile des Gottesdienstes geworden und haben ältere Stücke verdrängt[2]).

Seine philosophische Kenntnis verwendete Isaak Ibn-Giat, um das rätselhafte Buch mit philosophischem Charakter, das Buch Kohelet, zu erklären. Die Arbeit ist von Späteren sehr gerühmt worden, hat sich aber nicht erhalten. Am fruchtbarsten war seine Tätigkeit auf talmudischem Gebiete. Er stellte eine Art Kompendium für die rituelle Praxis über Fest- und Fasttage zusammen, das die religiös-gesetzlichen Bestimmungen übersichtlich aus Talmud und den gaonäischen Entscheidungen auseinandersetzt[3]).

Isaak ben Reuben Albergeloni (geb. 1043) war in der Jugend von Barcelona nach der befestigten Meeresstadt Denia ausgewandert, wo eine bedeutende, durch Reichtum und Edelsinn ausgezeichnete Gemeinde war. Ein angesehener Mann daselbst, Ibn-Alchatosch, gab ihm seine Tochter zur Frau, und er wurde dann zum Rabbinen und Richter ernannt. Die Kommentierung des Talmuds schien auch diesem dritten Isaak eine würdige und ernste Aufgabe[4]). Er hatte auch Sinn für systematische Darstellung. Im fünfunddreißigsten Lebensjahre übertrug er R. Hais Abhandlung über talmudisches Handels-

---

[1]) Sachs, Religiöse Poesie der Juden in Spanien, S. 261.
[2]) Vgl. Landshuth, Amudé Aboda I, 111 ff.
[3]) Seine הלכות sind jüngst ediert von Rab. Bamberger, Fürth 1862, und auch מסים besonders von Zomber, Berlin 1864.
[4]) Abraham Ibn-Daud.

recht aus dem Arabischen ins Hebräische und bemerkte dabei bescheiden, daß die etwaigen Fehler ihm, dem Übersetzer, und nicht dem Verfasser zur Last gelegt werden möchten (1078). In hohem Alter verfaßte er ein selbständiges systematisches Werk über das talmudische Zivilrecht[1]. Auch ihn begeisterte die Muse in ernster Art. Er dichtete neue Ashȧrot, in kerniger aber ungelenker Sprache und zierte seine Verse mit Bibelversen in überraschend witziger Anwendung. Isaak Albergeloni ist der erste, welcher den hebräischen Musivstil durch Verweben von Bibelversen in witzig geistreicher Umdeutung angebaut hat[2]. Als er nach Denia gekommen war, wanderte der vierte Isaak (ben Mose) Ibn-Saknai von dort aus, wahrscheinlich wegen erfahrener Zurücksetzung. Er nahm seinen Weg nach Osten und wurde in Pumbadita zum Gesetzeslehrer mit dem Titel Gaon ernannt. So sehr hatten sich die Zeiten geändert. Während das Abendland früher auf die Worte der Gaonen im Morgenlande lauschte, konnte es jetzt, kaum ein halbes Jahrhundert nach dem Tode des Gaon Haï, Lehrer dem Lande zusenden, wo die Wiege des Talmuds stand, und ein Mann, der in Spanien keine Anerkennung fand, war für das einst stolze Pumbadita noch immer eine Autorität[3].

Sämtliche vier Isaake übertraf an Talmudkenntnis und scharfsinniger Auffassung desselben der fünfte, Isaak ben Jacob Alfâßi oder Alkalaï. Geboren in Kala-Ibn-Hammad, in der Nähe von Fez (1013), hörte er die letzten afrikanischen Autoritäten, R. Nissim und Chananel, und wurde nach deren Tod (um 1050) Träger des Talmuds in Westafrika. Gleichgültig gegen die wissenschaftlichen Fächer, welche die begabten Juden Spaniens und Afrikas aus innerem Drang und wohl auch aus äußerem Vorteil pflegten, wendete Alfâßi seinen durchdringenden Geist der tieferen Erforschung des Talmud zu. Alfâßi war eine tief-ernste, selbständige Natur, die sich nicht in dem gebahnten Pfade des Hergebrachten hielt, sondern neue Wege anbahnte. Da im Talmud öfter über ein und denselben Gegenstand widersprechende Entscheidungen vorkommen, so war man bis dahin gewöhnt, sich in der Praxis von den Gaonen leiten zu lassen und ihre Erklärungen und Entscheidungen als Norm anzunehmen. Alfâßi dagegen ging von den Kommentarien zum Texte über und suchte mit seinem Scharfsinn das Sichere, Kernhafte und Ernstgemeinte im Talmud von dem Zweifel-

---

[1]) Schaare Schebuot.
[2]) Proben seiner Dichtungen bei Geiger, Jüdische Dichtungen der spanischen Schule, S. 4, und Ozar Nechmad II, 188 f.
[3]) Abraham Ibn-Daud.

haften, nur obenhin Aufgestellten und dem Notbehilflichen zu unterscheiden. Die Aussprüche der gaonäischen Autoritäten waren nicht maßgebend für ihn. In diesem Sinne verfaßte er ein Werk, das, obwohl in seiner Zeit angefochten, Norm für die Gesamtjudenheit geworden ist. Seine Halachot heben nur das für die Praxis Geltende aus dem Talmud heraus, aber erheben es auch über allen Zweifel hinweg zur vollen Gewißheit. Das Alfaßische Werk brachte alle ähnlichen Arbeiten früherer Zeit, die im Laufe von drei Jahrhunderten seit Jehudaï Gaon entstanden waren, allmählich in Vergessenheit. Alfaßis Name klang wegen seines Werkes[1] über die Meerenge nach Spanien hinüber, und er hatte diesseits noch mehr Verehrer als in der Heimat.

Eine Alfaßi ebenbürtige talmudische Größe war der Franzose Salomo Jizchaki, ebenso scharfsinnig und selbständig, nur weniger kühn und rücksichtslos, aber vielseitiger. Salomo Jizchaki, unter dem Namen Raschi bekannt, wurde in Troyes (Champagne) in dem Jahre geboren, in welchem der letzte Gaon das Märtyrertum erlitt, als sollte damit angedeutet werden, die durch Raschi vertretene neue Richtung werde den Untergang der alten Institution vollkommen ersetzen. Seine Mutter war die Schwester des wegen seiner Verdienste um die Mainzer Gemeinde und seiner liturgischen Poesie hochgeachteten Simon ben Isaak (V_4 S. 384), und sein Vater war ebenfalls ein Talmudkundiger. So war Raschi gewissermaßen an der Brust des Talmuds genährt worden, und er lebte und webte ganz in ihm. Sicherlich wurde er nach talmudischer Vorschrift im achtzehnten Jahre verheiratet, ehe er noch seine vollständige Geistesreife erlangt hatte. Um sich im Talmudstudium zu vervollkommnen, besuchte er die von R. Gerschom begründete, von Jakob ben Jakar fortgeführte Talmudschule von Mainz, war aber auch Zuhörer des Isaak Halevi und des Isaak ben Jehuda in Worms und des R. Eliakim in Speyer[2]. Gleich R. Akiba verließ

---

[1] Aller Wahrscheinlichkeit nach hat Alfaßi seine Halachot noch in Afrika verfaßt. Das geht aus dem Zeugnisse R. Serachjas hervor, daß der Verfasser im Alter von seiner frühern Ansicht zurückgekommen ist (Maor zu Pesachim II, und Aboda Sara V), auch daraus, daß Isaak Albalia wenige Jahre nach Alfaßis Übersiedlung gegen die Halachot polemisiert hat. (Temim Deïm, No. 224.)

[1] Vgl. darüber Raschi, Pardes, p. 49 a b; 34 a oben und Levysohn, Epitaphien der Wormser Gemeinde, S. 101. Über Raschi schrieb ausführlich Zunz in seiner Zeitschrift und in „Zur Geschichte und Literatur", ferner Simson Bloch, Leben Raschis. Doch ist für das eigentlich Biographische darin nur wenig gegeben. Ich belege daher die neu gefundenen Momente, das übrige findet sich in den genannten Schriften.

er Haus und Weib, um der Lehre in der Fremde obzuliegen. Er erzählt von sich selbst, in welchen dürftigen Verhältnissen er das Studium betrieb, „in Mangel an Brot, entblößt von Kleidern, und das Joch der Ehe tragend"[1]). Hin und wieder, wahrscheinlich zu den Feiertagen, besuchte er seine Gattin; kehrte aber immer wieder nach den deutschen, oder wie es damals hieß, lothringischen Lehrstätten zurück. Im Alter von 25 Jahren (1064) ließ er sich bleibend in Troyes nieder. In seiner Bescheidenheit ahnte er nicht, daß man ihn schon damals als einen Meister im Talmud verehrte[2]). Nathan ben Machir, aus einer edlen Familie Machiri, richtete Anfragen an ihn über Punkte, die nur halb zum talmudischen Bereich gehören, und Raschi beantwortete sie gewandt und tief eingehend mit rührender Bescheidenheit, wie sie nur ihm eigen war[3]). Einem alten Rabbinen R. Dorbal, der eine zivilrechtliche Anfrage an ihn gerichtet hatte, entgegnete er, wie er, der Greis, denn darauf komme, von ihm, dem Jüngling, Auskunft zu verlangen; es müßte denn sein, daß er aus Liebe zu ihm ihn nur prüfen wolle, um sich der Antwort eines Jugendlichen zu erfreuen[4]). In Raschis ersten gutachtlichen Antworten aus seiner Jugendzeit gewahrt man nicht den tastenden Neuling, sondern den gewandten, den Stoff beherrschenden Meister. Auch spendeten ihm seine Lehrer die schmeichelhaftesten Lobeserhebungen in ihren Briefen an ihn. Isaak Halevi aus Worms schrieb an Raschi: „Durch dich ist das Zeitalter nicht verwaist, und solcher, die dir gleichen, möge es viele in Israel geben." Er versicherte ihn, daß er sich bei jedem Reisenden von dort nach dessen Befinden erkundige und sich seines Wohlergehens freue[5]). Isaak ben Jehuda redet Raschi in dem Eingang eines Briefes an ihn an: „Dem im Himmel Geliebten und auf Erden Wohlgelittenen, der da beherrscht die Königsschätze (Talmud), um tief in das Verborgenste einzudringen"[6]).

Sicherlich hat ihn die Gemeinde zu Troyes und der Umgegend zu ihrem Rabbinen gewählt, obwohl kein Zeugnis darüber vorliegt. Aber Gehalt bezog er keineswegs von diesem Amte. In der Zeit,

---

[1]) Raschi, Responsa in Chofes Matmonim, von Goldberg Nr. 1, S. 2 oben.

[2]) Das. Pardes 34 a.

[3]) Responsa das. kommt auch inhaltlich in Pardes 23 b. vor.

[4]) Das. Nr. 12. Das Responsum kommt auch in Pardes 23 und Mardochai zu Cholin VII, Anf. vor. Der Herausgeber von Raschis Responsa hätte durch Vergleichung den verunstalteten Text seines Kodex berichtigen können.

[5]) Das. Nr. 13. [6]) Das. 14.

in welcher ein ruhiger Schriftsteller von den Kirchenfürsten aus der Zeit des Papstes Hildebrand (Gregor VII.) schreiben konnte: „Keiner konnte im Reiche Bischof oder Abt werden, der nicht viel Geld besaß und an Lastern teilnahm; unter den Priestern wurde derjenige am meisten gelobt, der die prächtigste Kleidung, die üppigste Tafel, die schönsten Konkubinen hatte"[1], in dieser Zeit und auch noch lange nachher galt es in jüdischen Kreisen für Schmach und Sünde, wenn die Rabbinen sich ihr Amt bezahlen ließen. Das Rabbinat war in den Ländern der Christenheit und des Islams ein Ehrenamt, das nur dem Würdigsten übertragen wurde, und der Rabbine mußte nicht nur in Wissen, sondern auch in Tugend der Gemeinde voranleuchten. Nüchternheit, Genügsamkeit, Gleichgültigkeit gegen den Mammon war dasjenige, was sich bei einem Rabbinen von selbst verstand. — Dem Muster eines Rabbinen entsprach Raschi am vollkommensten, und die jüdische Nachwelt sah in ihm ein fleckenloses Ideal. Auch seine Mitwelt verehrte ihn als die höchste Autorität. Aus allen Teilen Deutschlands und Frankreichs ergingen gutachtliche Anfragen an ihn, und seine Antworten zeugten ebensosehr von tiefer Sachkenntnis als von liebenswürdiger Milde des Charakters.

Nach dem Tode der lothringischen Talmudlehrer (um 1070) strömten die Jünger aus Deutschland und Frankreich zu Raschis Lehrhaus nach Troyes; man betrachtete ihn als deren würdigen Nachfolger. Er trug ihnen Bibel und Talmud vor. Raschi hatte sich in den Talmud so eingelesen, daß ihm nichts dunkel darin blieb. In der Erklärung desselben übertraf er sämtliche Vorgänger, so daß man mit Recht von ihm sagte, ohne ihn wäre der babylonische Talmud vernachlässigt worden, wie der jerusalemische[2]. Seine Erklärungen, die er unter dem Namen Kommentar (Konteros) über einen großen Teil der Talmudtraktate niederschrieb, sind ein Muster für Scholien, einfach, wortkarg und doch deutlich und lichtvoll. In dem verständlichen talmudischen Idiom geschrieben, setzte er kein Wort zu viel und keins zu wenig. Die Wort- und Sacherklärung ist für den Anfänger, wie für den tiefeingehenden Fachmann berechnet. Raschi verstand die Kunst, den Text durchsichtig zu machen, sich in die Seele des Lesers zu versetzen und durch einen geschickt angebrachten Ausdruck oder eine Wendung dem Mißverständnis vorzubeugen, Einwürfen zu begegnen, Fragen abzuschneiden. Größtenteils gab Raschi die Erklärungen seiner

---

[1] Schlosser, Weltgeschichte VI, 225.
[2] Menahem ben Zerach Einleitung zu Zeda la-Derech.

Vorgänger in deutlicherer Fassung wieder; nur da, wo sie ihm unangemessen erschienen und dem Text Gewalt antaten, stellte er seine eigenen Ansichten auf, die voller Verstandesschärfe und doch in überraschender Faßlichkeit dargestellt sind. Raschi ist als Kommentator ein Künstler zu nennen. Auch verdrängte er bald die Kommentarien des R. Gerschom und seiner Lehrer.

Raschi verfaßte auch Erklärungen zu den meisten Büchern der heiligen Schrift, und darin war er nicht weniger selbständig[1]). Sein richtiger Takt und sein Wahrheitssinn leiteten ihn auf den richtigen Wortsinn und den passenden Zusammenhang. Nur ließ er sich dabei öfter von der agadischen Auslegungsweise führen, in der Voraussetzung, daß die im Talmud und in den Agadawerken vorkommende Verserläuterung ernst gemeint sei. Doch hatte er ein, wenn auch nicht ganz klares Bewußtsein, daß der einfache Schriftsinn (Peschat) zur agadischen Erklärungsweise (Derascha) im Widerspruch stehe. In seinem Alter wurde dieses Bewußtsein klarer in ihm, und er äußerte gegen seinen gelehrten Enkel und Jünger, daß er seine Bibelkommentarien im Sinne einer nüchternen, wortgemäßen Schrifterklärung umarbeiten würde[2]). Raschi stand damals viel höher als seine zeitgenössischen christlichen Bibelausleger, welche durchweg allen Ernstes glaubten, die heilige Schrift enthalte einen vierfachen Sinn. Symbolisierend nahmen sie an, die vierfache Auslegungsweise bedeute „die vier Füße am Tische des Herrn", oder „die vier Ströme, welche vom Paradies ausgehen". Der **Buchstabe** gebe die Tatsache an, die **Allegorie** lehre den Glauben (wie alles und jedes auf Jesus, seine Leidensgeschichte und auf die Kirche hinweise), der **moralische Schriftsinn** wolle das Tun regeln, und endlich die **Mystik** (Anagoge) weise auf die Ordnung der jenseitigen Geisterwelt hin[3]). Raschi dagegen wußte noch nichts von einer mystischen Auslegungsweise, machte sich auch hin und wieder von der agadischen Erklärungsweise frei und traf auch in den meisten Fällen das richtige Verständnis. Er erhielt von seiner Bedeutsamkeit als Schrifterklärer den witzigen Ehrennamen **Parschandata**[4]) (Ge-

---

[1]) Breithaupt hat einen Teil von Raschis Kommentar übersetzt. Gotha 1710.

[2]) Samuel ben Meïr (Raschbam) in seinem Pentateuchkommentar zu Genesis, Kap. 37.

[3]) Vgl. über den Stand der christlichen Exegese zu Raschis Zeit Schröck, Christliche Kirchengeschichte, T. 28, S. 324 ff.

[4]) Mose Danon teilt einen witzigen Vers darüber mit כל פירושי צרפתה השלך לאשפתה חוץ מפרשנדתא ובן פורתא (bei Asulai, Schem ha-Gedolim ed. Ben Jacob I, 165). Ben-Porata soll einen Exegeten R. Joseph, Raschis Urenkel bedeuten, eher noch Joseph Bechor-Schor.

setzerläuterer). Raschis Gewandtheit im Erklären erscheint um so überraschender, als ihm die bedeutenden Leistungen der spanischen Schule unbekannt waren. Er kannte nur die Anfänge der hebräischen Grammatik von Menahem ben Saruk und Dunasch, deren Führung er sich anvertraute, Chajug und Jbn-G'anachs Werke dagegen, weil sie in arabischer Sprache verfaßt waren, blieben ihm fremd. Daher sind seine grammatischen Bezeichnungen unbeholfen und öfter dunkel. Dennoch ist kein Kommentar zur heiligen Schrift so populär geworden, wie Raschis, so daß es eine Zeit gab, in der viele ihn mit dem Texte wie ein Zwillingspaar eng verbunden hielten, jedes seiner Worte wurde weitläufig erklärt und beleuchtet. — Raschi war auch liturgischer Dichter, wie es damals Mode war hebräische Verse zu machen. Poetischen Wert haben aber seine Verse nicht. Die französisch-deutsche Schule war groß in der Gedankenentwicklung, entbehrte aber des Schönheitssinnes.

Diese Schule, welche von R. Gerschom aus Mainz begründet wurde, hob Raschi zu hoher Bedeutung. Sein Geist ging auf seine Schwiegersöhne und Enkel über, welche seinen vorzüglichen Jüngerkreis bildeten. Er hatte nämlich keine Söhne, nur drei Töchter, von denen eine im Talmud so gelehrt war, daß sie während der Krankheit ihres Vaters die eingelaufenen talmudischen Anfragen vorlas und die ihr diktierte Antwort zu Papier brachte[1]). Sämtliche drei Töchter wurden an gelehrte Männer verheiratet und brachten gelehrte Söhne zur Welt. Der eine Schwiegersohn Raschis R. Meïr aus Ramarü (unweit Troyes) war der Vater dreier ausgezeichneter Söhne; der zweite hieß R. Jehuda ben Nathan, und der Name des dritten ist unbekannt. Durch Raschi und seine Schule wurde das nördliche Frankreich, die Champagne, die Heimat des Talmuds wie früher Babylonien. Es wurde darin tonangebend in Europa. Die französischen Talmudkundigen wurden selbst in Spanien gesucht und reichlich für ihren Unterricht belohnt[2]). Die Führerschaft, welche das jüdische Spanien von Babylonien übernommen hatte, mußte es seit Raschis Zeit mit Frankreich teilen. Während jenes das klassische Land für die hebräische Poesie, Sprachkunde, Exegese und Philosophie blieb, mußte es diesem die Palme der talmudischen Gelehrsamkeit überlassen.

Zwei Männer in Spanien haben in dieser Zeit sich ausschließlich mit Grammatik und Bibelkunde beschäftigt, und wenn sie auch diese

---

[1]) Pardes, p. 33 d.
[2]) Alfâssi, Responsa No. 223.

Fächer nicht besonders bereichert, so haben sie dieselben doch lebendig fortgepflanzt, **Mose ben Samuel Jbn=G'ikatilla** aus Cordova und **Jehuda Jbn=Balam** aus Toledo (blühte um 1070 bis 1100)¹). Der erstere, ein Jünger Jbn=G'anach's, folgte in der Erklärung der heiligen Schrift ganz der freien Richtung seines Meisters. Einige Psalmen versetzte Jbn=G'ikatilla in spätere Zeit²), während in jüdischen und christlichen Kreisen damals die Meinung vorherrschte, daß der ganze Psalter von dem königlichen Sänger gedichtet worden sei. Auf die massoretische Versabteilung gab er nicht mehr als Saadia und zog den Schluß eines Verses zum folgenden gegen die massoretische Ordnung³). Von seinen exegetischen Leistungen, die nicht unbedeutend waren, sind indes nur kurze Bruchstücke erhalten. Auch seine grammatische Arbeit über den Geschlechtsgebrauch der hebräischen Hauptwörter⁴) ist nicht mehr vorhanden. Mose Jbn=G'ikatilla verließ Cordova und ließ sich in Saragossa nieder, wo er von einem jüdischen Gönner namens **Samuel** ehrenvoll behandelt wurde. Auf den Wunsch von dessen Sohn **Isaak**, dem Jbn=G'ikatilla viel Lob spendete, übersetzte er Chajug's grammatische Werke ins Hebräische, weil die nordspanischen Juden größtenteils des Arabischen unkundig waren⁵).

Sein Zeitgenosse und literarischer Gegner **Jehuda Jbn=Balam**, der in Sevilla lebte, verrät weniger Geist und Selbständigkeit. Er behauptete die Autorität der Massora und schrieb zwei Werke über

---

¹) Das Zeitalter dieser beiden Exegeten ist im allgemeinen bekannt. Sie waren Zeitgenossen und polemisierten gegeneinander. Jbn-Balam gibt selbst an, daß er Zeitgenosse von Isaak Jbn-Giat war (Derenburg in Geigers Zeitschrift V, 408, Note) und daß er einen Jünger des Joseph Jbn-Nagrela gesprochen hat (Chaluz, II, 61). Neuerdings gibt J. Derenburg das Jahr 1020 als wahrscheinliches Geburtsjahr Jbn-Balams, jedenfalls aber als äußerste Grenze an. (Revue des Études juives, T. VII, p. 176).
²) Jbn-Esra zu Pf. 42.
³) Derselbe Zachot gegen Ende.
⁴) Note 1, II.
⁵) Man nimmt gewöhnlich an, daß M. Jbn-G'ikatilla nach **Frankreich** ausgewandert sei. Dem steht aber entgegen, daß Mose Jbn-Esra von ihm erzählt, er stammte aus Cordova und wohnte in Saragossa. In der Einleitung zu Chajug's Werken sagt er, daß die meisten אנשי צרפת das Arabische nicht verstehen. Also doch einige! Ist das denkbar? Dozy hat aber nachgewiesen, daß die Araber Katalonien und Nordspanien überhaupt Al-Frang (Frankreich) nannten, weil es ehemals eine Provinz desselben war (Recherches sur l'histoire et la littérature de l'Espagne). In diesem „spanischen Frankreich" lebte nun sicherlich Jbn-G'ikatilla, und dessen Einwohner nennt er אנשי צרפת. Über seine Schriften Ewald und Dukes' Beiträge II, III.

massoretische Regeln. Er hinterließ grammatische Schriften und auch einen Kommentar zum Pentateuch. Obwohl Jbn-Balam sich mehr an das Hergebrachte anklammerte, so konnte er sich doch dem Einflusse der andalusischen Richtung nicht entziehen und deutete gleich Jbn-G'ikatilla manches Wunderbare in der heiligen Schrift philosophisch in einen natürlichen Vorgang um[1]). Beide Schriftforscher waren auch liturgische Dichter, aber ihre poetischen Leistungen wurden nicht zu den gelungenen gezählt.

Die Vertreter der spanischen Juden ragten also durch Wissenschaft und Poesie hervor, in Frankreich nahm das Talmudstudium einen hohen Aufschwung. Die Juden der italienischen Halbinsel dagegen erscheinen noch immer auf einer sehr niedrigen Kulturstufe. Ihre Dichtungen, synagogale und außersynagogale — von Sabbataï ben Mose aus Rom (um 1150), von seinem Sohn Kalonymos und R. Jechiel aus Rom von der Familie Anaw (bei Mansi) — sind alles poetischen Reizes bar, und ihre Sprache ist hart und barbarisch. Ihre Talmudkenntnis erhielten sie von auswärts. Ein R. Mazliach Jbn-Al-Bazak[2]), Rabbiner in Sizilien, war Zuhörer des R. Haï Gaon in Pumbadita und kehrte erst nach dessen Tode zurück. Einer seiner Jünger, Nathan, Sohn des genannten R. Jechiel aus Rom, der auch Zuhörer des R. Mose Darschan in Narbonne (o. S. 52) war, ist der einzige Italiener aus dieser Zeit, der einen Namen in der jüdischen Literatur hat. Er stellte nämlich neuerdings ein talmudisches Lexikon zusammen unter dem Titel Aruch (um 1001—1002), vollständiger als die früheren Leistungen, aber mit geringer Selbständigkeit, nur zusammengetragen aus älteren Werken und namentlich aus den Schriften des R. Chananel aus Kairuan[3]). Dieses Lexikon wurde der Schlüssel zum Talmud.

Auch R. Kalonymos aus Rom wird als eine talmudische Autorität genannt. Raschi sprach von ihm mit großer Verehrung; die Wormser Gemeinde ernannte ihn zu ihrem Rabbinen (nach 1096). Allein Schriftliches hat er nicht hinterlassen und irgendeinen Einfluß scheint er nicht

---

[1]) Maimuni, Tractatus de resurrectione ed. Amst. 130 a. Über Jbn-Balams Schriften, Dukes das. II; Orient, Jahrg. 1846, Literaturblatt Nr. 29, Chaluz II, S. 61 f. Eine kleine Schrift von ihm über die poetischen Akzentzeichen, ediert von Mercier und neuerlich von G. Pollak, Amsterdam 1859 und von Nutt 1870.

[2]) Vgl. die Belege oben S. 3, Anmerk. 1.

[3]) R. Tam, S. ha-Jaschar, No. 225. Über Nathan Romi, vgl. Rapaports Biographie desselben in Bikure ha-Ittim, Jahrg. XI. Über seines Vaters Werke vgl. Geigers Zeitschrift III.

geübt zu haben. — Von der politischen Lage der italienischen Juden in dieser Zeit schweigen die Geschichtsbücher, ein Beweis, daß sie nicht schlimm war. Das Papsttum war damals in äußere und innere Kämpfe so sehr verwickelt, daß es die Juden in Ruhe ließ.

Ereignisse von welthistorischer Bedeutung in Westeuropa, die ausgedehnten Eroberungen der Christen im mohammedanischen Spanien und der erste Kreuzzug gegen die Mohammedaner im Morgenlande führten tiefe Veränderungen für die Juden Westeuropas herbei, die größtenteils einen tragischen Verlauf nahmen und die friedliche Beschäftigung mit der Lehre unterbrachen. Bei den Vorgängen in Spanien spielten die Juden keine ganz unbedeutende Rolle, wenn auch ihr Eingreifen in die Ereignisse nicht im Vordergrunde sichtbar ist. Sie haben gewissermaßen die Pulvermine mit anlegen helfen, welche ihre Urenkel in die Luft sprengen sollte. Der erste gewaltige Stoß, welcher die Zertrümmerung der islamitischen Herrschaft auf der pyrenäischen Halbinsel herbeiführte, ging von dem ebenso staatsklugen wie tapferen kastilischen König Alfonso VI. aus, der mehr auf die Degenspitze und diplomatische Kunst, als auf das Kreuz und Gebete vertraute. Das Ziel, welches er seiner Tätigkeit steckte, die mohammedanischen Königreiche und Fürstentümer zu unterwerfen und die Bekenner des Islams aus dem Lande zu jagen, war aber nur dann erreichbar, wenn er die islamitischen Herrscher in ihrer Uneinigkeit und Eifersüchtelei erhalten und bestärken, sich der einen gegen die anderen bedienen und sie auf diese Weise sämtlich schwächen konnte. Dazu bedurfte er gewandter Diplomaten, und von seinen Untertanen waren die Juden am geeignetsten dazu. Seine Ritter waren zu plump und seine Bürger zu unwissend, um für Sendungen zarter Natur tauglich zu sein. An den mohammedanischen Höfen von Toledo, Sevilla, Granada herrschte nämlich ein feiner, gebildeter, geistreicher Ton, voller Anspielungen auf die glänzende Geschichte und Literatur der Araber. Wollte ein Gesandter an diesen Höfen etwas durchsetzen oder erfahren, so mußte er nicht nur die arabische Sprache mit allen feinen Wendungen verstehen, sondern auch mit dem beziehungsreichen Hoftone vertraut und literaturkundig sein. Dazu waren die Juden besonders brauchbar. Denn die Christen Spaniens konnten sich nicht recht in das arabische Element hineinleben. Alfonso verwandte daher Juden zu diplomatischen Sendungen an die Höfe der mohammedanischen Fürsten. Ein solcher jüdischer Diplomat am Hofe des Königs Alfonso war Amram ben Isaak Ibn-Schalbib[1]), ursprünglich Leibarzt desselben. Da

[1]) Vgl. Note 4.

Jbn-Schalbib die arabische Sprache gut verstand und Einsicht in die politischen Verhältnisse der damaligen Zeitlage hatte, so ernannte ihn der König von Kastilien zu seinem Geheimsekretär und vertraute ihm wichtige Geschäfte an. Alfonso hatte auch einen anderen jüdischen Ratgeber namens Cibellus, dem er trotz seiner Verschlossenheit und Unzugänglichkeit ein so vertrautes Verhältnis gestattete, daß derselbe freimütig mit ihm sprechen durfte wie keiner der spanischen Edelleute und Granden des Reiches[1]. Alfonso, der von kirchlicher Bigotterie fern war und durch den Verkehr mit den mohammedanischen Fürsten sich einen freien Blick gewahrt hatte, zeichnete nicht bloß einige Juden aus, sondern räumte sämtlichen in seinen Staaten wohnenden Söhnen Jakobs Gleichstellung und Beförderung zu Ehrenämtern ein[2].

Die bürgerliche Gleichheit zwischen Juden und Christen in vielen Teilen des christlichen Spaniens hatte der König Alfonso allerdings vorgefunden. Obwohl das alte westgotische Gesetzbuch (forum judicum) mit seinen judenfeindlichen Titeln und Paragraphen (B. V₄ S. 142 f.) noch zu Recht bestand, so hatte sich doch ein Gewohnheitsrecht ausgebildet, welches jenem geradezu entgegenlief. Nach dem westgotischen Kodex durften die Juden kaum im Lande geduldet, jedenfalls sollten sie als Verworfene behandelt, eigenen Bestimmungen unterworfen und zu keinem Zeugnisse zugelassen werden. Nach dem Gewohnheitsrechte (fueros) dagegen hatten Christen, Juden und Mohammedaner derselben Stadt und desselben Landes ein und dasselbe Recht. Der Jude sollte gegen den Christen auf die Thora den Eid ablegen. Hatten Juden und Christen einen Prozeß miteinander, so sollten sie einen christlichen und einen jüdischen Schiedsmann (Alkalde) zum Schiedsrichter wählen. Wollte jemand sein Haus verkaufen, so sollten zwei Christen und ebenso viele Juden den Wert desselben abschätzen. Nach einem anderen Gewohnheitsrechte (fuero de Nájera) wurden die Juden nicht höher,

---

[1] Roderich von Toledo, De rebus Hispaniae VI, 34: Quendam Judaeum Cidellum nomine acciverunt (magnates et comites) qui satis erat familiaris regi (Adelfonso) propter industriam et scientiam medicinae. Bei einem Rat, den Cibellus dem König erteilte, bemerkte dieser heftig: Non tibi imputo, quod hoc dicere praesumpsisti, sed mihi, cujus familiaritate in tantam audaciam prorupisti.

[2] In dem Dialog zwischen dem Apostaten Petrus Alfonsus und einem Juden Mose (um 1106) bemerkt der letztere: Vides autem, quia Deus nos (Judaecs) et vivere permittit, et quotidie quantum amat, ostendit, cum nobis in conspectu inimicorum nostrorum gratiam praestat et opibus locupletat et honoribus exaltat. Dialogus II in maxima bibliotheca patrum T. XXI, p. 186 E.

aber auch nicht geringer als Edelleute und Geistliche behandelt; ein und dieselbe Summe wurde als Blutgeld für einen Mord, begangen an einem Juden, Edelmanne oder Geschorenen (Tonsurierten) festgesetzt[1]). Und so bis ins einzelne der Lebensverhältnisse war die Gleichheit der Juden mit den Christen vor dem Gesetze durchgeführt. Da nun Alfonso diese städtischen Gewohnheitsrechte bestätigte, so wurde die bürgerliche Gleichstellung der Juden gesetzlich anerkannt, und die Schmach der westgotischen Gesetzgebung gegen die Juden war hiermit ausgelöscht. Juden wurden sogar unter Umständen zur Ehre des Zweikampfes zugelassen und machten Kriegsdienste mit[2]). Das Mittelalter schien sich zu lichten und die von Theodosius II. ausgegangene römisch-christliche Engherzigkeit — daß die Juden keiner Ehre teilhaftig werden sollten — schien schwinden zu wollen.

Allein die auf Unduldsamkeit gebaute Kirche durfte die Ehrenstellung der Juden in einem christlichen Lande nicht gut heißen. Ihr damaliger Hauptvertreter, der Papst Hildebrand, der unter dem Namen Gregor VII. durch seine Legaten und Bannpfeile ganz Europa in Gärung und Spaltung versetzte, legte Protest dagegen ein. Er, der Mächtigste der Mächtigen, vor dem Könige und Völker im Staube krochen, wollte auch die ohnmächtigen Juden demütigen und ihnen die Achtung und die Ehren rauben, die ihnen durch ihr Verdienst zuteil wurden. Auch Kaiser Heinrich IV. hatte den Juden von Worms gleich den übrigen Bürgern dieser Stadt günstige Privilegien erteilt. Als Fürsten und Geistliche, Städte und Dörfer, ihres Eides uneingedenk und vom Papste aufgestachelt, ihm die Treue brachen und ihn wie einen Vogelfreien behandelten, hatte die Stadt Worms treu zu ihm gehalten. Juden hatten gleich den Christen die Waffen ergriffen, um ihren Kaiser zu schützen. Dafür gewährte er den ersteren Zollfreiheit in den kaiserlichen Städten Frankfurt a. M., Boppard, Hammerstein, Dortmund, Goslar und Nürnberg (13. Jan. 1074)[3]). Vielleicht rührt von diesem Umstande

---

[1]) Vgl. Helfferich, Entstehung und Geschichte des Westgotenreiches, S. 236, 339, 347; die Ustaici von Barcelona vom Jahre 1068. Daf. S. 432, No. 11, S. 456; No. 129; Mansi, concilia XIX, 340.

[2]) Carta Alfonsos bei Florez, España sagrada T. 35 appendix.

[3]) Cunctis regni principibus in nos, neglecta religione, saevientibus hi soli Wormatiensis civitatis habitatores quasi in mortem ruentes, contra omnium voluntatem nobis adhaesere. Sint ergo servitii remuneratione primi. Thelonium — quod theutonica lingua interpretatum est Toll, quod in omnibus locis regiae potestati adsignatur, videlicet Frankfurt etc. Judaei et ceteri Wormatienses solvere praetereuntes debiti erant, Wormatienses ne ulterius solvant Toll. Bei Ludew'g. Reliquiae Mss. diplomatum T. II, p. 176. Diplomata III; Böhmer, Regesta No. 1859.

das Sprichwort her „**Wormser Juden, fromme Juden**".
Überhaupt war dieser schwache aber gutmütige, deutsch=gemütliche Kaiser
freundlich gegen die Juden.

Ein Jahr, nachdem Papst Gregor diesen Kaiser im Armensünder=
hemd wie einen Knaben behandelt hatte, war er auch darauf bedacht,
die Juden zu demütigen. Auf der Kirchenversammlung zu Rom (1078),
wo er zum zweiten Male den Bannstrahl gegen die Feinde des Papst=
tums schleuderte, wurde von ihm ein kanonisches Gesetz erlassen, daß die
Juden keinerlei Amt in der Christenheit bekleiden[1]) und keinerlei Über=
ordnung über Christen inne haben sollten. Dieser kanonische Beschluß
war zunächst an das christliche Spanien gerichtet, wo wegen der eigen=
tümlichen Lage unter dem steten Kampfe mit den Arabern sich eine ge=
wisse Unabhängigkeit vom römischen Stuhle behauptet hatte. Wie Gregor
dem König Alfonso ausländische Bischöfe als gefügige Werkzeuge zur
Vollstreckung seines Willens aufzwingen wollte, so trachtete er auch, den
Einfluß der Juden an dem christlichen Hofe Kastiliens zu hemmen. Er
richtete daher ein geharnischtes Sendschreiben an Alfonso (um 1080),
worin die Worte vorkamen: „Wie wir uns gedrungen fühlten, dir zu
den Fortschritten deines Ruhmes Glück zu wünschen, so müssen wir
auch an dir tadeln, was du Unrechtes tust. Wir ermahnen Deine Lieb=
den, daß du nicht ferner zugeben mögest, daß Juden über Christen herr=
schen und über sie Gewalt ausüben. Denn Christen den Juden unter=
zuordnen und sie deren Urteil zu unterwerfen, ist nichts anderes, als
die Kirche Gottes unterdrücken und die Synagoge des Satans erhöhen.
Christi Feinden gefallen wollen, heißt Christus selber verachten"[2]). Viel
zufriedener war der Papst mit Wilhelm dem Eroberer, König von
England und Herzog der Normandie, welcher den Beschluß der Kirchen=
versammlung von Rouen bestätigte, daß die Juden nicht nur keine
christlichen Leibeigenen, sondern auch keine christlichen Ammen
halten dürften[3]).

Alfonso hatte aber andere Interessen wahrzunehmen, als die Un=
duldsamkeit der Kirche zu vertreten. Er kümmerte sich wenig um den

---

[1]) Mansi, Concilia XX, p. 508. De Judaeis non praeponentis Christianis.
Nur die Überschrift hat sich von diesem Kanon des concilium Romanum erhalten.

[2]) Dilectionem tuam monemus, ut in terra tua Judaeos Christianis
dominari vel supra eos potestatem exercere, ulterius nullatenus sinas.
Quid enim est Judaeis Christianos supponere ac hos illorum judicio
subjacere, nisi ecclesiam Dei opprimere et Satanae synagogam exaltare,
et dum inimicis Christi velis placere, ipsum Christum contemnere, bei
Mansi, Concilia XX, p. 341; Epistolae Gregorii VII., l. IX. 2.

[3]) Mansi das. XIV, 399.

Beschluß der großen Kirchenversammlung von Rom und um das Handschreiben des Papstes und behielt seine jüdischen Räte. Er ging gerade damals mit dem Plane um, das Königreich Toledo zu erobern. Um ihn auszuführen, mußte er den Beherrscher desselben von den glaubens- und stammesgenössischen Nachbarfürsten trennen und sich deren Neutralität oder gar Mithilfe bei der Eroberung versichern. Dazu brauchte er aber seine jüdischen Diplomaten und konnte nicht daran denken, die Zumutungen des Papstes zu befriedigen. Durch ein Bündnis mit dem edlen und tapfern König von Sevilla Al-Mutammed Jbn-Abbad, das sicherlich durch jüdische Agenten zustande gebracht worden war, eroberte Alfonso die alte und bedeutende Stadt Toledo (1085), das erste Bollwerk der spanischen Mohammedaner gegen die anstürmende Macht der Christen. Der Sieger von Toledo sicherte den Juden dieser Stadt und des dazu gehörigen Gebietes alle die Freiheiten zu, die sie unter den mohammedanischen Regenten genossen hatten. Der letzte unglückliche mohammedanische König von Toledo, Jachja Alkader, der nach Valencia auswandern mußte, hatte einen jüdischen Vertrauten in seiner Umgebung, der ihm über den Tod hinaus treu blieb[1]), während ihn seine nächsten stammesgenössischen Freunde verrieten.

Alfonso begnügte sich nicht mit dem Besitze Toledos, das wieder zur Hauptstadt des Landes erhoben wurde, sondern wollte die Uneinigkeit und Eifersüchtelei der mohammedanischen Fürsten benutzen, um weitere Eroberungen zu machen. Zunächst hatte er es auf das Gebiet des Königs von Sevilla, seines Bundesgenossen, abgesehen, dem auch Cordova zugefallen war. Er ließ mit einem Male die Maske der Freundschaft fallen und stellte Forderungen an Al-Mutammed, von denen er voraussetzen konnte, daß dieser edle Fürst ehrenhalber nicht darauf eingehen werde. Mit der gefahrvollen Sendung, dem König von Sevilla die Augen zu öffnen und ihm gegenüber fest und herausfordernd aufzutreten, betraute Alfonso seinen jüdischen Staatsdiener Jsaak Jbn-Schalbib, der den Auftrag hatte, keine Rücksicht der Höflichkeit walten zu lassen. Fünfhundert christliche Ritter begleiteten den jüdischen Botschafter Alfonsos an den Hof von Sevilla, um seinem Auftreten Nachdruck zu geben. — Dieser Auftrag kostete Jbn-Schalbib das Leben. Er führte nämlich im Sinne seines Herrn eine so feste Sprache, und bestand so unbeugsam auf der ihm zugewiesenen Forderung, daß Al-Mutammed in einen so heftigen Zorn geriet, daß er das Gesandtenrecht verletzte, Jbn-Schalbib töten und an einen Galgen nageln[2]) und seine Begleiter

---

[1]) Quelle bei Dozy, Recherches I, 516.
[2]) Vgl. Note 4.

einkerkern ließ. Vielleicht hatte der schlaue Alfonso auf einen solchen Ausgang gerechnet, um Gelegenheit zu haben, mit Al-Mutammed anzubinden. Über die Einzelheiten der Gesandtschaft und die Todesart Jbn-Schalbibs weichen die arabischen Quellen ab; sie überbieten sich nämlich darin, sein Auftreten in ein gehässiges Licht zu stellen, weil sich an diese Tatsache der Untergang der Freiheit der Araber in dem andalusischen Spanien knüpfte.

Denn die Spannung, welche infolge derselben zwischen Alfonso und dem König von Sevilla entstand, bewog den letzteren, sich dem Rate der übrigen mohammedanischen Fürsten anzuschließen, den Sieger von Nordafrika, den morabethischen (almoravidischen) Fürsten Juffuf Jbn-Teschufin (Taschfin) zu Hilfe gegen Alfonso zu rufen. Al-Mutammed gab den Ausschlag für diesen unheilvollen Plan; der afrikanische Held erschien infolge der Einladung und brachte den andalusischen Fürsten Knechtschaft und Untergang. Das Geschick der Juden im mohammedanischen Spanien wurde damals entschieden. Juffuf Jbn-Teschufin führte ein zahlreiches Heer aus Afrika hinüber, das durch die Kontingente der mohammedanisch-spanischen Truppen zu einer erstaunlichen Zahl anwuchs. Alfonso sammelte ebenfalls ein großes Heer, und in beiden Reihen kämpften Juden. 40 000 derselben gleich uniformiert mit gelben und schwarzen Turbanen sollen damals unter Waffen gestanden haben[1]. Christentum und Islam rüsteten sich auf spanischem Boden zu einem Kampfe auf Leben oder Tod, beide von großen Feldherren geführt. Al-Mutammed betrieb die Rüstungen zum Kriege gegen seinen falschen Freund Alfonso mit unermüdlichem Eifer zu seinem eigenen Verderben. Als die beiden Heeressäulen kampfbegierig einander gegenüberstanden, ließ er durch seine Astrologen — darunter auch Jsaak Jbn-Albalia — die Sterne nach dem Ausgang des Kampfes befragen. Anfangs lauteten die Zeichen ungünstig für die Waffen der Mohammedaner. Aber der Schlachttag wurde durch Alfonso mit einem Male verändert. Denn als die beiden Heere Freitag (23. Oktober 1086) schlagfertig waren, machte Alfonso dem Feinde den Vorschlag, den Zusammenstoß auf den nächsten Montag aufzuschieben, damit weder am Freitag, als dem Ruhetag der

---

[1] Bei Conde, Historia de la dominación II, C. 16, 17. Schreiben Alfonsos: el sabbado de los judios y en ambos nuestros ejercitos hay muchos judios. Romey, Histoire d'Espagne V, 477. — Man sprach bisher den Familiennamen des almoravidischen Eroberers nach einem arabischen Geschichtschreiber Jachja Jbn-Taschfin aus, Dozy in der zweiten Ausgabe seiner recherches sur l'Espagne gibt an, daß die richtige Aussprache Jbn-Teschufin lautet.

Moslemin, noch am Sonnabend wegen der jüdischen Soldaten in beiden Heeren, noch am Sonntag gekämpft werden sollte. Als Jussuf auf diesen Vorschlag einging, gedachte Alfonso das mohammedanische Heer am Freitag unvorbereitet zu überrumpeln, da er es auf eine Kriegslist abgesehen hatte; er fand es aber geordnet. Die Schlacht bei Zalaca begann, welche mit dem vollständigen Siege der Moslemin endete; Alfonso entkam mit nur wenigen Rittern. Aber der Sieg brachte nur den afrikanischen Almoraviden Vorteil. Die einheimischen Fürsten wurden von Jussuf gedemütigt. Das südliche Spanien wurde auf lange Zeit der Schauplatz blutiger Kämpfe. Die Juden litten viel durch die Kriegsdrangsale, welche die Almoraviden, Alfonso und der durch Romanzen verewigte abenteuernde Ritter Rodrigo Cid mit seinem zusammengelaufenen christlichen und mohammedanischen Gesindel über das schöne Land brachten. Aber als Bekenner des Judentums litten sie nicht mehr als die übrigen Einwohner. Die Almoraviden waren keine Fanatiker, verfolgten nur politische Zwecke, wenn auch der Krieg, den sie gegen die Christen führten, ein heiliger genannt wurde. Selbst die in Granada unter Badis verfolgten Juden (o. S. 48) erhielten von den erobernden Afrikanern ihre Besitztümer zurück[1]), deren sie zwanzig Jahre beraubt waren.

Während dieser Unruhen mußte Isaak Alfâssi seinen Wohnort Kalah Ibn-Hammad verlassen und nach Spanien fliehen (1088). Er war dort im Gebiete Jussufs von zwei nichtswürdigen Angebern eines wahrscheinlich politischen Vergehens angeklagt worden. Alfâssi begab sich darauf nach Cordova, in das Gebiet des Al-Mutammed, der damals mit Ibn-Teschufin gespannt war. Ein angesehener Mann in Cordova, Joseph Ibn-Schartamikasch nahm ihn gastfreundlich und schützend auf[2]). Alfâssis Erscheinen auf spanischem Boden machte Aufsehen, er wurde als talmudische Autorität begrüßt, und von vielen Seiten ergingen an ihn Anfragen[3]). War es die Bevorzugung, diesem fremden, nicht offiziellen Rabbinen eingeräumt, welche die zwei hervorragenden Persönlichkeiten Südspaniens, Isaak Albalia und Isaak Ibn-Giat, so sehr kränkte, daß sie sich feindlich gegen ihn verhielten? Oder war es die kühne Art, mit der Alfâssi den Talmud behandelte, die sie gegen ihn einnahm? Oder waren Zwischenträger geschäftig, sie in Spannung gegeneinander zu setzen? Genug, sie waren offene Gegner Alfâssis

---

[1]) Folgt aus Alfâssi, Responsum Nr. 131.
[2]) Abraham Ibn-Daud.
[3]) Alfâßis Responsa, 322 an der Zahl (gedruckt zuerst Livorno 1781) scheinen sehr gekürzt. Sie reflektieren meistens spanische Zustände.

und zeigten ihre Gegnerschaft mündlich und schriftlich. Alfâßi wehrte sich gegen ihre Angriffe, und so entstand ein erbitterter Federkampf, der bis zum Tode Ibn-Giats und Ibn-Albalias dauerte. Der erstere starb in Cordova (1089), wohin ihn seine Diener zur Stärkung seiner Gesundheit gebracht hatten. Seine Hülle wurde nach seinem Wohnorte Lucena gebracht und dort bestattet[1]). Isaak Ibn-Giat hinterließ einen zahlreichen Jüngerkreis, darunter die später berühmt gewordenen: sein eigener Sohn Jehuda Mose Ibn-Esra und Joseph Ibn-Sahal.

Nach dem Tode Ibn-Giats begab sich Alfâßi nach Lucena von Granada aus, wohin er inzwischen übergesiedelt war[2]), und wurde wahrscheinlich an der Stelle seines Gegners zum Rabbinen dieser Gemeinde ernannt. Hier hatte er einen Kreis zahlreicher Jünger um sich, dem er lediglich den Talmud auslegte. Für andere Wissensfächer hatte er kein Interesse, nicht einmal für die von jedermann gepflegte hebräische Dichtkunst. Seine Gegnerschaft mit Isaak Albalia dauerte fort. Der letztere büßte seine Stellung am Hofe von Sevilla mit dem Unglück seines Königs ein. Der edle, tapfere, dichterische Al-Mutammed verlor durch Jussuf Ibn-Teschufin Thron und Freiheit, seine Hauptstadt wurde erobert und er selbst nach Afrika geschleppt und eingekerkert (1091). Die Poesie war in der Nacht des Kerkers bis an seinen Tod seine Trösterin. Ibn-Albalia scheint nach dem Unglück seines Gönners Sevilla verlassen und sich in Granada niedergelassen zu haben, wo er auch seine Tage beschloß. Auf seinem Totenbette zeigte er eine Seelengröße, die nur wahrhaft sittlichen Naturen eigen ist. Sein siebzehnjähriger Sohn Baruch weinte an seinem Bette über die Verlassenheit, der er nach dem Hinscheiden seines Vaters entgegengehen sollte. Da gab ihm der Sterbende einen eigentümlichen Auftrag. Er möge gleich nach seinem Ableben sich zu seinem Gegner Alfâßi nach Lucena begeben und ihm die Worte überbringen, daß er an der Pforte des Grabes ihm alles verziehen habe, was Alfâßi mündlich und schriftlich gegen ihn geäußert, und er erwarte daß jener ihm auch verzeihen werde. Er hoffe, daß Alfâßi den Sohn seines Gegners mit offenen Armen aufnehmen werde. Isaak Albalia starb (1094). Sein Sohn Baruch tat, wie ihm sein Vater befohlen. Und Isaak Alfâßi schloß unter Tränen den Sohn seines Gegners in seine Arme, sprach zu ihm die Trostesworte: „Ich will dir fortan Vater sein"[3]), und hielt Wort. Man weiß nicht, wessen Seelengröße man

---

[1]) Abraham Ibn-Daud.
[2]) Saabia Ibn-Danan in Chemda Genusa, p. 30.
[3]) Abraham Ibn-Daud.

mehr bewundern soll, dessen, der in den Edelmut seines Feindes das höchste Vertrauen setzte, oder dessen, der diesem Vertrauen entsprach!

Das jüdische Spanien, das alle Richtungen des Judentums in sich konzentrierte und sie um viele Stufen höher brachte, sah in dieser Zeit auch eine karäische Bewegung. Karäer gab es seit langer Zeit in Spanien, aber sie waren so bedeutungslos, daß man nicht weiß, weder in welchen Städten sie Gemeinden bildeten, noch wer ihre Führer waren, noch in welcher Verfassung sie lebten. Erst gegen Ende des elften Jahrhunderts brachte ein Mann einige Bewegung in diese träge Masse. Dieser Mann war Ibn = Altaras, von dem man weiter nichts weiß, als daß er Jünger eines angesehenen karäischen Lehrers war. Seit dem Tode der karäischen Autoritäten Joseph Albaßir, Jephet ben Ali und Albusari Sahal tauchte nämlich wieder aus der Zahl der Mittelmäßigkeiten ein hervorragender Karäer Namens Jeschua ben Jehuda Abulfarag (arabisiert Forkan Ibn = Assab)¹) auf. Da die Karäer für ihre eigene Geschichte wenig Sinn hatten und über ihre Autoritäten nur das Allerdürftigste überlieferten, so haben sie auch über diesen Abulfarag Jeschua nur mitgeteilt, daß er ein großer Lehrer war und der „Alte" (ha-Zaken, al Schaich) beigenannt wurde. Man kennt weder seinen Geburtsort noch seinen Lebensgang und weiß von ihm nur so viel, daß er in Jerusalem eingewandert war und sich glücklich pries, Bewohner der heiligen Stadt zu sein. Hier verlegte er sich auf die Erforschung der Fächer, welche den Kreis der karäischen Gottesgelehrtheit umschlossen: Bibelerklärungen mit hebräischer Grammatik, Gesetzeskunde, Polemik gegen die Rabbaniten und Religionsphilosophie. Abulfarag berücksichtigte auch den Talmud und nahm manches daraus für das Karäertum auf. Zum Muster nahm er sich Joseph Albaßir (Roeh) (V₄ S. 289), dessen Fußtapfen er so sehr folgte, daß ihn die Spätern aus Unkunde zu dessen Jünger stempelten. Wie dieser, so faßte auch Abulfarag Jeschua das Judentum philosophisch auf, aber nach dem altmodischen Standpunkte der mutazilitischen Scholastik; auch sprach er sich für die Verringerung der verbotenen Verwandtschaftsgrade aus, nur in einigen Punkten von Albaßir abweichend. In diesem Sinne war Abulfarag Jeschua ein fruchtbarer Schriftsteller und verfaßte viele Werke, von denen die berühmtesten sind: eine Erklärung zum Penta-

---

¹) Vgl. über denselben Munk, Notice sur Aboulwalid, p. 4 ff. und Pinsker, Likute Kadmonijot, Text Nr. 210 und Note Nr. X. Sein Zeitalter hat der letztere richtig dargestellt aus dem Umstande, daß in einer seiner Schriften angegeben wird, seit der Tempelzerstörung sei 1020 Jahre und seit der Hedschra 480 Jahre, gleich 1087—1088.

teuch (1088 verfaßt) und ein Werk über die Verwandtschaftsgrade. Obwohl seine exegetischen Leistungen auch nicht den geringsten Vergleich mit denen der Rabbaniten, namentlich Jbn-G'anachs und des Mose Jbn-G'ikatilla aushalten, so galt er doch darin nicht bloß als Autorität für seine Bekenntnisgenossen, sondern auch für die verkümmerten Samaritaner und für morgenländische Christen. Aus weiter Ferne wanderten Karäer zu ihm, um Weisheit aus seinem Munde zu vernehmen, wurden seine Jünger und verbreiteten seine Lehren. Drei derselben werden namhaft gemacht[1]): Tobia aus Konstantinopel, mit dem Beinamen Ha-Obed, Ha-Baki; ferner Jakob ben Simon und endlich Jbn-Altaras aus Kastilien. Durch die Tätigkeit der Jünger aus Abulfarags Schule wurde im karäischen Kreise die weite Ausdehnung der Verwandtschaftsgrade um vieles eingeengt und die Reform der Ehegesetze durchgeführt.

Jbn-Altaras brachte nun die karäische Lehre mit philosophischem Anstrich nach Kastilien, begnügte sich aber nicht, sie unter den Karäern zu verbreiten, sondern suchte auch dafür Anhänger unter den Rabbaniten Spaniens zu gewinnen (um 1090—95). Nach seinem Tode setzte seine Frau, welche sich Gelehrsamkeit angeeignet hatte, seine Tätigkeit fort. Für die Karäer Spaniens, die sich der Unwissenheit noch nicht entwunden hatten, waren die Aussprüche der Karäerin Orakel und bei jedem Zweifel in religiösen Dingen holten sie sich Rat bei der Gelehrten (al-Malimah). Die Rabbaniten waren aber zu mächtig, als daß sie sich die Proselitenmacherei der Karäer hätten gefallen lassen sollen. Einer von Alfonsos jüdischen Günstlingen mit Namen Joseph Jbn-Alfarug Alkabri (aus der Stadt Cabra)[2]) ließ sich von dem judenfreundlichen Könige die Vollmacht erteilen, die Karäer in dessen Staaten verfolgen zu dürfen, trieb sie aus den meisten Städten Kastiliens und ließ ihnen nur eine einzige Stadt zum Aufenthaltsorte. Joseph Alkabri (der vielleicht mit Cidellus, Alfonsos Vertrauten identisch ist) hätte die Karäer sogar blutig verfolgt, wenn ihn nicht der Umstand gehindert hätte, daß es nach der Tempelzerstörung nicht gestattet ist, Todesstrafe zu verhängen[3]). Schwerlich waren die angesehenen Rabbinen Spaniens mit einem so unduldsamen Verfahren einverstanden.

---

[1]) Pinsker das. Text S. 210 und Noten dazu.

[2]) Vgl. über die Stadt קברה im Gebiete von Jaën Casiri Bibliotheca arabico-hispana II, p. 31, c. I und Dozy, Recherches p. 2ᵉ éd.

[3]) Nach Abraham Jbn-Daud. Die Zeit Jbn-Altaras' und der Verfolgung der Karäer kann nicht zweifelhaft sein. Einerseits fällt sie nach Abfassung von Abulfarags Kommentar, also nach 1088. Andererseits heißt es bei

Cibellus.

Cibellus, Alfonsos jüdischer Günstling geriet in dem letzten Regierungsjahre dieses Königs in Ungnade, weil er sich von den Grafen und Granden des Reiches zu einem kühnen Schritte gebrauchen ließ, der jenen in Zorn versetzen mußte. Alfonso hatte nämlich trotz seiner sechs legitimen und mehrerer andern Frauen keinen männlichen Erben, nachdem sein Sohn in der Schlacht umgekommen war. Da beschlossen die kastilischen Großen, von dem König zu verlangen, seine Tochter Urraca, welche die Krone erben sollte, an einen aus ihrer Mitte zu verheiraten, wagten aber nicht, diesen Wunsch zu äußern, sondern ließen ihn von dem jüdischen Günstling aussprechen. Alfonso, der einen andern Plan verfolgte, war daher so gereizt gegen Cibellus, daß er ihn aus seiner Nähe verwies[1]).

dem genannten Chronographen, daß sich die Karäer wieder von der Verfolgung erholt hatten, bis sie abermals von Jehuda Jbn-Esra 1148 verfolgt wurden. Sie hatten sich also unter der Regierung der Königin Urraca erholt, wurden demnach zum ersten Male von Joseph Alfabri unter Alfonso VI. verfolgt, d. h. zwischen 1088—1109.

[1]) Roderich von Toledo, De rebus Hispaniae VI, c. 34.

Viertes Kapitel.

Der erste Kreuzzug und seine Leiden.

Stellung der Juden in Deutschland vor dem Kreuzzuge. Die Gemeinde von Speyer und Heinrich IV. Die Märtyrer von Trier und Speyer. Emmerich von Leiningen und die Märtyrer von Mainz. Blutige Verfolgung der Cölner Gemeinde in der Umgegend dieser Stadt. Leiden der Juden von Böhmen. Elender Tod der Juden Jerusalems. Kaiser Heinrichs Gerechtigkeit gegen die Juden. Rückkehr der gewaltsam Getauften. Verkümmerung der deutschen Juden. Der Tod Alfäßis und Raschis.

1096—1105.

Gegen Ende des elften Jahrhunderts erfolgte der erste Anlauf zu einem Kampfe zwischen dem Christentum und dem Islam, zwischen Europa und Asien auf einem anderen Schauplatz, welcher die Weltgeschichte in neue Bahnen leitete und in die Geschichte der Juden ein bluttriefendes Blatt einfügte. Peters von Amiens aufregende Wehklagen über die Behandlung der Pilger in Jerusalem, welche in der Kirchenversammlung von Clermont tausendfachen Widerhall fanden, hatten die Frömmigkeit, die romantische Ritterlichkeit, den Ehrgeiz, die Raubsucht und eine Menge anderer edeler und gemeiner Leidenschaften zu einem Kreuzzuge aufgestachelt. Die Politik hatte sich derselben bemächtigt, um kleinliche Zwecke mit engem Gesichtskreise zu erreichen. Es entstand eine märtyrerreiche Zeit, aber das größte Märtyrertum erlitten die deutschen Juden, welche wiederum Gelegenheit fanden, in ausgedehntem Umfange ihr Bekenntnis mit ihrem Blute zu besiegeln. Der Wendepunkt, der durch die Kreuzzüge in der Entwickelung des Menschengeschlechtes eintrat, kam zwar auch indirekt dem Judentum zu gute, aber zunächst war er für dasselbe von niederbeugender Wirkung.

Es ist eine Fälschung der Geschichte, wenn behauptet wird, die Juden Deutschlands hätten die Greuel, die sie getroffen, zum Teil selbst verschuldet; sie hätten sich durch betrügerischen Handel und Wucher den Haß der Bevölkerung zugezogen und — wie entschuldigend hinzugefügt wird — sie wären dazu gezwungen worden, da sie kein Grundeigentum

besessen hätten. Weder lebten die Juden Deutschlands vor den Kreuz-
zügen in einem Zustande des Druckes und der Verachtung, noch waren
sie vom Grundbesitz ausgeschlossen. Als der Bischof Rüdiger Huozmann von Speyer den Weiler Altspeyer zur Stadt zog, glaubte er das
Ansehen der Stadt nicht besser heben zu können, als wenn er den Juden
darin Wohnplätze und Privilegien einräumte. Neben der Handelsfrei-
heit in der ganzen Stadt bis zum Schiffshafen und im Hafen selbst besaßen sie auch Ländereien, Gebäude, Gärten, Weinberge und Äcker[1]).
Der Bischof Rüdiger räumte den speyerschen Juden eigne Gerichtsbarkeit ein, und ihr Synagogenvorsteher oder Rabbiner (Archisynagogus)
sollte dieselbe Befugnis haben, Prozesse zu schlichten, wie der Bürgermeister. Sie durften Sklaven besitzen und christliche Ammen und
Knechte mieten, gegen das kanonische Gesetz und den Willen des Papstes
Gregor VII. Auch geschlachtetes Vieh, das nach jüdischem Gesetze ihnen
zum Genusse verboten ist, durften sie an Christen verkaufen. — Um sie
jedoch vor Belästigungen des Pöbels zu schützen, wies ihnen Rüdiger
einen eigenen Stadtteil an, der mit einer Mauer umgeben war, die
sie selbst befestigen und verteidigen durften. Sie hatten also auch das
Recht, Waffen zu tragen. Diese Privilegien, für die sie jährlich $3^{1}/_{2}$
Pfund Goldes speyersches Gewicht zu zahlen hatten, sollten ihnen für
alle Folgezeit verbrieft sein (September 1084). Rüdiger fügte in der
Urkunde hinzu, er habe den Juden so günstige Gesetze eingeräumt, wie
sie sie sonst in keiner deutschen Stadt genössen[2]). Der Kaiser Heinrich
IV. bestätigte diese Privilegien durchweg und fügte noch neue günstigere
Bestimmungen hinzu

Vermutlich genügte der Gemeinde der Schutz nicht, den ihnen der
Bischof Rüdiger zugesagt; ihre Vertreter, Juda ben Calonin (Kalonymos), David ben Meschullam, Mose ben Guthiel (Je-
kuthiel), verwendeten sich daher beim Kaiser, daß er ihre Privilegien in
den kaiserlichen Schutz nehmen möchte. Heinrich, der trotz seines Leicht-
sinns und seines Wankelmutes nie ungerecht war, stellte ihnen ein Diplom aus, das durchaus günstig für die Juden lautete. Niemand dürfe
Juden noch ihre Sklaven zur Taufe zwingen, bei Strafe von zwölf
Pfund Goldes, an den kaiserlichen Fiskus zu leisten. Wolle sich jemand
aus freien Stücken taufen lassen, so sollten ihm drei Tage Bedenkzeit

---

[1]) Würdtwein, Nova subsidia diplom. I, p. 127: De rebus eorum
quos jure haereditario possident Judaei in areis, in casis, in ortis,
in vineis, in agris.

[2]) Das. ad summam concessi illis Judaeis legem, quamcunque meliorem habet populus Judaeorum in qualibet urbe teutonici regni.

gegeben werden, damit er den Schritt nicht voreilig tue; der jüdische Täufling verliere seinen Erbschaftsanteil. In einem Prozesse zwischen Juden und Christen solle nach jüdischem Rechte verfahren und vereidet werden. Zu den Ordalien der Feuer- und Wasserprobe dürfen sie nicht gezwungen werden. Diese Urkunde wurde von Heinrich IV. für die speyersche Gemeinde ausgestellt (19. Februar 1091)[1]. Sechs Jahre darauf wurde sie von für den heiligen Krieg geweihten Streitern verhöhnt; denn nicht die Bürger und nicht die Ritterschaft hatten etwas gegen die Juden, sondern eine zügellose Horde. Die deutschen und nordfranzösischen Juden waren damals gerade voller Messiashoffnungen. Ein Mystiker hatte ausgerechnet, der Sohn Davids werde sich gegen Ende des 256 ten Mondzyklus, zwischen dem Jahre 4856 und 64 (1096—1104) offenbaren[2] und die zerstreuten Söhne Judas nach dem gelobten Lande führen. Aber statt der Posaunen der messianischen Erlösung hörten sie das wilde Geschrei der Wallbrüder: „Die Juden haben unsern Heiland gekreuzigt, sie müssen sich zu ihm bekehren oder sterben."

Die ersten Scharen der Kreuzzügler, die eine von dem begeisterten, frommen Peter von Amiens und seinen acht Rittern, die andere von dem Presbyter Gottschalk angeführt, fügten den Juden kein besonderes Leid zu; sie plünderten Juden und Christen gleicherweise. Aber die nachfolgenden Schwärme, die aus dem Auswurfe der französischen, englischen, lothringischen und flandrischen Länder bestanden, begannen das heilige Werk des Mordens und des Plünderns in Ermangelung der Mohammedaner mit den Juden. Es war dieses ein schamloses Gesindel, Männer und Weiber vermischt, welche sich den frevelhaftesten Ausschweifungen überließen[3]. Aber diese lasterhaften Wallbrüder waren geweihte Streiter, die Sünden waren ihnen alle vergeben, die vergangenen wie die zukünftigen. Sie galten als unverletzbare Personen. Ein Mönch warf den zündenden Gedanken unter diese Bande, daß die Juden mit Gewalt zum Christentume gezwungen werden müßten; eine Schrift, die auf Jesu Grab gefunden worden, mache dieses den Gläubigen zur Pflicht. Dieser Gedanke schien den wilden Kreuzbrüdern ebenso vorteilhaft, wie leicht faßlich und gottgefällig. Sind doch die Juden ebenso ungläubig wie die Sarazenen, beide Erzfeinde des Christentums! Der Kreuzzug kann ja auf der Stelle beginnen, wenn mit den Juden der Anfang gemacht wird! Wie sich die Scharen in Frankreich

---

[1]) Würdtwein.
[2]) Elieser ben Nathan Kontres, Der Leiden von 1096 Eingang und mehrere Liturgien.
[3]) Über alles den ersten Kreuzzug Betreffende vgl. Note 5.

und Deutschland sammelten, waren sie gezeichnet durch das Kreuz an ihren Kleidern und durch das vergossene Blut von Juden. Indessen blieben solche Metzeleien in Frankreich vereinzelt, weil die Fürsten und Geistlichen energisch für die Juden eintraten. Nur in Rouen, das zu England gehörte, trieben die Kreuzfahrer die Juden in die Kirche, setzten ihnen die Schwertspitzen auf die Brust und ließen ihnen die Wahl zwischen Tod und Taufe. Auch in anderen Städten haben sie wohl auf ihrem Zuge von Westen nach Osten, nach dem Rheine zu, ähnliche Exzesse begangen. Von Metz erzählt es die Chronik ausdrücklich.

Einen besonders tragischen Charakter und einen schrecklichen Ausgang erhielten die Verfolgungen erst auf deutschem Boden. Die Schar, welche sich von Frankreich und Flandern nach den deutschen Gauen wälzte, hatte zum Führer einen französischen Ritter, Wilhelm der Zimmermann genannt, dessen Habgier gewissermaßen gerechtfertigt war, da er nicht reich war und schon bei seinem Auszuge das Geld für die Ausrüstung seiner Schar durch Plünderung der Bauern aufbringen mußte. Die übrigen Ritter unter Wilhelms Schar, Graf Hermann, Thomas de Feria, Clarenbald de Vendeuil, vermochten entweder nichts über das blutdürstige, übelgeleitete Gesindel oder waren selbst nicht besser. Den Geist, von dem Wilhelms Wallbrüder beseelt waren, charakterisiert ein einziger Zug. Sie ließen eine Gans und einige Ziegen vor sich hergehen, von denen sie fest glaubten, sie seien von göttlichem Geiste angehaucht und würden ihnen den Weg nach Jerusalem zeigen. Solchen Feinden waren die jüdischen Gemeinden der Mosel und des Rheins schutzlos preisgegeben! Kaiser Heinrich war damals in Italien mit schlimmen Händeln vollauf beschäftigt, und in Deutschland herrschte dadurch die unbändigste Anarchie. Als die Juden des Rheinlandes von dem Heranziehen dieser Bande hörten, wendeten sie sich im Gebet an den Gott ihrer Väter.

Schon bei der Nachricht von dem Herannahen der Blutmenschen war die Gemeinde von Trier von einem solchen Entsetzen ergriffen, daß einige ihre Kinder und sich mit Messern erstachen. Frauen und Mädchen beschwerten sich mit Steinen und stürzten sich in die Mosel, um nicht von den heiligen Mördern zur Taufe gezwungen oder geschändet zu werden. Der Name einer dieser Märtyrerinnen ist in Erinnerung geblieben: Esther, Tochter des Gemeindevorstehers Chiskija. Die übrigen Gemeindeglieder flehten den Bischof Egilbert um Schutz an. Doch dieser harte Kirchenfürst, der sich vielleicht durch Bekehrungseifer von dem auf ihm lastenden Verdachte der Ketzerei reinigen wollte, erwiderte ihnen: „Jetzt sind über euch, Elende, eure

Sünden gekommen, daß ihr den Sohn Gottes verwerft und seine Mutter schmäht. Bekehrt euch, so gebe ich euch Frieden und ruhigen Genuß eurer Güter. Bleibt ihr aber verstockt, so wird mit eurem Leibe auch eure Seele untergehen."

Da traten die Juden zur Beratung zusammen und beschlossen auf Antrag eines ihrer gelehrten Mitglieder Micha (Michäas) das Christentum, wohl zum Scheine, anzunehmen. Dieser sprach hierauf zum Bischof: „Du hast recht; es ist besser für uns, uns dem christlichen Glauben anzuschließen, als von Tag zu Tag von solchen Gefahren für unsere Habe und unser Leben bedroht zu sein. Sage uns daher schnell, was wir glauben sollen und stehe uns bei, daß wir befreit werden von denen, welche vor der Tür warten, um uns zu erwürgen." Darauf leierte der Priester das katholische Glaubensbekenntnis ab, das die Juden nachplappern mußten und nahm die Taufhandlung an ihnen vor. Micha erhielt den Namen des Bischofs. Es war ein schimpflicher Sieg, den das Christentum über die Gemeinde von Trier feierte, der auch nicht lange dauerte.

Darauf wälzte sich die Schar nach S p e y e r, dessen Gemeinde erst jüngsthin vom Bischof und Kaiser Unantastbarkeit und Freiheit verbrieft erhalten hatte. Die Kreuzfahrer trafen am Sabbat ein und schleppten im ersten Anlauf zehn Juden in eine Kirche, um sie unter Androhung des Todes zu taufen. Diese weigerten sich aber die Taufe zu empfangen und wurden hingeschlachtet. Eine fromme Frau, welche für ihre Standhaftigkeit unter den Händen der Blutmenschen fürchtete, nahm sich selbst das Leben (8. Jjar = 3. Mai 1096). Die übrigen Juden hatten sich indessen teils in den Palast des Bischofs J o h a n n s e n und teils in die Burg des Kaisers geflüchtet. Der Bischof, menschlicher und frommer als Egilbert, der die Bekehrung durch Henkershand verabscheute, ließ gegen die wütende Schar einschreiten; die Juden selbst verteidigten ihr Leben standhaft und es fiel kein Opfer mehr von ihrer Seite. Johannsen ließ sogar auf einige Wallbrüder fahnden und sie hinrichten, was ihm die chronikschreibenden Mönche natürlich verargten. Sie sprengten aus, er sei von den Juden bestochen worden. Es ist nicht zu verwundern, daß die Juden ein förmliches Entsetzen vor dem Christentum empfanden und sich nicht bloß gegen die Taufe sträubten, sondern sich schon für befleckt hielten, wenn sie auch nur im Zustande der Betäubung und Bewußtlosigkeit vom Taufwasser berührt worden waren. Sie konnten in dem Christentum, wie es im elften Jahrhundert gestaltet war, nur ein arges Heidentum erblicken. Die Verehrung der Reliquien und Bilder, der geist- und gemütlose Gottesdienst in der Kirche, das Verfahren des Oberhauptes der Kirche, welches die Völker ihrer heiligen Eide entband und zum Kaisermord aufforderte, das schwelgerische, sittenlose Leben der Geistlichkeit, die verdummte, von Unwissenheit strotzende Anschauungsweise der Menge, das vertierte Treiben der Kreuzfahrer, dieses alles gemahnte sie weit eher an die in der heiligen Schrift verabscheuten Götzendiener, als an Bekenner eines heiligen Gottes. Wie ihre Vorfahren in der Makkabäerzeit sich gegen den aufgezwungenen Zeuskultus sträubten und die Berührung mit der Zeremonie des Götzentums für befleckend hielten, ebenso dachten die deutschen Juden von dem Christentum ihrer Zeit.

Der Schwarm, welcher den Angriff auf die Gemeinde von Speyer unternommen hatte, scheint nicht stark gewesen zu sein, daher konnte er zurückgeschlagen werden. Er wartete nun, um sein blutiges Werk fortzusetzen, Verstärkung ab. Erst vierzehn Tage später zog eine größere Zahl Wallbrüder, „Wölfe der Wüste", wie sie der zeitgenössische jüdische Chronist nennt, in stets zunehmender Zahl nach Worms. Der Bischof Allebrandus konnte oder mochte den Juden keinen ausreichenden Schutz gewähren. Doch scheint er das Niedermetzeln der Juden nicht gut geheißen zu haben, da er einen Teil der Gemeindeglieder, wahrscheinlich die angesehenen und reichen, in seinen Palast aufnahm. Die übrigen waren auf sich selbst angewiesen, setzten sich wohl anfangs zur Wehr, aber der Übermacht der zahlreichen Bande erliegend, fielen sie unter den Streichen der Blutmenschen mit dem Bekenntnisrufe: „Der Herr unser Gott ist einzig." Nur sehr wenige ließen sich zur Nottaufe zwingen, die andern kamen ihr durch Selbstentleibung zuvor. Man sah Frauen ihre zarten Kinder schlachten. Die Wallbrüder zerstörten die Häuser der Juden, plünderten deren Habe und ließen ihre blinde Wut auch an den heiligen Schriften aus, die sie in den Synagogen und in den Häusern fanden (Sonntag, 23. Ijar = 18. Mai). — Nach sieben Tagen kam die Reihe auch an diejenigen, welche im bischöflichen Palaste Schutz gefunden hatten, sei es, daß die Wallbrüder einen Angriff darauf gemacht und die Auslieferung der Schlachtopfer ungestüm verlangt hatten, oder daß Allebrandus selbst den Juden nur zu dem Zwecke ein Asyl eingeräumt hatte, um sie durch Milde zur Bekehrung zu bewegen. Der Bischof eröffnete ihnen mit einem Male, er könne sie nicht länger beherbergen, wenn sie sich nicht der Taufe fügten. Die Angesehensten unter ihnen baten sich darauf eine kurze Frist zur Beratung aus. Vor dem Palaste harrten die Wallbrüder, um die Juden entweder in die Kirche oder in den Tod zu führen. Als aber die Zeit abgelaufen war, und der Bischof die Tür öffnen ließ, fand er sämtliche Juden im Blute schwimmen. Sie hatten den Tod durch Bruderhand vorgezogen. Bei der Nachricht davon fiel die rasende Menge über die Übriggebliebenen her, mordete die Lebenden und schleifte die Leichen auf den Straßen umher. Nur wenige retteten ihr Leben durch die scheinbare Annahme des Christentums (Sonntag, 1. Siwan = 25. Mai). Ein Jüngling, S i m ch a K o h e n, der durch die Wallbrüder seinen Vater Mar-Isaak und seine sieben Brüder verloren hatte, wollte nicht ungerächt aus der Welt scheiden. Er ließ sich in der Kirche führen und im Augenblick, als er das Sakrament empfangen sollte, zog er ein verborgen gehaltenes Messer hervor und erstach damit einen Neffen des Bischofs. Er wurde, wie er es nicht anders erwartet hatte, in der Kirche zerfleischt. Erst als die Kreuzzügler die Stadt verlassen, wurden die jüdischen Märtyrer von Worms von jüdischen Händen bestattet und die Totengräber zählten beinahe achthundert Leichen, nahe an 140 Familien, darunter auch die Söhne und Jünger des Isaak Halevi, der lothringischen Autorität. Das Andenken an die Märtyrer oder Heiligen (Kedoschim) erhielt die Gemeinde[1]), die sich später bildete, zur Verehrung und zum Muster in Glaubensstandhaftigkeit.

Den Tag nach der Niedermetzelung des Restes in Worms traf die Kreuzschar in M a i n z ein. Hier war ihr Anführer ein Graf E m m e r i ch oder E m i ch o von Leiningen, ein naher Verwandter des Erzbischofs R u t h a r d, ein gewissenloser, blutdürstiger Mann. Ihm gelüstete ebenso sehr nach den Reichtümern der Mainzer Juden, als nach deren Blut, und er scheint mit dem Erzbischof, einem Hauptgegner Heinrichs IV., zu diesem Zwecke einen teuflischen Plan verabredet zu haben. Der Erzbischof lud sämtliche Juden ein, in seinem Palaste Schutz zu suchen, bis der Sturm vorüber sei. Darauf übergaben sie ihre Schätze Ruthard, und in seinem Hofe und dem Söller des weitläufigen Gebäudes lagen über 1300 Juden mit bangem Herzen und in inbrünstigem Gebete. Aber schon mit Tagesanbruch (Dienstag, 3. Siwan = 27. Mai) führte Emmerich von Leiningen die Kreuzfahrer vor die bischöfliche Residenz und verlangte mit wildem Geschrei die Auslieferung der Juden. Der Erzbischof hatte zwar Bedeckung zum Schutze aufgestellt; aber diese wollte nicht gegen Christen und Wallbrüder die Waffen gebrauchen. Leicht durchbrachen die Kreuzfahrer die Türen des

---

[1]) Memorbuch der Wormser Gemeinde; von den umgekommenen Gelehrten werden namhaft gemacht: R. Isaak ben Eliakim, beim Lesen des Talmuds erschlagen; Jakob, Samuel, Ascher, wohl Söhne des Isaak Halevi; Isaak ben Meir und Jakob ben Simson; vgl. A. Adler in Josts Annalen 1839, S. 92.

Palastes und ergossen sich in die Räume, um die Juden aufzusuchen. Hier wiederholte sich das entsetzliche Schauspiel von Worms. Mit dem Einheitsbekenntnis auf den Lippen fielen Männer und Frauen, Kinder, und Greise durch das Schwert ihrer Brüder oder ihrer Feinde. Dreizehnhundert Märtyrerleichen wurden später aus dem Palaste auf Wagen aus der Stadt geführt. Die Träger der Talmudgelehrsamkeit aus R. Gerschoms Schule wurden damals hingerichtet, deren Namen so wie die vieler anderer Märtyrer das Erinnerungsbuch der Mainzer Gemeinde (Memor=Buch) aufbewahrt hat. Die Schätze der Juden behielt der Erzbischof und teilte sie mit Emmerich. Sechzig Juden hielt Ruthard in dem Dom verborgen und ließ sie später nach dem von der Straße abgelegenen Rheingau bringen. Aber auch sie wurden ergriffen und geschlachtet. Taufen ließen sich nur wenige. Zwei Männer und zwei Mädchen U r i j a h u n d I s a a k mit zwei Töchtern, welche im Taumel oder aus Schwäche getauft worden waren, trieb die Reue zu einer schaudererregenden, heroischen Tat. Isaak schlachtete zwei Tage später, am Vorabende des Pfingstfestes, seine Töchter in seinem Hause und legte seine Wohnung in Brand. Darauf begab er sich mit seinem Gefährten Urijah in die Synagoge, zündete sie ebenfalls an, und beide starben den Feuertod durch eigene Hand. Durch dieses Feuer wurde ein großer Teil von Mainz in Asche gelegt.

Indessen sammelte sich ein Haufen entarteter Kreuzfahrer unter Hermann dem Zimmermann um Cöln, gerade am Vorabende des Wochenfestes. Die älteste Gemeinde Deutschlands machte sich auf das Gräßlichste gefaßt: doch flehten die Juden die Bürger und den Bischof um Schutz an. Von Mitleid mit ihren jüdischen Mitbewohnern ergriffen, nahmen die menschlich gesinnten Cölner Bürger sie in ihre Häuser auf. Als das rasende Gesindel des andern Tages, am jüdischen Wochenfest (Freitag 30. Mai), mit dem frühesten Morgen in die Häuser der Juden drang, fand es sie menschenleer und konnte seine Wut nur an Stein und Holz kühlen, zerstörte sie, raubte den Inhalt und zertrat die Gesetzrollen, die es vorfand, gerade am Tage der Gesetzgebung. Ein Erdbeben, das an diesem Tage gespürt wurde, stachelte die wahnbetörten Blutmenschen, statt sie zu schrecken, nur zu neuem Rasen auf, indem sie es als Zeichen der Zustimmung von seiten des Himmels betrachteten. Indes fiel nur ein Mann und eine Frau an diesem Tage als Opfer. Der fromme Mann Mar=Isaak ging freiwillig in den Märtyrertod, er wollte sich nicht retten und blieb im Gebet versunken in seinem Hause sitzen, ließ sich von dem Gesindel in die Kirche schleppen und als ihm das Kruzifix hingehalten wurde, spie er darauf und wurde getötet. Die übrigen Cölner Juden blieben in den Häusern der Bürger und in dem Palaste des Bischofs verschont. Der edle Bischof Hermann III., dessen Name der Nachwelt zur Verehrung überliefert zu werden verdient, ließ sogar die Juden heimlich aus Cöln entfernen und in die ihm gehörigen sieben Städte und Dörfer zur Sicherheit unterbringen. In Neuß, Weblinghofen, Stadt und Dorf Altenahr, Mörs und Kerpen brachten sie drei Wochen (vom 3.—24. Juni) in banger Erwartung zu. Sie beteten viel und fasteten täglich, ja in den letzten Tagen, als sie hörten, daß die Wallbrüder nach Neuß zum Johannisfest (1. Tammus = 24. Juni) kommen sollten, fasteten sie zwei Tage hintereinander. Aber der Himmel schien taub gegen ihr inbrünstiges Flehen. Die Kreuzfahrer hatten sich am Johannistag durch die Messe zu neuem Morden gestärkt und schlachteten an demselben Tage sämtliche Juden, welche in Neuß Zuflucht gefunden (nach einer nicht ganz verbürgten Nachricht zweihundert an der Zahl). Einen Mann, namens Samuel ben Ascher, der wahrscheinlich die übrigen zur Standhaftigkeit ermahnt hatte, mißhandelten die Mörder auch nach dem Tode samt seinen zwei Söhnen und hängten die Leichname vor seiner Türe auf.

Die Wallbrüder hatten endlich die Spur der Cölner Juden aufgefunden und suchten dieselben in ihren Zufluchtsstätten auf. Eine Schar drang tags darauf in Weblinghofen ein (an der Erft, südlich von Cöln) und mordete die jüdischen Flüchtlinge aus Cöln. Darunter wird namhaft gemacht: Levi ben Samuel nebst seiner ganzen Familie und eine Greisin Rachel, welche den andern das Beispiel des Opfermutes gegeben hatten. Viele hatten ihrem Leben in Seen und Sümpfen ein Ende gemacht. Ein gelehrter Greis Samuel ben Jechiel gab das Beispiel dazu. Er schlachtete seinen schönen, kräftigen Sohn mitten im Wasser, sprach den Segen dazu, und das Opfer fiel mit „Amen" ein, während die Umstehenden ihr „Höre Israel" anstimmten und sich ins Wasser stürzten. Der Greis reichte nach der verzweifelten Tat einem andern Jüngling, namens Menahem (einem Synagogendiener) sein Messer und ließ sich von ihm töten. — Tags darauf kam die Reihe an die Flüchtlinge in Altenahr (an der Ahr, unweit Bonn), die auf dieselbe Weise umkamen. Ein gelehrter Mann Isaak Halevi, den die Wallbrüder gemartert und in der Betäubung getauft hatten, begab sich, nachdem seine Wunden geheilt waren, nach Cöln in sein Haus, bestellte dasselbe und stürzte sich dann in den Rhein. Die Wallbrüder machten ein förmliches Geschäft daraus, die Juden aufzusuchen. Sie begaben sich (Freitag 4. Tammus = 27. Juni) in das Dorf Altenahr, um mit den dortigen Flüchtlingen wie mit den andern zu verfahren. Die Juden hatten aber Wind davon bekommen und gelobten einander, lieber durch eigene Hand zu sterben. Fünf beherzte Männer wurden ausgewählt, die andern und dann einander zu entleiben. Sie taten es bei verschlossenen Türen und der letzte mit Namen Peter ben Joëz, stieg auf einen Turm und stürzte sich von da hinab. Nur zwei Jünglinge und zwei Kinder, denen das Messer nicht tief genug in den Hals gedrungen war, genasen von der Wunde und blieben am Leben Die Wallbrüder fanden also da nichts mehr zu töten und zogen nach einem andern Orte (Sinzig?), kamen aber so spät an, daß die Juden bereits den Sabbat feierten. Aber die Nacht störte sie nicht in ihrem blutigen Handwerke; die Juden dieses Ortes hauchten ihr Leben aus mit dem Weihsegen (Kiddusch) für den Sabbat auf den Lippen. Ein Franzose hatte ihnen mit erschreckendem Gleichmut die Art gezeigt, wie sie sich entleiben und zugleich ihr Grab finden sollten. Er höhlte die Erde aus, stellte sich hinein und tötete sich; die andern taten es ihm nach.

Die Flüchtlinge von Cöln in Mörs glaubten schon der Gefahr entronnen zu sein; denn die Stadt war befestigt und der Kommandant hatte ihnen Schutz zugesagt, auch wenn er sein Leben dafür einsetzen müßte. Aber plötzlich erschien eine zahlreiche Kreuzfahrerschar vor Mörs und verlangte mit Ungestüm die Auslieferung der Juden (Montag, 7. Tammus = 30. Juni). Der Stadthauptmann zweifelte an erfolgreichem Widerstand und versuchte einerseits die Wallbrüder um Aufschub ihres Angriffs zu bitten und anderseits die Juden zur Bekehrung zu bewegen. Er überzeugte die letzteren, daß er die Stadt unmöglich verteidigen könne. Darauf erwiderten sie ihm, sie seien alle bereit, für ihren Glauben zu sterben. Auch ein Schreckmittel, das er angewendet, um sie zum Nachgeben zu bewegen, machte keinen Eindruck auf die standhaften Juden. Da ließ sie der Stadthauptmann vereinzelt in Gewahrsam bringen, um sie den Wallbrüdern lebend zu überliefern; denn es war kein Geheimnis mehr, daß die Juden lieber einander töteten, als sich der gewaltsamen Taufe zu fügen. In Mörs selbst hatten zwei Frauen, die eine siech, die andere — eine Wöchnerin — ein junges schönes Mädchen geschlachtet, das neugeborene Kind mit der Wiege vom Turme zur Erde geschleudert und dann sich selbst entleibt. Darauf wurden die übrigen Juden in Mörs gefesselt zu den Wallbrüdern außerhalb der Stadt geschleppt, welche einen Teil töteten und die andern gewaltsam tauften. — Tags darauf (1. Juli) erlitten die Juden in Kerpen das Märtyrertum. Im ganzen sollen in den rheinischen Städten in zwei Monaten (Mai bis Juli) zwölftausend Juden getötet worden sein. Die übrigen hatten zum Schein das Christentum angenommen, jedoch nur in der Erwartung, daß der gerechte Kaiser bei seiner Rückkehr aus Italien ihren Klagen Gehör schenken werde.

Überall, wo die wilden Wallbrüder durchzogen und Juden trafen, wiederholten sich die tragischen Szenen. . Namhaft gemacht wird noch als Dulderin die große Gemeinde in R e g e n s b u r g. Die Juden Böhmens treten durch die Vorfälle des Kreuzzuges in die Geschichte ein. Sie hatten bis dahin das Joch des Druckes nicht empfunden, da das Christentum in den slawischen Ländern noch nicht zur Macht gelangt war. Manche unter ihnen waren wohlhabend und vermittelten den Sklavenhandel, der meistens mit Slawen (Sklavoniern) betrieben wurde, aus der ersten Hand nach dem europäischen Westen und Spanien. Aber sie kamen dadurch in Konflikt mit der Geistlichkeit, und der Bischof Adalbert von Prag eiferte gegen sie mit Nachdruck und gab sich Mühe, viel Geld zusammenzubringen, um den Juden die Sklaven abzukaufen. Gewaltsam entziehen durfte er sie ihnen nicht, so wenig Bedeutung hatte damals die Geistlichkeit im Böhmerlande. Da kam der Kreuzzug und verpflanzte den Giftsamen des Fanatismus auch dahin. Als die Wallbrüder durch Böhmen zogen, war der mächtige Herzog W r a t i s l a w (Bracislaw) II. mit einem auswärtigen Krieg beschäftigt und niemand da, der dem Unfug steuern konnte. Das kreuzfahrende Gesindel hatte also volle Freiheit, seinen Fanatismus zu befriedigen, schleppte die Juden Prags zur Taufe und tötete die Widerstrebenden. Vergebens predigte der Bischof C o s m a s gegen diese Gewalttätigkeit[1]). Die Kreuzfahrer verstanden ihr Christentum besser, als der Kirchenfürst.

Zum Glücke für die Juden Westeuropas und namentlich Deutschlands und zur Ehre der Menschheit war nur der Abschaum des Volkes von blutigem Fanatismus erglüht. Die Fürsten und Bürger dagegen verabscheuten die Mordtaten und die höhere Geistlichkeit selbst, mit Ausnahme des Erzbischofs Ruthard von Mainz und Egilberts von Trier, standen auf seiten der Juden. Die Zeit war noch nicht gekommen, wo die drei Mächte, Fürsten, Völker und Geistlichkeit, in Judenhaß und Judenverfolgung eins waren. Da bald darauf die Nachricht einlief, daß die 200 000 Wallbrüder unter Emmerich und Hermann zum großen Teil ein schmähliches Ende gefunden, die meisten von den Ungarn erschlagen wurden und die Führer schmachbedeckt mit dem geringen zerlumpten Rest nach Deutschland zurückkehrten, so betrachteten es Christen

---

[1]) Cosmas, Pragensis Chronicon Boemorum, p. 125.

und Juden in gleicher Weise als ein gerechtes Strafgericht Gottes. Inzwischen war Kaiser Heinrich IV. aus Italien zurückgekehrt, sprach bei der Nachricht von den Greueltaten der Wallbrüder gegen die Juden seinen Abscheu darüber aus und gestattete auf Verwendung des Gemeindevorstehers von Speyer, Mose ben Guthiel, den gewaltsam Getauften zum Judentum zurückzukehren. Dies war eine Freudenbotschaft für den Rest der Juden in Deutschland. Die Getauften säumten nicht, von dieser Freiheit Gebrauch zu machen und die Maske des Christentums abzuwerfen (1097). Nur Micha von Trier, der seiner Gemeinde das Beispiel des Abfalls gegeben, blieb dem Christentum treu[1]). Damit waren nun die Vertreter der Kirche keineswegs zufrieden. Selbst der vom Kaiser gehaltene Papst Clemens III. rügte die Menschlichkeit des Kaisers, weil sie gegen die Lehre der Kirche verstieß. „Wir haben gehört," schrieb derselbe an Heinrich IV. „daß den getauften Juden gestattet worden ist, von der Kirche abzufallen. Es ist dieses etwas Unerhörtes und Sündhaftes und wir fordern dich und alle unsere Brüder auf, Sorge dafür zu tragen, daß das Sakrament der Kirche nicht an den Juden geschändet werde[2])". Aber der Kaiser kehrte sich wenig an den unheiligen Eifer der Geistlichkeit. Weit entfernt, den Juden die Rückkehr zu ihrer Religion zu verbieten, leitete er sogar eine Untersuchung gegen die Verwandten des Erzbischofs Ruthard von Mainz ein wegen des Raubes an den Gütern der jüdischen Gemeinde. Die Juden von Mainz hatten nämlich beim Kaiser Klage geführt, daß Emmerich von Leiningen und seine Verwandten im Einverständnis mit dem Erzbischof sich ihre Schätze, die sie im erzbischöflichen Palast niedergelegt hatten, angeeignet hätten. Aber keiner der Angeklagten erschien der Aufforderung gemäß, sich zu verteidigen. Ruthard, der kein gutes Gewissen hatte, beschämende Entdeckungen fürchtete und ohnehin beim Kaiser nicht am besten angeschrieben war, entfloh gar nach Erfurt. Darauf zog der Kaiser die Einkünfte seines Erzbistums ein (1098)[3]). Ruthard rächte sich dafür an ihm, indem er sich mit dessen Feinden verschwor, ihn zu demütigen.

Den Juden in Böhmen erging es aber in diesem Jahre sehr unglücklich. Auch sie hatten bei der Nachricht, daß der Kaiser die Rückkehr zum Judentum gestattete, das Scheinchristentum schnell fahren lassen,

---

[1]) Gesta Trevirorum in Histoire de Lorraine I, preuves p. 40. Von der Rückkehr der getauften Juden sprechen fast sämtliche Chroniken des ersten Kreuzzuges.

[2]) Udalricus Babenbergensis, codex epistolarum No. 170.

[3]) Chronicon Uspergense und ungedruckte Chronik bei Schaab, Die Juden von Mainz, S. 12 f.

fürchteten sich aber, im Lande zu bleiben, wo sie keine Gerechtigkeit fanden. Sie rafften daher ihr Hab und Gut zusammen, um es vorauszusenden, in Sicherheit zu bringen und dann selbst teils nach Polen und teils nach Pannonien (Österreich und Ungarn) auszuwandern. Da kehrte der Böhmenfürst Wratislaw von seinem Kriegszuge zurück und erfuhr, daß die Juden ihre Reichtümer außer Landes bringen wollten. Sofort ließ er ihre Häuser mit Soldaten besetzen. Ein Kämmerer des Herzogs rief die Ältesten zusammen, erklärte ihnen in dessen Namen, daß alles, was sie besäßen, dem Herzog gehöre, daß es ein an ihm begangener Raub sei. „Von Jerusalems Schätzen habt ihr nichts nach Böhmen gebracht. Durch Vespasian besiegt und um Spottpreis verkauft, seid ihr über den Erdkreis zerstreut worden. Nackt seid ihr ins Land gekommen, nackt möget ihr ausziehen. Wegen des Abfalls von der Kirche mag der Bischof Cosmas mit euch rechten." Einer solchen Logik ließ sich nichts entgegensetzen; es war die Logik der schamlosen Gewalttat[1]). Und so wurden die böhmischen Juden von Kopf bis zur Fußsohle ausgeplündert und ihnen nur so viel gelassen, als sie augenblicklich zur Stillung ihres Hungers bedurften. Mit einer gewissen Schadenfreude erzählt der chronikschreibende zeitgenössische Bischof, daß damals den Juden mehr Geld abgenommen wurde, als den Bewohnern Trojas nach ihrer Besiegung von den Griechen. Es scheint, daß sie, ihrer Habe beraubt, die Auswanderung aufgegeben haben. Denn der zeitgenössische Geschichtsschreiber erzählt noch manches von den böhmischen Juden, so, daß einer unter ihnen, namens J a k o b, eine hohe Stellung als Stellvertreter des Herzogs einnahm[2]).

---

[1]) Cosmas Pragensis bei Pertz, Monumenta XI, S. 103. Die Anrede des Kämmerers ist in Versen wiedergegeben, die des merkwürdigen Inhalts wegen hier einen Platz finden mögen:

O gens progenita manzeribus Ismahelita!
Ut sibi dicatis, dux mandat, cur fugiatis,
Et partis gratis cur gazas attenuatis?
Interea quaecumque mea sunt, sunt mea cuncta.
Nullas de Solimis res diviciasve tulistis.
Uno pro nummo ter deni Vespasiano
Caesare praescripti, sparsi sic estis in orbe.
Macri venistis, macri quo vultis eatis
Quod baptizati sitis, Deus est mihi testis,
Non me, sed Domino sunt ista jubente patrata
Quod autem iterum relapsi estis in Judaismum;
Cosmas episcopus videat, quid inde agere debeat.

[2]) Das. p. 112, 125, 18—29 aus den Jahren 1107, 1122, 1124.

Schlimmer noch erging es den Juden von Jerusalem. Als das Kreuzheer unter Gottfried von Bouillon nach vielen Mühseligkeiten die heilige Stadt mit Sturm genommen und ein Blutbad unter den Mohammedanern angerichtet hatte, trieb es die Juden, Rabbaniten und Karäer untereinander, in eine Synagoge, steckte sie in Brand und bereitete ihnen einen qualvollen Tod (15. Juli 1099)¹). Das elfte Jahrhundert endete für die Söhne Jakobs eben so blutig, wie es begonnen hatte. Dem Kaiser Heinrich war es aber mit der Beschützung der Juden seines Reiches völlig ernst. Er ließ bei seiner Anwesenheit in Mainz, als er den Schauplatz haarsträubender Mordszenen gewahrte, Fürsten und Bürger einen Eid schwören, daß sie den Juden Frieden gewähren und sie nicht mißhandeln lassen würden (1103)²). Der Schutz, den der Kaiser den Juden bewilligte, war für sie nur für den Augenblick von günstiger Bedeutung, hatte aber nachteilige Wirkungen in seinem Gefolge. Sie kamen dadurch in ein abhängiges, der Leibeigenschaft verwandtes Verhältnis zum Landesherrn.

Dieser Umstand war aber nicht die einzige üble Folge des ersten Kreuzzuges für die deutschen Juden. Auf der einen Seite beanspruchte der Papst Clemens III. die unter Todesfurcht Getauften für die Kirche, uneingedenk dessen, daß sich ihr ganzes Wesen dagegen empörte und sie nur Verachtung und Haß gegen ein solches Christentum empfinden mußten. Auf der andern Seite wollten sie die frommen, treugebliebenen Juden von sich stoßen, sie nicht mehr als ihresgleichen anerkennen, sich nicht mehr mit ihnen verschwägern, sich nicht mit ihnen in Speise und Trank mischen, obwohl sie ihre Anhänglichkeit an das Judentum durch ihre sofortige Rückkehr hinlänglich bekundet hatten. So wurden diese Unglücklichen von zwei Seiten als Abtrünnige und als Geächtete angesehen. Als aber diese engherzige Anschauung Raschi zu Ohren gekommen war, sprach er in seiner innigen Frömmigkeit sich entschieden dagegen aus: „Ferne sei es uns, uns von den Zurückgebliebenen abzusondern und sie zu beschämen! Alles was sie getan haben, geschah aus Furcht vor dem Schwerte und sie hatten nichts Eiligeres zu tun, als zum Judentum zurückzukehren"³). Schlimmer noch waren die Nachwehen des ersten Kreuzzuges. Der Sinn der deutschen Juden, der sich ohnehin zu übertriebener, büßender Frömmigkeit neigte, wurde durch die beispiellosen Leiden noch mehr verdüstert. Jeder Frohsinn war

---

¹) Elmacin bei Wilken, Geschichte der Kreuzzüge I, S. 296; Renaud in Michauds Bibliothèque des croisades IV, 92 nach Jbn-G'uzi.
²) Curia Moguntiae bei Pertz, a. a. O. IV, 60.
³) Raschi Pardes. p. 23 d.

unter ihnen verscheucht, sie waren seitdem stets in Sack und Asche gekleidet. Es bemächtigte sich ihrer eine Gedrücktheit, der sie sich lange nicht entwinden konnten. Von der katholischen Kirche, die sie nicht genug verabscheuen konnten, nahmen sie nichtsdestoweniger den Brauch an, die Gräber ihrer Märtyrer, die sie auch Heilige (Kedoschim) nannten, zu besuchen, dabei Totengebete zu verrichten und sich deren Fürbitte im Himmel zu empfehlen. Das Judentum in Deutschland erstarrte seit der Zeit immer mehr zu einem düsteren Wesen. Freilich waren namentlich die Träger desselben von außerordentlicher Sittenstrenge; allein ihre Sittlichkeit hatte keinen Schwung, wie denn auch die Poesie bei den deutschen Juden keinen Eingang finden konnte. Ihre Dichter, wenn man sie so nennen darf, variierten nur die Klage über das grausige Leid und die Verlassenheit Israels in Bußgebeten und Trauerliedern. Von den deutschen Poetanen, welche die Leiden des ersten Kreuzzuges in herzzerreißende, aber unpoetische Verse gesetzt haben, sind bekannt **Benjamin ben Chija, David ben Meschullam, David ben Samuel Halevi, Jakob ben Isaak Halevi, Kalonymos ben Jehuda aus Speyer** und **Samuel ben Jehuda aus Mainz**[1]).

Gegen die überhandnehmende, büßermäßige Richtung der deutschen Juden bildete der Talmud ein günstiges Gegengewicht. Das Talmudstudium, wie es Raschi angebaut hat, schützte vor Verdumpfung, gedankenlosem Hinbrüten und mönchischem Wesen. Wer sich in den verschlungenen Gängen des Talmuds zurechtfinden wollte, mußte das Auge für die Welt der Tatsachen stets offen haben, durfte sein Denken nicht einrosten lassen. Das tiefe Talmudstudium war der Balsam für die Wunden, welche das kreuzfahrende Gesindel den Gemeinden der Rheingegend geschlagen hatte. Im Lehrhause herrschte die Freudigkeit gedanklichen Schaffens, hier war keine Sorge, kein Trübsinn zu bemerken. Das Lehrhaus wurde auf diese Weise die Welt für die Unglücklichen. Die beiden Männer, welche dem Talmudstudium Schwung und Tiefe gegeben haben, starben im Anfange des zwölften Jahrhunderts: **Isaak Alfassi** 1103 (10. Siwan = 19. Mai)[2]) und **Raschi** zwei Jahre später 1105 (29. Tammus = 13. Juli)[3]), inmitten der Be-

---

1) Vgl. Note 5.
2) Alfassis Todestag hat Prof. Luzzatto richtig ermittelt Kerem Chemed V, 93 und Abne Sikkaron S. 72 β. Eine Stütze dafür ist, daß Alfassis Jünger im Monate Siwan zu seinem Nachfolger für die Lucener Gemeinde ernannt wurde, nach Abraham Jbn-Daud.
3) Nach einem parmesanischen Raschi-Kodex bei S. Bloch, Leben Raschis, S. 18, Note 1 und an andern Stellen.

schäftigung mit der Ausarbeitung seiner Talmudkommentarien¹). Beide
hinterließen eine zahlreiche Jüngerschar, welche dem tieferen Talmudstudium eine weite Ausdehnung gab. Beide wurden von den Zeitgenossen wie von der Nachwelt hochverehrt. Die Bewunderung der
Spanier für Alfāßi sprach sich ihrer hohen Bildungsstufe gemäß in
wohlgesetzten Versen, die der deutschen und nordfranzösischen für Raschi
auf ihrer niedrigen Kulturstaffel in übertreibenden Sagen aus. Zwei
junge Dichter, Mose Ibn-Esra und Jehuda Halevi, setzten in rührenden
Elegien um Alfāßis Tod ihm ein schönes Denkmal. Der letztere, kaum
zwanzigjährige, sang von ihm:

> „Dir bebten Berg' an Sinais Tag entgegen,
> Der Engel Schar traf dich auf deinen Wegen,
> Und schrieb dir Lehren ein in Herzenstafeln,
> Der Kronen reichste sie ums Haupt dir legen"²).

Raschi wird von der Sage durch folgende Züge verherrlicht. Sein
Vater Isaak habe einen seltenen Edelstein besessen, den die Christen zu
einem Auge für ein Madonnenbild hätten erwerben wollen, er aber
mochte ihn auch nicht um den höchsten Preis verkaufen, weil sein frommer
Sinn sich gesträubt habe, ihn zu einem abgöttischen Zweck verwenden
zu lassen. Durch List hätten ihn aber die Christen auf ein Schiff gelockt
und ihm unter Todesandrohungen den Edelstein abnötigen wollen. Der
fromme Vater Raschis habe ihn aber rasch in die Meeresfluten geworfen.
Zur selben Zeit habe sich im Lehrhause zu Troyes eine wunderbare
Stimme hören lassen: „Dir, Isaak, wird ein Sohn geboren werden,
der wie ein heller Edelstein leuchten wird." In demselben Jahre sei
auch Raschi geboren worden. Im dreiunddreißigsten Lebensjahre habe
dieser ein Wanderleben angetreten, teils um das sündhafte Bedauern
seines Vaters um den Verlust seines Edelsteines abzubüßen, und teils
um zu erforschen, ob es nicht irgendwo bessere Erklärungen zum Talmud
als die seinigen gäbe und habe Italien, Griechenland, Palästina, Ägypten
und Persien berührt. — Eine andere Sage bringt Raschi mit Gottfried
von Bouillon, dem frommen Helden des ersten Kreuzzuges, in Verbindung. Der flandrische Ritter habe Raschi rufen lassen, um ihn über
den Ausgang der Unternehmung zur Eroberung Jerusalems zu befragen,
da derselbe aber nicht erscheinen mochte, habe sich Gottfried in dessen

---

¹) Vgl. zu Makkot 19 b.
²) Die Elegien auf Alfāßi sind in einigen Ausgaben von dessen Halachot
abgedruckt und in andere Werke übergegangen. Graetz, Blumenlese neuhebräischer Dichtungen Bd. 2, p. 75, 5.

Behausung begeben, die Türe geöffnet, die Bücher aufgeschlagen gefunden, sogar auf sein Rufen Raschis Stimme vernommen, aber ihn nicht erblickt. Endlich habe sich der Rabbiner von Troyes herbeigelassen, Gottfried Rede zu stehen und ihm auf seine Anfrage über den Ausgang des Kreuzzuges geantwortet: „Du wirst Jerusalem nehmen, drei Tage darin herrschen, am vierten Tage werden dich die Jsmaeliten wieder daraus vertreiben und mit drei Rossen wirst du flüchtig hierher zurückkehren." Gottfried habe Raschi gedroht, wenn er auch nur mit einem Rosse mehr zurückkehren sollte, werde er ihn enthaupten und die Juden Frankreichs vernichten lassen. Nach vierjährigem Kriege sei Gottfried von Bouillon als Flüchtling mit drei Rittern zurückgekehrt und habe an Raschi die angedrohte Strafe vollstrecken wollen. Indessen beim Einzuge in das Tor einer Stadt sei ein Ritter mit seinem Rosse von einem Steine erschlagen worden. Darauf habe Gottfried nach Troyes reiten wollen, um Raschi seine tiefe Verehrung für seine Sehergabe auszudrücken, habe aber zu seinem Bedauern erfahren, daß der große Rabbiner von Troyes bereits hingeschieden sei[1]). — Die Sage wollte damit das klägliche Ende vieler Kreuzfahrer verlebendigen und den fleckenlosen Helden des ersten Kreuzzuges, das Ideal eines frommen und sittlichen Ritters, entgelten lassen, was das Wallbrüdergesindel an den Juden verbrochen hatte. Die Sage kümmerte sich nicht darum, daß Gottfried von Bouillon fünf Jahre vor Raschi in Jerusalem starb.

[1]) Gedalja Jbn-Jachja in Schalschelet ha-Kabbalah.

Fünftes Kapitel.

Drittes rabbinisches Zeitalter.

Epoche des Joseph Jbn-Migasch und des Jehuda Halevi, Jbn-Esras und R. Tams. Höhepunkt der jüdisch-spanischen Kultur.

Lage der Juden unter den Almoraviden. Die jüdischen Wesire Jbn-Almuallem, Jbn-Kamnial, Jbn-Mohagar. Der Polizeiminister und Astronom Abraham ben Chija. Die Rabbinen Joseph Jbn-Sahal, Baruch Jbn-Albalia, Joseph Jbn-Zadik, Joseph Jbn-Migasch. Die Dichter Jbn-Labbén, Jbn-Salbél und Jbn-Esra.

1105—1140.

In Südspanien, wo die Kultur heimisch war, herrschten in der ersten Hälfte des zwölften Jahrhunderts die Almoraviden (Morabethen). Unter diesen lebten die Juden in gesicherter Ruhe; denn sie waren keine Fanatiker. Nur ein einziges Mal setzte sich der almoravische Fürst der Gläubigen Jussuff Jbn-Teschufin in den Kopf, die Juden seines Gebietes zur Annahme des Islams zu zwingen. Als er nämlich durch Lucena reiste und die reichbevölkerte jüdische Gemeinde wahrnahm, welche durch Alfaßi die tonangebende in Spanien geworden war, ließ er deren Vertreter zusammenrufen und verkündete ihnen folgendes. Er habe in einem Buche eines mohammedanischen Theologen gelesen, Mohammed habe den Juden nur Religionsfreiheit bewilligt unter der Bedingung, daß der von ihnen erwartete Messias innerhalb eines halben Jahrtausends eintreffen werde. Sollte derselbe bis zum Jahre 500 der Hegira nicht erscheinen, dann müßten die Juden ohne Widerrede Mohammed als den letzten Propheten anerkennen und den Islam annehmen. Die Juden seien damals diese Bedingung eingegangen. Da nun diese Frist beinahe abgelaufen sei, so verlange er, der Fürst der Gläubigen, daß sie diese Bedingung erfüllen sollten, sonst würde er ihnen den bis dahin eingeräumten Schutz entziehen und sie für vogelfrei erklären (1105). Indessen brachten ihn die von den Juden Lucenas zusammengebrachten Summen und der kluge Wesir Abdallah Jbn-Ali von diesem Vorhaben ab[1]).

---

[1]) Conde. de la dominación etc. II, c. 23, p. 408.

Unter dem zweiten almoravidischen Herrscher Ali (1106—1143) lebten die Juden nicht nur unangefochten, sondern einige von ihnen wurden mit der Einnahme der Kopfsteuer von der jüdischen und christlichen Bevölkerung betraut[1]), andere ausgezeichnete Männer erhielten eine Ehrenstellung an seinem Hofe. Wissenschaft und Poesie waren auch unter ihm die Beförderungsmittel zu hohen Ämtern. Ein jüdischer Arzt und Dichter, Abu-Ajub Salomon Jbn-Almuallem aus Sevilla, war Leibarzt des Kalifen Ali und führte den Titel Fürst und Wesir[2]). Von seinen Dichtungen urteilt ein Kunstrichter, daß sie die Lippen der Stummen beredt und das Auge der Blinden hellsehend machten[3]). Eine hohe Stellung am Hofe Alis nahm auch der Arzt Abulhassan Abraham ben Meïr Jbn-Kamnial aus Saragossa[4]) ein, der ebenfalls den Titel Wesir führte. Die größten Dichter der Zeit verherrlichten ihn wegen seines Gesinnungsadels, seiner Freigebigkeit und seiner Teilnahme an dem Schicksal seiner Glaubensgenossen in schwungvollen Versen. „Ein Fürst, der zwar auf Erden wandelt, aber sein Ziel in den Sternen hat. Er eilt dem Blitze gleich, Milde zu üben, während die andern schleichen. Die Türen seiner Spenden sind Heimischen und Fremden geöffnet. Durch sein Vermögen rettete er die dem Tode Geweihten und gab Leben den dem Untergange Verfallenen." — „Der Fürst (Jbn-Kamnial) ist für sein Volk Schutz und Wehr; er weilt in Spanien, seine Liebe aber reicht bis Babylonien und bis zum Ägypterland"[5]). Den Titel Wesir führte auch Abu-Jschak Jbn-Mohagar[6]), den derselbe Dichter durch Verse verewigten. Hochgerühmt von Zeitgenossen wird der Fürst Salomo Jbn-Farußal. Er stand vermutlich im Dienste eines christlichen Fürsten und wurde mit einer Sendung an den Hof von Murcia betraut. Kurz vor der Schlacht bei Ucles, wo die mohammedanischen Waffen über die christlichen aber-

---

[1]) Conde, de la dominación etc. II. c. 25. S. 414.

[2]) Divan des Jehuda Halevi bei Geiger, S. 120; Maimunis Aphorismen, bei Munk in Archives israélites 1851, S. 326, Note. Das Gedicht (Ginse Oxford, S. 18) stammt nach einer Überschrift von Jbn-Almuallem.

[3]) Alcharisi, Tachkemoni, Pforte III.

[4]) Edelmann hat richtig kombiniert, daß der Abraham ben Meïr, dem Mose Jbn-Esra seinen Tarschisch gewidmet hat, identisch ist mit Abulhassan Jbn-Kamnial, Ginse Oxford XIV. 1. Ihm widmete auch Jehuda Halevi sieben Gedichte, Luzzatto, Betulat bat-Jehuda, S. 19. Vgl. über ihn als Arzt Munk a. a. O. aus Maimunis Aphorismen.

[5]) Mose Ibn-Esra, Tarschisch, bei Luzzatto. Kerem Chemed IV. S. 69, 70.

[6]) Desselben Divan das. S. 92 und Betulat. S. 20.

mals einen entscheidenden Sieg errangen, wurde Jbn-Farußal ermordet (1108, 20. Jjar = 2. Mai)¹). Der junge Dichter Jehuda Halevi war gerade mit einem übersprudelnden Lobgedichte zu seinem feierlichen Empfange von seiner wichtigen Reise beschäftigt, als die Trauerbotschaft von der Ermordung des Besungenen eintraf. Darauf wandelte der Dichter das Jubellied in eine kunstvolle Elegie um.

Eine hohe Stellung unter einem andern mohammedanischen Fürsten nahm auch der astronomische Schriftsteller **Abraham ben Chija Albargeloni** (geb. 1065 st. 1136) ein; er war eine Art Polizeiminister (Zachib as-Schorta) und führte ebenfalls den Titel „Fürst". Er hielt sich eine Zeitlang in Soria (in Altkastilien) auf und im Alter in der katalonischen Hauptstadt Barcelona²). Wegen seiner astronomischen Kenntnisse stand er bei Fürsten in hohem Ansehen³), disputierte mit gelehrten Geistlichen, bewies ihnen die Richtigkeit des jüdischen Kalendersystems und widerlegte den Einwurf, daß die Juden im neunzehnjährigen Zyklus zwei mal das Passahfest um einen Monat zu frühe feierten⁴). Vier Schriften verfaßte Abraham ben Chija über Astronomie und theoretische und praktische Kalenderberechnung, wobei er auch auf die Zeitrechnung der Christen, Mohammedaner, Syrer, Perser und Ägypter Rücksicht nahm. Auch über Moraltheologie schrieb er ein kleines Werk, das keine besondere Bedeutung hat⁵). Er huldigte aber auch der Afterwissenschaft der Astrologie und stellte das Horoskop für günstige und ungünstige Tageszeiten. Einst wollte er einen Bräutigam hindern, sich zur Trauung zu begeben, weil gerade die dazu bestimmte Stunde von dem Unheil bringenden Sternbilde Mars beherrscht sei⁶), wurde aber dafür von den Frommen getadelt, weil das Horoskopstellen nach dem Talmud verboten sei. Das hinderte ihn aber nicht, nach astrologischem Verfahren zu berechnen, daß der Messias im Jahre 5118 der Welt (1358) erscheinen werde⁷).

---

¹) Gedicht von Jehuda Halevi, mitgeteilt von Schorr in Chaluz I. p. 151 f. Graetz, Blumenlese 83, 15: בן אחות סדילה bedeutet vielleicht Schwestersohn des Cidellus (o. S. 72). Statt 1105 ist das Datum richtiger 1108. Die Schlacht von Ucles fand statt am 29. Mai 1108.

²) Sefer ha-Ibbur ed. Filipowski (London 1851) p. 4. Tabellen das. S. 119. ארץ פרץ bedeutet auch hier Katalonien; vgl. o. S. 69, Anmerk. 5, vgl. Kerem Chemed VII, 77 f., woraus das Todesjahr hervorgeht; auch Rapaports Einleitung zu Hegion ha-Nefesch.

³) Schreiben an Jehuda Albargeloni in Kerem Chemed VIII, S. 59.
⁴) Sefer ha-Ibbur. p. 45.
⁵) Hegion ha Nefesch ed. Freimann (Leipzig 1860).
⁶) Schreiben an Jehuda Albargeloni a. a. O.
⁷) Megillat ha-Megalleh bei Filipowski a. a. O.

Obwohl es solchergestalt nicht an einflußreichen, wissensfördernden, freigebigen Männern in diesem Zeitabschnitt auf der pyrenäischen Halbinsel gefehlt hat, so bildete doch keiner von ihnen einen Einigungspunkt gleich Chasdaï Ibn-Schaprut und Samuel Ibn-Nagrela, die schlummernden Kräfte zur Entfaltung zu wecken oder der literarischen Tätigkeit die Richtung vorzuzeichnen. Es gab keinen festen Mittelpunkt, dem sich die Geister wie einer belebenden Sonne zuwenden konnten; aber die Zeit bedurfte dessen nicht mehr. Der Wetteifer für sämtliche Fächer göttlichen und menschlichen Wissens war so mächtig, daß er nicht mehr von oben, von einer hochgestellten Persönlichkeit, angeregt zu werden brauchte. Die erste Hälfte des zwölften Jahrhunderts hat ein wahres Füllhorn genialer Männer im jüdischen Kreise ausgeschüttet, Dichter, Philosophen, Talmudisten, und ihre Erzeugnisse tragen fast sämtlich den Stempel der Vollendung Das jüdische Kulturleben in dieser Zeit glich einem veredelten Garten, reich an duftenden Blüten und saftigen Früchten, dessen Erzeugnisse, wie verschieden auch an Farbe und Geschmack, doch gleich an Pracht und Wert, in demselben Boden wurzeln. Der kleinliche Neid, über den sich Menahem ben Saruk und Ibn-G'ebirol zu beklagen hatten, die feindliche Stimmung, die zwischen Ibn-G'anach und Samuel Ibn-Nagrela, zwischen Alfāßi und Ibn-Albalia herrschte, waren aus dem Kreise der Kulturträger dieser Zeit verbannt. Die Dichter besangen einander und priesen die Männer, welche andern Wissenszweigen zugewendet waren, aus voller Seele. Sie nahmen den innigsten Anteil an den gegenseitigen glücklichen Ereignissen, trösteten einander und betrachteten einander in Wahrheit als Glieder einer einzigen Familie. Die Seeleneinigkeit, welche unter den Trägern der jüdischen Wissenschaft und Poesie in dieser Zeit herrschte, legt das vollgültige Zeugnis für deren Gesinnungsadel und reiche Begabung ab.

Die Geschichte hat Mühe, die Fülle der genialen Persönlichkeiten aus dieser Zeit in Spanien aufzuzählen und sie würdig zu schildern. Ausgezeichnete Rabbinen hat dieser Zeitabschnitt sieben aufgestellt, meistens Jünger Alfāßis, die neben dem Talmudstudium tiefen Sinn für Poesie und Wissenschaft bekundeten oder sie selbst pflegten. Ein Bruder des genannten Wesirs Abu-Ischak Ibn-Mohagar), mit Namen Abu-Sulaiman David Ibn-Mohagar[1] war Rabbiner (Dajan) in Granada. Jünger Alfāßis, verfaßte David ein systematisches Werk über die talmudischen Bestimmungen der Ehescheidung; ein Sohn spanischer Kultur, beschäftigte er sich mit der hebräischen Grammatik,

---

[1] Vgl. über ihn Note 6.

schrieb ein Werk darüber (Sefer ha-Melachim) und brachte seine Huldigung dem Dichtergenius dieser Zeit dar.

Ein anderer Jünger Alfâßis, **Abulfatach Eleasar ben Nachman Ibn-Ashar**[1]), war Rabbiner von Sevilla. Es ist nur wenig von ihm bekannt und eigentlich nur das, was die Muse von ihm verewigt hat. Ibn-Ashar war reich, angesehen, dichterisch begabt und stand mit den beiden größten Dichtern der Zeit, mit Mose Ibn-Esra und Jehuda Halevi in freundschaftlichem Verkehr. Übertreibend sang der erstere von ihm:

„Wenn die Sterblichen der Gerechtigkeit entblößt sind, so bekleidest du sie, o Fürst, mit deiner Tugend Gewand. Sind sie von tierischer Unreinheit besudelt, so weihst du sie wieder mit deines Herzens Lauterkeit. In deiner Linken ist Reichtum und mit deiner Rechten befruchtest du die Dürre. Gott hat dir Vorzug vor den Sterblichen verliehen, wie er den Mann über das Weib gestellt. Singst du ein Lied, so schweigen die Dichter, öffnest du den Mund, so verstummen die Hörer bescheiden."

Bei seinem Tode verfaßte derselbe Dichter eine Elegie, von der der Anfang lautet:

„Die Sonne ging unter, er sank in den Staub,
Darob verdunkelt sich der Himmel und die Sterne erblassen"[2]).

In Cordova fungierte als Rabbiner der als Weiser und Dichter gerühmte **Abu-Amr Joseph ben Jakob Ibn-Sahal** (geb. um 1070, fungierte 1103, st. 1124)[3]), ein Jünger des Ibn-Giat. Er scheint im beginnenden Mannesalter mit Ungemach gekämpft zu haben und klagte in seinen Versen über persönliche Verkennung und Mißachtung der Poesie. An Mose Ibn-Esra, mit dem er einen Herzensbund geschlossen hatte, schrieb er einen Brief in Versen[4]), worin die Klage vorkommt:

„O, daß ich bei Tieren, bei Schafherden weilen muß!
Wende ich mich rechts, kennt mich niemand, und links, werde ich nicht beachtet.
Klage ich über Unrecht, finde ich kein Gehör,
Finde keine Ruhe, schwanke wie Binsenrohr."

---

[1]) Divan des Mose Ibn-Esra Nr. 192. Kerem Chemed IV, 93 und Dukes, Mose Ibn-Esra S. 103, 19. Vgl. über dessen Aufenthaltsort Note 1, I. Der im Divan Jehuda Halevis vorkommende Nachman Ibn-Ashar (Betulat 20) ist entweder derselbe oder dessen Vater.

[2]) Mose Ibn-Esra, Divan Nr. 10. Kerem Chemed das. 85. Statt בן זגירת muß man lesen בן אזהר.

[3]) Derselbe, Poetik; vgl. Note 1, I, und Abraham Ibn-Daud.

[4]) Ders. Divan bei Dukes, Mose Ibn-Esra, S. 101, Nr. 11.

Darauf tröstete ihn der Freund, der selbst des Trostes bedurfte, mit einem Gedichte in demselben Versmaß und Reim gehalten[1]):

„Womit soll ich dem Meister der Wissenschaft danken
Für die Auszeichnung, die er mir gewährt?
Die Zeit vergeht wie Moder, aber die Liebe ist ewig."

Die Verse des Joseph Jbn-Sahal sind leicht, fließend, glatt, wenn auch ohne Pracht und Reichtum. Seinen innig religiösen Sinn bekundet er in demselben Gedicht an seinen Freund[2]):

„Wenn das Verhängnis dich peinigt, so besiege es mit starker Seele. Türmen Meereswogen sich über dein Haupt, so setze ihnen ein starkes Herz als Damm entgegen. Vertraue auf Gott, dessen Gnadenspende gleich dem Sternenheer unermeßlich ist. Die Zeit kann dir nichts geben, nichts nehmen. Auf ihn allein vertraue, verfolgt dich der Feind und umschwirren dich die Pfeile."

Als eine bedeutende talmudische Autorität galt seinerzeit Baruch ben Jsaak Jbn-Albalia aus Cordova, (geb. 1077, st. 1124)[3]). Im siebzehnten Lebensjahr wurde er Jünger und Adoptivsohn von seines Vaters ehemaligem Gegner Alfaßi (v. S. 77 f.) und eignete sich von demselben die gründliche Behandlung des Talmuds an. Philosophisch gebildet, reich und durch alten Adel hervorragend, wurde Baruch Albalia bei jedem Anlasse von den Dichtern seiner Zeit aus voller Seele gefeiert:

„Dem Verschmachtenden ist er frischer Quell,
Licht dem im Dunkel Tastenden.
Segen ist er, wie sein Name lautet" (Baruch),

so sang von ihm der Dichterkönig seiner Zeit[4]). Er erzog einen Kreis von Jüngern, unter ihnen den später berühmt bewordenen Geschichtschreiber Abraham Jbn-Daud.

In Nordspanien war Jehuda ben Barsilaï aus Barcelona eine talmudische Autorität dieser Zeit, Jünger des Jsaak ben Reuben. Von seinen Lebensumständen ist weiter nichts bekannt, als daß er mit dem Astronomen Abraham ben Chija (v. S. 101) befreundet war[5]). Jehuda Albargeloni verfaßte mehrere talmudische Werke über Ehegesetze und Festeszeiten (Sefer ha-Ittim), die sehr geschätzt waren[6]). Ob-

---

[1]) Dukes Mose Jbn-Esra, S. 103, Kerem Chemed das. 89.
[2]) Das. S. 101, Nr. 11.
[3]) Abraham Jbn-Daud.
[4]) Bei Luzzatto, Betulat S. 25, vgl. Ginse Oxford XIII.
[5]) Kerem Chemed VIII, 58.
[6]) Vgl. Asulaï, Schem ha-Gedolim ed. Ben-Jacob, p. 64, Nr. 22.

wohl philosophisch gebildet und Verfasser eines Kommentars zum „Buche der Schöpfung", hatte dieser Rabbiner von Barcelona bereits Mißtrauen gegen die freie philosophische Forschung. Man dürfe nicht, meinte er, philosophische Sätze vom ersten besten aufnehmen, sondern sich nur den Ergebnissen der als fromme Rabbaniten bewährten Denker anvertrauen, wie Saadia, Samuel ben Chofni und allenfalls David Almokammez, weil man sonst Gefahr liefe, dem Unglauben zu verfallen[1]).

Berühmter als diese war der Rabbiner von Cordova, Abu-Amr Joseph ben Zadit-Ibn-Zadit (geb. um 1080, st. 1148—49)[2]), Nachfolger des Joseph Ibn-Sahal im Rabbinate. Obwohl Ibn-Zadit als ein tiefer Kenner des Talmuds gerühmt wird, so verfaßte er doch kein talmudisches Werk, sondern lediglich philosophische in arabischer Sprache, eine Logik und eine religionsphilosophische Schrift (Olam Katon)[3]) Mikrokosmos), und obwohl als ein höchst frommer Rabbiner geschildert, war er nicht nur mit Plato und Aristoteles vertraut, sondern hatte auch die Schrift eines Karäers, des Joseph Albaßir, benutzt[4]) — sicherlich der erste Rabbanite, der dem Karäertum ein solches, wenn auch geringes Zugeständnis machte. Das religionsphilosophische Werk verfaßte Ibn-Zadit für seine Zeitgenossen, die er als das niedrigste der vorangegangenen Geschlechter, versunken in Begierden, Unwissenheit und Blindheit, schildert[5]), um sie durch eine leichte Methode zur Erkenntnis der höchsten Wahrheiten zu erheben. Er widmete es einem Jünger, der ihn nach der Natur des höchsten Gutes, das der Mensch zu erstreben berufen sei, fragte[6]). Seine Methode besteht darin: während die Religionsphilosophen die höchste Erkenntnis auf dem langen Wege der Mathematik, der Musik, der Astronomie und der Dialektik erreichen lassen, macht sich diese anheischig nachzuweisen, daß der vernunftbegabte Mensch sie ohne diese mühsame Vorbereitung aus sich selbst schöpfen könne. Der Mensch ist eine Welt im kleinen; in ihm spiegeln sich zwei Welten ab, die endliche und unendliche. Durch Selbsterkenntnis vermöge der Mensch zur Wahrheit zu gelangen, ohne welche das Leben ein verfehltes sei.

[1]) Luzzatto in Halichot Kedem 60 und 72. Orient. Litbl. 1847, 217 f.
[2]) Abraham Ibn-Daud und Mose Ibn-Esra, Note 1, I.
[3]) Herausgegeben von Jellinek 1854, mit einer literarhistorischen Einleitung.
[4]) Das von ihm zitierte Buch Mansuri des Abu-Jakub (p. 43, 46, 70) ist von Joseph Roeh; vgl. darüber Pinsker, Likute Beilagen und Noten p. 196.
[5]) Olam Katon Eingang S. 1 und S. 74.
[6]) Das. Eingang.

Neu sind nun die Gedanken keineswegs, die Ibn-Zadik aufgestellt, es sind vielmehr die gangbaren der arabischen Zeitphilosophie; er wendete sie nur auf das Judentum an. Die Selbsterkenntnis führe zu Gotteserkenntnis, zum lauteren Gottesbegriffe und zur Annahme einer Weltschöpfung aus nichts durch den göttlichen Willen. Das höchste Gut sei eben diese Gotteserkenntnis und die Vollstreckung seines heiligen Willens. Dieser Wille ist in der Offenbarung, der Thora, enthalten. Diesen seinen Willen offenbarte Gott nicht um seiner selbst willen — da er reich, bedürfnislos und selbstgenügsam ist — sondern lediglich um die Glückseligkeit der Menschen jenseits zu fördern[1]). Die erste Pflicht des Menschen, des Juden, des Gottesdieners sei, seinen Geist zu pflegen, sich Weisheit und Einsicht anzueignen; denn nur dadurch vermöge er seinen Gott auf eine würdige, geistige Weise zu verehren und sich die Freuden des jenseitigen Glückes zu erringen. Nebenher bemerkt Ibn-Zadik, daß auch die rituellen Pflichten des Judentums, wie der Sabbat, vernunftgemäß seien und göttliche Weisheit verkündeten[2]). Da der Mensch Willensfreiheit habe, so sei es in der Ordnung, daß die Gottheit Lohn und Strafe für seine Handlungen bestimmt hat. Lohn und Strafe seien aber nicht leiblicher Art zu verstehen. So wie die Belohnung der Seele nur darin bestehen könne, daß sie mit ihrem Urquell, dem Allgeiste vereint werde, so dürfe die Strafe auch nur so gedacht werden, daß die durch Verbrechen und Sünde befleckte Seele ihr Ziel nicht erreichen könne. Jedes Wesen strebe seinem Grunde zu, um die Vereinigung mit ihm wiederherzustellen. Der der Erde enthobene Stein falle wieder der Erde zu, wenn er sich frei bewegen kann; die von der allgemeinen Atmosphäre getrennten Luftteilchen beeilen sich, sich wieder mit ihrem Elemente zu vereinigen. Eben so erstrebe der den körperlichen Banden entronnene, freie Geist die Vereinigung mit seinem Ursprung. Hingegen vermöge die mit irdischen Schlacken behaftete und gebundene Seele des Sünders nicht den Himmelsflug anzutreten, flattere vielmehr im Weltall ruhelos umher und das eben sei ihre Strafe. Das Eintreten der Messiaszeit und die Auferstehung, die Ibn-Zadik als gewiß eintreffend voraussetzt, vermochte er nicht gedankenmäßig darzustellen. Da er kein tiefer Denker war, so war er nicht imstande, den gewaltigen Widerspruch, welcher zwischen der Annahme einer ewigen Glückseligkeit für die dem Leibe entrückte Seele in Vereinigung mit Gott, und dem Glauben an die Rück-

---

[1]) Die für die Auffassung des Judentums wichtigen Punkte sind im vierten Abschnitt von S. 57 an zusammengestellt.
[2]) Olam Katon S. 61. In Zeile 17 verrät sich eine Lücke.

kehr der Seele in ihr leibliches Gefäß liegt, zu bewältigen; er eilt daher über diesen Punkt hinweg. Ibn=Zadiks philosophisches Werk ist wegen seiner Mittelmäßigkeit von den Zeitgenossen und der Nachwelt wenig beachtet worden. Auch sein Dichterruhm ist nicht bedeutend, obwohl seine liturgischen und weltlichen Verse leicht und gefällig sind; aber sie entströmten nicht dem Drange eines übervollen Dichtergemüts, sondern sind gewissermaßen nur ein Zoll an die Mode.

Sämtliche Zeitgenossen der spanischen Schule übertraf an tiefer Talmudkunde **Joseph ben Meïr Ibn=Migasch Halevi** (geb. Adar 1077, st. Ijar 1141)¹). Enkel eines am Hofe der Abbadiden zu Sevilla angesehenen Mannes und Sohn eines gelehrten, geachteten Vaters, der mit Isaak Ibn=Albalia befreundet war, genoß Ibn=Migasch zuerst den Unterricht seines Vaters und wurde im zwölften Jahre Jünger der Alfassischen Schule, die er vierzehn Jahre ununterbrochen besuchte. Sein Meister war stolz auf ihn, und die Zeitgenossen betrachteten ihn als dessen natürlichen Nachfolger. Als Ibn=Migasch während seiner Jüngerschaft heiratete (um 1100), dichtete der junge Jehuda Halevi ein feuriges Hochzeitslied, worin er das junge Ehepaar besang; er drückte sich überschwenglich über ihn aus:

„Das Levitentum erhebt sich durch ihn über der Aaroniden Geschlecht und spricht: ‚Ich bin das Haupt und Joseph ist meines Hauptes Krone‘“²).

Alfassi selbst, der ihn ordinierte, sagte von ihm, seinesgleichen habe sich in Moses Zeitalter nicht gefunden³). Noch vor seinem Tode ernannte er Ibn=Migasch zu seinem Nachfolger im Rabbinate der Hauptgemeinde Lucena und darin zeigte sich abermals Alfassis edler Charakter. Denn obwohl er einen gelehrten Sohn hinterließ, so zog er doch seinen begabten Jünger vor und empfahl ihn zum Rabbinen⁴) Die Wahl des Sechsundzwanzigjährigen zu einem so bedeutenden Amte scheint von einigen Mitgliedern angefochten worden zu sein, und die Bestätigung derselben (Sivan = Mai 1103) besang derselbe Dichter als einen über Gegner errungenen Sieg:

„Heute hat die Wahrheit gesiegt,
Das Recht ist in sein Amt gesetzt,
Die Lehre hat ihre Würde erlangt —
Deine Feinde sind mit Schmach bedeckt“⁵).

---

¹) Abraham Ibn=Daud.
²) Luzzatto, Betulat S. 37 ff. Graetz, Blumenlese 76, 77.
³) Abraham Ibn=Daud.
⁴) Saadia Ibn=Danan in Chemda Genusa S. 30 a; Abraham Ibn=Daud.
⁵) Divan des Jehuda Halevi in Ginse Oxford XIII. f.

Joseph Ibn-Migasch verdiente auch das Lob, das ihm der Dichter spendete, wegen seines Geistes und seiner edlen Gesinnung. Seine Abkunft aus altem, edlem Geschlechte, seine hohe Stellung als Oberhaupt der angesehensten Gemeinde raubten ihm nicht die Bescheidenheit, der Ernst des wichtigen Amtes nicht die Sanftmut. Vor seinem zahlreichen Jüngerkreise legte er in der Weise seines Lehrers Alfâßi aus, tiefeingehend, scharfsinnig, kritisch, und in diesem Sinne arbeitete er seine Kommentarien zu mehreren talmudischen Traktaten unter dem Titel „Geheimrolle"[1]) aus. Schon während seines Lebens genoß Ibn-Migasch einen ausgebreiteten Ruf als talmudische Autorität und als Mann von Gesinnung. Von nah und fern ergingen Anfragen an ihn, und er beantwortete sie gutachtlich mit ebenso viel Klarheit wie Gründlichkeit. Mit einer bei Gelehrten seltenen Wahrheitsliebe gestand er ein, sich geirrt zu haben und widerrief seine irrtümliche Ansicht[2]). So milde aber auch sein Charakter war, so verfuhr er doch mit äußerster Strenge, wenn es galt, das Wohl der Judenheit zu wahren.

Spanien war nämlich damals in hohem Grade aufgeregt und in Parteiungen gespalten. In Andalusien standen die Nationalaraber den siegenden almoravidischen Berbern gegenüber und führten miteinander einen bald heimlichen, bald offenen Krieg. Die in der Gegend von Granada angesiedelten Christen (die Mozarabi) zettelten eine Verschwörung gegen ihre mohammedanischen Zinsherren an, riefen den Eroberer Saragossas, Alfonso von Aragonien, herbei und versprachen ihm Granada zu überliefern. Das christliche Spanien war nicht minder zersplittert. Obwohl Kastilien und Aragonien mit ihren Nebenländern durch die Ehe zwischen Alfonso von Aragonien und Urraca, Königin von Kastilien, der Tochter Alfonsos VI. vereint sein sollten, so hat gerade diese unglückliche Ehe sie mehr denn je getrennt. Eine Partei hielt es mit dem König, eine andere mit der Königin und eine dritte gar mit dem jungen Infanten Alfonso VII., dessen Erzieher ihn gegen Mutter und Stiefvater zugleich aufstachelten. Ofter sah man Christen und Mohammedaner unter einer Fahne kämpfen, bald gegen einen christlichen Fürsten, bald gegen einen mohammedanischen Emir. Bündnisse und Bundesbrüche folgten schnell aufeinander. Falschheit und Verrat kamen täglich vor, und selbst hochgestellte Geistliche wechselten die Partei, bekämpften ihre ehemaligen Bundesgenossen und standen ihren

---

[1]) Serachja Halevi zu Baba Mezia I. Anfang und an anderen Stellen; vgl. Asulaï s. v.

[2]) Schita Mekubézet zu Baba Mezia ed. Amst. p. 203 a unten.

früheren Feinden bei. Die Juden Spaniens blieben bei dieser anarchischen Bewegung sicherlich nicht unbeteiligt und freiwillig oder gezwungen hielten die einen zu dieser, die anderen zu jener Partei, je nachdem das Interesse oder die politische Gesinnung es erheischten. Aber wenn Christen oder Mohammedaner Verschwörungen anzettelten, so konnten sie im Falle des Verrates bei ihren mächtigen Glaubensgenossen Schutz finden. Die Juden aber entbehrten dieses Schutzes und konnten ihn nur in der eigenen Mitte, in dem festen Zusammenhalten untereinander haben. Verräterei aus der eigenen Mitte war um so verderblicher für sie, als die Strafe eines erzürnten Fürsten nicht bloß die Verschwörer oder die Gemeinde, sondern die Judenheit des Landes überhaupt betroffen hätte. Als daher in der Gemeinde Lucena einst ein Verräter seine Glaubensgenossen anzugeben gedachte, vollzog der Rabbiner und Richter Joseph Jbn-Migasch eine exemplarische Strafe an demselben. Er ließ den Angeber am Versöhnungstage, der damals auf einen Sonnabend fiel, in der Dämmerungsstunde durch Steinigung hinrichten[1]). Sicherlich stand das Wohl der ganzen Gemeinde damals auf dem Spiele, sonst würde der milde Rabbiner nicht eine so harte Strafe über den Verräter verhängt haben.

Als dieser hochangesehene Rabbiner von Lucena starb (Ende Jjar = Mai 1141), hauchte ein Dichter Mar-Jekutiel eine rührende Elegie auf ihn aus:

„Das Wehklagen dringt bis Babel, es weinet bitterlich Ägypten, da sie hörten, daß das Lehrhaus verwaist ist. Schmerzlich fragen sie einander: wo ist die Bundeslade? Die Gesetztafeln sind nun zum zweiten Male zerbrochen. Die Thora ist ihres Schmuckes entkleidet am Todestag des Gaon. Die Himmlischen beneideten die Sterblichen um jenes Geisteslicht und versetzten es von der Erde in den Himmel. Zu Gott stieg seine Seele auf, und die Himmelschar kam ihr jubelnd entgegen"[2]).

Joseph Jbn-Migasch hinterließ einen gelehrten Sohn Meïr und einen großen Kreis von Jüngern, darunter auch Maimun aus Cordova, dessen Sohn einen Wendepunkt in der jüdischen Geschichte herbeiführen sollte.

In dem Maße, als das Talmudstudium in Spanien einen Aufschwung nahm, trat in Bibelerklärung und Pflege der hebräischen Grammatik in diesem Zeitabschnitte eine Erschlaffung ein. Diese Fächer wurden nicht weiter fortgeführt. Nur zwei hebräische Sprachforscher nennt die Erinnerung dieser Zeit, Abulfihm Levi ben Joseph

---

[1]) Responsa Jehuda Ascheri p. 55 b.
[2]) Vgl. über diese Elegie Graetz, Blumenlese S. 112.

Ibn-Tabbén (oder Altabben)¹) aus Saragossa und Jakob ben Eleasar aus Toledo. Der erstere, ein Freund des Dichters Jehuda Halevi, verfaßte eine hebräische Grammatik in arabischer Sprache unter dem Titel „der Schlüssel" (Mafteach), deren Wert unbekannt ist; aus einem seiner Verse zu schließen, war er kein Meister darin. Auch seine Poesie scheint nicht sehr wohlklingend gewesen zu sein; denn ein unparteiischer Kunstrichter beurteilte seine Leistung und die seines Bruders folgendermaßen: „Levi und Jakob, die Söhne Tabbén, dreschen Verse gleich Stroh"²). Sein Freund rühmte zwar Ibn-Tabbéns Muse außerordentlich und sang von ihm: „Wie sollte der Gesang nicht dein Wirken sein, bist du doch König des Liedes"³). Indessen sind solche Überschwenglichkeiten auf Rechnung der Freundschaft zu setzen, die gern den Mund vollnimmt. Man kennt indes nur liturgische Gebetstücke von Ibn-al-Tabbén, von denen eines die innige Sehnsucht der Seele nach ihrer himmlischen Heimat ausdrückt.

In einem Stücke schildert Ibn-al-Tabbén die Leiden der Gemeinde, die sie wahrscheinlich während der Kriege Alfonsos von Aragonien um Saragossa bis zu dessen Eroberung (1118) erduldet hat: „In die Gewalt von Herrschern, die wie Schlangen beißen, sind sie geliefert; es kamen Männer und raubten Frauen, wie es ihnen gefiel. Wehrlos werden die Starken weggeführt, ruhelos irren sie als Flüchtlinge umher"⁴).

Abulhassan Esra (?) Jakob ben Eleasar verfaßte ein grammatisches Werk „die Vollendung" (ha-Schalem) genannt, worin er, nach einigen Bruchstücken zu urteilen, gute syntaktische Bemerkungen machte. Um die Lesart des Bibeltextes festzustellen, benutzte er den aus Hilla stammenden Bibelkodex (Sefer Hillali), der als alt und korrekt galt. Ben Eleasar wollte aber auch als Ritter für die hebräische Sprache auftreten, die, wie er klagt, von Arabern und arabisierenden Juden wegen ihrer Armut und Ungelenkigkeit verachtet und der arabischen

---

¹) Vgl. Note 1. II. Die richtige Aussprache des Namens gibt Charisi, der Tabbén mit Matbén reimt, falsch bei Geiger und andern: Thabban, noch sinnloser, den Namen mit Tibbon zu identifizieren. Bei Charisi lautet der Name des Vaters Joseph. Es ist nun die Frage, ob dieser Levi ben Joseph identisch ist mit jenem Levi ben Jakob, von dem liturgische Stücke im Zyklus von Tripolis und Avignon vorkommen (Sachs, religiöse Poesie S. 290). Der Name Abulfihm kommt in der Einleitung zum Divan des Jehuda Halevi (bei Geiger Divan S. 169) vor.

²) Charisi, Tachkemoni Pforte III.

³) Ozar Nechmad redigiert von Blumenfeld II. S. 81—83.

⁴) Sachs a. a. O.

nachgesetzt werde. Er wollte daher nachweisen, daß sie mit der arabischen einen Wettlauf anzustellen vermöge, und dichtete (1133) zu diesem Zwecke Sprüche und Epigramme. Aber seine Verse sind nicht imstande die hebräische Muse zu Ehren zu bringen, sie sind lahm und aller Anmut bar. Der Dichter Mose Jbn-Esra, dem der Verfasser seine Verse zugesendet, spöttelte darüber in einem Gedichte, das wie Lob klingt[1]).

Wenn diese Zeitepoche ziemlich arm an Forschern der heiligen Schrift und der Sprachkunde war, so war sie desto reicher an Dichtern. Die hebräische Sprache war seit den zwei Jahrhunderten von ben Labrat an so biegsam und geschmeidig geworden, daß wenig Kunst dazu erforderlich war, Verse zu machen und Reim und Maß zu handhaben. Die Kunstformen, welche namentlich Salomon Jbn-G'ebirol erweitert hatte, fanden mehr oder weniger glückliche Nachahmung. Die Mode der Araber, den Inhalt eines Briefes an Freunde zu versifizieren, welcher die spanischen Juden huldigten, machte die Dichtkunst zu einem Bedürfnis; wer nicht als ungebildet erscheinen wollte, mußte reimen lernen. Die Zahl der Gedichte, welche gerade in dieser Zeitepoche zutage gefördert wurden, ist Legion. Doch nur wenige enthalten wahre Poesie. Zu den nennenswerten Dichtern gehören außer den schon genannten, die sich auch mit andern Fächern beschäftigt haben, Juda Jbn-Giat, Juda Jbn-Abbas, Salomon Jbn-Sakbél und die Gebrüder Jbn-Esra. Sie alle überragt der Dichterfürst Jehuda Halevi, welcher schon von seinen Zeitgenossen als Meister des Sanges begrüßt und anerkannt wurde.

Abu Zacharia J u d a J b n - G i a t erbte von seinem Vater, dem Rabbinen und liturgischen Dichter Isaak Jbn-Giat, die Dichtergabe, und seine poetischen Ergüsse weltlichen und religiösen Inhalts wurden von den Zeitgenossen und der noch strengeren Nachwelt sehr gerühmt. Juda Halevi sang von ihm:

> Judas Lieder ragen
> Gar stolz und kühn hervor,
> Mit Cherubsflügeln steigen
> Zum Himmel sie empor.
>
> Die einen sanfte Tropfen,
> Ein Balsam, stillend Schmerz,
> Die andern Feuerfunken
> Entflammen wild das Herz.

---

[1]) Ozar Nechmad II. S. 159 ff. In M. Jbn-Esras Poetik wird ein Name A b u l h a s s a n E s r a b e n E l e a s a r erwähnt, der wahrscheinlich mit dem Grammatiker identisch ist.

O hätt' ich Adlerflügel,
Ich flöge bald zu dir,
Zu dir nach weiter Ferne,
Zu dir, der nahe mir —
Bist nahe meinem Herzen
In Liebe eng verwebt [1]).

Abul Baka Jehuda (Jachja) ben Abbun Ibn-Abbas, Rabbiner von Fez (geb. 1080, st. 1163), dichtete meistens liturgische Hymnen, denen indes nur bedingtes Lob erteilt wird. Er stand mit dem Dichterfürsten von Kastilien in freundschaftlichem Verkehr und huldigte in überschwenglicher Weise dessen Talent.

Während die Muse der genannten beiden Dichter nur ernsten Schöpfungen zugewendet war, gebrauchte Salomon ben Sakbél[2]) von Cordova, ein Verwandter des Rabbiners Joseph Ibn-Sahal, die hebräische Sprache für erotische Tändeleien. Die neue Dichtungsform des arabischen Makamendichters Hariri aus Basra, dessen Ruhm nach Spanien gedrungen war, regte Ibn-Sakbél an, etwas Ähnliches in der hebräischen Sprache zu versuchen. Er schrieb eine Art satirischen Romans unter dem Titel Tachkemoni, dessen Held, Ascher ben Jehuda, Wandlungen und Täuschungen durchmacht. Der Held erzählt selbst seine Abenteuer in gereimter Prosa, von Versen unterbrochen, wie er früher längere Zeit in Waldeinsamkeit, nur von der Geliebten begleitet, zugebracht, dann aber des einförmigen Lebens überdrüssig, sich nach Geselligkeit gesehnt, im Kreise von Freunden an vollen Tafeln zu zechen. Von einer unbekannten, verführerischen Schönen durch ein rätselhaftes Briefchen verlockt, habe er sie lange gesucht, sich in Liebesgram verzehrt, sei dann in einen Harem eingeführt worden, wo ihm der Herr desselben „mit Berbermiene" den Tod angedroht. Es war aber nur eine Maske, die eine Schöne vorgenommen, um ihn zu schrecken, und diese, welche nicht seine Herzenskönigin, sondern nur deren Dienerin war, habe ihm die Erfüllung seiner Wünsche versprochen. Endlich glaubte er dem Ziele nahe zu sein; er kommt mit der Geliebten zusammen, aber es war nur eine Mummerei, die einer seiner Freunde veranstaltet hatte. So wird Ascher ben Jehuda von Täuschung zu Täuschung geführt. — Die Kunstform hat keinen allgemein gültigen poetischen Wert und ist nur eine Nachahmung des arabischen Musters. Zu bewundern ist nur die Leichtig-

---

[1]) Divan von Geiger S. 39, Original Orient. Ltbl. 1850 col. 640. Sachs a. a. O. S. 257.

[2]) Die Makamen dieses Dichters, welche Charisi zitiert und den seinigen zum Muster genommen hat, Schorr, in Chaluz III. S. 154 ff. veröffentlicht.

keit, mit der Ibn-Sakbél die hebräische Sprache handhabt und wie er das Tiefernste zu leichten Tändeleien verwendete.

Reichbegabte Persönlichkeiten waren die vier Brüder Ibn-Esra aus Granada, begütert, edel, gelehrt und kunstgeübt, Abu-Ibrahim Isaak der älteste[1]), Abu Harun Mose, Abulhassan Jehuda und Abuhagag Joseph der jüngste. Ihr Vater Jakob hatte unter dem König Habus oder richtiger unter Samuel Ibn-Nagrela ein Amt bekleidet. „Man erkannte," sagte ein zeitgenössischer Geschichtschreiber, „an dem Edelmut dieser vier fürstlichen Söhne Ibn-Esra, daß sie von davidischem Blute und von altem Adel abstammen"[2]). Der bedeutendste unter ihnen war Abu Harun Mose (geb. um 1070, st. um 1139), der sich rühmte, der Schüler seines ältesten Bruders zu sein. Er hatte auch die Vorträge des Isaak Ibn-Giat von Lucena gehört[3]). Er war der fruchtbarste Dichter dieser Zeit. Ein Mißgeschick scheint seine Muse geweckt zu haben. Er verliebte sich nämlich in seine Nichte, wahrscheinlich die Tochter des Isaak, und erhielt Gegenliebe. Der Bruder versagte ihm jedoch die Hand der Tochter, und die jüngeren Brüder scheinen den Entschluß des älteren gebilligt zu haben; er war deswegen mit allen dreien zerfallen[4]). Mose floh darauf das Vaterhaus und seine Brüder und wanderte nach Portugal und Kastilien aus (um 1100). Liebesgram verzehrte ihn, und die balsamspendende Zeit vermochte seine Wunden nicht zu heilen. Einige Zeit nach der Selbstverbannung trug er sich mit der Hoffnung, seine Wünsche gekrönt zu sehen. In diesem Sinne dichtete er schwärmerische Verse an einen Freund in der Heimat, worin er seiner Nichte Liebesworte zuflüsterte[5]). Falsche Freunde scheinen indessen den Bruch zwischen ihm und den Brüdern erweitert zu haben[6]). Seine Geliebte wurde einem jüngeren Bruder zuteil und kam nach Cordova, hatte aber ebensowenig wie Mose die Jugendliebe vergessen[7]). Er aber scheint unverheiratet geblieben zu sein und brachte sein Leben in der Fremde zu.

[1]) Abraham Ibn-Daud und Edelmann Einl. zu Ginse Oxford. Der erstere gibt ausdrücklich an, daß Isaak der älteste war. Falsch daher bei Geiger (Divan S. 38), daß Juda der älteste gewesen sei. S. auch Luzzattos Betulat p. 18. [2]) Abraham Ibn-Daud.
[3]) M. ben Esras Elegien auf den Tod seines Bruders in Dibre Chachamim p. 82 f. und Saadia Ibn-Danan in Chemda Genusa p. 30. Da Isaak Ibn-Giat 1089 starb, so ergibt sich daraus das ungefähre Geburtsjahr des Jüngers.
[4]) Kerem Chemed IV. S. 83, Ginse Oxford. S. 19. Divan 58.
[5]) Divan 131.
[6]) Kerem Chemed a. a. O. S. 98, Dukes Ehrensäulen M. ben Esra 105.
[7]) Tas. 92; Geiger hebräische Dichtungen der spanischen und italienischen Schule. Text S. 5.

Der Liebesschmerz hatte seinem Gemüte Verse entlockt, und die Muse blieb seine Trösterin. Er suchte seinen Schmerz durch ernste Studien zu betäuben, die Wissenschaft sollte ihm Geliebte und Brüder ersetzen[1]). Er erwarb sich Freunde und Bewunderer, die ihm bis in den Tod treu blieben. Ein hochgestellter Mann, namens Salomon (vielleicht Salomon ben Krispin), im christlichen Spanien, der als edler Wohltäter und Gönner seiner Glaubensgenossen geschildert wird, nahm sich des unglücklichen Mose an und wendete ihm treue Freundschaft zu, obwohl Neider sie zu untergraben suchten. Mose Jbn-Esra verherrlichte seinen Gönner in einem schönen Gedicht von dreißig Versen[2]).

Mose Jbn-Esra hatte viel Ähnlichkeit mit Salomon Jbn-G'ebirol. Gleich ihm klagt er über Verrat und Neid, über der Zeit Härte und Treulosigkeit. In seinen Gedichten spiegelt sich ebenso wie in denen des Dichters von Malaga das Selbstische ab; auch er hatte kein großes Ziel für seinen dichterischen Drang. Aber Mose Jbn-Esra war nicht so zart besaitet, nicht so weich und empfindsam wie jener, er hatte eine derbere Natur und auch weniger poetische Zerflossenheit. Er war darum auch nicht so schwermütig und grämlich wie Jbn-G'ebirol, sondern sang zuzeiten heitere Lieder und konnte auch mit der Muse tändeln. Als Dichter steht er Jbn-G'ebirol um vieles nach. Seine Poesie trägt den Stempel der Künstelei und Geschraubtheit, seine Bilder sind überladen, seine Verse oft hart und schwülstig und entbehren des Wohlklangs und Ebenmaßes, der Lieblichkeit und Frische. Es ist zu viel Gesuchtheit und Berechnung in seinen Versen. Mose Jbn-Esra liebte es besonders, Wörter von demselben Klange und verschiedener, oft entgegengesetzter Bedeutung zu gebrauchen, eine Manier, die er den arabischen Dichtern abgesehen hatte (Tegnis). Zu bewundern ist nur an ihm die Herrschaft, die er über die hebräische Sprache hat, die sich ihm schmiegt und fügt, die Fruchtbarkeit seiner dichterischen Leistung und die Mannigfaltigkeit des Versmaßes, mit der er die hebräische Poesie bereichert hat. Er dichtete einen Liederkranz, den er Perlenschnur (A'nak, Tarschisch) nannte, von 1210 Versen in zehn Abteilungen; sie waren seinem Gönner Jbn-Kamnial (v. S. 100) gewidmet. Diese Verse sind ebenso mannigfaltig an Maß wie an Inhalt. Der Dichter verherrlicht in der Liedersammlung seinen Gönner, singt von Wein, Liebe und Freude, preist das schwelgerische Leben unter Laubbaldachinen und Vogelgesang, klagt

---

[1]) Ginse Oxford S. 19.
[2]) Bei Dukes a. a. O. S. 95, über S. ben Krispin Ginse Oxford 13.

dann wieder über die Trennung von Freunden und über Treulosigkeit, jammert über das herannahende Greisenalter, ermahnt auch gelegentlich zu Gottvertrauen und verherrlicht zuletzt die Dichtkunst[1]). Neben diesem Kranze dichtete Mose Jbn-Esra dreihundert Gelegenheitsgedichte von mehr als 10000 Versen (in einen Diwan gesammelt) und endlich nahe an zweihundert Gebetstücke für das Neujahr und den Versöhnungstag, welche Bestandteile des Kultus in vielen Gemeinden wurden (der Gemeinden Spaniens, Montpelliers, Avignons und der Romagnolen)[2]). Von seiner Fruchtbarkeit als Bußgebetdichter erhielt er den Namen Salach. Aber nur wenige seiner religiösen Gedichte haben einen wahrhaft poetischen, seelenerhebenden oder herzzerknirschenden Hauch[3]). Sie zeigen mehr Wortschwall als Schwung[4]), sind sämtlich nach den Regeln der Kunst gebaut, aber es fehlt ihnen der Duft. Die Kunstregeln verstand niemand besser als eben Mose Jbn-Esra. Er schrieb eine Abhandlung über Rede und Dichtkunst unter dem Namen Unterredung und Erinnerung[5]), welche zugleich eine Art Literaturgeschichte über die poetischen Leistungen der spanisch-jüdischen Poesie seit ihren ersten Anfängen bildet[6]). Sie ist an einen gelehrten Jünger gerichtet, der ihm die Frage über Poesie und Dichter vorgelegt, die der Verfasser gründlich beantwortet hat. Mose Jbn-Esra spricht in der Poetik auch von arabischer und kastilischer Poesie und liefert damit einen Schatz für die Literaturgeschichte Spaniens. Die schwächste Leistung des Mose Jbn-Esra ist sein philosophisch sein sollendes Werk (Arugat ha-Bôssem) in hebräischer Sprache, worin er die dürre Zeitphilosophie nach arabischen Mustern auseinandergesetzt hat. So viel aus den vorhandenen Bruchstücken zu schließen ist, hat der Verfasser keinen einzigen selbständigen Gedanken erzeugt, er entwickelt nur die Ideen der griechischen und arabischen Denker; von den jüdischen führt er noch Saadia und Jbn-G'ebirol an[7]).

Trotz seiner Unbedeutendheit als Philosoph und seiner Mittelmäßigkeit als Dichter stand Mose Jbn-Esra wegen seiner Leichtigkeit zu schreiben

---

[1]) Kerem Chemed a. a. O. 66—74.
[2]) Dukes a. a. O. S. 8—11, Note.
[3]) Zu den besten gehören die von Dukes a. a. O. mitgeteilten S. 62 Nr. 3; 79 Nr. 15; 86 Nr. 23.
[4]) Seine künstliche Manier veranschaulicht am besten das im Orient. Litbl. 1847 col. 403 mitgeteilte Gedicht.
[5]) Kitab al Macha'dera w'al-Madsakara vgl. Note 1. I.
[6]) Handschriftlich in der Boblejana codex Huntington Nr. 599; vgl. Wolf, Bibliotheca Hebraea III. p. 3 f.
[7]) Ein Auszug daraus in Zion II. 117 ff.

bei seinen Zeitgenossen hoch in Ehren. Mit allen hervorragenden Persönlichkeiten stand er in freundschaftlichem Verkehr, und sie verherrlichten ihn in Prosa und Versen, wie er sie seinerseits hochpries. Mit seinen Brüdern scheint er lange Zeit die Verbindung abgebrochen zu haben. Als er einst die Gräber seiner Eltern besuchte, entrang ihm der Schmerz folgende Verse:

> „Mich treibt es, die Gräber aufzusuchen, die meine Eltern, meine Freunde bergen. Ich grüßte sie, mein Gruß blieb unerwidert. Wie, haben auch die Eltern mir die Treue gebrochen? Da vernahm ich ihre lautlose Mahnung; sie wiesen mir zur Seite meinen Platz an¹).

Er versöhnte sich erst mit den Brüdern, als seine Jugendgeliebte an der Geburt eines Knaben starb (1114). Auf dem Totenbette hatte sie seiner in Liebe gedacht, und ihre Worte, die ihm eine heilige Erinnerung waren, brachte er in elegische Verse, die, weil wirklich empfunden, poetischer sind als seine übrigen Dichtungen:

> „Schreib' meinem Oheim auch, der um mich gelitten,
> Verzehrt von heißer Liebesschmerzen Gluten.
> Ein Fremdling wandert er irr umher,
> Daß tief ihm der Drangsal Wunden bluten,
> Er sucht des Trostes Kelch, nun muß des Leidens
> Zum Rand gefüllter Kelch ihn überfluten"²).

Diese Elegie schickte Mose Ibn-Esra seinem älteren Bruder zu, und das war der erste Schritt zu ihrer Versöhnung. Als seine Brüder nach und nach von der Erde schieden, zuerst Abulhassan Jehuda, dann der älteste Isaak und endlich der jüngste Abulhagag (nach 1120), konnte sich der Überlebende vor Schmerz nicht fassen und weihte ihrem Andenken tief empfundene Verse³). Mose Ibn-Esra behielt seine Dichterkraft bis ins hohe Alter und noch kurz vor seinem Tode (1138) dichtete er ein poetisches Trostschreiben an seine Freunde Abu-Amr und Abu-Ibrahim Ibn-Maschkahan, denen der Tod die Mutter entrissen⁴). Jehuda Halevi widmete ihm einen seelenvollen Nachruf⁵).

---

¹) Sein Divan Nr. 118 in Kerem Chemed das. S. 89.
²) Das. Nr. 177. Geiger, jüdische Dichtungen Text S. 5. Übersetzung S. 13.
³) Ginse Oxford p. VII. Note 7, Dibre Chachamim S. 32 f.
⁴) Das. S. 46. Kerem Chemed a. a. O. 89, 92.
⁵) Ginse p. XI.

Sechstes Kapitel.

Abulhassan Jehuda Halevi.

Seine Biographie, seine Jugendpoesie und seine Stellung. Sein Dichterwert, seine Zioniden. Sein philosophisches System im Buch Chozari. Seine Sehnsucht nach dem heiligen Lande. Seine Reise. Sein Aufenthalt in Ägypten. Der Fürst Samuel Almanßur. Jehudas Aufenthalt in Jerusalem. Seine Klage über Verkommenheit und seine letzte Zionide. Sein Tod und die Sage darüber.

1105—1145.

Der Glanzpunkt dieser Zeit und ihr Hauptträger war eben dieser Abulhassan Jehuda ben Samuel Halevi (Ibn-Allevi) aus Altkastilien (geb. um 1086)[1]. Er verdient in den Jahrbüchern der Menschheit ein eigenes Blatt mit einem Goldrande. Um ihn würdig zu schildern, müßte die Geschichte der Poesie ihre glänzendsten Farben und lieblichsten Töne entlehnen. Jehuda Halevi war ein Auserwählter, an dem die Bezeichnung, „ein Ebenbild Gottes", weder eine Lüge, noch eine Übertreibung ist. Lichtumflossen hat ihn der Himmel entsendet, und er blieb während seiner irdischen Laufbahn unbefleckt von irdischem Staube. Er war eine abgerundete volle Persönlichkeit ein vollendeter Dichter, ein vollendeter Denker, ein würdiger Sohn des Judentums, das er durch Dichten und Denken verklärt und idealisiert hat.

Wenn einst Spanien seine Vorurteile besiegt haben und seine geschichtlichen Größen nicht mit kirchlichem Maßstabe messen wird, so wird es in seinem Pantheon Jehuda Halevi einen Ehrenplatz anweisen. Die

---

[1] Sein Geburtsjahr zu ermitteln haben sich bemüht Rapaport, Luzzatto (Kerem Chemed VII. 267), Edelmann (Ginse Oxford VIII f.), Geiger (Divan 116 f.), D. Cassel (Cusari S. 5, Note 6). Am richtigsten ist Rapaports Annahme, daß seine Geburt zwischen 1085—1086 fällt, da er seine Reise nach Palästina nicht vor dem Jahre 1141 unternahm und in einem Gedichte, das ihn zu seiner Wallfahrt ermutigen sollte, sich selbst als „in den Fünfzig stehend" schildert. Nehmen wir an, daß er damals im fünfundfünfzigsten Lebensjahre stand — älter darf man ihn zu der Zeit nicht denken — so fiele sein Geburtsjahr 1086.

jüdische Nation hat ihm längst die Lorbeerkrone der Poesie und den
Preis inniger Frömmigkeit und fleckenloser Sittlichkeit zuerkannt.

> „Rein und wahrhaft sonder Makel
> War sein Lied wie seine Seele.
> Als der Schöpfer sie erschaffen,
> Diese Seele, selbstzufrieden
>
> Küßte er die schöne Seele,
> Und des Kusses holder Nachklang
> Bebt in jedem Lied des Dichters,
> Das geweiht durch diese Gnade" ¹).

Sein tiefsittlicher Ernst war mit Lebensheiterkeit verbunden. Die
Bewunderung, die ihm zu teil wurde, störte seine Bescheidenheit nicht,
und bei aller Hingebung an Freunde wahrte er sich sein Eigentum,
seine Selbständigkeit der Anschauung. Seine reichen Kenntnisse gruppierten sich um einen Mittelpunkt, und wie sehr er auch Dichter im
schönsten Sinne des Wortes war, hatte er doch ein lebendiges Bewußtsein von seinen Gefühlen, Gedanken und Handlungen. Er schrieb sich
selbst Regeln vor und blieb ihnen getreu. Bei aller tiefen Empfindung
war er weit entfernt von Schwärmerei.

Jehuda Halevis äußere Geschichte hat nichts Außerordentliches.
Im christlichen Spanien geboren²), besuchte er die Lehranstalt des Alfāßī zu Lucena, weil Kastilien und Nordspanien überhaupt damals noch
arm an talmudischen Autoritäten war. An der Grenze des Knabenalters weckte ihn, gleich Jbn-G'ebirol, die Muse, aber nicht gleich diesem
mit wehmutsvollen Akkorden, sondern mit heitern, lebensfrohen Weisen.
Er besang die glücklichen Erlebnisse seiner Freunde und Mitjünger, die
Hochzeit des Jbn-Migasch, die Erstgeburt im Hause des Baruch Jbn-Albalia (um 1100). Das Glück lächelte diesem Liebling der Muse von
Jugend an, und kein schriller Mißton entfuhr seiner Sängerbrust. In
Südspanien wurde er mit der edlen und kunstliebenden Familie Jbn-Esra in Granada bekannt. Als er erfuhr, daß Mose Abu-Harun von
Liebesgram und Selbstverbannung getroffen war, versuchte der junge
Dichter den älteren Kunstgenossen zu trösten und redete ihm sanft zu
Herzen. Dieser, ganz überwältigt von den schönen Versen und dem gedankenreichen Inhalt, erwiderte ihm:

¹) Heine, Romanzero „Jehuda ben Halevi".
²) Toledo war sicherlich nicht seine Geburtsstadt, da diese Stadt erst 1086
von Alfonso VI. erobert wurde, und diese Provinz von jüdischen Schriftstellern
immer noch **Sefarad** genannt und von Kastilien und Leon genau unterschieden wurde. Toledo wurde **nie** zum Lande „**Edom**", zum christlichen
Spanien, gerechnet.

"Dein Schreiben, Freund, erkräftigt mich,
Zur Zeit, da Mut und Freude wich.
Ein Schreiben, gleich dem Morgenglanz,
Ein Lied, ein Geistesblütenkranz,
So kräftigen Klangs, so zart und weich,
Voll edlen Sinns und tief zugleich.
Du, Knabe noch, du zarter Sohn,
Wie kommt's, daß du ein Weiser schon,
Schon in des Wissens Tiefe drangst,
Zu solcher Höh' empor dich rangst?"[1]

Jehuda Halevi scheint noch in Lucena gewesen zu sein, als Alfāsi starb und Joseph Ibn-Migasch ihm im Rabbinate nachfolgte (1103). Auf den Tod des einen dichtete er eine schöne Elegie und zum Amtsantritt des andern ein Huldigungslied voller Verehrung. Der Jüngling empfand auch der Liebe Lust und Weh: er besang die Gazellenaugen seiner Geliebten, ihre Rosenlippen, ihr Rabenhaar. Er seufzte über deren Trennung und Untreue und über die Wunden, die sie seinem Herzen geschlagen. Seine Liebeslieder atmen jugendliches Feuer und raschen Flug. Der südliche Himmel spiegelt sich in seinen Versen ab, aber auch die grünen Matten, die blauen Flüsse. Seine Jugendpoesie trägt schon den Stempel künstlerischer Vollendung, reicher Phantasie und schönen Ebenmaßes, Glut und Lieblichkeit. Da ist kein Wortgeklingel, kein gedankenleerer Reim, alles zeigt Maß und Sicherheit[2]. Den Liebesdrang scheint Jehuda Halevi vollständig überwunden zu haben, wenigstens zeigt sich in seinem späteren Leben und seinen Gedichten keine Spur mehr davon.

Jehuda Halevi hatte sich nicht bloß die hebräische Sprache und die Kunstform neuhebräischer Poesie so sehr zu eigen gemacht, daß er sie meisterhaft beherrschte, sondern er hatte sich auch Verständnis des Talmuds verschafft, sich in Naturwissenschaften umgetan, in die Tiefe der Metaphysik versenkt und war in allen Fächern der Wissenschaft heimisch. Arabisch schrieb er mit Eleganz, und die junge kastilianische Poesie war ihm geläufig[3]. Seinen Lebensunterhalt gewann er mit der Arzneikunde, die er, in seine Heimat zurückgekehrt, übte. Er scheint als Arzt viel Vertrauen genossen zu haben; denn er schrieb einmal an einen seiner Freunde, daß er, in einer großen Stadt lebend, viel beschäftigt sei. Aber bei der Beschäftigung mit dem Leibe unter Siechen und Sterbenden ging ihm die Seele nicht unter, und er rettete seine ideale

---

[1] Dukes a. a. O. S. 99. Divan des Kastiliers Abulhassan S. 15.
[2] Ginse Oxford 23. Divan 123.
[3] Vgl. Divan 28 und 127.

Lebensanschauung. Interessant ist der Brief, den er im reifen Alter (um 1130) an einen Freund schrieb. „Ich beschäftige mich selbst in den Stunden, die weder zum Tage noch zur Nacht gehören, mit der Eitelkeit der Heilkunde, obgleich ich nicht zu heilen vermag. Die Stadt, in der ich lebe, ist groß, die Bewohner sind Riesen, aber es sind harte Herren. Womit könnte ich sie beschwichtigen, als indem ich meine Tage mit der Heilung ihrer Krankheit vergeude! Ich heile Babel, aber es bleibt immer siech. Ich flehe zu Gott, daß er mir bald die Erlösung sende und mir die Freiheit gewähre, die Ruhe zu genießen, daß ich zu einem Orte lebendigen Wissens, zur Quelle der Weisheit wandern könnte"[1]). Die Stadt, von der Jehuda hier spricht, ist Toledo, wo er im Mannesalter weilte[2]). Er sehnte sich daraus hinweg, weil Toledo damals noch nicht Sitz der jüdischen Wissenschaften war[3]).

Die ganze Kraft seines schöpferischen Geistes verwendete er für die Dichtkunst und für die gedankenmäßige Erforschung des Judentums. Von der Poesie, die ihm als etwas Heiliges und Gottentstammendes galt, hatte er eine richtigere Vorstellung als seine arabischen und jüdischen Zeitgenossen. Er sprach es deutlich aus, daß der Dichterdrang etwas Ursprüngliches, Angeborenes sein müsse, und nicht eine Kunst, die erlernt werden könne. Er spottet über diejenigen, welche Regeln über Versmaß und Reim erteilen und groß damit tun. Der wahre, berufene Dichter trage die Regel in sich und werde, ohne zu fehlen, stets das Richtige treffen[4]). So lange er jung war, verschwendete er das Gold seiner reichen Poesie an leichten Flitterkram, machte wie alle Welt lobschäumende Kaziden, um seine zahlreichen Freunde zu verherrlichen. Er sang von Wein und Freuden und dichtete Rätsel. Als ihn die Freunde darob tadelten (um 1110), erwiderte er ihnen in jugendlichem Übermute:

„Sah vierundzwanzig Jahre noch nicht scheiden,
Und sollt' den Weinkrug grämlich meiden?"[5]).

In diesen leichtgeschürzten Dichtungen gefiel er sich, die Schwierigkeit künstlich verschlungener Versmaße zu überwinden. Öfter brachte er am Ende eines Gedichtes einen arabischen oder kastilianischen Vers an[6]). Man erkennt an Wort und Wendung den großen Meister, der

---

[1]) Diwan 129.
[2]) Vgl. Landshut, Amude Aboda 1. S. 77.
[3]) Responsum des Joseph Ibn-Migasch in Peer ha-Dor No. 211, 214.
[4]) Chozari V. No. 16.
[5]) Orient. Litbl. 1850 col. 398.
[6]) Diwan 135, 137, 138, 141.

mit wenigen kühnen Zügen ein vollendetes Bild zu zeichnen vermag.
Seine Naturschilderungen dürfen den besten, welche die Poesie in allen
Sprachen geschaffen, an die Seite gestellt werden. Man sieht die
Blumen sprießen und glitzern, man schlürft in vollen Zügen den Balsam ein, mit dem seine Verse durchduftet sind. Die Zweige erliegen
der Last ihrer goldenen Früchte, die Sänger der Luft hört man Liebeslieder anstimmen, er malt Sonnenschein und Luftkühlung mit meister-
hafter Hand. Beschreibt er den Aufruhr eines sturmbewegten Meeres,
so teilt er seinen Lesern die ganze Erhabenheit und Angst mit, die er
empfunden[1]). Aber das alles spiegelt den Kern seiner großen Seele
nicht ab, es war nur gewissermaßen der Tribut, den er der menschlichen
Seite und der Mode gezollt hat. Nicht einmal seine religiösen Dichtungen, in denen er an Fruchtbarkeit seinem älteren Kunstgenossen Mose
Ibn-Esra nicht nachstand — er dichtete deren dreihundert — vielmehr
an Tiefe, Innigkeit und Formenglätte ihn wie alle seine Vorgänger bei
weitem übertraf, offenbaren seine wahre Dichtergröße. Jehuda Halevis
Bedeutung als Dichter liegt in seinen national-religiösen Schöpfungen.
Da, wo er aus der Tiefe seiner Dichterbrust schöpfte, wo sein ganzes
Wesen in Begeisterung aufgeht, wo er Zion und seine einstige und zukünftige Herrlichkeit besingt, wo er über seine jetzige Knechtsgestalt sein
Haupt verhüllt, da ist seine Dichtung Wahrheit, da ist nichts Gekünsteltes,
nichts Gemachtes, alles ist tief empfunden. Jehuda Halevis Zioniden
(Gesänge von Zion) erinnern unter allen neuhebräischen Dichtungen
am meisten an die Psalmen. Wenn er seinen Schmerz um Zions Wit-
wenschaft aushaucht, oder wenn er von Zions künftigem Glanze träumt,
wie es mit seinem Gotte und seinen Kindern vereint sein wird, glaubt
man einen Korachiden zu hören. Jehuda Halevis reif gewordene Muse
hatte ein großes Ziel, Israel, seinen Gott und seine Heiligtümer, seine
Vergangenheit und Zukunft, seine Hoheit zu besingen und seine Niedrigkeit zu beweinen. Er war Nationaldichter, darum ergreifen seine Lieder
jeden Leser mit unwiderstehlicher Gewalt. Ibn-G'ebirols Klagen um
die eigene Verlassenheit vermögen nur schwaches Interesse zu erregen;
Mose Ibn-Esras Schmerz über unglückliche Liebe und deren Folgen
lassen kalt, dagegen Jehuda Halevis Trauer um seine Herzensgeliebte
Zion läßt kein fühlendes Herz ungerührt.

    Jehuda Halevis Nationalpoesie erhält einen umso höhern Wert,
wenn man wahrnimmt, daß sie keiner dichterischen Laune entstammte,
sondern von einer tiefernsten Überzeugung getragen war. Er war nicht

---

[1]) Ginse Oxford 41. Die Seestücke in Betulat 86 und Orient 1851, 462.

bloß vollendeter Dichter, er war auch geistvoller Denker, aber in der
Art, daß Empfinden und Denken in seinem Innern in eins zusammen=
flossen. Poesie und Philosophie waren in seiner Brust innig verschwistert,
aber beide nicht als etwas Fremdes, Erborgtes, künstlich Angeeignetes,
sondern als etwas Ureigenes. Wie er die Nationalgefühle Israels in
seinen Zioniden zum Ausdruck brachte, so verdolmetscht er auch, wenn
man so sagen darf, die Nationalgedanken des Judentums auf eine sin=
nige, geistvolle Weise. Poesie und Philosophie dienten ihm nur dazu,
Israels Erbe zu verklären und zu vergeistigen. Er stellte eigene Gedanken
auf über das Verhältnis Gottes zur Welt, des Menschen zu seinem
Schöpfer, über den Wert der metaphysischen Spekulation, über ihr Ver=
hältnis zum Judentum und über die Bedeutung desselben gegenüber
dem Christentum und Islam. Alle diese tief einschneidenden Fragen
löste er nicht in trockener, scholastischer Weise, sondern lebendig, warm,
überwältigend. Ist er in seinen Liedern einem Korachiden ähnlich, so
gleicht er in seiner Gedankenentwickelung dem Verfasser des Hiob, nur
inhaltsreicher, tiefer, umfassender als dieser. Diesem oder dem dichteri=
schen Philosophen Plato hat Jehuda Halevi die Form seines religiös=
philosophischen Systems entlehnt, die Gedanken nicht bloß in Zwiege=
sprächen auseinander zu legen, sondern sie an eine geschichtliche Tatsache
zu knüpfen, eine Form, welche das Interesse für den Gegenstand um
vieles erhöht und den Eindruck dauernd macht. Als einige Jünger ihn
fragten, wie er sich das rabbanitische Judentum zurechtlege, und wie
er die Einwendungen, welche die Philosophie, das Christentum, der
Islam und das Karäertum gegen dasselbe vorbringen, zurückzuweisen
vermöge, antwortete Jehuda Halevi mit einem umfassenden, gedanken=
reichen Werke in Dialogform, in einem eleganten Arabisch geschrieben.
Das Werk sollte die Wahrheit des Judentums beweisen und die ge=
schmähte Religion rechtfertigen, wie sein Titel lautete (Kitab al-
Chuggah w' Addalil fi Nusrah Din addsali).

Ein Heide, der weder etwas von der Schulweisheit, noch von den
bestehenden drei Religionen weiß, aber das Bedürfnis fühlt, sich mit
seinem Schöpfer in eine innige, kindliche Verbindung zu setzen, wird
von der Wahrheit des Judentums überzeugt. Dieser Heide ist der Cha=
zarenkönig Bulan, welcher sich zur Religion Israels bekannte (B. V₄,
S. 199 f.). Ihn nahm der Philosoph von Kastilien zum geschichtlichen
Ausgangspunkt, und davon erhielt das Werk seinen Namen C h o z a r i
(falsch Kusari). Die künstlerische Einleitung spannt das Interesse des
Lesers durch eine sachgemäße Einkleidung.

Dem Chazarenkönig, der ein eifriger Anhänger seines Götzenkultus war und fromme Gesinnungen hatte, sei widerholentlich ein Engel im Traum erschienen, der ihm die bedeutungsvollen Worte zugerufen: „Deine Gesinnung ist gut, aber dein gottesdienstliches Tun ist verwerflich." Um Gewißheit zu erlangen, auf welche Weise die Gottheit verehrt werden sollte, habe er sich an einen Philosophen gewendet. Der Weltweise, halb dem aristotelischen, halb dem neuplatonischen System huldigend, entwickelte dem Könige mehr den Unglauben als den Glauben. Er setzte ihm auseinander, daß die Gottheit zu erhaben sei, um zum Menschen in irgendeinem Verhältnis zu stehen oder von ihm gottesdienstliche Verehrung zu verlangen. Die Welt und das Menschengeschlecht seien ebenso urweltlich wie die Gottheit. Man bedürfe keines persönlichen Gottes, da dieser ohnehin vermöge seiner Unveränderlichkeit gar nicht auf die niedere Welt einwirken könne. Der physisch und geistig gut ausgestattete Mensch vermöge ganz ohne Religion den höchsten Grad der Vollkommenheit zu erreichen durch philosophische Theorie und sittliches Leben, dann habe er Teil an dem allgemeinen Weltgeiste (der intellektuellen Welt, dem tätigen Verstande), erlange dann eine Engelsnatur und gehe ein zu der Schar der Denker, der Hermes, Asklepios, Sokrates, Plato und Aristoteles. Eine auf Glauben beruhende und in religiösen Tathandlungen bestehende Religion sei für diesen hohen Standpunkt ganz bedeutungslos, ja solch ein vollkommener Mensch könne selbst eine Religion erfinden, lehren und ausbreiten. Möglich, daß ein solcher durch Teilhaben am Weltgeiste die Zukunft durch Träume und Gesichte zu offenbaren imstande sei.

Der Chazarenkönig habe sich aber durch diese erstarrende Auseinandersetzung wenig befriedigt gefühlt. Er empfand es, wie es ihm auch der Engel im Traum angedeutet hat, daß es gottesdienstliche Handlungen von **unbedingtem Werte** geben müsse, ohne welche die fromme und sittliche Gesinnung ohne Bedeutung sei. Es wäre sonst auch gar nicht zu begreifen, wie das Christentum und der Islam, welche die Welt unter sich geteilt hätten, einander bekämpfen und sogar das gegenseitige Niedermetzeln für ein frommes Werk halten könnten, wodurch sie das Paradies erlangen würden, wenn gottesdienstlicher Kultus etwas ganz Gleichgültiges wäre. Beide Religionen beriefen sich außerdem auf göttliche Offenbarungen und wiesen Propheten auf, welche mit Berufung auf die Gottheit Wunder gewirkt hätten. Gott müsse also doch in irgendeiner Weise eine Beziehung zu den Menschen haben, es müsse irgend etwas Geheimnisvolles geben, wovon die Philosophen nichts ahnen. Darauf habe sich der König entschlossen, die Vertreter des Christentums und des Islams zu berufen, um von ihnen die wahre Religion kennen zu lernen. Die Juden hätte er anfangs gar nicht zu Rate ziehen wollen, weil aus ihrer niedrigen Stellung und der allgemeinen Verachtung, der sie anheimgefallen seien, die Niedrigkeit ihrer Religion hinlänglich zu erkennen sei.

Das Christentum habe darauf dem Chazarenkönig sein Glaubensbekenntnis durch den Mund eines Priesters eröffnet. Die christliche Religion nehme die Urweltlichkeit Gottes und der Weltschöpfung an, lehre auch, daß alle Menschen von Adam abstammten, glaube an alles, was die Thora und die Grundschriften des Judentums lehrten, habe aber zum Grunddogma die Menschwerdung der Gottheit vermittelst einer Jungfrau aus dem jüdischen Fürstenhause. Die Christenlehre nehme an, diese Jungfrau habe einen sichtbaren Menschen, aber unsichtbaren Gott, einen erscheinenden Propheten, aber ein unsichtbares Gotteswesen zur Welt gebracht. Der Gottessohn sei eins mit dem Vater und dem heiligen Geiste. Dieser dreieinige Gott werde von den Christen als eine Einheit verehrt, wenn auch der Ausdruck ihn als eine dreifache Persönlichkeit bezeichne. Viele Juden hätten an diesen Gottessohn geglaubt, die meisten aber ihn verworfen, darum habe auch Gott sie verworfen und die Christen seien als die wahren Israeliten zu betrachten; die zwölf Apostel seien an die Stelle der zwölf Stämme getreten.

Der Chazarenkönig habe sich auch von der Auseinandersetzung des Christen nicht befriedigt gefühlt, weil diese Annahme sich mit dem Verstande nicht vertrage, sie müßte denn auf eine unwiderlegliche überzeugende Weise dargetan werden, wodurch sich die menschliche Vernunft genötigt sehe, sich gefangen zu geben. Ihm aber leuchte der Grundglaube des Christentums nicht ein, da er nicht in demselben erzogen sei; er habe es daher als seine Pflicht angesehen, noch weiter der wahren Religion nachzuforschen.

Er habe darauf einen mohammedanischen Theologen gefragt, der ihm die Grundlehre des Islams auseinandersetzte. Diese nehme die Einheit und Urweltlichkeit Gottes und die Weltschöpfung aus Nichts an, die Verähnlichung Gottes mit einem Menschen weise sie zurück. Sie lehre, daß Mohammed das Siegel der Propheten sei, der alle Völker zum Glauben berufen, den Gläubigen das Paradies mit allen Wonnen von Essen und Trinken, Liebesgenuß verheißen, dem Ungläubigen aber das ewige Feuer der Verdammnis zugewiesen habe. Die Wahrheit des Islams beruhe auf dem Umstande, daß kein Mensch imstande sei, ein so vortreffliches Buch, wie der Koran, oder auch nur eine einzige seiner Suren zu verfassen. — Auch ihm habe der Chazarenkönig entgegnet, daß der vertraute Umgang Gottes mit den Sterblichen auf unumstößlichen Beweisen beruhen müsse, der Beweis von der Göttlichkeit des Korans sei für ihn kein solcher. Denn wenn sein Stil auch einen Araber zu überzeugen vermöge, so habe dieses für ihn, der des Arabischen unkundig sei, keine Beweiskraft.

Da sich der Christ und der Moslim auf das Judentum als auf die bewahrheitenden Voraussetzungen ihrer beiden Religionen berufen, so habe sich der Wahrheit suchende Chazarenkönig denn doch entschließen müssen, das Vorurteil gegen das Judentum zu überwinden und einen jüdischen Weisen zu befragen. Ein solcher, den er nach seinem Glaubensbekenntnis gefragt, habe es ihm solchergestalt auseinandergesetzt. Die Juden glauben an den Gott ihrer Vorfahren, der die Israeliten aus Ägypten befreit, für sie Wunder getan, sie ins heilige Land geführt, ihnen Propheten erweckt hat, mit einem Worte, sie glauben an das, was die heilige Schrift ihres Bundes lehrt. Darauf der Chazarenkönig: „Ich hatte wohl recht, die Juden nicht zu befragen, weil die Niedrigkeit ihrer Stellung sie um jede vernünftige Ansicht gebracht hat. Du, o Jude, hättest doch vorausschicken müssen, daß ihr an einen Weltschöpfer und Weltlenker glaubt, statt mir so trocken und abweisend ein Bekenntnis abzulegen, das nur für euch Bedeutung hat." Darauf der jüdische Weise: „Aber gerade diese Annahme, daß Gott Schöpfer und Erhalter sei, bedarf erst des weitläufigen Beweises und die Philosophen sind verschiedener Ansicht darüber, während der Glaube, daß Gott uns Israeliten Wunder getan hat, keines Beweises bedarf und auf unumstößlicher Augenzeugenschaft beruht"[1]). An diesem Entscheidungspunkte angelangt, hat es der Religionsphilosoph Jehuda Halevi leicht, die Beweise für die Wahrheit und Göttlichkeit des Judentums zu entwickeln. Die Philosophie weist Gott und die Religion aus der Welt, sie weiß nichts damit anzufangen. Das Christentum und der Islam wenden der Vernunft den Rücken, sie finden sie im Widerspruch mit den Hauptlehren ihrer Religion, wenigstens wissen sie nicht etwas allgemein Überzeugendes zur Begründung ihres Bekenntnisses vorzubringen. Das Judentum dagegen geht von einer sinnesgewissen Tatsache aus, welche keine Vernunft wegzudeuteln vermag; es kann sich daher mit der Vernunft vertragen, weist sie jedoch in ihre Schranken und läßt die leicht zur Sophisterei ausartenden Verstandesschlüsse nicht zu, wo die Gewißheit auf anderem Wege zu erreichen ist.

[1]) Chozari 1—13.

Mit seiner richtigen Ansicht über den Wert des spekulativen Denkens der dogmatischen Metaphysik steht Jehuda Halevi nicht nur in seiner Zeit allein, sondern er eilte damit auch mehrere Jahrhunderte voraus. Während die Denker seiner Zeit, Juden, Mohammedaner und Christen, Rabbiner, Ulemâs und Kirchenlehrer das Knie vor Aristoteles beugten, dessen philosophische Aussprüche über Gott und sein Verhältnis zur Welt fast über die heilige Schrift setzten, wenigstens die Bibelverse so lange zwängten und deuteten, bis sie einen philosophischen Sinn aussagen mußten, und also in einem Atemzuge gläubig und ungläubig waren, hatte Jehuda Halevi den Mut, dem menschlichen Denken seine naturgemäße Grenze zuzuweisen und ihm zuzurufen: Bis hierher und nicht weiter! Die Philosophie habe keine Berechtigung, gegen offenkundige Tatsachen anzurennen, sondern müsse dies als unumstößliche Wahrheit hinnehmen und erst von da aus ihre Wirksamkeit einsetzen, sich diese Tatsachen zurecht zu legen und sie mit Gedanken zu durchleuchten. Wie im Reich der Natur das Denken die tatsächlichen Erscheinungen, so auffallend und vernunftwidrig sie auch auftreten, nicht wegleugnen darf, sondern sich bemühen muß, sie zu fassen, ebenso müsse es sich auf dem Gebiete der Gotteserkenntnis verhalten[1]). Diesen trefflichen und unerschütterlichen Gedanken, der erst in der neuesten Zeit nach vielen Irrgängen der Philosophie sich Bahn bricht, hat Jehuda Halevi zuerst aufgestellt. Von den Resultaten des griechischen Geistes, welchen gelehrige Philosophenjünger gierig einsogen, urteilte er in einem ebenso schönen, als wahren Gedichte:

> „Laß dich durch griechische Weisheit nicht verloden,
> Die keine Früchte treibt, nur schöne Blüten.
> Und ihr Inhalt? Das Weltall nicht von Gott erschaffen,
> Von Urbeginn an da, umhüllt mit Mythen.
> Lauschst du gierig auf ihr Wort, du kehrst zurück
> Mit geschwätzigem Mund, das Herz leer, unzufrieden"[2]).

Der Philosophie dürfe man, nach Jehuda Halevis Ansicht, in religiösen Dingen schon deswegen keine entscheidende Stimme einräumen, weil sie öfter Schwankungen unterworfen sei, und die Jünger derselben oft entgegengesetzte Ansichten aufstellten. Wenn sie die Erkenntnis Gottes anstrebe, so verbinde sie damit nur einen theoretischen Zweck, um den Drang nach Wissen zu befriedigen, aber nicht ein höheres Ziel zu erreichen.

---

[1]) Chozari I, 5.
[2]) Betulat 56, Ende; Geiger, Diwan 86.

Das Judentum könne daher nach diesem System gar nicht von der Philosophie angefochten werden, weil es auf einem festen Grunde beruhe, den der Denker respektieren müsse, **auf dem Grunde der Tatsachen**. Die jüdische Religion sei nicht allmählich durch eine fortschreitende Entwickelung entstanden, daß sie etwa von einem weisen Manne ausgedacht, von zuströmenden Anhängern anerkannt und verbreitet worden wäre. Sie sei vielmehr plötzlich wie eine Schöpfung ins Leben getreten. Sie sei vor einer großen Volksmenge, vor Millionen Menschen geoffenbart worden, die es wohl nicht an Prüfung und Untersuchung hätten fehlen lassen, ob sie nicht von einem Blendwerk getäuscht worden seien. Auch alle die Wunder, welche der sinaitischen Offenbarung vorangegangen und während der Wüstenwanderung sich fortsetzten, seien vor vielen Augen geschehen, wobei keine Täuschung möglich gewesen wäre. Aber nicht bloß ein einziges Mal, etwa in den Anfängen des israelitischen Volkstums, habe sich die sichtbare Einwirkung Gottes auf dasselbe erwiesen, sondern sie zeige sich öfters und äußere sich ein halbes Jahrtausend hindurch in dem Ausgießen des prophetischen Geistes auf einzelne und ganze Kreise. Vermöge dieses Charakters augenscheinlicher Tatsächlichkeit wohne dem Judentume eine größere Gewißheit inne, als sie die Weltweisheit zu geben vermöge. Das Dasein Gottes sei durch die Offenbarung am Sinaï kräftiger bewiesen, als durch Verstandesschlüsse. Wenn also das Judentum die Schöpfung des All aus nichts, die Einheit Gottes, dessen Vorsehung und väterliches Walten über das Menschengeschlecht lehre, so seien hiermit die das Gegenteil behauptenden Voraussetzungen der Philosophie wie weggeblasen. Damit glaubte Jehuda Halevi nicht bloß der philosophischen Weltanschauung seiner Zeit, sondern zugleich dem Christentum und dem Islam den Boden entzogen und das Kriterium angegeben zu haben, wodurch die wahre Religion von der falschen unterschieden werden könnte[1]). Das Judentum vertröstet seine Bekenner nicht auf ein seligkeitsvolles Jenseits, sondern zeigt ihnen schon hienieden einen Einblick in das göttliche Reich und erhebt durch fortdauernde, unleugbare Tatsachen die Hoffnung auf Unsterblichkeit der Seele zur Gewißheit[2]).

Indessen hatte er hiermit nur das Judentum im allgemeinen denkmäßig begründet, noch nicht seinen reichen Inhalt. Um diesen zu rechtfertigen, stellte Jehuda Halevi eine Ansicht auf, die jedenfalls originell und geistreich ist. Die Wahrheit der Weltschöpfung, wie sie die

---

[1]) Chozari I. 27—91.
[2]) Das. 104—109.

Thora erzählt, voraussetzend, geht er von dem Gedanken aus, daß der erste Mensch, da er aus der Hand des Schöpfers ohne störende elterliche Einflüsse hervorgegangen sei, geistig und körperlich vollkommen gewesen sei und das Ideal, welches je Menschen erreichen könnten, rein dargestellt habe. Alle Wahrheiten, die dem menschlichen Geiste zugänglich seien, habe Adam ohne mühsames Erlernen durch innere Anschauung gewußt, er habe gewissermaßen eine prophetische Natur besessen und heiße darum Gottes Sohn. Diese Vollkommenheit, das geistig-sittliche Gut, habe er auf diejenigen seiner Nachkommen vererbt, die dafür vermöge ihrer seelischen Organisation empfänglich seien. Durch die lange Kette der Geschlechter, nicht ohne Unterbrechung, sei diese **angeborene Tugendhaftigkeit** auf den Stammvater der Israeliten, auf Abraham, übergegangen und habe sich auf die Ahnen der zwölf Stämme vererbt. Das israelitische Volk bilde daher das Herz und den Kern der Menschheit, das für die göttliche Gnade, namentlich für die Prophetengabe, ausschließlich befähigt sei[1]. Diese ideale Natur erhebe die Inhaber zu einem höheren Grade, sie bilde gewissermaßen die Zwischenstufe zwischen den gewöhnlichen Menschen und den Engeln. Um diese göttliche Eigentümlichkeit zu erhalten und zu pflegen, dazu bedürfe es eines Schauplatzes, der vermöge seiner klimatischen Verhältnisse das höhere Geistesleben zu fördern imstande sei. Dazu habe Gott das Land Kanaan ausersehen. Wie das israelitische Volk, so sei auch das heilige Land auserwählt worden, weil es im Mittelpunkte der Erde liege. Dort habe sich das Walten Gottes durch Erweckung von Propheten und durch einen von der Natur unabhängigen, außerordentlichen Segen oder Fluch sichtbarlich gezeigt[2]. Auch die Gebote und Verbote, welche das Judentum vorschreibe, seien Mittel, um die göttlich-prophetische Natur in der israelitischen Nation zu pflegen und zu erhalten. Dazu wären die Priester aus dem Hause Aarons berufen, dazu der Tempel erbaut, dazu die Opfergesetze vorgeschrieben und der ganze Kultus angeordnet. Die Gottheit allein, die alle diese Gesetze gegeben, wisse, inwiefern sie den Hauptzweck förderten. Menschliche Klügelei dürfe daran nicht mäkeln oder ändern, weil der Zweck durch eine noch so geringfügig scheinende Änderung leicht verfehlt werden könne, ebenso wie die Natur durch eine geringe Veränderung des Bodens und des Klimas andere Erzeugnisse hervorbringe[3]. Nicht die Pflichten der Sittlichkeit und

---

[1] Chozari 47, 95, 103, IV. 15.
[2] Das. 109, II. 10—14, 22. V. 22.
[3] Das. 99, II. 50.

nicht die Vernunftgesetze machten die Eigentümlichkeit des Judentums aus (wie manche annähmen); diese seien vielmehr nur als Grundbedingungen zur Konstituierung und zum Zusammenhalten des Gemeinwesens anzusehen, wie denn auch eine Räuberbande des Rechts und der Billigkeit nicht entraten könne, wenn sie sich nicht auflösen wolle. Den Kern des Judentums bildeten vielmehr die Religionspflichten, die dazu geeignet seien, das göttliche Licht, die göttliche Gnade, die fortdauernde prophetische Erweckung im israelitischen Volke zu erhalten[1]).

Obwohl die eigentliche Bedeutung der Religionsgesetze dem menschlichen Denkvermögen entzogen sei, entzogen sein solle, spiegele sich doch in ihnen die Weisheit ihres Urhebers ab. Das Judentum schreibe weder ein einsiedlerisches Leben, noch asketische Kasteiung vor, sei überhaupt Feind des brütenden Tiefsinns, es verlange vielmehr von seinen Bekennern freudige Stimmung. Es weise jeder Seelentätigkeit und jeder Herzensregung Maß und Begrenzung zu und erhalte dadurch das Einzelleben und das Gesamtleben der Nation in harmonischem Gleichgewicht. Ein Frommer im Sinne des Judentums fliehe weder die Welt, noch verabscheue er das Leben und wünsche sich den Tod, um alsbald zum ewigen Leben zu gelangen, versage sich nicht die Lebensfreuden, sondern sei ein gerechter Herrscher über sein Gebiet, den leiblichen und seelischen Organismus. Er teile jeder Kraft des Leibes und der Seele das Gebührende zu, hüte sie vor Mangel und Überfluß, mache sie dadurch gefügig und gebrauche sie dann als willige Werkzeuge, um die hohe Stufe des in Gott wurzelnden, höheren Lebens zu erzielen[2]).

Nachdem Jehuda Halevi den hohen Wert des religiösen Tuns gefunden hatte, war es ihm ein Leichtes, das talmudische Judentum gegenüber dem Karäertum zu rechtfertigen und ihm auch dem Islam und dem Christentum gegenüber einen höheren Glanz zu verleihen. Sobald die Religionsgesetze, die Ritualien des Judentums, Hebel sind, um die göttliche Gnade und die prophetische Natur des israelitischen Volkes stets wach und tätig zu erhalten, so dürfen sie nicht beliebig ausgelegt, nicht willkürlich geübt, sondern müssen von vornherein fest und unverrückbar geregelt werden. Die Regelung gebe die talmudische Überlieferung, welche die feine Grenzlinie zwischen dem erlaubten und unerlaubten Tun genau verzeichne. Das Karäertum ist selbst genötigt, eine Tradition anzunehmen, aber es ist nicht folgerichtig, verwirft das eine und nimmt das andere ohne Grund und leitendes Prinzip an.

[1]) Chozari III. 48.
[2]) Das. II. 1—5.

Daher komme es, daß die karäischen Autoritäten über manche wichtige Punkte des Judentums verschiedener Ansicht sind[1]). Das rabbinische Judentum gewähre dagegen dem religiösen Gewissen Beruhigung, indem es keine Schwankungen zulasse und morgen dasselbe religiös geboten und verboten bleiben werde, wie heute, während das Karäertum von der Deutung der Schrift abhängig sei und jeden Augenblick einer verschiedenen Auffassung der Religionsgesetze gewärtig sein müsse[2]).

Die Annahme, daß das Judentum eine Anstalt sei zu dem Zwecke, die göttlich-prophetische Natur in einem geschlossenen Kreise, in einem Stamme, der die innere Anlage dazu von Adam durch die Patriarchen und Abraham geerbt hat, zu erhalten und zu fördern, mußte den kastilischen Philosophen zur Konsequenz führen, daß die Proselyten, die sich dem Judentum anschlössen, so innig religiös sie auch sein möchten, dieser höheren Natur nicht teilhaftig werden könnten. Das Judentum habe nur die Nachkommen Israels zu seinem Dienste berufen, die andern Völker dagegen seien nicht dazu verpflichtet. Träten sie zum Judentume über, so hätten sie Teil an den äußerlichen Segnungen, welche Gott den Israeliten für Befolgung der Gesetze verheißen habe, aber nie könnten sie den hohen prophetischen Grad erreichen[3]). Die Christen und Mohammedaner, obgleich sie auf dem Judentume fußen und das heilige Land verehren und dahin wallfahrten, betrachtete Jehuda Halevi als Götzendiener, die nur mit dem Gegenstand der Verehrung gewechselt haben. Es war allerdings richtig, was er von den Anhängern der beiden Religionsformen zu seiner Zeit behauptete, daß die Christen ein hölzernes Kreuz und die Mohammedaner den schwarzen Stein der Kaaba verehrten, also ganz in biblischem Sinne Verehrer von Holz und Stein waren[4]). Aber dem Christentum und dem Islam in ihrer ursprünglichen Gestalt ließ Jehuda Halevi Gerechtigkeit widerfahren; sie seien Veranstaltungen zur Läuterung und Veredelung der Menschheit. Die Knechtsgestalt, die Israel in der Verbannung unter den Völkern der Erde angenommen hat, ist nach der Ansicht des dichterischen Philosophen kein Beweis für seine Verkümmerung und seine Hoffnungslosigkeit. Ist doch auch die Machtentfaltung, deren das Christentum und der Islam gleicherweise sich rühmen, kein Beweis für die Göttlichkeit ihrer Lehre. Denn es könne doch nur das eine oder das andere die wahre Religion

[1]) Chozari 23—38.
[2]) Das. 50.
[3]) Das. I. 27, 101.
[4]) Das. IV. 11.

sein, wenn von der äußeren Stellung auf die innere Würdigkeit geschlossen werden sollte. Armut und Elend, verachtet in den Augen der Menschen, stehen in den Augen Gottes höher als aufgeblähte Größe und Stolz. Sind doch auch die Christen nicht stolz auf ihre Machthaber, sondern auf die Dulder, auf Jesus selbst, der da empfahl, dem, der die rechte Wange schlägt, auch die linke zu reichen, und auf die Apostel, welche in Niedrigkeit und Verachtung das Märtyrertum erlitten haben. Ebenso rühmen sich die Mohammedaner der Gehilfen ihres Propheten, die viel Leid seinetwegen erduldet haben[1]). Der größte Dulder ist aber Israel, weil er im Menschengeschlechte das ist, was das Herz im menschlichen Organismus. Wie dieses an allen Leiden des Körpers den lebhaftesten Anteil hat, ebenso wird die jüdische Nation von jedem Mißgeschick, das geflissentlich oder unwillkürlich von den Völkern ausgeht, am unbarmherzigsten betroffen. Von Israel gelte das Wort, welches der große Prophet die Völker der Erde sprechen läßt: „Es trägt unsere Krankheit und unsere Schmerzen sind ihm aufgeladen." Das jüdische Volk ist aber trotz seines namenlosen Elendes nicht erstorben, es gleicht vielmehr einem gefährlich Kranken, den die Kunst der Ärzte allerdings aufgegeben hat, der aber seine Rettung von einem Wunder erwartet. Von Israel gelte das Bild von den zerstreuten Totengebeinen, welche auf des Propheten Wort sich aneinander fügten, Fleisch und Haut annahmen und von Odem belebt, wieder auferstanden; das alles sei vollständig Israel in seiner verkümmerten Gestalt[2]). Die Zerstreuung Israels ist eine wunderbare göttliche Veranstaltung, um die Völker der Erde mit dem ihm verliehenen Geiste zu durchdringen. Der israelitische Stamm gleiche einem Samenkorne, das in die Erde gelegt, dem Auge eine Zeitlang verwest, in die Elemente seiner Umgebung verwandelt erscheine und keine Spur seines früheren Wesens behalten habe, dann aber, wenn es keimt und sprießt, seine ursprüngliche Natur wieder annehme, die entstellenden Hüllen von sich stoße, die Elemente läutert und sie nach seinem Wesen umwandelte, bis es sie von Stufe zu Stufe zur höheren Entfaltung bringt. Wenn das Menschengeschlecht einst, durch das Christentum und den Islam vorbereitet, die wahre Bedeutung der jüdischen Nation als Trägerin des göttlichen Lichtes anerkennen wird, so wird es die Wurzel ehren, auf die es früher mit Verachtung herabgesehen hat. Es wird sich mit ihm innig vereinen, wird geläuterte Frucht werden, wird in das Messiasreich eingehen, welches die Frucht des Baumes ist[3]).

[1]) Chozari I. 113, IV. 22.   [2]) Das. II. 34—42.   [3]) Das. IV. 23.

Gewiß, die hohe Bedeutung des Judentums und des Volkes, das es bekennt, ist noch nie beredter gepredigt worden. Gedanken und Gefühle, Philosophie und Poesie haben sich in diesem originellen System Jehudas, des Kastiliers, verschmolzen, um ein hohes Ideal aufzustellen, das der Vereinigungspunkt von Himmel und Erde sein soll. Die Kunstgriffe, welche die früheren jüdischen Religionsphilosophen gebrauchten, um das Judentum als göttlich darzustellen und vor dem Tribunal der Vernunft zu rechtfertigen — daß seine Grundwahrheiten der Philosophie nicht widerstritten und daß es auf reine Sittlichkeit abziele — diese Kunstgriffe verwarf Jehuda Halevi, da sie gerade den Grundkern des Judentums gewissermaßen verstecken oder nur obenhin berühren. Der kastilische Religionsphilosoph verschmähte jeden äußern Maßstab als unzureichend für die Größe des Judentums. Er verachtete das Gerüste aufeinander getürmter Schlußfolgerungen, weil sie trotz ihrer scheinbaren Festigkeit keine beruhigende Gewißheit für das religionsbedürftige Gemüt gewähren. Er dagegen geht von festen Tatsachen aus, denen so viel Beweiskraft innewohne, daß sie der eigensinnigste Zweifler selbst nicht anzufechten vermöge und auf diesen Grund erbaut er den Tempel des Judentums, sogar des rabbinisch-talmudischen Judentums, an dem ihm kein Titelchen unwichtig und unwesentlich erscheint. Sein System, so viel schwache Seiten es auch dem tiefen Blick verrät, enthält dennoch viel Wahres, vor allem ist es national und der Weg, den er eingeschlagen, ist der einzige, der zum richtigen Verständnis des Judentums führt.

Eigen ist es, daß das religionsphilosophische System des Chozari, obwohl das Werk kaum drei Jahrzehnte nach dem Erscheinen ins Hebräische übersetzt wurde, keinen nachhaltigen Eindruck auf die Denker der Zeitgenossen hervorgebracht und nur sehr wenig zur Fortentwicklung des Judentums im Mittelalter beigetragen hat. Man verehrte den Verfasser hoch, wendete auf ihn den Vers an: „Hüte dich, den Leviten zu verlassen," man eignete sich manches aus seinem System an, ließ sich aber nicht davon befruchten. Die Zeit hatte noch kein Verständnis für die vollendete Schöpfung, welche die jüdisch-spanische Kultur erzeugt hatte. So wie Ibn-G'anach's großartige Leistungen auf dem Gebiete der Bibelforschung, so blieben auch Jehuda Halevis Ideen über das Judentum unbeachtet; beide finden erst in der Gegenwart ihre gerechte Würdigung.

Abulhassan Jehuda gehörte nicht zu denen, welche erhaben denken und niedrig handeln; Gesinnung und Tat flossen bei ihm in eins zusammen. Sobald er zur Überzeugung gekommen war, daß der hebräischen Sprache und dem Lande Kanaan eine eigene Göttlichkeit innewohne, daß sie geweihte Gefäße für einen heiligen Inhalt seien, beherrschte diese Überzeugung auch seine Handlungsweise. Er ließ eine Zeitlang die Schätze seines Dichtergeistes unbenutzt, weil er es für eine Entweihung hielt, die heilige Sprache zum Affen der arabischen Versmaße zu machen. Wären Reim und Versmaß wesentliche poetische Schönheiten, meinte er, so hätten sich ihrer die Propheten und Psalmisten bedient; sie ließen sie aber unbeachtet, weil diese Kunstform den ausdrucksvollen hebräischen Stil nur verunstalte[1]. Zu seiner Abneigung gegen die neuhebräische Poesie trugen auch viel die Pfuscherarbeiten von Dichterlingen bei, welche den großen Meistern die Handgriffe abmerkten und ihr abgemessenes Reimgeklingel als vollendete Poesie ausgaben. Seine Verehrer konnten aber seine Unlust an dichterischem Schaffen nicht begreifen und tadelten sein Verstummen. Einer derselben, ein Rabbiner Jechiel, stellte ihn einst darüber zur Rede in einem Doppelverse:

„Warum will Juda uns sein Lied mehr singen?
Hat seine Jugendliebe er vergessen?"

Darauf antwortete der Dichter in Unmut:

„Des Sanges Quell ist Schlamm und Sumpf geworden,
Daran mag meine Seele sich nicht laben.
Wie soll der Leu noch Lust an Pfaden haben,
Darauf sich tummeln niederer Tiere Horden?"[2].

Indessen wie ernst gemeint auch das Gelübde gewesen sein mag, nicht mehr hebräisch zu dichten, auf die Dauer konnte es der vollendete Meister nicht erfüllen. Brauchte er doch die Poesie, um die Ideale seines Innern lebensvoll zu verkörpern; war es ihm doch ein unabweisliches Bedürfnis, sich und andere mit des Liedes Zauberwort zu begeistern. Er vergaß daher bald sein Gelübde und dichtete weiter. Aber einen anderen Entschluß, den er in tiefster Seele faßte, vollführte er und brachte ihm die größten Opfer. Es stand dem philosophischen Dichter fest, daß das heilige Land die Spuren göttlicher Gnade trage. Seine Dichterseele war ganz erfüllt von der geistigen Herrlichkeit Palästinas. Aus dem verblichenen Glanze seines verkümmerten Zustandes könne man noch höhere Erleuchtung saugen. Die Wollust des Schmerzes durchzuckte sein Herz bei dem Gedanken an die heiligen Trümmer. Für ihn mündeten die Pforten des Himmels noch immer in die Tore

---

[1] Chozari, II. 66. Parchon Aruch, Einl. S. 56.
[2] Diwan 55, 113.

Jerusalems ein, dort ergießt sich noch immer die göttliche Gnade und vermag dem empfänglichen Gemüte Beseligung und höheren Frieden zu gewähren. Dorthin wollte er ziehen, dort seiner Innerlichkeit leben und sich vom Gotteshauche durchwehen lassen. Als er sein religionsphilosophisches Werk begann, sprach er schmerzlich davon, daß er gleich andern so abgestumpft gegen das heilige Land sei und mit den Lippen Sehnsucht nach demselben ausdrücke, aber sie nicht zu verwirklichen strebe[1]). Je mehr er sich aber in die Wichtigkeit des heiligen Landes zur Empfänglichkeit für göttliche Gnadengaben hineindachte, je mehr reifte in ihm der Entschluß, dorthin zu wallfahrten und sein Alter dort zu beschließen[2]).

Die Schwierigkeit und Gefahren, denen er entgegengehen würde, verhehlte sich Jehuda nicht, aber doch war er in einer Täuschung begriffen. Er schien nämlich zu glauben, da das heilige Land den übermütigen Moslemim entrissen wurde und unter christlicher Herrschaft stand, werde er die Erlaubnis erhalten, in einem stillen Winkel seiner Andacht zu leben, oder gar da die messianische Zeit der Erlösung zu erwarten. Am meisten verhaßt war ihm, der im christlichen Spanien geboren war, die Herrschaft des Islam, „des Sohnes der Sklavin Hagar". Auf ihn bezog Jehuda Halevi, wie die meisten Juden Andalusiens, Daniels Bild von dem vierten Reich, das aus Erz und Ton vermischt auf tönernen Füßen ruht und von göttlicher Hand zertrümmert werden würde. Dann werde die Herrschaft an den Menschensohn, an Israel gelangen. Die Selbstzerfleischung der Mohammedaner in Spanien und die häufigen Siege der christlichen Fürsten über dieselben ließen ihn die Zeit als nahe bevorstehend erwarten. Seine Seele war so tief ergriffen von dem Gedanken an die heilige Stätte, daß er ihm in Traumgestalten vorschwebte. So hatte er einst einen sein Gemüt tief erschütternden Traum, der ihm den Sturz des Islams zeigte. Diesen Traum und die daran geknüpfte Hoffnung verkörperte er in einem meisterhaften Gedichte:

> „Ziehe ein den stolzen Arm, Hagars Sohn!
> Der deiner Herrin Kind bedroht mit Hohn.
> Ich hab' im Traume deinen Sturz gesehen,
> Vielleicht ist's wachend schon um dich geschehen.
> Trifft das Jahr achthundert und neunzig ein — (1130),
> Dann wird dein Hochmut gebrochen sein[3]).

---

[1]) Chozari II. 24—25.
[2]) Das. V. Ende.
[3]) Orient 1850, 399 ff. Divan 81, 159

Das war die Täuschung, der sich Jehudas glaubensvolles Herz
hingab. Der nationale Gedanke, der ihn ganz beherrschte, hob ihn über
die beengte Gegenwart hinweg. Ein andermal sah er im Traume den
Tempel wieder hergestellt, die Priester beschäftigt mit weihevollen Handlungen und hörte den Levitenchor an sein Ohr rauschen.

Diesem unwiderstehlichen Drang nach Zion, der gnadenreichen
Stadt, entsprang ein Kranz der gemütvollsten Lieder, die eben so wahr
empfunden, wie schön gebaut sind. Die Zionide, deren Schöpfer Jehuda Halevi ist, bildet die höchste Blüte der neuhebräischen Poesie und
darf mit den Psalmen wetteifern.

> O, Stadt der Welt, du schön in holdem Prangen,
> Aus fernem Westen sieh' mich nach dir bangen.
> O, hätte ich Adlers Flug, zu dir entflöge ich,
> Bis deinen Staub ich netz' mit feuchten Wangen.
> Im Osten weilt mein Herz,
> Ich selbst an Westens Rand.
> Wie soll erfreuen mich,
> Woran sonst ich Lust empfand?
> Wie mein Gelübde lösen,
> Wenn ich in Edoms Haft
> Zion — ich selbst in Arabiens Joch gebannt?
> Wie gilt Hispaniens Gut mir nichts.
> Wie mir so hoch dein Staub zu schauen,
> Die Stätte, wo einst dein Tempel stand [1]).

Das ist der Grundton, der durch alle Zionsgesänge durchklingt.
Aber wie mannigfach weiß er das Thema zu behandeln. Welch einen
Reichtum an Empfindungen, Bildern und Wendungen entfaltet er
dabei! Die israelitische Vorzeit entsteht in seinen Versen in verklärter
Gestalt, der Volkskörper in der Gegenwart erscheint bald mit der
Dornenkrone tausendfachen Leides, bald mit der Strahlenkrone einer
glorreichen Zukunft. Der Inhalt seiner lyrischen Ghaselen ergießt sich
unwillkürlich in die Seele des Lesers und teilt ihm Schmerz und Wehmut, Hoffnung und Jubel mit, und lange bleibt sein tiefer Eindruck
haften, gemischt aus Schwärmerei und Überzeugung.

Der national begeisterte Dichter gab sich Mühe, seinen Glaubensbrüdern die Sehnsucht nach Jerusalem mitzuteilen und sie zu einer Art
Heimkehr zu bewegen. Ein Lied, schwungvoll und lieblich, forderte die
Nation, „das ferne Täubchen", auf, die Gefilde Edoms und Arabs
(der Christenheit und des Islams) zu verlassen und ihr heimatliches Nest
in Zion aufzusuchen [2]). Es blieb ohne Echo. Es gehörte eine hochge-

---

[1]) Betulat 53, Sachs, religiöse Poesie 292 f.
[2]) Divan 158.

spannte, ideale Auffassung dazu, wie sie den frommen Dichterphilo-
sophen durchdrang, um an einen so kühnen Flug auch nur zu denken.
Einer seiner Freunde versuchte, ihn in seinem schwärmerischen Entschluß wankend zu machen, in einem Briefe von ernstem und spöttel-
dem Inhalte. Jehuda Halevi blieb die Antwort nicht schuldig und recht-
fertigte seinen Entschluß mit leidenschaftlichem Feuer. „Haben wir im
Morgen- oder Abendlande eine feste Stätte, wo wir sicher weilen dürfen,"
macht er unter anderen Gründen geltend¹). Wie mit unsichtbaren Banden fühlte sich seine Seele zu der Urheimat hingezogen, er konnte sich
ihnen nicht entwinden. Als er sein unsterbliches Werk, den Dialog des
Chozari, vollendet hatte (um 1141), dachte er ernstlich daran, die heilige
Reise anzutreten. Eine Veränderung in seinen Lebensverhältnissen,
die er nur andeutet, beseitigte jede Bedenklichkeit. Er traf nun alle Vor-
kehrungen dazu. Nicht geringe Opfer brachte er diesem bewunderungs-
würdigen, wenn auch abenteuerlichen Entschlusse. Er tauschte sicheres
behagliches Leben gegen Unruhe und Ungewißheit ein, er verließ seine
einzige Tochter und seinen Enkel Jehuda, die er wie seinen Augapfel
liebte. Er verließ das Lehrhaus, das er in Toledo gegründet und einen
Kreis von Jüngern, die er als Söhne liebte und die ihn als Vater ver-
ehrten²). Er sagte Lebewohl seinen zahlreichen Freunden, die ihm neid-
los als einer anerkannten Größe huldigten, und von denen einer sagte:
„Ganz Jakob bekennt sich zu Jehuda"³). Aber dieses alles schien ihm
gering gegen die Liebe zu Gott und zum heiligen Lande. Er wollte
sein Herz zum Opfer auf der geweihten Stätte bringen und sein Grab
in dem gebenedeiten Staube finden⁴).

Als er, mit reichen Mitteln ausgestattet, seine Reise antrat, glich
sein Zug durch Spanien einem Triumphe. Seine zahlreichen Verehrer in den Städten, die er durchzog, erschöpften sich in Aufmerksam-
keiten gegen ihn. Der greise, philosophisch gebildete und dichtende
Rabbiner Joseph Ibn-Zadik überreichte ihm im Namen der Freunde
ein Geschenk, begleitet von einem Huldigungsgedichte, das herzenswarm
und tiefempfunden klingt. Er nennt ihn Vater des Gesanges, als wäre
die Dichterin Deborah seine Amme gewesen, und als hätte Agar ihn erzogen.

„Wer vermag zu deiner Größe hinanzubringen?"

---

¹) **Betulat** S. 54 Nr. 4.

²) **Betulat** 62 und Luzzattos Anmerk. Ginse 45 und Orient 1850. 474, Diwan 73.

³) **Mitjahadim** (מתיהדים) Diwan 143.

⁴) Seine Liedersammlung, 1, 36.

Jehuda wies das Geschenk taktvoll zurück und lehnte die Huldigung mit Bescheidenheit ab[1]). In Granada bereiteten ihm die Freunde ebenfalls einen schmeichelhaften Empfang und der Rabbiner David Jbn-Mohagar überreichte ihm einen reich verzierten Betmantel zum Andenken, den er annahm; seinen Dank dafür sprach er in einem Gedichte aus. Dem Dichter Jehuda Jbn-Giat, den er nicht sprechen konnte, hinterließ er ein schönes Gedicht, worin er zugleich den Granadensern für die Aufmerksamkeit dankte[2]). Mit einigen treuen Begleitern[3]) schiffte er sich auf ein Fahrzeug ein, das nach Ägypten segelte (um 1141). In die enge Bretterwelt eingeschlossen, wo er keinen Raum fand zu sitzen und zu liegen, ausgesetzt den gemeinen Späßen roher Seeleute, seekrank und gebrochenen Körpers, hatte seine Seele doch die Flugkraft, sich zu lichten Kreisen zu erheben. Seine Ideale waren seine treuesten Begleiter. Die Stürme, welche das Schiff wie einen Kinderball den Wellen zuschleuderten und „zwischen ihm und dem Tode nur eine Spanne ließen" entlockten seiner Brust Seelieder, die an Wahrheit der Schilderung und Gefühlstiefe wenig Seitenstücke haben[4]).

„Das Meer stürmt, meine Seele ist froh,
Sie naht sich dem Tempel ihres Gottes!"

Durch widrige Winde verzögert, mußte gegen das Hüttenfest (September) das Schiff in Alexandrien in den Hafen einlaufen und Jehuda begab sich zu Religionsgenossen mit dem festen Entschlusse, nur kurze Zeit unter ihnen zu verweilen und das Ziel seiner Reise nicht aus den Augen zu lassen. Aber kaum wurde sein Name genannt, so flogen ihm die Herzen zu. Der angesehenste Mann der alexandrinischen Gemeinde, der Arzt und Rabbiner Aaron-Ben-Zion Jbn-Alámáni, mit Glücksgütern und Söhnen gesegnet und selbst liturgischer Dichter, beeilte sich, ihn als einen hohen Gast in seinem Haus aufzunehmen, ihm die höchsten Ehren zu erweisen und ihm und seinen Begleitern sein gastfreundliches Haus zur Verfügung zu stellen. Unter der sorglichen Pflege liebender Freunde erholte er sich von der Seereise und drückte seine Dankbarkeit in schöngeformten hebräischen Kaziden aus. Das Haus Jbn-Alámánis gab sich so viel Mühe, ihn zu fesseln, daß er trotz seiner Sehnsucht statt weniger Tage nahe an drei Monate, bis zum Chanukafeste, in Alexandrien blieb[5]). Mit Gewalt riß er sich

---

[1]) Betulat 58 f.
[2]) Das. 19.
[3]) Folgt aus dem Brief an Samuel Abu-Mansur das. 111.
[4]) Das. 62—67.
[5]) Betulat 77 ff., 83, 111.

vom Herzen so lieber Freunde los, um nach der Hafenstadt Damiette zu reisen, wo er einen guten Freund Abu Said ben Chalfon Halevi hatte, mit dem er schon von Spanien aus bekannt war[1]). Aber er mußte seine Reise ändern; denn der jüdische Fürst Abu-Manßur Samuel ben Chananja, der ein hohes Amt am ägyptischen Kalifenhofe bekleidete, sandte ihm ein dringendes Einladungsschreiben seine Gastfreundschaft in Kahira anzunehmen.

Abu-Manßur Samuel scheint Leibarzt des fatimidischen Kalifen von Ägypten, Al-Hafidh Leddin-Allah gewesen zu sein, der ihn wegen bewiesener Rechtlichkeit sehr hoch schätzte. Der Kalif hatte nämlich einen ungeratenen Sohn Hassan, der als Wesir eine Plage des Landes war. Der Vater wollte sich seiner entledigen und forderte seinen jüdischen und mohammedanischen Arzt auf, dem Sohne Gift zu geben. Der Jude weigerte sich dessen hartnäckig und erwiderte: „Ich verstehe mich nur auf Brechmittel, Kornwasser und dergleichen." Der mohammedanische Arzt ging aber darauf ein und räumte Hassan aus dem Wege. Nach geschehener Tat aber scheint den Kalifen die Reue angewandelt zu haben, er verwies den Giftmischer, den jüdischen Arzt dagegen stellte er so hoch, daß er in seinem Palaste wohnen mußte (um 1134—35)[2]). Infolgedessen scheint Abu-Manßur die Oberhoheit über die jüdisch-ägyptischen Gemeinden mit dem Titel Fürst (Nagid) erhalten zu haben. Von diesem Manne wurde nun der pilgernde Dichter eingeladen. Jehuda Halevi konnte diese schmeichelhafte Einladung um so weniger ablehnen, als ihm daran lag, von dem jüdischen Fürsten, dessen Ruf weit verbreitet war, Empfehlungsbriefe für seine Reise nach Palästina zu erhalten. Aber die Andeutung Abu-Manßurs, daß er ihn auch mit reichen Geldmitteln unterstützen wolle, wies er in einem Schreiben zart ab, „da ihn Gott mit Gütern so sehr gesegnet, daß er viel aus seinem Hause mitgenommen und noch manches zurückgelassen habe"[3]). Dem Briefe folgte er selbst auf einem Nilschiffe nach. Der wunderbare Fluß rief in ihm Erinnerungen aus der israelitischen Vorzeit wach und mahnte ihn an sein Gelübde. Die Erinnerung verewigte er durch zwei

[1]) Betulat 89. Luzzattos Anmerkung.
[2]) Jbn-Alathir, schwedische Übersetzung I, p. 25.
[3]) Erster Brief Betulat 110 ff. Wunderlich ist es, von dem Manne, dessen Sehnsucht nach Zion ihn von seiner Heimat und den Herzen der Seinen losgerissen hat, anzunehmen, er habe sich in Ägypten mit Handelsgeschäften abgegeben. Der Passus in dem Briefe (Betulat S. 112), woraus dieses Faktum gefolgert wurde, ist sicherlich korrumpiert, da auch der Reim nicht paßt.

schöne Gedichte[1]). Von dem Fürsten Abu-Manßur gastlich in Kahira empfangen, sonnte er sich in dessen Glanze und besang dessen Freigebigkeit, Ruhm und drei edle Söhne[2]). Einen ergebenen Freund fand der Pilger dort noch an dem Vorsteher des Lehrhauses, Nathan ben Samuel, dem er das größte Lob spendete[3]). In Kahira überkam ihn wieder die Lust, sich in Liebesliedern zu versuchen und es gelang ihm, obwohl nahe an sechzig, ganz vortrefflich. In einem Gedichte an Aaron Alámâni vereinte er Heiterkeit der Liebesgesänge, Lob auf den Freund mit seiner Sehnsucht nach der heiligen Stätte[4]). Doch lange ließ es ihm keine Ruhe in Kahira, er eilte, nach der Hafenstadt Damiette zu kommen, wo er gegen den Fasttag des Tebet (Dezember[5]) um 1141—42) eintraf. Viele Freunde empfingen ihn in dieser Stadt, vor allem sein Freund Abu-Said Chalfon Halevi, ein Mann von großen Verdiensten. Ihm und den anderen Freunden widmete er schöne Denkverse. Die Freunde versuchten auch hier seinen Entschluß, nach Palästina zu reisen, wankend zu machen; sie schilderten ihm die Gefahren, denen er sich aussetzen würde und bemerkten ihm, daß sich auch an Ägypten Erinnerungen göttlicher Gnadenwaltung in den Uranfängen der israelitischen Geschichte knüpfen[6]). Er aber erwiderte: „In Ägypten hat sich die Vorsehung nur wie in der Hast gezeigt, bleibenden Sitz hat sie erst im heiligen Lande genommen"[7]). Nun riß er sich endlich von den neuen ägyptischen Freunden und Bewunderern los, um seinem Ziele zuzueilen. Wohin er sich zunächst wendete, ist ganz dunkel.

In Palästina herrschten damals die christlichen Könige und Fürsten, die Seitenverwandten des Helden Gottfried von Bouillon, und diese gestatteten den Juden, wieder im heiligen Lande und sogar in der christlich gewordenen Hauptstadt zu wohnen. Die Gegend war zur Zeit von Jehudas Reise keineswegs durch Kriegszüge beunruhigt, da die seit einem Menschenalter in Palästina angesiedelten Christen, die verweichlichten Pullanen, die Ruhe liebten und sie um jeden Preis von den feindlichen islamitischen Emiren erkauften. Die Juden waren auch an den kleinen Höfen der christlichen Fürsten Palästinas angesehen, und ein christlicher Bischof beklagte sich, daß diese durch Einfluß ihrer Frauen sich lieber jüdischen, samaritanischen und sarazenischen Ärzten anvertrauten, als lateinischen (christlichen)[8]), wahrscheinlich weil die letzteren Quacksalber waren.

[1]) Betulat 91.   [2]) Das. 92, 98.   [3]) Das. 86, 113 ff.
[4]) Das. 100.   [5]) Das. 89, Nr. 27.   [6]) Das. 109, Nr. 43.
[7]) Das. 106 f.
[8]) Wilhelm von Tyrus, Historia, B. XVII, c. 3. zum Jahr 1161.

Jehuda Halevi scheint auch das Ziel seiner Sehnsucht erreicht zu haben und in Jerusalem gewesen zu sein, aber nur auf kurze Zeit. Die christlichen Bewohner der heiligen Stadt scheinen ihm viel zugesetzt und ihm den Aufenthalt in derselben verleidet zu haben. Darauf mag sich eines seiner innigen, religiösen Gedichte beziehen, das in den Mittelstrophen klagt:

> „Mein Auge sehnte sich, deinen Glanz zu schauen,
> Aber als wär' ich dessen unwürdig,
> Konnte ich nur deines Tempels Schwelle betreten.
> Meines Volkes Leid mußte auch ich ertragen,
> Wandere darum irr' umher,
> Mag andern Wesen nicht dienen" [1]).

Seine letzten Lebensschicksale sind unbekannt geblieben, wir wissen nur, daß er in Tyrus und Damaskus war. Die jüdische Gemeinde in Tyrus nahm ihn ehrenvoll auf, und er prägte das Andenken an sie in sein liebevolles Herz. In einem Gedichte an seinen tyrischen Freund klagte er über seine getäuschte Hoffnung, über seine geschwundene Jugend, über seine Verkommenheit, Verse, die sich nicht ohne Rührung über den gesunkenen Mut eines so heldenmütigen Kämpfers lesen [2]). In Damaskus dichtete er sein Schwanenlied [3]), die herrliche Zionide, welche wie die Assaf-Psalmen Sehnsucht nach Jerusalem wecken. Sein Todesjahr und seine Grabstätte sind ebenfalls unbekannt. Die Sage dichtete von ihm, er sei von einem mohammedanischen Ritter überritten worden, als er seine wehmutsvolle Zionide sang [4]), und läßt ihn in Kephar-Kabul begraben sein [5]). Die gedrungene Grabschrift, die ihm ein unbekannter Verehrer weihte, lautet:

> „Frömmigkeit, Sanftmut, Edelsinn,
> Sprechen: wir sind mit Jehuda hin" [6]).

Sie drückt aber nur den kleinsten Teil dessen aus, was diese ätherische und doch gefestigte Persönlichkeit bedeutete. Jehuda Halevi war das verklärte Bild des sich selbst bewußten israelitischen Volkes, das sich in seiner Vergangenheit und Zukunft gedanklich und künstlerisch darzustellen sucht.

---

[1]) In Kerem Chemed IV. S. 25. Graetz, Blumenlese p. 110. Nr. 37.
[2]) Ginse Oxford, S. 19 b.
[3]) Das. Vorrede p. IX. Anmerk. 1.
[4]) Ibn-Jachja in Schalschelet ha-Kabbala.
[5]) Zacuto Jochasin.
[6]) Ginse Oxford, p. 27. Graetz das. 111.

Siebentes Kapitel.

Drittes rabbinisches Zeitalter.
(Fortsetzung.)

Verfolgungen durch den zweiten Kreuzzug und die Almohaden.

Zustand der nordfranzösischen Gemeinden. Jüdische Prévôts. Nathan Official
und seine Disputationen mit Prälaten. Die Tossafistenschule. Joseph
Kara. Elieser ben Nathans Martyrologium. Der zweite Kreuzzug. Peter
Venerabilis und der Mönch Rudolph. Bernhard von Clairvaux und
Kaiser Konrad, Annehmer der Juden. Die Verfolgung der Almohaden.
Abdulmumen und sein Edikt. Der Fürst Jehuda Ibn-Esra. Die Karäer
in Spanien. Jehuda Hadassi. Der Geschichtsschreiber Abraham Ibn-
Daud und seine Religionsphilosophie. Abraham Ibn-Esra und seine
Leistungen. R. Tam und die synodal-rabbinischen Verordnungen.

1145—1171.

In Spanien hatte die jüdische Kultur sich zum Gipfelpunkt erhoben, sie hatte ihre schönste Blüte in dem größten neuhebräischen Dichter erreicht; in Frankreich zeigte sich in derselben Zeit ein Ansatz dazu. Wie unter Ludwig dem Frommen, so wurden die Juden des französischen Nordens unter den zwei Kapetingischen Königen Ludwig VI. und VII. (1108—1180) in der ersten Hälfte des zwölften Jahrhunderts sehr begünstigt. Die nordfranzösischen Gemeinden lebten in einem Wohlstande, welcher den Neid zu erregen imstande war. Ihre Scheunen waren gefüllt mit Getreide, ihre Keller mit Wein, ihre Magazine mit Waren und ihre Truhen mit Gold und Silber. Sie besaßen nicht bloß Häuser, sondern auch Äcker und Weinberge, die von ihnen selbst oder von christlichen Knechten bearbeitet wurden. Die Hälfte der allerdings damals noch nicht bedeutenden Stadt Paris soll jüdischen Besitzern gehört haben[1]). Die jüdischen Gemeinden waren als selbständige Körperschaften anerkannt und hatten an ihrer Spitze einen eigenen Bürgermeister mit dem Titel **Prévôt** (praepositus), welcher auch die Befugnis hatte, der christlichen Bevölkerung gegenüber die Interessen der Gemeindemitglieder zu wahren und christliche Schuldner zum Zahlen

---

[1]) Vgl. Note 7.

an die jüdischen Gläubiger anzuhalten, allenfalls auch zu verhaften.
Der jüdische Prévôt wurde von der Gemeinde gewählt und von dem
Könige oder dem Baron, dem die Stadt gehörte, bestätigt[1]). Juden
verkehrten bei Hofe und hatten Ämter inne. R. Jakob Tam, die
größte rabbinische Autorität in dieser Zeit, war beim König sehr an=
gesehen. Ein anderer talmudischer Gelehrter, Nathan Official,
war, wie sein Titel aussagt, ein einflußreicher Beamter, vermutlich
des Erzbischofs von Sens[2]). Ungezwungen disputierten jüdische Ge=
lehrte mit Geistlichen über Religionsgegenstände und durften ihre wahre
Meinung über die Dreieinigkeit, über Maria und Heiligenverehrung,
über Ohrenbeichte und Wundertätigkeit der Reliquien äußern, nament=
lich um die christologischen Beweise aus dem alten Testament zu wider=
legen[3]).

Nathan Official war einer der lebendigsten und freimütigsten Dis=
putatoren jener Zeit. Als ihm einst der Erzbischof von Sens den tausend=
mal wiederholten Beweis für die Dreieinigkeit aus dem Verse: „Wir
wollen einen Menschen schaffen", anführte, erwiderte Nathan mit
einem Gleichnis: „Ich habe einem deiner christlichen Untertanen Geld
zum Ankauf von Waren vorgeschossen, um sie nach Paris zu Markte
zu bringen und den Gewinn mit mir zu teilen. Da sie aber im Preise
sanken, hat sie derselbe im Unmute, ohne mich zu Rate zu ziehen, ver=
nichtet. Da du weißt, daß ich nicht auf Zins leihe, so bitte ich dich um
Gerechtigkeit gegen den Mann, der mein Vermögen zerstört hat." Als
darauf der Erzbischof schwur, der Christ müsse ihm Kapital und Gewinn=
anteil erstatten, weil er ohne Zustimmung seines Genossen die Ware
vernichtet habe, erwiderte Nathan: „Und glaubst du, daß Gott minder
gerecht sei? Wenn er bei der Schöpfung des Menschen die andern zwei
Personen, Sohn und heiligen Geist, zu Rate gezogen haben sollte,
müßte er nicht um so mehr mit ihnen bei dem Untergang des Menschen=
geschlechts zu Rate gehen? Und doch heißt es in der Schrift: „Ich will
den Menschen von der Erde vertilgen" in der Einzahl. — Einst wurde
er am Hofe desselben Erzbischofs in Gegenwart vieler Kirchenfürsten
gefragt, warum die Juden Jesus zum Tode verurteilt hätten, und er
gab ihnen eine Antwort darauf, die von Geist und Freimut zeugt.

---

[1]) Folgt aus einem Schreiben Ludwigs VII. an die Stadt Etampes, bei
Bouquet, recueil XI, p. 314 und Responsum des Meïr aus Rothenburg
S. 112 d.

[2]) Vgl. darüber Note 7.

[3]) S. Revue des Etudes T. XVIII. p. 131 ff. (David Kaufmann, Les
juifs et la Bible de l'Abbé Etienne de Citeaux.)

Ebenso freimütig erwiderte er dem Bischof von Joigny in Gegenwart des Erzbischofs und anderer Prälaten auf die Frage, warum er nicht an Maria glaube. Auch mit dem Papste Alexander III., der während seines Exils im Streit mit dem Gegenpapste Viktor IV. einige Zeit in Sens wohnte, scheint Nathan Official ein religiöses Gespräch geführt zu haben, und seine Äußerungen klingen scharf und rücksichtslos. Der König fragte ihn einst, wer seine Frau sei, und als er antwortete, seine Base, fiel ein Mönch mit der Bemerkung ins Wort: „Diese Leute heiraten in naher Verwandtschaft wie die Tiere." Darauf bewies Nathan daß in der Bibel selbst Beispiele von Ehen unter Geschwisterkindern vorkommen, und daß demnach das katholische Ehegesetz, daß nur der Papst das Eingehen einer solchen Ehe dispensieren könne, gegen die Bibel sei. Auch seine Söhne, J o s e p h und A s ch e r und sein Oheim J o s e p h aus C h a r t r e s disputierten ohne Scheu mit Geistlichen über die Dogmen und Beweisführung der Kirche.

In dieser günstigen Lage ungeschmälerter Duldung konnten sich die jüdischen Denker Nordfrankreichs ihrem Drange überlassen, die von Raschi angebahnte Richtung zu verfolgen. Den Talmud dem ganzen Umfange nach zu begreifen und zu erklären, war den französischen Juden zur Leidenschaft geworden. Der Tod hatte den Talmudkommentator von Troyes inmitten seiner Arbeit abgerufen; seine Jünger bemühten sich, die von ihm gelassenen Lücken zu ergänzen. Er hatte den Geist des rücksichtslosen Forschens und Grübelns, der haarscharfen Dialektik, der seinen Zergliederungskunst auf seine Schule vererbt und sie hat das Erbe reichlich vermehrt. Das richtige, sachgemäße Verständnis des Talmuds war den Jüngern Raschis eine so heilige Gewissenssache, daß sie sich nicht scheuten, die Erklärungen ihres Meisters einer scharfen Kritik zu unterwerfen. Aber ihre Verehrung für denselben war wiederum so groß, daß sie ihre eigenen Meinungen nicht selbständig hinstellen mochten, sondern sie als bloße Z u s ä tz e (Tossafot) an Raschis Kommentarien anlehnten. Von diesem Umstande erhielt diese Schule ihren Namen, die t o s s a f i s t i s ch e. Sie hat teils die von Raschi gelassenen Lücken ausgefüllt, teils die von ihm gegebenen Erläuterungen berichtigt und erweitert. Der Hauptcharakter der tossafistischen Richtung ist, daß sie nichts auf Autoritäten gibt, sondern mit eigenen Augen sehen, das ihr Vorliegende mit eigenem Verstande begreifen will. Vermöge ihrer tiefen Eingelesenheit und Vertrautheit lag den Trägern dieser Schule der umfangreiche Talmud samt der Nebenliteratur mit seinem Gewimmel von Lehrgegenständen und einander überrennenden Aussprüchen, Sätzen und Meinungen wie ein scharfgezeichnetes engrahmiges Bild vor. Vermöge ihres Scharfsinnes zerlegten sie mit erstaunlicher Zergliederungskunst jeden Satz und jeden Begriff in seine Urelemente, brachten auf diese Weise das scheinbar Verwandte weit auseinander und das scheinbar Entfernte in nähere Beziehung. Kaum kann man dem Nichteingeweihten einen annähernden Begriff von der kritisch-scharfsinnigen Methode der Tossafisten beibringen. Die schwierigsten logischen Operationen vollführten sie mit einer Leichtigkeit, als wären es einfache Rechenexempel für die Stufe des Kindesalters. Der spröde talmudische Stoff wurde unter ihren Händen zu einem weichen Teige, aus dem sie überraschende, halachische (gesetzliche) Gebilde und Kompositionen formten. Für Verhältnisse anderer Zeitlagen, für welche der oberflächlichen Anschauung auch nicht eine Andeutung vorliegt, fanden sie darin Analogien in Fülle.

Den Kreis der ersten Tossafisten bildeten größtenteils Raschis Verwandte, seine zwei Schwiegersöhne Meïr ben Samuel aus Rameru (einem Städtchen unweit Troyes) und Jehuda ben Nathan (abgekürzt Riban), die noch zu den Füßen der lothringischen Weisen saßen, aber unter Raschi ihre letzte Ausbildung erreichten; ferner seine drei Enkel Isaak, Samuel und Jakob Tam, Söhne Meïrs (Ribam, Raschbam und R. Tam) und endlich ein Deutscher R. Isaak ben Ascher Halevi (Riba) aus Speyer, ebenfalls mit Raschis Familie verwandt.

Das Talmudstudium zerfiel durch die Arbeit der Tossafisten-Schule in zwei Fächer, in eine theoretische Erörterung, welche das gründliche Verständnis der talmudischen Partien vermittelte (Chidduschim) und in eine praktische Ausbeutung zur Anwendung der gewonnenen Resultate für die Rechtspflege, das Eherecht und das religiöse Ritual (Pesakim, Responsa). Die scharfsinnigen Kombinationen brachten neue Gesetzesbestimmungen zutage.

Neben dem Talmudstudium, das die Geisteskraft der nordfranzösischen und rheinischen Juden in Spannung erhielt, konnte kein anderes Fach Pflege finden. Die Poesie gedieh nicht in einem Kreise, wo die Logik das Zepter führte, und die Phantasie nur in so weit zugelassen wurde, um neue Fälle und Verwickelungen talmudischen Stoffes zu ersinnen. Die Schriftauslegung wurde ebenfalls in talmudischer Weise behandelt. Die meisten Tossafisten waren zwar auch Exegeten, aber sie kümmerten sich nicht um den eigentlichen Sinn der Schrift, sondern sahen sie durch die Brille der agadischen Auslegung an. Es wurden ebenso Tossafot zum Pentateuch ausgearbeitet, wie zum Talmud. Tobia ben Elïeser aus Mainz verfaßte Kommentarien zur

Thora und den fünf Megillot in der Weise, daß er ältere Agadas zusammentrug (um 1107; Lekach Tob auch Pesikta sutra di R. Tobia). Nur zwei Männer machten eine rühmliche Ausnahme und führten die von der Agada beherrschte Schrifterklärung (Derusch) auf das einfache Wort- und Sinnverständnis (Peschat) zurück, Joseph Kara und Samuel Meïr (blühten um 1100—1160). Beide haben eine um so größere Bedeutung, als sie sich gewissermaßen mit ihren Erzeugern, welche der deutelnden Auslegungsweise huldigten, in Widerspruch setzen. Joseph Kara war der Sohn des Agadasammlers Simon Kara, Verfassers des Jalkut (o. S. 52), und Samuel ben Meïr war ebenfalls von seinem Großvater Raschi in Ehrfurcht vor der Agada großgezogen. Beide haben dennoch, wahrscheinlich angeregt durch die nüchterne Schrifterklärung des Menahem ben Chelbo (o. S. 52) und durch einen eingewanderten Spanier Obadia, den alten Weg verlassen und sich der auf strenger Grammatik beruhenden Exegese beflissen. Samuel, welcher Raschis Kommentar zu Hiob und zu einigen talmudischen Traktaten ergänzte, hat seinen Großvater von der Richtigkeit der sinngemäßen Schrifterklärung so sehr zu überzeugen gewußt, daß dieser bemerkte, er werde, wenn ihm Kraft bliebe, seinen Kommentar zum Pentateuch nach anderen exegetischen Grundsätzen umändern[1]). Samuel kommentierte in diesem nüchternen Sinne den Pentateuch und die fünf Megillot, Joseph Kara die meisten prophetischen und hagiographischen Bücher[2]).

Freilich halten die beiden französischen Exegeten keinen Vergleich mit den spanischen, namentlich mit Ibn-G'anach und Mose G'ikatilla aus; ihre Arbeiten haben nur insofern Bedeutung, als sie die Fesseln der agadischen Schriftauslegung durchbrochen haben. Sie sind im ganzen weit entfernt von einer ganz freien Ansicht über die heilige Schrift. Samuel betrachtet noch immer das hohe Lied als ein Wechselgespräch zwischen Gott und der israelitischen Nation, um Israels Verhältnis in den Zeiten des Glanzes und des Elends zu veranschaulichen. Versteigen sie sich hin und wieder zu einer kühnen Annahme, so bleibt das eine vereinzelte Erscheinung, welche ihre Anschauungsweise und ihr

---

[1]) Vgl. oben S. 67. Die überraschende taktvolle und rationalistische Exegese des Pentateuchs des רשבם (Samuel ben Meïr) verdiente eine eingehende Untersuchung.

[2]) Davon ist indes nur abgedruckt sein Kommentar zu Hiob in Frankels Monatsschrift, Jahrg. 1858—1859, sein Kommentar zu Hosea gedr. in Breslau 1861, zu Jeremia ediert von Schloßberg, Paris 1881 und zu Kohelet ediert von Dr. Einstein in Berliners Magazin 1886.

religiöses Verhalten nicht erschüttert. Samuel ben Meïr behauptet zwar, der biblische Tag beginne mit dem Morgen und nicht in hergebrachter Weise mit dem Abend[1]), allein diese Ansicht übte weiter keinen Einfluß auf seine Denkweise und führte ihn nicht zu Konsequenzen. — Andere nennenswerte literarische Leistungen hat das jüdische Frankreich in dieser Zeit nicht hervorgebracht, und die deutschen Juden, welche seit Raschis Auftreten ihre Führerschaft an die Champagne abtraten, waren noch ärmer daran. Nur zwei jüdische Schriftsteller Deutschlands gleichen Namens verdienen eine Erwähnung: **Elieser ben Nathan aus Mainz**, Verfasser eines talmudischen Sammelwerkes (Zofnat Paaneach, Eben ha-Ezer), und **Elieser ben Nathan Halevi aus Cöln**, der die Leiden des ersten Kreuzzuges als Augenzeuge und Leidensgenosse mit düstern Farben schildert (Konteros Tatnu)[2]). Seine Schilderung ist, obwohl schmerzerfüllt, doch wahrheitsgetreu und verdient als treueste Quelle den Vorzug vor den Berichten christlicher Zeitgenossen. Sein Stil ist fließend und nicht ohne poetische Färbung, hin und wieder sind elegische Verse eingestreut. — Kaum war der Bericht über die Leiden infolge des ersten Kreuzzuges vollendet, so lieferte der aufgestachelte Fanatismus wieder Stoff zu neuen Martyrologien. Die gleichzeitige Verfolgung der Juden von Seiten der Kreuzfahrer in Frankreich und Deutschland und der Almohaden in Afrika und Spanien drohte das Haus Jakobs von dem Erdboden zu vertilgen.

Als der größte neuhebräische Dichter klagte: „Haben wir denn eine sichere Stätte in West oder Ost", mochte er wohl in seinem zartbesaiteten Herzen die Unsicherheit der Stellung seiner Glaubensgenossen geahnt haben. Nur allzubald sollte der jüdische Stamm die erschreckende Wahrheit erkennen, daß er keine Heimat auf Erden habe und daß er in den Ländern des Exils seine Duldung nur der Inkonsequenz verdanke. Nur so lange das von Hause aus unduldsame Religionsprinzip der Kirche und des Islams in Gleichgültigkeit, Gewohnheit oder Eigennutz seiner Bekenner schlummerte, konnten die Juden ihres Daseins halb und halb froh werden. Sobald dasselbe aber aufgerüttelt wurde, stellte sich die fürchterliche Konsequenz mit Leiden und Märtyrertum für Israel ein und es mußte wieder zum Wanderstabe greifen und die liebgewordene Stätte mit blutendem Herzen verlassen. Obwohl die Juden im allgemeinen und besonders ihre Führer, Rabbinen und Weisen, den christlichen und mohammedanischen Völkern durchschnittlich an in-

---

[1]) Dessen Kommentar zum ersten Kapitel der Genesis; vgl. Note 8.
[2]) Zum ersten Male ediert von Jellinek; vgl. Note 5.

niger Gottergebenheit, an tiefer Sittlichkeit, an gediegenen Kenntnissen und Bildung überlegen waren, so dünkten sich die, denen die Erde gehörte, doch höher und blickten mit Herrenübermut auf jene wie auf niedrige Knechte herab. In christlichen Ländern wurden sie für vogelfrei erklärt, weil sie an Gottes Sohn und noch an manches andere nicht glauben wollten, und in einem mohammedanischen Reiche wurden sie verfolgt, weil sie Mohammed nicht als Propheten anerkennen wollten. Hier mutete man ihnen zu, ihrer Vernunft Gewalt anzutun, um Kindermärchen als tiefe Wahrheit anzunehmen und dort forderte man von ihnen, ihrem Glauben zu entsagen, um dafür trockene Formeln mit philosophischem Anstriche einzutauschen. Beide stellten ihnen die traurige Wahl zwischen Tod oder Verleugnung ihres alten Glaubens. Franzosen und Deutsche wetteiferten mit wilden Berbern, um das schwächste der Völker noch mehr zu schwächen. An der Seine, am Rhein, an der Donau und an den Gestaden Afrikas und Südspaniens entstand gleichzeitig wie auf Verabredung eine blutige Hetzjagd im Namen der Religion gegen die Bekenner des Judentums, uneingedenk dessen, daß das Gute und Göttliche, was in ihr vorhanden ist, eben diesem Bekenntnisse entlehnt ist. Bis dahin kamen Judenverfolgungen nur vereinzelt vor; vom Jahre 1146 an aber werden sie häufiger, stetiger, konsequenter, hartnäckiger, als wollte der Zeitraum, in dem das Licht der Einsicht im Menschengeschlechte zu dämmern begann, die Zeit finsterer Barbarei an Unmenschlichkeit übertreffen. Diese Leidenszeit drückte dem jüdischen Stamme jene Duldermiene auf, welche die freie Gegenwart selbst nicht ganz zu verwischen vermochte, jenen Märtyrerzug, von dem ein klarblickender Schriftsteller sagt: „Die Schilderung des Propheten, ‚er wird gegeißelt und wird gepeinigt und öffnet seinen Mund nicht,‘ bedarf keiner Erklärung weiter, denn jeder Jude im Exil ist Beleg dafür. Wird er gepeinigt, so öffnet er seinen Mund nicht, seinem Peiniger darzutun, daß er gerechter sei als dieser. Er hat seinen Blick nur auf Gott gerichtet, aber kein Fürst und kein Großer springt ihm in der Not bei"[1].

Die Verfolgung, welche gleichzeitig in Europa und Afrika sich verbreitete, hatte ihre letzten Fäden in Katastrophen, welche in Asien und Afrika vorgingen. Während die christlichen Ritter im neuen Reiche Jerusalem und den daran grenzenden Fürstentümern immer mehr erschlafften, trat der türkische Held Nureddin auf, der die Christen aus Asien zu treiben Miene machte. Das wichtige Edessa war in seine

---

[1] Ibn-Esra, Kommentar zu Jesaias 53, 7.

Hände gefallen, und die ratlosen Kreuzstreiter mußten Europa um Hilfe anflehen. Da wurde der zweite Kreuzzug in Frankreich und Deutschland gepredigt, und der blutdürstige Fanatismus von neuem gegen die Juden aufgestachelt.

Der König Ludwig VII. von Frankreich, von Gewissensskrupeln gepeinigt, nahm selbst das Kreuz und mit ihm die junge und leichtsinnige Königin Eleonore samt ihren Hofdamen, welche aus dem Lager der Gottesstreiter einen Minnehof machen sollten. Da auch der Abt Bernhard von Clairvaux, ein wahrhaft heiliger Mann von apostolischer Herzenseinfalt und hinreißender Beredsamkeit, zur Teilnahme an dem Kreuzzuge aufforderte, so wuchsen die Scharen der Wallbrüder von Tag zu Tag ins Unglaubliche. Diesmal lenkte der Papst Eugen III. die Aufmerksamkeit der Kreuzfahrer auf die Juden. Er erließ eine Bulle, daß alle diejenigen, welche sich dem heiligen Kriege anschlössen, nicht gehalten sein sollten, den Juden den Zins für ihre Schulden zu zahlen. Es sollte eine Triebfeder sein, die zahlreichen Schuldner der Juden für das Kreuzheer zu werben und war eigentlich nur eine verblümte Redeweise, welche die Erlaubnis einschloß, sich von den Schulden an die Juden frei zu machen. Der Abt Bernhard, der es sonst verschmähte, unheilige Mittel zu heiligem Zwecke zu gebrauchen, mußte auf die Aufforderung des Papstes diese Schuldenerleichterung oder Schuldenerlasse predigen[1]). Ein anderer Abt Peter der Ehrwürdige (Venerabilis) von Clugny wollte die Sache noch weiter getrieben wissen. Er stachelte den König Ludwig und das Kreuzheer förmlich gegen die Juden auf. Peter häufte Anklagen auf Anklagen gegen sie und übertrieb ihr Vergehen, um den für die Juden eingenommenen König zu einer Judenverfolgung oder mindestens zu einer Judenplünderung zu bewegen. In einem Sendschreiben an Ludwig VII. wiederholte er die sophistischen Verdrehungen, welche das Raubgesindel des ersten Kreuzzuges ausgedacht hatte, um die Plünderung der Juden im Namen der Religion zu beschönigen.

„Was nützt es," schrieb Peter von Clugny, „in entfernten Gegenden die Feinde des Christentums aufzusuchen, wenn die gotteslästerlichen Juden, weit schlimmer als die Sarazenen, in unserer Mitte ungestraft Christum und die Sakramente schmähen dürfen! Glaubt doch der Sarazene gleich uns, daß Christus von einer Jungfrau geboren, und ist doch fluchwürdig, weil er dessen Fleischwerdung leugnet, um wie viel mehr die Juden, die alles leugnen und verspotten? Doch fordere ich

---

[1]) Epistolae St. Bernhardi No. 363.

nicht, die Fluchbeladenen dem Tode zu weihen; denn es steht geschrieben: ‚Töte sie nicht.' Gott will nicht, daß sie ausgerottet werden, sondern sie sollen wie der Brudermörder Kain zu großen Qualen, zu größerer Schmach, zu einem Leben ärger als der Tod aufbewahrt bleiben. Sie sind abhängig, elend, seufzend, furchtsam und flüchtig und sollen es bleiben, bis sie sich zu ihrem Heile bekehren. Nicht töten sollst du sie, sondern sie auf eine ihrer Niederträchtigkeit angemessene Weise bestrafen." Und nun zählt der Abt von Clugny die Verbrechen der Juden auf, daß sie Heiligtümer, die der Kirche entwendet wurden, kauften. „Diese Gefäße werden nicht etwa, wie einst die Tempelgeräte bei den Chaldäern, einfach gefangen gehalten, sondern sie erfahren allerlei Schmach. Christus selbst fühlt die Schmähung, die dem geweihten Kelche und dem Kreuze von den Juden angetan wird. Dabei schützt sie das Gesetz, daß sie die Gefäße nicht einmal zurückzuerstatten brauchen, während eine solche Handlung für einen Christen die größte Strafe nach sich ziehen würde." Zuletzt fordert der fromme Mann den König auf, den Juden ihre erworbenen Güter ganz oder teilweise zu nehmen; denn das christliche Heer, welches zum Kriege gegen die Sarazenen seine eigene Habe und Ländereien nicht schont, hat die unredlich gewonnenen Schätze der Juden nicht zu schonen. Man lasse ihnen das nackte Leben, nehme ihnen aber ihr Geld, damit die Keckheit der Sarazenen durch die Hand der Christen, gekräftigt durch das Vermögen der gotteslästerlichen Juden, leichter gedemütigt werden könnte[1]. In diesem Gedankengang liegt Konsequenz, es ist die Logik des Mittelalters. Der König Ludwig, so sehr auch er die Juden begünstigte, konnte nicht weniger tun, als einen Befehl im Sinne der päpstlichen Bulle zu erlassen, daß die Kreuzfahrer ihrer Schulden gegen die Juden ledig sein sollten[2]. Für den Augenblick hatte es also sein Bewenden bei der Plünderung der reichen Juden, welche dadurch den armen gleich wurden. Zur allgemeinen blutigen Verfolgung ließ es der gutgesinnte König, seine klugen Minister, der Abt Suger und namentlich der fromme Bernhard nicht kommen, der die Gemüter zu lenken verstand.

Anders verhielt es sich in Deutschland und namentlich in den rheinischen Städten, deren jüdische Gemeinden kaum von den Wunden des ersten Kreuzzuges geheilt waren. Der Kaiser Konrad III. war ohnmächtig; die Bürger, welche beim ersten Kreuzzug im allgemeinen

---

[1]) Bei Bouquet, recueil XIV. 642. Du-Chesne, scriptores Franc. IV, 460.
[2]) Ephraim aus Bonn, Martyrologium, abgedruckt als Anhang zur Übersetzung von Emek ha-Bacha p. 105.

für die Juden Partei genommen und sie beschützt hatten, waren beim Beginn des zweiten gegen sie eingenommen worden. Ein französischer Mönch Rudolph, der ohne Erlaubnis seiner Obern das Kloster verlassen hatte, ein Mann von feuriger Beredsamkeit, entzündete den Fanatismus der Deutschen gegen die Juden; er glaubte ein frommes Werk zu vollbringen, wenn er die Bekehrung oder Vernichtung der Ungläubigen durchsetzte. Von Stadt zu Stadt, von Dorf zu Dorf zog Rudolph, den Kreuzzug predigend, und flocht in seine Predigten die Mahnung ein, der Kreuzzug müsse mit den Juden beginnen. Es wäre den deutschen Juden diesmal noch schlimmer ergangen, als das erste Mal, wenn der Kaiser Konrad, der anfangs eine tiefe Abneigung gegen die Schwärmerei des Kreuzzuges empfand, nicht für die Sicherheit der Juden gesorgt hätte. In seinen Erblanden räumte er ihnen die Stadt Nürnberg und einige andere Festungen als Asyle ein[1]), wo sie die Hand der aufgeregten Kreuzfahrer nicht erreichen konnte. Über das Gebiet der Fürsten und Prälaten konnte er zwar nicht verfügen; aber er scheint allen eingeschärft zu haben, die Juden kräftig zu schützen. Indessen hatte das Wort des Kaisers damals keine überwältigende Autorität. Im August 1146 fielen die ersten Opfer der von Rudolph aufgestachelten Verfolgungssucht; ein Mann, Simon der Fromme aus Trier, welcher, aus England heimkehrend, in Cöln weilte, wurde von den Wallfahrern im Augenblicke, als er ein Schiff besteigen wollte, angepackt, zur Taufe gezwungen und auf seine Weigerung ermordet und verstümmelt; ferner eine Frau Minna aus Speyer, welche standhaft schaudererregende Folterqualen erlitt und doch ihrem Glauben treu blieb. Diese Vorgänge nötigten die Juden des Rheinlandes, sich nach Schutz umzusehen; sie zahlten bedeutende Summen an die Fürsten, damit ihnen Burgen und Schlösser zu ihrer Sicherheit eingeräumt würden. Der Kardinal-Bischof Arnold von Cöln, edel und menschlich gesinnt wie sein Vorgänger Hermann zur Zeit des ersten Kreuzzuges, übergab ihnen die Burg Wolkenburg bei Königswinter und gestattete ihnen, sich mit Waffen zu versehen. Wolkenburg wurde eine Zufluchtsstätte für viele Gemeinden des Landes. Auch Staleke bei Bacharach wurde ihnen zum Schutz überlassen. So lange die Juden in ihrem Asyle weilten, waren sie geborgen, sobald sie sich aber daraus entfernten, um sich nach ihren Angelegenheiten umzusehen, lauerten Wallbrüder ihnen auf, schleppten sie zur Taufe und töteten diejenigen unter unmenschlicher Mißhandlung, welche sich widersetzten[2]). Den

---

[1]) Otto von Freisingen, De gestis Frederici I. T. I. c. 37.
[2]) Ephraim aus Bonn, Martyrologium.

Kirchenfürsten des Rheins waren aber die aufrührerischen Kreuzzugspredigten des Mönches Rudolph und das Gemetzel unter den Juden widerwärtig, zumal dadurch überall Zwistigkeiten und Reibungen entstanden, und Rudolph das Volk geradezu zum Ungehorsam gegen die Bischöfe aufforderte. Der Erzbischof von Mainz Heinrich I., zugleich Reichskanzler und Stellvertreter des Kaisers, hatte einige vom Gesindel verfolgte Juden in sein Haus aufgenommen. Der irregeleitete Pöbel drang ein und ermordete sie vor seinen Augen. Da wandte sich der Erzbischof an die angesehenste Person der Christenheit damaliger Zeit, an Bernhard von Clairvaux, der noch mehr galt als der Papst. Er schilderte ihm die Greuel, welche Rudolph in den Rheinlanden angestiftet und bat ihn, seine Autorität geltend zu machen. Bernhard, der Rudolphs Treiben verabscheute, ließ sich gleich zur Hilfe bereit finden. Er übersandte dem Erzbischof von Mainz ein Sendschreiben, das bestimmt war, öffentlich verlesen zu werden, worin er den Aufwiegler hart verdammte. Er nannte Rudolph einen ausgestoßenen Sohn der Kirche, der sein Kloster verlassen, der Regel untreu geworden, die Bischöfe verachte und Mord und Totschlag der Juden wider die Absicht der Kirche einfältigen Christen predige. Die Juden sollten ganz besonders geschont werden. Die Kirche setze ihre Hoffnung darauf, daß sie einst sämtlich bekehrt werden würden, daher habe sie ein ganz besonderes Gebet am Karfreitag dazu eingesetzt. Würde die Hoffnung der Kirche sich erfüllen, wenn die Juden samt und sonders totgeschlagen würden?[1]) Ein Sendschreiben in demselben Sinne erließ Bernhard auch an die Geistlichkeit und das Volk von Franken und Bayern, worin er sie nachdrücklich zur Schonung der Juden ermahnte.

Indessen machte Bernhards Sendschreiben keinen Eindruck auf Rudolph und die verführte Menge, sie waren auf Niedermetzelung der Juden versessen und lauerten ihnen überall auf. Der Abt von Clairvaux fand es daher nötig, persönlich vom Gemetzel der Juden abzuraten. Als er daher eine Reise nach Deutschland machte, um den Kaiser Konrad zur Beteiligung am Kreuzzuge zu bewegen, hielt er sich in den rheinischen Städten auf, um Rudolphs teuflischem Werke entgegen zu arbeiten. Er traf ihn in Mainz, lud ihn vor sich, strafte ihn mit harten Worten und bewog ihn, seine Judenmordpredigten einzustellen und ins Kloster zurückzukehren. Das verblendete Volk murrte aber über Bernhards Verfahren gegen den blutdürstigen Mönch, und wenn ihn der Geruch der Heiligkeit nicht geschützt hätte, so hätte das Volk sich an

---

[1]) St. Bernhardi epistolae No. 365.

ihm vergriffen[1]). Rudolph verschwand vom öffentlichen Schauplatz, aber der von ihm ausgestreute giftige Same ging für die Juden verderblich auf. Je mehr sich die Menge durch Bernhards Predigten für den Kreuzzug begeisterte, desto mehr wütete sie gegen die Juden. Das Volk war konsequenter als der Heilige von Clairvaux und die Bischöfe: es ließ sich die richtige Logik nicht ausreden: „Wenn es ein gottseliges Werk ist, ungläubige Türken zu erschlagen, so kann es keine Sünde sein, ungläubige Juden niederzumetzeln." Als daher zerstückelte Glieder eines Christen bei Würzburg gefunden wurden, glaubten die dort versammelten Kreuzfahrer oder gaben vor, 'es zu glauben, die Juden hätten die Untat begangen und hielten sich für berechtigt, die Würzburger Gemeinde zu überfallen. Sie war nämlich unter dem Schutz des Bischofs Embicho ruhig in der Stadt geblieben und hatte es nicht für nötig gehalten, sich nach einem Asyle umzusehen. Um so größer war ihr Schrecken, als sie plötzlich von einem Schwarm Kreuzfahrer aufgestört wurde (22. Adar = 24. Februar 1147). Mehr als zwanzig erlitten den Märtyrertod, darunter der angesehene, sanftmütige, freundliche Rabbiner Jsaak ben Eljakim, der beim Lesen eines heiligen Buches erschlagen wurde. Einige wurden so mißhandelt, daß die Mörderschar sie für entseelt hielt und liegen ließ. Diese wurden später von mitleidigen Christen ins Leben gerufen und gepflegt. Der menschliche Bischof von Würzburg ließ den Leichen der Märtyrer in seinem Garten eine Ruhestätte bereiten und schickte die Lebenden in eine Burg nahe bei Würzburg. Noch schlimmer erging es den deutschen Juden, als der Kaiser Konrad mit den Rittern und dem Hauptheer den Kreuzzug angetreten hatte, und das Nachzüglergesindel, die Gegenwart des Kaisers nicht fürchtend, ungestraft Untaten verüben durfte (anfangs Mai 1147). Bei dieser Gelegenheit wurden drei Juden von Bacharach, welche die Luft von den schwärmenden Wallbrüdern gereinigt glaubten und ihre Burg Staleke verließen, von dem Gesindel verfolgt, zur Taufe geschleppt und infolge ihrer Weigerung, sich taufen zu lassen, erschlagen (5. Siwan = 6. Mai)[2]).

Der wilde Geist frommen Mordes pflanzte sich unwiderstehlich von Deutschland nach Frankreich fort, als die Kreuzfahrer sich im Frühjahr sammelten. In Carenton (Depart. Manche) kam es zu einer förmlichen Schlacht zwischen Wallbrüdern und Juden, da die letztern in

---

[2]) Otto von Freisingen a. a. O. c. 39.
[1]) Ephraim aus Bonn a. a. O. Annalen von Würzburg bei Pertz. Monumenta XVI b. 3 f.

einem Hofe versammelt, sich gegen den Überfall verteidigten. Zwei Brüder von französischer Tapferkeit kämpften heldenhaft, teilten Wunden aus und töteten manchen Wallbruder, bis die durch den Verlust noch mehr ergrimmten Feinde Eingang in den Hof im Rücken der Juden fanden und sie sämtlich niedermetzelten. Als Märtyrer fiel auch in dieser Zeit in Frankreich ein junger Gelehrter, R. Peter, ein Jünger des Samuel ben Meïr und R. Tams, der trotz seiner Jugend sich schon unter den Tossafisten einen Namen gemacht hatte. Selbst unweit des Klosters Clairvaux, unter den Augen des Abtes Bernhard, trieb die wilde Kreuzfahrerbande ungescheut ihr blutiges Handwerk. Sie überfiel die jüdische Gemeinde Rameru am zweiten Wochenfesttage, drang in das Haus des wegen seiner Tugenden und Gelehrsamkeit unter der europäischen Judenheit angesehensten Mannes, R. Jakob Tam, raubte seine ganze Habe, zerriß eine Thorarolle und schleppte ihn aufs Feld, um ihn unter Martern zu töten. Weil R. Tam der angesehenste Jude war, wollten die Kreuzfahrer an ihm Jesu Wunden und Tod rächen. Fünf Kopfwunden hatten sie ihm schon versetzt, und er war nahe daran zu erliegen, als glücklicherweise ein ihm bekannter Ritter des Weges einherzog. R. Tam hatte noch so viel Bewußtsein, ihn um Hilfe anzuflehen, die der Ritter ihm aber nur unter der Bedingung zusagte, wenn er ein stattliches Roß als Belohnung erhalten würde. Der nicht sehr edle Ritter redete hierauf der Mörderbande zu, ihm das Opfer zu überlassen, er werde es zur Taufe bewegen oder ihren Händen wieder überliefern[1]). So wurde der Mann gerettet, der den deutschen und französischen Juden Führer und Vorbild war (8. Mai 1147). Bernhards Einfluß ist es wohl zuzuschreiben, daß außer in Carenton, Rameru und Sully keine Judenhetzen in Frankreich vorkamen. In England, wo seit Wilhelm dem Eroberer sich viele Juden niedergelassen hatten und in lebhaftem Verkehr mit den französischen Gemeinden standen, kam keine Judenverfolgung vor, da der König Stephan sie energisch schützte[2]). Aber die böhmischen Juden litten wiederum beim Durchzuge der Wallbrüder; 150 fielen als Märtyrer. Erst nachdem das französische Kreuzheer durch Deutschland ziehend die deutschen Grenzen überschritten hatte, durften die Juden das Asyl der Burgen verlassen (15. Ab = 14. Juli 1147) und wurden nicht mehr angefochten. Selbst diejenigen Juden, welche schwach genug waren, sich die Nottaufe gefallen zu lassen, durften zum Judentume zurückkehren. Ein ebenso

---

[1]) Ephraim aus Bonn, vgl. Note 5. Anm.
[2]) Ders.

frommer wie menschlicher Geistliche, dessen Name leider nicht bekannt
geworden ist, war ihnen dazu behilflich; er führte die gewaltsam getauften Juden nach Frankreich und in andere Gegenden, wo sie so
lange weilten, bis ihre kurze Zugehörigkeit zur Kirche vergessen war;
dann kehrten sie in ihre Heimat und zu ihrem Glauben wieder zurück[1]).

Im ganzen hat der Fanatismus des zweiten Kreuzzuges weniger
Opfer verschlungen als der erste, teils weil die weltlichen und geistlichen Fürsten es sich angelegen sein ließen, die Juden zu schützen und
teils, weil die Teilnahme des deutschen Kaisers und des Königs von
Frankreich kein kreuzfahrendes Raubgesindel wie das von Wilhelm
dem Zimmermann und Emicho von Leiningen aufkommen ließ. Aber
die Juden mußten für den ihnen gewährten Schutz einen hohen Preis
zahlen, ja die ganze Zukunft dafür einsetzen. Der deutsche Kaiser
wurde seit der Zeit von den Juden als ihr Schirmherr betrachtet, und
er selbst sah sich als solcher an und beanspruchte dafür Gegenleistung.
Die deutschen Juden, die früher ebenso frei waren wie die Germanen
und Römer, wurden dadurch die Kammerknechte (servi camerae) des
römisch-deutschen Reiches. Dieser gehässige Name bedeutete anfangs
zwar nur, daß die Juden unverletzbar seien, wie die kaiserlichen Diener
und daß sie an Kaiser und Reich für den gewährten Schutz ordentliche
Abgaben, Schutzgeld und außerordentliche Leistungen zahlen müßten.
Aber nach und nach wurde das Wort in seiner ursprünglichen, gehässigen Bedeutung gebraucht und die Juden beinahe als Leibeigene und
unselbständige Hörige betrachtet. Die deutschen Juden, welche sich eben
aus der Unkultur aufraffen wollten, wurden dadurch in bodenlose
Niedrigkeit zurückgeworfen, aus der sie sich erst nach sechs Jahrhunderten
ein wenig zu erheben vermochten. Ihre Geisteserzeugnisse tragen daher den Stempel der Verkümmerung, ihre Dichtungen waren nichts
als Klagelieder, geschmacklos und barbarisch wie ihre Sprache, und selbst
auf dem Gebiete des Talmuds haben sie nur selten Außerordentliches
geleistet. Die deutschen Juden bildeten die Parias in der Geschichte bis
zu Ende des achtzehnten Jahrhunderts. In Frankreich dagegen, wo
andere politische und soziale Verhältnisse herrschten, konnte die jüdische
Kultur noch einige Blüten treiben.

Während die Juden Frankreichs und Deutschlands noch unter
dem Schrecken der kreuzfahrenden Banden standen, traf die Juden
des nördlichen Afrikas eine Verfolgung, die länger anhielt und andere
Wirkungen hervorbrachte. Sie ging von einem Manne aus, der, teils

---

[1]) Ephraim aus Bonn.

Philosoph, teils Reformator und teils Eroberer, eine eigene politisch-religiöse Schwärmerei erzeugte. Abdallah Ibn-Tumart aus dem nordwestlichen Afrika war in Bagdad von dem mystischen Philosophen Alghazali zu einer sittenstrengen Schwärmerei fanatisiert worden. Nach Afrika zurückgekehrt, predigte er den einfältigen Berberstämmen Einfachheit in Lebensweise und Kleidung, Haß gegen Dichtkunst, Musik und Künste überhaupt und Krieg gegen die almoravidischen Könige, welche der Verfeinerung des Lebens huldigten. Nach der anderen Seite verwarf Ibn-Tumart die sunnitische Lehre der mohammedanischen Orthodoxie und die buchstäbliche Auslegung der Koranverse, daß Gott menschlich fühle und nach Gemütsbewegungen handle. Er fand einen großen Anhang unter den Berbern und stiftete eine Sekte, welche von dem Umstande, daß sie die strenge Einheit Gottes ohne körperliche Vorstellung (Tauchid) zum Bekenntnisse hatte, sich Almowachiden oder Almohaden nannte. Die Sekte erkannte Ibn-Tumart als Mahdi, als gottgesandten Imam des Islams an. Mit der Trommel der Empörung und dem Schwerte des Krieges gegen die Almoravidherrschaft verbreitete Ibn-Tumart seine religiös-sittliche Reformation im nordwestlichen Afrika. Nach seinem Tode übernahm sein Jünger Abdulmumen die Führerschaft der Almohaden und wurde als Fürst der Gläubigen (Emir al-Mumenin) anerkannt. Von Sieg zu Sieg fortschreitend, stürzte er das Reich der Almoraviden und beherrschte das ganze Nordafrika. Abdulmumen war aber ein Fanatiker. Wie er die Almoraviden nicht bloß als politische Gegner, sondern auch als Andersgläubige mit Feuer und Schwert vertilgte, so wollte er kein anderes Bekenntnis in seinem Reiche dulden.

Als die Hauptstadt Marokko nach langer und hartnäckiger Belagerung in die Gewalt Abdulmumens gefallen war (1146), ließ der neue Herrscher die zahlreichen Juden dieser Stadt zusammenberufen und redete sie folgendermaßen an: „Ihr leugnet die Sendung des Propheten Mohammed und ihr glaubt, daß der Messias, der verkündet ist, euer Gesetz bestätigen und eure Religion befestigen wird. Eure Vorfahren haben aber behauptet, daß dieser Messias spätestens ein halbes Jahrhundert nach Mohammeds Auftreten erscheinen werde. Wohlan! Dieses halbe Jahrhundert ist längst abgelaufen, ohne daß ein Prophet unter euch aufgestanden wäre. Die Duldung, die euch unter dieser Bedingung gewährt wurde, soll aufhören. Wir können euch nicht mehr in eurem Unglauben lassen. Wir wollen euren Zins nicht mehr. Ihr habt nur die Wahl zwischen der Annahme des Islams oder dem Tode." Die Verzweiflung der Juden bei dieser ernstgemeinten Ankündigung war groß. Es war das zweite Mal, daß ihnen unter mohammedanischer Herrschaft diese traurige Wahl gestellt wurde, das Leben oder die Religion aufzugeben. Durch Vorstellung bewogen, änderte Abdulmumen das Verfolgungsedikt dahin ab, daß es jedem Juden gestattet sei, auszuwandern. Er gewährte auch den Auswanderern eine Frist, um ihre Ländereien und bewegliche Habe, die sie nicht mitführen konnten, zu veräußern. Diejenigen aber, welche im afrikanischen Reiche zu bleiben gedachten, wurden zue Annahme des Islams gezwungen und im Weigerungsfalle hingerichtet. Diejenigen nun, denen das Judentum teuer war, verließen Afrika und wanderten nach Spanien, Italien oder anderswohin aus. Der Dichter und Rabbiner Jehuda Jbn-Abbas (v. S. 112) verließ Fez und ließ sich in Aleppo nieder. Die meisten aber fügten sich für den Augenblick, nahmen zum Scheine den Islam an und warteten günstigere Zeiten ab (1142)[1].

Nicht bloß die Juden Marokkos, sondern auch diejenigen, welche in Nordafrika zerstreut lebten, traf die Verfolgung, und so oft die Almohaden eine neue Stadt eroberten, wurde dasselbe Edikt auf sie angewendet. Auch die Christen traf dieselbe Verfolgung, aber weil ihnen das christliche Spanien offen stand und sie von ihren Glaubensgenossen mit offenen Armen aufgenommen zu werden hoffen durften, waren sie standhafter und wanderten sämtlich aus. Synagogen und Kirchen wurden im ganzen Almohadenreich, das nach und nach vom Atlasgebirge bis zur Grenze Ägyptens reichte, zerstört, und die Wanderer fanden keine Spur, daß hier je Juden oder Christen gewohnt hätten[2].

Obgleich viele afrikanische Juden den Islam angenommen hatten, so war es nur sehr wenigen Ernst damit, die meisten aber taten es nur zum Scheine, da weiter nichts von ihnen verlangt wurde, als daß sie an Mohammeds prophetische Sendung glauben und dann und wann die Moscheen besuchen sollten. Heimlich aber beobachteten sie die Vorschriften des Judentums mit aller Genauigkeit, da die Almohaden keine Polizeispione unterhielten, um das Treiben der Neubekehrten zu beobachten[3]. Nicht bloß die Menge, sondern auch fromme Rabbiner

---

[1] Dschebi bei Munk, Notice sur Joseph ben Jehuda p. 42 ff. und Jbn-Alathir II. p. 88. Das Datum ergibt sich aus dem Klagelied über das Gemetzel in Afrika und Südspanien mit der Überschrift לאברהם בן עזרא Letterbode VI. Jhrg. 1880—1881 33 f.; Rosin: Reime und Gedichte von Abraham Jbn-Esra im Jahresbericht des Breslauer Seminars Jhrg. 1894 S. 29. Revue des Etudes Juives XX. S. 84 und S. 314—316.

[2] Alkifti bei Casiri Bibliotheca arabico-hispana I. 294 und Dschebi a. a. O.

[3] Maimuni, Iggeret ha-Schemad ed. Geiger p. 1—6; ed. Edelmann in Chemda Genusa p. 6—12.

bekannten sich zu diesem Scheine und beschwichtigten ihr Gewissen damit, daß von ihnen doch nicht Götzendienst oder Verleugnung des Judentums verlangt wurde, sondern nur das Aussprechen der Glaubensformel, daß Mohammed ein Prophet gewesen, was doch nicht im entferntesten an Götzentum anstreife. Einige trösteten sich damit, daß sie nicht lange in diesem Zwange verharren würden; denn sie hofften, der Messias werde bald erscheinen und sie aus diesem Elend befreien[1]).

Als Scheinmoslemim betrieben die maghrebisch-jüdischen Gelehrten sogar das Talmudstudium eifrig und versammelten in Lehrhäusern die lernbegierige Jugend[2]), die aber auch der Koranauslegung beiwohnen mußte. Indessen konnten sich gewissenhaft-fromme Männer nicht lange in dieser Zwiespältigkeit bewegen. Sie warfen die verhaßte Maske ab, bekannten das Judentum offen und erlitten dafür den Märtyrertod. Als Märtyrer von Maghreb wird ein Mann genannt, der als eine talmudische Autorität galt, Jehuda Hakohen Ibn-Susjan aus Fez und er war nicht der einzige[3]).

Der siegreiche Abdulmumen begnügte sich aber nicht mit dem Besitze der maghrebischen Länder, er betrachtete das schöne Andalusien als Anhängsel, das er den almoravidischen Statthaltern und den christlichen Herrschern leicht entreißen zu können vermeinte. Die Eroberung im mohammedanischen Südspanien war auch leicht, da verschiedene Parteien einander schwächten. Die Hauptstadt Andalusiens, Cordova, welche während des kurzen Zeitraumes von drei Jahren achtmal die Herren gewechselt hatte, fiel endlich in die Gewalt der fanatischen Almohaden (Juni 1148), und ehe ein Jahr verging, war der größte Teil Andalusiens in ihren Händen. Und in allen Gemeinden dieses Landstriches stellten sie den Juden die Wahl zwischen Annahme des Islams, Auswanderung oder Tod und wüteten gegen die jüdischen Heiligtümer. Die schönen Synagogen, welche die Frömmigkeit, die Prachtliebe und der feine Geschmack der andalusischen Juden erbaut hatte, wurden ein Raub der fanatischen Zerstörungswut. Der greise Rabbiner von Cordova, der philosophisch gebildete Joseph Ibn-Zadik, erlebte noch den traurigen Untergang der ältesten und angesehensten Gemeinde, starb aber bald darauf (Ende 1148 oder Anfang 1149)[4]). Die glanzvollen jüdischen Hochschulen in Sevilla und Lucena wurden geschlossen. Der Sohn und Nachfolger des Joseph Ibn-Migâsch, R.

---

[1]) Maimuni.
[2]) Joseph ben Aknin zitiert von Munk in Archives Israélites 1851, p. 327.
[3]) Saadia Ibn-Danan in Chemda Genusa p. 30.
[4]) Abraham Ibn-Daud.

Meïr, wanderte von Lucena nach Toledo aus und mit ihm alle diejenigen, welche imstande waren, sich dem Zwange zu entziehen. Die übrigen machten es wie die afrikanischen Juden, fügten sich für den Augenblick dem Zwange, bekannten sich zum Schein zum Islam und und beobachteten heimlich das Judentum, bis sie Gelegenheit fanden, ihre Religion offen zu bekennen. Frauen, Kinder und Eigentum der Auswanderer fielen den Eroberern in die Hände und die Schwachen wurden als Sklaven behandelt[1]).

In dieser trüben Zeit, als der Schwerpunkt der Judenheit seine Tragkraft einbüßte, bildete sich durch eine günstige Wendung ein neuer Sammelpunkt. Das christliche Spanien, das unter dem König Alfonso Raimundez (1126—1157) die größte Macht entfaltete, wurde Zuflucht der aus Andalusien ausgewanderten Verfolgten, und das zur Hauptstadt des Reiches erhobene Toledo wurde ein neuer Brennpunkt für die Wissenschaft des Judentums. Diese günstige Wendung ermöglichte ein Mann, den die Geschichte der Juden dem Ibn=Schaprut und dem Ibn= Nagrela zur Seite setzt. Der weise und menschenfreundliche König Alfonso Raimundez hatte einen jüdischen Günstling an dem noch jungen Jehuda Ibn=Esra[2]), dem Sohne jenes Joseph Ibn=Esra, der mit seinen drei Brüdern in der jüdisch=spanischen Literatur verherrlicht wird (o. S. 113). Als er die Grenzfestung Calatrava zwischen Toledo und Cordova dauernd erobert hatte (1146), setzte ihn[3]) der König, wahrscheinlich wegen seiner Tapferkeit, als Befehlshaber derselben ein und ernannte ihn zum Fürsten (Nassi).

Jehuda Ibn=Esra wurde ein rettender Engel für seine unglücklichen Glaubensgenossen, welche der Verfolgungswut der siegreichen Almohaden entflohen waren. Er war eifrig bemüht, ihnen ein Unterkommen im christlichen Spanien zu bieten und verwendete seine Reichtümer dazu, die in Gefangenschaft Geratenen loszukaufen, die Nackten zu kleiden und die Hungrigen zu speisen. Die Gemeinde Toledo wurde von den ausgewanderten Juden zahlreich bevölkert. Meïr Ibn=Migâsch eröffnete daselbst ein Lehrhaus für das Talmudstudium und es fand

---

[1]) Ibn=Dauds Bericht wird ergänzt und beleuchtet von dem Chronicon Alfonsi imperatoris c. 101. p. 398. Gentes vocant Muzmotos venerunt ex Africa et transierunt mare Mediterraneum — praeoccupaverunt Sibillam et alias civitates et oppida et occiderunt nobiles ejus et Christianos, quos vocabant Muzarabes — et Judaeos qui |ibi erant ex antiquis temporibus et acceperunt sibi uxores eorum et domus et divitias.

[2]) Abraham Ibn=Daud.

[3]) Das.

sich ein Jüngerkreis ein. Von Toledo ging jetzt unter dem Schutze der christlichen Herrscher die jüdische Wissenschaft aus, nachdem sie aus dem mohammedanischen Reiche verbannt war.

Jehuda Ibn-Esra stieg noch mehr in der Gunst des spanischen Herrschers und wurde zum kaiserlichen Hausmeister ernannt (um 1149). Dieser jüdische Fürst ließ sich im Eifer für den Rabbanismus zu einer Verfolgung hinreißen, die einen Flecken auf seinem Ruhme bildet. Die Karäer hatten sich seit ihrer letzten Verfolgung in Kastilien (o. S. 80) wieder vermehrt und waren bemüht, ihren erloschenen Glanz wieder zu heben. Sie ließen die zahlreiche Literatur ihrer Lehrer im Orient und Ägypten nach Kastilien kommen und wurden dadurch in ihrer tiefen Abneigung gegen das rabbanitische Judentum bestärkt. In dieser Zeit hatte ein Karäer aus Konstantinopel, Jehuda ben Elia Hadassi, der sich einen Trauernden um Zion (ha-Abel) nannte, von neuem den Kampf gegen die Rabbaniten aufgenommen und verfaßte ein umfangreiches Buch unter dem Namen Eschkol ha-Kofer, worin er die oft bestrittene Differenz zwischen den beiden jüdischen Bekenntnissen wieder lebhaft anregte (1149)[1]) und die Feindseligkeit von neuem anfachte. Jehuda Hadassi schrieb mit vieler Leidenschaftlichkeit in einer harten Sprache mit alphabetischen Akrostichen und einer elenden eintönigen Reimerei. Dieses feindselige Buch mag auch nach Kastilien gebracht worden sein und entzündete das Feuer des Streites von neuem. Anstatt die Streitschrift von einem tüchtigen Kämpfer widerlegen zu lassen, nahm Jehuda Ibn-Esra den weltlichen Arm in Anspruch und bat sich von dem König Alfonso die Gunst aus, die Karäer verfolgen zu dürfen. Er bedachte nicht, daß das schlummernde Feuer der Verfolgungswut nicht angefacht werden darf, wenn es nicht über kurz oder lang über dem Haupte der Verfolger in hellen Flammen zusammenschlagen soll. Mit des Königs Erlaubnis demütigte Jehuda Ibn-Esra die Karäer so sehr, daß sie nicht mehr ihr Haupt erheben konnten[2]). Worin diese Demütigung bestand, ist nicht bekannt, wahrscheinlich wurden sie aus den Städten, wo Rabbaniten wohnten, ausgewiesen (1150—57). Indessen war die Begünstigung der Juden in Kastilien nicht von langer Dauer. Die Zeiten nach dem Tode des Königs und seines ältesten Sohnes, Königs von Kastilien (1158), die Jehuda Ibn-Esra wahrscheinlich erlebt hat, waren trübe. Während der Minder-

---

[1]) Sein Werk ist gedruckt Goslow (Eupatoria) 1836, aber defekt. Verf. gibt selbst das Abfassungsjahr an.
[2]) Abraham Ibn Daud.

jährigkeit des Infanten Alfonso entbrannte ein erbitterter Bürgerkrieg zwischen den adeligen Häusern der de Castro und de Lara, an dem sich die andern christlichen Fürsten beteiligten; das schöne Land wurde verwüstet und die Hauptstadt Toledo zum blutigen Schauplatz gemacht. Die christlichen Könige Spaniens waren nicht imstande, ihre Grenzen gegen die fortwährenden Einfälle der Almohaden zu schützen und mußten den fanatischen Ritterorden, die früher bestanden und von ihnen ins Leben gerufen wurden, die Verteidigung derselben überlassen. Diese wirre blutige Zeit war der Geisteskultur nicht günstig. Denn die spanischen Juden blieben nicht wie die deutschen und französischen bei den politischen Händeln und Kriegen gleichgültige Zuschauer, sondern nahmen daran für oder wider den lebhaftesten Anteil. Die Juden Granadas beteiligten sich an einer Verschwörung, welche die Nationalaraber, die von ihrer Macht gestürzten Almoraviden, die Christen und überhaupt alle Unzufriedenen gemeinschaftlich und einträchtig anzettelten, um die Herrschaft der verfolgungssüchtigen Almohaden zu stürzen. Der Stützpunkt sollte die Stadt Granada sein, welche unter allen Städten Andalusiens am spätesten von den almohadischen Berbern erobert wurde. Die Seele der Verschwörung waren zwei unzufriedene Anführer, Ibn-Mardansch und Ibn-Humschuh. Sie rückten mit einer zahlreichen Schar vor Granada und die Juden dieser Stadt, unter dem Kommando eines gewissen Sachr Ibn-Ruiz Ibn-Dahri, erleichterten ihnen die Eroberung der wichtigen Stadt (1162). Indessen mißlang das Unternehmen, die Almohaden wurden wieder Herren Granadas und die Juden, welche in ihre Hände fielen, wurden sicherlich hart bestraft[1]).

Indessen wurde die jüdische Wissenschaft von der Ungunst der Zeiten in fast allen Ländern der Zerstreuung keineswegs erdrückt, sie trieb vielmehr neue Blüten und stand noch immer an der Spitze der Kultur. Zwei Männer, beide aus Toledo, fügten zu dem alten Ruhme neuen hinzu. Es waren Abraham Ibn-Daud und Abraham Ibn-Esra, ungleich an Charakter, Streben und Lebensschicksal, aber gleich in Liebe zum Judentum und zur Wissenschaft. Abraham Ibn-Daud Halevi (geb. um 1110, st. als Märtyrer 1180)[2]) stammte mütter-

---

[1]) Bei Gayangos, History of the mahometan dynasties II. appendix IV. p. 23.

[2]) Sein Geburtsjahr ergibt sich daraus, daß er Jünger war des 1125 verstorbenen Baruch Albalia. Die Lesart אבן דאור haben Handschriften und auch Filipowskis Jochasin; die Lesart דיאור = Dior ist eine Korruptel. Daß er Arzt war, folgt aus seinen anatomischen Kenntnissen in Emunah Ramah.

licherseits von dem Fürsten Isaak Ibn-Albalia. Über den Gang seiner Jugendbildung und seine Erlebnisse ist nichts bekannt. Er war indes nicht bloß im Talmud, sondern auch in sämtlichen Fachwissenschaften damaliger Zeit vollständig heimisch und verlegte sich auch, was die spanischen Juden gering schätzten, auf die Kenntnis der Geschichte, der jüdischen wie der allgemeinen, soweit ihm die Quellen bei dem dürftigen Stand derselben im Mittelalter zugänglich waren. Als Mann trieb er die Arzneikunde und vertiefte sich in die Wissenschaften. Ibn-Daud war kein tiefer, scharfsinniger Denker, um neue Gedanken zutage zu fördern; aber er war ein verständiger, klarer Geist, das Gegebene gründlich zu durchdringen und das Dunkel zu erhellen. Mit durchsichtiger Klarheit suchte er das Schwierigste darzustellen und verständlich zu machen. Ihn beschäftigten die höchsten Probleme des menschlichen Geistes und er konnte nicht begreifen, wie man sich sein Lebenlang mit Kleinigkeiten, selbst mit Sprachkunde, Mathematik, theoretischer Heilkunde oder Gesetzeslehre beschäftigen könne, Fächer, welche nur einen beziehungsweisen Wert hätten, und sein Augenmerk nicht auf die heiligste Lebensaufgabe richte. Diese Aufgabe ist nach Ibn-Dauds Ansicht die philosophische Erkenntnis, weil sie Gott zum Inhalte hat. Nur um dessentwissen genieße der Mensch, als das edelste der geschaffenen Wesen, einen Vorzug[1]). Er betonte diesen Punkt mit vielem Nachdruck gegenüber einer Klasse seiner religionsgenössischen Landsleute, welche bereits ein gewisses Mißtrauen gegen die Philosophie hegten. Ibn-Daud kannte auch recht gut den Grund dieses Mißtrauens gegen die selbständige Forschung. Es gibt manche in unserer Zeit, bemerkt er, welche sich ein wenig in Wissenschaften umgetan haben, sie sind aber nicht imstande, beide Lichter, das Licht des Glaubens in der rechten und das Licht der Erkenntnis in der linken Hand zu halten. Da nun bei solchen das Licht der Erforschung das Licht des Glaubens ausgelöscht habe, so glaube die Menge, daß sie überhaupt schädlich sei, und ziehe sich davon zurück[2]). Im Judentume aber sei die Erkenntnis Pflicht, darum dürfe man ihr nicht den Rücken kehren. Das Judentum brauche gar nicht die Philosophie zu scheuen, da seine Grundlehren mit ihr im Einklang ständen. Gott habe aber das israelitische Volk gewürdigt, ihm dasjenige ohne Mühe mitzuteilen, was die offenbarungslosen Völker erst nach zweitausendjährigen Geistesarbeiten erkannt hätten[3]).

---

[1]) **Emunah Ramah** ed. Weil Frankf. a. M. 1857. Hebr. Text, S. 44—46.
[2]) Das. S. 2; 83.
[3]) Das. 4; 103.

Ibn-Daud stellt einen Punkt auf, der die Notwendigkeit der philosophischen Forschung gebieterisch erweist. Die Frage, ob der Mensch in seinen sittlichen Handlungen frei oder von der vorwissentlichen Gottheit dazu genötigt sei, könne ohne tiefe metaphysische Untersuchung nicht gelöst werden. Das Judentum lehre zwar die Willensfreiheit des Menschen, aber es fänden sich auch in seinen Quellen Aussprüche, welche dem zu widersprechen schienen. Dieses alles bedürfe der Ausgleichung auf philosophischem Wege[1]). Jehuda Halevis tiefe Arbeit, welche der Philosophie der Religion gegenüber eine untergeordnete Stellung anwies, hat selbst in Toledo so wenig die Geister beherrscht, daß Ibn-Daud zwei Jahrzehnte später das Übergewicht der Philosophie anerkannt und neuerdings eine Ausgleichung zwischen ihr und dem Judentum versucht hat.

Um die Zweifel eines Jüngers zu zerstreuen, verfaßte Ibn-Daud, „dessen Inneres Ruhe gefunden", ein religionsphilosophisches Werk[2]) unter dem Titel „der höchste Glaube" für solche, welche von gleichen Zweifeln bewegt sind. In der Einleitung bemerkt der bescheidene Verfasser, er habe das Werk weder für reife, von der Philosophie durchdrungene Männer verfaßt, noch für schlichte Fromme, welche von dem Zwiespalt zwischen dem Glauben und dem Denken keine Ahnung hätten, sondern nur für solche Denker, die sich zwischen den beiden Herren, „von denen der eine groß, der andere nicht klein ist"[3]), nicht zurecht finden könnten. In der Darlegung seines religionsphilosophischen Systems zeigt sich Ibn-Daud vollständig von der Zeitphilosophie beherrscht. Aristoteles, der über die denkenden Köpfe in der Synagoge, Kirche und Moschee eine unumschränkte Herrschaft hatte, galt auch für den Philosophen von Toledo als unumstößliche Autorität. Auch Ibn-Daud knüpfte an die aristotelische Weltanschauung an und wollte nur nachweisen, daß die heilige Schrift dieselben philosophischen Gedanken über die Stufenreihe der niedern und höheren Welt, wenn auch verhüllt, enthalte; hin und wieder gibt er zu verstehen, gleich den alexandrinisch-jüdischen und christlichen Denkern, daß die Philosophie der Griechen dem Judentume entlehnt sei[4]). Mit Aristoteles nimmt er an, daß der Himmel und die Sternensphäre beseelte, körperliche, aber doch unveränderliche Wesen seien; über ihnen befinde sich eine Geisterwelt, eine Urvernunft, von der die Anregung zum Denken

---

[1]) Emunah Ramah 4; 103.
[2]) Folgt aus S. 63; 78. Der arabische Titel lautet 'Akida Rafia'.
[3]) Das. S. 82.
[4]) Das. 63.

im menschlichen, sich empfänglich dazu verhaltenden Geiste ausgehe. Die Urvernunft oder der tätige Geist heiße im jüdischen Kreise „der heilige Geist"[1]). Gleich den arabischen Philosophen findet er in dieser Geisterwelt die Engelschar wieder, die Gott als seine Boten an die Welt braucht. Es sind Mittelwesen zwischen Gott und der niedern Welt (Schenijim). Vermöge dieser Mittelwesen wirke die Gottheit auf die Welt, die an sich als eine unveränderliche Einheit sich mit Wirkung und Veränderung nicht selbst befassen könne. So sehr unterliegt der fromme Abraham Ibn-Daud der Zeitphilosophie, daß er in der Annahme schwankt, ob die niedere Welt von Gott selbst oder von den Mittelwesen erschaffen sei. Höchstens könne man annehmen, Gott habe die Ursubstanz mit der Urform ins Dasein gerufen, die wesenhafte Gestaltung der Welt aber sei sicherlich von den Mittelwesen ausgegangen[2]). Jedenfalls aber gehe die Erhaltung des Weltganzen und die Fortdauer ihrer Ordnung, überhaupt die Veränderung in der Welt unter der Mondsphäre von den Mittelwesen aus.

Von den Voraussetzungen der Zeitphilosophie geht Abraham Ibn-Daud aus, um das Judentum und seine Glaubensansichten philosophisch darzustellen. Die Geistigkeit der Seele, ihre Lösbarkeit vom Körper und Unsterblichkeit stünden so fest, daß die heilige Schrift die Unsterblichkeit nicht einzuschärfen brauche, weil sie dieselbe voraussetze. Die Seele mit der Geisterwelt in innigem Zusammenhange werde durch sie angeregt und gelange durch sie zu Kenntnissen und zur höchsten Stufe philosophischer Anschauung. Auf dem innigen Zusammenhang der menschlichen Seele mit der Urvernunft beruhe die Offenbarung Gottes an die Menschen vermittelst der Prophezeiung. Da das Wissen Gottes, der Geisterwelt (Engel) und der tätigen Urvernunft nicht in die Zeit falle, so daß Vergangenheit und Zukunft ihnen eben so klar vorlägen, wie die Gegenwart, so sei auch die Seele vermöge ihrer Teilhaftigkeit an diesen Wesen für ein solches, die Zeitschranke überspringendes, einheitliches Wissen empfänglich. Der niedrigste Grad von Prophezeiung zeige sich schon in den Träumen. Indem die Seele im Schlafe von den Störungen der sinnlichen Einflüsse befreit ist, vermöge sie die Ausstrahlungen von der Geisterwelt ungehindert auf sich einwirken zu lassen und das wahrhafte Wissen zu empfangen. Doch seien nicht alle Träume prophetischer Natur, sondern nur solche,

---

[1]) **Emunah Ramah** S. 70, unten.
[2]) Das. S. 43. Vgl. darüber Guggenheimer, Religionsphilosophie des Abraham Ibn-Daud, Augsburg 1850, S. 44 ff.

welche ganze Völker und Reiche betreffen und von hohen wichtigen Dingen erfüllt sind, weil sich darin die Losgebundenheit der Seele von den Einzelwesen und ihre Richtung aufs Allgemeine kundgebe. Dadurch seien die leeren Träume von den prophetischen zu unterscheiden. Jene seien von den Angelegenheiten des träumenden Individuums und von Einzeldingen erfüllt. Prophetische Träume bildeten aber erst den niedrigsten Grad von Prophezeiung, wozu keine anderweitige Vollkommenheit nötig sei. Ein höherer Grad der Prophetie sei aber das Schauen der zukünftigen Ereignisse und das Gewürdigtsein göttlicher Mitteilung in wachem Zustande.

Diese hohe Prophetenstufe erfordere aber eine von der Schlacke der Sinnlichkeit geläuterte Seele und zwar von der Geburt an, so daß die sittliche Vortrefflichkeit und theoretische Vertiefung sie immer mehr veredelt. Eine solche Seele, die durch prophetische Träume gewissermaßen Übung im Schauen erlangt hat, könne sich nach und nach zu höherer Stufe erheben. Aber es gehörten außer den Anlagen und der sittlichen Lauterkeit noch einige Vorbedingungen dazu. Weder jede Zeit, noch jedes klimatische Verhältnis, noch jede Volksumgebung seien dazu geeignet. Die geeignete Zeit lasse sich nicht bestimmen; man wisse nur so viel, daß selbst die für Prophetie empfänglichen Personen derselben nicht gewürdigt worden seien, weil die Zeitlage nicht damit im Einklang gewesen. Die geeignetste Sphäre für prophetische Offenbarungen sei das heilige Land; das Volk, aus dem wahre Propheten erweckt worden seien, und zwar nicht der eine und der andere, sondern in großer Zahl, sei erfahrungsgemäß das israelitische[1]).

Den höchsten Grad prophetischer Klarheit hätte Mose erlangt, und zwar weil er die beiden Grundtugenden, Gerechtigkeit und Demut, in einer sonst nie erreichten Vollkommenheit besaß[2]). Diese Tatsache beruhe zwar nur auf geschichtlicher Überlieferung, aber ihr wohne eine eben so große Gewißheit inne, wie der logisch-richtigen Folgerung. Wollte man die geschichtliche Überlieferung überhaupt leugnen, so müßte jeder Mensch, indem er das von den Vorgängern Erfahrene und Erkannte verwürfe, jedesmal von neuem anfangen. Die Glaubwürdigkeit von Moses Sendung liege aber darin, daß sie 600 000 Menschen zu gleicher Zeit wahrgenommen und unbezweifelt erfahren hätten. Wollte man diese leugnen, so müßte man sagen,

---

[1]) Emunah Ramah S. 70 ff.
[2]) Das. 75 oben.

daß der Verfasser der Thora selbst sich etwas erdacht habe, was des geschichtlichen Bodens vollkommen bar gewesen[1]).

Das Ziel aller philosophischen Theorie sei die praktische Verwirklichung der sittlichen Zwecke; solche Zwecke stelle das Judentum auf. Diesen richtigen Kerngedanken hat keiner seiner Vorgänger so scharf und klar ausgesprochen[2]), wie Abraham Jbn-Daud. Die Sittlichkeit erzielt gewisse Tugenden, ein gesundes Familienleben und eine gute, auf dieser Tugend beruhende Staatsverfassung. Demnach lassen sich sämtliche religiöse Pflichten des Judentums in fünf Klassen zusammenfassen[3]). Eine Klasse schärfe wahrhafte Gotteserkenntnis, geläuterten Glauben an einen Gott und Liebe zu demselben ein. Diese finde ihre stete Verwirklichung in gewissen religiösen Übungen wie Sabbat, in erinnerungsreichen Zeichen, Gebeten, in symbolischen Handlungen, wie Phylakterien (Tephillin), Türkapseln mit Gottesnamen. Eine zweite Klasse der vom Judentum aufgestellten Pflichten präge gewisse Tugenden ein, namentlich strenge Gerechtigkeit und Gewissenhaftigkeit — das Haupt aller Tugenden — Versöhnlichkeit, Neidlosigkeit und Feindesliebe, die ihre Wurzeln in der Demut haben. Das Verhältnis des Familienhauptes zu Frau, Kindern und Dienerschaft regle eine dritte Klasse von Vorschriften nach den Grundsätzen des Rechts und der Liebe. Ein vierte große Gruppe schreibe das Verhalten des Bürgers zum Staate und zum Mitbürger vor; sie bringe auf Nächstenliebe, Gerechtigkeit im Verkehr, Sorge für Schwache und Leidende, das Allervollkommenste gegenüber dem, was die philosophische Ethik lehrt. Es gebe endlich noch eine fünfte Klasse von Gesetzen, deren letzter Grund nicht leicht einleuchtet, wie die Opfer- und Speisegesetze (die Ritualien, Schamijot). Diese fünf Gruppen von Pflichten seien einander ungleich an Wichtigkeit, so daß die Glaubenslehre die allerhöchste, die Ritualien die niedrigste Stufe einnehmen, daher diese auch von den Propheten öfters nachgesetzt worden seien[4]). Von einem andern Grundprinzip ausgehend, gelangte Jbn-Daud zu einem andern Resultate als sein Gesinnungsverwandter Jehuda Halevi. Während nach diesem die rein rituellen Vorschriften das Grundwesen des Judentums ausmachen, um die prophetische Natur lebendig zu erhalten (o. S. 129), haben sie nach jenem eine nur untergeordnete Bedeutung. Aber wie sehr Jbn-Daud die Ritualien, die er in seinen

---

[1]) **Emunah Ramah** 69 ff.
[2]) Daſ. 4; 98.
[3]) Daſ. 102.
[4]) Daſ. 99—102.

System nicht unterzubringen wußte, unterordnete, so verwahrte sich doch seine Frömmigkeit dagegen, als wenn er sie gering achtete. Der Mensch soll forschen, aber nicht grübeln und das nicht für bedeutungslos halten, was sich seinen Begriffen entzieht. Der Gläubige müsse bedenken, daß, da auch die Klasse ritual-religiöser Vorschriften von demselben Gesetzgeber stamme, der sich auf eine so wunderbare Art geoffenbart habe, sie nicht bedeutungslos sein könne[1]).

Das von Gott geoffenbarte Judentum bestimme Lohn für Beobachtung der Gesetze und Strafe auf deren Übertretung, es setze also die Willensfreiheit des Menschen als gewiß voraus. Abraham Ibn-Daud begnügt sich aber nicht mit diesem Gegebenen, er will diese für die Sittlichkeit und Religiosität wichtige Lehre begründen und die Gegenansicht entkräften, als wenn die Freiheit des Menschen eine Schmälerung der göttlichen Allwissenheit wäre. Er geht davon aus, daß Gottes Wissen, indem es ein vollkommenes ist, auch die Kreatur und ihre Äußerungen ihrem wahren Wesen nach kenne. Nun gebe es neben einer bloß beziehungsweisen und scheinbaren Möglichkeit, wie die Sonnenfinsternis — welche für die Unkundigen bloß möglich, für die Astronomen aber eine Gewißheit ist — eine wahrhafte Möglichkeit. Solchergestalt sei eben die sittliche Freiheit des Menschen. Gottes Wissen erkenne nun das Tun und das freie Wollen nicht als eine Gewißheit, sondern als eine Möglichkeit. Die Zurechnungsfähigkeit des Menschen stehe daher nicht im Widerspruch mit dem absoluten Wissen Gottes[2]). In dieser Art baute sich Abraham Ibn-Daud das Judentum gedankenmäßig auf und glich es mit der Zeitphilosophie aus.

Abraham Ibn-Daud war aber nicht bloß Religionsphilosoph, sondern auch gewissenhafter Geschichtsschreiber, und seine geschichtlichen Nachrichten haben der jüdischen Literatur mehr Dienste geleistet als seine philosophischen Arbeiten. Der neuausbrechende Kampf mit den Karäern Spaniens veranlaßte ihn, sich in deren Geschichte umzusehen und sie als Kampfesmittel zu gebrauchen. Dieselben hatten nämlich nach dem Tode des Königs Alfonso und dem wahrscheinlich darauf erfolgten Sturze seines Günstlings Jehuda Ibn-Esra wieder ihr Haupt erhoben und von neuem Streitschriften erlassen. Dagegen schrieb Abraham Ibn-Daud und widerlegte besonders die Werke des Jesua Abulfarag (o. S. 79 f.). Darauf unternahm er, geschichtlich nachzuweisen,

---

[1]) **Emunah Ramah** 102, 3.
[2]) Das. 96 f.

wie das rabbinische Judentum auf einer ununterbrochenen Kette von Überlieferungen beruhe, die von Mose anfange und bis Joseph Ibn-Migasch hinabreiche. Zu diesem Zwecke stellte er die Reihenfolge der geschichtlichen Träger der biblischen, nachexilischen, talmudischen, saburäischen, gaonäischen und rabbinischen Zeit chronologisch zusammen (1161)[1]. Er nannte dieses hebräisch geschriebene Werk „die Reihenfolge der Überlieferung" (Seder ha-Kabbalah). Von bedeutendem Wert sind seine Nachrichten von der Blütezeit der spanischen Gemeinden an, wozu er die Quelle des Samuel Ibn-Nagrela benutzte oder selbständige, geschichtliche Forschungen anstellte. Seine Angaben sind kurz, aber äußerst genau und zuverlässig und lassen viel zwischen den Zeilen lesen. Sein hebräischer Stil ist fließend und nicht ohne poetische Färbung. Zur Ergänzung dieser geschichtlichen Skizze schrieb er eine kurze Geschichte Roms von der Gründung durch Romulus bis auf den westgotischen König Reccared aus arabischen und spanischen Chroniken, und endlich die jüdische Geschichte während des zweiten Tempels, wobei er sich von dem Machwerke des Fälschers Josippon (B. V$_4$ S. 265) leiten ließ.

Noch viel kenntnisreicher, umfassender und tiefer war **Abraham ben Meïr Ibn-Esra aus Toledo** (geb. 1088 oder 89, st. 1167)[2], ein Mann von merkwürdigen Geistesgaben, der das Größte wie das Kleinste in der Wissenschaft mit gleicher Virtuosität umspannte, lebendig, geistreich, voll sprudelnden Witzes, aber ohne Gemütswärme. Seine Belesenheit in allen Zweigen der göttlichen und menschlichen Wissenschaften war erstaunlich; auch in der Literatur der Karäer war er heimisch. Er war aber keine abgerundete, in sich gefestigte Persönlichkeit, sondern zerfahren, widerspruchsvoll, mit einer großen Dosis von Leichtsinn begabt; bald bekämpfte er das Karäertum, bald machte er ihm Zugeständnisse. Seine Polemik ist schonungslos, und es kam ihm weniger auf Ermittelung der Wahrheit, als darauf an, dem Gegner etwas zu versetzen. Er war ein Geist der Verneinung und bildet den vollsten Gegensatz zu Jehuda Halevi, mit dem er nahe verwandt gewesen sein soll. Ibn-Esra (so wird er schlechthin genannt) vereinigte in sich unausgeglichene Gegensätze. Sein heller Blick, sein scharfer, zersetzender Verstand, seine kühne Forschung, welche so weit ging, daß er hart an den Pantheismus anstreifte, vertrugen sich mit strengem Autoritätsglauben, der wiederum bei ihm in so herben Fanatismus ausartete,

---

[1]) Das Datum gibt der Verf. selbst an bei der Geschichte der Saburäer.
[2]) Vgl. Note 8.

daß er die freien Forscher verketzerte. Sein nüchterner Sinn, der jeder Erscheinung auf den Grund sah, hinderte ihn nicht, eine Geheimlehre aufzustellen, welche die Dinge in Halbdunkel hüllt. Voller Vertrauen auf Gott, dem er ruhig sein Geschick anvertraute, gab er sich dennoch dem Glauben an die Einwirkung der Gestirne auf das menschliche Leben hin, denen sich nach seiner Ansicht niemand entziehen könne. So war Ibn-Esra zugleich unerbittlicher Kritiker und Buchstabenknecht, Vernünftler und Mystiker, innig religiös und Astrolog. Diese Gegensätze waren nicht etwa auf die verschiedenen Lebensstufen verteilt, sondern beherrschten sein ganzes Leben. Seine Jugend- und Bildungsgeschichte ist in Dunkel gehüllt, man weiß nicht einmal, ob er zu der Familie der Ibn-Esra aus Granada gehörte. In seiner Jugend tändelte er mit der Muse, sang Loblieder auf hochstehende Personen und schmauste mit Mose Ibn-Esra[1]). Mit Jehuda Halevi hatte er ebenfalls Bekanntschaft; sie unterhielten sich öfter mit Scharfsinn über philosophische Probleme, und es zeigt sich dabei, daß ihre Denkweise weit auseinander ging[2]). Ihre verschiedene Anschauungsweise charakterisiert Ibn-Esra selbst durch ein niedliches Epigramm. Jehudas Schatten fordert ihn auf, ihm ins Jenseits zu folgen:

„Süß ist mein Schlummer mir, doch regt mich, Freund,
Die Liebe an, dir nochmals zu erscheinen.
Des Himmels Scharen wohlgefällt dein Lied.
Darum wolle doch mit ihnen dich vereinen!
So laß uns zusammen singen dort.
Wozu den Körper pflegen, den unreinen?"

Ibn-Esra antwortet auf die Aufforderung des Schattens:

„Geh' wieder ein zur Ruh, mein Juda! Gott
Will mich noch nicht versammeln zu den Seinen.
Noch soll ich Kinder zeugen, ird'sche Speis'
Genießen, nicht himmlisch Manna von dem deinen.
Bekümmert sehr ob deinem Tod kann doch
Ich deinen Rat nicht machen zu dem meinen"[3]).

Ibn-Esra, der die mannigfachen Kunstformen der arabischen und neuhebräischen Poesieregeln zu handhaben verstand, war darum doch kein Dichter. Seine poetischen Erzeugnisse sind künstlich, gelehrt, trocken, gemütlos. Auch seine liturgischen Poesien, die er in jedem Lebensalter anbaute, tragen dasselbe Gepräge nüchterner Betrachtung.

---

[1]) Ginse Oxford XIV, Note 1.
[2]) Vgl. Geiger, Divan 149 f.
[3]) Das. 150.

Es sind in Versen ausgesprochene Gedanken, Lehren der Weisheit oder rügende Ermahnungen, nicht der Erguß der im Gemüte wogenden Fülle religiöser Empfindungen, die in inbrünstigen Gebeten hervorbricht. Das schwungvolle Aufjauchzen eines mächtg ergriffenen Innern in begeistertem Hymnus, die erhabene Majestät einer nach dem Höchsten ringenden und darum auch das Höchste erreichenden Poesie, wie sie Ibn-G'ebirol und Jehuda Halevi offenbarten, vermißt man in der religiösen Poesie Ibn-Esras[1]). Nur wo es auf Witz und zugespitzte Epigramme ankam, in Rätseln und Stachelgedichten war er unübertrefflich. Sein prosaischer Stil ist ebenfalls musterhaft, und man kann sogar behaupten, daß er ihn geschaffen hat. Er hält sich fern von Überladung und Wortgeklingel.

Wenn Ibn-Esra in der Poesie keine hohe Stufe einnimmt, so behauptet er den ersten Rang als gründlicher und taktvoller Erklärer der heiligen Schrift, die er stets an der Hand richtigen grammatischen Verständnisses behandelte. Er war zum Exegeten wie geschaffen. An den Versen der heiligen Schrift konnte er seine mannigfachen Kenntnisse und Gedanken anbringen, ohne genötigt zu sein, sie in logischen Zusammenhang zu bringen. Denn sein unruhiger, flüchtiger Geist war nicht dazu geeignet, etwas Ganzes und Systematisches zu schaffen. In die hebräische Sprachkunde selbst vermochte er nicht Methode zu bringen und den Stoff übersichtlich zu ordnen. In der biblischen Exegese dagegen war er durchaus originell, erhob sie zu einer Wissenschaft mit bestimmten Grundsätzen, so daß er eine lange Zeit als Alleinherrscher auf diesem Gebiete stand. Auffallend ist es, daß er sich in seiner Heimat nicht angeregt fühlte, das Feld der Schrifterklärung anzubauen, obwohl er die bedeutendsten Anlagen dazu hatte. So lange er in Spanien weilte, galt er nur als ein tüchtiger Mathematiker und Astronom, keineswegs als Exeget. Er hatte überhaupt auf heimatlichem Boden kein literarisches Erzeugnis ans Licht gebracht, höchstens hebräische Gedichte religiösen und satirischen Inhalts. Das Einzige, was von ihm aus der Zeit seines Verweilens im Geburtslande bekannt geworden, ist seine Antwort auf eine astronomische Anfrage an David aus Narbonne (um 1138)[2]). Im fünfzigsten Lebensjahr hatte der, den die späteren Geschlechter als einen hervorragenden Geist anstaunen sollten, in seiner Heimat noch keinen Namen und überhaupt die Aufmerksamkeit noch nicht auf sich gezogen. Die Fremde sollte erst die Keime seines Geistes zur Befruchtung bringen.

---

[1]) M. Sachs, religiöse Poesie der Juden Spaniens 312 ff.
[2]) Vgl. Note 8.

Drückende Lebensverhältnisse in dem durch beständige Kriege verarmten Toledo bewogen Ibn-Esra auszuwandern. Er soll überhaupt immer mittellos gewesen sein[1]. In seiner epigrammatischen Weise machte er sich selbst über sein Mißgeschick, das ihn zum Notleiden verdammte, lustig: „Ich bemühe mich, reich zu werden, aber die Sterne sind mir feindlich. Machte ich mit Leichentüchern Geschäfte, würde niemand sterben, hätte ich Kerzen als Ware, so würde die Sonne bis zu meiner Todesstunde nicht untergehen"[2]. Da er in der Heimat keine Unterstützung fand, so verließ er sie und ging auf Reisen (um 1138—39). Sein Sohn Isaak, bereits erwachsen, war sein Begleiter. Er sah Afrika, Ägypten, Palästina, verkehrte in Tiberias mit den Weisen, die sich des Besitzes sorgfältig abgeschriebener Thoraexemplare rühmten. Nirgends Ruhe findend, reiste er weiter nach Babylonien, war auch in Bagdad, wo wieder ein Exilsfürst mit Bewilligung des Kalifen eine gewisse Oberherrlichkeit über sämtliche orientalische Gemeinden inne hatte. Auf diesen weiten Reisen beobachtete Ibn-Esra viel und scharf und bereicherte seinen Geist. Er soll nach einer Sage als Gefangener bis nach Indien geschleppt worden sein, wo er nichts anderes als ungesäuertes Brot genossen haben soll[3].

Es ist nicht recht begreiflich, warum er vom Morgenlande heimkehrte, ohne seine Heimat wiederzusehen. In Rom fand er erst die lang vermißte Ruhe (1140). Sein Erscheinen in Italien machte Epoche in der Kulturentwickelung der italienischen Juden. Obgleich eine gewisse Freiheit genießend, so daß die römische Gemeinde keinerlei Abgaben unterworfen war, waren die Juden Italiens doch auf niedriger Bildungsstufe stehen geblieben. Den Talmud verstanden sie nur in hergebrachter, geistloser Weise. Von richtigem Verständnis der Schrift hatten sie keine Ahnung, die neuhebräische Poesie bestand für sie nur im Radebrechen des Hebräischen zu elender Reimerei. Ihre Muster waren Elieser Kalirs holperige Reimverse, die sie dennoch für etwas Unerreichbares erklärten[4]. Allem Aberglauben des Mittelalters war ihr dumpfer Sinn geöffnet. Wie sehr stach gegen sie der spanische Reisende mit seinem Kunstgeschmack, seinem gesunden Sinne und seiner philosophischen Bildung ab! Auch der Zeitpunkt seiner Ankunft in Rom war günstig für die Erweckung einer höhern Kultur.

---

[1] Profiat Duran, mitgeteilt von Dukes, Orient. Litbl. 1843, col. 657. Note 1 u. a. a. O.

[2] Das. Elieser Tunensis, Dibre Chachamim, p. 85.

[3] Joseph Ezobi bei Abudirham zu Hagadah.

[4] Ibn-Esra, Kommentar zu Kohelet, 5, 1.

Gerade um diese Zeit trat ein kühner Geistlicher, Arnold von Brescia, mit der Behauptung auf, die Päpste regierten nicht im Sinne des Evangeliums, es gezieme ihnen keine weltliche Herrschaft, sondern sie sollten wahrhafte Knechte in Demut sein. Ein gewisser Forschergeist, verbunden mit dem Streben nach Freiheit, erwachte in der Residenz des Papstes. Das Volk lauschte auf die begeisterten Worte des jungen Reformators. In einem allgemeinen Konzile im Lateran in den Bann getan, mußte zwar Arnold die Flucht ergreifen, aber nur um im Triumph nach Rom zurückzukehren. Das römische Volk kündigte dem Papst den Gehorsam auf und erklärte sich zur Republik (1139—1143). Von diese Zeit fällt Ibn-Esras Aufenthalt in Rom. Sicherlich scharten sich Jünglinge und Männer um ihn, um den vielgereisten, kenntnisreichen spanischen Weisen zu hören, und er wußte sie durch seine kurze, lebendige, treffende, geistvolle Sprache zu fesseln.

In Rom erschienen die Erstlingserzeugnisse des schon fünfzigjährigen Ibn-Esra. Zunächst erklärte er die fünf Megillot. Seine richtigen exegetischen Grundsätze hat er in den ersten Arbeiten geoffenbart. Da, wo sein heller Blick hindringt, schwindet alles Dunkel, es müßte denn sein, daß er sich selbst die Augen verbindet, um das Richtige nicht zu sehen, oder daß er sich stellt, als sähe er nichts. War es der Zweifel, der seine Brust durchwühlte, oder Charakterschwäche, die sich scheute, der Menge in ihrem Wahne entgegenzutreten? Unwiderleglich ist es, daß Ibn-Esra öfter die Wahrheit verleugnet oder sie derart verhüllt hat, daß sie nur dem Gleichgesinnten erkennbar sein sollte. Der Erläuterung des hohen Liedes schickte er eine kurze Einleitung voran, worin er die Ansicht lächerlich macht, als sei in dieser großartigen Kunstschöpfung die Mystik über das Verhalten der Welt zu Gott und das der Seele zu dem irdischen Leibe allegorisch angedeutet. Nach seiner Ansicht tönt durch das Ganze die Sehnsucht der Liebe durch, aber er deutete es auch nach Ansicht der Alten als das Verhältnis Israels zu Gott in der glutvollen Sprache eines treuen Liebesbundes.

So groß aber auch Ibn-Esras exegetisches Talent was, reichte es doch nicht aus, um dunkle biblische Schriften im Zusammenhang als ein organisches Ganzes, als ein schön gegliedertes Kunstwerk zu begreifen und zu durchdringen. Sein Sinn war vielmehr nur auf Einzelnes, Losgetrenntes gerichtet, wie denn überhaupt sein unruhiger Geist nie bei der Sache verblieb, sondern immer auf andere Gegenstände, die nur lose damit verbunden sind, abzuschweifen pflegte. Das philosophische Buch Kohelet, dessen Zusammenhang, Gliederung und geschichtlicher Hintergrund noch heutigen Tages sich der Erforschung entzieht, war für Jbn-Esra ein versiegeltes Buch, das aufzuhellen er nicht imstande war. Die dürftige Philosophie der neuplatonischen Schule, der er huldigte und die er zur Erklärung heranzog, zeigte sich zum Verständnis dieses einem andern Lebenskreise entstammten Buches Kohelet unzulänglich. Nicht besser ging's ihm mit der Erklärung des großartigen philosophischen Dramas Hiob, das er ebenfalls während seiner Anwesenheit in Rom kommentierte. Den römischen Juden brachte Jbn-Esra auch zuerst einen Begriff von der grammatischen Kenntnis der hebräischen Sprache sei, deren sie vollständig bar waren. Er übersetzte Chajug's grammatische Werke aus dem Arabischen ins Hebräische und legte ein selbständiges Werk unter dem Titel „die Wage" (Moznaim) an, an dem jedoch nur die schön stilisierte, geschichtliche Einleitung über die Leistungen der Vorgänger auf dem Gebiete der hebräischen Sprachkunde von Saadia bis Jbn-Al-Tabbén interessant ist. Denn so sehr auch Jbn-Esra jeden Schritt an der Hand der Grammatik geht, so hat er doch wenig zum Verständnis des eigentlichen Baues der heiligen Sprache beigetragen; er benutzte meistens nur die Forschungen der großen Vorgänger, deren Resultate er kritisch gegeneinander abwog, um sich bald für das eine, bald für das andere zu entscheiden. Aber er hat nicht eine einzige, wichtige grammatische Regel aufgestellt[1]).

Mehrere Jahre muß er wohl in Rom zugebracht haben. Was mag ihn bewogen haben, die ewige Stadt zu verlassen und den wandernden Fuß ins Weite zu setzen? Zunächst wohl die Unruhe oder die Lust, neue Kreise kennen zu lernen. Es scheint, daß er von da zunächst in Salerno, der größten italienischen Gemeinde, Halt machte. Wegen ihres reichen Handels und ihrer Weltverbindung war diese Stadt der Sammelplatz vieler Fremden. Obwohl in Salerno damals schon eine Hochschule für Heilkunde bestand und ein gewisser Bildungsgrad darin heimisch war, so standen die Juden dieser Stadt doch auf niedriger Kulturstufe. Jbn-Esra scheint hier nicht sehr freundlich empfangen und nur von einem Mäzen, R. Eljakim, der selbst spanischen Ursprungs war, mit Auszeichnung behandelt worden zu sein. Dagegen genoß ein eingewanderter Talmudist, R. Isaak ben Malki-Zedek, aus der griechisch-apulischen Stadt Siponte (Manfredonia) hohe Achtung. Er wurde später Verfasser eines Kommentars zu sämtlichen

---

[1]) Vgl. Profiat Duran (Efodi) Maasze Efod c. 7.

Ordnungen der Mischnah. Die Kenntnisse, die Ibn-Esra mitbrachte und lehren wollte, hebräische Sprachkunde, Bibelerklärung, neuhebräische Poesie, wurden von der Salerner Gemeinde gering geschätzt. „Im Christenland wird der Weise aus dem Araberland gering geachtet und verspottet," bemerkte Ibn-Esra. Man bezeichnete ihn und die Eingewanderten aus dem arabischen Spanien halb als Ketzer. Es scheint eine Reibung zwischen Ibn-Esra und R. Isaak aus Siponte entstanden zu sein, und der erstere machte seinem Zorn in einem beißenden Spottliede Luft, das voller Witz ist, aber auch voll persönlicher Schmähung auf seinen Gegner. Er nannte R. Isaak eine „griechische Heuschrecke", bespöttelte seinen Gang, sein Benehmen, seine heisere, kreischende Stimme, warf ihm vor, daß er weniger Hebräisch verstände als ein Kind. Der Gegensatz der Kultur zur Bildungslosigkeit tritt hier zum ersten Male schroff auf. Ibn-Esra scheint nicht lange in Salerno geblieben zu sein, wenigstens hat kein schriftstellerisches Werk von ihm die Salerner Gemeinde verewigt.

Im Sommer 1145 war er in M a n t u a und hier verfaßte er ein neues grammatisches Werk über die Feinheiten des hebräischen Stiles (Zachot). Dieses Werk bietet ein vollständiges Muster von Ibn-Esras unmethodischer, regelloser Darstellungsweise. Es behandelt sämtliche Teile der hebräischen Sprachkunde und nimmt sogar einen Anlauf zur Systematik, zerfließt aber in lauter Abschweifungen, bleibt bei keinem Gegenstande stehen, sondern behandelt, wie sich die Gelegenheit darbietet, bald diesen, bald jenen Punkt und kehrt immer wieder zum Thema zurück, so daß es den Leser förmlich verwirrt. In diesem Werke kehrte er zum ersten Male seine Verketzerungssucht gegen solche hervor, welche von der massoretischen Autorität abwichen, die an ihm um so unleidlicher erscheint, als er sonst, freilich unter der Maske des Geheimnisses, sich noch mehr Freiheit gegen die Integrität der Bibel herausnahm. Von Ibn-G'anachs grammatischen Werken bemerkt er nämlich, sie verdienten dem Scheiterhaufen überliefert zu werden, weil der Verfasser von mehr als hundert Wörtern in der Bibel behauptet, sie müßten anders gelesen oder verstanden werden[1]). Sein Verdammungsurteil trug auch viel dazu bei, daß Ibn-G'anachs bedeutende Leistungen den nachfolgenden Geschlechtern unbekannt blieben, und die Forscher gezwungen waren, ihren Durst aus zerbrochenen Zisternen zu löschen. Gegen Saadia polemisierte Ibn-Esra, daß derselbe abweichend manche massoretische Versabteilung nicht

---

[1]) Vgl. darüber Kirchheims Anmerk. zu Rikmah S. 149 f.

anerkannte. Selbst die aus talmudischer Zeit stammende Tradition, daß mindestens achtzehn Bibelverse von den Sopherim aus gewissen Rücksichten abgeändert worden wären, war dem massoragläubigen Ibn-Esra zuwider, und er deutete sophistisch an diesen Versen, um die geschriebene Lesart festzuhalten[1]). Wie Ibn-Esra einerseits eine auf Grammatik beruhende Schrifterklärung anbahnte, so hat er anderseits durch sein starres Festhalten an der Massora den Weg der freien Forschung abgeschnitten.

In Mantua scheint er nicht lange geweilt, sondern sich von da nach Lucca begeben zu haben, wo er mehrere Jahre lebte und einen Kreis von Jüngern um sich sammelte. Hier beschäftigte er sich vielfach mit Astronomie, legte astronomische Tafeln an, schrieb über den richtigen Gebrauch des Astrolabs, gab sich aber auch der von Mohammedanern und Christen gepflegten Afterwissenschaft der Astrologie hin, über welche er mehrere Schriften verfaßte unter verschiedenen Titeln (1148). Nach Ibn-Esras Ansicht ist nämlich die Macht der Gestirne auf das menschliche Geschick unabänderlich, und dieser Einfluß mache sich zunächst bei der Geburt geltend. Doch räumt er der menschlichen Seele in ihrer Energie so viel ein, daß sie den bösen Einfluß der Gestirne, wenn nicht ganz aufheben, doch einigermaßen schwächen könne. Nach der Genesung von einer schweren Krankheit, wobei ihm ein gewisser **Mose ben Meïr**, sein Gönner, hilfreich beigestanden, gelobte er, sich mit der Erklärung der Thora zu beschäftigen, an die er wegen ihrer großen Schwierigkeit nur zaghaft ging. Er stand damals schon im Alter von vierundsechzig Jahren (1152—53). Aber dem Werke sieht man das herannahende Greisenalter nicht an, es trägt vielmehr das Gepräge der Frische und Jugendlichkeit. Ibn-Esras pentateuchische Erklärung ist eine Art Kunstwerk nach Inhalt und Form. Die Sprache ist lebendig, fließend, witzig, die Auslegung tief eindringend, nüchtern und überhaupt mit vieler Hingebung gearbeitet. Sein reiches Wissen, seine Belesenheit und Erfahrung hatte ihn befähigt, das Buch der Bücher dem Verständnisse näher zu bringen und den Nebelschleier zu zerreißen, den das Halbwissen und das Vorurteil darüber gedeckt hatten.

In der Einleitung charakterisiert er sehr treffend und geistvoll die vier üblichen unangemessenen Erklärungsweisen, die er vermeiden wollte. Die philosophisch gebildeten Erklärer aus der gaonäischen Zeit, Saadia, Samuel ben Chofni und Isaak Israeli, haben in ihre

---

[1]) Zachot gegen Ende.

Kommentarien fremde Materialien hineingezogen und sie daher weitschweifig und ungenießbar gemacht. Die Karäer haben, um die Tradition entbehren zu können, zu Deuteleien und Schwankungen greifen müssen; die Mystiker haben in jedem Wort höhere Bezüge gesucht, und die agadischen Erklärer haben dem Wortsinn Hohn gesprochen. So erhebt er sich siegesgewiß über seine Vorgänger und erfüllt die Aufgabe, die er sich gestellt, den schlichten Sinn des Textes durchsichtig zu machen. Jbn-Esra war mit seinem Pentateuchkommentar der Fahnenträger einer nüchternen, lichtvollen, wissenschaftlichen Auffassung der Bibel und bildet den Führer einer Minderzahl von erleuchteten Geistern, die sich gegen die Verdunkelung agadischer Auslegung stemmten, als deren Träger Raschi galt. Denn obwohl er sich Mühe gab, die talmudische Tradition durch seine Exegese zu stützen, und die karäische selbständige Auslegungsweise durch schlagenden Witz widerlegte, und obwohl er jede freie, von der Massora abweichende Auffassung verketzerte, so klammerte sich doch die Aufklärung an ihn, als ihre Autorität, und der Unglaube selbst berief sich auf ihn, als auf seinen Gewährsmann[1]). In der Tat gab Jbn-Esra Veranlassung genug dazu, ihn zu den Chivi Albalchi, den Jizchaki und andern zu zählen, welche die Autorität des Pentateuchs in Frage stellten. In dunkeln, rätselhaften Wendungen gab er zu verstehen, daß manche Verse in der Thora von späterer Hand hinzugefügt seien oder gar das Ganze erst aus späterer Zeit stamme[2]). Nur weiß man nicht recht, ob es ihm mit der Skepsis oder mit der Gläubigkeit Ernst war. — In Lucca verfaßte Jbn-Esra auch seinen lichtvollen Kommentar zu Jesaia (1154—55), worin er seinen Zweifel, ob die letzten dreiundzwanzig Kapitel von diesem Propheten stammen oder von einem späteren herrühren, andeutete. Hier verfaßte er auch zwei grammatische Schriften, eine selbständige (S. Jesod) und eine Widerlegung der Angriffe des Dunasch ben Labrat auf Saadia (B. V$_4$ S. 355 f.), dessen halbverstümmeltes, polemisches Werk ihm in Ägypten in die Hand gefallen war (Sephat Jeter). Diese Schrift arbeitete er für einen seiner Jünger, Chajim, aus. Wenn seine Zuhörer auch viel von ihm lernten, Gerechtigkeit und Gewissenhaftigkeit in der Behandlung wissenschaftlicher Fragen hat er sie nicht gelehrt. Gerade in der Polemik gegen Dunasch zeigte sich Jbn-Esra in hohem Grade ungerecht. Mit vieler

---

[1]) Vgl. Spinoza, Tractatus theologico-politicus c. 8.
[2]) Vgl. den Kommentar zu Deuteronomium Anf. und die sonderbare Apologetik des Joseph Tob-Elem Sephardi in Zophnath Paaneach dazu.

Bitterkeit tadelt er manches an Dunasch, was er selbst sich angeeignet und in seine Kommentarien verwebt hat, und wiederum rechtfertigt er hartnäckig manches von Saadia, was er anderweitig verworfen hat.

Nach Vollendung des Pentateuchkommentars (1155) verließ Ibn-Esra Italien und begab sich nach einem neuen Schauplatze, nach Süd-Frankreich, welches wegen seines Zusammenhanges mit Katalonien mehr Teil an der spanisch-jüdischen Kultur hatte, als Nordfrankreich, Italien und Deutschland. Die Provence bildet in der jüdischen Geschichte die Grenzscheide zweier Richtungen, der streng talmudischen und der wissens- und kunstliebenden. Die jüdischen Provenzalen nahmen an beiden Richtungen aufrichtigen Anteil, brachten es aber in beiden nicht zur Meisterschaft, sondern blieben stets Bewunderer und Nachahmer. Ibn-Esra brachte in diesen Kreis ein neues, anregendes Element. Er ließ sich zuerst in der alten Gemeinde Beziers (Bedares) nieder, die viele Gelehrte in ihrer Mitte zählte. Sie behandelten den Weltwanderer mit großer Auszeichnung, Fromme und Gebildete ohne Unterschied. Isaak ben Jehuda, „Fürst der Juden" genannt, und Abraham ben Chajim, beide ausgezeichnet als fromme Talmudisten, erwiesen ihm so viel Aufmerksamkeit, daß er ihnen zu Ehren ein mathematisch-kabbalistisches Werk über die Gottesnamen verfaßte. Es enthält eine geistreiche Spielerei mit Buchstaben und Zahlen, die, in verschiedenen Werten kombiniert, die geheimnisvollen Eigenschaften der Gottheit bezeichnen sollen. Diese von Ibn-Esra zuerst eingeführte Buchstaben- und Zahlenkombination brachte die Zahlenkabbala zur Mode und nährte einen praktischen Wahnglauben, der viel Unheil gestiftet hat. — In demselben Jahre siedelte er nach der Stadt Rhodez über, wo es ihm so gut gefallen haben muß, daß er mehrere Jahre daselbst weilte (1155—57). Hier kommentierte er das Buch Daniel, den Psalter und die zwölf Propheten. Sein Ruf drang indes weithin und erwarb ihm Bewunderer. Die größte rabbinische Autorität jener Zeit, R. Jacob Tam, sandte ihm Huldigungsverse in metrischer Form zu, worüber Ibn-Esra so sehr verwundert war, daß er ihm darauf mit einem halb schmeichelnden, halb verletzenden Epigramm entgegnete:

„Wer führte die Franzosen in des Liedes Tempel?
Darf ein Uneingeweihter ihn betreten?
Ist auch Jakobs Lied süß wie Manna,
So bin ich die Sonne, die es in Nichts auflöst."

Ein andermal schickte ihm R. Tam ein so höfliches, demütiges Gedicht zu, daß Ibn-Esra, davon ergriffen, in ähnlichem Tone erwiderte:

„Gebührt's einem Vollsführer sein Haupt vor einem Niedrigen zu beugen? Unwürdig ist's, wenn ein Engel Gottes vor einem Unwürdigen sich demütigt"[1]).

Seine Wanderlust führte ihn noch im siebzigsten Lebensjahre nach dem nebelreichen London, wo er einen freigebigen Mäzen fand, der ihn mit Liebe umgab. Hier verfaßte er eine Art Religionsphilosophie[2]). Sie trägt aber so sehr das Gepräge äußerster Zerfahrenheit und Flüchtigkeit, daß man außerstande ist, seinem Gedankengang zu folgen. Im ganzen hat Jbn-Esra darin, wie in der Philosophie überhaupt, wenig geleistet. Die neuplatonische Weisheit, daß Gott eine einheitliche Substanz sei, die nicht in unmittelbarem Zusammenhange mit der Welt stehe, sondern durch Vermittlung eines Urgeistes wirke, daß die göttliche Vorsehung sich nur über die Gattungen und nicht über die Einzelwesen erstrecke, daß die Seele vom Urgeiste stamme, im Leibe wie in einem Kerker lebe und sich nach ihrer himmlischen Heimat sehne, diese billige Weisheit hat Jbn-Esra bald in klarer, bald in mystischer Fassung, oft in Zahlenspielerei ausgedrückt, in seine Schriften eingestreut, ohne die ihn bewegenden, philosophischen Gedanken zu einem Ganzen zu verbinden. Offenbarung, Judentum, Prophetie, diese Vorgänge nahm er als gegebene Tatsachen hin, ohne je anzudeuten, wie er sie sich mit seinem Gottesbegriff übereinstimmend dachte. Nur andeutungsweise bemerkte er, daß die Prophezeiung ein traumhafter Vorgang sei, und daß der Prophetenberuf durch innerliche Anlage oder durch Übung erlangt werden könne. Der Prophet Jona sei keineswegs vor Gott geflohen, — denn das wäre töricht gewesen, der Allgegenwart Gottes entgehen zu wollen — sondern er habe den prophetischen Drang innerlich bekämpft[3]). Seiner ganzen Geistesrichtung nach konnte Jbn-Esra die übernatürlichen Erzählungen in der Bibel nicht buchstäblich fassen, sondern mußte sie rationalistisch umdeuten. Nur tat er es in versteckter Weise, unter dem Schleier des Geheimnisses.

Nächst der religionsphilosophischen Schrift verfaßte er in London noch eine andere, eine Art Schutzrede für den Sabbat, die wegen ihrer Einleitung interessant ist. Er kleidete den Eingang in einen Traum ein, den er in einer Nacht gehabt haben will. Eine Traumerscheinung habe ihm ein Sendschreiben vom personifizierten Sabbat überbracht, worin dieser sich über ihn beklagt, daß sein Jünger in sein Haus Schriften

---

[1]) Gavison, Omer ha-Schickhcha, wiedergegeben Kerem Chemed VII.35.
[2]) Jesod Mora; vgl. Note 8.
[3]) Im Kommentar zu Jona, Anfang.

gebracht hätte, worin auseinandergesetzt sei, daß der biblische Tag mit dem Morgen beginne, und daß folglich die Nacht von Freitag auf Sonnabend keine Heiligkeit habe. Die Erscheinung habe ihn darauf aufgefordert, den Sabbat zu verteidigen. Beim Erwachen in der Nacht habe er die ihm zugebrachten, verdächtigen Bibelkommentarien beim Mondschein gelesen und in der Tat gefunden, daß darin behauptet werde, der biblische Tag beginne nicht mit dem Abend, sondern mit dem Morgen, folglich sei die Vornacht nicht sabbatlich geweiht. Diese letzterische Lehre, die übrigens von Raschis Enkel, dem frommen Samuel ben Meïr aufgestellt wurde (o. S. 145), brachte Ibn-Esra in Harnisch; er fühlte sich gedrungen, sie mit allen Waffen zu widerlegen, „damit Israel nicht in die Irre geführt werde". In frommer Entrüstung schreibt er, „die Hand dessen, der so etwas niedergeschrieben, müsse verdorren und sein Auge sich verdunkeln." Die Verteidigung, welche aus Erläuterung von Bibelversen und astronomischen Auseinandersetzungen besteht, führt den Namen „das Sabbatsendschreiben".

Obwohl es ihm in London an nichts fehlte, und viele Jünger sich um ihn scharten, so verließ er es doch nach kurzem Aufenthalte. Im Herbst 1160 war er in Narbonne und später (1165 oder 66) wieder in Rhodez, wo er bereits in hohem Alter seinen Pentateuchkommentar überarbeitete, ihn kürzer faßte, das Wesentliche aber beibehielt und endlich sein letztes, grammatisches Werk (Safah Berurah) auf Dringen eines seiner Jünger, Salomo, verfaßte. Bewunderungswürdig an diesem Schriftsteller ist die Geistesfrische, die er in hohem Alter bis an sein Lebensende sich erhalten hat; seine letzten Erzeugnisse tragen denselben Stempel der Lebendigkeit, Sicherheit und jugendlichen Kraft, wie die ersten. Er hat außer den genannten exegetischen, grammatischen, astronomischen und astrologischen, noch andere Schriften verfaßt, über Astronomie und Mathematik. Ob er in die Zahlenkunde etwas Neues eingeführt, ist noch nicht mit Sicherheit ermittelt. Man schreibt ihm eine geistreiche Rechnungsart zu, die er in einer gefahrvollen Lage angewendet haben soll. Er soll sich einst mit fünfzehn Jüngern auf einem Schiffe befunden haben, das voll von Passagieren war; ein heftiger Sturm brachte das Schiff dem Untergange nahe, und als letzte Rettung wurde die Erleichterung des Schiffes von der Hälfte seiner Mannschaft angesehen. Der Schiffskapitän beriet mit Ibn-Esra, jeden neunten Mann ins Meer zu werfen. Ibn-Esra soll aber seine Jünger so gestellt haben, daß sie die Reihe nicht getroffen habe (Tachbulah). Es scheint, daß Ibn-Esra sich im Alter nach

Spanien zurückjehnte und die Reise von Südfrankreich aus angetreten hat. Aber in Calahorra, an der Grenze von Navarra und Aragonien angekommen, starb er (Montag, 1. Adar = 23. Januar 1167), und soll auf dem Totenbette noch witzig einen Bibelvers auf sich angewendet haben: „Abraham war 78 Jahr alt, als er dem Fluch dieser Welt entwich". Er hinterließ viele Jünger und einen begabten Sohn, der ihm aber keine Ehre machte.

Auch das jüdische Frankreich hatte damals eine reichbegabte Persönlichkeit, welche nicht nur die Hauptrichtung der französischen Schule in sich konzentrierte und dadurch Gesetzgeber für viele Jahrhunderte wurde, sondern auch an dem Geiste der jüdisch-spanischen Schule teilnahm. R. Jakob Tam aus Rameru (geb. um 1100 st. 1171), welcher von den Kreuzfahrern dem Tode nahegebracht worden war, war die bedeutendste Erscheinung, welche aus Raschis Schule hervorgegangen ist. Der jüngste der drei gelehrten Enkel des großen Lehrers von Troyes, konnte R. Tam nichts von seinem Großvater lernen, den er nur mit Kindesaugen kannte, und war der Schüler von dessen Jünger, von seinem Vater Meïr und von Joseph Bonfils (Tob-Elem II.)[1]. Er erlangte eine solche Tüchtigkeit in der Talmudkunde, daß er seine Zeitgenossen und selbst seine älteren Brüder Isaak und Samuel (Raschbam) überstrahlte. Die weitläufigen Gänge und verschlungenen Wege des talmudischen Labyrinths lagen vor ihm offen, und er beherrschte das ganze Gebiet mit seltener Meisterschaft. Er verband Klarheit des Geistes mit Verstandesschärfe und war der Hauptbegründer der Tossafistenschule (o. S. 144)[2]. Keiner seiner Vorgänger offenbarte eine solche Gründlichkeit und überraschend dialektischen Scharfsinn in einem so hohen Grade auf dem Gebiete des Talmuds. Obwohl Privatmann und ein Geschäft betreibend, galt er doch als der angesehenste Rabbiner seiner Zeit, dessen Ruf bis nach Spanien und Italien drang. Die größte und reichste, mit Talmudgelehrten gefüllte Gemeinde von Paris ließ sich von ihm die Vorschriften und Formeln für die Ehescheidung anfertigen[3]. Anfragen über schwierige Punkte wurden an ihn ausschließlich gerichtet nicht nur aus seiner Heimat, sondern auch aus Südfrankreich und Deutschland, und die rabbinischen Autoritäten der Zeit ordneten sich ihm mit der größten Verehrung unter[4].

---

[1] Sefer ha-Jaschar p. 74 a. Vgl. über diesen Ben-Jakob, Additamenta zu Aſulai's Schem ha-Gedolim II. p. 165 Nr. 29.
[2] Vgl. Jochasin ed. Filipowski p. 217. [3] Sefer ha-Jaschar No. 81.
[4] Vgl. Responsa Temim Deim No. 214, 24; Schibole Leket 3 a, Ibn-Jarchi Manhig No. 608, 615 und p. 86 c. ff.

Schon in seiner Jugend hatte er einen Kreis von Jüngern um sich[1]), die in ihm das Ideal verehrten. Er war auch so sehr beschäftigt mit Beantwortungen und Anfragen, daß er zuweilen der Last erlag[2]). Die Fanatiker des zweiten Kreuzzuges, die ihm beinahe das Leben raubten, plünderten seine ganze Habe und ließen ihm nichts weiter als das nackte Leben und seine Bibliothek[3]). Dennoch verfaßte er seinen Kommentar zum Talmud gerade in dieser schreckensreichen Zeit[4]). Er war ein fester, von Religiosität und Sittlichkeit durchdrungener Charakter, an dem nur ein Makel haftete, daß er Wucherzinsen von Christen nahm[5]), wie er denn überhaupt die strengen talmudischen Wuchergesetze teilweise beseitigte und gestattete, an Juden durch Vermittlung eines Christen auf Zins zu leihen und an getaufte Juden sogar in direktem Verkehr[6]), — von der Strenge seines Großvaters darin abweichend. Trotz der großen Verehrung, die er genoß, war R. Tam frei von Überhebung, kannte aber kein Ansehen der Person, wo ihm die Religiosität gefährdet schien. Dieses bewies er gegen den gelehrten Meschullam ben Nathan aus Melun, welcher Entscheidungen traf, die wie Neuerungen klangen, obwohl auch er sich auf Lesarten im Talmud und auf Autoritäten berief. R. Tam wies ihn anfangs etwas derb zurecht und sagte ihm unter anderm: „Ich höre, daß du dich bestrebst, volkstümlich zu sein, du solltest dich aber auch ein wenig unter die Kundigen mischen." Als Meschullam auf seiner Ansicht zu beharren schien, machte R. Tam ihm den Vorschlag, mit ihm auf halbem Wege zusammenzukommen, um ihn zu belehren und drohte ihm, falls er von seinen Irrtümern nicht lassen werde, ihn in den Bann zu legen[7]). Und so überwältigend wirkte R. Tams Persönlichkeit, daß R. Meschullam demütig Abbitte tat.

---

[1]) Noch vor 1147, da in diesem Jahre sein Jünger R. Peter den Märtyrertod erlitt, oben S. 153.
[2]) Sefer ha-Jaschar No. 595.
[3]) Das. ed. Wien p. 81 c.
[4]) Das. Nr. 492.
[5]) Responsa R. Meïr aus Rothenburg Nr. 795, 96; Mardochai zu Baba Mezia V. No. 338.
[6]) Sefer ha-Jaschar No. 536, 798; Tossafot zu B. Mezia p. 7 b. Jsaak aus Wien zu Ascheri b. Mezia V. No. 47.
[7]) Das. Nr. 619—622. Der interessante Briefwechsel zwischen R. Tam und Meschullam ist leider sehr korrumpiert. Das erste Sendschreiben Tams fehlt, worauf sich Nr. 619 bezieht. Der Anf. von Nr. 620 gehört zur vorhergehenden Nummer; darauf beginnt R. Tams scharfe Entgegnung.

R. Tam ist fast der einzige der nordfranzösischen Schule, der die Einseitigkeit der talmudischen Richtung überwunden und Teilnahme und Geschmack an den anderweitigen Studien der spanischen Juden bekundet. Er eignete sich von ihnen die Handhabung des hebräischen Versmaßes an und schrieb liturgische Gebetstücke und profane Gedichte in metrischer Kunstform[1]). Es ist bereits erzählt worden, daß er mit dem Vertreter der jüdisch-spanischen Kultur und dem halben Freidenker Ibn-Esra in Verbindung stand und mit ihm Gedichte wechselte (o. S. 176 f.). Die Poesie führte R. Tam, der nichts oberflächlich tat, zur gründlichen Erforschung der hebräischen Sprache, und er brachte es im Verständnis der Grammatik so weit, daß er als Schiedsrichter in dem grammatischen Streit zwischen Menahem ben Saruk und seinem Gegner Dunasch auftreten konnte. Er nahm den ersten gegen die Angriffe des letztern in Schutz in einer Schrift unter dem Titel „Ausgleichung" (Hachraah)[2]).

Die Fülle von gelehrten Rabbinen in Nordfrankreich und Deutschland und die von allen anerkannte Autorität R. Tams brachte eine Erscheinung zutage, welche in der nachtalmudischen Geschichte zum ersten Mal vorkam. Unter dem Vorsitze des Meisters von Rameru versammelte sich die erste rabbinische Synode, um allgemein gültige, zeitgemäße Beschlüsse zu fassen. Wahrscheinlich dienten die Konzilien, welche die flüchtigen Päpste Paschalis, Innocenz II., Calixtus und Alexander III. in Frankreich zusammenberiefen, den Rabbinen zur Anregung. Freilich waren die rabbinischen Synoden nicht mit jener Parade umgeben, welche sie zur Schaubühne machte, wo die Eitelkeit und der Ehrgeiz Nahrung fanden. An irgendeinem bedeutenden Meßplatze, der von vielen Juden besucht zu werden pflegte, wie Troyes, Reims, kamen die Teilnehmer zusammen, ohne Prunk und Zeremoniell, aber auch ohne Hintergedanken und politische Intrigen. Die rabbinischen Synodalbeschlüsse betrafen nicht bloß religiöse und gemeindliche Punkte, sondern streiften auch das Zivilrechtliche, da die Juden damals noch eigene Gerichtsbarkeit hatten.

Höchst wahrscheinlich ist von einer solchen Rabbinersynode, im frischen Andenken an die Verfolgungen des zweiten Kreuzzuges, ein Beschluß erlassen worden, daß kein Jude Kruzifixe, Kirchengeräte, Meßgewänder, kirchliche Ornamente und Gebetbücher kaufen solle, weil

---

[1]) Prof. Luzzatto hat diesen Punkt zur unumstößlichen Gewißheit erhoben in Kerem Chemed VII. p. 35.

[2]) Herausgegeben zusammen mit Dunasch' Teschubot von Filipowski.

es Gefahren für sämtliche Juden heraufbeschwören könne[1]). — Auf einer zahlreich besuchten Synode, an welcher sich 150 Rabbinen von Troyes, Auxerre, Reims, Paris, Sens, Drôme, Lyon, Carpentras, von der Normandie, von Aquitanien, Anjou, Poitou und Lothringen beteiligt haben, und an deren Spitze die Brüder R. **Samuel** und **R. Tam**, ferner **Menahem ben Perez** von Joigny, R. **Elieser ben Nathan** von Mainz und R. **Elieser ben Simson** von Cöln standen, wurden folgende Beschlüsse gefaßt: 1. Daß kein Jude seinen Glaubensgenossen vor das Landesgericht laden soll, es müßte denn sein, daß beide Parteien damit einverstanden seien, oder daß die schuldige Partei sich weigerte, sich vor das jüdische Gericht zu stellen. 2. Jeder Schaden, welcher der einen Partei durch dies einseitige Prozessieren beim außerjüdischen Gerichte erwachsen ist, soll der Kläger ersetzen nach Abschätzung der sieben Gemeindevorsteher. 3. Niemand soll sich von den weltlichen Behörden ein Vorsteher- oder Prevostamt erwirken oder erschleichen, sondern die Vorsteherwahl für die religiösen und gemeindlichen Angelegenheiten soll frei durch die Majorität der Gemeindeglieder vorgenommen werden. Gegen die Übertreter dieser und anderer Synodalbeschlüsse wurde ein schwerer Bann ausgesprochen, daß kein Jude mit ihnen verkehren, von ihren Speisen genießen, ihre Bücher und Geräte benutzen und nicht einmal Almosen von ihnen annehmen dürfe. Auch wurde auf dieser Synode der Bann gegen Angeber und Verräter erneuert[2]).

---

[1]) Dieser synodale Kanon steht in den Responsa des R. Meïr aus Rothenburg ed. Prag 113 a und in Kol-Bo Nr. 116 zum Schlusse einer langen Reihe von Verordnungen. Sie haben in der ersten Quelle gar keine Überschrift, in der zweiten die Überschrift: „Von R. **Gerschom** und den Älteren" (Kadmonim). Sieben Verordnungen derselben Art ohne den Kanon über Ankauf von Kruzifixen usw. kommen auch in dem genannten Resp. Nr. 153 vor, mit der Überschrift: „Von R. Tam im Verein mit französischen Rabbinen." Sämtliche Tekanot können aber nicht von R. Tam herrühren, da gerade in der Mitte angeführt wird, R. Tam habe dieses und jenes hinzugefügt. Ich vermute, daß dieser Kanon infolge der Anklage des Peter Venerabilis eingeführt wurde.

[2]) Dieser Synodalbeschluß findet sich ausführlich in Kol-Bo 117, gekürzt in Responsa R. Meïr aus Rothenburg bei den Tekanot. In einer Handschrift des Herrn Dr. Carmoly sind unterzeichnet neben R. Tam und Raschbam: **Isaak ben Salomo von Sens, Samuel ben Jakob von Auxerre, Isaak ben Nehemia von Drôme** und **Perez ben Menahem** (wahrscheinlich Menahem ben P.) von Joigny; die übrigen Namen kommen in der zitierten Resp. vor. S. darüber auch Neubauer, Institutions des rabbins français. Revue des Etudes T. XVII. p. 69.

Eine dritte Synode, gehalten in Troyes oder Reims, unter dem Vorsitz von R. Tam, Isaak ben Baruch und Menahem ben Perez von Joigny, erhob für die Gemeinden von Francien, Normandie, Anjou und Poitou folgenden Beschluß des Narbonensischen Rabbinats zum Gesetze: Wenn eine Ehefrau innerhalb eines Jahres nach der Hochzeit kinderlos stirbt, so ist der Gatte verpflichtet, ihre Mitgift und alles Mitgebrachte, was nicht in ihrem Interesse verwendet worden, ihrem Vater oder ihren Verwandten zurückzuerstatten. Die Mitglieder der Synode ließen sich dabei von dem Gefühle leiten, daß es für die Verwandten schmerzlich sein muß, ihr Vermögen in der Hand eines Fremden zu wissen, der nur kurze Zeit mit ihrer Tochter oder Schwester zusammengelebt hat. Die Herausgabe der Mitgift soll innerhalb eines Monats geschehen. Auf die versprochene und noch nicht ausgezahlte Mitgift hat der überlebende Gatte vollends keinen Anspruch. Die Vorsitzenden der Synode machten diesen Beschluß den Gemeinden innerhalb zweier Tagereisen von Troyes und Reims bekannt[1]).

Eine Synode in Troyes, wobei wiederum R. Tam und sein Jünger R. Mose ben Abraham von Pontoise fungierten, verhängte den Bann über diejenigen, welche an einem Scheidebrief, welcher bereits der Frau eingehändigt wurde, Ausstellungen zu machen sich herausnehmen[2]). Peinliche oder böswillige Menschen pflegten nämlich dieses oder jenes an dem Scheidebriefe zu bemängeln und ihn dadurch zu verdächtigen, wodurch Unannehmlichkeiten für die Geschiedenen erwuchsen; solchen Unannehmlichkeiten wollte die Synode entgegenwirken. — Noch andere Beschlüsse wurden auf dem Wege von Synodalversammlungen eingeführt und erhielten für die französische und deutsche Judenheit Gesetzeskraft. So wurde unter anderm beschlossen, daß R. Gerschoms Verordnung zur Beschränkung der Vielweiberei nur von hundert Rabbinen aus drei verschiedenen Ländern, wie Francien, Normandie und Anjou, aus wichtigen Motiven aufgehoben werden könne[3]). Die Rabbinen übten diese synodale Gewalt nicht

---

[1]) Dieser Synodalbeschluß findet sich in S. ha-Jaschar Nr. 579, in Responsa R. Meïr aus Rothenburg Nr. 934 und im Auszug am Ende l. c. An der letztgenannten Stelle wird auch Raschbam dabei erwähnt; in einem Carmolyschen Ms. dagegen wird statt dessen Isaak ben Baruch genannt.

[2]) Mardochai Gittin Ende und auch in anderen Quellen.

[3]) Responsa R. Meïr aus Rothenburg Nr. 153 und Ende, Kol-Bo Nr. 116; statt der Korruptel נורנדריאה oder נומברדיאה oder לומברדיאה muß man lesen נורמנדריאה. — Normandie.

wie die katholischen Kirchenfürsten gegen das Volk, sondern im Sinne des Volkes und zum Besten der Gemeinden. Daher brauchten ihre Beschlüsse nicht wie die der Konzilien öfters erneuert zu werden.

In hohem Alter erlebte R. Tam eine blutige Judenverfolgung in seiner Nähe, in Blois, die nicht bloß denkwürdig ist wegen der Grausamkeit, mit der die Märtyrer behandelt wurden, sondern auch wegen der damals zuerst auftretenden, lügenhaften Behauptung, daß die Juden zu Ostern Christenblut brauchten. Eine niedrige Intrige war es, die den Scheiterhaufen für Unschuldige anzündete.

In Blois, wo ungefähr vierzig Juden wohnten, ritt ein Jude in der Dämmerstunde zur Loire, um sein Pferd zu baden, und traf mit einem christlichen Reitknecht zusammen, dessen Pferd beim Anblick eines weißen Vließes, das der Jude unter dem Oberkleide trug, scheu wurde, sich bäumte und nicht zum Wasser gebracht werden konnte. Der Knecht, der den judenfeindlichen Charakter seines Herrn, des Stadthauptmannes, kannte, brachte diesem ein Märchen als Stoff zu einer Anklage zu. Er behauptete, gesehen zu haben, wie der jüdische Reiter einen gemordeten Christenknaben ins Wasser geworfen habe; er selbst sei aus Furcht, ermordet zu werden, dem Juden ausgewichen, und auch das Pferd habe aus Instinkt das Wasser nicht berühren mögen. Der Hauptmann, welcher eine bei seinem Herrn, dem Grafen von Chartres, viel vermögende jüdische Frau Pulcelina haßte, nahm die Gelegenheit wahr, Rache an seiner Feindin zu nehmen. Er wiederholte dem Grafen Theobald, dem Blois gehörte, die Lüge von der Ermordung eines Knaben, und die Anklage wurde hierauf formuliert, die Juden hätten ihn zur Passahfeier gekreuzigt und dann in die Loire geworfen. Der Graf Theobald gab hierauf Befehl, sämtliche Juden gefesselt in den Kerker zu werfen. Frei blieb nur Pulcelina, zu welcher Theobald eine besondere Zuneigung hatte. Im Vertrauen darauf hatte sie ihre leidenden Religionsgenossen beruhigt, daß sie den Grafen zu ihren Gunsten umstimmen und ihnen Hilfe bringen werde. Bald aber erfuhren die eingekerkerten Juden, daß auf menschliche Hilfe nicht zu bauen ist.

Pulcelina hatte nämlich eben wegen der Zuneigung des Grafen zu ihr eine erbitterte Feindin an dessen Frau, der Gräfin Isabella (?). Diese arbeitete an dem Verderben der Juden. Sie ließ Pulcelina überwachen, um ihr keinen Zutritt zum Grafen zu gestatten, weil sie deren Einfluß auf ihn fürchtete. Noch einen Hoffnungsstrahl hatten die Juden in der Habsucht des Grafen. Er hatte nämlich einen Juden von Chartres an sie abgeordnet und sie fragen lassen, welche Summe

sie ihm für die Entbindung von der Blutanklage bieten würden.
Darauf berieten sie sich mit den ihnen befreundeten Christen, und
diese meinten, daß 100 Pfund bar und 180 Pfund ausstehende
Schulden — vielleicht der ganze Reichtum der kleinen Gemeinde —
wohl genügen dürften. Da mischte sich ein Geistlicher in den Prozeß
und redete dem Grafen zu Gemüte, die Sache nicht leicht zu nehmen,
sondern die Juden streng zu bestrafen, falls die Anklage gegen sie
begründet erscheine. Aber wie sollte man hinter die Wahrheit kommen,
da die ganze Anklage nur auf der Aussage des Reitknechtes beruhte,
der höchstens das Werfen eines Körpers ins Wasser gesehen haben
konnte? Das Mittelalter wußte Auskunft für solche Zweifelfälle.
Es wendete die Wasserprobe an. Der Knecht wurde in einem mit
Wasser gefüllten Kahn in den Fluß gebracht, und da er nicht unter-
ging, so war der Graf und die ganze christliche Bevölkerung fest
überzeugt, daß dessen Aussage auf Wahrheit beruhe. Graf Theobald
gab den Befehl, sämtliche Juden der Gemeinde Blois mit dem Feuer-
tode zu bestrafen. Als sie in einen Holzturm gebracht und ringsum
Scheiterhaufen angezündet werden sollten, forderte der Geistliche sie
auf, sich zum Christentume zu bekennen, dann würden sie am Leben
bleiben. Da sie aber standhaft im Glauben blieben, wurden sie zuerst
gemartert und dann zum Scheiterhaufen geschleppt. Zuerst kamen drei
an die Reihe, zwei Jünger der Lehrer von Rameru, **Jechiel ben
David** und **Jekutiel ben Juda**, beide Aaroniden, samt
Juda ben Aaron. Sie wurden mitten im Scheiterhaufen an eine
Säule gebunden: das Feuer soll aber nur ihre Bande gelöst haben,
so daß sie unversehrt den Scheiterhaufen verlassen konnten. Darauf
wurden sie von den Henkersknechten zum zweiten und dritten Male
hineingestoßen. Zuletzt packten sie einen Henkersknecht und zogen
ihn mit hinein, und die umstehenden Christen hatten Mühe, ihn aus
ihren starken Fäusten zu befreien. Diese drei und die übrigen ein-
unddreißig Männer und siebzehn Frauen starben im Feuer unter Ab-
singen des Gebetes, welches das Bekenntnis des einzigen Gottes
zum Inhalt hat (Alenu; Mittwoch 20. Sivan = 26. Mai 1171). Auch
Pulcelina erlitt den Tod bei dieser Gelegenheit. Nur wenige Juden
gingen damals aus Todesfurcht zum Christentume über. Die Christen
aber, auf die Wasserprobe bauend, waren fest überzeugt, die Juden
hätten mit Recht den Feuertod verdient, und die Chronik berichtet
in trockenem Stil: Theobald, Graf von Chartres ließ mehrere Juden
von Blois verbrennen, weil sie zu ihrer Passahfeier einen christlichen
Knaben gekreuzigt und dann in einem Sack in die Loire ge-

worfen[1]). Graf Theobald gedachte noch die Verfolgung über sämtliche Juden seiner Grafschaft auszudehnen, aber ein Jude **Baruch ben David** beschwichtigte ihn durch ein Lösegeld von tausend Pfund und rettete die Gesetzrolle und die übrigen Schriften der Gemeinde Blois. Zwei liturgische Dichter, **Ephraim ben Jakob** aus Bonn und **Hillel ben Jakob**, verewigten diese Verfolgung durch rührende, wenn auch unpoetische Verse. Als die Nachricht von dem Märtyrertode der Juden zu R. Tam gelangte, erhob er den Tag zu einem strengen Fast- und Trauertage. Die Gemeinden von Frankreich, Anjou und dem Rheinlande, durch Sendschreiben von dem großen Lehrer dazu aufgefordert, nahmen ihn bereitwillig an. Dieser Fasttag zur Erinnerung an die Märtyrer von Blois verewigt zugleich den ersten Ausbruch des bodenlosen Lügenwahns von dem Blutgebrauch der Juden an ihrem Ostern, dem im Verlauf eines halben Jahrhunderts Hekatomben von Opfern erlegen sind. Das war das letzte öffentliche Wirken R. Tams. Wenige Tage darauf starb er (Mittwoch) den 4. Tammus = 9. Juni)[2], von seinen zahlreichen Jüngern und Verehrern tief betrauert. Einer seiner Jünger R. **Chajim Kohen** bemerkte, wenn er bei der Leichenbestattung zugegen gewesen wäre, würde er sich, obwohl er als Aaronide keine Leiche berühren dürfe, damit beschäftigt haben, weil für einen solchen heiligen Mann wie R. Tam die Aaronidenheiligkeit aufgehoben werden dürfe[3]). Die Sage verherrlichte den großen Lehrer aus Rameru sogar auf Kosten des größten Propheten. Sie läßt Mose mit R. Tam im Himmel oder

---

[1]) Die Hauptquellen über die Verfolgung von Blois finden sich in Ephraim ben Jakobs Martyrologium (in der deutschen Übersetzung des Emek ha-Bacha p. VII.) und in dessen Selicha (in den Handschriften des deutschen Ritus-Machsor beginnend: לבני אור למי אבור); ferner in (ber Selicha des Poetan Hillel ben Jakob beginnend: אמוני שלומי ישראל (im polnischen und litauischen Ritus), und endlich in dem einseitigen Berichte des Robertus de Monte bei Bouquet recueil T. XIII. p. 315. In der de Rossischen Bibliothek zu Parma befindet sich ein Sendschreiben über diese Geschichte von **Obadia ben Machir**: Epistola synagogae urbis Belleys (l. בלויש = Blois) in Gallia, quam nomine synagogae scripsit Ob. f. M. Narrat plures in ea urbe Judaeos, viros ac feminas fuisse ob religionem combustos feria IV die 20 Sivan an. 2931 a. c. orbis (de Rossi Mss. codices No. 563, 9). Auch das Mainzer Memorbuch zählt die Namen der Märtyrer von Blois auf und nennt Pulcelina unter den Verbrannten: אלו הן הנשרפין על קדוש השם
כ' בסיון בצרפת בבלויש — הנשים החסידות מרת פולצלינא — ומרת חנה הגברת וחילדה שילדה.

[2]) Jechiel Heilperin, Seder ha-Dorot sub voce R. Tam.
[3]) Tossafot zu Tractat Ketubot p. 103 b.

auf Erden zusammentreffen und miteinander disputieren, wobei der Prophet sich für überwunden erklärt[1]). — Mit ihm schließt die Reihe der schöpferischen Tätigkeit der französischen Schule, wie mit Ibn-Esra die Ursprünglichkeit der spanischen Schule. Es trat eine Persönlichkeit auf, welche beide Richtungen in vollendetem Maße in sich versöhnte, und mit welcher ein einschneidender Wendepunkt in der jüdischen Geschichte sich anbahnte, die allmählich durch äußere und innere Bewegungen einen ganz verschiedenen Charakter annahm.

[1]) Gedalja Jachja in Schalschelet ed. Amst. 40 f.

Achtes Kapitel.

Viertes rabbinisches Zeitalter.
Maimunische Epoche.
Rundblick.

Die Juden Spaniens; Toledo; Joseph Jbn-Schoschan; Abraham Jbn-Alfachar; der Dichter Charisi. Abraham Jbn-Dauds Märtyrertod und die Jüdin Formosa (Rahel). Scheschet Benveniste; der Dichter Abraham ben Chasdai. Der Tourist Benjamin von Tudela. Serachja Halevi Girondi. Die Provence; Narbonne; Abraham ben Jsaak und die Kimchiden. Die Gemeinden Beziers, Montpellier und Lunel; Meschullam ben Jakob und seine Söhne. Jonathan Kohen und die Tibboniden. Die Gemeinde Posquières und Abraham ben David. Der judenfreundliche Graf Raymund von St. Gilles und Toulouse und Jsaak ben Abba-Mari. Die Gemeinde Marseille. Philipp August und die erste Vertreibung der Juden aus Nordfrankreich. Der Tossafist Jsaak der Ältere (Ri). Die Märtyrer von Bray. Verkümmerung der nordfranzösischen Juden. Simson von Sens und Jehuda Sir Leon der Fromme. Das Buch der Frommen. Die Juden Englands: Jakob von Orleans. Das Judengemetzel in London. Richard Löwenherz. Das Gemetzel der Juden in England. Die Belagerung der Juden von York. Johann ohne Land und die Juden.

1171—1205.

Ehe die finstern Wolken giftigen Hasses sich von allen Seiten über das Haus Jakob zusammenziehen, seinen Horizont verdüstern, um ihm auch nicht eine Spanne blauen Himmels zu lassen; ehe sich die verderbenschwangern Elemente auf das Haupt der Gemeinde Israel niederschmetternd entladen; ehe das böse Prinzip im Namen der Gottheit Fürsten und Völker, Freie und Knechte, Groß und Klein gegen die schwachen Söhne Judas hetzt und allen die Waffen des Mordes und die Stacheln des Hohnes gegen sie in die Hand drückt, um das kleine Häuflein zu vertilgen und durch den Kot zu schleifen; ehe das hochmütige Papsttum auf dem Throne Gottes als Richter über die Lebendigen und die Toten das Zeichen der Brandmarkung an die Kleider jüdischer Männer und jüdischer Frauen heftet, um sie dem Fußtritte und dem Gespötte des ersten besten preiszugeben; ehe der

Wahn Folterwerkzeuge für die Unschuldigsten der Menschen bereitete, um ihnen Verbrechen anzudichten, über welche die Angeklagten mehr schauderten als die Ankläger, um ihre Glieder zu verrenken und ihre Leiber zu verstümmeln; ehe die Lügen von Kindermord durch Juden, von Brunnenvergiftung durch Juden, von Verzauberung durch Juden allüberall überhand nehmen, um den Harmlosesten mit Abscheu gegen sie zu erfüllen; ehe sämtliche Völker des christlichen Europa an Barbarei gegen Juden die wilden Mongolen übertreffen; ehe die tausendfachen Qualen das Blut aus ihrem Herzen, das Mark aus ihren Gebeinen, den Geist aus ihrem Gehirn heraustreiben, sie zu Schwächlingen machen und ihren Himmelsflug zu einem niedern Kriechen herabbringen; kurz ehe das gesteigerte Höllenleben für die Juden eintritt, welches mit dem Papste Innocenz III. beginnt und mit Ferdinand dem Katholischen von Spanien seinen Höhepunkt erreicht, ist es ratsam, einen Blick auf die über den damals bekannten Erdkreis zerstreuten jüdischen Gemeinden zu werfen, auf ihre Lage in den verschiedenen Ländern zu achten, um zu sehen, was sie damals noch besessen, und was ihnen der teuflische Fanatismus später geraubt hat. Die im Namen von zwei Religionen gegen sie gepredigte Lieblosigkeit hatte bis dahin noch nicht vermocht, sie überall zum Auswurf zu stempeln. Hier waren sie allerdings schon als eine fluchwürdige Nation verachtet und gehaßt, aber dort galten sie noch als geachtete Bürger und Menschen. In dem einen Lande waren sie bereits Kammerknechte, aber in einem andern vertrauten ihnen noch Fürsten und Städte wichtige Ämter an; an einem Orte waren sie zu Leibeigenen erniedrigt, an andern führten sie noch immer das Schwert und kämpften für ihre Unabhängigkeit. Eine gedrängte Übersicht über die Lage und die Bestrebungen der Juden in den Hauptländern der drei Erdteile der alten Welt in der zweiten Hälfte des zwölften Jahrhunderts bietet eine Fülle des Interessanten und gibt die richtigen Gesichtspunkte zur Würdigung der nachfolgenden Geschichte dar.

Der Kopfzahl nach waren die Juden Asiens bedeutender als die europäischen, der Gehalt der Köpfe machte aber die letzteren überlegener, so daß Europa als Hauptsitz des Judentums angesehen werden muß. Hier war das Selbstbewußtsein geweckt, hier suchten die jüdischen Denker die Lösung des Rätsels, was das Judentum innerhalb der übrigen Religionen und Völker bedeute, und welche Aufgabe dem einzelnen in der Gesamtheit zufalle. In Afrika war das Denken im jüdischen Kreise ebenso getrübt wie im mohammedanischen Asien; man folgte in der Religion dem von den Ältern breit getretenen Weg.

Das Herz des Judentums war noch immer auf der pyrenäischen Halbinsel. Das jüdische Spanien genoß noch immer den Vorrang, weil hier das Bewußtsein am meisten gekräftigt war. Juden wohnten in sämtlichen fünf christlichen Königreichen, die sich auf dieser gesegneten und politisch zersplitterten Halbinsel ausgebildet hatten; in Kastilien, Leon, Aragonien, Portugal und Navarra. Nur das südliche Spanien, das mohammedanische Andalusien, sah seit der Eroberung durch die unduldsamen Almohaden keine Juden, wenigstens keine offen auftretenden. Die ehemaligen Sitze der jüdischen Gelehrsamkeit, Cordova, Sevilla, Granada, Lucena waren verödet; an deren Stelle war Toledo, Hauptstadt Kastiliens und des ganzen Landes, getreten. Die Toledaner Gemeinde wurde seit dieser Zeit tonangebend; sie zählte mehr als 12 000 Gemeindemitglieder[1]). Wie die Stadt überhaupt an Prachtgebäuden prangte, so besaß sie auch mehrere großartig angelegte Synagogen, „mit deren Schönheit sich keine andere vergleichen ließ"[2]). Es gab unter den toledanischen Juden nicht bloß viele wohlhabende und gebildete, sondern auch tapfere Männer, die mit den Waffen umzugehen wußten[3]). Jüdische Jünglinge verlegten sich auf die Fechtkunst, um als Ritter aufzutreten[4]). Unter Alfonso VIII., genannt der Edle (1166—1214), nahmen begabte Juden eine hohe Stellung ein, wurden im Staatsdienste verwendet und trugen ihrerseits zur Größe des liebgewordenen Vaterlandes bei. Angesehen war an Alfonsos Hof Joseph ben Salomo Ibn-Schoschan (Aljachid Ibn-Omar), „der Fürst" genannt (geb. um 1135, gest. 1204—5)[5]). Gelehrt, fromm, reich und wohltätig, genoß Ibn-Schoschan die Huld des Königs und war wahrscheinlich in Staatsgeschäften tätig. „Die Gunst war ihm zugewendet, das Wohlwollen ihm zugekehrt von seiten des Königs und der Großen[6])." Mit seiner Freigebigkeit förderte er das Talmudstudium und erbaute in fürstlicher Pracht eine neue Synagoge in Toledo. Sein Sohn Salomo kam ihm in vielen Tugenden gleich.

Hochgeehrt am Hofe Alfonsos war auch Abraham Ibn-Alfachar (Hajozer, geb. um 1160, gest. nach 1223)[7]), „gekrönt mit

---

[1]) Nathan Ibn-Jarchi bei Zakuto.
[2]) Charisi, Tachkemoni Pforte 46; vgl. Note 1. Anmerkung 1.
[3]) Dieselbe Note 1. IV.
[4]) Ibn-Verga, Schebet Jehuda Nr. 9.
[5]) Dieselbe Note 1. Anmerkung 1.
[6]) Ibn-Schoschans Epitaphium dieselbe Note.
[7]) Über diesen Alfachar vgl. Epitaphien der Toledaner Gemeinde (Abne Zikkaron), S. 68 und dazu Rapaports Bemerkungen in Kerem Chemed VII.

edlen Eigenschaften und hochherzigen Taten. Er war hehr an Wort und Tat, eine Zierde des Königs, ein Ruhm der Fürsten." Meister in der arabischen Sprache, schrieb Ibn-Alfachar gewählte Prosa und dichtete wohlklingende Verse, deren hoher Wert einen arabischen Schriftsteller bewog, sie zu sammeln; darunter auch ein Lobgedicht auf den König Alfonso. Dieser edle König beorderte einmal Ibn-Alfachar zu einer Gesandtschaft an den marokkanischen Hof des Fürsten der Gläubigen Abu-Jakob Jussuff Almostansir. Obwohl dieser Almohaden-Fürst die unduldsame Politik seiner Vorgänger fortsetzte, keinen Juden in seinem Reiche wohnen ließ und selbst die zum Islam übergetretenen Juden durch eine vorgeschriebene, häßliche Tracht von den geborenen Mohammedanern abgesondert wissen wollte, mußte er doch den jüdischen Gesandten Alfonsos freundlich empfangen. Als ich Ibn-Alfachar zur Audienz bei Almostansirs Wesir begab, um sein Beglaubigungsschreiben zu überreichen, wurde er durch zauberhafte Gärten des Palastes geführt, wo Pracht und Duft die Sinne gefangen nahmen. Der Gärtner war aber ebenso häßlich, wie der Garten schön. Auf die Frage des Wesirs, wie ihm der Garten gefiele, antwortete Ibn-Alfachar: „Ich würde ihn unbedingt für das Paradies halten, wenn ich nicht wüßte, daß dasselbe von einem schönen Engel (Redwan) bewacht wird, während dieser Garten einen häßlichen Teufel (Malek), der zur Hölle führt, zum Hüter hat." Der Wesir lachte über diesen witzigen Vergleich und hielt es der Mühe wert, ihn Almostansir mitzuteilen. Dieser bemerkte nun gegen den jüdischen Botschafter, der häßliche Pförtner sei geflissentlich gewählt worden, um dem Juden den Eintritt in dieses Paradies zu erleichtern, denn ein Redwan würde einen Ungläubigen gar nicht hineingelassen haben. — Auch ein Verwandter desselben Juda ben Joseph Ibn-Alfachar führte den Titel „Fürst"[1]).

Obwohl die beiden Mäzene Toledos in dieser Zeit, Ibn-Schoschan und Ibn-Alfachar, selbst talmudkundig waren und die talmudische Ge-

p. 248; ferner Almakkari bei Gayangos, History of the mohammedan dynasties in Spain und dazu Lebrechts Bemerkungen in Literatur des Auslandes Jahrg. 1841, Nr. 36, Orient 1841, S. 250. Das Todesjahr ergibt sich annähernd aus dem Umstand, daß der Dichter Jehuda ben Isaak seine weiberfeindliche Satire (Minchat Jehuda) 1218 dem Abr. ha-Jozer = Alfachar widmete (Taam Zekenim 12). Da nun Alf. nach seinem Epitaph. Mittw. 25. Tebet starb, so war die Jahresform seines Sterbejahres בשה‎, בשז‎, גבה‎ oder גבו‎. Diese Jahresformen kommen nach 1218 erst vor 1224, 1228, 1231. Im letzten Jahre war er sicherlich bereits tot.

¹) Maimunische Briefsammlung ed. Amst. p. 23.

lehrsamkeit unterstützten, so gedieh doch das Talmudstudium im hohen Stile, wie Alfâßi, seine Jünger und Raschis Schule es betrieben, in der spanischen Hauptstadt nicht. Toledo hat keinen einzigen Talmudisten von bedeutendem Gehalte aufgestellt. Die Gemeinde mußte mehrere Jahrhunderte hindurch ihre Rabbinen von auswärts beziehen. Der Sohn und der Neffe des Joseph Ibn-Migasch (v. S. 107), beide namens Meïr[1]), hatten zwar nach ihrer Einwanderung aus Lucena wegen der Almohaden-Verfolgung in Toledo ein bedeutendes Lehrhaus gegründet; aber es gelang ihnen doch nicht, tiefere Talmudkenntnis in diesem Orte heimisch zu machen. Die Toledaner hatten mehr Sinn für Wissenschaft und Poesie. Sie beschäftigten sich lieber mit Philosophie, grübelten über Religion, und ihr Glaube kämpfte mit dem Zweifel. Sie waren die Aufgeklärtesten der spanischen Juden[2]).

In Toledo lebte damals eine Zeitlang der junge Dichter Jehuda ben Salomon Alcharisi (oder Charisi, geb. um 1170, st. um 1230)[3]), der letzte Vertreter der neuhebräischen Poesie in Spanien, welche von Dunasch ben Labrat ihren Anfang, von Ibn-G'ebirol und Jehuda Halevi ihre Kraft und von dem Genannten ihre Abnahme datiert. Witzig, wie Abraham Ibn-Esra, gesangreich, wie die besten Sänger der Blütezeit, dichtete Charisi mit einer Leichtigkeit, die gar keine Hindernisse kennt. Man könnte ihn den Ovid der neuhebräischen Poesie nennen, dem er auch an Leichtfertigkeit und Ausgelassenheit ähnelt. Sein Lebensgang wie sein Charakter erinnern an Abraham Ibn-Esra. Gleich diesem klagt Charisi über die Ungunst des Geschickes:

> „Flöß' meinem Leide nach der Tränen Quelle —
> Es gäb' auf Erden keine trockene Stelle!
> Allein nicht bloß der Sintflut wilden Wogen —
> Auch meinen Zähren gilt der Regenbogen!"[4])

[1]) Abraham Ibn-Daud und Charisi das. Pforte 46.

[2]) So schildert sie Meïr Halevi Abulafia in seinem Sendschreiben an Nachmani in der maimunischen Briefsammlung.

[3]) Aus dem Umstande, daß Charisi einen Teil von Maimunis Mischnahkommentar noch bei Lebzeiten des Verfassers übersetzte und Verse an denselben richtete, ergibt sich, daß er gegen Ende des zwölften Jahrhunderts bereits reif war, und da er von Joseph ben Aknin in Haleb wie von einem Lebenden spricht, den Streit für und gegen Maimuni aber nicht mehr erlebte, so fällt sein Todesjahr 1226—1232. Über das Jahr seiner ersten Reisen vgl. Note 1. Anmerkung 1.

[4]) Dieses Gedicht, das man früher Abr. Ibn-Esra zuschrieb, stammt von Charisi, wie Dukes nachgewiesen hat. Die Übersetzung ist von Kämpf, auf dessen „erste Makamen des Charisi" (Berlin 1848) und „Nichtandalusische Poesie andalusischer Dichter" (Prag 1859) ich in betreff Charisis verweise.

Auch er mußte sich durch die Welt betteln, brachte viele Jahre auf der Wanderung zu, war in Südfrankreich, reiste über Ägypten nach Palästina und Syrien und drang bis nach Persien. Alles, was er sah und erlebte, Weisheit und Dummheit, Sitten und Unsitten, wurde ihm ein Gegenstand des Gesanges. Charisis Muse besang Zions ehemaligen Glanz und damalige Wittwentrauer und mit derselben Wichtigkeit den Wein und seine Freude. Er versifizierte die Unterredung der Seele mit Geist und Körper, die Glaubensverschiedenheit der Rabbaniten und Karäer und zugleich die Plagen, welche der Floh verursacht. Charisi war für nichts ernstlich begeistert, höchstens für die hebräische Sprache. Und da er diese gegen die arabische selbst von Juden hintangesetzt sah, unternahm er, an einer Übersetzung des Abenteuerromans von dem arabischen Dichter Hariri zu beweisen, daß auch die hebräische Sprache bei ihrer Bescheidenheit reich und wohllautend sei. Dann änderte Charisi den Plan und verfaßte einen selbständigen Roman nach dem Muster Hariris und Jbn-Salbéls (o. S. 112). Der Dichter maskierte sich unter dem Namen Heman der Esrahite, welcher interessante, launige und geistreiche Gespräche mit dem Abenteurer Heber, dem Keniten, führt. So stellt er eine Art dramatischen Romans zusammen unter dem Titel Tachkemoni. Er unterwirft darin auch die Leistungen älterer und zeitgenössischer Dichter einer strengen Kritik und zeigt sich als geschmackvoller Kunstrichter, der sehr gut versteht, wie Verse nicht beschoffen sein dürfen, wenn sie gefallen sollen. Aber Charisis Verse selbst sind mehr geistreich als anmutig, seine Reimprosa daher gefälliger, als seine strenggemessenen Verse. Sie zeigen schon den beginnenden Verfall der neuhebräischen Poesie. Sie geht mehr darauf aus, den Leser durch Überraschungen und witzige Anspielungen zu unterhalten, als dem Schönheitssinn zu gefallen. Charisi verstand es sehr gut, den lyrischen Schwung und Duft der Poesie Jbn-G'ebirols und Jehuda Halevis zu charakterisieren, aber nicht sie nachzuahmen. Die Poesie war ihm nicht, wie Jbn-G'ebirol und Jehuda Halevi, Geliebte oder Schwester, sondern eine kokette Gespielin. Es charakterisiert seine spielende Dichtungsart, daß in einem langen Gedichte von ihm je der erste Vers hebräisch, der zweite arabisch und der dritte chaldäisch lautet. Charisi verstand auch etwas vom Talmud und etwas von Philosophie; aber seine Hauptbegabung bestand in leichtem Versemachen. Die hebräische Poesie hörte mit ihm auf Kunst zu sein, sie wurde Fertigkeit.

Noch lebte damals der greise Geschichtsschreiber und Religionsphilosoph Abraham Jbn-Daud (o. S. 160) und war eine Zierde der

Gemeinde Toledo. Erst im Jahre 1180¹) fiel er als Märtyrer in einem Volksauflaufe gegen die Juden, dessen Ursprung und Tragweite nicht recht bekannt sind, der aber sicherlich nur vorübergehend war. Möglich, daß gerade die allzugroße Judenfreundlichkeit des Königs Alfonso einen Krawall gegen sie hervorgerufen hat. Dieser Fürst, welcher mit einer englischen Prinzessin verheiratet war, hatte nämlich ein offenes Liebesverhältnis mit einem schönen jüdischen Mädchen Rahel, das von ihrer Schönheit den Namen Formosa führte. Das Verhältnis war nicht flüchtiger Natur, sondern dauerte sieben Jahre. Ein Romanzen-Dichter sang von dieser Liebe:

> Es vergaß der König seine Gattin
> Und zog mit ihr sich zurück,
> So sehr liebte sie der König,
> Daß er Reich und Volk darum vergaß" ²).

Plötzlich überfielen Verschworene einst die schöne Jüdin auf ihrer reichgeschmückten Estrade, töteten sie im Beisein des Königs und mit ihr ihre Freunde, wohl auf Anstiften der Königin und der Geistlichkeit. Bei dieser Gelegenheit mag auch ein Auflauf gegen die Juden stattgefunden haben, in dem Abraham Ibn-Daud umkam.

Das hinderte aber die Juden Toledos nicht, Alfonso in seinem Kriege gegen die Mauren kräftig beizustehen. Als er sein zahlreiches Heer sammelte, um die Übermacht der Almohaden, welche unter Jakob Almanßur von neuem in das Herz des christlichen Spaniens vordringen wollten, zu brechen, schossen die Juden dem verarmten Könige ihre Reichtümer für die Kosten der Ausrüstung vor. Und als die Schlacht bei Alarcos (19. Juli 1195) unglücklich für ihn ausfiel, die Blüte der christlichen Ritterschaft auf dem Wahlplatze blieb, die Almohaden das schöne Kastilien weit und breit verheerten, und Alfonso genötigt war, sich in seine Hauptstadt einzuschließen, um sie vor dem Falle zu retten, kämpften die Juden in Wetteifer mit den übrigen Einwohnern, um den Ansturm des Feindes zurückzuschlagen³); sie trugen dazu bei, daß sich der Feind zurückziehen mußte. Die Juden Kastiliens hatten

---

¹) Zakuto, zweimal. In Ibn-Vergas Schebet Jehuda Nr. 5 bezieht sich das dort erzählte Martyrium nicht auf Abr. Ibn-Daud, sondern auf Joseph Ibn-Nagrela, nach der Lesart der Amsterd. Edition.

²) Depping, Romancero castellano I. Nr. 206. Auch andere Quellen berichten von Alfonsos Liebe zu einer Jüdin, ein Faktum, das nur jüngere spanische Historiker leugnen; vgl. Aschbach, Geschichte Spaniens unter den Almoraviden und Almohaden II. S. 332. St. Hilaire. histoire d'Espagne V. p. 181, 527.

³) Vgl. Note 1. IV.

nämlich ein großes Interesse daran, die Almohaden nicht Herren der Hauptstadt werden zu lassen, um nicht dem islamitischen Fanatismus ausgesetzt zu sein. Freudig sahen sie daher den Rückzug derselben, als die Könige von Kastilien und Aragonien eine Verbindung eingingen, um die Almohaden zu bedrängen. Durch diese Verbindung litten aber die Juden des Königreichs Leon, als die verbündeten Heere verheerend durch das Gebiet desselben zogen. Bei diesem Kriegszuge wurde das älteste, hebräische Bibelexemplar in Spanien, das unter dem Namen Hillali (o. S. 110) bis dahin den Kopisten zum Muster diente (und um das Jahr 600 geschrieben worden sein soll), ein Raub des Feindes (9. Ab 1197)[1]).

In Aragonien, zu welchem seit Ramon Berenguer IV. auch Katalonien gehörte, lebten die Juden ebenfalls in glücklichen Verhältnissen und durften die Schwingen des Geistes entfalten. Alfonso II. (1162 bis 1196), ein Beförderer und Pfleger der provenzalischen Poesie, war den Männern des Wortes und Gedankens hold, und als solche galten in dieser Zeit meistens die Juden. Obwohl Saragossa die Hauptstadt Aragoniens war und von alters her eine jüdische Gemeinde hatte, so galt doch in dieser Zeit die Stadt Barcelona als Mittelort des nördlichen Spaniens, wegen ihrer günstigen Lage am Meere und ihrer Verkehrsblüte. Barcelona wird von dem Dichter Charisi als „die Gemeinde der Fürsten und Hochgestellten" pomphaft gerühmt[2]). An ihrer Spitze stand S c h e s c h e t B e n v e n i s t e, philosophisch gebildet, Arzt, Diplomat, talmudkundig und Dichter (geb. 1131, st. um 1210)[3]). Gewandt in der arabischen Sprache, wurde er von dem Könige von Aragonien zu diplomatischen Geschäften verwendet, erlangte Ehren und Reichtümer und verdankte diese günstige Lebensstellung wie Samuel Ibn-Nagrela zuerst seiner Feder. Gleich diesem jüdischen Fürsten unterstützte Scheschet Benveniste die Männer der Wissenschaft und der Talmudgelehrsamkeit. Die Dichter priesen seine edle Gesinnung und seine Freigebigkeit über die Maßen. Der Dichter Charisi nennt ihn „Fürst der Fürsten, von dessen Namen Ost und West verkünden":

---

[1]) Zakuto ed. Filipowski p. 221, richtiger als ed. Amst. 99 b. In beiden muß übrigens das Datum תתקנ״ר in ר״ג emendiert werden; denn „die Verwüstung des Landes durch zwei Könige" (wie Zakuto das Faktum in ed. F. näher bezeichnet) fand erst 1197 statt; vgl. Schmidt, Geschichte Aragoniens im Mittelalter, S. 92 f.

[2]) Charisi, Tachkemoni Pforte 46.

[3]) Vgl. Note 1. Anmerkung 1.

> Fragt ihr mich nach dem edlen Scheschet?
> Er ist der Zeit höchste Spitze;
> Sein Leben nimmt ab,
> Aber nicht sein Hochsinn.

Ein anderer Dichter in Barcelona, Joseph Ibn-Sabara widmete ihm sein dichterisches Werk, ebenfalls eine Art sittlichen Romans, worin viel Abenteuerliches erzählt wird, aber mit mehr Schwulst und weniger Geschmack als Charisi. Scheschet Benveniste selbst dichtete in seinem 72. Jahre ein langes Loblied von 142 Versen zu Ehren des Joseph Ibn-Schoschan in Toledo (v. S. 190). — Ihm zunächst an Ansehen stand in Barcelona Samuel ben Abraham Ibn-Chasdaï Halevi (blüte 1165—1216)[1], „die Quelle der Weisheit und das Meer der Gedanken", wie ihn der Dichter Charisi übertreibend schildert. Er hatte fünf gelehrte Söhne, unter denen Abraham Ibn-Chasdaï, der als Dichter eines moralischen Romans „der Prinz und der Derwisch" und als Übersetzer philosophischer Schriften in der Literaturgeschichte einen Namen hat.

Die Gemeinde Tudelas, einer kleinen Stadt am Ebro, welche der Zankapfel zwischen den Königen von Aragonien und Navarra war, hatte sich ihre Gleichberechtigung mit den Christen und Mohammedanern des Ortes zweimal durch mutiges Auftreten ertrotzt, und sie besaß zu ihrer Sicherheit ein eigenes Kastell[2]. Sie erzeugte einen gelehrten Reisenden, Benjamin ben Jona von Tudela, dem nicht bloß die jüdische Geschichte, sondern auch die allgemeine Völkergeschichte interessante und wahrheitsgetreue Nachrichten verdankt. Er durchwanderte (1165—1173)[3] einen großen Teil von Südeuropa, Asien und Afrika, man weiß nicht, ob als Kaufmann oder als neugieriger Frommer, um die Spuren der messianischen Erlösung aufzusuchen, beobachtete in jedem Lande und in jeder Stadt die Eigentümlichkeiten, interessierte sich für alles und schrieb seine Beobachtungen in einer Reisebeschreibung nieder (Maseot Benjamin, Intinerarium), die in fast alle modernen Sprachen

---

[1] Bei Benjamin muß man wohl lesen Samuel ben Abr. ben Chasdaï statt Salomo, so daß derselbe identisch ist mit Samuel in Barcelona bei Charisi (46). Es war sicherlich der Vater des Abraham ben S. ben Chasdaï, Verfassers von בן המלך והנזיר und Übersetzers von Alghazalis Ethik, Pseudepigraphie ס' התפוח und anderer Schriften. Das ethische Werk בן המלך ist ins Deutsche übersetzt von Meisel.

[2] Vgl. Kayserling, Die Juden in Navarra. S. 11. 15.

[3] Vgl. Note 10. Die meisten Angaben in diesem Kapitel sind aus Benjamin von Tudelas Itinerarium geschöpft; ich zitiere daher nur die anderweitigen Quellen.

übersetzt wurde. — Die kleine Gemeinde Gerona am Terflusse in Katalonien war der Geburtsort mehrerer geistvoller Männer mit dem Beinamen Gerundi, welche ihre Stadt berühmt gemacht haben. Es war eine streng religiöse Gemeinde, die sich von philosophischem Einflusse fern hielt und den Talmud über alles schätzte. Hier lebte Isaak Halevi, ein bedeutender Talmudist, Verfasser eines zivilrechtlichen Werkes. Berühmter als dieser war sein zweiter Sohn Serachja Halevi Gerundi (geb. um 1225, st. 1186). In der Schule von Narbonne erzogen, eignete er sich tiefe Kenntnisse im Talmud an, pflegte auch grammatische Studien, kannte die arabischen Werke des Ibn-G'anach, gab viel auf einen eleganten hebräischen Stil und ließ sich seine Briefe von dem tiefen Kenner der Feinheiten der hebräischen und arabischen Sprache, von Jehuda Ibn-Tibbon, korrigieren, damit sie tadellos in der Form seien[1]).

Er verfaßte mehrere liturgische Gebetstücke und weltliche Gedichte ernsten und satirischen Inhalts, die aber nur wenig poetischen Wert haben. Auch einen Anflug von philosophischer Bildung hatte R. Serachja Halevi und er war vielleicht der erste seines Landes, der sich damit befaßte. Seine Hauptstärke bestand aber im Talmud. Vertraut mit den Leistungen der spanischen und französischen Schule, vereinigte er in sich Alfaßi und Raschi, Joseph Ibn-Migasch und R. Tam, war zugleich tief und gründlich, kritisch und kombinatorisch, wie denn sein Geist überhaupt zugleich analytisch und synthetisch war. Schon in der Jugend, mit neunzehn Jahren, verfaßte er talmudische Schriften und machte Glossen zu dem talmudischen Werke Alfaßis; es erschien aber ihm selbst als eine so große Kühnheit, Ausstellungen an der Forschung des Meisters der talmudischen Gelehrsamkeit zu machen, daß er sie nicht zu veröffentlichen wagte. Er wurde in seiner Gemeinde wegen seiner frühreifen Gelehrsamkeit verspottet. Sie sprachen von ihm: „Dein Wein ist jung, weil der Behälter jung ist." R. Serachja scheint in der Gemeinde Gerona Verfolgung erlitten zu haben und zur Auswanderung gezwungen worden zu sein. Dafür rächte er sich an ihr durch eine Satire und sagte zu seiner Selbstermutigung:

„Jung bist du an Jahren, doch an Weisheit alt,
Wirst noch den Adlersflug nehmen
Und dein Nest zwischen Sterne setzen,
Wirst lächeln ob deiner Stadtgenossen,
Die arm sind an Weisheit" [2]).

[1]) Über R. Serachja vgl. die Monographie von Reifmann; Carmoly, La France Israélite und das Testament von Jehuda Ibn-Tibbon Berlin 1852, S. 9. Über dessen Todesjahr Note 1. IV.   [2]) Bei Reifmann S. 30.

Er begab sich von da nach Lunel, wo er viele Freunde hatte und wurde dort von einem Gönner der Wissenschaft wohlwollend geschützt. Hier verfaßte er mehrere talmudische Streitschriften gegen eine südfranzösische Talmudautorität (Abraham ben David) und erst im vorgerückten Alter (um 1170—80)[1] arbeitete er seine Glossen zu Alfâßis Werk über einen großen Teil des Talmuds aus und veröffentlichte sie unter dem Titel Maor. In diesem kritischen Werke zeigt Serachja Gerundi kühne Selbständigkeit, bringt überall auf gründliches Verständnis des Talmuds und schreckt vor keiner Konsequenz zurück. Von ebenso viel Demut wie Wahrheitsliebe durchdrungen, entschuldigt sich der Verfasser, daß er, obwohl voll Verehrung für den großen Meister von Lucena, seine Resultate zu kritisieren wage. Die Wahrheit sei aber eine thyrannische Gebieterin, die sich nicht beschwichtigen lasse und kein Ansehen der Person kenne. Er beschwört die Abschreiber seines Werkes, die Vorrede nicht wegzulassen, damit die Leser der Nachwelt erführen, daß er voller Hochachtung für Alfâßi gewesen sei. Als Ergänzung zu seinem Werke stellte R. Serachja in einer kleinen Schrift dreizehn Regeln auf, wie manches Dunkle und elliptisch Gehaltene im Talmud beleuchtet und ergänzt werden könne. Auch in diesen Regeln zeigt er viele kritische Kühnheit. Aber eben diese Selbständigkeit mißfiel seinen Zeitgenossen, die gewohnt waren, sich an Autoritäten zu halten. R. Serachja war seiner Zeit in der Auffassung des Talmuds um vieles voraus; daher wurden seine Leistungen stark angefochten. Von seinem Lebensgange und seiner Lebensstellung ist weiter nichts bekannt.

In dem Landstrich jenseits der Pyrenäen, in Languedoc oder der Provence, hatten die Juden grade Ende des zwölften Jahrhunderts die glücklichsten Tage. Obwohl das südliche Frankreich einen nordspanischen Charakter an Kultur und Sitten hatte, so gab ihm seine Geteiltheit unter verschiedene Herren eine Mannigfaltigkeit, welche eine Kulturblüte erzeugte, die es seit jener Zeit nicht mehr gehabt hat. Es gehörte zum Teil der französischen Krone und zum Teil dem Deutschen Reiche als Lehnsland an, dann dem König von Aragonien, als Grafen der Provence, ferner dem Grafen von Toulouse und St. Gilles und endlich verschiedenen Vasallherren, Grafen, Vizegrafen und Freiherrn, welche fast sämtlich einer freieren Lebens-

---

[1] Daß der Maor nicht in den Jahren 1140—1147, sondern später verfaßt wurde, dafür zeugt unwiderleglich, daß darin R. Tam ausdrücklich als ein bereits Hingeschiedener erwähnt wird; vgl. zu Chulin III. p. 14 b. Das Datum des Sabbatjahres spricht nicht dagegen.

richtung huldigten, die damals blühende, provenzalische Poesie liebten, Wissenschaften förderten und keine bigotten Diener der Kirche waren. Neben dem Adel hatte sich ein freier, wohlhabender Bürgerstand emporgearbeitet, welcher seine Unabhängigkeit wie seinen Augapfel bewahrte. Die innere Beziehung der Bewohner zu den Moslemin und den Juden hatte die abendländischen Vorurteile gegen die Orientalen vielfach abgeschwächt[1]). Dieselbe Geistesfreiheit der Provenzalen, welche sich feindselig gegen die katholische Kirche kehrte, die päpstlichen Bullen verachtete, die hochmütige Geistlichkeit verspottete, die Laster des römischen Hofes geißelte und die Sekte der Albigenser erzeugte, öffnete auch ihr Herz dem Judentum und dessen Trägern. Unter den provenzalischen Freidenkern, welche die starre katholische Kirche allerdings als Ketzer brandmarkte, gab es auch manche, die es heimlich und offen bekannten, „das Gesetz der Juden ist besser, als das der Christen"[2]). Viele große und kleine Herren Südfrankreichs stellten ohne Vorurteile jüdische Beamte an und vertrauten ihnen das höchste Amt der Landvogtei (Bajulus, Bailli) an, mit welchem die polizeiliche und richterliche Gewalt in Abwesenheit des Landesherrn verbunden war. Die Juden dieses von der Natur gesegneten Landstriches fühlten sich daher auch gehoben, trugen ihren Kopf hoch, nahmen an den Interessen des Landes lebendigen Anteil und huldigten Geistesbestrebungen mit unermüdlichem Eifer. Wie unter den Christen jede Neuerung Eingang fand, so ruhten die südfranzösischen Juden nicht auf dem Gegebenen aus, sondern suchten es mit den Gedanken zu erfassen und vor dem Richterstuhle der Vernunft zu prüfen. Indessen so viel Eifer auch die Juden der Provence für die Wissenschaft an den Tag legten, so waren sie doch nicht Selbstdenker, um eine eigene Richtung innerhalb des Judentumes anzubahnen. Die jüdische Provence hat keine einzige Persönlichkeit erzeugt, welche in irgendeinem Fache eine originelle Schöpfung zutage gefördert hätte, keinen tiefen Denker, keinen gediegenen Dichter, keine bahnbrechende Persönlichkeit in irgendeinem Wissenszweige. Die jüdischen Provenzalen waren treue Jünger fremder Meister, sie eigneten sich deren Leistungen an, behaupteten sie standhaft mit vieler Hingebung, waren aber öfters nur die Handlanger der Wissenschaft, Übersetzer

---

[1]) Vgl. darüber Christian Ulrich Hahn, Geschichte der Ketzer im Mittelalter I. 149 ff.

[2]) Isti sunt articuli, in quibus errant moderni haeretici — 10. dicunt quod lex Judaeorum melior est quam lex Christianorum, bei Vaisette, Histoire générale de Languedoc III., preuves p. 372.

und Verbreiter fremder Geisteserzeugnisse. Das Judentum aber liebten sie mit ganzem Herzen, obwohl sie freien Forschungen zugetan waren. Die jüdischen Tugenden waren unter ihnen in hohem Grade heimisch, ihre Häuser waren gastfrei jedem Fremden geöffnet; sie unterstützten die Dürftigen heimlich und übten Wohltätigkeit zu jeder Stunde. Die Reichen ließen Kindern armer Eltern höheren Unterricht erteilen und verabreichten ihnen Bücher, welche damals hoch im Preise standen[1]). Noch mehr hervorzuheben ist aber, daß die Gemeinden untereinander fest zusammenhielten und aneinander den innigsten Anteil nahmen. Drohte irgendeiner Gemeinde Gefahr, so waren die anderen gleich bereit, ihr beizustehen und sie von ihr abzuwenden. Ihre durchgängige Wohlhabenheit beruhte teils auf Ackerbau und teils auf dem Welthandel, welcher damals von den Hafenstädten aus mit Spanien, Italien, England, Ägypten und dem Orient in höchster Blüte stand.

Die Hauptgemeinde des südlichen Frankreichs war Narbonne; sie zählte damals dreihundert Mitglieder. An ihrer Spitze stand unter der Regierung der klugen und männlichen Fürstin Ermengarde Kalonymos ben Todros aus einer alten Familie, deren Urahn, R. Machir, unter Karl dem Großen eingewandert sein soll. Kalonymos besaß viele Ländereien, die ihm derart verbrieft waren, daß sie ihm niemand streitig machen durfte. An der Spitze des alten Lehrhauses stand der als Autorität anerkannte Abraham ben Isaak, mit dem Titel Oberrichter (Ab-Bet-din, st. Herbst 1178)[2]). Er war ein Mann von streng talmudischer Richtung, den die Bildung kaum angehaucht hatte. Aber auch seine talmudische Gelehrsamkeit war mehr umfangreich als tief; seine Jünger R. Serachja und Abraham ben David überflügelten ihn noch bei seinem Leben. Abraham ben Isaak verfaßte ein talmudisches Werk (Eschkol), das von den Späteren sehr geschätzt wurde[3]). — In Narbonne lebten um diese Zeit die Kimchiden, deren Leistungen zwar nicht ihrem Ruhme entsprechen, die indes unmittelbar für die Provence und mittelbar für die Nachwelt mehr gewirkt haben, als die größten Meister. Der Stammvater

---

[1]) Nächst Benjamin von Tudela, D. Kimchi im zweiten Sendschreiben an Alsachar, Maimunische Briefsammlung p. 25.

[2]) Das Datum des Todesjahres 4919 = 1159 bei Meïri (Einl. zu Bet ha-Bechira 18 b.), worauf sich Carmoly beruft, kann nicht richtig sein, da Abraham ben J. den R. Tam als einen Verstorbenen erwähnt, wie Zunz bemerkt hat, in Geigers Zeitschrift II. 309.

[3]) Asulaï, sub voce.

Joseph ben Isaak Kimchi (blüte 1150—70) war vermutlich wegen der Religionsverfolgung der Almohaden aus Südspanien nach Narbonne eingewandert. Er verstand das Arabische und übersetzte Bachjas moralphilosophisches Werk und manches andere in reines, fließendes Hebräisch, verfaßte ein hebräisch-grammatisches Werk, schrieb eine Erklärung zur heiligen Schrift, deren Bruchstücke den Verlust des Ganzen nicht sehr bedauerlich erscheinen lassen, und endlich dichtete er viele Liturgien, die zwar äußerlich alle Bedingungen der in Spanien zur Vollendung gebrachten Kunstform der neuhebräischen Poesie erfüllen, aber nur wenig dichterischen Wert haben. Joseph Kimchis Verdienst besteht einzig und allein darin, daß er die jüdische Kultur Spaniens in Südfrankreich heimisch gemacht und Jbn-Esras flüchtige Tätigkeit dauernd ergänzt hat. Man schreibt ihm auch ein polemisches Werk gegen das Christentum zu, das einen Dialog zwischen einem Gläubigen (Maamin) und einem Abgefallenen (Min) darstellt. Mag dieses Werk nun echt oder unecht sein, so gehört es jedenfalls dieser Zeit und diesem Lande an und wirft ein günstiges Licht auf den Stand der Sittlichkeit unter den Juden im Gegensatze zur christlichen Bevölkerung. Der Gläubige behauptet, die wahre Religion der Juden bewahrheite sich an dem sittlichen Verhalten ihrer Bekenner. Die zehn Gebote wenigstens beobachteten sie mit äußerster Gewissenhaftigkeit. Nicht nur verehrten sie kein Wesen neben Gott, sondern scheuten falsche Eide. Es fänden sich unter ihnen keine Mörder, keine Ehebrecher, keine Räuber, während christliche Wegelagerer nicht selten die Schwachen beraubten, henkten und blendeten. Die jüdischen Kinder werden in Zucht und Gottesfurcht erzogen, es darf ihnen kein gemeines Wort entfahren. Die jüdischen Mädchen sitzen züchtig in den Häusern, während die christlichen sich über die Züchtigkeit hinwegsetzen. Ein Jude beobachtet gegen den anderen brüderlich Gastfreundschaft, löst die Gefangenen aus, kleidet die Nackten und speist die Hungrigen. Alle diese Tugenden der Juden gibt der christliche Gegner als allgemein bekannt zu und tadelt nur an den Juden, daß sie von den Christen hohe Zinsen nehmen. Diesen Vorwurf mildert der jüdische Sprecher dadurch, daß auch Christen Wucher treiben und sogar mit Glaubensgenossen, während die jüdischen Reichen ihren Stammesgenossen ohne Zinsen leihen[1].

In die Fußtapfen ihres Vaters traten seine zwei Söhne, Mose

---

[1] Milchamot Chobah ed. Const. p. 20 b. ff.; über Joseph Kimchi vgl. Orient 1850 Nr. 1 ff., Ozar Nechmad I. p. 96 ff. und Landshut, Amude Aboda p. 90 ff.

und David Kimchi. Der erste (blühte 1170—90)[1]) war noch mittelmäßiger als sein Vater und diesen Charakter der Unbedeutendheit tragen seine grammatischen und exegetischen Arbeiten. Der jüngere Bruder David Kimchi (geb. 1160, st. um 1235)[2]) wurde zwar der Lehrer der hebräischen Sprache für die Juden und Christen Europas, aber wenn man seinen grammatischen, lexikalischen und exegetischen Arbeiten irgendeinen Wert beilegen will, so muß man vergessen, daß vor ihm die großen Meister, Jbn-G'anach, Mose Jbn-G'ikatilla und Jbn-Esra, gelebt haben; mit diesen hält er keinen Vergleich aus. David Kimchi hat überhaupt keinen neuen Gesichtspunkt aufgestellt. In der Einleitung zu seinem grammatischen Werke (Michlol) ist er aufrichtig genug, zu gestehen, daß er lediglich die mannigfaltigen und weitläufigen Vorarbeiten übersichtlicher machen wollte. Es kann ihm höchstens zu einigem Verdienste angerechnet werden, daß er in der hebräischen Sprache (nach) europäischer Anschauung' den Unterschied von langen und kurzen Vokalen aufgefunden und dadurch das Verständnis der Vokalwandlungen erleichtert und endlich, daß er eine schwache Erinnerung an eine einfache, nüchterne, sinngemäße Exegese gegenüber der ausschweifenden, agadischen, kabbalistischen und afterphilosophischen Auslegungsweise im jüdischen Kreise erhalten hat.

Die alte Gemeinde in Beziers, welche Jbn-Esra so ehrenvoll aufgenommen (o. S. 176), hatte in dieser Zeit noch mehr als Narbonne eine glückliche Lage unter ihrem Beherrscher, dem Vizegrafen Raymond-Trencaval und seinem Sohne Roger. Juden und Christen dieser Stadt huldigten einem freisinnigen Geiste. Viele Bürger waren Albigenser und kündigten dem Papst und der katholischen Kirche den Gehorsam auf. Dennoch bestand der alte Brauch fort, daß der Bischof am Palmsonntag die Pfarrkinder gegen die Juden als Gottesmörder hetzte, und daß diese, mit Steinen bewaffnet, die jüdischen Häuser überfielen. Da nun aber die Juden, welche in einem eigenen, von Mauern umgebenen Quartier wohnten, jedesmal vorbereitet waren und sich zur Wehr setzten, so gab es jedes Jahr blutige Köpfe. Die Gemeindevorsteher arbeiteten nun daran, diesen die christliche Religion mehr als das Judentum schändenden Brauch aufzuheben, und gewannen den Vizegrafen dafür. Auch der damalige Bischof Wilhelm, als schämte er sich eines so rohen Aktes, willigte

---

[1]) Seinen Kommentar zu den Sprüchen vollendete er 1178; vgl. Dukes in Orient 1847, col. 26 Note. Der Jbn-Esras Namen tragende Kommentar zu den Sprüchen gehört M. Kimchi an, wie mehrere nachgewiesen haben.

[2]) Vgl. Ozar Nechmad II. 157 ff.

ein, ihn nicht mehr wiederholen zu lassen. Am 2. Mai 1160 wurde ein Vertrag abgeschlossen, daß jeder Geistliche, der das Volk gegen die Juden aufhetzen würde, mit dem Bann belegt sein sollte. Die Juden verpflichteten sich dafür, jedes Jahr am Palmsonntag vier Pfund Silber zu zahlen[1]).

Der judenfreundliche Vizegraf Raymond Trencaval wurde plötzlich in der Kirche von mehreren Verschworenen an einem Sonntage (15. Oktober 1167) meuchlings ermordet, aus Rache, weil er den Bürgern gegen einen Adligen seines Gefolges nicht volle Genugtuung gegeben hatte. Die Juden Beziers wurden in diese Händel verwickelt, wahrscheinlich als Anhänger des Vizegrafen. Einige Bürger erhoben Beschuldigungen gegen sie und die Gemeindevorsteher wurden verhaftet. Nicht lange nachher ereilte indes die Mörder des Grafen und die Ankläger der Juden eine harte Strafe. Roger verschaffte sich Hilfstruppen von dem aragonischen Könige Alfonso und belagerte Beziers. Indessen mußte er anfangs mit den Bürgern Frieden schließen und ihnen Amnestie gewähren (1168), vergaß aber den Meuchelmord seines Vaters nicht und wußte aragonische Truppen in die Stadt zu bringen. Diese Truppen fielen über die Bürger plötzlich her, töteten die Männer, henkten die am meisten Beteiligten an den Galgen und verschonten nur die Juden, als treue Anhänger seines Vaters, und außer ihnen nur Frauen und Kinder (Februar 1170)[2]). Der Vizegraf Roger, der die Albigenser begünstigte, hatte auch jüdische Landvögte, **Moses de Cavarite** und **Nathan**. Durch Begünstigung der Ketzer und Juden lud er aber den Zorn der Geistlichkeit und des Papstes auf sich und fand dadurch ein tragisches Ende. Unter ihm standen auch die Gemeinden Carcassone, Rasez, Alet und Limoux, denen er einst schriftlich zusicherte, sie nicht mit Steuern zu überbürden[3]).

Eine bedeutende provenzalische Gemeinde war in der blühenden Handelsstadt **Montpellier**, welche die Hauptstadt des südlichen Frankreich war; sie zählte sehr reiche Gemeindeglieder, deren Wohltätigkeit sehr gerühmt wird. Gleich der von Beziers hatten sie Vorliebe für die Wissenschaft, welche die dort bestehende, medizinische Akademie und die darin herrschende Lehrfreiheit wohl gefördert hat. Die Herren dieser Stadt waren aber keineswegs so judenfreundlich, wie ihre Nachbarn von Beziers. Wilhelm VIII. und sein Sohn be-

---

[1]) Quellen bei Vaisette. Histoire de Languedoc II. 486.
[2]) Das. III. 24, vgl. Note 1. IV.
[3]) Dieselbe Note.

stimmten ausdrücklich in ihrem Testamente, daß kein Jude zum Amt eines Landvogtes zugelassen werden sollte (1178—1201), obwohl der letztere einem Juden Bonet eine bedeutende Summe Geldes schuldete[1]). Wer damals an der Spitze der Gemeinde von Montpellier stand, ist nicht bekannt. Eine Berühmtheit ist aus ihrem Schoße nicht hervorgegangen, obwohl sie gelehrte Talmudkundige in so reicher Fülle besaß[2]), daß man ihren Rabbinatssitz mit dem Synhedrin des Tempelberges (Har) verglich.

Die jetzt winzige Stadt Lunel, unweit Montpellier, war damals unter den Herren de Gaucelin eine bedeutende Stadt, und die jüdische Gemeinde von beinahe dreihundert Mitgliedern galt neben Narbonne als Vorort für die jüdische Provence. Ihr talmudisches Lehrhaus, das mit dem in Narbonne wetteiferte, sah zahlreiche Jünger aus der Fremde, welche, wenn sie bedürftig waren, von der Gemeinde mit allem versorgt wurden. An der Spitze der Gemeinde stand ein Mann, der von den Zeitgenossen außerordentlich gepriesen wurde. Meschullam ben Jakob (st. 1170), talmudisch gelehrt und reich, galt als die letzte Instanz in allen Fragen der Wissenschaft und des Rechtes. Sein Lob zu erwerben, war ein Ansporn für die Schriftsteller. „Seine Seele hing an der Lehre seines Gottes, die Weisheit war sein Erbe. Er erleuchtete unser Dunkel und zeigte uns den rechten Weg", so und noch schwärmerischer schilderte ihn ein unabhängiger Zeitgenosse[3]). R. Meschullam regte gelehrte Männer verschiedener Fächer an, dieses und jenes zu bearbeiten, namentlich arabische Werke jüdischer Autoren ins Hebräische zu übertragen. Er hat überhaupt zuerst den Sinn für Wissenschaft unter den Juden der Provence geweckt; er war für Südfrankreich von derselben Bedeutung, wie es Chasdaï Ibn-Schaprut für Spanien gewesen war. Meschullam hatte einen gelehrten Schwager Mose ben Jehuda und fünf gelehrte Söhne, welche im kleinen die zwei Richtungen bezeichneten, die in der nächsten Zeit miteinander in harten Kampf geraten sollten. Der eine der Söhne, R. Aaron (blühte 1170—1210)[4]), obwohl in den Talmud eingeweiht, hatte eine besondere Vorliebe für die philosophische Auffassung des Judentums; zwei andere dagegen, Jakob und Ascher huldigten jener Lehre, welche das Licht der Vernunft scheut. R. Jakob, obwohl reich, führte ein asketisches Leben, trank keinen Wein und erhielt

---

[1]) Vaisette a. a. O. 119 und Preuves 127.
[2]) Vgl. Kerem Chemed V. p. 3 unten.
[3]) Ibn-Tibbon, Einleitung zu Bachjas Chobat ha-Lebabot.
[4]) Note 1. IV.

davon den Namen **Nasiräer**. Er wird als der erste Beförderer der neuen Kabbala bezeichnet, der diese Geheimlehre von dem Propheten Elia empfangen haben soll[1]). Fast noch strenger lebte sein Bruder R. **Ascher von Lunel**, der ebenfalls vermögend war. Er fastete viel, aß nie Fleisch und frischte wieder die alte, halbvergessene Geheimlehre auf (in einem homiletischen Werke über die Zehn Gebote[2]).

Im ganzen war indessen die wissenschaftliche Richtung in der Gemeinde Lunel vorherrschend. Sie war von zwei Männern vertreten, welche einen guten Ruf in der jüdischen Literaturgeschichte haben, von dem Stammvater der Tibboniden und von **Jonathan aus Lunel**. Der letztere (ben David Kohen) war eine bedeutende talmudische Autorität, der einen Kommentar zu Alfasis talmudischem Werke schrieb. Er liebte nichtsdestoweniger die Wissenschaft und war einer der ersten, der dafür in die Schranken trat, ihr im Judentum das Bürgerrecht zu behaupten. — **Jehuda ben Saul Jbn-Tibbon** (geb. um 1120, st. um 1190) stammte aus Granada und war wegen der Judenverfolgung der Almohaden nach Süd-Frankreich ausgewandert. In Lunel betrieb er die Arzneikunde und war ein so beliebter Heilkünstler, daß er von Fürsten, Rittern und Bischöfen gesucht und sogar übers Meer geholt wurde[3]). Das Arabische verstand er gründlich, und die hebräische Sprache pflegte er mit Schwärmerei. Die Gelehrsamkeit hatte ihn aber zum Pedanten gemacht, er maß jeden Schritt ab und überlegte tiefsinnig, ob er ihn tun oder unterlassen sollte. Seine bedeutende Büchersammlung, in schönster Ordnung gehalten, ging er von Zeit zu Zeit regelmäßig durch und war unglücklich, wenn eine Störung darin vorkam. Er gab sehr viel auf eine zierliche Schrift und auf dergleichen Äußerlichkeiten mehr. Jbn-Tibbon war daher zum Übersetzer wie geschaffen. Auf Anregung des R. Meschullam, — mit dem er wie mit R. Serachja aus Gerona und Abraham ben David in freundschaftlicher Beziehung stand — und anderer Freunde übersetzte er nacheinander aus dem Arabischen ins Hebräische Bachjas „Herzenspflichten", Jbn-G'ebirols Sittenlehre und Perlenschnüre, Jehuda Halevis religionsphilosophisches Werk, Jbn-G'anachs bedeutendes grammatisches und lexikalisches Werk und endlich Saadias Religionsphilosophie (1161—1186). Seine Übersetzungen zeigen aber ganz seinen pedantischen Charakter; sie sind wortgetreu,

---

[1]) Isaak von Akko in Meïrat Enajim Ms.
[2]) Vgl. über ihn Asulai, sub voce Nr. 237 f. und Ben-Jakobs Anmerkungen, ferner Reifmann, Biographie des R. Serachja S. 48, Note 18.
[3]) Sein Testament S. 7 und die Einleitung dazu.

aber schwerfällig, sie binden sich sklavisch an das arabische Original und tun der hebräischen Sprache die schreiendste Gewalt an, indem sie den Wörtern eine unerhörte Bedeutung geben. Jehuda Jbn-Tibbon war sich der Pflichten eines gewissenhaften Übersetzers vollkommen bewußt, daß ein solcher die beiden Sprachen und den Inhalt des Werkes gründlich verstehen müsse; er entschuldigt die Steifheit seiner Übersetzungsweise mit der Armut der hebräischen Sprache[1]). Was sonst noch Jehuda Jbn-Tibbon geleistet hat, ist kaum der Rede wert. Er verfaßte eine hebräische Stilistik (Sod Zachot ha-Laschon), die nicht mehr vorhanden ist, und hinterließ eine Ermahnung an seinen Sohn, die von seiner Zärtlichkeit für die Seinen, von seiner Hingebung an die Wissenschaft, aber auch von seiner Pedanterie Zeugnis ablegt. Die Tibboniden haben nur als Übersetzer einige Bedeutung, sowie die Kimchiden aus Narbonne als Grammatiker.

Der zweite Tibbonide Samuel, Sohn des ersten (geb. um 1160, st. um 1230)[2]), war dem Charakter nach das Gegenstück des Vaters, begabter als dieser, aber leichtsinnig, verschwenderisch und von träger Lässigkeit. Sein Vater hatte die peinlichste Sorgfalt auf seine Erziehung verwendet, ihn selbst unterrichtet und ihm teure Lehrer gehalten. So erlernte Samuel Jbn-Tibbon die Arzneikunde, die arabische Sprache, den Talmud und die übrigen dazugehörigen Wissensfächer. Auch mit einer Frau versorgte ihn der zärtliche Vater frühzeitig; aber eben weil ihn derselbe immer bevormunden und ihm seine pedantische Natur aufzwingen wollte, schlug der Sohn die Ermahnungen und Belehrungen desselben in den Wind, machte sich selbständig, entfremdete sich ihm, machte waghalsige Geschäfte, statt der Heilkunde zu obliegen, verlor sein Geld und mußte von des Vaters Kasse seine und seiner Familie Existenz fristen. Während der Vater ihn aber halb und halb für einen verlorenen Sohn hielt, bildete dieser sich im Stillen aus und übertraf ihn in der Übersetzungskunst und im Verständnis philosophischer Materien. Er übertrug nicht bloß Werke jüdischer Schriftsteller, sondern auch etwas von Aristoteles und von Alfarabi, verfaßte eine philosophische Erklärung zum Prediger (Kohelet) und eine Abhandlung über ein physikalisches Kapitel in der Genesis.

Unweit Lunel in Posquières bestand damals eine kleine Gemeinde von nur vierzig Mitgliedern. In ihr wurde einer der bedeutendsten

---

[1]) J. Jbn-Tibbons Einl. zu Chobat ha Lebabot und zu Jbn-G'anachs Rikmah.
[2]) Einl. zu Jbn-Tibbons Testament.

Talmudlehrer geboren, Abraham ben David (um 1125, st. 1198)¹). Von großen Lehrern gebildet, Schwiegersohn des Abraham ben Isaak aus Narbonne (o. S. 200) und sehr reich, unterhielt Abraham (Rabed II.) ein eigenes Lehrhaus, das viele Jünger aus der Nähe und Ferne anzog. Er sorgte nicht bloß für die Ausbildung seiner Jünger im Talmud, sondern auch für ihre leiblichen Bedürfnisse. Abraham ben David verfaßte noch in der Jugend, von R. Meschullam ben Jakob angeregt, talmudische Arbeiten von tiefer Bedeutung, kommentierte einen Teil der Mischnah und ähnliche Schriften. Von Natur rücksichtslos und die Regeln der Höflichkeit wenig beachtend, behandelt er diejenigen, deren Schriften er widerlegte, in einem wegwerfenden Tone. Namentlich verfuhr er schonungslos gegen R. Serachja aus Gerona, um Alfaßi gegen ihn in Schutz zu nehmen. Abraham beschuldigte diesen sogar öfter des literarischen Diebstahls. Er war ein gefährlicher Gegner. Von den Wissenschaften hatte er keine Ahnung, auch nicht von einer höheren Auffassung des Judentums; er rühmte sich sogar seiner Unwissenheit in solchen Dingen; ihm genügte vollständig, in den Räumen des Talmuds heimisch zu sein. Abraham ben David und Serachia Halevi waren die tiefsten Talmudisten nach dem Tode R. Tams. Im Jahre 1172 erlitt Abraham ben David eine Verfolgung von seiten des Landesherrn namens Elzéar²), der wahrscheinlich von ihm Geld erpressen wollte, und wurde in Haft gebracht. Wie es scheint, nahm sich der Vizegraf Roger von Beziers und Carcassonne seiner an. Seit der Zeit verließ Abraham Posquières und ließ sich in Nismes oder Carcassonne nieder.

Bourg de St. Gilles, die zweite Hauptstadt des Herzogs Raymond V. von Toulouse, hatte eine Gemeinde von hundert Mitgliedern. Diese, sowie die anderen Gemeinden des Grafen Raymond, den die Troubadoure den guten Herzog nannten, lebten ebenfalls in glücklichen Verhältnissen und wurden zu Staatsämtern befördert. Abba-Mari ben Isaak von St. Gilles, der durch seinen gelehrten Sohn einige Bedeutung erlangt hat, war dessen Landvogt. Dieser Sohn Isaak ben Abba-Mari, wahrscheinlich ein Jünger des R. Tam, hatte sich von dem berühmten Lehrer aus Rameru mehr die gründliche, als die scharfsinnige Behandlung des Talmuds angeeignet und verfaßte schon im siebzehnten Jahre im Auftrage seines Vaters ein Kompendium zu gewissen Ritualgesetzen. Darauf war er nach

---

¹) Zunz in Geigers Zeitschrift II. 309, Carmoly, La France Israélite
²) Note 1. IV.

Barcelona ausgewandert und kommentierte auf Verlangen des Scheschet Benveniste (o. S. 195) einen schwierigen Abschnitt des Talmuds. Endlich stellte Isaak ben Abba-Mari (1179—1189) die Resultate seiner Forschungen im Talmud zusammen in einem Werke betitelt Ittur[1]), über das rabbinische Zivilrecht und Ritualien.

Fast noch mehr als sein Vater begünstigte Raymond VI. von Toulouse die Juden und beförderte sie zu Ämtern (1195—1222). Dafür und für andere Verbrechen ähnlicher Art wurde er vom Papste Innocenz III. und der Geistlichkeit bis aufs Blut verfolgt und mußte zuletzt feierlich schwören, die jüdischen Beamten abzusetzen, sonst keinen Juden anzustellen und überhaupt die Juden nicht zu begünstigen[2]). — Auch Beaucaire (Belcaire), das zur Grafschaft Toulouse gehörte, hatte eine nicht unbedeutende Gemeinde, an deren Spitze Kalonymos „der Fürst" stand[3]). — In der blühenden Handelsstadt Marseille, die damals einen Freistaat bildete, lebten 300 jüdische Familien, die sich in zwei verschiedene Gemeinden gruppierten. Die untere Gemeinde, welche am Hafen wohnte und wahrscheinlich Schiffahrt oder doch wenigstens überseeischen Handel trieb, hatte an ihrer Spitze einen edlen Mann Jakob Perpignano (st. 1170)[4]). Die obere Gemeinde hatte ein talmudisches Lehrhaus, dem Simon ben Anatolio vorstand. Auch in Marseille wurden Juden zu Ämtern zugelassen[5]).

Für die Juden Nordfrankreichs, die teils unter dem Könige, teils unter mehr oder weniger abhängigen Baronen standen, bildete der Beginn der letzten zwei Jahrzehnte des zwölften Jahrhunderts die Grenzscheide zwischen Glück und Unglück. Solange der judenfreundliche König Ludwig VII. (o. S. 141) lebte, behielten sie ihre günstige Lage und durften nicht einmal von den böswilligen Geistlichen angefochten werden. Selbst den Beschluß des lateranischen Konzils, daß die Juden kein christliches Gesinde und keine christlichen Ammen halten dürften[6]), wollte Ludwig nicht ausführen. Auf Antrag der Juden ließ er den Papst fragen, ob von diesem Beschlusse nicht abgesehen werden dürfe, und ob den Juden nicht zu gestatten sei, neue

---

[1]) Eigentlich Ittur Sopherim.
[2]) Note 1, IV.
[3]) Charisi, Tachkemoni Pforte 46.
[4]) Note 1, IV.
[5]) Charisi das.
[6]) Epistola Alexandri III. ad Guarinum Bituricensem archiepiscopum bei Bouquet, Recueil XV, p. 986.

Synagogen zu bauen[1]). Er machte trotz der päpstlichen Entscheidung so wenig Ernst mit diesem kanonischen Gesetze, daß noch sein Sohn Philipp August, dem er kränklichkeitshalber die Krone übertrug (1179), sich nicht daran binden mochte. Und als der Erzbischof von Sens auf die Ausführung drang, und noch andere übergreifende Bestimmungen der Kirche dem Königtum gegenüber geltend machen wollte, schickte ihn der junge König in die Verbannung[2]). Nach und nach gewannen aber nicht andere Einflüsse, sondern andere Rücksichten die Oberhand auf das nicht sehr edle Gemüt des fünfundzwanzigjährigen Philipp II. August, änderten seinen Sinn gegen die Juden und machten aus ihm einen der judenfeindlichsten Könige in der jüdischen Geschichte. Er figuriert darin neben Titus, Hadrian, Konstantin, Firûz, Justinian, Heraklius, Sisebut, Hakim und anderen.

Obwohl Landesherr von ganz Frankreich und sogar Lehnsherr des mächtigen Königs von England, war der damalige König von Frankreich arm an eigenen Ländereien. Der kleine Landstrich Francien (Isle de France), mit einigen Enklaven hier und dort, war sein einziges Erbe. Alles übrige Land stand unter mächtigen Baronen. Philipp Augusts Bestrebung war daher darauf gerichtet, die Armut der französischen Krone mit Ländereien zu bereichern und die Scheinlehnsherrschaft über die Barone in eine wirkliche Macht zu verwandeln. Dazu brauchte er vor allem Geld und Truppen. Die Reichtümer der französischen Juden schienen ihm eine ergiebige Quelle dafür zu sein, und er sann auf Mittel, sie ihnen zu nehmen. Lange zu sinnen brauchte er eigentlich nicht, er brauchte nur den Vorurteilen gegen sie das Ohr zu leihen, um das Recht zu haben, sie auszuplündern und zu bedrücken. Obwohl nicht einzig und allein die Juden Frankreichs Wuchergeschäfte trieben, sondern auch Christen trotz kirchlicher Verbote hohen Zins nahmen, und obwohl nicht sämtliche Juden dieses Landes Wucherer waren, sondern höchstens die Reichen, so machte sie Philipp August doch sämtlich für die Verarmung leichtsinniger Schuldenmacher verantwortlich. Und obwohl er selbst nicht recht an den Lügenwahn glaubte, der im zwölften Jahrhundert, man weiß nicht woher und aus welchem Grunde auftauchte, daß die Juden zu ihrer Osterzeit Christenkinder

---

[1]) Note 7.
[2]) Robert von Auxerre bei Bouquet XVIII. 248: Anno 1180 Philippo rege Natale Domini Senonis celebrante orta est inter Guidonem archiepiscopum regemque dissensio, eo quod archiepiscopus quaedam decreta concilii nullatenus patereretur infringi. — Volebat itaque rex his nequaquam teneri etc.

schlachteten und ihr Blut tränken, so tat er doch, als wenn sie eingefleischte Mörder wären, um einen schicklichen Vorwand zu Erpressungen und Räubereien zu haben. Noch ehe der alte König die Augen schloß, ließ Philipp August sämtliche Juden seines Gebietes am Sabbat, während sie in den Synagogen dem Gottesdienste oblagen, ohne irgendeine bestimmte Anklage ergreifen und in den Kerker werfen (19. Januar 1180). Er hatte von vorn herein darauf gerechnet, daß die Juden viel, viel Lösegeld für ihre Befreiung bieten würden. Nachdem sie fünfzehntausend Mark Silbers zusammengebracht hatten, wurden sie wieder auf freien Fuß gesetzt[1]). Diese Erpressung war indes nur ein Vorspiel. Ehe das Jahr 1180 abgelaufen war, erklärte der König die Schuldforderungen der Juden an Christen für null und nichtig, ließ sich aber von den christlichen Schuldnern den fünften Teil der Schulden für den Fiskus zahlen. Ein Einsiedler von Vincennes ermutigte ihn dazu[2]), indem er ihm auseinandersetzte, daß es ein gottgefälliges Werk sei, die Juden ihrer Reichtümer zu berauben. Philipp August begnügte sich noch nicht damit, daß er die reichen Juden zu Bettlern gemacht hatte, sondern erließ kurz darauf ein Edikt, daß sämtliche Juden seines Gebiets zwischen April und dem Johannistage (1181) dasselbe zu verlassen hätten. Es war ihnen nur gestattet, ihre beweglichen Güter zu veräußern; dagegen sollte ihre unbewegliche Habe, ihre Äcker, Weinberge, Scheuern, Weinpressen dem König verfallen, was eine schöne Einnahme abgegeben haben muß. Die verlassenen Synagogen wurden in Kirchen umgewandelt[3]).

Wie unwahr es ist, daß die Juden in Frankreich wegen ihres Wuchers, ihrer Kinderschlächterei und anderer Verbrechen bei der

---

[1]) Das Richtige in betreff der Tatsachen und des Datums hat Radulph de Diceto (imagines historiarum, in Twysdens historiae anglicanae scriptores decem p. 609): Mandato Philippi regis Francorum Judaei quocunque loco per Franciam domicilium dum sabbatizarent, et in nullo regem offenderent, XV. Cal. Februarii sunt artae mancipati custodiae; sed tandem XV millia marcarum fisco solventes in integrum respiraverunt. Nebelhaft ist Rigords Darstellung der Tatsache (in Duchesne historiae Francorum scriptores V. 6 und Bouquet recueil XVII. p. 6). Eodem anno, quo sacra suscepit (Phil. Aug.) gubernacula XVI. Cal. Martii in sabbato capti sunt Judaei per totam Franciam in Synagogis et tunc expoliati sunt auro et argento et vestibus. Baisette emendiert XIV. Cal. statt XVI., und so muß man es auch bei de Diceto tun und zwar Cal. Februarii, nicht Martii. Daß diese Tatsache ins Jahr 1180 und nicht erst ein Jahr später zu setzen ist, geht aus Rigords Worten hervor und auch aus dem Umstande, daß Philipps Vater damals noch am Leben war.

[2]) Rigord a. a. O. [3]) Das.

Bevölkerung verhaßt waren, beweist nichts stärker, als der Umstand, daß Grafen, Barone und sogar Bischöfe sich viele Mühe gaben, den Sinn des Königs zu ändern und das Edikt zur Vertreibung der Juden aufheben zu lassen. Aber vergebens, der junge Philipp August, der viel von Ludwig XIV. an sich hatte, war trotz seiner Jugend so eigensinnig, daß (wie sein Biograph sagt) eher ein Fels zum Wanken gebracht werden konnte, als sein Sinn. So blieb denn den Juden von Paris und der Umgegend, die seit vielen Jahrhunderten dort ihre Heimat hatten, nichts anderes übrig, als zum Wanderstabe zu greifen. Den Zumutungen, sich taufen zu lassen und dafür ihre Güter und ihre Heimat zu behalten, setzten sie ihr Einheitsbekenntnis entgegen. Nur wenige gingen zum Christentum über[1]).

Glücklicherweise für die Juden war, wie schon angegeben, das eigentliche Gebiet des Königs (Francien) damals nicht sehr groß, und die Vasallen waren noch unabhängig genug, sich nicht den Befehl zur Ausweisung der jüdischen Bekenner aus ihrem Lande aufzwingen zu lassen. So durften sie nicht nur in dem größten Teile Frankreichs wohnen bleiben, sondern auch die unter Philipp August Ausgewiesenen konnten sich dort niederlassen. Das talmudische Lehrhaus von Paris ging ein, aber die Lehrhäuser in der Champagne, in welchen die Tossafistenschule fortblühen konnte, blieben bestehen. Der Mittelpunkt des Studiums war noch immer das Städtchen Rameru; hier lehrte Isaak ben Samuel aus Dampierre (Ri), ein Urenkel Raschis[2]). Er war Hauptautorität nach dem Tode seines Oheims R. Tam. Gelehrt und scharfsinnig, wie seine Ahnen, beschäftigte sich Isaak damit, Raschis Kommentar zu ergänzen, die Auslegung des ganzen Talmuds zu sammeln und zu ordnen, oder die tossafistischen Fragen und Lösungen in betreff schwieriger Talmudstellen abzuschließen. Welche Eingelesenheit in den hochaufgeschichteten Talmudstoff gehörte dazu, diese Arbeit zu unternehmen, die allerentferntesten Partien zusammenzubringen, um hier einen Widerspruch aufzufinden, dort einen zu lösen! Man erzählte sich später, im Lehrhause Isaaks des Älteren waren sechzig gelehrte Mitglieder, von denen je einer nicht bloß im ganzen Talmud heimisch war, sondern einen besonderen Traktat von den sechzig auswendig und tiefeingehend kannte[3]). Isaaks erste Sammlung der Glossen hieß die alten Tossafot (Tossafot Jeschenim), die sich aber

---

[1]) Rigord a. a. O.
[2]) Note 1, III.
[3]) Menahem ben Serach, Einl. zu seinem Zedah ha-Derech.

nicht unverändert erhalten, sondern Zusätze und Überarbeitungen erfahren haben. Infolge des feindlichen Geistes, der durch Philipp August in Nordfrankreich zu herrschen begann, fiel Isaaks Sohn, namens Elchanan, der, obwohl jung, einen klangvollen Namen unter den Tossafisten hatte, noch beim Leben des Vaters als Märtyrer seines Glaubens (1184)[1].

Einige Jahre später (1191) machte Philipp August neue Märtyrer. In dem Städtchen Bray (an der Seine, nördlich von Sens), das zur Grafschaft Champagne gehörte, hatte ein Christ, ein Untertan des Königs, einen Juden ermordet. Die Verwandten des Ermordeten führten bei der Gräfin Blanche, Witwe Thibauts von Champagne, Klage und erlangten von ihr durch reiche Geldgeschenke die Erlaubnis, den Mörder zu hängen. Aus boshafter Absicht oder zufällig geschah diese Hinrichtung von seiten der Juden am Purimfeste, und sie dachten vielleicht an den Hamangalgen. Sobald der König Nachricht von der Hinrichtung seines Untertanen und noch dazu durch ein entstellendes Gerücht erfahren hatte, als hätten die Juden dem Mörder die Hände gebunden, ihm eine Dornenkrone aufs Haupt gesetzt und ihn durch die Straßen geschleift, eilte er mit Truppen nach Bray, ließ die Häuser der Juden mit Wachen umstellen, sich ihrer sämtlich bemächtigen und stellte ihnen nur die Wahl zwischen Tod und Taufe. Die Gemeinde von Bray war aber nicht einen Augenblick zweifelhaft, was sie vorziehen sollte. Die Mitglieder ermutigten einander, lieber durch die Bruderhand als durch Henkershand zu sterben. Nahe an hundert ließ Philipp August lebendig verbrennen und verschonte nur die Kinder unter dreizehn Jahren (14. bis 20. März)[2]. Wenige Tage später reiste der König mit blutbefleckten Händen als ein Geweihter zum Kreuzzuge nach Syrien. Der sogenannte heilige Krieg hat ihn wenig gebessert.

Alle Bemühungen, dem wahrhaften Helden Saladin Jerusalem mit dem dazugehörigen Gebiete zu entreißen, waren bisher erfolglos geblieben. Richard Löwenherz selbst war bei aller Ritterlichkeit genötigt, einen für die Christen schimpflichen Frieden einzugehen und erlangte nur die Begünstigung, daß christliche Pilger allenfalls die Grabeskirche in Jerusalem besuchen durften. So mußte von neuem ein Kreuzzug gepredigt, der verglimmende Funken des Fanatismus angeblasen werden, den wiederum die Juden zunächst schmerzlich empfanden.

---

[1]) Note 1, III.
[2]) Vgl. Note 9.

Der Papst Innocenz III., der rücksichtsloseste und selbständigste aller
Kirchenfürsten, nahm die Sache mit Feuereifer in die Hand. Er beauftragte einen Prediger, Fulko von Neuilly, welcher bis dahin
ein leichtsinniger Vogel und ein arger Sünder gewesen war, in Städten
und Dörfern den Kreuzzug zu predigen, und dieser, ein zweiter Rudolph (o. S. 150ff.), gebrauchte Judenhaß und Judenplünderung als
bequeme Mittel, Scharen für die Kreuzesfahnen zu werben. Er predigte, daß die christlichen Schuldner ihrer Verpflichtungen gegen ihre
jüdischen Gläubiger ledig sein sollten, wenn sie das Kreuz nähmen.
Viele Barone des nördlichen Frankreich nahmen, von Fulkos fanatischen Reden begeistert oder sich begeistert stellend, das Kreuz, und da
einmal ihr Judenhaß entflammt war, vertrieben sie die Juden, welche
durch den Verlust ihrer Schuldforderungen verarmt waren, von denen
also nichts mehr zu ziehen war, aus ihrem Gebiete[1]). Wider alles Erwarten nahm Philipp August, der Erzjudenfeind, die ausgewiesenen
Juden in seinem Staat auf und gestattete auch den früher von ihm selbst
Verbannten wieder in ihre Heimatstätte zurückzukehren (Juli 1198)[2]).
Dieser inkonsequente und milde Schritt des sonst konsequenten und
strengen Königs machte zu seiner Zeit viel Aufsehen. Es scheint, daß
Philipp August damit der Geistlichkeit und dem Papste geflissentlich
Ärgernis geben wollte, weil sie ihm den geistlichen Krieg erklärt hatten.
Er hatte sich nämlich von seiner Frau, der dänischen Prinzessin Inge-
borg, wegen angeblicher Blutsverwandtschaft geschieden und eine andere
heimgeführt. Papst Innocenz, der sich als Vormund der Fürsten und
Könige betrachtete, ohne dessen Zustimmung kein Akt geschehen durfte,
verlangte von ihm, seine zweite Frau aus seinem Palaste und seinem
Lande zu verbannen und Ingeborg wieder aufzunehmen, widrigenfalls
er dem schweren Banne und sein Land dem Interdikte verfallen würde.
Philipp August spottete anfangs der geistlichen Drohung und in seinem
Zorn gegen die anmaßende Kirche mag er Milde gegen die Juden
geübt haben.

Durch sein Beispiel angeregt, verfuhren auch einige Barone milder
gegen ihre Juden und verhängten nicht mehr Verbannung über sie.
Auf den ersten Blick sieht es sogar aus, als wenn der französische König
und die Barone von einer Art Zärtlichkeit für die Juden erfüllt ge-

---

[1]) Robert von Auxerre bei Bouquet, Recueil XVIII. 274; Ville-Har-
douin, chronique de la prise de Constantinople I, Anfang.

[2]) Richard bei Du-Chesne V. 42, bei Bouquet a. a. O. 71. Roger de
Hoveden bei Bouquet das. 695: Contra omnium opinionem Judaeos Parisiis
reduxit et ecclesias Dei graviter persecutus.

wesen wären, als wären diese ihrem Herzen so teuer gewesen, daß sie sie gar nicht missen mochten. — Sie zeigen sich eifersüchtig aufeinander, wenn Juden aus einem Gebiet in ein anderes übersiedelten, sie reklamieren sie, schließen Verträge untereinander, daß jene bei etwaiger Übersiedlung dem ursprünglichen Herrn ausgeliefert werden müßten und ließen sie sogar einen Eid ablegen, nicht auszuwandern[1]). Aber hinter dieser scheinbaren Zärtlichkeit steckte die allerschmutzigste Geldgier. Die Juden des nördlichen Frankreich wurden vom Könige und den Baronen als Geldschwämme betrachtet, die sie auspreßten, und sie sahen es gern, wenn jene sich wieder mit dem Schweiß ihrer christlichen Untertanen füllten. Schon im Jahre 1198 schloß Philipp August mit dem Grafen Thibaut von der Champagne einen gegenseitigen Vertrag, daß sie die aus dem Gebiete des einen in das des anderen übergesiedelten Juden nicht zurückhalten, sondern ausliefern wollten[2]). Philipp August war aber, wie die meisten Könige von Frankreich, kein Mann von Wort und lieferte die Juden, welche aus der von vielen Juden bevölkerten Champagne wegen allzu harter Bedrückung nach Francien ausgewandert waren, nicht aus. Dadurch entstand eine Spannung zwischen dem Könige und der verwitweten Gräfin Blanche. Dieser Streit wiederholte sich, als ein sehr reicher Jude, Cresselin, aus der Champagne nach Paris übersiedelte. Halb durch Überredung und halb durch Zwang kehrte Cresselin in das Gebiet der Gräfin zurück, und der Vertrag wegen Auslieferung der Juden wurde erneuert[3]).

So verloren die Juden des nördlichen Frankreich seit Philipp August eines ihrer kostbaren Menschenrechte, die Freizügigkeit. Während sie früher wie die Ritter sich nach Belieben hier oder da niederlassen durften, wurden sie seit dieser Zeit wie Leibeigene an den Geburtsort gefesselt. Wanderten sie aus, so zog der Landesherr ihre unbeweglichen Güter zur Strafe ein und veräußerte sie. Anfangs konnten die Juden sich nicht darein finden, und die rabbinische Autorität dieser Zeit, R. Isaak der Ältere, bestimmte, daß kein Jude die konfiszierten Güter kaufen dürfe, und wenn er sie gekauft, dem Eigentümer ausliefern müsse[4]). Nach und nach wurde aber diese Gewalt zum Gesetz. Aber nicht nur das Recht der Freizügigkeit wurde

---

[1]) Sefer Chassidim Nr. 421. Mose von Couch, Semag-Gebote Nr. 73.
[2]) Ordonnances des rois de France I. 44. Brussel, Usage général des juifs en France I. 1. 2. p. 39.
[3]) Brussel a. a. O.
[4]) Tossafot zu Baba Kama p. 58 a.

ihnen genommen, sondern auch das Eigentumsrecht. „Das Vermögen der Juden gehört dem Baron"[1]), das war der leitende Gedanke in der nordfranzösischen Gesetzgebung in betreff der Juden. Der König und die Barone gestatteten sogar den Juden, hohe Zinsen zu nehmen (zwei Deniers vom Livre die Woche), weil es ihnen zustatten kam. In der Beschränkung, welche Philipp August mit Guido von Dampierre und der Herzogin von Troyes den jüdischen Kapitalisten auflegten, war ihr eigener Vorteil noch mehr, als der der christlichen Schuldner bedacht. Die Schuldscheine sollten nur von einem Notar ausgestellt und mit dem öffentlichen Siegel versehen sein, das in die Hände von zwei Notabeln niederzulegen sei. Dadurch konnte der Herr von dem Umfang der Geldgeschäfte Kunde erhalten. Von jedem abgeschlossenen Geschäfte erhob der Landesherr eine hohe Abgabe (Cens). Wenn noch angeordnet wurde, die Juden dürften keine Kirchengeräte in Pfand nehmen, so fehlte die Klausel nicht, es sei denn, daß der König selbst oder die Barone sie verpfändeten. Die Juden hatten nur noch Wert durch das, was sie besaßen; sie wurden immer mehr als rententragende Leibeigene behandelt, die nach dem Verhältnis ihrer Ergiebigkeit und Tragfähigkeit höher oder niedriger veräußert werden konnten. Ein Edelmann verkaufte der Gräfin von Champagne seinen ganzen Besitz „an Sachen und Juden"[2]). Freilich waren die Juden dadurch mehr vor Vertreibung und Verfolgung gesichert, weil man sie nicht gern mißte, allein sie erlagen tausendfachen Plackereien, und sie verkümmerten dadurch sittlich. Sie waren auf Gelderwerben angewiesen und suchten sich davon so viel als möglich anzueignen, um ihre Peiniger befriedigen zu können. Die Geistlichen schürten den Haß gegen die Juden immer mehr an und schlossen sie wie Aussätzige aus der christlichen Welt aus. Bischof Odo von Paris, welcher kanonische Konstitutionen erließ (1197), verbot den Christen, von Juden Fleisch zu kaufen, mit ihnen zu disputieren und überhaupt Umgang mit ihnen zu haben[3]). Die Übertreter sollten der Exkommunikation verfallen. Wäre nicht das Talmudstudium eine glühende Leidenschaft der nordfranzösischen Juden gewesen, so wären sie wohl so schlecht geworden, wie sie ihre Feinde gewünscht und geschildert haben; der Talmud einzig und allein bewahrte sie vor vertierter Selbstsucht und vor sittlicher Fäulnis.

---

[1]) Les meubles aux juifs sont au baron.
[2]) Brüssel a. a. O.
[3]) Mansi concilia T. XXII. p. 683, 85.

Drei Männer vertraten das Talmudstudium in Nordfrankreich nach dem Tode Jsaaks des Tossafotsammlers (um 1200), die aus dessen Schule hervorgegangen waren: **Jehuda Sir Leon ben Jsaak, der Fromme** (ha-Chasid) in Paris (geb. 1166, st. 1224)[1]), **Simson ben Abraham in Sens** (st. vor 1226)[2]), und sein Bruder, **Jsaak der Jüngere** (Rizba) in Dampierre. Alle drei trugen in den Lehrhäusern den Talmud in hergebrachter Weise vor, entschieden die an sie ergangenen religiösen Anfragen und arbeiteten eigene Tossafot aus, von denen die Simsons sich als eine eigene unter dem Namen Sens-Tossafot erhalten haben. Eine eigene Richtung haben diese drei Rabbiner Nordfrankreichs nicht eingeschlagen, für Wissenschaft und Poesie hatten sie keinen Sinn, die heilige Schrift kannten sie nur im Lichte der agadischen Auslegungsweise. Die Bestrebungen des Menahem ben Chelbo, des Joseph Kara, des Samuel ben Meïr, seines Bruders R. Tam und des **Joseph Bechor-Schor** aus Orleans, der, ein Jünger R. Tams, sich von der agadischen Schriftauslegung fern hielt und die Exegese nüchtern behandelte, hatten keinen Einfluß auf sie geübt. Ihre ganze Weisheitsquelle war der Talmud, was darüber hinausging, das kannten oder beachteten sie nicht. Simson aus Sens erläuterte nach seiner Auswanderung nach Palästina (nach 1211) einige Teile der Mischnah[3]), so weit ihr die talmudische Ergänzung abging, aber keineswegs selbständig, sondern im tossafistischen Sinne. An Scharfsinn fehlte es diesen und anderen zeitgenössischen Talmudisten nicht, aber an freiem Blick. Simson hatte so wenig Augen für den Kern von Religiosität bei den Karäern, die des Guten eher zu viel als zu wenig taten, daß er nicht bloß Verschwägerung mit ihnen für ungesetzlich hielt, sondern sie als Götzendiener angesehen wissen wollte, deren Wein ein Rabbanit nicht trinken dürfe[4]).

Jehuda Sir Leon verfaßte eine Schrift zur Anweisung für ein höheres, religiöses Leben (Sefer ha-Kabod)[5]), dessen sich wahrhaft

---

[1]) S. Note 1. III.

[2]) Er starb nämlich vor dem Tode Joseph ben Aknins, wie aus Abraham Maimunis Milchamot S. 16 hervorgeht. Über ihn und seinen Bruder vgl. Zunz, Zur Literatur S. 34 f.

[3]) Vgl. Frankel, Darche ha-Mischnah 329 f. Der zu Peah I. 6. erwähnte Brief ist vielleicht der in Codices de Rossi erwähnte Brief Simsons an R. Meïr (Nr. 772, 7).

[4]) Responsa David Jbn-Abi-Simra II. Nr. 796.

[5]) Zakuto bemerkt ausdrücklich, daß **Jehuda Chasid ben Jsaak**, Jünger des Tossafisten Ri, d. h. Sir Leon von Paris, Verfasser des S. ha-Kabod war. Jbn-Jachja sagt anfangs dasselbe, Jehuda von Paris,

Fromme befleißigen sollten. Diese Schrift ist zwar voller Glaubensinnigkeit und kindlich reiner Sinnlichkeit, aber auch voll von verkehrten Weltanschauungen und wüstem Aberglauben. Sie spiegelt den Geist jener Zeit treu ab, jene religiöse Ängstlichkeit, die sich bei jedem Schritte scheu bedenkt, ob sie nicht damit eine Sünde begehe oder zu einer Sünde Anlaß gebe, jene düstere Stimmung, welche in jeder natürlichen Regung die Anreizung des Satans erblickt, jenen Kleinlichkeitsgeist, der jeden noch so geringfügigen Vorgang als etwas Bedeutungsvolles behandelt. Neben Sätzen, deren sich Weltweise nicht zu schämen brauchten, kommen in diesem „Buche der Frommen" Abgeschmacktheiten vor, welche nur die Verkümmerung aller Lebensverhältnisse, wie sie seit Philipp August die Juden Frankreichs empfanden, erzeugen konnte. Hier kommt eine Bemerkung vor: „Schamgefühl und Treue

Verfasser des Testamentes, war ein Schüler des Ri, d. h. Verfasser des S. Chassidim, dem das Testament beigefügt ist. Nur stört diesen die anderweitige Nachricht, daß Samuel, Vater des andern Jehuda Chasid, Verfasser des S. Chassidim gewesen sein soll. Asulai sub voce ventiliert die Frage, ob Jehuda der Fromme von Paris oder Jehuda der Fromme von Regensburg Verf. des S. Ch. gewesen sei und kommt zu keiner Entscheidung, weil er von falschen Prämissen ausgeht. Die Frage löst sich einfach durch die Annahme, daß das S. Chassidim und S. ha-Kabod insofern identisch sind, als ein Späterer (der sich Nr. 696 zu erkennen gibt), das letztgenannte Buch exzerpiert, den Titel umgeändert und manches aus anderen Schriften (Saadia, R. Nissim, Maimuni und andern) hinzugefügt hat. An drei Stellen wird bemerkt, daß das Ausführliche über gewisse Punkte in S. ha-Kabod zu suchen sei (Nr. 197, 321, 461). Was Eleasar von Worms und Mose Taku (Ozar Nechmad III. 65, 67) aus S. ha-Kabod zitieren, findet sich in S. Chassidim. Das S. Chassidim hat das S. ha-Kabod absorbiert. Nun kommen in dem S. Ch. (ed. Bologna 1538 ed. princeps) mehrere französische Worte und Wendungen vor. So gleich im Anfange, man solle beim Aussprechen des Gottesnamens eine Preisformel hebräisch oder in einer anderen Sprache (בלעז) hinzufügen; שיר בנירדט או שיר לאיירי (soit bénédit ou soit loué); weiterhin: בון יורא איבל אוויר אנוטרא שיר־א לקטנידא (bon jour tel ait (avia) no(s)tra Sir(a) le commande (a); No. 463 בלעז רוביילש — Rubéoles; Nr. 898 שיקורירן טינדור — tendeur. Ja, לעז heißt in diesem Buche geradezu französisch, im Unterschiede von אשכנז לשון. Es unterliegt demnach keinem Zweifel, daß der Verfasser des S. ha-Kabod oder des S. Chassidim ein Franzose war, und nicht ein Deutscher, d. h. Jehuda Chassid von Paris (Sir Leon) und nicht der von Regensburg. Ohnehin reflektiert bei genauer Beachtung so manches darin weit eher französische als deutsche Zustände jener Zeit. — Das S. Chassidim führt auch den Titel ס' החכמה והחסידות auch kurzweg: החכמה ס'. Ich mußte diesen Punkt weitläufig beleuchten, weil alles, was Zunz darüber aufgestellt (zur Literatur S. 123 f.), unrichtig ist. — Es versteht sich von selbst, daß das „Testament" ר' צואת החסיד יהודה, welches jüngeren Ausgaben angehängt ist, spätern Ursprungs ist.

sind ein unzertrennliches Zwillingspaar; stirbt das eine, stirbt das andere auch nach"¹). — Es wird eingeschärft, in der Askese nicht zu weit zu gehen: „Der Fromme soll nicht sagen: ‚Weil Neid, Gelüste und Ruhmsucht zur Sünde führen, will ich mich ganz fern davon halten, will weder Fleisch, noch Wein genießen, will schöne Wohnung, an= ständige Kleidungen meiden, will wie die Mönche einen groben Anzug tragen.' Auch das ist ein schlechter Weg, und der ihn geht, ist ein Sünder"²). — „Fragt dich ein des Hebräischen Unkundiger oder eine Frau, wie sie beten soll, so eröffne ihnen, daß sie es in der ihnen ver= ständlichen Sprache tun mögen; denn das Gebet hat nur Wert, wenn das Gemüt es erfaßt; welchen Nutzen hat ein solches, von dem das Herz nicht weiß, was der Mund spricht"³)? — „Wie gegen den Glau= bensgenossen, so sollst du auch redlich gegen den Christen handeln; hat dieser sich geirrt, sollst du ihn darauf aufmerksam machen, damit Gottes heiliger Name nicht durch dich entweiht werde⁴"). — „Ist ein Jude Zolleinnehmer und fordert den Christen mehr ab, so wird sein Los Verarmung sein⁵). — Der Fromme soll weder gegen Juden, noch gegen Christen sich eines lügenhaften Vorwandes bedienen, nicht einmal einem unsicheren Borger sagen, er sei nicht im Besitze von Geld⁶). — Gott steht den Bedrängten bei, seien sie Juden oder Christen; darum soll man den Christen ebenso wenig etwas entwenden, wie den Juden⁷). — Bedroht ein Jude das Leben eines Christen, so soll der dabeistehende Jude dem Gefährdeten beispringen und allenfalls den jüdischen Mörder totschlagen⁸). — Wucherer, solche, die Geldstücke be= schneiden und die Unrecht mit Maß, Gewicht und Waren tun, ver= lieren ihr Vermögen, kommen an den Bettelstab, und ihre Kinder müssen getrennt voneinander in fremde Länder wandern"⁹).

Und dabei wird eingeschärft: Jünglinge und Mädchen sollen nicht zusammenkommen, weil sie durch den Tanz zu Lüsternheiten kommen könnten, und als Beleg wird eine Gespenstergeschichte erzählt. Ein Reiter habe einst im Mondschein Wagenscharen voller Menschen ge= sehen, die von anderen Menschen bis zur Ermüdung gezogen wurden. Auf seine Frage an einige Bekannte unter ihnen, die bereits verstorben waren, hätte der Reiter vernommen, daß die Ziehenden und die Gezogenen bei ihrem Leben mit Frauen und Mädchen gescherzt hätten,

---

¹) S. Chassidim Nr. 120.
²) Das. Nr. 52. ³) Das. 588 und 788.
⁴) Das. 395. ⁵) Das. 425.
⁶) Das. 426, 979. ⁷) Das. 6, 61.
⁸) Das. 1022. ⁹) Das. 1078—1081.

darum seien sie verurteilt worden, wechselweise einander bis zur Ermattung zu ziehen[1]). — An Gespensterglauben ist das „Buch der Frommen" überhaupt reich. Es hat schon die Schauersage, daß die Leichen sich um Mitternacht im Bethause versammeln, in ihre Betmäntel gehüllt, und ein Lebender, der sie erblickt, ist des Todes[2]). In der Nacht vor dem großen Hosiannatage steigen die Leichen aus ihren Gräbern und beten[3]). — An Hexen- und Zaubergeschichten fehlt es auch nicht darin[4]). — Eingeschärft wird ferner, heilige Bücher nicht mit Umschlägen von Romanzen zu umhüllen[5]). Man soll die verschiedenen Modulationen beim Vorlesen aus dem Pentateuch, den Propheten und den Hagiographen nicht miteinander verwechseln, nicht die eine für die andere gebrauchen, denn die Sangweisen stammten vom Sinaï, „und du sollst die Grenze nicht verschieben, welche die ersten gesetzt"[6]). Ebensowenig soll man die liturgischen Gebetstücke älterer neuhebräischer Dichter, wie die Kaliris, mit anderen vertauschen[7]). Der Gebete mit Versmaß, welche die großen jüdisch-spanischen Dichter geliefert, soll man sich nicht bedienen, weil sie nichtjüdischen Mustern nachgebildet sind[8]).

Manche Vorschriften in dem „Buche der Frommen" verlebendigen dann die traurige Zeit der Grausamkeiten der Kreuzfahrer. Wenn christliche Scharen anrücken, sollen Juden sich nicht ein Kreuz an ihre Kleider heften, auch nicht an ihre Häuser nageln und sich nicht wie die Geistlichen Tonsuren scheren, um sich unkenntlich zu machen und der Gefahr zu entgehen[9]). Die Wände des Hauses, welche vom Märtyrerblut befleckt worden sind, dürfen nicht übertüncht werden, damit das unverdeckte Blut zu Gott aufschreien möge[10]). Die Gemeinden sollen nicht für immer den Bann über eine Stadt aussprechen, deren Beherrscher die Juden verfolgt und zur Taufe gezwungen hat, weil der Bann auch dann haften würde, wenn die Stadt den Herrn gewechselt hätte[11]). — Wenn die Juden übrigens über alle diejenigen Städte, welche ihren Glauben Anfechtungen ausgesetzt haben, hätten den Bann verhängen wollen, so hätten sie sich aus dem christlichen Europa hinausbannen müssen. — Das „Buch der Frommen" wurde eine Erbauungslektüre für viele und impfte den düsteren Geist von Geschlecht zu Geschlecht ein.

[1]) S. Chassidim 168, 169.
[2]) Das. 711.   [3]) Das. 452.
[4]) Das. 460—468, 477 und noch andere S'ellen.
[5]) Das. 142.   [6]) Das. 301.   [7]) Das. 114.   [8]) Das. 784.
[9]) Das. 221.   [10]) Das. 449.   [11]) Das. 424.

R. Jehuda Sir Leon, der Fromme, wurde der Lehrer vieler
Jünger, welche später einen klangvollen Namen erlangten, Salomos
von Montpellier, Moses von Coucy, Jsaaks von Wien und anderer,
welche Rabbinen und Pfleger des Talmudstudiums in Spanien, Frankreich und Deutschland wurden. Alle waren in seinem Geiste gebildet,
kannten das Judentum nur aus einer dichten Nebelhülle und wurden
Gegner der freien Forschung. Die Anhänger seiner Schule traten
später in einen feindlichen Gegensatz gegen die höhere Auffassung des
Judentums aus der spanischen Schule.

In England und in den französischen Landstrichen, die damals
zu England gehörten (Normandie, Bretagne, Anjou, Touraine, Maine,
Guienne, Poitou und Gascogne) lebten die Juden eine lange Zeit in
ungestörter, glücklicher Ruhe unter dem von der Geistlichkeit angefein-
deten Heinrich II.[1]). Sie bewohnten die großen Städte, und in London
waren manche von ihnen zu solchen Reichtümern gelangt, daß ihre
Häuser sich wie königliche Paläste ausnahmen[2]). Der Aufruf zum
ersten und zweiten Kreuzzug fand keinen Widerhall unter den nüchternen Inselbewohnern, und darum hatten die Juden Englands keine
Märtyrer in jener Zeit. Ihr Gemeinde- und Kulturleben bezogen sie
aus Frankreich, das damals mit England in engem Zusammenhange
stand. In London lehrte R. Jakob aus Orleans, ein Jünger
R. Tams, der unter den Tossafisten einen klangvollen Namen hat.
R. Benjamin aus Canterbury[3]) war ebenfalls ein Jünger desselben Meisters aus Ramern. Der ritterliche Sohn Heinrichs, Richard
Löwenherz, war ebenso von Verfolgungssucht entfernt, und die
jüdischen Gemeinden Englands hätten sich ruhig unter ihm entwickeln
können, wenn nicht der durch Thomas Becket angefachte Fanatismus
auch sie in den Bannkreis gezogen hätte. An Richards Krönungstage
(3. Sept. 1189) brach der erste Sturm gegen sie los, der damit endete,

---

[1]) Radulph de Diceto (in Twysdens Historiae anglicanae scriptores
decem 647): pax Judaeorum, quam ab antiquis temporibus semper obti-
nuerunt (in Anglia). Wilhelm von Neubury (Rerum anglicarum l. IV.
1): Judaei ne forte habita sub rege priore (Heinrich II.) felicitas minus
eis arridet sub novo (Richard); ders. IV. 10: Judaei in Anglia sub rege
Henrico secundo consistentes ordine praepostero super Christianos felices
et incliti fuerant.
[2]) Rudolph von Coggesdhale bei Bouquet, Recueil XVIII. p. 63: domus
eorum (Judaeorum) quae quasi palatia regum erectae fuerant.
[3]) Siehe Note 1. III. Vgl. Wilhelm von Neubury (a. a. O. VI. 10).
Legis doctor qui ad docendos Judaeos anglicanos ex partibus venerat
transmarinis.

daß sie nach einem Jahrhundert vollständig aus dem glücklichen Inselreich ausgewiesen wurden. Richards Krönungsfest war für die Juden Englands die erste Szene eines bluttriefenden Dramas[1]). Als Richard von der Krönung in der Kirche nach seinem Palaste heimgekehrt war, kam unter anderen Huldigenden auch eine jüdische Deputation der reichsten und angesehensten Männer sämtlicher Gemeinden Englands in den Saal, um ihre Geschenke zu überreichen. Bei ihrem Anblicke bemerkte B a l d u i n , Erzbischof von Canterbury, ein fanatischer Kirchenfürst, mit finsterer Miene, daß von den Juden keine Geschenke angenommen werden dürften und sie selbst aus dem Saale entfernt werden

---

[1]) So reich auch die Quellen über die an Richards Krönungstage ausgebrochene Judenverfolgung fließen, da sämtliche englische Annalisten darüber berichten, so ist sie in neuerer Zeit nichts weniger als kritisch genau dargestellt worden. Als erste Veranlassung zur Verfolgung wird allgemein angegeben, die Juden hätten sich gegen des Königs Edikt als Neugierige in die Kirche gedrängt. Das ist aber falsch. Drei zeitgenössische Quellen geben an, die Juden seien im P a l a s t e mit Huldigungsgeschenken erschienen, und eine derselben bezeichnet den Anreger der Verfolgung genau. Der anonyme Chronist von Laon (bei Bouquet das. 707) berichtet: Balduinus — archiepiscopus Cantuariensis — cum videret Judaeos interesse consecrationi, novo regi (Richardo) d o n a s u a praesentare volentes, suggessit regi, ut amoverentur, qui hanc gratiam peccatis suis perdiderant. Radulph de Diceto, welcher bei dem Krönungsakte als Dekan des Londoner Kapitels fungierte, berichtet darüber (a. a. O): solemnibus expletis in plenitudine magna — pax Judaeorum, quam (oben S. 220 Anmerkung 1) ab aliegenis interrumpitur. Also während des F e s t m a h l e s und nicht in der K i r c h e. Ebenso Ephraim aus Bonn im Martyrologium a. a. O. 9): ויבואו גם היהודים הקצינים יתעשירים אשר בהם (באנגלטרא) להביא למלך מנחה. Selbst Wilhelm von Neuburg gibt noch genau die Lokalität an: contigit autem rege discumbente (in convivio) Judaei fores sic regias introibant. Den Umstand von den Geschenken hat er nicht, dafür aber die Sage über die Ausschließung der Juden: verum ille (rex) minus jam eos (Judaeos) acceptans quam pater, vel nescio quid praecavens, superstitiosa quadam de consilio quorundam cautela, edicto — u t d i c i t u r — interdixit eis ingressum vel e c c l e s i a e , dum coronaretur, vel p a l a t i i , dum convivaretur (a. a. O.). Johannes Bromton hat diese unbestimmt gelassene Sage halb als Geschichte aufgenommen: Et licet ipse rex edicto publico, ut dicitur, Judaeis et mulieribus ingressum ecclesiae, dum coronaretur, e t e t i a m palacii, dum epularetur, interdixerat, prandentibus tamen illis principes Judaeorum — fores regias introibant. Also immer noch zum Teil der Palast (bei Twysden p. 1159). Erst Matthäus Pâris, der Kompilator, hat den Umstand, daß die Juden propter magicas artes ausgeschlossen worden seien, und ab ecclesia eos (Judaeos) ejicientes (ed. London 154). Diesem ungenannten Annalisten sind die meisten Historiker gefolgt und haben das Faktum unkritisch dargestellt. Der erste Urheber des Gemetzels unter den Juden war Balduin, Erzbischof von Canterbury.

sollten, weil sie durch ihren Glauben solche Gunst, unter anderen Völkerschaften zu figurieren, verwirkt hätten. Richard, der keine Ahnung hatte, welche bösen Folgen das Ausschließen der Juden nach sich ziehen würde, ging arglos auf die Weisung des Erzbischofs ein. Die Palastdiener, welche die Juden aus dem Palaste wiesen, glaubten sich aber dadurch berechtigt, sie zu mißhandeln. Das gaffende Volk griff ebenfalls zu und verfolgte die jüdischen Deputierten mit Faustschlägen, mit Steinen und Knütteln. Bald verbreitete sich in allen Teilen Londons das falsche Gerücht, der König wünsche die Demütigung und Ermordung der Juden, und alsbald rottete sich der Pöbel und das kreuzfahrende Gesindel zusammen, um sich an den Besitztümern der Juden zu bereichern. Da diese sich aber in ihre festen Häuser eingeschlossen hatten, so machten die Raubbanden einen Angriff auf sie und legten Feuer an. Die Nacht war indessen eingebrochen und bedeckte mit ihrem Schatten das gräßliche Gemetzel unter den Juden. Vergebens sandte der neugekrönte König einen seiner Hofleute, Ranulph de Granville, sich nach dem Aufruhr zu erkundigen und ihm zu steuern. Er konnte zuerst nicht zu Worte kommen, und wurde noch dazu von den Wütenden verhöhnt. So kamen viele Juden um, andere töteten sich selbst, weil ihnen zugemutet wurde, sich taufen zu lassen, darunter auch R. Jakob aus Orleans. Die meisten jüdischen Häuser wurden verbrannt und die Synagogen zerstört. Der Brand, der deswegen angelegt war, um die Schuldforderungen der Juden an Christen zu vernichten, griff um sich und verheerte einen Teil der Stadt. Zum Christentum ging nur ein einziger Jude über, der reiche Benedikt aus York, welcher mit seinem Mitdeputierten Joceus, aus dem Palast verjagt, in eine Kirche geschleppt wurde und zum Scheine sich die Taufe gefallen ließ. — Als Richard aber des anderen Tages den wahren Sachverhalt erfuhr, ließ er die am meisten Schuldigen hinrichten[1]). Richard war so sehr für die Juden seines Reiches bedacht, daß er, besorgend, die Verfolgung in London könnte in England und in seinen französischen Besitzungen Nachahmung finden, die Unverletzlichkeit der Juden verkünden ließ und sogar Boten nach der Normandie und Poitou schickte, daß etwaige Judenkrawalle sofort verhindert werden sollten[2]). Er gestattete sogar Benedikt aus York, zum Judentum

---

[1]) Dieselben Quellen.
[2]) Wilhelm von Neubury a. a. O.: Princeps autem post cladem Judacis pacem sancivit. Chronist von Laon bei Bouquet a. a. O.: Rex vero ne simili vesania in Normannia et Pictavia necarentur Judaci, nuncios illuc direxit, qui impedirent.

zurückzukehren, als er seine gewaltsame Taufe erfuhr und von ihm das Geständnis hörte, er sei im Herzen Jude geblieben und wolle als solcher sterben. Der fanatische Erzbischof von Canterbury, der bei der Unterredung zugegen war und um seine Meinung gefragt wurde, antwortete: „Will er nicht ein Sohn Gottes sein, so sei er ein Sohn des Teufels"¹).

Solange Richard in London weilte, hatten die Juden Ruhe, sowie er aber über den Kanal setzte, um gemeinschaftlich mit Philipp August einen neuen Kreuzzug anzutreten, wiederholten sich überall im Lande die Szenen von London. Nicht Glaubenseifer allein war es, welcher die Wut der Christen gegen die Juden Englands entfesselte, sondern mehr noch der Neid auf deren Wohlstand und vorzüglich Gier nach fremdem, leicht zu erwerbendem Gute²). Die Reihe kam zuerst an die reiche und bedeutende Gemeinde in der blühenden Handelsstadt L y n n. Wenn man den christlichen Schriftstellern trauen dürfte, so hätten die Juden von Lynn den Zorn der Christen zum Angriff gereizt. Sie sollen nämlich einen getauften Juden mit Waffen angefallen, und als dieser sich in eine Kirche geflüchtet hatte, dieselbe mit Sturm angegriffen haben. Darauf seien die Christen zur Wehr zusammengerufen worden. Kreuzfahrer befanden sich ebenfalls in der Stadt. Von diesen geschlagen, hätten die Juden sich in ihre Häuser geflüchtet und wären daselbst mit Feuer und Schwert aufgerieben worden, so daß nur wenige entkamen. Aber unmöglich können die Juden die ersten Angreifer gewesen sein; denn die Bürger wurden von den königlichen Beamten wegen der Vorfälle zur Verantwortung gezogen und schoben die Schuld auf die Kreuzzügler, welche sich indessen, mit der Beute der Juden beladen, auf und davon gemacht hatten. Ein jüdischer Arzt, der wegen seiner Geschicklichkeit und Bescheidenheit auch bei Christen beliebt war, wurde von den Barbaren ermordet, weil er die

¹) Es ist eigen, daß der jüngere Johannes Bromton bei diesem Punkte wahrheitsgetreuer ist, als Wilhelm von Neubury, seine Quelle. Der erstere berichtet darüber: rex — interrogavit illum (Benedictum Eboracensem), si esset Christianus effectus. Ipse vero respondit, quod non. — Tunc rex interrogavit archiepiscopum Cantuariensem — quid esset de illo faciendum, qui respondit m i n u s d i s c r e t e: si ipse non vult esse homo Dei, sit homo Diaboli. Der letztere dagegen: Ejectus ergo (Benedictus) a facie regis, Judaeis est redditus apostata Christianus, factusque filius Gehennae duplo quam prius.

²) Wilhelm von Neubury a. a. O. IV, 7: Christianorum adversus Judaeos in Anglica zelus — vehementer excanduit, non quidem syncere et causa fidei tantum, sed eorum vel aemulando felicitatem, vel inhiando fortunis.

Seinigen allzu sehr betrauert und die Gerechtigkeit des Himmels gegen die Mörder angerufen hatte[1]).

Darauf wurden die Juden von Norwich in ihren Häusern überfallen und ermordet (6. Febr. 1190)[2]). Einen Monat später (7. März) wurden die Juden von Stanford mißhandelt, weil gerade am Markttage viele Kreuzfahrer und Fremde in der Stadt waren, welche sicher waren, in der Überzahl zu sein, falls die Juden vereint mit den Bürgern ihnen Widerstand leisten sollten. Sie glaubten ein gottgefälliges Werk zu tun, wenn sie diejenigen als Feinde behandelten, nach deren Besitztümern sie lüstern waren, und gedachten ihre Reisekosten zum Kreuzzuge von den Juden zu erpressen. Ohne die geringste Veranlassung fielen sie die Juden an, ermordeten einige, zwangen andere, sich in das königliche Kastell zu flüchten, erbrachen deren Häuser und trugen alles Wertvolle daraus fort. Um nicht den königlichen Richtern in die Hände zu fallen, machten sich die räuberischen Kreuzfahrer mit der Beute aus dem Staube. Einer dieser Raubmörder, welcher seinen Raub bei einem Bekannten untergebracht hatte und von diesem aus Habsucht ermordet wurde, wäre um ein Haar ein Heiliger geworden[3]). — Die Gemeinde von Lincoln war nahe daran, das Geschick ihrer Schwestern von Lynn, Norwich und Stanford zu teilen, als sie, sowie sie Wind von der ihr drohenden Gefahr erhielt, sich mit ihrer Habe in den Schutz der königlichen Burg begab[4]).

Am tragischsten war das Los der Juden von York, weil unter ihnen zwei Männer waren, welche fürstliche Reichtümer besaßen, sich Prachtpaläste erbaut und dadurch den Neid der Christen auf sich gezogen hatten. Es waren Joceus und Benedictus, welche bei der Krönung Richards so arg mißhandelt worden waren (v. S. 222). Der letztere, nach der Zwangstaufe wieder zum Judentum zurückgekehrt, war den Wunden erlegen, welche ihm in London beigebracht worden waren. Kreuzfahrer, welche sich bereichern wollten, Bürger, welche mißgünstig auf die Wohlhabenheit der Juden blickten, Edelleute, welche deren Schuldner waren, Geistliche, welche von blutdürstigem Fanatismus verzehrt waren, alle diese Klassen verschworen sich zum Verderben der Juden von York. Bei einer zufälligen oder geflissentlich angelegten Feuersbrunst in dunkler Nacht erstürmten Verschworene

---

[1]) Wilhelm von Neubury a. a. O. IV, 7.
[2]) Radulph de Diceto, Imagines historiarum, bei Twysden a. a. O. 651.
[3]) Wilhelm von Neubury das. IV, 8.
[4]) Ders. IV, 9.

das Haus des Benedictus, das nur von seiner Frau und seinen Töchtern bewohnt war, trugen die Kostbarkeiten fort und zündeten es an. In der Voraussicht der ihnen drohenden Gefahr begab sich Joceus mit den Seinigen und die meisten Gemeindeglieder zum Burgwart und begehrten Schutz in der Festung, der ihnen auch zuteil wurde; nur wenige Juden waren in der Stadt zurückgeblieben. Diese wurden auch tags darauf von den nach gelungenem Versuch offen auftretenden Verschworenen angefallen, und es blieb ihnen nur die Wahl, sich taufen zu lassen oder zu sterben. Die Juden in der Burg aber wurden von einer großen Volksmenge aller Stände förmlich belagert und zur Annahme des Christentums aufgefordert. Eines Tages befand sich der Burgwart außerhalb der Festung, und da die Juden fürchteten, er werde sie verraten und ihren Feinden überliefern, beschlossen sie, ihm den Eintritt in die Burg zu verweigern. Dieser beklagte sich über die Anmaßung der Juden, ihn aus der ihm anvertrauten Festung auszuschließen, bei einem damals anwesenden, hohen königlichen Beamten, dem Gouverneur der Provinz, der, ebenfalls in hohem Grade erzürnt, nun die belagernde Volksmenge selbst aufforderte, die Burg zu Falle zu bringen und Rache an den Juden zu nehmen. Er ließ sogar neue Scharen aus der Provinz zuziehen, um desto sicherer Herr der Burg zu werden. Sechs Tage dauerte die Belagerung, die Juden wehrten die Angriffe tapfer ab. Schon bereute der Gouverneur den erteilten Befehl zum Stürmen; viele Edelleute und ernste, vorsichtige Bürger zogen sich von einem Unternehmen zurück, welches, wenn der König es erführe, üble Folgen für sie haben könnte. Da feuerte ein Mönch in weißem Gewande die Stürmenden zur Fortsetzung des Werkes mit Wort und Tat an. Er hielt eigens einen feierlichen Gottesdienst, las die Messe, nahm die Hostie, um sich der höheren Hilfe zur Besiegung des schwachen, jüdischen Häufleins in der Burg zu vergewissern. Er wurde nichtsdestoweniger von einem Steine, von jüdischer Hand geschleudert, zu Boden gestreckt und hauchte seinen fanatischen Geist aus.

Den Juden waren aber indessen die Lebensmittel ausgegangen, und sie sahen dem sicheren Tode entgegen. In der Beratung der Männer, was nun zu tun sei, riet ein Gesetzeskundiger, welcher aus Frankreich herübergekommen war, R. Jom-Tob aus Joigny, sich selbst zu entleiben: „Gott, dessen Ratschlüsse unergründlich sind, will offenbaren, daß wir für unsere heilige Lehre sterben. Der Tod ist vor der Tür, wenn ihr etwa nicht wegen einer kurzen Lebensspanne vorzieht, ihr untreu zu werden. Da wir nun einmal einen rühmlichen

Tod einem schandbaren Leben vorziehen müssen, so ist es geraten, die ehrenvollste und leichteste Todesart zu wählen. Das Leben, welches der Schöpfer uns gegeben, wollen wir mit eigenen Händen ihm wiedergeben. Dieses Beispiel gaben uns viele fromme Männer und Gemeinden in alter und neuer Zeit." Viele waren damit einverstanden; die Feigen aber wollten sich nicht selbst die Möglichkeit der Rettung abschneiden. Indessen traf der heldenmütige Rabbiner Anstalt zur Ausführung der Selbstopferung. Alle Kostbarkeiten wurden verbrannt, Feuer an die Türen gelegt, und die Männer setzten das tödliche Messer an den Hals ihrer Lieben mit zelotischem Mute. Joceus, als Gemeindeführer, tötete seine geliebte Frau Anna zuerst, und ihm wurde auch die Ehre zuteil, von dem Rabbinen geopfert zu werden. Und so kamen die meisten um, einer durch die Hand des anderen, am Vorabend des großen Sabbat, welcher die Vorfeier zum Feste der Erlösung aus ägyptischer Knechtschaft bildet[1]), gerade um dieselbe Zeit, als die letzten Zeloten nach der Tempelzerstörung sich in der Festung Masada auf dieselbe Weise den Tod gaben, um nicht in die Hände der Römer zu fallen. Die wenigen noch Übriggebliebenen hatten in der Nacht mit dem umsichgreifenden Feuer zu kämpfen, um sich einen ungefährdeten Winkel zu sichern. Am anderen Morgen des Sabbat (17. März 1190), als die Feinde zu einem Angriff anrückten, erklärten die Juden ihre Bereitwilligkeit, das Tor zu öffnen und die Taufe zu empfangen und warfen die Leichen der Selbstentleibten von der Mauer herab, um jene von der schaudererregenden Selbstaufopferung zu überzeugen. Kaum waren aber die Tore geöffnet, so zückte der Anführer der christlichen Verschworenen mit seinen Trabanten die Schwerter gegen diejenigen, welche unter Tränen nach der Taufe verlangten, so daß nicht ein einziger Jude von der Yorker Gemeinde übrig blieb. Im ganzen kamen beinahe 500 um[2]).

Tags darauf, am Palmsonntag (18. März), wurden siebenundfünfzig Juden von den Kreuzfahrern in St. Edmund hingeschlachtet[3]). Und überall, wo es Juden in England gab, fielen jüdische Märtyrer, soweit sie nicht von den Bürgern geschützt wurden[4]). Eine Gemeinde von lauter jüdischen Proselyten, zwanzig Familien, erlitt ebenfalls den Märtyrertod[5]). Der König Richard war über alle diese Grausamkeiten

---

[1]) Wilhelm von Neubury das. IV, 9, 10. In betreff der Zeit vgl. Note 9.
[2]) de Diceto a a. O.
[3]) Das.
[4]) Das.
[5]) Ephraim von Bonn, Martyrologium p. 10.

an den Juden höchst erzürnt und beauftragte seinen Kanzler, Untersuchung anzustellen und die Schuldigen zu bestrafen. Aber die Kreuzfahrer hatten sich aus dem Staube gemacht, die schuldigen Bürger und Edelleute flohen nach Schottland, die übrigen entschuldigten sich. Nur der Gouverneur von York wurde seines Amtes entsetzt.[1]

Aber auch der Hilfe edler Bürger wurden sie beraubt, als Richards Bruder zur Regierung gelangte, jener König **Johann ohne Land**, der durch seine Gewissenlosigkeit England zum Vasallenlande des päpstlichen Stuhles erniedrigt hat. Wenn er gegen alle Welt rücksichtslos verfuhr, so durften sich die Juden gewiß nichts Gutes von ihm versehen. Öfter ließ er sie verhaften und durch schaudervolle Tortur von ihnen Reichtümer erpressen. Bekannt ist sein Verfahren gegen einen Juden von Bristol, von dem er 10 000 Mark Silbers verlangte und dem er einen Zahn nach dem andern ausreißen ließ, bis der Unglückliche das Geld herbeischaffte[2]. So sanken die Juden Englands nach und nach zu einer verachteten Menschenklasse herab, der man alles zumuten durfte und der stets „gib, gib" zugerufen wurde. Eine eigene Kultur konnte sich daher unter ihnen nicht entwickeln.

[1] Wilhelm von Neubury das. IV, 11.
[2] Matthaeus Paris, Historia major ed. London 1680 p. 229 ad annum 1210.

Neuntes Kapitel.

Rundblick. (Fortsetzung.)

Die Juden in Deutschland und ihr Verhältnis zu den Kaisern. Die Kammerknechtschaft. Die letzte Spur ihrer Selbständigkeit. Die Verfolgungen. Die rabbinisch-deutsche Schule; Eliëser von Metz. Jehuda der Fromme von Regensburg. Der Martyrologe Ephraim von Bonn. Der Minnesänger Süßkind von Trimberg. Petachja, der Tourist. Die Juden Italiens. Papst Alexander III. Die Juden im byzantinischen Reiche. Die Gemeinden in Syrien und Palästina. Die Bagdader Gemeinde. Das erneuerte Exilarchat. Der Exilsfürst Samuel Chasbai. Die Moßuler Gemeinde. Die kriegerischen Juden in Adherbeig'an. Der Pseudomessias David Alrui. Die kriegerischen jüdischen Stämme um Nischabuhr. Die Gemeinde von Susa und das Danielgrab. Die Juden in Indien. Die freien jüdischen Stämme in Arabien. Der Exilsfürst Daniel und das Schulhaupt Samuel ben Ali. Tataren als jüdische Proselyten. Das Grabmahl des Propheten Ezechiel als Wallfahrtsort. Esras Grabmal. Die zum Islam abgefallenen Juden, Nathanael Hibat-Allah Abulbarkat, Isaak Ibn-Esra und Samuel Ibn-Abbas. Die Karäer; Jephet ben Said. Die ägyptischen Gemeinden und ihr Oberhaupt (Nagid); Nathanael Hibat-Allah Algami. Die karäischen Gemeinden in Ägypten. Die Mose-Synagoge in Dimuh.

1171—1205.

Etwas besser daran als die Juden Frankreichs und Englands waren die des damals weit ausgedehnten deutschen Reiches. Die deutschen Völker, von Natur religiöser und darum auch fanatischer als die Franzosen und andere Romanen, machten ihnen zwar öfter das Leben zur Höllenqual; aber da Kaiser und Fürsten ihnen zur Seite standen, konnte der Haß gegen sie nicht durchgreifend wirken. Durch den Beistand, den ihnen Heinrich IV. im ersten und Konrad III. im zweiten Kreuzzuge, so viel in ihrer Macht stand, leisteten, bildete sich die Meinung, daß der deutsche Kaiser Schutzherr der Juden sei, daß wer sich an ihnen vergreife, gewissermaßen eine Verletzung der Majestät begehe und daß sie dafür seine und des Reiches Kammerknechte seien. Friedrich Barbarossa, der mächtigste deutsche Kaiser, der sich Karl den Großen zum Muster nahm, hat wohl zuerst diese Umwandlung der freien Juden in Kammerknechte begonnen[1]).

Interessant ist die Sage, welche das Verhältnis der deutschen Kaiser zu den Juden im Zusammenhang der Geschichte ausprägt. Bei der Zerstörung Jerusalems durch Titus sei ein Teil der Juden durch Hungersnot, ein Teil durchs Schwert umgekommen und der dritte Teil sei als Sklaven verkauft worden, je dreißig um einen schlechten Pfennig. Diese im römischen Reich Zerstreuten seien Eigentum des römischen Kaisers geworden und sollten Kammerknechte sein. Derselbe habe aber auch zugleich die Pflicht übernommen, sie zu schirmen, als Lohn dafür, daß Josephus, der Parteigänger der Römer, den Prinzen Titus von der Gicht geheilt habe. Rechte und Pflichten der römischen Kaiser gegen die Juden seien durch Karl den Großen auf die deutschen Kaiser übergegangen, und darum seien auch sie die Schirmherren derselben und diese ihre Kammerknechte[2]). Kammerknechte der Sache nach waren die Juden auch anderswo, in Frankreich und England geworden, d. h. halb und halb Hörige des Königs oder der Barone, und ihre Säckel mußten die leergewordene Kasse ihrer Herren stets von neuem unter einem oder dem anderen Titel füllen. In Deutschland hatten sie aber dafür den wenn auch nur idealen Schutz des deutsch-römischen Kaisers. Es war auch nicht zu verlangen, daß die Nachfolger Vespasians aus dem Hause Teuts dieses Schirmamt über die Juden ganz uneigennützig ausüben sollten. Im Gegenteil, sie brauchten mehr Einnahmen als andere Fürsten, da sie kein Erbland besaßen und von ihren Vasallen sehr knapp gehalten wurden. Es schien also nur gerecht, daß die Juden für den kaiserlichen Schutz dem Kaiser gewissermaßen Taschengeld zu liefern hatten.[3])

---

[1]) Die Zeit läßt sich allerdings nicht fixieren, vgl. Stobbe, Juden in Deutschland während des Mittelalters S. 11. 201. Aber da in England die Kammerknechtschaft bereits im 12. Jahrhundert ausgebildet war, und da die deutschen Kaiser den Juden Schutz verliehen, so muß in Deutschland die Kammerknechtschaft wohl ebenfalls im selben Jahrhundert begonnen haben; dazu kommt noch die Sage im Sachsenspiegel, welche die Kammerknechtschaft als schon zu Recht bestehend voraussetzt.
[2]) Diese Sage kommt schon in Sachsenspiegel vor (gesammelt um 1215 ed. Homayer, S. 125), ausführlicher behandelt im Schwabenspiegel, Nr. 214; ed. Wackernagel, S. 206 f.
[3]) Vgl. darüber Stobbe, das. S. 18, 31 f. Es bleibt noch ungewiß, welche Steuer die Juden an den Kaiser zu leisten hatten, und wann die Krönungssteuer eingeführt wurde.

So sehr aber auch die Juden Deutschlands Kammerknechte waren, so waren sie doch im zwölften Jahrhundert nicht aller persönlichen Rechte beraubt. Sie durften noch die Waffen führen, sogar den Zweikampf annehmen. Als Worms belagert wurde, kämpften die Juden gleich den Christen, und die Rabbinen erlaubten sogar am Sabbat die Waffen zur Verteidigung zu gebrauchen[1]. Sie hatten meistens eigene Gerichtsbarkeit und brauchten nicht vor einem fremden Richter zu erscheinen[2]. Hin und wieder nahmen einige von ihnen eine höhere Stellung ein. Der tapfere Herzog Leopold von Österreich, der wegen der Gefangennehmung des Königs Richard von England geschichtlich berühmt wurde, hatte einen jüdischen Finanzverwalter Salomo, der trotz des kanonischen Beschlusses des Laterankonzils christliche Dienerschaft halten durfte[3]. In Schlesien besaßen Juden noch einige Dörfer in der Nähe von Breslau mit den dazu gehörigen Leibeigenen[4]. Aber je mehr das Verbot, christliche Dienstboten zu halten, durchdrang, desto mehr mußten die Juden ihren Landbesitz nach und nach veräußern, sich in die Städte zurückziehen und dort sich auf Handel und Geldgeschäfte verlegen. Trotz des kaiserlichen Schutzes waren sie oft Mißhandlungen ausgesetzt. Die teuflische Erfindung, daß die Juden Christenblut brauchten, fand auch in Deutschland und hier noch mehr als anderswo Glauben, und wo immer ein christlicher Leichnam gefunden wurde, legten Volk und Fürsten den Mord ihnen zur Last. Ein Schiff, das Juden führte, war von Cöln nach Boppard gefahren und hinter ihm her segelte ein anderes mit christlichen Passagieren. Diese fanden bei Boppard eine tote christliche Frau, und alsbald hatten sie die Gewißheit, daß die Juden des ersten Schiffes sie erschlagen hätten, packten darauf viele von ihnen und stellten an sie die Forderung, sich taufen zu lassen und auf ihre Weigerung stießen sie dieselben in die Fluten des Rheins. Einen unter ihnen, Juda ben Menahem, schleiften sie von Stadt zu Stadt (Herbst 1197). Aber nicht bloß die Juden auf dem Schiffe, sondern sämtliche in der Umgegend sollten dafür büßen und sie waren genötigt, ihr Leben durch hohes Lösegeld loszukaufen. Der Kaiser Friedrich Rotbart ließ sich deswegen fünfhundert Mark Silber, der Erzbischof Philipp, Graf von Heimsberg, zweiundvierzigtausend von den Gemeinden seines Sprengels zahlen. Die reiche Gemeinde von Bonn

---

[1]) Sachsenspiegel a. a. O. und Eleasar von Worms, Rokeach Nr. 196.
[2]) Stobbe das. S. 80, 94, p. 140 f.
[3]) Ephraim von Bonn, Martyrologium, S. 12.
[4]) L. Oelsner, Geschichte der Juden im Mittelalter (1855), S. 6.

Verfolgung der Juden in der Rheingegend.

allein mußte vierhundert Mark beitragen[1]). Der Bischof Philipp war überhaupt gegen die Juden nicht am besten gesinnt und verfuhr ohne Erbarmen gegen sie. Als daher der Kaiser Friedrich den Kreuzzug antreten wollte, ließ er ihn zum Reichstag nach Mainz entbieten und der Bischof mußte einen Reinigungseid ablegen, daß er Juden und Kaufleute nicht hart behandelt habe (1188)[2]). In den Landfrieden, den der Kaiser vor seinem Zuge nach dem Morgenlande anordnete, waren auch die Juden eingeschlossen. Den Geistlichen und Mönchen legte er ans Herz, das Volk nicht gegen die Juden zu hetzen; aber Gelder mußten diese doch zum Kreuzzuge hergeben[3]).

Trotzdem wiederholte sich unter Friedrichs Nachfolger, Heinrich VI., eine gräßliche Szene in der Rheingegend. Ein geisteszerrütteter Jude hatte in einem Anfall von Raserei einem christlichen Mädchen in Neuß vor den Augen vieler Anwesenden den Hals abgeschnitten (1. Februar 1194)[4]). Statt den Unzurechnungsfähigen unschädlich zu machen,

---

[1]) Ephraim von Bonn a. a. O. S. 9.
[2]) v. Raumer, Hohenstaufen II. 412.
[3]) Ephraim von Bonn, S. 12.
[4]) Ephraim von Bonn a. a. O. hat bei diesem Faktum in dem vorliegenden Texte ein offenbar korrumpiertes Datum. Es soll vorgefallen sein: תתקמ״ז בו׳ באדר הראשון בב׳ בשבת; aber das genannte Jahr (1187) war kein Schaltjahr. Joseph Kohen (in Emek ha-Bacha) hat dafür תתקנ״ז = 1197; allein auch dieses ist unrichtig, denn die angegebenen Tage differieren allzusehr von der Jahresform. Ohnehin befolgt Ephraim ganz sichtlich eine chronologische Reihe in seinen Erzählungen, und so kann er unmöglich ein Faktum von 1197 v o r ein anderes von 1196 gesetzt haben. Wenn die Monats- und Wochentage stimmen sollen, so bietet nur die Jahresform תתקנ״ד = 1194 das Richtige. Da aber der 7. Adar niemals auf einen Montag fallen kann, so hat man בח׳ באדר statt בו׳ zu emendieren. Für das zweite Tagesdatum in derselben Erzählung existieren zwei Lesarten (im Text: ואה״ב לקץ ה׳ ימים בו׳ לחדש ביום מנוח, und bei Joseph Kohen: בר״א לחודש). Man muß dafür בר״ג setzen. Zunz hat alle diese kalendarischen Schwierigkeiten übersehen und setzt das Faktum nach der Kopie 1197 (synagogale Poesie, S. 26). — Joseph Kohen in Emek ha-Bacha und nach ihm neuere Annalisten setzen in die Zeit Friedrich Barbarossas den Vorfall von drei Christenknaben in Wien, die unter dem Eise umgekommen und deren Tod die Richter den Juden zur Last gelegt haben, so daß der Kaiser sie in den Kerker werfen und dreihundert derselben verbrennen ließ, bis die Wahrheit ans Licht kam. Auch Manasse ben Israel in „Rettung der Juden" und Cardoso, las excellencias de los Hebreos p. 410 haben diesen Vorfall, geben aber nur den Namen eines Kaisers Friedrich ohne bestimmtes Datum an. Aus dem Umstande, daß Ephraim von Bonn dieses Martyrium verschweigt, und daß Friedrich Barbarossa keine Gerichtsbarkeit in Wien hatte, darf dieser Vorfall nur unter Friedrich III. aus dem Hause Österreich gesetzt werden.

töteten die anwesenden Christen nicht nur denselben, sondern auch sechs der angesehensten Gemeindeglieder, darunter auch einen Tossafisten Samuel ben Natronaï, flochten ihre Leichname aufs Rad und stellten sie vor der Stadt aus. Damit sich noch nicht begnügend, verhafteten die Richter nach fünf Tagen, an einem Sabbat, Mutter, Schwester und Oheime des Wahnsinnigen und stellten ihnen die Annahme der Taufe als Bedingung für die Schonung ihres Lebens. Indessen ließ sich nur die Schwester, ein junges Mädchen, die Zwangstaufe gefallen, die Mutter dagegen ertrug alle greulichen Folterqualen um des Glaubens willen und wurde sogar lebendig begraben; ihre Brüder wurden gerädert und zur Schau ausgestellt. Alles dieses geschah mit Wissen des Landesfürsten, des Erzbischofs Adolf von Altenau. Ja, er legte noch den übriggebliebenen Juden von Neuß Strafgelder von 150 Mark Silber auf, und sämtlichen Juden seines Sprengels wurden bei dieser Gelegenheit bedeutende Summen abgepreßt. Dann ließ sich noch der Erzbischof Gelder zahlen für die Gnade, die ausgestellten Märtyrer bestatten zu dürfen. Die Erlaubnis zur Bestattung der unschuldigen Märtyrer wurde erst fünf Wochen später erteilt.

Zwei Jahre später kam ähnliches in Speyer vor (Februar 1196)[1] Ein Christ wurde in der Nähe dieser Stadt tot aufgefunden, und der Verdacht des Mordes fiel wie immer auf die Juden. Der Pöbel lief zusammen und nahm seine Rache zuerst an einer jüdischen Leiche, der vor kurzem bestatteten Tochter des Rabbiners Isaak ben Ascher Halevi II.[2], Enkels des Tossafisten gleichen Namens (o. S. 144). Sie wurde in ihrer Grabesruhe gestört, nackt auf dem Markte aufgehängt und auf rohe Weise beschimpft. Durch Geldopfer gelang es dem unglücklichen Vater, sie wieder in ihre Ruhestätte zu bringen. Aber tags darauf drangen die Wüteriche in das Haus des Rabbiners, erschlugen ihn und noch acht Juden und legten Feuer an die Gemeindehäuser. Der Bischof von Speyer war mit den Mördern im Einverständnis. Die Gemeindeglieder retteten sich auf den Söller der Synagoge und ver-

---

Doktor Eck aus Ingolstadt in seiner judenfeindlichen Schrift „Aus Juden büechlein's Verlegung" (1541) teilt dieses Faktum mit unter Erzherzog Albrecht von Österreich, Anno 1420, daß dieser dreihundert Juden wegen angeblich ermordeter Christenkinder hinrichten ließ. Der Irrtum stammt aus Alfonso de Spinas Fortalitium fidei, vgl. B. VIII$_4$, S. 132. Anmerk. 1.

[1]) Ephraim von Bonn, p. 14.
[2]) Vgl. darüber Mardochaï zu Moed Katan No. 504. Woher Zunz die Nachricht hat, daß Isaak ben Ascher II. den Märtyrertod in Würzburg erlitten habe, weiß ich nicht.

teidigten sich so lange, bis ihnen Hilfe von außen kam. Ein angesehener, reicher Jude von Boppard, Chiskija ben Reuben, mit einem Genossen waren nämlich äußerst tätig, den bedrängten Glaubensbrüdern Rettung zu verschaffen. In der Nacht verließen diese den Söller und wanderten aus; die Christen nahmen darauf Rache an der Synagoge, verbrannten sie, warfen die Thorarollen in den Fluß und plünderten die jüdischen Häuser. Als Otto, Bruder des Kaisers Heinrich VI., Pfalzgraf von Burgund, Nachricht von den in Speyer begangenen Untaten erhielt, rückte er vor die Stadt und zerstörte die dem Bischof und den Bürgern gehörenden Dörfer, Felder und Wälder. Darauf wurden die Rädelsführer und Mörder ergriffen, mußten Sühnegeld an die Juden zahlen und die Synagoge sowie die beschädigten Häuser auf ihre Kosten wieder herstellen. — Sieben Tage nach den Vorfällen in Speyer überfielen einige Christen die Gemeinde von Boppard und töteten acht Mitglieder derselben. Herzog Otto nahm sich wieder der Juden an und ließ zwei der Mörder blenden. Und als Kaiser Heinrich VI. in Boppard war (Anfang Juli 1196), nötigte er die Bürger, an Chiskija 300 Mark Schadenersatz zu zahlen[1]).

Zur selben Zeit (Juli 1196) fielen ähnliche Mordszenen in Wien vor[2]). Der Papst und die Kardinäle hatten wieder nach dem schimpflichen Frieden Richards Löwenherz mit Saladin einen neuen Kreuzzug gepredigt und in allen Teilen Deutschlands nahmen Edle und Bürger das Kreuz, darunter auch Friedrich, Herzog von Österreich und seine Untertanen. Ein christlicher Diener des herzoglichen jüdischen Finanzverwalters Salomo (o. S. 230) hatte sich ebenfalls bekreuzt und glaubte damit das Recht erhalten zu haben, seinen jüdischen Herrn bestehlen zu dürfen. Dieser ließ ihn dafür in den Kerker werfen. Sowie die in Wien anwesenden Kreuzfahrer Kunde von der Einkerkerung eines ihrer Mitstreiter durch einen Juden erhielten, vergaßen sie den Dieb in ihm, stürzten sich auf Salomos Haus, ermordeten ihn und fünfzehn Juden mit ihm und befreiten den Gefangenen. Der Herzog war aber gerecht genug, zwei Rädelsführer der Mörderrotte hinrichten zu lassen. — Mehrere Monate später (November 1196)[3]) begingen wilde Kreuzfahrer noch weniger gerechtfertigte Exzesse in Worms. Sie drangen in das Haus

---

[1]) Ephraim p. 14.
[2]) Derselbe S. 12, 13.
[3]) Die Nachricht stammt aus einer Handschrift; vgl. Landshut, Amude Aboda I. 25. Das Datum ist wohl richtig בסלו התקנ"ז = Nov. 1196. Denn erst gegen Ende 1195 beschloß Heinrich VI. den neuen Kreuzzug, 1193 dagegen gab es keine Kreuzfahrer in Deutschland.

eines friedlichen Talmudisten, Eleasar ben Jehuda[1]), töteten unter grausamer Mißhandlung seine Frau Dolce, die ihren Gatten und ihre Familie ernährte, seine zwei Töchter, seinen Sohn und seine mit dem Studium beschäftigten Jünger, plünderten seine Habseligkeiten und ließen dem unglücklichen Gatten und Vater nur das nackte Leben. Nur einer der Mörder wurde später hingerichtet. —

Unter solchen drückenden Verhältnissen, da sie keinen Augenblick ihres Lebens sicher waren, konnten es die deutschen Juden zu keiner gedeihlichen Kultur bringen. Sie waren tief religiös, wohltätig, unterstützten einander und die zugewanderten Fremden mit allem, was sie besaßen[2]); die Religion und der Zusammenhalt der Gemeindeglieder waren die Säulen, an die sich die Schwachen anlehnen mußten; sie waren aber ohne Schwung und ohne Sinn für irgendeinen Wissenszweig. Die einzige Beschäftigung derer, welche geweckten Geistes waren, blieb das Talmudstudium; aber auch darin folgten sie nur der von Raschi und den Tossafisten angebahnten Richtung, ohne darüber hinauszugehen. Diejenigen, welche neben der Geistesschärfung auch ihrem Gemüte geistige Nahrung geben wollten, vertieften sich in eine Art Geheimlehre, deren Sinn und Bedeutung aber uns verschlossen ist. Die namhaften deutschen Talmudisten in dieser Zeit waren R. Eliëser ben Samuel von Metz aus R. Tams Schule, ein Tossafist, der das Bedürfnis fühlte, die jüdische Sittenlehre zu behandeln und die talmudischen Satzungen wieder an die Bibel anzuknüpfen. In diesem Sinne verfaßte er sein Werk (Sefer Jereïm) das nur unvollständig abgedruckt ist[3]); R. Baruch ben Jsaak aus Worms, ein Jünger des Tossafisten R. Jsaak des Ältern (o. S. 211), der ein praktisches Werk für die talmudischen Ritualgesetze mit vieler Gründlichkeit und Klarheit verfaßte (1195—1200)[4]). Endlich R. Jehuda ben Samuel der Fromme (ha-Chassid) aus Worms (st. 1226)[5]), der gleich seinem

---

[1]) Verfasser des Rokeach und anderer Schriften.
[2]) Benjamin von Tudela, Itinerarium gegen Ende.
[3]) Vgl. Asulaï, sub voce.
[4]) Sefer ha-Terumah vgl. Hilchot Aboda Sara No. 135, woraus die Zeit der Abfassung folgt.
[5]) Vgl. Landshut, Amude Aboda I. 776. Fälschlich schreibt man ihm die Abfassung des Sefer Chassidim zu (s. o. S. 217). Auch die Abfassung der Hymnen Schir ha-Jichud gehört weder ihm noch seinem Vater an, denn sie setzen die Kenntnis des saadianischen Emunot voraus, das erst von Jehuda Jbn-Tibbon oder gar noch später von Berachja Nakdan ins Hebräische übersetzt, damals noch nicht nach Deutschland gedrungen sein konnte. Der Zeitgenosse Nachmanis, Mose ben Chasdai Taku (dessen Ketab Tamim

Vater sich mit Mystik beschäftigt und ein Werk darüber verfaßt hat. Aus einer unbekannten Ursache verließ er seinen Geburtsort und wanderte nach Regensburg. Jehuda der Fromme war liturgischer Dichter, aber seine Poesien haben keinen besondern Wert. — Einen guten Ruf hatte in dieser Zeit **E p h r a i m b e n J a k o b v o n B o n n** (geb. 1132, st. um 1200), der zwar nicht Rabbiner von Beruf war, aber darum nicht weniger vertraut mit dem Talmud und außerordentlich sprachgewandt war. Im Alter von dreizehn Jahren während der Verfolgung des zweiten Kreuzzuges mit seinen Verwandten in der Wolkenburg (o. S. 150) eingeschlossen, sah er die Leiden seiner Glaubensgenossen mit eignen Augen und beschrieb sie später nach dem Vorgange des Eliëser ben Nathan (o. S. 146) in einem Martyrologium anschaulich, warm und durchaus unparteiisch. Während der Blutszene in Neuß (o. S. 231 f.) hätte auch ihn das Todeslos getroffen, wenn er nicht drei Tage vorher eine Reise nach Cöln angetreten hätte; aber er litt bedeutende Einbuße an seinem Vermögen. Im Alter setzte er sein Martyrologium bis zum Jahre 1196—1197 fort. Ephraim war auch Verskünstler und dichtete mehrere liturgische Stücke und namentlich Klagelieder auf die Leiden seiner Zeit. Poetische Schönheit besitzen seine Dichtungen keineswegs, aber sie sind meistens sehr witzig gehalten durch überraschende Anspielung auf Bibelverse und Talmudstellen. Besonders künstlich ist sein chaldäisches Bußgebet (Ta Schemá), welches trockene Sätze aus dem Talmud für Gemütsverhältnisse in kühnen Wendungen gebraucht. Er hatte eine solche Vorliebe für die Poetanliteratur, daß er die älteren Bestandteile durch einen Kommentar erläuterte.[1]

Es klingt kaum glaublich, daß das gegen Juden nicht sehr liebevolle Teutschland in dieser Zeit einen jüdischen Dichter in der Landessprache, einen jüdischen Minnesänger erzeugt hat, der in schönen Weisen zu singen, Reim, Versmaß und Strophenbau zu behandeln verstand und so viel Anerkennung fand, daß er in den Dichterkreis ebenbürtig aufgenommen wurde. **S ü ß k i n d** (Suezkint) **v o n T r i m b e r g** (einem Städtchen an der fränkischen Saale) hatte sich die Sangweise Walthers von der Vogelweide und Wolframs von Eschenbach angeeignet. In dem nahen Würzburg, wo die Burggrafen von Henneberg die deutsche

---

jetzt veröffentlicht ist, Ozar Nechmad III. 58—59, das älteste Zeugnis darüber) bemerkt, daß ein Teil des Schir ha-Jichud von einem R. Samuel verfaßt sei (81). Derselbe hält viele Verse darin für Lästerung. Unmöglich können sich die deutschen Mystiker von Worms und Regensburg so hoch verstiegen haben.

[1]) Landshut, Amude Aboda das. 476.

Dichtkunst liebten und förderten, mag Süßkind seine poetische Bildung empfangen haben (um 1200)¹). Er war vielleicht Arzt von Beruf, von seinen Lebensumständen ist aber gar nichts bekannt. Auf der Burg seiner Heimat, auf dem Vorsprung eines rebenbepflanzten Berges, der sich in den Schlangenwindungen der Saale spiegelt, wo die Herren von Trimberg hausten, oder auf der nahen Burg Bodenlaube hat er wohl im Kreise edler Ritter und schöner Frauen beim schäumenden Becher, die Laute in der Hand, seine kunstgerechten Verse vorgetragen und von Geschenken sein Leben gefristet.

---

¹) Von der Hagen, der gelehrte Herausgeber und Illustrator der deutschen Minnesänger (Leipzig 1838; Süßkinds sechs Gedichte, B. II. S. 258 ff. und B. IV. S. 536 ff. der gelehrte Apparat dazu), setzt den jüdischen Minnesänger um 1218—1225. Der Beweis dafür ist aber sehr schwach. Er beruht auf zwei Urkunden; in der einen wird einem Juden Süßkind in Würzburg ein Grundstück verkauft und in der anderen wird ein Streit darüber erwähnt. Allein wo liegt da die Identität von Süßkind von Trimberg mit dem von Würzburg? Der Name Süßkind war unter Juden nicht so selten, daß daraus ohne weiteres die Identität der Person folgen sollte. Ohnehin schildert sich der Minnesänger als arm (V, 1, 2), während der Süßkind in den Urkunden als ein Wohlhabender erscheint, der ein Grundstück zu kaufen und eine Wasserleitung anzulegen imstande war. Chronologisch läßt sich Süßkinds Blütezeit nur dadurch bestimmen, daß er v o r dem kanonischen Erlaß Innocenz' III. (daß die Juden eine absondernde Tracht tragen sollten) gelebt haben muß, da Friedrich II. es als unübertretbar schon im Jahre 1221 einschärfte. Denn der jüdische Minnesänger erscheint noch in der landesüblichen Tracht ohne ein Abzeichen, und nur im Unmute sagte er, er wolle seine kleidsame Sängertracht ablegen, sich einen langen Bart wachsen lassen, in der Juden Art einhergehen mit langem Mantel tief unter einem Hute. Von dem gelben Rade oder Flecken spricht er keineswegs. Wenn die Manessische Liedersammlung der Minnesänger ihn in reicher Tracht mit langem Bart und dem Abzeichen des trichterförmigen, spitzen, gelben Hutes konterfeit (das. IV. 517), so hatten die später lebenden Sammler (um 1280—1325) sich einen Juden ihrer Zeit zum Muster genommen, und es folgt noch nicht daraus, daß dieses Süßkinds Tracht wirklich war. Wenn er einerseits vor 1215 gelebt hat, so darf man ihn anderseits nicht vor 1200 setzen, da seine kunstgerechten Reime, Metra und Strophen die klassische Zeit des Minnesanges voraussetzen. — Koch mutmaßt aus dem Gedichte „die Tugend-Latwerge" (I, 2), daß Süßkind die Arzneikunst betrieben habe (das. IV, 538, Note 1). — Von der Hagen bemerkt, daß weder Sprache noch Ausdruck in Süßkinds Versen den Juden verraten (S. 538 b). Indessen erinnern doch einige Verse daran, daß sie von einem Juden stammen. In III, 1: „Du liutest mit dem Tage und vinsterst mit der nacht", liegt wohl eine Reminiszenz an das jüdische Gebet und an מעריב ערבים. In III. 2 zum Preis der Frau ist das letzte Kapitel der Sprüche von der biederen Frau stark benutzt; die Verse: „ir liecht vurleschet nicht in nacht, ihr hohez Lop mit der meisten menge vert" sind ganz wörtlich daraus entlehnt.

Süßkind sang von des reinen Weibes hohem Wert:

> „Ihres Mannes Kron' ist das viel reine Weib,
> Je mehr ihn wohl ehret ihr wohl werter Leib,
> Er, ein seliger Mann, dem die Gute sie bescheret" [1].

Er vergegenwärtigte den Rittern, was wahren Edelmannes Wesen sein soll:

> „Wer ablig tut, den will ich halten für edel".

Er spricht von der Freiheit und Unbezwinglichkeit des Gedankens:

> „Gedanken niemand kann erwehren den Toren, noch den Weisen
> . . . .
> Gedanken schlüpfen durch den Stein, den Stahl und durch Eisen" [2].

Süßkind dichtete auch einen deutschen Psalm:

> „König Herr, hochgelobter Gott, was du vermagst,
> Du leuchtest mit dem Tage und dunkelst mit der Nacht
> Davon die Welt viel Freude und Ruhe hat" [3].

Er schilderte den markdurchbohrenden Gedanken an Tod und Vergehen, ironisiert sich selbst in seiner Armut und verschreibt eine Tugendlatwerge. Einst scheinen es ihm die Edelleute, deren Brot er aß, bitter empfinden gelassen zu haben, daß er als Jude nicht zu ihrem auserwählten Kreise gehörte. Seinen Unmut darüber brachte er in schöne Verse, womit er dem Dichten Lebewohl sagt:

> „Ich war auf der Toren Fahrt
> Mit meiner Kunst zwar,
> Daß mir die Herren nicht wollen geben,
> Da ich ihren Hof will fliehen,
> Und will mir einen langen Bart
> Lassen wachsen mit grauen Haaren,

[1]   Irs mannes kron' ist daz vil reine wip,
     ie mer in wol eret ir wohlwerder lip:
     er sälik man, dem biu guete sie beschert.

[2]   Gedanke nie man kann erwern ben torn, noch ben wisen.
     Gedanke slüffen bur ben stein, bur stahel unt durch isen.

[3]   Künik herre, hochgelopter Got, waz du bemaht,
     Du liutest mit dem Tage unt vinsterst mit der naht,
     Da von biu welt vil vröude unt rouwe hat.

Ich will in alter Juden Leben
Mich fortan vorwärts ziehen,
Mein Mantel der soll sein lang,
Tief unter einem Hute,
Demütiglich soll sein mein Gang,
Und selten mehr singen höflichen Sang,
Seit mich die Herren scheiden von ihrem Gute" ¹).

Beim besten Willen konnten die Juden die deutsche Poesie nicht pflegen, da die jüdischen Dichter statt des Lorbeers Fußtritte hinnehmen mußten. Auf sich selbst und ihren Kreis angewiesen, stumpfte sich ihr Ohr für den Wohllaut der Sprache ab, und wer weiß, ob die deutsche Poesie dadurch nicht eben so viel verloren hat.

Auch Böhmen trat damals in den Kreis der talmudischen Gelehrsamkeit ein und hat einige Männer jüdischen Wissens erzeugt. Isaak ben Jakob ha-Laban aus Prag nimmt eine Stelle unter den bedeutenden Tossafisten ein; er schrieb einen tief eingehenden Kommentar zu einigen talmudischen Traktaten²). Sein Bruder **Petachja** machte weite Reisen (um 1175—1190) durch Polen, Rußland, Chazarien, Armenien, Medien, Persien, Babylonien, Palästina. Seine gekürzte Reisebeschreibung (Sibub R. Petachja)³) gibt interessante Notizen über die Juden des Morgenlandes. Endlich wird noch ein R. **Elieser** aus Böhmen als eine rabbinische Autorität genannt⁴). Auch die Juden in den Slawenländern fingen an Anteil an der talmudischen Gelehrsamkeit zu nehmen, die sie später lange Zeit als ein Monopol besitzen sollten. Aus dieser Zeit werden genannt R. **Mardochai** aus Polen und R. **Isaak** aus Rußland, d. h. aus der Gegend von Lemberg⁵).

¹) Ich war uf der toren vart
mit miner künste zwore,
Daz mir die Herren nicht wullent geben,
daz ich ir hof wil blichn,
und wil mir einen langen bart
lan wachsen griser hare,
ich wil in alter Juden leben
mich hinnan vürwert ziehen,
Min mantel der soll wesen lang
tief unter einem huete,
demueteklich sol sin min gank,
unt selten me gesingen hovelichen sank
sit mich die herren scheidet von ir guote.

²) Noch handschriftlich in der Münchener Bibliothek vorhanden.
³) Vgl. Note 10.
⁴) Tossafot Aboda Sara 76.
⁵) S. D. Luzzatto in Kerem Chemed VII. p. 69.

Es ist ein Rätsel, daß die italienischen Juden in dieser Zeit fast noch ärmer an Geisteserzeugnissen erscheinen, als die Böhmens und Polens. Selbst auf talmudischem Gebiete haben sie nicht eine einzige Autorität aufgestellt. Wenn man zu R. Tams Zeit sagte: „Von Bari geht die Lehre aus und das Gotteswort von Otranto"[1]), so war das weiter nichts als ein Kompliment; denn in der Tat haben sie das Talmudstudium in nichts gefördert. Die Zeitlage war ihnen außerordentlich günstig, ebenso günstig wie den Juden Südfrankreichs. Von Verfolgungen weiß die Geschichte aus dieser Zeit nichts zu erzählen, mit Ausnahme eines einzigen Falles, daß die Juden aus Bologna vertrieben wurden (1171)[2]). Der kluge Papst Alexander III. war ihnen gewogen[3]) und hatte einen gewandten jüdischen Finanzverwalter an R. Jechiël ben Abraham aus der Familie dei Mansi ('Anawim), einen Neffen jenes Nathan, der als Verfasser des Aruch einen wohlklingenden Namen hat. Bei dem Einzuge dieses Papstes in Rom nach seiner mehrjährigen Verbannung wegen eines Gegenpapstes zogen ihm auch die Juden mit der Thorarolle und mit Fahnen entgegen, und die Jahrbücher verfehlten nicht, solche dem Papste von seiten der Juden erwiesene Ehren zu vermerken[4]). Sie waren geehrt und hatten keinerlei Abgaben, keine Judensteuer, zu leisten[5]). Alexanders günstige Gesinnung für die Juden zeigte sich besonders in den Beschlüssen des großen Konzils in der Laterankirche (1179), bei welchem mehr als 300 Kirchenfürsten anwesend waren. Mehrere judenfeindliche Prälaten gedachten bei dieser Gelegenheit gehässige Gesetze gegen das Haus Jakob durchzusetzen. Die Juden, welche Kunde von dem feindseligen Geiste hatten, lebten in banger Besorgnis, und in vielen Gemeinden wurde ein dreitägiges Fasten und Beten angeordnet, damit der Himmel die Bosheit der Menschen vereitele. Was im Innern der großartigen Kirchenversammlung vorging, hat das Ohr der Geschichte nicht vernommen. Aber die endgültigen Beschlüsse legen Zeugnis ab, daß der milde Sinn der Duldung den Sieg über die Verfolgungssucht davongetragen hat. Verboten wurde den Juden auf diesem Konzil lediglich, christliche Dienstboten zu halten oder eigentlich nur ein altes Kirchenverbot erneuert. Dagegen wurde besonders hervorgehoben, daß sie nicht mit Gewalt zur Taufe geschleppt, nicht ohne richterliches Urteil angegriffen, nicht be-

---

[1]) Sefer ha-Jaschar ed. Wien. p. 74 a.
[2]) Ghiradacci. istoria di Bologna I. p. 91.
[3]) Note 1, IV.
[4]) Muratori, Antiquitat. dissertatio XVI. p. 896.
[5]) Benjamin von Tudela.

raubt und nicht in ihren religiösen Feierlichkeiten gestört werden dürfen. Die Beschränkung eines Rechts der Juden, daß fortan auch Christen zum Zeugnis gegen Juden zugelassen werden sollten, was gewiß nur billig ist, wurde durch Gründe entschuldigt, denn es sei doch nicht in Ordnung, daß die Juden, welche eigentlich den Christen untertänig sein sollten und nur aus reiner Menschenliebe gebuldet würden, in diesem Punkte einen Vorzug vor den Christen genießen sollten, da doch ihr Zeugnis gegen Christen Gültigkeit habe[1]). Wie sehr sticht diese Auseinandersetzung ab gegen jenes byzantinische Gesetz und den Beschluß des westgotischen Konzils, daß die Juden kein Zeugnis gegen Christen ablegen dürfen! Nicht etwa war der Geist der Kirche in dem halben Jahrtausend milder geworden, sondern die Juden hatten sich Achtung errungen und darum wagten die Vertreter des Christentums nicht, den Satz zu wiederholen: „Nicht kann der wahrhaft sein gegen Menschen, der gegen Gott, d. h. gegen den christlichen Gott, ungläubig ist."

In Süditalien, im Neapolitanischen und auf der Insel Sizilien unter der Normannenherrschaft, waren die Juden noch weniger beschränkt. Roger II. und Wilhelm II. bestätigten ihnen ausdrücklich das Privilegium, daß sie, ebenso wie die Griechen und Sarazenen, nur nach ihren Gesetzen gerichtet werden dürfen[2]). In Messina genossen sie Gleichberechtigung mit den Christen und waren amtsfähig. Ein Günstling, Minister und Admiral des Königs Roger von Sizilien, namens Philipp, hatte eine Zuneigung zum Judentum und besuchte öfter die Synagogen, spendete Öl für deren Beleuchtung und lieferte überhaupt Gelder zur Bestreitung der Gemeindebedürfnisse[3].) Samen einer höhern Kultur waren damals vielfach in Italien ausgestreut infolge der engen Verbindung mit dem Morgenlande während der Kreuzzüge und der Einwanderung der Griechen und Araber ins Königreich Neapel. Die Juden, welche eine besondere Gewandtheit haben, sich fremde Sprachen anzueignen, sprachen auch, neben der Landeszunge und dem Hebräischen, das Arabische und Griechische[4]). Der geniale Ibn-Esra

---

[1]) Note 1, IV.

[2]) Vgl. Ersch und Gruber, Allgemeine Enzyklopädie Sectio II. B. 27, S. 142. Raumer, Geschichte der Hohenstaufen III. 486.

[3]) Romualdus Salernitanus Chronicon bei Muratori, rerum italicarum scriptores T. VII. p. 194: Synagogas malignantium frequentius visitabat (Philippus Rogeri Eunuchus) et eis oleum ad concinnanda luminaria et quae erant necessaria ministrabat.

[4]) Folgt aus Ziblijas Schibole Leket Ms. mitgeteilt in Zion I. p. 110, Note 21.

hat durch seinen Aufenthalt in Rom, Lucca, Mantua und anderswo eine höhere Auffassung der heiligen Schrift und des Judentums gelehrt. Sein Jünger Salomon ben Abraham Parchon aus Calatajud hielt sich eine Zeitlang in der Universitätsstadt Salerno auf und gab sich Mühe, die Italiener mit den Ergebnissen der hebräischen Sprachforschung und der Bibelexegese bekannt zu machen, „weil sie gar so unwissend in diesen Fächern waren," und verfaßte zu diesem Zwecke ein hebräisches Lexikon (1160)[1]. Aber alle diese Anregungen waren für die italienischen Juden ohne Wirkung. Sie blieben in ihrer Unwissenheit, und die jüdische Literaturgeschichte hat bis zur zweiten Hälfte des dreizehnten Jahrhunderts auch nicht das geringste Zeugnis eines Schriftstückes von einem italienischen Juden aufzuzählen. Das Land, von welchem später die Verjüngung der neuhebräischen Poesie ausging, hatte in dieser Periode nicht einen hebräischen Dichter aufzuweisen, wenn nicht etwa ein Joab ben Salomo in Rom identisch ist mit dem Dichter Joab, von dem mehrere liturgische Gebetstücke vorhanden sind, die nicht ganz der Schönheit entbehren[2].

Dem Umstande, daß die nord- und mittelitalienischen Städte größtenteils Handel trieben, ist es wohl zuzuschreiben, daß sie nicht so zahlreich von Juden bevölkert waren, als die süditalienischen. Die großen christlichen Handelshäuser, welche im Bürgerrate entscheidende Stimme hatten, mochten die Konkurrenz der Juden nicht zugelassen haben. In Genua wohnten nur zwei jüdische Familien, die vor der Verfolgung der Almohaden in Afrika von Ceuta dahin übergesiedelt waren. Pisa, Lucca, Mantua hatten nur kleine Gemeinden. Die größten bestanden in Rom von 200 Familien und in Venedig von 1300 Seelen, nach einer Liste vom Jahre 1152[3]. Dagegen wohnten in Neapel 500, in Capua 300 Familien, und sie waren wohl gelitten und geehrt. Die neapolitanische Gemeinde hatte einen Vorsteher, R. David, an der Spitze, welcher den Titel Fürst (principino) führte. In Benevent bestand eine Gemeinde von 200, in Salerno von 600, in Trani von 200, in Tarent von 300, in Otranto von 500 Familien. In der Hafenstadt Brindisi wohnten dagegen nur 10 jüdische Familien, welche Färberei trieben.

---

[1] Machberet ha-'Aruch (herausgegeben von S. G. Stern, Preßburg 1843), vgl. Einl. und Schluß des Werkes.
[2] Vgl. darüber Zunz' Analekten in Geigers Zeitschrift III, Sachs, religiöse Poesie der Juden in Spanien 329 und Landshut, Amude Aboda I. 81.
[3] Gallicioli memorie venete II. No. 874. Das Übrige nach Benj. von Tudela.

Noch zahlreicher waren die jüdischen Gemeinden auf der Insel Sizilien. In Messina lebten 200 und in der Hauptstadt Palermo 1500 Familien, allerdings verstärkt durch die griechischen Juden, welche König Roger bei seinen Eroberungen dahin verpflanzt hatte, um durch sie den Seidenbau in seinen Staaten heimisch zu machen[1]).

Wenn man damals von Brindisi über das adriatische Meer setzte, landete man im byzantinischen Reiche. Hier gab es zahlreiche und bevölkerte jüdische Gemeinden, namentlich im eigentlichen Griechenland, in Thessalien, Mazedonien, Thrazien. In Arta (oder Larta) wohnten 100 Familien, deren Vorsteher, kurios genug, Rabbi Herakles hieß, in Lepanto ebensoviel, in Crissa am Fuße des Parnaßberges 200, welche Ackerbau trieben. In Korinth wohnten 300 Familien, in Negroponte 200, in Jabustrissa 100, in Robinaca ebensoviel, in Armiros 400, in Visseno 100, in Saloniki 500, welche einen eigenen jüdischen Bürgermeister (Ephoros) hatten, der vom griechischen Kaiser eingesetzt war. In Rodosto lebten 400 jüdische Familien, in Gallipoli 200, auf der Insel Mytilene waren 10 Gemeinden, auf Chios 400 Familien, auf Samos 300, auf Rhodus ebensoviel und auf Cypern mehrere Gemeinden, unter denen auch eine, welche den Sabbat nicht mit dem Abend, sondern mit dem Morgen zu feiern begann und bis zum Sonntag Morgen fortsetzte. Die bedeutendsten Gemeinden im griechisch-byzantinischen Reiche waren die von Theben und Konstantinopel, in beiden beinahe 2000 Familien, die letztere hatte noch außerdem 500 Karäer. Die Thebaner Juden waren die geschicktesten Seiden- und Purpurfabrikanten von ganz Griechenland. Es gab unter ihnen auch viele Talmudkundige, die nur die Gelehrten der Hauptstadt als Ebenbürtige anerkannten. Die Juden Konstantinopels wohnten in der Vorstadt Pera, in einem abgeschlossenen Ghetto, das Stenon oder Stanor hieß; es gab unter ihnen reiche Kaufleute, Seidenfabrikanten und Talmudgelehrte. Eine Mauer trennte die Rabbaniten von der karäischen Gemeinde in Konstantinopel.

Wenn das byzantinische Reich in seiner Blütezeit unter Justinian und Alexius die Juden verachtete und demütigte, so war es in seiner Schwäche und Hinfälligkeit, als es in den letzten Zügen röchelte, nicht milder gegen sie gestimmt. Der Grundsatz, welcher in das Gesetzbuch aufgenommen wurde: die Juden und Ketzer sollen zu keiner Kriegscharge, zu keinem Amte zugelassen, sondern aufs äußerste verachtet

---

[1]) Bei Pertz, Monumenta Germaniae p. 192.

werden (B. V₁ S. 16 f.), ist unter allen wechselnden Gesetzen dieses launenhaftesten aller Reiche am strengsten und konsequentesten ausgeführt worden. Die reichen und armen, die guten und schlechten Juden wurden von den Griechen gleicherweise aufs tiefste gehaßt. Kein Jude durfte auf einem Rosse, dem Zeichen des freien Mannes, reiten; nur ausnahmsweise gestattete es der Kaiser Emanuel seinem Leibarzte, Salomo dem Ägypter. Der erste beste Grieche durfte sich herausnehmen, Juden öffentlich zu mißhandeln, oder gar sie als Sklaven zu behandeln; das Gesetz schützte sie nicht. Das von jeher geldgierige Byzanz legte ihnen die drückendsten Steuern auf. Sie erduldeten diese beschimpfende Behandlung mit Märtyrergleichmut, waren darum nichtsdestoweniger mildtätig gegen Arme und reich an Tugenden[1]). Aber der Geistespflege konnten die griechischen Juden nicht obliegen. Nicht einer ihrer Talmudkundigen hat seinen Namen durch irgendein Werk verewigt. Wohl gab es unter ihnen hebräische Verskünstler, aber ihre Dichtungen waren unschön, „hart wie Laststeine, ohne Geschmack und Duft". „Sie waren nicht eigen in der Wahl der Wörter, vermischten Blumen mit Dornen, Perlen mit gemeinen Steinen, Weizen mit Unkraut." So urteilt der sinnige und unparteiische Kunstrichter Charisi von den jüdisch-griechischen Dichterlingen der Zeit. Nur den Versen eines einzigen jüdischen Dichters Michael ben Kaleb von Theben gesteht er einige Anmut zu und erklärt es daraus, daß derselbe die Verskunst in Spanien erlernt hatte[2]).

In Kleinasien, Syrien und Palästina konnte die jüdische Einwohnerzahl einen statistischen Maßstab abgeben für das Verhältnis der Duldung im Christentum und Islam. So weit das Kreuz in diesen Gegenden herrschte, gab es wenige und gering bevölkerte jüdische Gemeinden, wo aber der Islam herrschte, gab es deren viele und diese waren zahlreich bevölkert. In Antiochien, das einem christlichen Fürsten gehörte, lebten nur 10 Familien, fast alle Glasarbeiter; in Lega (Laodicea) 200, in G'ebilé, das den Genuesern gehörte, 150, in Beirut (Berytus) 50, in Saida (Sidon) 10; nur in Thyrus war eine Gemeinde von 400 Mitgliedern, und die Juden besaßen daselbst Äcker und durften sogar Schiffahrt betreiben. An ihrer Spitze stand R. Ephraim (aus Kahira). Dagegen wohnten in Haleb (Aleppo), das durch den großen mohammedanischen Fürsten Nureddin zur zweiten Hauptstadt nächst Bagdad erhoben wurde, 1500 jüdische

---

[1]) Benj. von Tudela und Charisi, Tachkemoni Pforte 18.
[2]) In Tachkemoni Pforte 18.

Familien, und es gab unter ihnen viele wohlhabende und bei Hofe angesehene Männer. Hier lebte der hebräische Dichter Jehuda ben Abbas, der Freund des Dichterfürsten Jehuda Halevi, der wegen des Religionszwanges von Fez hierher ausgewandert war[1]).. Eine große Gemeinde war auch in Hama (Hamat), die aber in der zweiten Hälfte dieses Jahrhunderts die meisten Mitglieder durch ein Erdbeben verloren hatte. In der Gegend des alten Palmyra wohnten beinahe 2000 jüdische Familien, deren Männer kriegerisch waren und öfter Fehden mit Christen und Mohammedanern führten. Die Gemeinde von Damaskus zählte 3000 Mitglieder[2]) und unter ihnen viele gelehrte Talmudisten und einen namhaften, Joseph ben Pilat[3]), welcher wohl aus Frankreich stammte und mit Abraham ben David von Posquières in gelehrter Korrespondenz stand. In Damaskus gab es auch eine karäische Gemeinde von etwa 200 und eine samaritanische von 400 Familien, die, obwohl sie sich miteinander nicht verschwägerten, doch mit den Rabbaniten in friedlichem Verkehr lebten. — In ganz Palästina, das in christlichen Händen war, wohnten kaum mehr als 1000 Familien. Die größten Gemeinden von 300 Mitgliedern waren damals in Toron de los Caballeros, in Jerusalem und in Askalon, in den wichtigsten Städten Judäas wohnten dagegen nur je 200 Juden. Die jüdischen Bewohner Jerusalems trieben meistens Färberei, die sie von dem christlichen Könige pachteten; sie wohnten am Ende der Stadt, im Westen des ehemaligen Zionsberges. Zwischen 1169 und 1175 wurden sie sämtlich bis auf einen einzigen daraus vertrieben (wahrscheinlich unter dem unmündigen und aussätzigen Schattenkönig Balduin IV.), und dieser einzige mußte die Färbereipacht mit hohen Steuern bezahlen[4]). Die in Laster versunkenen Christen Jerusalems glaubten, die heilige Stadt werde durch die keuschen Juden entweiht werden. In Askalon wohnten damals 300 Samaritaner- und 40 Karäerfamilien. In Cäsarea, das früher mehrere tausend Juden

---

[1]) Munk, Notice sur Joseph ben Jehuda p. 8, Note.

[2]) Nach Benj. von Tudela, nach Petachja gar 10 000.

[3]) Die Literaturhistoriker versetzen ihn nach Südfrankreich und machen ihn gar zum Lehrer des Abraham ben David von Posquières. Allein Benj. von Tudela traf ihn um 1170 in Damaskus (p. 48) als Vorsteher des Lehrhauses. Joseph ben Pilat stand vor 1177 in Korrespondenz mit Maimuni (Responsa Peer ha-Dor No. 16) sicherlich von Damaskus und nicht von Südfrankreich aus. — Die Aussprache Pilat ergibt sich aus Resp. Temim Deïm Nr. 40.

[4]) Folgt aus Vergleichung der Angaben bei Benj. von Tudela und bei Petachja, vgl. Charisi a. a. O. Pf. 28.

beherbergte, wohnten damals nur 10 jüdische Familien, aber 200 Samaritaner. Von dieser Sekte wohnten auch viele in ihren Stammsitzen Samaria und Naplus (Sichem), aber kein rabbanitischer Jude unter ihnen. Kleinere Gemeinden von 50 gab es in Tiberias und Ulamma, 20 in Giskala, 22 in Betlehem, in den übrigen Städten zu drei und eine Familie. So war das Erbe Israels Fremden zugewendet. Die jüdischen Bewohner Judäas vegetierten mehr, als daß sie lebten; nicht einmal das Talmudstudium wurde von ihnen gepflegt. Nur Akko hatte einige Talmudgelehrte, einen R. Zadok und R. Jephet ben Elia, die wohl Eingewanderte waren. Überhaupt siedelten gerade in dieser Zeit viele Juden aus Europa und namentlich aus Südfrankreich nach Palästina über, und diese genossen vermöge ihrer geistigen Überlegenheit über die jüdischen Urbewohner eine solche Anerkennung, daß sie diesen den Brauch aufnötigten, das Neujahrsfest zweitägig zu feiern, welches sie bis dahin seit uralter Zeit gleich den übrigen Festen nur eintägig zu begehen pflegten[1]).

Sähe man lediglich auf die Menge und äußerliche Geltung und nicht auf die Geisteskraft, so müßte man den asiatischen Landstrich an den Zwillingsflüssen Euphrat und Tigris als Hauptsitz des Judentums ansehen. Hier gab es noch immer Gemeinden, die zu Tausenden zählten. Die ehemaligen akademischen Städte Nahardea, Sura, Pumbadita waren zwar verschwunden, an ihrer Stelle hatten sich aber die Gemeinden von Bagdad und Moßul (Neu-Ninive genannt) zu tonangebenden für ganz Asien erhoben. Die Bagdader Gemeinde zählte 1000 jüdische Familien[2]) mit vier Synagogen und lebte in unangefochtener Ruhe, wie in den besten Zeiten des Kalifats. So frei fühlten sich die Juden dieser Gegend damals, daß sie es wagen durften, den mohammedanischen Ausrufer in einer Moschee in Madain (unweit Bagdad), welcher das Gebet der Juden wegen der Nähe der Synagoge störte, in seinem Amte hindern zu wollen[3]). Der Kalif Mohammed Almuktafi (1136—1160), selbständiger als sein Vorgänger, hatte einen angesehenen und reichen Juden Salomo (Chasdaï?)[4]) liebgewonnen, räumte ihm wieder die Würde des Exilarchats ein und ernannte ihn zum Fürsten über sämtliche Juden des Kalifats. Der Exilsfürst durfte sich mit fürstlichem Gepränge umgeben, auf einem

---
[1]) Zerachja Halevi in Maor zu Jom Tob. I.
[2]) Beide zeitgenössische Touristen geben dieselbe Zahl an.
[3]) Ibn-Alathir schwedische Übersetzung II. p. 352.
[4]) Vgl. Note 10.

Rosse reiten, seidene Stickereien und einen Ehrenturban tragen, von einer Ehrenwache sich begleiten lassen und ein offizielles Insiegel führen. Erschien er öffentlich oder begab er sich zur Audienz, so war jedermann gehalten, Juden und Mohammedaner, vor ihm aufzustehen, bei Strafe der Bastonade; ein Herold ging vor ihm her mit dem Rufe: „Machet Platz für unsern Herrn, den Sohn Davids." Der Exilarch ernannte und bestätigte die Rabbinen, Richter und Vorbeter im Gebiete des Kalifats von Persien bis nach Chorasan und dem Kaukasus hin und bis nach Jemen, Indien und Tibet. Er bestellte diese Beamten durch ein Diplom, mußte aber dafür Ehrengeschenke bekommen. Jeder Jude in diesen Ländern war verpflichtet, ihm eine Kopfsteuer zu zahlen; außerdem hatte er Einnahmen von Marktplätzen und Waren. Einen Teil davon mußte der Exilsfürst jedoch dem Kalifen abliefern. So erhob sich das Exilarchat wieder zum Glanze der Bostanaïschen Zeit. — Auch ein bedeutendes Lehrhaus für das Talmudstudium entstand wieder in Bagdad, dessen Vorsteher sich wieder den Titel Gaon beilegte. Isaak Ibn-Saknaï, der gegen Ende des elften Jahrhunderts von Spanien nach dem Orient eingewandert war (v. S. 63), scheint das Interesse für die talmudische Gelehrsamkeit in diesen Kreisen wieder geweckt zu haben. Der Exilarch Salomo (Chasdaï?) war selbst gelehrt im Talmud. Vorsteher des Lehrhauses, welches wieder eine zahlreiche Zuhörerschaft hatte, war damals R. Ali. Die Stadt Akbara im Kreise Bagdads hatte 10 000 Juden, aber sie hatte keine besondere Bedeutung.

Die Gemeinde von Mossul war noch bedeutender, als die zu Bagdad. Sie zählte beinahe 7000 Familien[1]). Diese Stadt wurde durch den Helden Zenki, den Vater des großen Nureddin — beide der Schrecken der Christen — zur Hauptstadt erhoben, und da Zenki kein Feind der Juden war, so genossen sie unter ihm ausgedehnte Freiheiten. Die arabischen Geschichtsschreiber erzählen folgenden Zug von ihm. Als er einst mit seinem Heere nach der Stadt G'esirab-ul-Omar (am oberen Tigris) kam, wo 4000 jüdische Familien wohnten, die eine noch von Esra erbaute Synagoge zu besitzen glaubten, nahm er in dem Hause eines Juden Quartier. Sein Wirt klagte über die Verarmung der Stadt durch die häufigen Kriegszüge. Darauf verließ Zenki die Stadt und ließ sein Heer vor den Toren in Zelten lagern[2]). Seine Nachfolger, seine Söhne Saif-Eddin Ghasi (1146 bis

---

[1]) Beide Touristen übereinstimmend.
[2]) Ibn-Alathir a. a. O. S. 147.

1149) und Kotbeddin (1149—70) hegten dieselbe freundliche Gesinnung gegen die Juden. An der Spitze der Moßuler Gemeinde stand ein Mann, der sich ebenfalls als Nachkömmling des davidischen Hauses ausgab, namens Sakkai, der infolgedessen den Titel „Fürst" führte. Er teilte aber seine Befugnisse mit einem anderen, namens Joseph, welcher als ein ausgezeichneter Astronom galt, den Ehrentitel „tiefer Kenner des Himmelskreises"[1]) führte und im Dienste des Fürsten von Moßul stand.

Die jüdischen Bewohner von Neu-Ninive (Aschur) galten als die unwissendsten unter den Juden[2]), und selbst im Talmud waren sie nicht heimisch. — Nördlich von Moßul im karduchischen Gebirge oder dem Gebirge Haftan gab es viele und reich bevölkerte Gemeinden, die zum Teil unter dem Drucke der Sultane und Persiens standen, zum Teil aber frei lebten und wild waren, wie das Waldgebirge, auf dem sie hausten. Diese freien Juden im Lande Adher-Baigan (Aserbeidsan) führten die Waffen, standen mit den dort hausenden, fanatischen Assassinen in freundschaftlichem Verkehr, waren jedermanns Feind, der nicht zu ihren Glaubens- und Bundesgenossen gehörte, stiegen öfter in die Niederung hinab, um Beute zu machen, waren selbst für Angriffe unzugänglich und lebten in naturwüchsiger Ursprünglichkeit, ohne Kenntnis ihrer Religionsquellen. Die Rabbinen, welche ihnen der Exilarch zusandte, nahmen sie an und richteten sich nach deren Aussprüchen. Da trat mit einem Male unter ihnen ein ehrgeiziger und gewandter Mann auf (um 1160), welcher die Kriegstüchtigkeit, den Mut und die Unwissenheit dieser Juden ausbeuten wollte, zu einem Zwecke, der nicht mehr bekannt ist. Dieser Mann, namens David Alrui (Alroy) oder Jbn-Alruchi (Arruchi)[3]) hat zu seiner Zeit viel von sich reden gemacht und gab in neuerer Zeit einer poetischen Feder Stoff zu einem anmutigen Roman.

Dieser junge Mann aus Amadia, von schöner Gesichtsbildung, hellem Geiste und hohem Mute, hatte sich in Bagdad unter dem Exils-

---

[1]) Barihân al-Falach, zweimal bei Benj. von Tudela.
[2]) Charisi, Tachkemoni Pforte 46.
[3]) Vgl. Note 10. Der Führer der Tory-Partei in England, Benjamin Disraeli, nahm ihn zum Helden eines Romans „Alroy", ins Deutsche übersetzt von Clara Mai. Darin läßt der Verfasser die Schwester Alruis diesem die Worte zusprechen: „Vielleicht wird eines Tages ein Dichter, in dessen Adern das Blut unseres Volkes fließt und den unser Schicksal begeistert, seine Harfe rühren und deinen nur zu lange vergessenen Namen feiern." Disraelis Roman ist zwar von geschichtlicher Treue weit entfernt, gibt aber die Stimmung der Zeit sehr treu wieder.

fürsten und Ali tiefe Kenntnisse in Bibel und Talmud, sowie in der arabischen Literatur angeeignet. Bei seiner Rückkehr nach Amadia, das seine Vaterstadt gewesen zu sein scheint, staunten nicht bloß die Juden seine Kenntnisse an, sondern auch der Befehlshaber der Stadt, namens Zain-Eddin faßte eine solche Zuneigung zu ihm, daß er oft mit ihm verkehrte. Die gewaltigen Kriegsunruhen in Asien, die infolge der Schwäche des Kalifats und der Kreuzzüge die Länderstrecken bis nach Kleinasien zum Tummelplatz der verschiedensten Völkerschaften machten, die Geteiltheit der Regierung zwischen dem schwachen Kalifen, seinen Wesiren und Feldherrn, dem seldschukkischen Sultan, dem Atabeken (militärischen Erzieher des Prinzen) und den Emiren, von denen jeder eine eigene Rolle spielte und auf Eroberung und Verstärkung ausging, die Leichtigkeit, mit der sich untergeordnete Personen, wie Nureddin und Saladin, zu gewaltigen Eroberern emporgeschwungen, dieses alles ermutigte David Alrui, seinerseits eine politische Rolle zu spielen. Er wollte aber seine Stammes- und Religionsgenossen, von denen in seiner Nähe manche kriegstüchtig waren, zu Bundesgenossen für seinen Plan gewinnen. Dieses vermochte er nur, wenn er nationale Gefühle wachrufen konnte. David oder Menahem ben Salomon (wie er auch genannt wurde) erließ daher einen begeisterten Aufruf an die Juden Asiens, er sei von Gott erweckt, sie vom Joche der Mohammedaner zu befreien und nach Jerusalem zu führen. Zu diesem Zwecke sollten sie ihn unterstützen, mit den Völkerschaften Krieg zu führen. Er machte auf gewisse Zeichen der Zeit aufmerksam, welche dem Unternehmen einen günstigen Erfolg versprachen, scheint sich aber durchaus nicht als Messias ausgegeben zu haben. Zunächst hatte es David Alrui auf die feste Burg in Amadia abgesehen, die ihm als Stützpunkt für seine Unternehmungen dienen sollte. Zu diesem Zwecke schrieb er an die Juden Adherbaigans, Moßuls und Bagdads, sie sollten in großen Massen nach Amadia kommen, und unter ihren Gewändern sollten sie Schwerter oder andere Kriegswerkzeuge tragen. Infolgedessen trafen sehr viele Juden, welche ihn für den verheißenen Messias hielten, zu einer bestimmten Zeit mit verborgenen und geschliffenen Waffen in dieser Stadt ein, und der Befehlshaber schöpfte anfangs keinen Verdacht, weil er glaubte, diese große Menge sei von dem Rufe Alruis als Gelehrten angezogen worden.

An diesem Punkte verläßt uns die Geschichte und wir sind auf die Sage angewiesen, welche den Faden folgendermaßen fortspinnt: Auf eine Einladung des persischen Sultans sei David Alrui vor ihm ohne Begleitung erschienen, habe freimütig gestanden, daß er König der Juden sei und wäre infolgedessen in Taberistan eingekerkert worden. Während der Sultan sich aber beriet, welche Strafe er über ihn und seinen Anhang verhängen sollte, sei Alrui plötzlich in der Ratsversammlung erschienen und habe auf das Erstaunen der Anwesenden geäußert, vermöge seiner Geheimkünste habe er sich aus dem Kerker befreit und er fürchte weder den Sultan, noch seine Diener. Als der Sultan ihn wieder habe ergreifen lassen wollen, habe jener sich unsichtbar gemacht, habe auf diese Weise einen Fluß überschritten, ohne gefangen werden zu können und habe endlich die Strecke von zehn Tagereisen bis Amadia an einem Tage zurückgelegt. Da die Juden den verloren Geglaubten plötzlich wieder erscheinen gesehen, und er ihnen seine Abenteuer erzählt, seien die Machthaber in Schrecken vor ihm geraten, und der Sultan habe den Kalifen beordert, die Vertreter der Judenheit in Bagdad zu bedeuten, falls sie nicht David Alrui von seinem Vorhaben abbrächten, würde er sämtliche Juden seines Reiches über die Klinge springen lassen.

Unter den Juden Bagdads hatte die Schwärmerei für David besonders um sich gegriffen und gab zwei Betrügern Gelegenheit, die unwissende Volksmenge um ihre Habe zu bringen. Sie zeigten angeblich Briefe von dem Helden von Amadia vor, worin die Erlösung auf eine bezeichnete Nacht festgesetzt wurde. Die zwei Betrüger redeten nun den Schwärmern vor, sie würden in jener Nacht sämtlich einen Flug von Bagdad nach Jerusalem antreten, und sie sollten zu diesem Zwecke auf ihre Dächer steigen, grüne Gewänder anziehen und die Stunde erwarten. In sicherer Erwartung der Erlösungsstunde übergaben die Betörten ihre Habe den beiden Männern zur würdigen Verteilung unter die Armen. Die Nacht erschien, die Menge war auf den Dächern in gespannter Erwartung versammelt, Frauen weinten, Kinder schrien, alle bewegten sich ungeberdig, um das Fliegen zu versuchen, bis der Anbruch des Tages ihnen die Augen über ihre Leichtgläubigkeit öffnete. Die Betrüger hatten sich mit dem ihnen anvertrauten Vermögen davongemacht. Die Bagdader nannten diese Zeit „das Jahr des Fliegens (Aom el-Tajâran)" und berechneten fortan die Vorgänge der Zeit nach diesem Ereignisse.

Der Exilsfürst und der Vorsteher des Lehrhauses in Bagdad erachteten es als ihre Pflicht, teils wegen der überhandnehmenden Schwärmerei und teils wegen der angedrohten Strafe, sich an David Alrui zu wenden, und ihn unter Androhung des Bannes von seinem Plane abzubringen. Auch die Vertreter der Gemeinde von Moßul, Sakkaï und Joseph Barihan Alfalach, schrieben ihm in demselben

Sinne, bis endlich der mohammedanische Befehlshaber von Amadia, dem am meisten daran lag, sich seiner zu entledigen, den Schwiegervater des Alrui gewann, ihn schnell aus dem Wege zu räumen. Dieser tötete ihn im Schlafe, und damit hatte die Bewegung ein Ende. Der Sultan verhängte aber eine Verfolgung über die Juden derjenigen Länder, welche Alrui anhingen, und es kostete dem Exilsfürsten Mühe, seinen Zorn durch hundert Talente Goldes zu beschwichtigen. Wie es in der Regel geht, daß ein Messias nach seinem Tode erst recht Glauben und Verehrung erwirbt, so hingen auch viele Juden der Gemeinden von Khoj, Salmas, Taris und Maragha in Adherbaigan dem getöteten Alrui an, nannten sich Menahemisten und schwuren bei seinem Namen.

Ein unabhängiger, kriegerischer jüdischer Stamm wohnte damals östlich von Taberistan in der Landschaft Chorasan auf dem Hochgebirge bei Nischabur. Dieser Stamm zählte viele tausend Familien und wurde von einem jüdischen Fürsten namens Joseph Amarkala Halevi regiert. Diese Juden von Nischabur hielten sich für Abkömmlinge der Stämme Dan, Zebulon, Ascher und Naphtali. Sie trieben Viehzucht in den Tälern und an den Bergabhängen, waren gute Bogenschützen, hatten in ihrer Mitte talmudkundige Männer und standen in Bündnis und friedlichem Verkehr mit den türkischen Horden der Ghusen, welche an den Ufern des Oxusflusses zwischen Balch und Bochara hausten, öfter Kriegszüge machten und der Schrecken der zivilisierten Völker waren. Als die Ghusen einst wieder Verheerungen angerichtet hatten, unternahm der Seldschukkensultan Singar Schah-in-Schah eine Expedition gegen sie (1153). Sein Heer verlor aber den Weg in den Wüsteneien und verminderte sich durch Hunger und Erschöpfung von Tag zu Tag mehr. Endlich kam Singar in das Gebiet der freien Juden und verlangte von ihnen Nahrungsmittel und freien Durchzug zum Gebiet der Ghusen. Die Juden entgegneten darauf, sie seien niemandem weiter Gehorsam schuldig als ihrem eigenen Fürsten und seinen Bundesgenossen, den Ghusen, und sie würden deren Feinde als ihre eigenen Feinde behandeln. Schon rüsteten sie sich zum Kampfe, als Singar ihnen melden ließ, wenn sie seine Wünsche nicht befriedigten, würde er bei seiner Rückkehr sämtliche Juden seines Landes hinrichten lassen. Diese Drohung machte Eindruck. Die Führer der Juden gingen darüber zu Rate, und der Beschluß war, das Heil der fernen Brüder nicht aufs Spiel zu setzen, sondern dem Seldschukkenheer Lebensmittel zu reichen, zugleich aber auch den Ghusen einen Wink von der ihnen drohenden

Gefahr zu geben, damit sie gerüstet seien. Infolgedessen wurde Singars
Heer, das weiter vordrang, von den türkischen Horden geschlagen, und
der Führer selbst geriet in ihre Gefangenschaft, in der er drei Jahre
zubringen mußte. Ein Jude von diesem freien Stamme, namens
M o s e , wurde in diesem Kriege von einem Perser verlockt, sein Vaterland zu verlassen und sich ihnen anzuschließen. In der Hauptstadt
Jsfahan angekommen, wurde dieser Mose von dem schlauen Perser
zum Sklaven erklärt. Bei Gelegenheit eines Wettschusses zeichnete
sich Mose aber in der Handhabung des Bogens so sehr aus, daß er
vor den Sultan geladen wurde. Dort fand er Gelegenheit, von dem
betrügerischen Verfahren des Persers gegen ihn zu erzählen, erhielt
seine Freiheit wieder und wurde reich beschenkt. Der Sultan eröffnete ihm die Aussicht auf eine hohe Stellung, wenn er zum Jslam
übertreten wollte. Allein Mose blieb seiner Religion treu und erhielt
die Tochter eines der angesehensten Juden von Jsfahan zur Frau[1]). —
Die Gemeinde von Jsfahan zählte damals 15 000 Juden und an ihrer
Spitze stand R. S a r - S ch a l o m , welcher vom Exilsfürsten zum
Rabbinen über sämtliche Gemeinden Persiens ernannt war. In der
zweiten persischen Stadt, in H a m a d a n , soll es 50 000 Juden und
in S ch i r a s 10 000 gegeben haben. In der ehemaligen Stadt S u s a ,
damals Tuster genannt, gab es (um 1170) noch 7000 Juden, welche
an beiden Seiten des Flusses wohnten. Die Gemeinde hatte vierzehn
Synagogen, und bei einer derselben zeigte man das Grab Daniels.
Da nun auf der einen Seite des Flusses die Märkte der Stadt lagen,
und die andere von allem Verkehr entblößt war, die Juden auf jener
Seite also wohlhabender waren, als die diesseitigen, so schrieben die
letzteren ihre Armut dem Umstande zu, daß sie nicht im Besitze des
Danielgrabes seien, und verlangten dessen Sarg. Jene mochten ihn
aber nicht freiwillig missen; es entstanden daher Fehden und blutige
Kämpfe zwischen den zwei Gemeinden, bis eine Einigung zustande kam,
daß der Sarg abwechselnd ein Jahr in dem diesseitigen und das andere
im jenseitigen Stadtteile weilen sollte. Mit vielem Pomp, unter
Begleitung der jüdischen und mohammedanischen Bevölkerung wurde
die jedesmalige Übersiedlung des Sarges bewerkstelligt. Als einst der
Sultan Singar nach Susa kam und die Prozession der Übersiedlung
gewahrte, fand er es unwürdig, die Gebeine des Frommen solchergestalt zu stören, und befahl, den Sarg in gleicher Entfernung von
beiden Stadtteilen anzubringen. Da nun der Fluß die Mitte bildete,

---

[1]) Benj. von Tudela p. 84—88.

so wurde der Sarg an Ketten hängend angebracht, und unter demselben wagte niemand zu fischen[1]). Indessen vermochte der Danielsarg die Gemeinde nicht zu schützen. Zur Zeit als Petachja aus Regensburg dort war (um 1180), wohnten nur zwei Juden als Färber in Susa. Die Veranlassung ihrer Verminderung ist nicht bekannt.

Während es im Norden des Schwarzen Meeres und auf der Krim nur Karäer gab, welche in grauenhafter Unwissenheit lebten, von der rabbanitischen Lehre, als ihrem Gegensatze, gar keine Ahnung mehr hatten, vor dem Sabbat sogar das Brot klein schnitten und am Abend des Sabbats im Dunkeln weilten, waren die Rabbaniten verbreitet bis Chiwa, wo eine Gemeinde von 8000 Familien wohnte, und bis S a m a r k a n d, welche 50 000 Juden zählte, an deren Spitze R. O b a d i a stand. Von den Gemeinden in I n d i e n berichtet der Reisende dieser Zeit nur, daß es daselbst Juden von schwarzer Hautfarbe gebe, daß sie zwar streng religiös lebten, aber vom Talmud nur geringe Kenntnisse hätten. Manche indischen Gemeinden kannten vom Judentum nichts weiter, als die Sabbatfeier und die Beschneidung, welche sie aus Gewohnheit beobachteten[2]). Auf der Insel K a n d y (Ceylon) soll es in dieser Zeit 23 000 Juden gegeben haben. Sie waren dort allen übrigen Einwohnern gleichgestellt. Der König dieser Insel hatte sechzehn Wesire, vier von seiner eigenen Nation und eben so viele von Juden, Mohammedanern und Christen[3]). In A d e n, dem Schlüsselhafen zum Arabischen und Indischen Meere, war eine zahlreiche jüdische Gemeinde, welche unabhängig lebte, eigene Burgen hatte, Kriege mit den Christen von Nubien führte und mit Ägypten und Persien in Verbindung stand.

In Arabien gab es ebenfalls jüdische Gemeinden, obwohl sie der erste Kalif verbannt hatte (B. V_4, S. 119). Freilich durften sie nicht in den den Mohammedanern heiligen Städten Mekka und Medina wohnen, und es mag sie auch nichts dahin gelockt haben. Denn diese Städte waren in dem halben Jahrtausend seit Mohammed ganz unbedeutend geworden. Dagegen bestanden jüdische Gemeinden in dem fruchtbaren und handelsreichen J e m e n und in den Wüstenstrichen Nordarabiens. In J e m e n wohnten zwar nur ungefähr dreitausend Juden, die wegen des lebhaften Verkehrs mit den Nachbarländern gar nicht ungebildet waren und Talmudkundige in ihrer Mitte

---

[1]) Benj. von Tudela und Petachja.
[2]) Maimunis Sendschreiben an die Luneler Gemeinde in **Ozar Nechmad** II. p. 4.
[3]) Edrisi zitiert in Benj. von Tudela ed. Ascher II.

zählten. Der Gelehrteste unter ihnen war R. Jakob ben Nathanael Ibn-Alfajumi. Die jemenischen Juden galten als wohltätig; „ihre Hand ist jedem Wanderer entgegengestreckt, ihr Haus ist für Fremde weit geöffnet, bei ihnen findet jeder Müde Ruhe"[1]. Zahlreicher dagegen waren die Juden in Nordarabien, die wiederum, wie vor Mohammed, unabhängige, kriegerische Stämme bildeten, Burgen besaßen, teils Ackerbau und Viehzucht trieben und teils in Karawanen auszogen, um Waren zu transportieren oder nach Beduinenart Wanderer zu überfallen und auszuplündern. Ihre Zahl soll sich auf 300 000 belaufen haben, was gewiß übertrieben ist. Eine Hauptgruppe wohnte in Taima und hatte einen eigenen jüdischen Fürsten namens Chanan, der sich davidischer Abkunft rühmte. Sie hatten in ihrer Mitte Asketen, welche von den Karäern das düstere Wesen entlehnt hatten, keinen Wein und kein Fleisch zu genießen, überhaupt die ganze Woche, mit Ausnahme der Sabbate und Feiertage, zu fasten, in Höhlen oder schlechten Häusern zu wohnen, sich schwarz zu kleiden und sich „Trauernde um Zion" zu nennen (B. V$_4$ S. 269). Die Grund- und Viehbesitzer verabreichten diesen Frommen und Talmudbeflissenen den Zehnten von ihrem jährlichen Ertrage. Eine zweite Gruppe der arabischen Juden wohnte in der Gegend von Talmas und hatte ebenfalls einen Fürsten namens Salomo, Bruder des Chanan von Taima. Dieser wohnte in der alten Hauptstadt Sanaa (Tana)[2], wo er ein eigenes, festes Schloß hatte. Auch unter ihnen gab es Asketen, welche vierzig Tage im Jahre fasteten, um die Erlösung aus der Zerstreuung herbeizuführen. Eine dritte Gruppe bewohnte die Landschaft Chaibar, etwa 50 000, und diese waren am kriegerischsten, hatten aber auch Talmudkundige in ihrer Mitte. Die Sage war auch damals noch verbreitet, daß die chaibarensischen Juden Reste ehemaliger israelitischer Stämme Gad, Reuben und Halbmanasse seien. Auch die halbarabischen Städte Wasit, Baßra und Kufa hatten zahlreiche jüdische Gemeinden, die erste mit 10 000, die zweite mit 2000 und die dritte mit 7000 Mitgliedern.

Sowie ein großer Teil von Asien vom Mittelmeer bis zum Indus und Arabien dem abbassidischen Kalifen von Bagdad huldigte, so standen auch die Juden dieser Länderstrecken unter dem Exilsfürsten

---

[1] Maimunis Sendschreiben nach Jemen (Iggeret Teman) Anf.

[2] Bei Benj. von Tudela (p. 71): תנאר ראש המדינה ist wohl nichts anderes, als die bekannte, südarabische Stadt Sanaa. Auffallend ist es, daß Ritter das übersehen und sie mit Chaulan identifiziert. (Erdkunde XII, 829 ff. und a. a. St.)

von Bagdad. Der zweite Exilarch, welcher wieder mit Glanz umgeben war, hieß **Daniel**, Sohn des Salomo (Chasdai, fungierte 1165 bis 75), der bei den Kalifen Almustangid und Almustadhi ebenso angesehen war, wie sein Vater bei Almuktafi. Unter Daniel erhob sich das talmudische Lehrhaus von Bagdad zu einer Höhe, welche an die alten Zeiten der Amoräer und Gaonen erinnerte. Es verdankt seinen Aufschwung einem Manne, welcher berufen war, am Ausgang des zwölften Jahrhunderts eine Rolle zu spielen. **Samuel**, Sohn jenes Rabbinen **Ali Halevi** von Bagdad (o. S. 246), der seinen Stammbaum bis zum Propheten Samuel hinaufführte, besaß tiefe Kenntnisse im Talmud, wie nur wenige in Asien. Aber da er mit den Fortschritten des Talmudstudiums, wie es in den Schulen Spaniens und Frankreichs betrieben wurde, unbekannt war, so blieb er am Buchstaben kleben und konnte sich nicht zu einem eigenen Urteil darüber erheben. Samuel ben Ali hatte zwar auch einen Anflug von philosophischer Bildung, stand aber damit um drei Jahrhunderte zurück, noch ganz auf dem Anfängerpunkte der Mutaziliten, wußte nichts von den Fortschritten Ibn-Sinas, Alghazalis und nicht einmal von der Höhe der Philosophie seiner spanischen Religionsgenossen, von Ibn-G'ebirol, Jehuda Halevi und Abraham Ibn-Daud[1]). In seinem beschränkten Gesichtskreise war er nichtsdestoweniger auf sein Wissen sehr eingebildet, überhaupt hochmütig und ehrzeizig. Es scheint, daß Samuel ben Ali den pomphaften Titel Gaon annahm, um auf diese Weise seinem Lehrhause die Suprematie über die ganze Judenheit zu verschaffen. Zweitausend Jünger wohnten seinen talmudischen Vorträgen bei; ehe sie aber zu seinen Vorlesungen zugelassen wurden, mußten sie sich Vorkenntnisse bei einem anderen Talmudisten angeeignet haben. Auf einer Art Thron, gekleidet in Gold und Stickereien, saß Samuel ben Ali beim Vortrage und führte wieder die alte Weise ein, daß er nicht selbst zu den Zuhörern sprach, sondern zu einem Dolmetsch (Meturgeman), der das Vernommene erläuterte[2]). Neben ihm gab es noch neun Männer, welche zugleich Vorträge hielten und Recht sprachen. Aber Samuel ben Ali wurde zugleich als Appellationsrichter betrachtet, und jeden Montag saß er zu Gerichte, umgeben von den Neunmännern, die ein untergeordnete Stellung ihm gegenüber einnahmen.

Als der Exilsfürst Daniel starb, glaubte Samuel die Zeit günstig, sich die höchste Würde und Macht über die asiatischen Gemeinden anzu-

---

[1]) Maimuni, Tractatus de resurrectione ed. Amst. p. 129 a.
[2]) Petachja, Sibub.

eignen. Daniel hinterließ nämlich keinen männlichen Erben, und um das Exilarchat stritten sich zwei Neffen, David und Samuel, beide in Moßul. Während diese sich aber Mühe gaben, die politischen Machthaber und die Gemeinde für ihre Sache zu gewinnen, setzte sich Samuel ben Ali tatsächlich in den Besitz der religiösen und richterlichen Macht. Er ernannte selbständig Rabbinen, Richter und andere Funktionäre, zog die Abgaben der Gemeinden an sich und lieferte den Anteil davon an die Staatskasse. Sein Insiegel wurde mehr respektiert, als das der exilarchatischen Prätendenten. Reisende erhielten durch seinen Namen Schutz und Zutritt zu allen Sehenswürdigkeiten. Die politischen und Gemeindebeamten kannten nur Samuel ben Ali, den Vorsteher des Lehrhauses, den Gaon von Bagdad. Er wußte aber auch seine Würde durch kräftige Mittel zu behaupten. Sechzig Sklaven waren stets seines Winkes gewärtig, um demjenigen die Bastonade zu geben, der ihnen von ihrem Herrn bezeichnet wurde. In Bagdad besaß er ein palastähnliches Haus und in der Nähe der Hauptstadt einen großartigen Lustgarten. Samuel ben Ali beherrschte also damals die jüdisch-asiatischen Gemeinden von Damaskus bis Indien und vom Kaspisee bis Arabien. Als Kuriosität galt seine Tochter, welche so gelehrt in Bibel und Talmud war, daß sie vor jungen Leuten Vorträge hielt, aber so, daß sie von den Zuhörern nicht gesehen werden konnte[1]).

Unter diesem Schulhaupte kamen Boten von einem heidnischen Volke, von den moschischen Bergen[2]) in Armenien (Tataren?), welche jüdische Religionslehrer für ihr Land wünschten, die das Volk im Judentum unterrichten sollten, da sieben Fürsten die Annahme des

---

[1]) Petachja, Sibub.
[2]) Derselbe. Er gibt dabei an, daß die Boten von den sieben מלכי משך jenseits der finstern Berge gekommen wären (ed. Altona Bl. 6 a). Die Gegend ist vielleicht die der Μοσχικὰ ὄρη, montes moschici (vgl. Ritter, Erdkunde X. u. a. St.). Was die Sache betrifft, so muß man wohl die Nachricht des Matthäus Paris hinzuziehen, daß ein Teil der Tataren und Kumanen in der ersten Hälfte des dreizehnten Jahrhunderts als Juden betrachtet wurden. Die Juden des deutschen Reiches wollten ihnen bei ihren Einfällen in Deutschland heimlich Waffen zuführen: credentes quod plebs Tartarorum et Cumanorum esset de genere eorum (Judaeorum), quos Deus in montibus Caspiis — quondam inclusit (historia major zum Jahr 1241 ed. London p. 564). Nachmani spricht ebenfalls von einem neuen Volke, das der Wahrheit des Judentums näher, als die übrigen Nationen steht und im Anfang des sechsten Jahrtausends = 1240 auftrat: כי בתחילת אלף הששי תתחדש מלכות אומה תקיפא ומתקרבת אל האמת יותר מן הראשונות (Kommentar zu Genesis 1. Ende). Nachmani kann nur die Tataren im Sinne gehabt haben.

jüdischen Bekenntnisses beschlossen hatten (um 1180—85). Der Reisende R. Petachja aus Regensburg, welcher diese Nachrichten überlieferte und ein glaubwürdiger Zeuge war, sah die Gesandten von den moschischen Bergen mit eigenen Augen. Arme Gesetzeskundige von Babylonien und Ägypten entschlossen sich, zu dem Proselytenvolke in weiter Ferne sich zu begegeben und es in Bibel und Talmud zu unterrichten.

Der Stand des Judentums in Asien war damals sehr, sehr niedrig. Ohne höhere Kenntnis, ohne Bewußtsein, ohne Geist und Schwung erfüllten die Juden Asiens, Gelehrte wie Ungelehrte, die religiösen Satzungen und Pflichten auf ganz äußerliche und mechanische Weise[1]). Selbst Talmudkundige dachten sich das göttliche Wesen in körperlicher Gestalt mit Gliedmaßen, Augen und Bewegung. So sehr hatten die Agadas und das Buch von den „Maßbestimmungen der Gottheit" (Schiur Komah, Bd. V$_4$, S. 216) den gesunden Sinn verdreht, daß er das Reingeistige gar nicht zu fassen vermochte, und so durchdrungen waren diese Verkörperer von ihrer verkehrten Anschauung, daß sie diejenigen, welche einen geistigen Gottesbegriff behaupteten, als Ketzer und Gottesleugner betrachteten. — Von den Mohammedanern und Christen hatten die asiatischen Juden die Sitte angenommen, zu den Gräbern frommer Männer zu wallfahrten. Ein Hauptwallfahrtsort war das Grab des Propheten Ezechiel in der Gegend der Stadt Kusa.

70000 bis 80000 Juden kamen alljährlich im Herbste, von Neujahr bis zum Versöhnungsfeste oder Hüttenfeste, um an dem vermeintlichen Grabe des Propheten des Exils zu beten; unter ihnen auch der Exilarch und die Vorsteher des Lehrhauses von Bagdad. Der Glaube war, daß es sich südlich von Hilla in der Nähe des Euphrat befinde. Das Grabmal war durch eine Wölbung aus vergoldetem Zedernholz geschützt und mit prachtvollen Tapeten geschmückt. Dreißig Lampen brannten dort Tag und Nacht. Neben dem Grabmale befand sich eine schöne Synagoge, welche als ein Tempel im kleinen betrachtet wurde, angeblich vom König Jojachin und dem Propheten erbaut. In dieser Synagoge zeigte man eine Thorarolle von bedeutender Größe, von der die damalige Zeit glaubte, daß sie von der eigenen Hand des Propheten geschrieben worden sei; am Versöhnungstage wurde daraus vorgelesen. Ein besonderer Raum (Ginze) war für Bücher bestimmt. Synagoge und Grabmal waren von einer Mauer mit Türmen einge-

---

[1]) Vgl. Maimunis Urteil über die asiatischen Gemeinden seiner Zeit, Sendschreiben an die Luneler Gemeinde in Ozar Nechmad II. S. 3 f. und Eingang zum Tractatus de resurrectione.

schlossen, die eine niedrige, enge Pforte hatte, die sich aber zur Zeit
der Wallfahrt erhöhte und erweiterte, wie der Volksglaube annahm.
In dem Raume innerhalb der Mauer pflegten die Wallfahrer ihre
Lauben zum Hüttenfeste aufzuschlagen. Sie waren an diesem Grabe
nicht bloß andächtig, sondern auch lustig gestimmt. Die Tage nach dem
Versöhnungsfeste waren festlicher Stimmung und festlichen Mahlen
geweiht. Da auch die Mohammedaner das Grab verehrten, sogar die
wilden Karmaten, welche in der Gegend hausten und bei dem Gotte
Cheskels schwuren, die Gegend also ein friedliches Asyl bildete,
so entstand nach und nach dort ein Jahrmarkt (Pera) mit Krambuden
und eine Stadt (Kabur Kesil)[1]. Samuel ben Ali erzählte dem Reisenden Petachja, daß in früherer Zeit eine Feuersäule Ezechiels Grabmal
deckte und einst plötzlich durch das unanständige Benehmen einiger Wallfahrer erloschen sei. Die Spenden zur Unterhaltung dieses Mauso-
leums fielen so reichlich aus, daß man von dem Überschusse Talmudjünger unterhalten und mannbare Waisen ausstatten konnte.

Ein anderer Wallfahrtsort war das vorgebliche Mausoleum des
Schriftkundigen Esra. Obwohl dieser große Restaurator des Judentums nur in Judäa wirksam war, so verlegt die Sage doch dessen Grab
in die Nähe des Tigris bei Nahar-Samara (bei dem heutigen
Korna), wo er auf einer Reise zum König Artaxerxes gestorben sein soll.
Auch dieses Grabmal bestand aus einer Kuppel, woran auf der einen
Seite eine Synagoge und auf der anderen eine Moschee stieß. Denn
auch dieses Grab verehrten die Mohammedaner gleich den Juden,
schenkten Spenden zu dessen Unterhaltungskosten und wallfahrteten
dahin. Die Entstehungsgeschichte dieses Wallfahrtsortes ist voll von
Wundern: Ein mohammedanischer Hirte schlief auf einem Hügel, und
ihm erschien Esra und sprach zu ihm die Worte: „Bedeute den Sultan,
daß er meine Gebeine durch Juden an den und den Platz versetzen
möge, sonst würden viele aussterben." Auch soll das blinde Auge
des Hirten wieder hell geworden sein, wie ihm im Traum angegeben
war. Da nun eine Seuche entstanden war, habe der Sultan (um
1060) den Hügel aufgraben lassen, und man habe einen eisernen Sarg
mit Marmorstein, versehen mit der Inschrift „Esra", entdeckt und den
Sarg nach Nahar-Samara gebracht; der Platz behielt seit der Zeit
den Namen Al-Azer. Es entstand eine Stadt dabei, worin 1500 jüdische

---

[1] Vgl. über dieses Grabmal Benjamins und Petachjas Itinerarium.
Niebuhrs Reisen T. II. S. 264, Benjamin des Jüngeren acht Jahre in Asien
2. Aufl. S. 120 f. Die כפרים bei Petachja sind wohl Karmaten.

Familien wohnten. Auf diesem Grabe bemerkte man von Zeit zu Zeit hellrote Flammen aufsteigen, die ein solches Licht verbreiteten, daß sie die Nacht in Tageshelle verwandelten. Die Ungläubigen und Karäer erklärten aber diese Erscheinung auf natürliche Weise, durch asphaltartige Stoffe aus der Erde, deren Ausdünstungen sich durch die Luft entzündeten[1]).

Wie die katholische Kirche, so zeigten auch die Juden Asiens Reliquien: den Baum, woran sich die Engel bei Abraham lehnten, in drei Teile auseinandergehend, und den Stein, worauf sich Abraham beschnitten. Alle diese Wundermärchen entstanden erst durch die Verkümmerung des Judentums, nach dem Untergange des Gaonats. Möglich, daß dieser Verfall dazu beitrug, daß in dieser Zeit Übertritte gebildeter Juden zum Islam vorkamen.

Ein Apostat war ein berühmter Arzt in Bagdad, Nathanael, mit dem arabischen Namen Abul-Barkat Hibat-Allah[2]) ben Malka, einer der drei medizinischen Koryphäen im mohammedanischen Reiche, die gleichen Namens und verschiedener Religion waren. Der jüdische Hibat-Allah wurde wegen seiner außerordentlichen Leistungen „der einzige seiner Zeit" (Wachid-al-Zeman) zubenannt. Nächst der Heilkunde war dieser mit der Philosophie und der hebräischen Sprachkunde vertraut und verfaßte als Jude einen Kommentar zum Prediger (Kohelet). Ein Sohn des wanderungslustigen Jbn-Esra, namens Isaak, der seinen Vater auf Reisen begleitet hatte und in Bagdad zurückgeblieben war, wurde von dem reichen Hibat-Allah unterstützt und dichtete schwungvolle Verse auf seinen Wohltäter und dessen Kommentar, streute ihm viel Weihrauch und sagte unter anderem, das salomonische Buch werde fortan nach dem Namen dessen benannt werden, der den Sinn desselben erschlossen hat (1143). Zum Schluß des Gedichtes wünschte ihm Isaak Jbn-Esra, sein Leben möge sich bis zur messianischen Erlösungszeit hinziehen, und er möge noch die Herrlichkeit des neuen Jerusalems schauen[3]). Aber beide warteten die

---

[1]) Dieselben Quellen und Charisi, Tachkemoni Pforte 33, vgl. Ritter, Erdkunde X, 268; ein neuaufgefundenes Gedicht von Charisi aus einem Ms. auf dieses Grab teilte Kämpf in Frankels Monatsschrift 1860 S. 217 ff. mit.

[2]) Abulfarag Bar-Hebraeus, Historia dynastiarum ed. Pococke 259 f. Über die auf der Hand liegende Identität von Nathanael und Hibat-Allah vgl. Zeitschrift der deutsch-morgenländischen Gesellschaft, Jahrgang 1859, S. 711 f.

[3]) Das Gedicht, mitgeteilt von Dukes in Kochbe Jizchak Jahrgang 1848, S. 21 ff. Hibat-Allahs Kommentar zu Kohelet findet sich noch in der Boblejana.

Zeit nicht ab, sondern sagten sich vom Judentume los und gingen zum Islam über (1160—1170).

Hochmut war die Triebfeder von Hibat-Allahs Übertritt. Er hatte nämlich einst einen seldschukkischen Sultan von einer schweren Krankheit geheilt, wurde von ihm reichlich mit Gold, kostbaren Stoffen und Pferden beschenkt, kehrte wie ein Triumphator nach Bagdad zurück und glaubte, daß alle Welt ihn bewundern werde. Stattdessen verfaßte ein arabischer Dichter ein Spottlied auf ihn und geißelte seinen ungemessenen Stolz. Hibat-Allah glaubte nun, daß die Religion schuld daran sei, daß ihm nicht von allen Seiten Weihrauch gestreut würde und faßte im hohen Alter den Entschluß, zum Islam überzutreten. Da er aber wußte, daß seine Erben (Töchter) seinen Religionswechsel nicht nachahmen würden, und befürchtend, daß sein bedeutendes Vermögen ihnen nach seinem Tode nicht zufallen würde, erbat er sich vom Kalifen eine schriftliche Zusicherung, daß sie als seine Erben anerkannt werden sollten. Dann erst bekannte er sich öffentlich zum Islam. Isaak Ibn-Esra, seinem Gönner anhänglicher als seiner Religion, verließ mit ihm gemeinschaftlich das Judentum. Spottend sang der Dichter Charisi von ihm:

> Abrahams Sohn schöpfte aus des Liedes Quelle,
> Des Vaters Glanz umstrahlt auch ihn,
> Aber nach dem Osten ausgewandert,
> Legte er des Glaubens Gewand ab
> Und deckte sich mit fremden Kleidern [1]).

Ein dritter Apostat in dieser Zeit war Samuel Ibn-Abbas, Sohn des Dichters Jehuda aus Fez. Lieblicher hebräischer Dichter, gründlicher Mathematiker und Philosoph, war Samuel wegen des Religionszwanges der Almohaden nach dem Orient ausgewandert. Während der Vater sich in Haleb niederließ, nahm der Sohn seinen Aufenthalt in der Stadt Maragha in Adherbaigan, trat in den Dienst des dortigen Herrschers und ging endlich zum Islam über (1163). Der greise Jehuda Ibn-Abbas eilte bei der Nachricht von dem Religionswechsel seines Sohnes voll Schmerz zu ihm, um ihn zu seinem väterlichen Glauben zurückzubringen, ward aber plötzlich in Moßul von einer Krankheit befallen und starb daselbst. Samuel wurde ein erbitterter Feind des Judentums und seiner ehemaligen Glaubensgenossen. Er verfaßte eine feindselig gehaltene Schrift: "Zur Beschämung der Juden" (Ifcham al Jehud, um 1165—75), worin er

---

[1]) Tachkemoni Pforte 3.

ihre Fehler übertreibend bloßlegte und behauptete, die Juden hätten Anspielungen auf Mohammed aus ihren heiligen Schriften ausgemerzt[1].

Waren die Rabbaniten in Asien verkümmert und versteinert, so waren es die Karäer in dieser Zeit noch mehr. Sie haben nach dem Ableben der beiden mittelmäßigen Lehrer Tobia von Konstantinopel und Jehuda Hadassi (o. S. 159) nur eine einzige leidlich berühmte Persönlichkeit gestellt: Jephet II. ben Said, vielleicht aus Baßra und Nachkomme des ersten Jephet (blühte um 1160—1200)[2]. Seine ganze Bedeutung besteht darin, daß er dem lahmen Karäertum einen Stelzfuß angesetzt hat, auf dem es sich bis heutigen Tages künstlich fortbewegt hat. Es war den Karäern seit ihrem vierhundertjährigen Bestande nicht gelungen, ein Judentum auf rein biblischer Norm zu gründen, sondern sie nahmen, bei aller Peinlichkeit, der talmudischen Überlieferung aus dem Wege zu gehen, vieles davon auf, weil es eine Notwendigkeit war. Die karäischen Denker quälte daher die Frage: Woher stammen denn die traditionellen Elemente im Karäertum, welche in der Bibel keine Begründung haben? Jephet ben Said gab auf diese Frage Antwort, d. h. er erfand einen künstlichen Notbehelf. In einer Schrift „Die Überlieferung der Lehre" (ha-Atakat ha-Torah, verfaßt 1167) stellte er folgende Behauptung auf. Bis zur Zeit von Hillel und Schammaï habe sich das Judentum rein erhalten; erst in ihren Schulen sei eine Meinungsverschiedenheit über die Auslegung der Gesetze und deren Umfang entstanden. Die Hilleliten

---

[1] Alkifti, Bibliotheca philosophorum bei Casiri I. 440, Abulfarag Bar-Hebraeus a. a. O. 268; Munk, Notice sur Joseph ben Jehuda p. 8, Note. Revue des Etudes juives V. p. 53.

[2] Vgl. über Jephet ben Said und über dessen Verschiedenheit von Jephet ben Saghir: Dod Mardochaï c. 9 und Pinsker, Likute Kadmonijot Text 222 und Noten 185 f. Das Datum der Abfassungszeit seines Werkes und damit seine Blütezeit läßt sich aus dem von Pinsker mitgeteilten Auszuge leicht ermitteln. Es ist verfaßt 413 Jahre seit dem Schisma der Karäer: dieses setzt Jephet selbst ins Jahr 136 der Hedschra = 754. Folglich war die Abfassungszeit 1167. Dieselbe Zahl kommt auch heraus, wenn man das andere von ihm angegebene Datum nach der Tempelzerstörung emendiert. Denn die Zahl אלף ו"ה לחרב"ן ist entschieden falsch; man lese dafür: ח"צי = 1098 seit der Tempelzerstörung, diese vom Jahre 69 der üblichen Ära gerechnet, d. h. ebenfalls 1167. In diesem Jahre schrieb Jephet ben S. So löst sich die von Pinsker aufgeworfene Schwierigkeit. Daß Jephet nicht im Jahre 1145 sein Werk geschrieben hat, wie Pinsker behauptet, ergibt sich schon daraus, daß er das Buch ברית kannte, das erst 1140—1141 verfaßt wurde (o. S. 122). Unmöglich kann das Buch in so wenigen Jahren von Spanien nach dem Orient gekommen und von Karäern benutzt worden sein.

hätten eine durchweg erleichternde, die Schammaiten eine erschwerende Ansicht aufgestellt. Während die Rabbaniten Hillel und seiner Schule folgten, hätten die Karäer sich an Schammai gehalten und wären also die Bewahrer des unentstellten Judentums geworden. Nun stellte Jephet eine Traditionskette auf von Schammai bis Anan, die auf lauter Erdichtungen beruht. Aber er hatte damit die Lösung gefunden, daß die talmudischen Elemente im Karäertum von Schammai und seiner Schule stammten. Diese durchweg unwahre und ungeschichtliche Behauptung blieb eine stehende Annahme im karäischen Kreise. So schwach war das Gebäude des Karäertums, daß es an morschen Stützen ein Genüge fand.

Wie die Mohammedaner Ägyptens unter der Dynastie der Fatimiden getrennt waren von denen des abbassidischen Kalifats in Asien, so standen auch die jüdisch-ägyptischen Gemeinden in keinem innigen Zusammenhange mit den asiatischen. Sie hatten ein eigenes vom Kalifen anerkanntes Oberhaupt, das geistliche und richterliche Funktionen übte, den Titel Nagid (arabisch Reïs) führte und gewissermaßen der ägyptische Exilarch war. Der Nagid hatte die Befugnis, Rabbinen und Vorsänger zu ernennen oder zu bestätigen, über Vergehen und Verbrechen Geld-, Geißel- und Kerkerstrafe zu verhängen. Er bezog für seine Funktion laufenden Gehalt von den Gemeinden und Abgaben vom Ausstellen gerichtlicher Urkunden. Eine Sage gibt an, eine Kalifentochter aus Bagdad, welche an einen fatimidischen Kalifen verheiratet war, habe die Institution des Nagid auch für die ägyptischen Juden einführen lassen[1]. In dieser Zeit bekleidete, nach Samuel Abu-Manßur, diese Würde R. Nathanael[2], oder mit dem arabischen Namen Hibat-Allah Ibn-Algami, welcher Leibarzt des letzten fatimidischen Kalifen von Ägypten Aladhid, und später Saladins war. Ibn-Algami war ein Mann von bedeutender Bildung und Kenntnissen. Er sprach das

---

[1]) Folgt aus der Angabe des David Ibn-Abi-Simra (Rabbas) Responsa I ed. Venet. No. 622 II p. 5. III No. 509.

[2]) Die Identität des von Benjamin erwähnten Nathanael von Mizr, „des Fürsten" und Dieners des Kalifen mit dem von arabischen Schriftstellern genannten Hibat-Allah Ibn-Algami (bei de Sacy, Abdellatif p. 42, Note 13) ergibt sich aus der Identität des Namens und der Örtlichkeit (vgl. o. S. 258). Zunz hat schon diese Vermutung zu Benjamin von Tudela ed. Asher II, p. 254. Ibn-Algami hatte einen heftigen Gegner an dem jüdischen Arzte Muwafis Ibn-Saraah; vgl. über dens. Frankel-Graetz Monatsschrift Jahrg. 1871, S. 29 ff.

Arabische mit besonderer Gewandtheit, schrieb mehrere medizinische Abhandlungen, unter anderen eine Anleitung zum Nutzen für Seele und Leib und über die klimatische Natur Alexandriens. Gerühmt wird von ihm, daß er auf eine sinnreiche Weise den Scheintod eines Menschen erkannte, der gerade beerdigt werden sollte. Dieser kenntnisreiche Mann leitete auch das Lehrhaus in der ägyptischen Hauptstadt, aber als bedeutender Talmudkenner hat er keinen Namen.

Die Hauptgemeinde von zweitausend jüdischen Familien, darunter ehr wohlhabenden, war natürlich in Kahira (Neu-Miṣr) mit zwei Synagogen, in welchen verschiedene Riten herrschten. In der einen galt der palästinensische und in der andern der babylonische (irakensische) Ritus. Nach dem ersteren wurde der Pentateuch in den sabbatlichen Vorlesungen in einem dreijährigen Zyklus vollendet. Die vom babylonischen Ritus hatte dagegen den einjährigen Zyklus. Nur am Wochenfeste und Thorafreudenfeste hatten beide Gemeinden gemeinschaftlichen Gottesdienst. In Kahira bestand auch eine karäische Gemeinde, welche noch zahlreicher gewesen sein soll, als die rabbanitische. Auch sie hatte ein eigenes Oberhaupt mit richterlicher und religiöser Machtvollkommenheit und mit dem Titel Fürst (Nassi, Reïs). In dieser Zeit fungierten als solche nacheinander Chiskija und Salomo I. (um 1160—1200), welche Anan als ihren Stammvater betrachteten[1]). Einige Karäer in Ägypten genossen Ansehen bei Hofe und waren überhaupt den Rabbaniten überlegen[2]).

In Fostat (Alt-Kahira) bestand von alters her eine bedeutende Gemeinde. Als aber der Wesir Schaver, das Heranrücken des christlichen Königs Amalrich von Jerusalem befürchtend, die Stadt in Flammen aufgehen ließ (1168)[3]) wanderten wohl die Juden mit den übrigen Bewohnern nach der nahe gelegenen Hauptstadt aus. Die zweite Hauptgemeinde war in Alexandrien, welche 3000 Familien zählte; sie hatte einen Rabbiner aus der Provence, Pinehas ben Meschullam[4]). So arm war damals die Judenheit Ägyptens an talmudischen Autoritäten. Auch eine karäische Gemeinde war in Alexandrien[5]). Eine große Gemeinde bestand noch in Bilbeïs (östlich vom Nil) von 3000 Mitgliedern, die eben-

---

[1]) Vgl. Dod Mardochaï c. 6 und Pinsker Noten S. 52 f. Anmerk. Vgl. Frankel-Graetz das. S. 7.

[2]) Folgt aus Nachmanis Angabe in dessen großem Sendschreiben an die französischen Rabbinen und aus der Mitteilung von Jakob Prag bei Asulaï, sub voce Maimuni.

[3]) Weil, Kalifen III, 329.

[4]) Maimunis Briefsammlung ed. Amst. S. 18 f.

[5]) Folgt aus Charisis Angabe Tachkemoni Pforte 46.

falls durch den Kriegszug des Amalrich viel gelitten hat¹). Kleinere Gemeinden waren zu Damira 700, zu Machale 500, zu Manifita 200, ebensoviel zu Bubaig und in der Hafenstadt Damiette. In der Geburtsstadt Saadias, Fajûm, lebten damals bloß zwanzig jüdische Familien.

Der Kulturzustand der ägyptischen Juden in dieser Zeit war nicht glänzender als der ihrer asiatischen Brüder. Sie haben die jüdische Literatur mit nichts bereichert. Das niedere Volk war in den eigenen Religionsquellen so unwissend, daß es von den benachbarten Karäern Bräuche annahm und sogar solche, welche im grellen Widerspruch zum talmudischen Judentum stehen²). Auch die ägyptischen Gemeinden hatten ihren Wallfahrtsort. In Dimuh, unweit Fostat, in der Nähe der Pyramiden, zeigten sie die Mose-Synagoge, von welcher sie glaubten, daß sie der größte Prophet erbaut habe; neuerbaut worden sei sie aber nach der Tempelzerstörung durch Titus. Bei dieser Synagoge befand sich ein Baum von erstaunlicher Höhe mit immergrünem Laube und schlankem Stamme.

Dieser Baum sei, nach der Meinung der ägyptischen Juden, aus dem Mosesstabe aufgeschossen. Am Wochenfeste pflegten die Juden Ägyptens nach Dimuh zu wallfahrten, um in der hochverehrten Synagoge zu beten³). Und gerade aus diesem Lande der Unwissenheit ging für den jüdischen Stamm ein zweiter Mose aus, welcher berufen war, ein geläutertes Judentum zu verkünden, dem Wahnglauben unerbittlichen Krieg zu erklären und die Unwissenheit zu zerstreuen. Ägypten wurde durch Mose Maimuni der Mittelpunkt der Judenheit.

[1]) Weil, Kalifen a. a. O.
[2]) Maimuni, Responsa Peer ha-Dor No. 152.
[3]) Benjamin von Tudela, Makrisi bei de Sacy, Abdellatif p. 245 f.

Zehntes Kapitel.

Maimuni (Maimonides).

Seine Geburt, Jugendgeschichte und Jugendarbeiten. Seine Auswanderung nach Fez. Maimunis, des Vaters, Ermahnungs- und Trostschreiben an die afrikanischen Gemeinden. Maimunis erste Streitschrift zugunsten der Scheinmohammedaner. Auswanderung der Familie Maimun von Fez nach Palästina und Ägypten. Maimunis Schicksalsschläge. Sein Mischnahkommentar und dessen Bedeutung. Maimunis Dogmatik und Glaubensartikel. Saladins Verhalten gegen die Juden. Verfolgung der Juden in Südarabien; Maimunis Sendschreiben nach Jemen. Das Ende des falschen Messias in Südarabien. Maimunis Verordnungen als Rabbiner. Maimunis Religionskodex und seine Bedeutung.

1171—1180.

In dem letzten Viertel des zwölften Jahrhunderts schien das Judentum seinen einigenden Standpunkt eingebüßt zu haben und einer um sich greifenden Zerfahrenheit verfallen zu wollen. Das südliche Spanien mit den Gemeinden Cordova, Granada, Sevilla und Lucena, das seit dem Untergange des Gaonats die Führerschaft an sich gebracht hatte, war durch die Unduldsamkeit der Almohaden ohne jüdische Gemeinde und sah höchstens Juden in der Maske des moslemitischen Bekenntnisses. Die Gemeinde der neuen Hauptstadt des christlichen Spaniens, Toledo, sowie die der nordspanischen Mittelorte, hatten es noch nicht dahin gebracht, weitgebietenden Einfluß zu üben. Die Gemeinden Südfrankreichs waren noch in dem Stadium der Jüngerschaft, die nordfranzösischen zu einseitig in den Talmud vertieft und gebeugt von Sorgen für das, was der Morgen bringen werde. Die deutschen Juden waren angehende Kammerknechte des deutsch-römischen Reiches, die der übrigen europäischen Länder hatten sich noch kaum der Barbarei entwunden und zählten gar nicht mit. Das wiederhergestellte Exilarchat, das Kind der Laune eines Kalifen, hatte in Asien selbst nicht feste Wurzeln genug, um auf die höher gestimmten Juden Europas einwirken zu können. So gab es nirgends einen Mittelpunkt, um den sich die weithin Zerstreuten hätten sammeln können. Auch waren seit dem Tode des Joseph Ibn-Migasch und des R. Tam keine Männer von weitgebietender Autorität vorhanden, die imstande gewesen wären, einen entscheidenden Weg vorzuzeichnen oder auch nur eine Anregung zu geben. In dieser Zeit der beginnenden Zerfahrenheit trat Mose Maimuni auf und wurde, er ganz allein, Träger der Einheit des Judentums, Sammelpunkt für die Gemeinden in Osten und Westen, endgültig entscheidende Autorität, ohne mit einer offiziellen Würde bekleidet zu sein. Er war geistiger König der Judenheit, dem sich die bedeutendsten Führer der Gemeinden unterordneten. So denkwürdig erschien schon den Zeitgenossen alles an dieser großen Persönlichkeit, daß sogar Tag und Stunde seiner Geburt aufgezeichnet wurden.

Mose ben Maimuni (mit dem langen arabischen Namen Abu-Amran Musa ben Maimun Obaid Allah) wurde geboren 14. Nissan = 30. März nach 1 Uhr Mittags 1135[1]) in Cordova. Die Jugendgeschichte des Mannes, der die Zukunft des Judentums auf seinen starken Schultern tragen sollte, war dazu geeignet, ihn zum festen Charakter zu stählen. Sein Vater Maimun ben Joseph, ein Jünger des Ibn-Migasch, war ebenso wie seine Ahnen in acht Geschlechtern aufwärts bis auf den Stammvater Obadia talmudisch gelehrt und Mitglied des Rabbinatskollegiums von Cordova. Maimun hatte auch Interesse an den Wissenschaften, verstand Mathematik und Astronomie und verfaßte Schriften darüber, sowie über talmudische Punkte. Er war es, der dem Sohne schwärmerische Liebe für Wissen einprägte und dessen Sinn für ein ideales Leben erweckte. Kaum hatte Maimuni das dreizehnte Jahr überschritten, so brach großes Unglück über die Gemeinde von Cordova herein, als diese Stadt von den Almohaden erobert wurde (Mai oder Juni 1148), die sofort fanatische Edikte gegen Juden und Christen erließen und ihnen die Wahl zwischen Annahme des Islams, Auswanderung oder Tod stellten (o. S. 157). Mit dem größten Teil der Cordovaner Gemeinde wanderten auch Maimun und seine Familie aus; wohin sie sich aber zunächst gewendet, ist nicht bekannt. Nach einer nicht ganz authentischen Quelle hätten sie

---

[1]) Die kritische Ermittlung dieses Datums in Geigers Zeitschrift II S. 127 ff. — Kaum lohnte es sich, über die Aussprache des Namens בימון ein Wort zu verlieren, wenn nicht Kleinigkeitskrämer es zum Gegenstande der Gelehrsamkeit gemacht hätten. Nun, der Name ist nicht hebräisch, sondern arabisch. Wenn nun kompetente Arabisten, wie de Sacy, Munk, Dozy und andere ihn Maimun aussprechen, so muß der Stimme der minorum gentium schweigen. Die spanischen Araber haben allerdings den Laut Dhamma o ausgesprochen; da aber die Aussprache der orientalischen Araber allgemein rezipiert ist, so hat man kein Recht, eine gewissermaßen provinzielle Lautung vorzuziehen. Indessen reimt auch ein jüdisch-spanischer Dichter: בימון mit אברן.

sich in der Hafenstadt Almeria niedergelassen[1]), die ein Jahr vorher von Christen erobert wurde. Wenn dem so war, so konnten sie nicht allzulange daselbst geweilt haben; denn im Jahre 1151 geriet auch Almeria in die Gewalt der Almohaden, deren fanatischer Sultan Abdulmumen gewiß nicht verfehlt hat, den jüdischen und christlichen Bewohnern dieser Stadt Religionszwang aufzuerlegen wie in allen übrigen eroberten Städten Südspaniens. Seit der Zeit führte die Familie wohl ein Wanderleben mehrere Jahre hindurch, hielt sich auch im christlichen Spanien auf[2]), ohne dort eine bleibende Stätte zu finden. Unter solchen Umständen reifte Mose Maimuni zum Jüngling heran.

Von seinem Vater lernte er Bibel, Talmud, die jüdischen Wissensfächer, Mathematik und Astronomie; bei mohammedanischen Lehrern hörte er Naturwissenschaften, Arzneikunde und wurde in den Tempel der Philosophie eingeführt. Er hatte Umgang mit dem Sohne des mohammedanischen Astronomen Ibn-Aflah, mit Jüngern des berühmten Philosophen Ibn-Baga (Avenpace) oder Ibn-Alzaig, und war befreundet mit dem Wesir Abu-Bekr Ibn-Zohar, der in Sevilla lebte[3]). Durch Lehre und Umgang eignete er sich einen Schatz von gediegenen Kenntnissen an, und sein klarer Geist, der dahin strebte, die Erscheinungen in der sichtbaren und unsichtbaren Welt zu durchdringen und sie durchsichtig zu machen, beherrschte sie, so verschieden und einander entgegengesetzt sie auch waren, mit gleicher Kraft. Maimuni bildete sich zu einer jener selten auftretenden Persönlichkeiten aus, welche das Dunkle, das Heimliche und Mystische nicht dulden können, überall nach Licht und Klarheit ringen und sich keinen Täuschungen hingeben wollen. Er war ein durchaus logischer und systematischer Kopf, der das Größte und Kleinste zu gruppieren und zu ordnen verstand. Er war ein abgesagter Feind der Unordnung und des chaotischen Durcheinanders. Man darf ihn nach dieser Seite hin mit Fug und Recht den jüdischen Aristoteles nennen, und es lag ganz in seiner

---

[1]) Leo Afrikanus, der seine Nachrichten aus arabischen Quellen schöpfte, berichtet: et maluit Moise ben Maimon aufugero cum suis in Elmeria. Wenn auch der Zug unhistorisch ist, daß Maimuni daselbst dem verfolgten Philosophen Averroes Asyl gegeben habe, so ist doch wohl sein Aufenthalt in Almeria nicht ohne weiteres zu verwerfen.

[2]) Zum Schlusse des Mischnahkommentars bemerkt Maimuni, Gott habe über ihn diese Wanderung verhängt und er sei zu Land und zu Wasser gewandert. Aus dem Umstande, daß er in seinem Mischnahkommentar sehr oft spanische Wörter neben arabischen zur Worterklärung der Mischnah heranzieht, ist zu schließen, daß er diese Sprache ebenfalls verstand und also auch im christlichen Spanien gelebt hat.

[3]) More Nebuchim II. 9, 24; Munk in Archives israélites 1851 p. 326 Note.

geistigen Natur die größte Bewunderung für den Philosophen von Stagira zu hegen, der die Unbestimmtheit und poetische Verschwommenheit der vorangegangenen griechischen Philosophie zur Besonnenheit und Klarheit des Begriffs gebracht hat. Aristoteles hatte viele Verehrer unter Juden und Mohammedanern — christliche Denker konnten damals noch nicht seine Geisteshöhe erklimmen; aber keiner vor Maimuni hatte sich so sehr in dessen philosophische Weltanschauung vertieft und hineingelebt, daß er sie als sein geistiges Eigentum stets gegenwärtig in sich trug und darum auch die Schwächen, die sie hin und wieder, zeigt, tiefer erkannte.

Doch nicht das umfangreiche und tiefe Wissen allein war es, welches Maimunis Eigentümlichkeit ausmachte, sondern seine Gesinnungstüchtigkeit. Er war ein vollendeter Weiser in der schönsten, antiken und verehrungswürdigen Bedeutung. Geregeltes Wissen, besonnenes Wollen, reife Überzeugung und kräftiges Tun waren in ihm harmonisch verschmolzen. Er war von der tiefsten, geläutertsten Religiosität, von gewissenhafter Sittlichkeit und von philosophischer Weisheit ganz durchdrungen, oder vielmehr diese drei sonst öfter einander feindlichen Elemente waren in ihm zu vollendeter Versöhnung gekommen. Das, was er als wahr erkannte, war ihm unverbrüchliches Gesetz, davon ließ er nicht einen Augenblick, sondern suchte es durch sein ganzes Leben zu betätigen, unbekümmert um die Nachteile, die es ihm bringen könnte. Wenn er nach der wissenschaftlichen Seite auf der Höhe der Zeit stand, nach der sittlichen und religiösen Seite nur wenige seinesgleichen hatte, so überragte er seine Zeit durch seinen scharf ausgeprägten Charakter. Sein Äußeres entsprach seinem Innern. Maimuni war von einem tiefen Ernste, der das Leben nicht als eine günstige Gelegenheit zu Genüssen betrachtete, sondern als eine schwere Aufgabe, edel zu wirken und die Wahrheit zu betätigen, daß der Mensch ein Ebenbild Gottes ist. Das Gemeine, das Erlogene, das Scheinwesen war ihm in tiefster Seele verhaßt und durfte nicht in seine Nähe kommen. Er hatte auch darum kein Interesse an der Poesie, weil sie nach der damaligen Anschauung, „daß das Beste daran das Erlogene sei", auf Erfindung und Unwahrheit beruhte. Er hielt die Beschäftigung damit für eine müßiggängerische Tötung der Zeit, wollte selbst bei Hochzeiten keine Verse geduldet wissen, die nicht religiöser Natur sind, und machte keinen Unterschied, ob sie in der hebräischen oder einer profanen Sprache gedichtet waren[1]). Maimuni hat niemals getändelt, nicht einmal in seiner Jugend, gleich Jehuda Halevi, und am allerwenigsten sein Leben lang, wie Abraham

---

[1]) Kommentar zu Synhedrin X, 1; zu Abot I. gegen Ende; vgl. Tur Orach Chajim No. 560 Ende.

Ibn-Esra. Bei dieser Strenge gegen sich selbst war er von liebenswürdiger Milde in Beurteilung und Behandlung anderer. Nie ist ihm ein hartes Wort gegen seine heftigen lebenden Gegner und Widersacher entfahren, wie es Ibn-Esra gegen Harmlose und Heimgegangene in satirischer Bissigkeit gebrauchte. Nur über falsche Ansichten und Theorien goß er die Lauge seines Spottes aus, für die Träger derselben aber, selbst wo sie ihm Verlegenheit machten, hatte er nur Nachsicht und Entschuldigung. Bescheidenheit und Demut waren ihm, wie jeder gottbegnadeten Natur, in hohem Grade eigen.

Alle diese seltenen Eigenschaften des Geistes und des Herzens waren von einer außerordentlichen Willenskraft getragen, das, was in ihm als Überzeugung und Gesinnung lebte, zu verwirklichen und zu verallgemeinern, der Halbheit und Gedankenschwäche entgegenzuwirken, der Irreligiosität den Boden zu entziehen, in das Reich der Finsternis den Lichtstrahl der Erkenntnis hineinscheinen zu lassen. Nicht Ungemach, nicht körperliche Leiden, nicht Verkennung konnten Maimuni von dem Ziele abbringen, das er seiner Tätigkeit gesteckt. Dieses Ziel war nichts weniger, als das Judentum, das ganze Judentum, das biblische und das talmudische, die Ritualien wie den Lehrinhalt (Dogma) in einem solchen Lichte zu zeigen, daß andere Religionsgenossen und selbst Philosophen von der Wahrheit desselben überzeugt sein müßten. Dieses schwebte ihm in der Seele ahnend in der Jugend vor und reifte mit ihm im Alter. Zu diesem Zwecke eignete er sich alle die Kenntnisse gründlich an, welche ihm als Wegweiser auf dem unübersehbaren Gebiete dienen könnten. Er äußerte sich einmal, daß er sämtliche Schriften, welche über Religion und Kultus der götzendienerischen Völker ihm durch arabische Übersetzungen zugänglich waren, gelesen und sich in ihren Inhalt vertieft habe[1]) — und man darf ihm diese ohne Ruhmredigkeit getane Äußerung glauben. Eine tiefere Kenntnis des Heidentums schien ihm nämlich zum Verständnis des Judentums unumgänglich nötig.

Obwohl ihn viele Wissensfächer anzogen, die in seinem Geiste als ein einheitliches Ganzes zusammenhingen, so waren es doch vorzüglich vier, denen er den größten Eifer zuwandte, die biblischen und talmudischen Schriften in ihrem ganzen Umfange, die Philosophie, die Heilkunde und die Mathematik mit Astronomie. In seinem dreiundzwanzigsten Jahre arbeitete er für einen Freund eine kleine Schrift über das jüdische Kalenderwesen in hebräischer Sprache auf astronomischen Grundsätzen aus (Chesch-

---

[1]) Sendschreiben an die Gemeinden der Provence in der Maimunischen Briefsammlung Nr. III.

bon ha-Ibbur, 1158)¹). Obwohl dieses Schriftchen keine besondere Bedeutung hat, so bekundet es doch seinen Ordnungssinn im frühesten Alter und seine Neigung, in klarer, systematischer Übersichtlichkeit darzustellen. In demselben Jahre legte er Hand an ein Werk, dessen Unternehmung schon von Größe und Kühnheit des Geistes zeugt. Er begann in einem Alter, in dem die meisten Menschen noch kaum ihre Lehrjahre vollendet haben, die Mischnah ganz selbständig in einem eigenen Lichte zu erklären, eine riesige Arbeit, wozu ihm kein Vorbild vorausleuchtete. Er arbeitete daran unter steten Wanderungen und mit Ungemach kämpfend²), und so sehr war ihm der ganze Umfang des Talmuds gegenwärtig, daß er dabei der Bücher entbehren konnte.

Ein Jahr darauf oder zwei Jahr später (1159—60) wanderte sein Vater mit ihm, seinem Bruder David und seiner Schwester von Spanien nach Fez aus. Was die Familie Maimun bewogen hat, sich gerade nach dem Lande der größten Unduldsamkeit zu begeben, ist ein noch unaufgeklärter Punkt. In Fez, sowie in ganz Nordafrika, soweit der fanatische Abdulmumen herrschte, durften die Juden nicht öffentlich auftreten, sondern mußten den ersten Glaubenssatz des Islams bekennen, daß Mohammed, der Glaubensstifter ein Prophet war und waren genötigt, wenn sie nicht dem Tode verfallen wollten, die Moscheen zu besuchen (vergl. S. 155). Synagogen und Lehrhäuser bestanden nicht mehr in diesem Lande. Heimlich hingen aber die afrikanischen Gemeinden des Königreiches Marokko dem Judentum an, und auch die Familie Maimun mußte öffentlich die Maske des Islams annehmen³). Gewiß hat sie lediglich die allergrößte Notwendigkeit dazu bewogen. Da nun die Religionsverfolgung bereits über ein Jahrzehnt dauerte, so waren die afrikanischen Gemeinden in ihrem Bekenntnisse schwankend geworden. Stets zum Scheine die aufgezwungene Religion üben, und doch im Innern der angeerbten mit ganzer Seele treu bleiben, vermögen nur starke Geister. Die gedankenlose Menge gewöhnte sich allmählich an das aufgenötigte Bekenntnis, sah in

---

¹) Abgedruckt in Dibre Chachamim des Elieser Aschkanasi Tunensis.

²) Ende des Mischnahkommentars.

³) Daß Maimuni und die Seinigen Scheinmohammedaner waren, hat zuerst Carmoly (Annalen 1893 S. 325 ff.) und dann Munk erhärtet (Notice sur Joseph ben Jehuda und Archives israélites 1851 p. 319 ff.). Diese Tatsache steht nach dem jetzt vorliegenden Iggeret ha-Schemad und mohammedanischen Zeugnissen von Zeitgenossen so fest, daß nur die Kritiklosigkeit sie ableugnen kann. Nur ist man nicht genötigt, anzunehmen, die Familie Maimun hätte bereits in S p a n i e n dem Kryptomohammedanismus gehuldigt, vielmehr scheint es, daß sie nur deswegen in diesem Lande umhergewandert ist, um ihre Religion ungefährdet bekennen zu dürfen.

der unbarherzigen Unterdrückung des Judentums den Untergang desselben, machte mit dem Scheine ernst, war nahe daran, der Überzeugung Raum zu geben, daß Gott selbst durch Mohammed die Offenbarung auf dem Sinaï aufgehoben und eine neue in Mekka gegeben, und fing an zu glauben, daß er die Araber statt der Israeliten auserwählt habe [1]). Dieses Sichselbstaufgeben und überhandnehmende Verzweifeln erfüllte Maimun, den Vater, mit Schmerz, und er wollte, so viel er vermochte, der Erstorbenheit entgegenwirken und das Judentum in den Herzen der jüdischen Scheinmohammedaner befestigen. Er verfaßte zu diesem Zwecke ein Ermahnungsschreiben (1160)[2]) an die Gemeinden in arabischer Sprache, das voller Wehmut und Glaubensinnigkeit ist. Es gibt den Gemeinden zu bedenken, daß die verhängten Leiden nicht aus einem Rachegefühl von seiten Gottes entsprängen, sondern um die Sünder zu bessern. Namentlich gelte das vom jüdischen Stamme, den Gott gewiß nicht um einer andern Nation willen verstoße, nachdem er ihm so unendlich reiche Gnade erwiesen. Er bleibe stets der erstgeborene Sohn Gottes, dem an seiner Wiege schon vielfache Leiden vorherverkündet worden. Ist auch die Zahl der Israeliten zur Winzigkeit herabgesunken, und seien diese auch zur äußersten Verachtung herabgedrückt, während die andern Völker, zahlreich wie Sand am Meere, in der Gegenwart die Höhe des Glückes und des Wohlergehens erklommen hätten, so dürfe diese Betrachtung nicht an der besonderen Vorsehung Gottes für sein auserwähltes Volk zweifeln lassen. Er habe diesem sein Gesetz durch Mose offenbart, welcher nicht nur seine Zeitgenossen, sondern die Menschen aller Zeiten überragt habe, der beim Leben die größten Wunder vollführt und nach seinem Tode in den Kreis der Engel erhoben worden sei. Mose habe nun in seinem Gesetzbuche eine glanzvolle Zukunft für Israel verheißen, die gewiß nicht ausbleiben werde. Darum sei es Pflicht für die Söhne dieses Stammes, an ihrem Gotte und seiner Thora sich festzuklammern. Die Beschäftigung mit der Lehre

---

[1]) Folgt aus Maimuns Ermahnungsschreiben.

[2]) Einen hebräischen Auszug aus diesem Ermahnungsschreiben hat Edelmann (in Chemda Genusa Einl. LXXXIV ff. veröffentlicht unter dem Titel Iggeret ha-Schemad. Es hat in der Überschrift die Autorschaft M a i m u n b e n J o s e p h und das Datum 1471 Seleucid. Es Mose Maimuni zuzuschreiben, ist Unsinn. Es ist keine Spur von seinem Geiste darin; Geiger irrte, wenn er dieses Schreiben des Vaters mit dem Iggeret ha-Schemad des Sohnes identifizierte (Mose ben Maimon Studien 1. Heft S. 49 f.). Sicherlich hat Maimun dieses Sendschreiben bald nach seiner Ankunft verfaßt, nachdem er sich von dem desolaten Zustande der jüdisch-afrikanischen Gemeinden überzeugt hat. Seine Einwanderung ist daher um 1159—1160 anzusetzen.

und die Ausübungen der religiösen Satzungen seien das Seil, welches die im Meere der Leiden Ertrinkenden festhalten müßten. So viel jeder vermöge, sollte er die religiösen Vorschriften des Judentums beobachten und sich im Gebet zu seinem Gotte wenden. Wer verhindert sei, die vorgeschriebenen Formeln zu beten, solle wenigstens ein kurzes Gebet in hebräischer Sprache dreimal des Tages verrichten. — Wie die zur Taufe gezwungenen Juden unter den westgotischen Königen, so hätten auch die zum Islam zwangsweise Bekehrten einander durch Schriften zum treuen Ausharren in der angestammten Religion ermahnt.

Mose Maimuni pflog in Fez intimen Umgang mit mohammedanischen Ärzten und Philosophen[1]), die in ihm den Religionsgenossen sahen. Aber unter der Maske eines Moslemin arbeitete er emsig an seinem Mischnahkommentar und verwertete darin die neuen Beobachtungen und Erfahrungen in dem halb kultivierten und halb wilden Gebiete. Bald hatte er Gelegenheit, zum ersten Male auf den Kampfplatz zu treten, seine selbständige Ansicht über das Judentum auszusprechen und seine tiefe talmudische Gelehrsamkeit und seinen hellen Geist leuchten zu lassen.— Ein jüdischer Schriftsteller von übertriebener Frömmigkeit hatte nämlich behauptet, daß die jüdischen Scheinmohammedaner durchweg nach dem Gesetze als Abtrünnige und als Götzendiener zu behandeln seien. Wer Mohammeds Prophetenberuf öffentlich anerkannt habe, selbst wenn er heimlich sämtliche Pflichten des Judentums eifrig und gewissenhaft erfülle, sei als Nichtjude anzusehen und gehöre zu denen, deren Zeugnis vor einem jüdischen Gerichte, namentlich in Ehesachen, keine Gültigkeit habe. Wer als Scheinmohammedaner die Moschee besuche, selbst wenn er sich nicht an dem Gebete beteilige, begehe eine Gotteslästerung und eine noch schwerere Sünde, wenn er in seinem stillen Kämmerlein dem jüdischen Gebete obliege. Der Eiferer behauptete endlich, jeder wahrhafte Jude sei gehalten, sein und seiner Kinder Leben preiszugeben, um sich nicht, sei es noch so äußerlich, dem islamitischen Bekenntnisse anzuschließen. Seine Behauptung beruhte auf der Annahme, daß die mohammedanische Religion ohne weiteres Götzendienst sei; denn in Mekka, der heiligen Stadt der Mohammedaner, werde in deren Tempel Kaaba, ein Götze, verehrt. Außerdem habe Mohammed 52 000 Juden umbringen lassen. Ist nun der Islam ebensogut wie Heidentum — so folgerte der unbekannte Schriftsteller — so finde darauf die talmudische Vorschrift Anwendung, wegen Zwanges zum Götzendienst müsse jeder Jude das Märtyrertum bestehen, und wer sich dem entziehe, sei als ein Apostat zu betrachten.

---

[1]) Bewiesen von Munk, Archives israélites a. a. O. S. 326 f.

Diese Schrift scheint eine bedeutende Aufregung unter den heimlichen Juden in Afrika hervorgebracht zu haben. Die Gewissenhaften fühlten sich von einer Sündenlast erdrückt, die Menge wurde noch mehr schwankend, ob sie nicht lieber vollständig zum Islam übergehen sollte, da sie, bei noch so peinlicher Beobachtung, doch nun einmal dem Götzendienst fröhne und ein sündhaftes Leben führe, für welches keine Vergebung zu erwarten sei. Maimuni, welcher das ganze Gewicht der Beschuldigung gegen sich und seine Leidensgenossen fühlte und für die üblen Folgen besorgt war, sah sich veranlaßt, eine Gegenschrift abzufassen, welche das Verfahren der Scheinmohammedaner rechtfertigen sollte. Es war sein erster Schritt in die Öffentlichkeit, und diese Erstlingsarbeit trägt schon vollständig den Stempel seines hellen, den Gegenstand nach allen Seiten hin beherrschenden Geistes. Sie stellte neue Gesichtspunkte auf, welche dem Eiferer entgangen waren, und ist so schlagend gehalten, daß sie jedem dieselbe Überzeugung beibringt. Maimuni ging in dieser Verteidigungsschrift, die er für jedermann leserlich in arabischer Sprache verfaßte[1]), wie der Eiferer, an den sie gerichtet war, vom talmudischen Standpunkte aus, bewies aber aus angezogenen Belegen das gerade Gegenteil.

Er führte zuerst den Beweis, daß teilweises Übertreten der Pflichten des Judentums noch immer nicht Abfall von demselben sei. Die götzendienerischen Israeliten in der Zeit der Propheten seien stets als Glieder des Gottesvolkes betrachtet worden. Ein hochverehrter Mischnahlehrer, R. Meïr, habe sich zur Zeit der Verfolgung als Heide verkappt und, auf die Probe gestellt, verbotene Speisen genossen. So wäre R. Meïr, nach der Meinung dieses Überfrommen, ein Apostat und Heide gewesen. Ferner sei es aus dem Talmud bekannt, daß R. Eliëser ben Hyrkanos als Christ angeklagt und eine Äußerung getan habe, welche den Richter über sein Bekenntnis zweifelhaft ließ; also wäre derselbe nicht als Zeuge zulässig gewesen! „Wir aber," so fährt Maimuni fort, „wir huldigen mit unserm Tun keineswegs dem Götzendienste, sondern sprechen nur eine leere Formel nach, von der die Mohammedaner selbst wissen, daß wir es nicht ernst damit meinen, sondern nur den fanatischen Herrscher täuschen wollen." Dann geht er tiefer auf die Sache ein. Allerdings schreibe der Talmud vor, daß jeder Jude wegen dreierlei Kapitalsünden, die ihm aufgezwungen würden, den Märtyrertod erleiden solle, wegen Götzendienst, Unkeuschheit und Mord, auch wegen der übrigen Pflichten des Judentums,

---

[1]) Der Titel derselben lautet Iggeret ha-Schemad oder Maamar Kiddusch ha-Schem; die Abhandlung ist abgedruckt in Geigers Moje ben Maimon und in Edelmanns Chemda Genusa.

wenn der Feind sie geradezu als Übertretung des Gesetzes und nicht als Mittel zu einer sonst gleichgültigen Handlung verlange. Noch mehr, jeder Jude solle, um den Namen seines Gottes zu heiligen, für jedes Gesetz den Tod erleiden, und das sei das Höchste in den Augen der jüdischen Religion. Allein wer nun einmal nicht die Standhaftigkeit des Märtyrers besitzt, selbst gegenüber den Zumutungen der drei Hauptsünden, der unterliege durch das Unterlassen noch keinerlei Strafen von seiten des Gesetzes, werde auch keineswegs als Gesetzesübertreter vom talmudischen Gesichtspunkte aus und als unglaubwürdig angesehen. Denn dem Zwange gegenüber hat die Thora jede Verpflichtung aufgehoben. Wer demnach den Mut nicht habe, sich fürs Judentum zu opfern, habe also nur eine einzige Vorschrift übertreten, die nämlich, Gottes Namen zu heiligen; aber er gehöre dadurch nicht zu den Unwürdigen, deren Zeugnis keine Gültigkeit habe. Selbst wenn jemand zwangsweise tatsächlich einen Götzen anbete, unterliege er dadurch keineswegs der über Götzendienst verhängten Strafe. Denn wie könnte der gezwungene Übertreter dem Religionsverletzer aus freien Stücken gleichgestellt werden? Wenn im Talmud erzählt werde, daß viele fromme Männer wegen zugemuteter Übertretung Märtyrer geworden seien, so würden diese nur als Muster zum Nacheifern aufgestellt.

Dann sei noch eins zu bedenken, meinte Maimuni. Es sei doch wohl zu unterscheiden, ob eine Übertretung durch Tat oder durch ein bloßes Wort geschehe. Die mohammedanischen Behörden verlangten von den Juden keineswegs eine Verleugnung des Judentums, sondern bloß das Aussprechen des Bekenntnisses mit den Lippen, daß Mohammed ein Prophet gewesen, im übrigen hätten sie nicht viel dagegen, wenn die Juden nach ihren eigenen Vorschriften lebten. Ein solcher Zwang sei eigentlich beispiellos, daß nämlich weiter nichts als ein Wort zugemutet werde. Wer sich nun als Märtyrer opfere, um Mohammed nicht als Gottesgesandter anzuerkennen, habe allerdings ein hohes Verdienst. Wenn aber jemand die Frage stelle, ob er sein Leben deswegen preisgeben solle, so müsse man ihm gewissenhaft nach der Vorschrift des Judentums mit nein antworten. Man dürfe und müsse ihm nur raten, ein Land zu verlassen, wo solcher Bekenntniszwang herrsche. „Diesen Rat erteile ich auch mir und meinen Freunden, dahin auszuwandern, wo Religionsfreiheit heimisch ist." Diejenigen, welche zu bleiben gezwungen seien, sollten sich als Gebannte und von Gott Angefahrene betrachten und sich bestreben, die religiösen Pflichten zu üben, aber auch diejenigen nicht zu verachten, welche aus Not den Sabbat verletzen müßten, sondern sie sanft ermahnen, von dem Gesetze nicht zu lassen. Im Irrtum seien aber diejenigen, welche des Glaubens seien, sie brauchten keine Anstalten zur Auswanderung zu treffen, da der Messias bald in Maghreb erscheinen, sie erlösen und nach Jerusalem führen werde. Denn die Ankunft des Messias habe mit der religiösen Verpflichtung nichts zu schaffen, sie könne von nichts entbinden. — Diese Maimunische Gegenschrift, die eigentlich eine Schutzschrift für sein und der Seinigen Verhalten war (verfaßt um 1160—64), zeigt im Keime seine selbständige Auffassung des Judentums.

Mose Maimuni scheint eifrig bemüht gewesen zu sein, die jüdischen Scheinmohammedaner im Judentum zu erhalten, ihre Lauheit zu bekämpfen und ihnen ans Herz zu legen, ihre heuchlerische Lage zu verändern. Er mag mündlich und schriftlich in diesem Sinne gewirkt haben. Deswegen geriet er in Lebensgefahr und wäre dem Tode verfallen, wenn nicht ein mohammedanischer Theologe und Dichter, namens Abdul-Arab Jbn-Moischa, für ihn ein gutes Wort eingelegt und ihn gerettet hätte[1]). — Das Gefühl der Unsicherheit, verbunden mit den Gewissensbissen, das Judentum, das sie als das teuerstes Gut im Herzen trug, öffentlich verleugnen zu müssen, bewog die Familie Maimun Fez zu verlassen, um auf einem Schiffe zunächst nach Palästina auszuwandern. In dunkler Nacht bestieg sie das Fahrzeug (4. Jjar = 18. April 1165)[2]). Nach sechstägiger Fahrt auf dem Mittelmeere erhob sich ein furchtbarer Sturm, turmhohe Wogen schleuderten das Schiff wie einen Spielball, eine Rettung schien unmöglich. Die fromme Familie flehte zu Gott: Mose Maimuni gelobte, wenn er dem sichern Tod entgehen sollte, wollte er für sich und seine Hausleute diese beiden Tage, den vierten und den zehnten Jjar, dem Fasten und dem Almosenspenden weihen, und am letzten Tage sich einsam zu inbrünstigem Gebet einschließen und nur mit seinem Gott verkehren. Der Sturm legte sich, und nach einer Fahrt von einem Monat lief das Schiff in den Hafen von Akko ein (3. Sivan = 16. Mai). Diesen Tag weihte Maimuni zum Familienfest, da er dem Glaubenszwange und der Meeresgefahr entronnen war. Von der Gemeinde in Akko wurden die Auswanderer aus Spanien freundlich aufgenommen, und Maimuni wurde mit dem dortigen Rabbinen Zephet ben Elia (v. S. 245) befreundet. Nach einem Aufenthalte von beinahe einem halben Jahre in dieser Stadt reiste die Familie unter Gefahren nach Jerusalem, um an der ehemaligen Tempelstätte zu beten (4. Marcheschwan = 14. Oktober). Drei Tage blieben die Familienglieder in Jerusalem und begaben sich dann nach Hebron, und Maimuni betete einen ganzen Tag in der Höhle,

---

[1]) Dshebi zitiert von Munk, Archives israélites a. a. O. 329.
[2]) Diese und die folgenden Angaben hat Eleasar Askari in seinem Sefer Charedim (Anhang II, Ende S. 83) aus einem Berichte Maimunis erhalten.

welche als die Grabesstätte der Patriarchen und ihrer Frauen von Juden, Christen und Mohammedanern in gleicher Weise verehrt wurde. Von Hebron begaben sie sich nach Ägypten, welches damals unter den Ajubiden den Ansatz machte, Mittelpunkt des Islams zu werden. Wo sie sich zuerst niederließen, ist zweifelhaft. Eine Quelle behauptet, daß sie zuerst in Alexandrien ihren Wohnsitz genommen hätten[1]), und daß sie dann erst nach Fostat (Alt-Kahira) übersiedelten. Einige Monate nach der Ankunft in Ägypten starb das Familienhaupt (anfangs 1166). So hochgeachtet waren bereits Vater und Sohn, daß dem letzteren aus Afrika und dem christlichen Spanien Trostbriefe von befreundeten Personen zugesendet wurden[2]).

In Ägypten dagegen hatte Maimunis Name damals noch keinen Klang. Die zwei Brüder lebten zurückgezogen, betrieben zusammen einen Juwelenhandel, doch so, daß der Jüngere David Hauptgeschäftsführer war und Geschäftsreisen bis nach Indien machte[3]). Mose dagegen den Wissenschaften oblag. Aus diesem zurückgezogenen Leben rissen ihn harte Schicksalsschläge, die einen minder starken Geist zur Verzweiflung gebracht hätten. Körperliche Leiden warfen ihn aufs Krankenlager, bedeutende Verluste schmälerten sein Vermögen, Angeber traten gegen ihn auf und versetzten ihn in Todesgefahr, wahrscheinlich dafür, daß er dem Islam abtrünnig geworden. Endlich ging sein Bruder David im Indischen Meer unter und mit ihm nicht nur beider Vermögen, sondern auch die Gelder, die sie zum Geschäftsbetrieb von anderen in Händen hatten. Diese gehäuften Unglücksfälle warfen ihn wieder aufs Siechbett und erfüllten ihn mit Trübsinn. Am meisten schmerzte ihn der Tod seines Bruders. In einem gemütswarmen Brief sprach er seinen Schmerz aus. „Noch heute, obwohl mehrere Jahre darüber hinweggegangen, kann ich noch immer keinen Trost finden. Er ist auf meinen Knieen großgewachsen, er war mein Bruder und zugleich Schüler, er machte Geschäfte und ernährte mich, daß ich ruhig leben konnte. Er verstand Talmud und hatte Sprachkunde, und ich hatte stets Freude an ihm. Seitdem er aber ins ewige Leben eingegangen, ist mir jede Freude gestört, er ließ mich einsam in einem

---

[1]) Jakob von Prag bei Asulaï, Schem ha-Gedolim 139 a.

[2]) Maimunis Brief an Jephet ben Elia in Dibre Chachamim p. 60 und bei Geiger, Mose ben Maimon, Beilage II.

[3]) So ist wohl die Nachricht Alkiftis: gemmarum aliarumque hujusmodi rerum mercatura victum quaeritans (bei Casiri, Bibliotheca arabico-hispana I. p. 293 a), mit Maimunis eigenen Worten: והוא (האח) היה נושא ונותן בים ומרויח ואני הייתי יושב לבטח (Brief an Jephet a. a. O.) auszugleichen.

fremden Lande zurück. So oft ich einen seiner Briefe oder eines seiner Bücher sehe, erneuert sich mein Schmerz"[1]).

Sein unbedingtes Gottvertrauen, seine schwärmerische Liebe zu den Wissenschaften und endlich die Sorge für die Seinigen und die hinterlassene Witwe und Tochter seines Bruders richteten seinen Mut wieder auf und bewogen ihn, ins tätige Leben einzugreifen. Maimuni scheint seit dieser Zeit die Heilkunde ausgeübt und sich dadurch Existenzmittel verschafft zu haben. Doch hatte er anfangs keine einträgliche Kundschaft, weil er noch unbekannt war. Auch hielt er wohl schon um diese Zeit öffentliche Vorlesungen über philosophische Gegenstände[2]). — Sein ganzer Sinn war aber auf die Vollendung der umfassenden Arbeit gerichtet, mit welcher er sich von seinem dreiundzwanzigsten Jahre an auf Wanderungen, unter mohammedanischer Vermummung, auf der Seereise, trotz vielfacher Widerwärtigkeiten beschäftigt hatte, des Kommentars zur Mischnah. Er vollendete dieses sein erstes Meisterwerk im Jahre 1168[3]) in arabischer Sprache unter dem Titel Sirág (die Beleuchtung). Der Zweck dieser Arbeit war, das Talmudstudium, welches durch die weitläufigen Diskussionen, durch die zerstreuten gaonäischen Erklärungen und durch die nicht immer sachgemäßen Kommentarien seiner Vorgänger so sehr erschwert war, daß es nur Sache der Gelehrten sein konnte, für jedermann zu erleichtern, die Praxis aus dem Wirrwarr der verschiedenen Meinungen festzustellen, die Gründe, auf welchen die Halachot beruhen, aufzusuchen und den Leser durch kurze, aber tiefeindringende Wort- und Sacherklärung

---

[1]) Brief an Jephet. Dieses Schreiben kann nicht so spät, mindestens zehn Jahre nach seiner Ankunft in Ägypten, erlassen sein, wie aus der Lesart der Carmolyschen Handschrift (in Dibre Chachamim a. a. O. עד היום הזה בכמו שמונה שנים אני מתאבל) zu schließen wäre. Denn nach einem so langen Zeitraum beklagt man sich nicht über einen Korrespondenten, daß man keinen einzigen Brief von ihm erhalten habe. Auch betrachtet Maimuni in diesem Briefe Ägypten noch als „fremdes Land", während er im Jahre 1175 bereits eine anerkannte Persönlichkeit war und sich in Ägypten durch seine Wirksamkeit ganz heimisch fühlte. Der Text bei Geiger hat die Zahl „acht Jahre" nicht. Man darf da höchstens ergänzen: שלש. — In dem Ertrunkenen einen andern als David zu erblicken, etwa Jbn-Almoschat, ist ganz ungerechtfertigt, denn dieser lebte noch 1191. Der Brief an Jephet müßte demnach etwa nach Maimunis Ankunft geschrieben sein.

[2]) Alkifti a. a. O.

[3]) Da Maimuni genau angibt, er habe den Kommentar 1479 Sel. = 1168 vollendet, so muß man mit Rapaport annehmen, daß die Zahl „im Alter von dreißig Jahren" eine Korruptel ist, statt: von 33 Jahren. Von einer zweiten Version, die etwa drei Jahre später vollendet worden, zeigt sich im Werke keine Spur.

zu orientieren. Maimunis Mischnahkommentar entstand aus des Verfassers eigener Organisation, welche in allen Fächern Klarheit, Systematik und Abrundung erstrebte. Es ist die erste wissenschaftliche Behandlung des Talmuds, die nur ein so klarer und methodischer Denker wie Maimuni anbahnen konnte, weil der spröde Stoff einer systematischen Ordnung geradezu zu widerstreben scheint. Den wissenschaftlichen Charakter zeigen namentlich die lichtvollen Einleitungen, welche der Kommentar enthält. Maimuni schickte nämlich eine umfassende Einleitung dem ganzen Mischnahkommentar voraus, und ebenso leitete er jede besonders schwierige und dunkle Partie durch die Auseinanderlegung der Grundsätze ein, auf denen die mannigfachen Einzelheiten beruhen. Er offenbarte darin tiefes Eingedrungensein in den Stoff, wie lichtvolle Auffassung in der Methode. Nicht selten weicht er in der Erklärung der Mischnah von der talmudischen Auseinandersetzung ab und schlägt einen eigenen, einfacheren Weg ein[1].

Mit besonderer Vorliebe behandelt Maimuni solche Punkte der Mischnah, welche einen wissenschaftlichen Anstrich haben, wozu er Lehrsätze aus der Mathematik, Astronomie, Physik, Anatomie, Morallehre und Philosophie heranziehen konnte. Hier war er in seinem Elemente. Bei solchen Partien konnte er zeigen, daß die Weisen der Mischnah, die Träger der Überlieferung, auch Wissenschaften verstanden und sie ihren Arbeiten zugrunde gelegt haben. Namentlich galt es ihm nachzuweisen, daß die Mischnah eine kernige Sittenlehre und einen tieferen philosophischen Gottesbegriff enthalte. Zu diesem Zwecke kehrte er die agadischen Elemente in der Mischnah, welche bis dahin wenig oder nur gelegentlich und nebenher beachtet worden waren, mit besonderer Vorliebe und in großer Ausführlichkeit hervor. In der allgemeinen Einleitung entwickelte er die wahre Bedeutung der Prophetie, daß sie nicht auf Wundern beruhe, und beleuchtete ihr Verhältnis zum sinaitischen Gesetze, besprach ferner den Charakter der biblischen und prophetischen Redefiguren, daß sie nämlich in sinnlicher Einkleidung tiefe, philosophische und metaphysische Geheimnisse enthielten. Er setzte ferner die Natur der Überlieferung auseinander, daß nämlich nicht alles, was in der Mischnah enthalten ist, Tradition sei, sondern nur diejenigen halachischen Elemente, welche keiner Meinungsverschiedenheit unterworfen sind. Denn eine traditionelle Lehre müsse unbedingt sein und dürfe nicht dem Zweifel und der Schwankung unterliegen. Unversehens hat sich Maimuni dabei mit dem Talmud in Widerspruch gesetzt und dessen festen Grund gelockert.

[1]) Über die Bedeutung des maimunischen Mischnahkommentars vgl. Frankels Darche ha-Mischnah oder Hodegetica in Mischnam p. 320 ff.

Eine wahre Fundgrube schien für Maimuni der Mischnahabschnitt, welcher die Kernsprüche der Väter (Abot) wie Perlen an einer Schnur aneinander reiht. An diese konnte er den ganzen Reichtum seiner Gedankenwelt anknüpfen. In der Einleitung dazu (acht Abschnitte) entwickelte er die Seelenlehre, die Krankheiten der Seele und ihre Heilmittel, die Sittenlehre, die in dem Gleichgewichthalten zwischen entgegengesetzten Trieben bestehe, das Ideal eines vollkommenen Menschen und endlich die Lehre von der menschlichen Willensfreiheit im Verhältnis zur göttlichen Allwissenheit und Vorherbestimmung. In einem anderen Abschnitte sprach sich Maimuni über die Unsterblichkeit der Seele aus, und wie sie sich zur biblischen Auferstehungslehre und zu dem Glauben an die messianische Erlösung verhalte. So durchtränkte er das talmudische Judentum mit philosophischen Ideen. Er gewahrte aber nicht, daß er sich damit in einer Selbsttäuschung befand. Es stand ihm nämlich fest, daß einerseits die Gedanken, welche Aristoteles und die arabische Philosophenschule, namentlich Ibn-Sina (Avicenna) zu Tage gefördert hatten, unerschütterliche Wahrheit seien, und anderseits die sinaitische Offenbarung, die Aussprüche der Propheten, die Lehre der talmudischen Agada in ihren Hauptzügen nicht minder Wahrheit enthalten. Maimuni glaubte sich nun zu der Schlußfolgerung berechtigt, daß diese zwei Wahrheiten, Judentum und aristotelische Philosophie, sich gegenseitig decken müßten, und seine Aufgabe bestand nun darin, einzelne schillernde Bibelverse und agadische Sentenzen so zu deuten, daß sie den philosophischen Lehrsätzen entsprachen. Daß diese beiden Gedankenkreise auf zwei ganz verschiedenen Weltanschauungen beruhen, und daher, weit entfernt einander zu bestätigen, einander vielmehr aufheben und im Kampfe miteinander begriffen sind, das entging seinem hellen Geiste eben so sehr wie seinen jüdisch-philosophischen Vorgängern und den Denkern des Mittelalters überhaupt.

Wichtig war nun für die Folgezeit, daß Maimuni aus seiner unbewußten Selsttäuschung heraus zum ersten Male unternahm, eine Glaubenslehre des Judentums zu entwickeln. Da das Judentum nach seiner Ansicht nichts weiter als geoffenbarte Philosophie ist, so müsse es ebenso die Ansichten und Anschauungen der Menschen, wie das sittliche und religiöse Verhalten regeln, ja noch mehr als das eine das andere, da die Sittlichkeit an sich keinen Wert habe und nur Frucht der richtigen Erkenntnis sei. Er nahm also als sicher und unzweifelhaft an, daß das Judentum nicht bloß das T u n bestimme, sondern auch das höhere D e n k e n regle, gewisse Gedanken als unverbrüchliche Wahrheit aufstelle, welche der Sohn des Judentums gläubig hinnehmen müsse. Solcher G l a u b e n s l e h r e n oder G l a u b e n s a r t i k e l stellte Maimuni d r e i z e h n auf. Der **Glaube an das Dasein Gottes**, an seine unteilbare **Einheit**, an seine **Unkörperlichkeit** und **Unveränderlichkeit**, an seine **Ewigkeit** und **Vorweltlichkeit**, an seine **alleinige Verehrungswürdigkeit** (Antipolytheismus), an die **prophetische Erweckung** auserwählter Menschen, an die höchste, mit anderen unvergleichbare **Prophetie Moses**, an die **Göttlichkeit der Thora** und an ihre **Unveränderlichkeit**, an **Gottes Vorsehung**, an seine gerechte **Belohnung und Bestrafung**, an die einstige **Erscheinung des Messias**, und endlich an die einstige **Auferstehung**. Obwohl diese Glaubensartikel auf Erforschung beruhten, also nicht blind aufgenommen zu werden brauchten, so gelte doch, nach Maimunis Ansicht, nur der als wahrer Israelite oder Jude, welcher sie sämtlich als wahr anerkennt; derjenige aber, der einen derselben leugne, sei als Ketzer (Min, Apicoros) zu betrachten, gehöre nicht mehr zur Gemeinschaft des Judentums und habe keinen Anteil an der jenseitigen Seligkeit[1]).

So hat Maimuni einerseits das jüdische Bekenntnis zur Höhe vernünftigen Bewußtseins erhoben und anderseits der freien Gedankenentwicklung Schranken gesetzt. Bis dahin galt nur das religiöse Tun als Merkmal jüdischen Lebens. Wer die vorgeschriebenen Pflichten erfüllte, galt als Jude, mochte er über dieses und jenes eine abweichende Meinung haben. Maimuni rief aber dem freien Denker ein gebieterisches „Halt" zu, bezeichnete die Grenzscheide zwischen Gläubigkeit und Ketzerei nicht auf dem festen Gebiete der religiösen Praxis, sondern auf dem lockeren Boden der religiösen Theorie und führte damit das ätherische Element des Gedankens in den Bannkreis erstarrter Formeln.

So bedeutend auch die Leistung Maimunis im Mischnahkommentar ist, so viel Wissen, Geistesschärfe und systematische Ordnung er auch darin gezeigt hat, so brachte er ihm doch keineswegs einem dem Verdienste entsprechenden Ruf. Der Grund davon war, daß unter den Juden Ägyptens und des Morgenlandes, denen die Arbeit in der arabischen Sprache zunächst zugänglich war, nur geringes Verständnis für wissenschaftliche Behandlung vorhanden war. Das großartige Werk wurde daselbst anfangs kaum beachtet. Daher kam es, daß der Reisende Benjamin von Tudela Maimunis Namen unter den hervorragenden Juden Ägyptens mit Stillschweigen überging. Einen Ruf

---

[1]) Einleitung zum zehnten Abschnitt des Traktats Synhedrin, oder zu Perek Chelek.

machten Maimuni zunächst seine Jünger, denen er in demselben Sinne Vorlesungen hielt, und die in ihm die verkörperte Weisheit verehrten. Einer seiner frühesten Jünger, Salomon Kohen[1]), den eine Reise nach Südarabien (Jemen) geführt hat, war des Lobes voll von ihm und machte die dortigen Gemeinden aufmerksam, daß sie in der Zeit der Not in Maimuni Trost und Halt finden würden.

Es waren nämlich in Ägypten weitgreifende Veränderungen eingetreten, welche für die Juden dieses Reiches und der angrenzenden Länder eine günstige Wendung ihrer Lage herbeiführten. Der letzte fatimidische Kalif Alhabid starb oder wurde beseitigt, und der große Saladin, das Muster königlichen Edelmutes und hoher Ritterlichkeit in jener barbarischen Zeit, gelangte zur Herrschaft (September 1171). Anfangs fungierte der berühmte Ajubide lediglich als Unterfeldherr des Atabeken Nureddin; nach und nach gelangte er aber zur Alleinherrschaft über Ägypten und einen Teil von Palästina und Syrien, und selbst die Euphratländer und das Kalifat von Bagdad gehorchten seinem Herrscherworte. Sein Reich wurde ein sicheres Asyl für die verfolgten Juden. Wie gegen jedermann, selbst gegen erbitterte Feinde, war Saladin auch gegen Juden gerecht. Als einst ein Jude sich beschwerte, Saladin habe ihm Unrecht getan, und dieser es vernahm, machte er in seinem Gange Halt, um die Beschwerde zu vernehmen. Der Jude erzählte ihm, des Sultans Diener hätten ihm zwanzig Last Wein, die er aus Alexandrien nach dem Hafen von Akko eingeführt, gewaltsam genommen, in die Schatzkammer gebracht und angegeben, es sei auf Saladins Befehl geschehen. Sofort ließ der Sultan die Angelegenheit untersuchen und als sich die Aussage des Juden bestätigte, befahl er, demselben den ganzen Schaden zu ersetzen[2]). Unter ihm stiegen die Juden zu großem Wohlstand und Ansehen[3]).

Anfangs entfesselte indes der Sturz des fatimidischen Kalifats und die Unterwerfung des dazu gehörenden Länderkomplexes unter den abbassidischen oder sunnitischen Kalifen von Bagdad einen gären-

---

[1]) Iggeret Teman Anfang. Dieses wichtige Sendschreiben nach Jemen ist sicherlich um 1172 abgefaßt (Mose ben Maimon S. 66). Die Abfassungszeit mit Carmoly um 1189 zu verlegen (Josts Annalen II. S. 248), ist auch darum ungerechtfertigt, da in Jemen seit 1182—1183 Saladins Bruder, Saif-ul-Islam Togtekin Gouverneur war, der sicherlich die dortigen Juden nicht verfolgt hat: vgl. Abulfeda, Annales ed. Adler VI. p. 49.

[2]) Abulfaragś Barhebraeus, Chronicon Syriacum Text p. 424 f.

[3]) Folgt aus dem Fragmente in Maimunis Briefsammlung Nr. 7 ed. Amst. p. 17.

den Fanatismus unter den Anhängern der schiitischen Lehre, welche
Aufstandsversuche gegen ihre religiösen Gegner, die Sunniten, unter-
nahmen. Diesen Fanatismus empfanden auch die jüdischen Gemeinden
von Jemen. Dort hatten sich nämlich zwei schiitische Parteigänger,
Hattam Monkidh und Azzeddin Othman, der Herrschaft bemächtigt[1])
und zwangen den Juden das Bekenntnis des Islams durch Androhung
schwerer Leiden auf. Auch hier, wie in Afrika und Südspanien, nahmen
die Juden indes nur zum Schein und ganz äußerlich die mohammedanische
Religion an (um 1172). Allein da unter ihnen arge Unwissenheit herrschte,
so war zu befürchten, daß die gedankenlose Menge aus dem Scheine
Ernst machen und von dem Judentume ganz abfallen würde. Diese
Befürchtung lag um so näher, als ein jüdischer Apostat den Gemeinden
predigte, Mohammed sei in der Thora angedeutet, und der Islam sei
eine neue, göttlich beurkundete Offenbarung, welche das Judentum
ablösen sollte. Dazu kam noch, daß gerade zur selben Zeit in Jemen
ein Schwärmer auftrat, der sich als messianischer Vorläufer ankündigte,
die eingetretenen Leiden als Vorzeichen des bald zu erwartenden
messianischen Reiches angesehen wissen wollte, und die Juden aufforderte, sich bereit zu halten und ihr Hab und Gut mit den Armen zu
teilen. Diese Schwärmerei, an welche sich mancher als an ein Notseil
klammerte, drohte das schwerste Geschick über die Juden Jemens her-
aufzubeschwören. Die Frommen waren über alle diese Vorgänge in
Verzweiflung, wurden an sich und dem Judentum irre und waren
ratlos, was sie tun, was sie lassen sollten. Da wandte sich der angesehenste
Gelehrte unter ihnen, Jakob Alfajumi (o. S. 253), um Rat
und Trost an Maimuni, von dem er durch dessen Jünger Kunde erhalten
hatte, schilderte ihm Leiden und Befürchtungen und bat ihn um Bescheid.

Darauf sandte Maimuni ein Trostschreiben in arabischer Sprache
an die Gemeinden von Jemen, gerichtet an seinen Korrespondenten,
aber berechnet für jedermann (Iggeret Teman), welches ungeachtet
seines geringen Umfanges einen reichen Inhalt hat und Zeugnis von
des Verfassers hohem Geist und innigem, geläutertem Glauben ablegt.
Er suchte darin die Leidenden zur Höhe des gläubigen Bewußtseins
zu erheben, von welcher aus das Leiden um des Glaubens willen
seinen stechenden Schmerz verliert und das Düster als notwendiges
Moment zum Anbruch des Lichtes erscheint. Er sprach sich darin über
das Verhältnis des Judentums zum Christentum und zum Islam

---

[1]) Abulfeda a. a. O.

mit einer Schärfe und Bestimmtheit aus, welche seine innigste Überzeugung widerspiegeln. Es sei allerdings betrübend, bemerkt der Weise von Kahira, daß an zwei entgegengesetzten Punkten grausige Verfolgungen über die Juden hereingebrochen seien, im Westen unter den Almohaden und im Osten unter den Mohammedanern von Jemen. Indessen kämen sie nicht unerwartet, denn die Propheten hätten sie ganz bestimmt vorher verkündet. „Überhaupt weil Gott uns, Söhne Israels, durch seine Gnade besonders ausgezeichnet und uns zu Trägern der wahren Religion, der wahren Erkenntnis gemacht hat, hassen uns die Völker, nicht um unser selbst, sondern um des Göttlichen willen, das in unserer Mitte lebt, gewissermaßen um den göttlichen Plan zu vereiteln." Seit der sinaitischen Gesetzesoffenbarung sei keine Zeit vorübergegangen, wo das Judentum und dessen Bekenner nicht Leiden und Verfolgungen ausgesetzt gewesen wären. Die Völker mit ihrem Hasse seien aber unter drei verschiedenen Gestalten dagegen aufgetreten. Entweder ganz plump mit dem Schwerte, wie Amalek, Sisera, Sanherib, Nebukadnezar, Titus und Hadrianus, um das Volk als Träger der Wahrheit einfach von der Erde zu vertilgen, oder mit der Lügenkunst sophistischer Überredung, Perser, Griechen und Römer, um die Lehre des Judentums zu widerlegen und als falsch darzustellen, oder endlich mit der Maske der Offenbarung, gewissermaßen im Gewande des Judentums, um es mit geschickter Taschenspielerkunst verschwinden zu machen. Das dem Judentum feindselige Prinzip habe nämlich endlich erkannt, daß es weder die Träger der Gotteslehre vernichten, noch diese aus deren Herzen zu reißen imstande gewesen, und es sei auf den Gedanken gekommen, sie durch eine schlaue List zu beseitigen. Es gebe vor, auch eine Offenbarung empfangen zu haben, erkenne zwar die sinaitische als zu ihrer Zeit berechtigt an, spreche ihr aber die fernere Gültigkeit ab. Dieses feindselige, auf Verbannung des Göttlichen von der Erde ausgehende Prinzip suche einen Balg für ein göttliches Kind unterzuschieben, um das Judentum zu fälschen. Die neue Offenbarung von Nazareth und Mekka verhalte sich aber zum Judentum wie ein noch so kunstfertig ausgeführtes Menschenbild zu einem vollkräftigen Menschenwesen. Nur Kinder und Toren könnten ein Bildnis für ein wirkliches Wesen halten. All dieses, die dreigestaltige bittere Feindschaft der Völker der Erde gegen Israel und seine göttliche Lehre, hätten die Propheten und besonders Daniel vorausgeschaut und zugleich den Sieg des Judentums über die Afterreligionen geweissagt.

"Und nun, ihr Brüder," so redete Maimuni in diesem Trostschreiben die Gemeinden von Jemen an, "erwäget diese Wahrheiten und lasset euch nicht von dem Übermaß der Leiden entmutigen. Es dient nur dazu, um euch zu prüfen und um zu zeigen, daß nur die Nachkommen Jakobs, die Enkel derer, welche am Sinai die Lehre empfangen haben, im Besitze der wahren Religion sind." — Wenn der Apostat behaupte, die Thora enthalte Anspielungen auf Mohammed, so halte er noch an einem Wahne fest, den denkende Mohammedaner längst hätten fallen lassen; denn diese fänden in dem Gottesbuche so wenig Andeutungen auf Mohammeds Prophetie, daß sie im Gegenteil behaupteten, die Juden hätten solche daraus ausgemerzt. Die Beweise, welche der Apostat für die Beurkundung des Islams in der Thora finden wolle, seien Spinngewebfäden.

Die messianische Zeit zu berechnen, wie der Schwärmer von Jemen gefunden zu haben glaube, sei unrecht; denn sie könne gar nicht genau bestimmt werden, weil sie geflissentlich von dem Propheten in tiefes Geheimnis gehüllt worden sei. Wenn man sich auf Saadias Beispiel beruft, der ein bestimmtes Jahr als messianisches bezeichnete, so sollte man bedenken, daß derselbe in einer ungläubigen Zeit gelebt und bestrebt gewesen sei, seine Zeitgenossen durch verschiedene Mittel zum Glauben zurückzuführen. Sündhafter sei es aber, die messianische Zeit durch astrologische Alfanzereien zu berechnen. Die kräftigsten Widerlegungen gegen die Wahrheit solcher Berechnungen habe gerade die Gegenwart geliefert. Ein scharfsinniger jüdischer Gelehrter (vielleicht Ibn-Esra) habe nämlich auf astrologischem Wege herausgebracht, der Messias werde in dem Jahre 1146 auftreten, und gerade in diesem Jahre sei in Maghreb (Afrika) die Religionsverfolgung der Almohaden ausgebrochen. Solche messianische Erwartungen hätten stets Unglück über das Haus Jakob gebracht. In der Mitte der islamitischen Zeit sei ein falscher Messias in Isfahan (Abu-Isa Obadia) aufgetreten und habe dadurch viel Unheil über die Juden Persiens gebracht. Ebenso habe ein messianischer Verkünder 45 Jahre vorher in Fez (um 1127), ein anderer zehn Jahre vorher in Cordova (um 1117), und ein dritter dreißig Jahre früher in Frankreich (um 1087) durch falsche Zeichen die Juden dieser Gegenden verlockt und ins Unglück gestürzt[1]). Auch solche falsche messianische Vorspiegelungen und die darauf erfolgenden Unglücksfälle hätten die Propheten voraus

---

[1]) Von diesen drei Pseudomessiassen ist aus anderen Quellen nichts bekannt.

verkündet. — Merkwürdig ist aber, daß, obwohl Maimuni messianische Berechnungen so hart verdammte, er sich doch nicht enthalten konnte, in demselben Sendschreiben mitzuteilen, daß nach einer in seiner Familie fortgepflanzten Überlieferung die Prophetie, als Vorläuferin des Messias, im Jahre 1216 wieder ausbrechen werde[1]).

Zum Schlusse ermahnte Maimuni Jakob Alfajumi, sein Sendschreiben kopieren zu lassen und es unter die Gemeinden Jemens zu verbreiten, um sie im Glauben zu stärken. Beim Vorlesen desselben möge indes große Vorsicht gebraucht werden, damit nicht ein Verräter es zum Gegenstande einer Anklage machen könnte. Er selbst, bemerkte Maimuni, schreibe in Angst wegen der üblen Folgen, die es für ihn haben könnte, allein er bedenke, daß diejenigen, welche für das allgemeine Veste wirken wollten, der Gefahr ruhig ins Auge sehen müßten. — Dieser interessante, mit vieler Wärme geschriebene Trostbrief hat auf die südarabischen Juden einen so günstigen Eindruck gemacht, daß sie, weit entfernt, schwankend im Glauben zu werden, darin erstarkten und lebendigen Anteil an allen Vorgängen der Gesamtjudenheit nahmen. Maimuni fand später Gelegenheit, als er zu hohem Ansehen gelangt war, den politischen Druck und die fanatische Verfolgung aufhören zu machen. Dafür hingen auch die Gemeinden von Jemen ihm mit schwärmerischer Liebe und Verehrung an[2]). Sie schalteten seinen Namen in das tägliche Gebet ein, eine Ehrenbezeugung, die nur den ehemaligen Exilsfürsten in ihrem Glanze zuteil wurde. Der messianische Schwärmer in Jemen trieb sein Wesen ein ganzes Jahr. Endlich wurde er verhaftet und von einem der Herrscher ins Verhör genommen. Unerschrocken erklärte er, im Auftrage Gottes gehandelt zu haben, und verlangte zur Bekräftigung seiner göttlichen Sendung, daß man ihm den Kopf abschlage, und er hoffe, gleich darauf wieder lebendig zu werden. Der Herrscher bemerkte hierauf, daß in diesem Falle er selbst an ihn glauben werde. Darauf wurde der Schwärmer enthauptet, blieb natürlich tot, aber der Wahn starb damit nicht ab. Es fanden sich noch immer Anhänger, welche des Glaubens waren, er werde aus dem Grabe auferstehen. Die Juden Südarabiens wurden aber an vielen Orten infolgedessen in Geldstrafe genommen[3]).

[1]) Iggeret Teman ed. Amst. p. 126 d.
[2]) Nachmanis großes Sendschreiben an die französischen Rabbinen in der Sammelschrift Taalumat Chochma, in der Brünner Ausgabe der Maimunischen Briefsammlung und neuerdings aus einer Handschrift abgedruckt in Frankels Monatsschrift 1860 S. 184 ff.
[3]) Maimunis Sendschreiben an die Provenzalen.

Erst nach und nach wurde Maimunis Größe erkannt und anerkannt. Im Jahre 1175 galt er bereits als entscheidende rabbinische Autorität, und es wurden an ihn religiös-gesetzliche Anfragen gerichtet, was immer als Zeichen allgemeiner Anerkennung gelten kann[1]). Der Rabbiner R. Ephraim von Thrus ließ sich von ihm ein Gutachten erteilen, daß er, obwohl vermögend, als Talmudkundiger von den Gemeindelasten frei sei[2]). Nach Ephraims Tod wendeten sich dessen Jünger, obwohl Stocktalmudisten, die von Wissenschaft keine Ahnung hatten, an Maimuni mit Anfragen über verschiedene talmudische Punkte, welche dieser mit tiefer Sachkenntnis in gedrängter Kürze, wie seine Art war, beantwortet hat (Sommer 1177)[3]). Nur drei unter diesen Anfragen haben einiges Interesse; über den Grenzumfang des heiligen Landes, und inwiefern astronomische Kenntnisse Wichtigkeit für das Judentum hätten. Die letzte beantwortete Maimuni natürlich aus seiner Vorliebe für Wissenschaften, daß der Talmud mit Recht die Kenntnis des gestirnten Himmels empfehle, weil man daraus die Größe Gottes erkennen könne. In der Beantwortung der ersteren dagegen zeigte Maimuni, obwohl er in Palästina gelebt hat, daß er keine Ahnung von Geographie hatte[4]). Er war im Himmel heimisch, aber auf Erden fremd. Die dritte der Anfragen von seiten der Jünger Ephraims war mit Bezug auf einen talmudischen Ausspruch, ob ein Jude einen Christen oder Mohammedaner zum Verständnis der heiligen Schrift unterrichten dürfe. Maimuni beantwortete diese Frage dahin, daß es wohl gestattet sei, Christen im Judentum zu unterrichten, weil sie die heilige Schrift, gleich den Juden, als göttlich anerkennten, und nur manches darin verschieden deuteten; von ihnen sei insofern kein Mißbrauch zu befürchten; möglicherweise sei eine Bekehrung zu erwarten. Dagegen dürfe man keineswegs Mohammedaner in das Judentum einweihen; weil sie die Göttlichkeit der Bibel nicht anerkennten, so fänden sie stets Widersprüche darin mit dem ihnen aus dem Koran

---

[1]) Maimunis Briefsammlung p. 51 f. und Maimunis Rechtsgutachten (Peer ha-Dor) Nr. 151.
[2]) Mose Alaschkars Rechtsgutachten Nr. 19. Da R. Ephraim 1177 bereits tot war, so fällt dessen Anfrage an Maimuni vorher.
[3]) Über die Bescheide an die תלמידי ר' אפרים vgl. Mose ben Maimon hebr. Beil. VII. Note und Anmerkungen S. 64. Es sind im ganzen 32 Nummern, die in der übersetzt gedruckten maimunischen Gutachtensammlung in Unordnung geraten sind. Die letzte ist Nr. 53 das., welche das Datum 1488 Sel. = 1177 trägt: sie behandelt eine astronomische Frage.
[4]) In der Gutachtensammlung Nr. 4.

Bekannten, und so könnte es zu Gehässigkeiten führen.¹) Obwohl Maimuni die Anhänger des Islams als Verehrer eines einzigen Gottes hochstellte, die damaligen Christen dagegen mit ihrem krassen Trinitätsglauben und ihrer Bilderverehrung als Götzendiener betrachtete²), so sprach er sich doch gegen diese wegen ihres Verhaltens zur Bibel milder aus.

Vermöge seiner tiefen Talmudkenntnisse, seines Charakters und seines Rufes scheint Maimuni in demselben Jahre (1177) offiziell als Rabbiner von Kahira anerkannt gewesen zu sein³). Mit neun Beisitzern bildete er das Rabbinatskollegium. Dieses Amt betrachtete er als ein heiliges Priestertum und verwaltete es mit Gewissenhaftigkeit und Umsicht. Wo er Mißbräuche gewahrte, stellte er sich mit aller Entschiedenheit vor den Riß. Als er wahrnahm, daß rabbanitische Frauen in fast allen ägyptischen Gemeinden bei ihren Reinigungsbädern karäischen Bräuchen folgten, verordnete er mit dem Kollegium daß sie dieselben einstellen und sich nach talmudischer Vorschrift richten sollten. Da sie aber aus Gewohnheit und Hang zur Bequemlichkeit davon nicht lassen mochten, verhängte er über die widerspenstigen

---

¹) Das. Nr. 50 und ausführlicher M. ben Maimon hebr. Beil. a. a. O.
²) Iggeret ha-Schemad, Responsum an den Proselyten Obadia, Briefsammlung p. 44 f. verglichen mit Jad ha-Chasaka hilchot Aboda Sara Absch. IX. in den unzensierten Ausgaben und enthalten in Parchis Kaftor p. 33.
³) In der Gutachtensammlung Nr. 152 ist eine Verordnung Maimunis und des Rabbinatskollegiums mitgeteilt, die er nur als anerkannter Rabbiner erlassen haben kann. Die Verordnung trägt ein Datum, das aber jedenfalls korrumpiert ist. Das Datum lautet nämlich 1977 Aera Mundi = 1217, aber in diesem Jahre war Maimuni bereits tot. Zacuto hat dagegen das Datum 4947 = 1187 (Jochasin ed. Filipowski p. 221). Aber auch diese Zahl kann nicht richtig sein; denn es ist unglaublich, daß Maimuni erst nach mehr denn zwanzigjährigem Aufenthalt in Ägypten Anstoß an karäischen Bräuchen innerhalb der rabbanitischen Gemeinden genommen haben sollte. Geiger emendiert die Zahl in 4927 (Zeitschrift II. 132 Note, M. ben M. 58). Allein 1167 war M. in Ägypten selbst noch eine obskure Person, wie aus Benjamins Stillschweigen über ihn hervorgeht. Will man darüber zu einiger Gewißheit gelangen, so muß man die Korruptel in dem Datum der Aera Seleucidarum suchen, deren sich M. bedient. Das erstgenannte Datum würde also lauten: א תקפ״ז, das bei Zacuto: א׳תת״ז. Die Zahl ה ist also jedenfalls festzuhalten. Nun ist das ק im ersten Datum gewiß zu streichen, liest man nun ס statt ף oder צ, was nicht so ferne liegt, so hat man das Datum תת״פח 1488 Sel. = 1177. Früher darf man die Verordnung nicht ansetzen, weil M. erst in der ersten Hälfte der siebziger Jahre Anerkennung gefunden hat, und später nicht aus dem angegebenen Grunde. — Im Ms. der Responsen sind mit M. noch 9 gezeichnet (M. ben M. a. a. O.).

Frauen den Verlust aller Ansprüche an das Vermögen ihrer Gatten als Geschiedene oder Witwen. Die Ehemänner wurden unter Androhung des Bannes angewiesen, ihre Frauen zur Beachtung der Verordnung anzuhalten. Dieser Erlaß des maimunischen Rabbinatskollegiums wurde in allen ägyptischen Gemeinden verlesen (Sommer 1177)[1]. — Obwohl Maimuni darauf drang, eingeschlichene karäische Bräuche aus dem rabbanitischen Kreise zu entfernen, so war er doch von überaus milder Duldsamkeit gegen die Anhänger Anans. Auf eine Anfrage, wie sich Rabbaniten gegen Karäer verhalten sollten, erwiderte er, daß, so lange sie sich in den Schranken des Anstandes halten und auf den Talmud und seine Bekenner nicht schmähen, man ihnen achtungsvoll begegnen, sich ihnen mit Freundlichkeit, Demut und Friedfertigkeit nähern, sie in ihren Häusern besuchen, ihre Leichen begraben, ihre Trauernden trösten und ihre Kinder in den Abrahamsbund aufnehmen solle. Schreibt doch der Talmud freundliches Begegnen gegen Heiden und Götzendiener, umsomehr gegen solche vor, welche vom Samen Jakobs abstammen und einen einzigen Gott bekennen. Höchstens sollte man sich von ihnen an ihren selbsterfundenen, von den Rabbaniten abweichenden Festtagen fern halten. Auch dürfe man sie nicht zur Ergänzung von zehn Mitgliedern zum Gebete zuziehen[2]. —

Kraft seines rabbinischen Amtes sorgte Maimuni auch für Anstand in den Synagogen und entfernte auch hier mißbräuchliche Gewohnheiten[3]. Er fand nämlich, daß die Gemeinde, weil sie ihrer Pflicht durch das stille Gebet (Schemoneh Esreh) genügt zu haben glaubte, dem lauten Beten des Vorbeters nicht mit Andacht zuhörte, sondern untereinander plauderte und sich überhaupt unanständig dabei benahm. Darüber spötteten die Mohammedaner, welche ihrem Gottesdienst mit gesammelter Andacht beizuwohnen pflegten, mit Recht. Maimuni, der sich tief verletzt fühlte, wenn das Judentum dem Gespötte ausgesetzt war, wollte dieser Anstandswidrigkeit in den Synagogen steuern und schaffte zu diesem Zwecke das stille Gebet der Gemeinde ganz ab, ohne Rücksicht darauf, daß es vom Talmud vorgeschrieben ist. Zweckentsprechendes Beten stand ihm höher, als gedankenlose Befolgung der Vorschriften. Dieser Brauch Maimunis, daß der Vorbeter allein das Hauptgebet vortragen sollte, wurde nach und nach

---

[1]) Dieselbe Nummer in der Responsensammlung.
[2]) Das. Nr. 71 und Briefsammlung S. 45 b ff.
[3]) Responsa David Ibn-Abi-Simra (Radbas) ed. Livorno Nr 94.

nicht nur in ganz Ägypten, sondern auch in einigen Gemeinden Palästinas, in Damaskus und Haleb befolgt und hielt sich bei den einheimischen Gemeinden über drei Jahrhunderte.

Inmitten seiner angestrengten Tätigkeit für Gemeindeangelegenheiten, in der ärztlichen Praxis und in anhaltendem Studium philosophischer und naturwissenschaftlicher Fächer vollendete Maimuni sein zweites großartiges Werk (8. Kislew == 7. November 1180)[1]), das in der jüdischen Welt epochemachend geworden ist, sein Mischneh-Thora oder Religionskodex. Wenn, wie er selbst angibt, er zehn Jahre hintereinander anhaltend daran gearbeitet hat[2]), so steht die Zeit in keinem Verhältnis zur Größe der Leistung. Man kann dem Uneingeweihten keine Vorstellung von diesem Riesenwerke beibringen, wie er da die entlegensten Einzelheiten aus dem unübersehbaren Schacht des Talmuds zusammengetragen, das Gediegene aus den Schlacken herausgearbeitet, die Einzelheiten an Ort und Stelle untergebracht, das Talmudische wieder an das Biblische angeknüpft, das Besondere mit dem Allgemeinen verbunden und das scheinbar Zusammenhangslose zu einem organischen Ganzen, zu einem Kunstwerke zusammengesetzt hat. Mit Recht legte er selbst besonderes Gewicht auf die kunstvolle Gruppierung im Mischneh-Thora, deren Schwierigkeit nur von tiefen Sachkundigen gewürdigt werden könne[3]). Wenn der Talmud einem labyrinthischen Bau gleicht, in dem man sich nur mit einem Ariadnefaden zurechtfinden kann, so hat Maimuni daraus eine wohlgeordnete Anlage geschaffen, mit Flügelgebäuden, Hallen, Gemächern, Kammern und Kämmerchen, in denen sich auch ein Fremder ohne Führer, von passenden Überschriften und Nummern geleitet, orientieren und einen Überblick über das im Talmud Enthaltene gewinnen kann. Nur der klare, systematisch denkende, von Ordnungssinn erfüllte Kopf Maimunis konnte solches zustande bringen.

Neben den formellen Vorzügen und der unvergleichlichen, abrundenden Architektonik hat dieses Werk inhaltlich eine entschiedene Bedeutung für den Entwicklungsgang der jüdischen Geschichte. Alle die verschiedenen Richtungen, welche Maimunis Vorgänger auf dem Boden des Judentums einseitig ausgebildet haben, hat er darin zu schönster

---

[1]) In einer Handschrift fand Munk, daß es vollendet wurde 1492 Sel., d. h. wenn man den Monat berücksichtigt 1180. Abschnitt Schemitah ist datiert 1176, die Einleitung 1177 und Abschnitt **Kiddusch ha-Chodesch** 1178.

[2]) Sendschreiben an R. Jonathan und an die Gemeinde von Lunel, Gutachtensammlung Nr. 41.

[3]) Das.

Harmonie vereinigt. Nichts ist darin bevorzugt und nichts zurückgesetzt. Das Philosophische, das Sittliche, das Ritualgesetzliche und, sozusagen, die gemütliche Seite des Judentums, die sich in der Hoffnung auf die messianische Erlösungszeit ausspricht, alles ist in diesem Werke gleichmäßig gewürdigt und zur Vollberechtigung erhoben. Maimuni hat darin die verschiedenen Bahnen, in welche das Judentum geführt wurde, vereinigt und in einen Punkt zusammenlaufen lassen. Er machte damit den vollen Abschluß mit all den Bestrebungen, welche seit Saadia, der das Judentum dem Bewußtsein näher zu bringen und es begrifflich zu erfassen versuchte, zu Worte gekommen waren. Er führte für die gewaltige Geistesarbeit von mehr als drei Jahrhunderten den nötigen Ruhepunkt herbei. Das maimunische Werk bildet daher den Gipfel derjenigen Richtung, welche mit R. Jochanan ben Sakkaï nach Abstreifung der politischen Seite ihren Anlauf nahm. Von jetzt an konnte auf dem bis dahin eingeschlagenen Wege mit den gegebenen Mitteln unter den gangbaren Gesichtspunkten nichts Neues mehr geschaffen werden; nur einzelnes konnte noch hier und da berichtigt, besser ausgearbeitet, an dem Ganzen aber nichts mehr geändert werden.

Man kann fast sagen, daß Maimuni einen neuen Talmud geschaffen hat. Es sind zwar die alten Elemente, man kennt ihren Fundort, ihr Vorkommen, ihr ursprüngliches Gefüge, aber unter dieser Behandlung, Gruppierung und Verarbeitung nimmt sich alles ganz anders aus. Der Rost ist entfernt, das entstellende Beiwerk beseitigt, alles erscheint umgegossen, geglättet, frisch und neu. Die Mischnah, der Grundbau des Talmuds, beginnt mit der Gesetzesfrage: „Zu welcher Stunde darf man den Abschnitt Schema abends lesen?" und schließt mit der Diskussion, wann dieses oder jenes levitisch unrein wird. Maimuni dagegen beginnt seinen talmudischen Kodex: „Der Hauptgrund und die Säule aller Weisheit ist, zu erkennen, daß es ein Urwesen gibt, welches alle Kreatur ins Dasein gerufen hat," und schließt mit den Worten: „Die Erde wird einst voller Erkenntnis werden, wie das Wasser den Meeresgrund bedeckt." Es schwebt über diesem Werke ein eigener Duft, es weht darin der Geist vollendeter Weisheit, ruhiger Besonnenheit und tiefer Sittlichkeit. Maimuni hat sozusagen die Philosophie **talmudiziert** und den Talmud **metaphysiziert**. Er hat die Philosophie in den Religionskodex aufgenommen und ihr dort das ebenbürtige Bürgerrecht neben der Halacha eingeräumt. Wenn sie auch früher von jüdischen Denkern gepflegt und auf das Judentum angewendet wurde, von Philo bis auf Abraham Ibn-Daud, so galt sie diesen selbst noch immer als eine Außenseite, die mit dem praktischen Judentum, wie es täglich und stündlich geübt wird, nichts zu schaffen hat. Maimuni dagegen hat die Philosophie in das Allerheiligste des Judentums eingeführt und sozusagen Aristoteles neben den Lehrern des Talmuds Platz angewiesen. Ein großer Teil des ersten Buches seines Werkes (Sefer **Madda**) ist philosophisch gehalten.

Es beginnt mit dem höchsten Prinzipe des Judentums, mit dem Dasein Gottes und dem Einheitsbegriffe und behandelt dieses Thema in den damals üblichen Schulformeln: Gott ist die alleinige Ursubstanz, er leitet den höchsten Sphärenkreis, der ohne ihn ohne Bewegung wäre. So wurde nämlich damals der Beweis vom Dasein Gottes geführt. Der Kodex fährt aber fort, diesen philosophischen Gedanken in eine talmudisch gehaltene Gesetzesformel zu bringen, das Erkennen dieser Wahrheit sei eine religiöse Pflicht. Damit war die philosophische Erkenntnis religiös geweiht und als eben so wichtig hingestellt, als der Sabbat und die Speisegesetze. Wie ein philosophisches Lehrbuch setzt der maimunische Kodex auseinander, daß Gott sowie einzig, so auch unkörperlich gedacht werden müsse, erklärt, daß die körperlichen Formen der Geisteswelt (die intelligiblen getrennten Formen) in der Bibel Engel genannt würden, und steigt von der höheren Welt zur Welt der Himmelssphäre und zu den vier Elementen des Erdenlebens, und damit von der Metaphysik zur Physik herab. Die aristotelische Weltanschauung wird talmudisiert, indem angenommen wird, der Talmud begreife unter Ma'aße Merkaba die Lehre von der höheren Welt und unter Ma'aße Bereschit die Lehre von der Natur, und beide zusammen kenne er unter dem Namen Pardes — eine Selbsttäuschung, von der sich Maimuni nicht loswinden konnte. Er geht sogar so weit, zu behaupten, daß die Beschäftigung mit der philosophischen Theorie einen höheren Wert habe, als die mit dem Gesetze des Judentums. Von der Metaphysik geht der Kodex des Mischneh-Thora zur Sittenlehre über, entwickelt sie zu einem hohen Ideale, alles auf talmudischer Basis, zieht sogar die Gesundheitspflege (Diätetik) mit hinein und stellt alles das als religiöse Pflicht, als Halacha hin.

Sämtliche Gesetze in betreff des Gottesdienstes fließen in diesem Kodex aus dem Begriffe der reinen Gotteserkenntnis als notwendige Konsequenz, und jede Art von Aberglauben wird als vernunftwidrig verdammt. Die Wissenschaft wird darin auf eine so hohe Stufe gestellt, daß sie in gleichen Rang mit dem Talmudstudium gesetzt wird. Der Fromme soll seine von Geschäften freie Zeit der theoretischen Beschäftigung zuwenden, einen Teil für die heilige Schrift, einen Teil für die Mischnah und einen Teil für die Erörterungen aus und nach dem Talmud. Die Beschäftigung mit Metaphysik und anderen Wissenschaften gelte aber gleich der mit dem Talmud[1]). Bemerkenswert ist noch, daß der maimunische Gesetzeskodex die Unsterblichkeitslehre und zwar in eigentümlicher Auffassungsweise mit aufgenommen hat. Bis dahin wurde die vom Judentum verheißene Seligkeit für die Frommen mit der Auferstehung in Verbindung gesetzt. Die Gerechten aller Völker und sämtliche Israeliten, welche im Tode ihre Sünden abgebüßt hätten, würden mit ihren Leibern auferstehen, und für diese werde dann eine neue, bessere Welt, ein höherer Zustand, die zukünftige Welt (Olam Habbah, ὁ αἰών ὁ μέλλων)[2]), eintreten. Diese Welt wurde mit der messianischen Erlösung in Verbindung gesetzt. Maimuni wich davon ab und ging dabei von seiner eigentümlichen (aristotelischen) Seelenlehre aus. Die Seele sei nicht an sich unsterblich, sondern sei nur eine Kraft, sich zum Höchsten hinaufzuschwingen. Habe sich die Seele mit dem höchsten Gedanken von Gott und der Geisteswelt erfüllt, sich solchergestalt von den Banden der Leiblichkeit und der Vergänglichkeit befreit und die höhere geistige Stimmung durch sittliches Leben, als Gesinnung und unerschütterliche Überzeugung, dauernd zu erhalten gewußt, so sei sie dadurch unsterblich geworden, sie habe sich dann die Unsterblichkeit, das ewige Leben, errungen und könne mit dem Absterben des Leibes gar nicht vergehen, sondern trete in das Lichtreich der Geisteswelt ein. Das eben sei die vom Talmud verheißene „zukünftige Welt", obwohl sie eigentlich nicht zukünftig ist, sondern unmittelbar nach dem Tode eintritt. Diese durch philosophisches, d. h. religiöses und sittliches Leben selbst erworbene Seligkeit sei den Frommen verheißen als Lohn für ihren Wandel. Die Strafe der Sünder sei eben so natürliche Vergänglichkeit ihrer Seele, weil sie sich nicht zur Ewigkeit und Unsterblichkeit zu erheben vermocht habe. Sie vergehen einfach, weil ihre Seele eben so vergänglich geblieben ist, wie ihr Leib. Diese Lehre von Belohnung und Bestrafung stellt der Kodex als talmudisch auf[3]). Die Lehre von der leiblichen Auferstehung konnte Maimuni füglich nicht in seine Theorie einreihen und nahm sie nur gewissermaßen aus Gefälligkeit mit auf, weil sie in einigen biblischen Geschichten und im Talmud behauptet wird, ohne sie näher zu begründen.

Nach seiner Auffassungsweise mußte Maimuni die erwartete messianische Zeit ebenso von der Auferstehung loslösen, wie er diese

---

[1]) Hilchot Talmud Thora I. 12.
[2]) Auch in den Evangelien wird die Eschatologie nur so aufgefaßt.
[3]) Hilchot Teschubah VIII. 8.

von der jenseitigen Seligkeit getrennt hat. Er stellt sie ganz nüchtern als eine politische Wiedergeburt auf, die ohne Wunder vor sich gehen werde. Es werde einst in einer günstigen Zeitlage ein Sproß vom Hause Davids auftreten, der sich nicht durch Wunderzeichen, sondern durch tiefe Religiosität bewähren werde. Er werde alle Israeliten zu einem innig religiös-sittlichen Leben anhalten, glückliche Kriege durch Gottes besonderen Schutz, wie sein Urahn David, führen, ein jüdisches Reich in Palästina gründen und alle Völker zum Dienste des einzigen, heiligen Gottes berufen. In der messianischen Zeit werde es keinen Streit und keinen Krieg geben, die wilden Leidenschaften würden ruhen, denn eine Fülle des Segens werde sich über die Menschen ergießen, und die Menschen würden sich nicht um Besitz und Genuß abzumühen brauchen, sondern ihr ganzer Sinn werde auf höhere Gotteserkenntnis gerichtet sein; aber der ordnungsvolle Lauf der Dinge werde nicht unterbrochen sein. Was die Propheten von dieser Zeit prophezeit hätten, von dem friedlichen Wohnen des Lammes neben dem Wolfe, das sei nicht buchstäblich, sondern nur als Parabel von dem tiefen Frieden unter den Menschen, gesichert durch die Herrschaft des Gesetzes zu fassen[1]).

Überall, wo der Gegenstand Gelegenheit dazu bot, räumte Maimuni in seinem Werke der Wissenschaft Gleichberechtigung mit dem talmudischen Lehrinhalt ein. Bei dem Kapitel über den jüdischen Festkalender behandelt er die Astronomie nach dem damaligen Stand dieser Wissenschaft und verfehlt nicht, dabei zu bemerken, daß es bei wissenschaftlichen Punkten gleichgültig sei, ob die Wahrheit von Propheten oder von nichtjüdischen Weisen stamme[2]). Nicht selten geht Maimuni in dem Kodex des talmudischen Judentums über ganz bestimmte talmudische Aussprüche hinweg, insofern sie seine philosophische Überzeugung vor den Kopf stoßen, namentlich in solchen Punkten, die mit der Mystik, mit magischer Praxis und mit abergläubischen Anschauungen in Verbindung stehen. Sein Grundsatz war, man soll seinen gesunden Sinn nicht fahren lassen. „Die Augen sind vorne und nicht hinten"[3]). — Wie er Geist und wissenschaftlichen Hauch in das halachische Judentum gebracht hat, so hat er auch in die Methode der Behandlung des Talmudstoffes Einfachheit eingeführt. Nichts war ihm widerwärtiger, als weitläufige Auseinandersetzungen, wo dem

---

[1]) Hilchot Melachim XI, XII.
[2]) Hilchot Kiddusch ha-Chodesch XVII. 25.
[3]) Briefsammlung p. 6 b.

Unwesentlichen und der Form eben so viel Raum und Wichtigkeit zugewiesen wird, wie dem Wesentlichen und der Hauptsache, gerade diejenige Seite, worin die Tossafisten so bedeutend waren. Er würde, bemerkt er einmal selbst, den ganzen Stoff des Talmuds in ein einziges Kapitel zusammengefaßt haben, wenn er es vermocht hätte[1]).

Der Zweck seiner Arbeit war auch eigentlich, die Kenntnis des ganzen Judentums, des biblischen und talmudischen (das ihm in eins zusammenfloß), zu vereinfachen. Er wollte die Weitläufigkeit und Dunkelheit, welche durch die talmudische Sprachform, die Diskussionen, die mangelhaften Erklärungen der Gaonen zum Talmud das Studium desselben so sehr erschwerten, wenn nicht unmöglich machen, so doch vermindern, das Chaos lichten, Ordnung in das Zusammengewürfelte bringen. Sein Werk sollte sämtliche vorangegangene Arbeiten überflüssig machen. Der Rabbiner, welcher Vorkommnisse des täglichen Lebens in religiösen und richterlichen Angelegenheiten zu entscheiden hat, der Fromme, welcher seiner religiösen Pflicht, das Gesetz zu kennen, genügen will, der Wißbegierige, welcher sich Talmudkenntnis aneignen möchte, soll sich nicht mehr durch das Dorngestrüpp der halachischen Diskussion hindurchzuwinden brauchen, sondern neben der heiligen Schrift sich aus dem Kodex des Mischneh-Thora vollständige allseitige Belehrung holen können. Er gab nicht undeutlich zu verstehen, daß sein Werk den Talmud wenn nicht beseitigen, so doch entbehrlich machen sollte[2]). Er verfaßte es deswegen in der leichtverständlichen neuhebräischen Sprache (Mischnah-Idiom), um es für jedermann zugänglich zu machen und auf diese Weise die Gesetzeskunde und überhaupt die Kenntnis des Judentums zu verbreiten[3]). Freilich verstieß er damit gegen die Anschauungsweise seiner rabbinischen Zeitgenossen, welche den Talmud gleich der heiligen Schrift behandelt wissen wollten, in dem kein Wort überflüssig sei, und daher die eingehende Beschäftigung mit dem Texte unerläßlich fanden.

Bei seiner Denkweise, alle Einzelheiten auf faßliche Gründe zurückzuführen und auf Notbehelfe nichts zu geben, mußte Maimuni hier und da bei der Feststellung der Ergebnisse von der talmudischen Art der Begründung abweichen und einen eigenen Weg einschlagen. Namentlich ging er in einem wichtigen Punkte über den Talmud

---

[1]) Tractatus de resurrectione p. 103 b.
[2]) Einleitung zu Mischneh-Thora und zu S. ha-Mizwot. In dem Schreiben an Pinehas von Alexandrien (das. 18 b) bemüht sich Maimuni, seine Intention abzuschwächen.
[3]) Einleitung zu S. ha-Mizwot.

hinaus. Da er das ganze gesetzliche Judentum in allen seinen Teilen
auseinandersetzen und das Verhältnis des Talmudischen zum Biblischen deutlich auseinandertreten lassen wollte, so mußte er den Begriff dessen, was biblisch sei, scharf bestimmen. Diese Scheidung machte
er nun keineswegs selbständig, sondern ließ sich darin zum Teil vom
Talmud leiten. Da dieser nun angibt, daß das biblische Judentum
aus 248 Geboten und 365 Verboten bestehe, so beruhigte sich Maimuni
dabei und hielt es nur für seine Aufgabe, teils diese Zählung als richtig
nachzuweisen, teils zu bestimmen, was e r n s t l i c h als ein biblisches
Gebot oder Verbot anzusehen sei. Seine Vorgänger, Simon aus
Kahira und die liturgischen Dichter, welche sie zum Thema belehren-
der Poesie gemacht hatten, waren bei der Aufzählung derselben mit
vieler Willkür verfahren und hatten rein Talmudisches (oder Rabbinisches) als ein biblisches Gesetz hingestellt. Um nun die vielfachen Irrtümer in betreff der Zählung zu widerlegen, verfaßte Maimuni als
Anhang zu seinem Kodex ein Werk in arabischer Sprache „D a s B u c h
d e r G e s e t z e" Kitab Aschariah (Sefer ha-Mizwot)[1]), worin er
kritisch die Zählungsweise angab und vierzehn Regeln darüber auf-
stellte. Hier nun, wie in seinem Kodex, sprach er den Grundsatz
aus, daß nicht alles, was der Talmud aus Schriftversen vermittelst
der dreizehn Regeln oder sonst wie als biblisch ausgibt, als solches
zu betrachten sei; denn nur, was ohne Meinungsverschiedenheit als
biblisch hingestellt wird, dürfe als solches gelten; sobald aber in betreff der Ableitungen die Meinungen der Talmudisten auseinander-
gehen, so sei das eben ein Beweis, daß die Herleitung nicht auf
Überlieferung beruhe, sondern nur eine Anlehnung eines soferischen
Gesetzes (Dibre Soferim) an einen Schriftvers sei. An der Überzeugung, welche Maimuni in der Jugend in seinem Mischnahkommentar
aussprach, daß über traditionelle Gesetze keine Meinungsverschiedenheit
herrschen könnte, daß sie ihrer Natur nach nicht der Vergessenheit unterliegen, sonst hätte sie der Gesetzgeber nicht neben dem Schriftlichen dem
Gedächtnisse anvertrauen können, an dieser Überzeugung hielt er auch
im reifen Alter fest und beschränkte demgemäß die Zahl der überlieferten
Gesetze, der mündlichen Lehren, auf ein geringes Maß. Von diesem
Gesichtspunkte aus stellte Maimuni den Lehrsatz im Kodex auf, daß
jeder religiöse Gerichtshof befugt sei, die Herleitung eines Gesetzes aus
dem Schrifttexte, wenn auch noch so sehr von einem vorangegangenen

---

[1]) Ins Hebräische übersetzt von Samuel Jbn-Tibbon, erster Druck
Konstant. 1515.

(Gerichtshofe behauptet, zu widerlegen und anderer Ansicht zu sein. Die Schriftforschung, auch für gesetzliche Normen, sei frei, sobald sie nicht vom Talmud selbst durch eine deutliche, unbestrittene Überlieferung beschränkt werde[1]). Offenbar hat sich Maimuni bei dieser kühnen Ansicht von den Einwendungen der Karäer gegen die mündliche Lehre leiten lassen. Er machte ihnen, ohne sich dessen klar bewußt zu sein, das Zugeständnis, daß eine wahrhafte Tradition nicht einer Meinungsverschiedenheit unterliegen könne, sondern von Geschlecht zu Geschlecht über allem Zweifel erhaben fortgepflanzt sein müsse. Er glaubte aber auch damit auf dem Boden des Talmuds zu stehen, wie er denn überhaupt der Meinung war, daß er nur selten, höchst selten seine eigene Ansicht in den Kodex hineingetragen, sonst aber alles auf die Quellen des Talmuds und der dazu gehörigen Urkunden begründet habe, und später nur eines bedauerte, diese Quelle nicht kurz und faßlich angegeben zu haben[2]).

Obwohl Maimunis Theorie, konsequent durchgeführt, geeignet ist, das talmudische Judentum zu lockern, so stand es ihm in der Praxis so hoch, daß er nichts Höheres darüber kannte. Die talmudischen Weisen waren für ihn maßgebende Autoritäten, die nur eine Stufe niedriger als die Propheten gestanden hätten; sie waren für ihn Ideale, denen nachzueifern zu einem tugendhaften, religiös=vollkommenen Leben führen könne. Die von ihnen ausgegangenen Gesetzesbestimmungen, seien es Anordnungen oder verhütende Umzäunungen, dürften nur unter dem im Talmud selbst angegebenen Umständen aufgehoben werden, sonst hätten sie unverbrüchliche Gültigkeit, von denen sich kein frommer Israelit lossagen dürfe. Maimuni dachte sich sämtliche rabbinische Gesetze als von einer mit Autorität bekleideten, die jüdische Nation vertretenden, religiösen Behörde (Bet-Din) ausgegangen, deren gesetzgebende Befugnis von der heiligen Schrift, von der Thora, selbst im voraus anerkannt sei, daß man von ihren Vorschriften weder rechts noch links abgehen dürfe[3]). Für die Praxis sei daher der Unterschied von geringer Bedeutung, ob ein Gesetz biblisch oder rabbinisch sei; beide Gattungen müßten mit gleicher Gewissenhaftigkeit beachtet werden. Nur aus diesem Umstande, daß ihm das ganze talmudische Judentum nach der praktischen Seite mit einem heiligen, unverbrüchlichen Charakter

---

[1]) Hilchot Mamerim II 1. S. ha-Mizwot Regel 2. Briefsammlung 22 a. Gutachtensammlung Nr. 144 und Einl. zu Mischnah. Die Einwendungen dagegen vgl. Jaïr Caajim Bacharach, Chawot Jaïr No. 192.

[2]) Briefsammlung S. 20 f.

[3]) Hilchot Mamerim II 2 f.

bekleidet schien, ist es erklärlich, wie er ihm eine so selbstaufopfernde
Hingebung widmen konnte, daß er ihm Schritt für Schritt folgte,
um die weit auseinanderliegenden Einzelheiten zu einem einheitlichen
Ganzen zu ordnen. Maimuni war nicht der Mann, der anders dachte,
als er handelte. Die verkörperte Wahrheitsliebe, war ihm nichts so
sehr verhaßt, als die Heuchelei, in der Theorie etwas gering zu schätzen
und sich ihm aus Rücksichten der Praxis anzubequemen. Er konnte in
einer Selbsttäuschung befangen sein, aber nicht ein zwiespältiges Leben
führen. Seine gutachtlichen Äußerungen zeugen, welche Verehrung er
für das talmudische Judentum hegte, mit welcher Gewissenhaftigkeit er
es behandelte. Sein talmudischer Kodex muß daher als ein Ausfluß
seiner tiefsten Überzeugung betrachtet werden, oder er bleibt rätselhaft.
In größter Unbefangenheit erzählt er von sich, daß er mit eigener Hand
nach talmudischer Bestimmung die Thorarolle für sich abgeschrieben
und am Vorabend des Trauertages zum Andenken an den Fall Jerusalems weiter nichts als trockenes Brot und Wasser genossen habe[1]).
Es ist wohl nicht erfunden, was seine eigenen Enkel von ihm erzählen,
daß Maimuni sich Gewissensbisse über seinen Aufenthalt in Ägypten
gemacht habe, weil es nach talmudischer Vorschrift einem Sohn Israels
nicht gestattet sei, auch nur zeitweilig in diesem Lande zu wohnen.
In jedem Briefe habe er zu seiner Unterschrift die Worte hinzugefügt
„der Unglückliche, der gezwungen ist, täglich ein dreimal verschärftes
Verbot zu übertreten"[2]). Sein Privatleben war ganz vom talmudischen Judentum durchweht und getragen. Er kannte nichts Höheres
als ein Talmudbeflissener (Talmid Chacham) zu sein, und zwar im
vollen Sinne des Wortes, und stellte an einen solchen die strengsten
Ansprüche der Sittlichkeit, Gewissenhaftigkeit und Selbstlosigkeit.

Maimuni hat allerdings durch seinen Religionskodex dem rabbinischen Judentum einen festen Halt gegeben. Auf der anderen Seite
hat er es aber auch in feste Bande geschlagen. Vieles, was im Talmud
selbst noch flüssig und deutbar ist, hat er zu einem unangreifbaren Gesetz
erstarren lassen. Wie er in das Judentum Glaubensartikel eingeführt
hat, welche mit dem Denken das Denken beschränken sollten, ebenso
hat er mit seinem kodifizierenden Abschließen der Gesetze dem Judentum
die Bewegung geraubt. Ohne Rücksicht auf die Zeitlage, in welcher die
talmudischen Bestimmungen entstanden sind, stellte er sie als für alle
Zeiten und auch unter veränderten Umständen verbindlich hin. Mai-

---

[1]) Hilchot Sefer Thora IX 10, Hil. Taanijot V 9.
[2]) Parchi, Kaftor c. 5 ed. Edelmann S. 12.

muni war darin viel strenger als die Toßafisten, welche einem allzu scharfen talmudischen Gesetze die Spitze abbrachen, indem sie in tief eingehender Ergründung desselben herausbrachten, es sei gar nicht für anders geartete Zeiten anwendbar. Hätte Maimunis Kodex die Alleinherrschaft behauptet, wie es anfangs den Anschein hatte, und den Talmud aus dem Kreise der Lehrhäuser, der Religionsbehörden und der jüdischen Gerichtshöfe verdrängt, so wäre das talmudische Judentum ungeachtet des Gedankenstoffes und der wissenschaftlichen Behandlung, die Maimuni dazu getan hat, einem Versteinerungsprozeß verfallen, welcher üble Folgen hätte herbeiführen können.

Elftes Kapitel.

Maimuni (Fortsetzung).

Folgenreiche Wirkung von Maimunis Religionskodex. Gegnerschaft gegen denselben. Joseph Ibn-Aknin. Maimuni wird Hofarzt. Seine Bedeutung als medizinischer Schriftsteller. Jerusalem wieder von Juden bevölkert. Samuel ben Alis Feindseligkeit gegen Maimuni. Der More Nebuchim und seine Bedeutung. Maimunis Abhandlung über die Auferstehung. Maimunis Einfluß auf die Gemeinden der Provence. Maimuni Leibarzt des Sultans Alfadhel und seine Makrobiotik. Maimunis Lebensweise im Alter. Sein Tod und die Trauerfeierlichkeit um ihn. Sein Grab.

1180—1205.

Maimunis Religionskodex des Judentums warf einen mächtigen Gärungsstoff in die jüdische Welt; er wirkte nicht wie ein Buch, sondern wie eine folgenschwangere Tat, aufregend, hinreißend, umgestaltend. Kaum war das Werk veröffentlicht, so wurde es von Kopisten vervielfältigt und verbreitet in Arabien, Palästina, dem Morgenlande einerseits, in Afrika, Spanien, Südfrankreich und Italien anderseits. Zehn Jahre später konnte der Verfasser ohne Ruhmredigkeit sagen, es sei bis ans Ende der bewohnten Erde gedrungen[1]). Es wurde nicht bloß gelesen, sondern zum Grundbuche der jüdischen Religion erhoben, wie eine neue Bibel oder ein neuer Talmud. Ein Zeitgenosse gibt den Eindruck und die Wirkung wieder, welche Maimunis Werk in Spanien hervorgebracht hat[2]). „Ehe das Werk nach Spanien gelangte, war die Beschäftigung mit Alfâsis Werk und noch mehr mit dem Talmud für die jüdischen Bewohner so sehr schwierig, daß sie auf den Ausspruch des

---

[1]) Sendschreiben an die Marseiller Gemeinde, Briefsammlung 5 b, an Samuel ben Ali das. 38 b, an Joseph ben Aknin das. 15 a und im vollständigen Sendschreiben (in Birchat Abraham ed. Goldberg, Lyck 1860) in der unpaginierten Einl. Blatt 3 a unten.

[2]) Sendschreiben des Scheschet Benveniste an die Weisen Lunels, handschriftlich im Besitze des Herrn Carmoly, dessen Gefälligkeit ich eine Kopie desselben verdanke. Monatsschr. 1876, 511.

Rabbiners angewiesen waren; denn sie wußten sich nicht zurechtzufinden, das Ergebnis aus der weitläufigen Diskussion festzustellen. Sobald sie aber Maimunis Kodex in die Hände bekamen, der ihnen wegen der faßlichen Sprache zugänglich war, und die lichtvolle Ordnung in demselben bewunderten, und namentlich als sie die Wahrheit und die tiefe Sittenlehre darin wahrnahmen, gingen ihnen die Augen für die hohe Bedeutung desselben auf. Sie kopierten ihn jeder für sich, ihr Geist vertiefte sich darein; es versammelte sich jung und alt, um sich den Inhalt anzueignen. Es gibt jetzt viel Kundige des Gesetzes, die bei einem Rechtsstreite sich ein selbständiges Urteil zu bilden und die Entscheidung des Richters zu kontrollieren imstande sind." Und wie in Spanien, so war es überall, selbst im Morgenlande, wo das Talmudstudium eifriger betrieben wurde. Die Verehrung für den großen Meister wuchs mit jedem Tage, namentlich als man allmählich erfuhr, daß sein Privatleben dem Ideale entsprach, das er von einem jüdischen Weisen entworfen hat. Man spendete ihm die überschwenglichsten Lobeserhebungen. „Der Einzige des Zeitalters", „die Fahne der Rabbiner", „der Erleuchter der Augen Israels", waren noch bescheidene Titel. Es gehörte die ganze sittliche Kraft Maimunis dazu, um von dem ihm gespendeten Weihrauch nicht betäubt zu werden. Maimunis Name erklang von Spanien bis Indien und von dem Quellande des Euphrat und Tigris bis Südarabien, und verdunkelte alle zeitgenössischen Berühmtheiten. Die gelehrtesten Männer ordneten sich seinem Urteil unter und erbaten sich von ihm Belehrung in demutsvollen Äußerungen; er galt als höchste Autorität für die jüdische Gesamtheit, die in ihm ihren würdigsten Vertreter verehrte.

An kleinlichen Gegnern, die ihm seine über alle ragende Größe mißgönnten, hat es ihm auch nicht gefehlt, jene winzigen Rabbinerlein, welche, äußerlich mit dem Talmud vertraut, im Besitze aller Weisheit zu sein glaubten und durch Maimunis Werk unangenehm aus ihrem Traume geweckt wurden. In Kahira selbst würdigten einige Stocktalmudisten den Kodex keines Einblickes, damit es nicht hieße, sie hätten etwas daraus gelernt[1]). Andere meinten, nur das Lehrhaus zu Bagdad sei die wahre Lehrstätte für Talmudkenntnis; wer nicht an dieser Quelle geschöpft, könne nicht als gründlich Eingeweihter angesehen werden; folglich verdienten Maimunis Entscheidungen keine unbedingte Anerkennung[2]). Solche Kleingeister bildeten sich ein, es hinge nur von ihnen ab, ein gleiches oder noch besseres Werk über sämtliche Gesetze des

---

[1]) Brief an Joseph ben Aknin das. [2]) Das.

Judentums zu verfassen¹). Das Haupt dieser kleinlichen Gegnerschaft war jener Samuel ben Ali in Bagdad (o. S. 254), der auf seinem reich ausstaffierten Gaonenthrone und stets umgeben von Sklaven mit Geißelruten bewaffnet, keinen neben sich, geschweige denn über sich anerkennen mochte. Maimuni setzte dem geheimen Krieg von dieser Seite gegen ihn und sein Streben die Verachtung eines Weisen entgegen. Er hatte aber auch ehrliche Gegner an solchen, welche fühlten, daß Maimunis Auffassung des talmudischen Judentums nicht Fleisch von ihrem Fleische sei, daher in dem Kodex Ketzerei witterten und Gefährdung der Alltagsreligion darin erblickten. Worin aber die dem Judentum fremden und unangemessenen Elemente lagen, das verstanden nur die Gebildeteren; die Einfältigen dagegen hielten sich an untergeordnete, ganz unwesentliche Punkte und ereiferten sich darüber, als wenn die Grundlehren der Religion in Gefahr wären.

So brach in Alexandrien nach dem Bekanntwerden des maimunischen Werkes ein förmlicher Volksaufstand dagegen aus, weil darin gelehrt wird, daß das Baden vor dem Gebete wegen nächtlicher Zufälle — das die morgenländischen Juden von ihren mohammedanischen Nachbarn angenommen hätten — unwesentlich sei. Gemeindeglieder rotteten sich zusammen und drohten der mohammedanischen Behörde Anzeige davon zu machen, daß diejenigen, welche Maimunis Kodex zur Norm angenommen hatten, Neuerungen in die Religion einführen wollten. Pinchas ben Meschullam, der eingewanderte Provenzale (o. S. 262), welcher im Streite mit einem anderen Mitgliede des Rabbinats, einem Anhänger Maimunis, lebte, hörte die Schreier an und entschied in einem Vortrage, daß das Baden allerdings eine wesentliche religiöse Pflicht sei. Darauf benachrichtigte er Maimuni von der gegen dessen Kodex herrschenden mißvergnügten Stimmung und fügte seinerseits einige Ausstellungen hinzu, die geeignet sind, zu vergegenwärtigen, gegen welche hartnäckige Vorurteile der Weise von Fostat zu kämpfen hatte, und mit welcher Besonnenheit und Ruhe er sie widerlegte. Pinchas tadelte zunächst, daß Maimuni den Inhalt der jüdischen Religionsgesetze auseinandergesetzt habe ohne die Namen der sie tragenden Autoritäten dabei zu nennen; dadurch würden die Namen jener heiligen Männer bei dem Volke in Vergessenheit kommen. Er rügte ferner, daß durch den Kodex der Talmud überhaupt beseitigt zu werden in Gefahr sei, indem die Gesetzesbeflissenen, statt sich in die talmudischen Diskussionen zu vertiefen, sich das Studium leichter machen und Mißver-

---

¹) Brief an Joseph ben Aknin das.

ständnissen ausgesetzt sein würden, wenn sie nicht die Grundquelle zu Rate zögen. Endlich machte er eine Aussetzung daran, daß Maimuni nicht die Belege aus dem Talmud und den dazu gehörigen Schriften genau angegeben habe, um zu erkennen zu geben auf welchen Gründen die von ihm aufgestellten Gesetze beruhen. — Als Maimuni dieses Schreiben empfing, war er von einer schweren Krankheit befallen und konnte es erst nach seiner Genesung, und zwar gedrängt von Pinehas' zweitem, demutsvolleren Briefe, beantworten. Diese Antwort ist eine Urkunde für Maimunis entschiedene, offene, Strenge mit Milde paarende Gesinnung. „Wisse," bemerkt er unter anderem, „wisse, daß ich nicht zu denen gehöre, welche Verleumdungen ihr Ohr leihen. Ich weiß auch zu unterscheiden, wie viel das Gerücht, von Mund zu Mund fortgepflanzt, zu übertreiben pflegt. Aber wenn ich selbst mit meinen Ohren vernähme, daß mich jemand schmäht und meine Arbeit geringschätzt, so bliebe ich unempfindlich dabei und würde es verzeihen und vergessen"[1]).

Maimuni war seit seiner Niederlassung in Ägypten von vielen Unglücksfällen heimgesucht worden, als wollte das Mißgeschick seine Gesinnung und sein Gottvertrauen auf die Probe stellen. Siechtum, Geldverlust, Sterbefälle wechselten miteinander ab. Erst vom Jahre 1185 an kehrte ihm das Glück seine freundliche Seite zu. In diesem Jahre wurde ihm ein Sohn geboren, der seine Freude und sein Stolz war, und erwarb er einen geistvollen Jünger, den er wie einen Sohn liebte und der ihn wie einen Vater verehrte. Maimuni verschwägerte sich in Fostat, wahrscheinlich nach dem Verluste seiner ersten Frau, mit einer angesehenen Persönlichkeit, mit Abulmaali, der Geheimschreiber bei einer von Saladins Frauen, der Mutter des nachmaligen Sultans Alasdhal war, und aus dieser Ehe wurde ihm sein Sohn Abraham geboren. Abulmaali hatte wiederum Maimunis Schwester zur Frau.[2]) — Maimunis Jünger gehörte zu den Personen, welche ihre Berühmtheit nicht ihren Taten oder Leistungen, sondern ihrer Verbindung mit einem großen Manne zu danken haben. Es war Joseph ben Jehuda Ibn-Aknin[3]), oder wie sein langatmiger arabischer

---

[1]) Sendschreiben an Pinehas, Briefsammlung 17 b ff.
[2]) Munk, Notice sur Josef ben Jehuda p.; über Abr. Maimunis Geburtsjahr dei Rossi, Meor Enajim c. 25 Ende.
[3]) Vgl. über ihn die vortreffliche Monographie Munks: Notice sur Joseph ben Jehuda, die Nachlese dazu in Ersch und Grubers Realenzyklopädie B. 32 sub voce, und Neubauer, Frankel-Graetz Monatsschrift 1870 S. 348 f., welcher bewiesen hat, daß es zwei Schriftsteller mit Namen J. Ibn-Aknin gegeben hat.

Name lautete, Abulhagâg Jussuff Ibn-Jachja Ibn-Shimun Alsabti Almaghrebi (geb. um 1160, st. 1226).

Während des Religionszwanges unter Abdulmumen in der Stadt Ceuta zur Welt gekommen, zu jener Zeit, von der Maimuni sagte: „Jede Freude ist für die Juden Maghrebs getrübt, jeder Fromme muß sich verbergen, und das Licht Israels ist erloschen"[1]), wurde Ibn-Aknin äußerlich in der mohammedanischen Religion erzogen, erlernte aber trotzdem neben Heilkunde und Mathematik die hebräische Sprache und Poesie, Bibel und Talmud. Er war kein hervorragender Geist, er hatte eigentlich mehr Sinn und Empfänglichkeit für Wissenschaften als schaffendes Talent; seinen brennenden Durst nach Wahrheit vermochte er nicht aus seiner eigenen Geistesquelle zu stillen. In seiner Jugend dichtete Ibn-Aknin hebräische Makamen nach arabischem Muster unter der Person eines Tobija ben Zidkija, die zwar von dem Fachgenossen Charisi sehr gerühmt werden, aber nach den poetischen Überbleibseln davon zu urteilen, keinen hohen Wert hatten. Um dem Bekenntniszwange zu entgehen, verließ er als angehender Mann seine Heimat und begab sich nach Alexandrien. Von hier aus knüpfte er mit Maimuni, von dem damals jeder Mund voll war, eine Verbindung durch ein wissenschaftliches Schreiben und durch Zusendung seiner Makamen an, welche diesem mehr wegen ihres Inhaltes als wegen ihrer Form so sehr gefielen, daß er Ibn-Aknin zu sich nach Fostat einlud. Der Einladung folgend (1185), verweilte er einige Zeit bei ihm und wurde dessen Lieblingsjünger. Ibn-Aknin scheint mit seiner ganzen Persönlichkeit mehr Eindruck gemacht zu haben, als die von ihm ausgegangenen Leistungen vermuten lassen. Er betrieb mit Maimuni zusammen mathematische und astronomische Studien und erlernte von ihm die höhere Auffassung des Judentums, von der er vorher keine Ahnung hatte. Dann begab er sich (um 1186) nach der damals bedeutenden Stadt Halep (Aleppo) praktizierte dort als Arzt und wurde Schwiegersohn des Geheimschreibers Abulala, welcher bei dem Fürsten Emad-Eddin in Diensten stand. Obwohl sein Zusammentreffen mit Maimuni nur von kurzer Dauer war, so verknüpfte doch ein enges Band der Freundschaft Meister und Jünger, das so innig war, daß es auf die beiderseitigen Familienglieder überging. Ibn-Aknins Verehrung für Maimuni grenzte an Anbetung, und die Anhänglichkeit des letzteren an seinen Jünger unterschied sich in nichts von der Liebe zu seinem Sohne, ja er nannte auch jenen geradezu Sohn.

---

[1]) Sendschreiben Maimunis an Ibn-Aknin Briefsammlung p. 10 b.

Erst nach mehr denn zwanzigjährigem Aufenthalte in Ägypten erlangte Maimuni eine bedeutende ärztliche Praxis am Hofe Saladins, während er bis dahin nur geringe Kundschaft hatte. Er wurde zwar keineswegs Saladins Leibarzt, weil dieser wegen seiner fortwährenden Kriege mit den Anhängern Nureddins und den Christen seine Hauptstadt lange Zeit nicht besuchen konnte. Aber die Gunst, welche ihm der edle Wesir des edlen Sultans, der kluge, mächtige und wissensfördernde Alfadhel[1]), zuwandte, von dem ein Zeitgenosse sagte: „er war ganz Kopf und Herz," galt ebensoviel, wie die Auszeichnung von seiten des Herrschers. Alfadhel ließ Maimuni in das Verzeichnis der Ärzte aufnehmen, setzte ihm ein Jahrgehalt aus und überhäufte ihn überhaupt mit Gunstbezeugungen. Von seinem Beispiele angeregt, wendeten ihm auch die Großen des Landes, welche in Kahira lebten, ihre Kundschaft zu, so daß Maimunis Zeit so sehr besetzt war, daß er die Studien vernachlässigen mußte. Maimuni verdankte übrigens seine Beförderung mehr seiner medizinischen Gelehrsamkeit, als seiner ärztlichen Geschicklichkeit. Denn er betrieb diese Kunst wie eine gelehrte Wissenschaft, verschrieb kein Rezept, dessen Wirksamkeit er nicht durch Aussprüche medizinischer Autoritäten belegen konnte[2]). Er behandelte

---

[1]) Der Zeitgenosse Alkifti gibt ausdrücklich an, daß Alfadhel M. befördert hat (in Tarich Alchukamah bei Casiri, Bibliotheca arabico-hispana I. 293 Text 294): Alfadhel — tanta eum (Maimonidem) complexus est benevolentia, ut annuum illi congiarium constituerit. Dasselbe sagt M. selbst in seinem Schreiben an Jbn-Aknin (bei Munk 24, 29): Je te fais savoir que j'ai acquis, dans la médecine, une grande réputation auprès des grands tels que le Khadi alkodhah, les émirs, la maison d'Alfadhel et d'autres des grands de la ville. Ungenau ist demnach die Angabe des Jbn-Abi Osaibija, daß sich Saladin M. als Arztes bedient hat: Le Sultan Melik Alnaser Salaheddin en faisait grand cas et se servait de lui pour médecin (bei de Sacy, Abdellatif p. 490). — Aus dem Zitat aus Maimunis Schreiben an Jbn-Aknin ergibt sich, daß M. vor dieser Zeit noch keinen Ruf als Arzt hatte. Dieses Schreiben trägt zwar das Datum Marcheschwan 1503 Sel. = Oktober 1191; allein es ist korrumpiert, wie schon Munk angegeben. Man kann es spätestens 1501 = 1189 ansetzen, da damals der Moreh noch nicht vollendet war, und erst in dem Traktat de resurrectione, verf. 1502 = 1190, als vollendet zitiert wird. Maimunis Beförderung fiel demnach erst zwischen 1186, das Jahr, in welchem ihn Jbn-Aknin verließ, und 1189, das Jahr, in welchem das genannte Schreiben mutmaßlich erlassen war.

[2]) Maimunis medizinischen Standpunkt hat er selbst in dem Schreiben an Jbn-Aknin (bei Munk a. a. O. S. 31) charakterisiert; nach Munks Übersetzung: Car tu sais combien cet art est long et difficile pour celui qui a de la réligion et de l'exactitude, et qui ne veut rien dire qu'il ne puisse appuyer d'un argument et sans savoir où cela a été dit et de quelle manière on peut

den Wissensstoff der Heilkunde auf gleiche Weise, wie die talmudischen Elemente. Er ordnete und systematisierte alles von älteren Autoritäten überkommene Material, stellte Prinzipien auf, erläuterte Dunkelheiten, ohne sich etwas Neues zu erlauben, oder ein Mittel anzugeben, das nicht früher schon erprobt wäre. Auf diese Weise bearbeitete er die Schriften des medizinischen Orakels im Mittelalter, des Galenus, d. h. er kürzte und ordnete sie, ohne sich die geringste Änderung dabei zu erlauben[1]). Denselben Charakter tragen auch seine medizinischen Aphorismen, die weiter nichts enthalten, als Auszüge und Gruppierungen älterer Theorien. Nach Art seines religionsgesetzlichen Kodex stellte er auch einen medizinischen Kodex zusammen.

Ungeachtet seiner geringen Selbständigkeit auf medizinischem Gebiete genoß Maimuni dennoch einen ausgebreiteten Ruf als arzneikundiger Schriftsteller. Der berühmte mohammedanische Arzt und Theologe Abdellatif von Bagdad, welcher die Gunst Saladins in einem hohen Grade besaß, gestand, daß sein Wunsch, Kahira zu besuchen, von der Neugierde angeregt war, drei Männer daselbst kennen zu lernen und darunter Musa ben Maimun[2]). Der Vater des berühmten arabischen Literaturgeschichtsschreibers Ibn-Abi Osaibija rühmte sich, ein Jünger Maimunis in der Heilkunde gewesen zu sein[3]). Der Dichter und Kadi Alsaid Ibn-Sina Almulk besang Maimunis Größe als Arzt in schwärmerischen Versen:

> Galens Kunst heilt nur den Leib,
> Abu-Amrans (Maimuni) dagegen Leib und Geist.
> Er könnte mit seiner Weisheit die Krankheit der Unwissenheit heilen.
> Wendete sich der Mond an seine Kunst,
> Er würde ihn zur Vollmondszeit von seinen Flecken befreien,
> Ihm seine zeitweiligen Gebrechen ergänzen,
> Und ihn zur Zeit der Verbindung von der Schwindsucht heilen.[4])

Maimunis Ruf war so groß, daß ihn der englische König Richard Löwenherz, die Seele des dritten Kreuzzuges, zu seinem

---

le démontrer. Zwischen Alkiftis übertriebenem Tadel: nunquam tamen in curandis aegrorum morbis ob nullam artis medicae excercitationem (קב משארבתה.) ac experientiam sibi soli credidit Maimonides (bei Casiri a. a. O) und dem übertriebenen Lobe Ibn-Abi Osaibijas: Ce savant tenait le premier rang parmi les médecins de son temps, pour la théorie et la pratique de son art (bei de Sacy a. a. O.) liegt Maimunis medizinische Leistung in der Mitte; er war mehr Theoretiker, als Praktiker.

[1]) Alkifti und Ibn-Abi Osaibija a. a. O. und Abdellatif a. a. O.
[2]) Bei de Sacy a. a. O. p. 465.
[3]) Bei Munk a. a. O. p. 30.
[4]) Das. p. 29.

Leibarzt ernennen wollte. Maimuni schlug aber diesen Antrag aus[1]).

Seine Gönner, der Oberrichter und Wesir Alfadhel sprach ihn auch um dieselbe Zeit von einer schweren Anklage los, die ihm unter einem minder milden mohammedanischen oder auch christlichen Richter die Todesstrafe zugezogen hätte. Derselbe Abulalarab Ibn-Moscha, welcher Maimunis Retter in Fez war (o. S. 274), war von Maghreb nach Ägypten gekommen, und als er ihn, den er als Mohammedaner figurieren gesehen, jetzt als religiöses Haupt an der Spitze der jüdischen Gemeinde erblickte, trat er als Ankläger gegen ihn auf, daß Maimuni sich eine Zeitlang zum Islam bekannt habe und folglich als Abtrünniger zu bestrafen sei. Alfadhel, vor dessen Tribunal die Anklage erhoben war, urteilte gerecht, daß ein aufgezwungenes Bekenntnis keine Gültigkeit haben und keine Folgen nach sich ziehen könne (um 1187)[2]). Infolge seiner Gunst bei dem Wesir wurde Maimuni zum Oberhaupte sämtlicher ägyptischen Gemeinden (**Reïs**[3]), Nagid) wahrscheinlich ar Stelle des verstorbenen Nathanael (Hibat-Allah o. S. 261) ernannt und diese Würde vererbte sich in seiner Familie vom Vater auf Sohn und Enkel bis ins vierzehnte Jahrhundert. Sicherlich hat Maimuni für dieses Amt keinen Gehalt bezogen; denn ihm schien nichts so sehr unwürdig und sündhaft, als sich ein geistliches Amt bezahlen zu lassen oder das Wissen zu einem nährenden Handwerke zu erniedrigen[4]). Seine hervorragende Stellung benutzte er für seine Glaubensgenossen, um ihnen irgendwo zugefügte Unbill von ihnen abzuwenden. Es ist bereits erwähnt, daß durch seine Veranlassung das schwere Joch der Verfolgung von den Gemeinden Jemens beseitigt wurde (o. S. 284). Als Saladin Jerusalem den Händen der Christen, welche es beinahe ein Jahrhundert besessen, wieder entrissen hatte (Oktober 1187), ge-

---

[1]) Alfisti berichtet: et Francorum regis Ascaloniae ipsum (M.) maxime optantis medicus electus est, quod tamen munus et honorem omnino recusavit. Dieser מלך אלפרנג בסתקלאא kann nur Richard Löwenherz bedeuten, welcher Askalon wieder aufbauen ließ und zum Stützpunkte für die kriegerischen Unternehmungen gegen Jerusalem machte (Weil, Kalifen III, 423 ff.).

[2]) Alfisti a. a. O. berichtet, die Anklage sei erhoben worden, sub vitae finem Maimonidis (פי׳ אחר וזמינה): Dshebi (bei Munk, Archives israélites 1851 p. 329) setzt sie in das bezeichnete Jahr. Jedenfalls ist diese Anklage zu unterscheiden von jener, welche M. selbst im Sendschreiben an Jephet o. S. 276, Anmerk. 1 erwähnt.

[3]) Den Titel Reïs legen ihm sämtliche arabische Schriftsteller bei, die von ihm sprechen.

[4]) Vgl. Abotkommentar zu IV 7 und Hilchot Talmud Thora III.

stattete er den Juden, sich in der Stadt ihrer Väter niederzulassen, und von allen Seiten strömten wieder die sehnsüchtigen Söhne zu der trauernden und verlassenen Mutter[1]). Vermutlich war Maimuni diesem Akte hochherziger Duldung nicht fremd. Er bemühte sich endlich, seinen Bekenntnisgenossen den Vorzug vor den Karäern im Staate geben zu lassen und diese aus ihrer günstigen Stellung bei Hofe nach und nach zu verdrängen, so daß manche von ihnen zum Rabbanitentum zurückkehrten, was Maimuni zu seiner Zeit als hohes Verdienst angerechnet wurde[2]).

Je höher Maimuni in den Augen seiner Zeitgenossen stieg, je mehr seine außergewöhnliche Persönlichkeit anerkannt wurde, und je lauter sein Ruhm erscholl, desto mehr fühlte sich das dünkelhafte Schulhaupt von Bagdad Samuel ben Ali (o. S. 254) in seinem Ansehen verletzt und von Neid besessen. Samuel nahm daher jede Gelegenheit wahr, Maimunis Verdienst zu verkleinern und ihn verächtlich zu machen. Heimlich flüsterten Samuel ben Ali und seine Freunde untereinander, daß Maimuni durchaus kein strengfrommer Jude und kein aufrichtiger Anhänger des Talmuds sei, und verbreiteten unter der Hand allerlei lügenhafte Verleumdungen über ihn[3]). Einige Mißgriffe, welche Maimuni in seiner Jugendarbeit des Mischnahkommentars begangen hatte, da er sich bei der Erklärung dunkler Stellen von den Gaonen leiten ließ, benutzten diese Böswilligen, um ihn zu einem im Talmud Unwissenden zu stempeln, dem auf diesem Gebiete keine Stimme gebühre. Ihre Religiosität bestand darin, wie sie Maimuni charakterisierte, sich vor dem Übertreten von Satzungen zu hüten, aber gute Sitten, Demut, rein menschliche Tugenden gehören nach der Ansicht dieses Menschenschlages nicht zur Religion[4]). Als nun die Saat, welche Maimuni ausgestreut hatte, anfing frühzeitige Früchte zu tragen, benutzten Samuel ben Ali und seine Genossen diese Erscheinungen, um den Urheber in den Augen der Mitwelt herabzusetzen.

In Damaskus und Jemen traten Religionslehrer auf, welche aus Maimunis Schriften folgerichtige Schlüsse zogen, die er selbst nicht folgern mochte. Da er die Unsterblichkeit der Seele in dem reingeistigen Zustande einer jenseitigen Welt stark betont und wiederholent-

---

[1]) Charisi, Tachkemoni Pforte 29.
[2]) Nachmanis größeres Sendschreiben an die französischen Rabbinen.
[3]) Briefsammlung p. 16 a, weniger gut wiedergegeben in Goldbergs Einl. zu Birkhat Abraham Bl. 4a; Sendschreiben an Joseph Ibn-G'abar in Edelmanns Chemda Genusa p. 6 und in Eliëser Tunenis' Taam Sekenim p. 76.
[4]) Sendschreiben an Joseph Ibn-Aknin bei Goldberg a. a. O. Bl. 4 b.

lich hervorgehoben, die Auferstehung der Leiber dagegen nur nebenbei hingestellt hatte, so folgerten diese seine Jünger, daß es ihm mit der Auferstehung nicht völliger Ernst sei und lehrten geradezu, mit dem Tode verfalle der Leib der Auflösung und dem Untergange, und nur die Seele schwinge sich zu reinem Geistesleben empor. Allerdings verstieß diese freie Ansicht gegen ausdrückliche Aussprüche im Talmud und erregte darum allgemeines Ärgernis. Maimuni wurde angegangen, sich deutlich über den Glauben an die leibliche Auferstehung auszusprechen. Er tat es und hielt seinen bisherigen Standpunkt fest. Aber auch Samuel ben Ali wurde von Jemen aus aufgefordert, sein Urteil über die Frage des Auferstehungsglaubens abzugeben, und schrieb eine ganze Abhandlung darüber, versah sie mit philosophischen Floskeln, um nicht darin hinter Maimuni zurückzustehen, und machte bei dieser Gelegenheit an dessen Schriften Ausstellungen, deren Wirkung er durch zum Teil gespendetes Lob zu erhöhen glaubte[1]). Bei einer anderen Veranlassung, als Maimuni auf eine Anfrage von Bagdad aus nach talmudischem Prinzip gestattete, am Sabbat zu Schiff auf tiefen Flüssen und Strömen zu fahren, richtete Samuel ben Ali ein Sendschreiben an ihn, worin er unter Schmeicheleien und Bücklingen ihm vorwarf, einen Irrtum in der Auffassung des Talmuds begangen zu haben, wie kaum ein Anfänger. Er fügte süßlich hinzu, er möge sich nicht darüber grämen, indem Irren so sehr menschlich sei, daß auch die Propheten und die großen Männer des Talmuds demselben nicht entgangen seien. Er verfehlte aber auch nicht, mit Protektormiene hervorzuheben, daß er ihn bei den Gemeinden in Jemen in Schutz genommen habe. Maimuni erwiderte darauf in einem geharnischten Sendschreiben[2]), worin er seinem hämischen Gegner nachwies, daß gerade dieser sich in der tieferen Auffassung des Talmuds geirrt habe. Er berührte dabei auch die heimlichen Anfeindungen seines großen Wertes in diesem Kreise, indem einige der Meinung seien, es enthalte Irrtümer, andere, es sei überflüssig, und noch andere, es sei schädlich. „Du scheinst mich," bemerkte Maimuni gegen ihn, „zu denen zu zählen, die gegen jedes Wort des Tadels empfindlich sind. Du irrst dich aber darin. Gott hat mich vor dieser Schwachheit geschützt, und bei ihm beteuere ich dir, daß, wenn mir der geringste Schüler, sei es Freund oder Feind, einen

---

[1]) Tractatus de resurrectione Ani.
[2]) Die vier betreffenden Sendschreiben in der Briefsammlung S. 36—40. Sie fallen sämtlich vor Abfassung des *Tractatus de resurrectione*, wie aus dem Schreiben an Joseph Ibn-G'abar hervorgeht, also vor 1190, aber n a ch den in jenem Traktate erwähnten Vorfällen vom Jahre 1188.

Irrtum nachwiese, ich ihm für die Berichtigung und Belehrung dankbar bin." Obwohl Samuel ben Ali durch Maimuni derb abgefertigt wurde, fuhr er dennoch fort zu verbreiten[1]), derselbe habe sich in seiner Entscheidung in betreff des Fahrens auf Flüssen am Sabbat geirrt, daß er nicht talmudfest sei, und daß sein Kodex nicht das Ansehen verdiene, das er genoß. Von einer anderen Seite, von Haleb aus, wirkte ein beschränkter Stocktalmudist, Mar-Sacharia, der sich durch Maimunis Jünger Joseph Ibn-Aknin verdunkelt sah, ebenfalls feindselig gegen Meister und Schüler. Da aber der Weise von Fostat überall warme und hingebende Anhänger hatte, so waren Samuel ben Ali und sein Genosse von Haleb genötigt, vorsichtig aufzutreten. Sie fädelten ein niedriges Intrigenspiel gegen ihn ein, in das sie auch einen der damaligen zwei Exilarchen hineinzogen, das uns aber nur dunkel bekannt ist. Maimuni setzte dieser Intrige eine verachtende Gleichgültigkeit und Ruhe entgegen, was seine Gegner vollends entwaffnete. Da sein eifriger Jünger Ibn-Aknin, der sich mehr als der Betroffene selbst über diese Intrigen ärgerte, die Absicht zu erkennen gab, in Bagdad ein Lehrhaus zu eröffnen, dort den Talmud in maimunischer Weise auszulegen und solchergestalt Samuel ben Ali auf dessen eigenem Gebiete zu schlagen, so warnte ihn Maimuni in einem Sendschreiben (vom Oktober 1189)[2]) vor einem solchen Schritte mit Gründen, welche seine edle Gesinnung offenbaren. „Ich habe nichts dagegen, daß du in Bagdad ein Lehrhaus eröffnest und dort nach meinem Kodex die Religionsgesetze lehrest; aber ich fürchte, daß du dich fortwährenden Kränkungen von ihrer Seite aussetzest und nicht zum Ziele gelangen wirst. Außerdem, wenn du dich auf den Unterricht verlegst, so wirst du dein Geschäft vernachlässigen, und ich rate dir, nichts von ihnen dafür anzunehmen. Eine Drachme, verdient von der Ausübung des Weber-, Schneider- oder Zimmermannshandwerkes ist angenehmer, als reicher Gewinn durch ein Lehrdiplom vom Exilarchen. Wenn du mit ihnen zu tun hast, wirst du verlieren, und wenn du etwas von ihnen annimmst, wirst du dich erniedrigen. Meine Meinung ist, daß du dich auf das Geschäft und auf die Ausübung der Arzneikunde beschränken und dich dabei mit der Thora nach gründlicher Erforschung beschäftigen mögest.

---

[1]) Folgt aus dem Sendschreiben an Ibn-G'abar a. a. O.

[2]) Vgl. o. S. 303 Anm. 1. Das von Goldberg vollständig edierte Sendschreiben an Ibn-Aknin ist v o r Abfassung des Tractatus de resurrectione geschrieben; das Sendschreiben an Ibn-G'abar dagegen n a ch Abfassung desselben. Folglich ist Goldbergs Annahme falsch, daß in dem ersteren auf die Korrespondenz mit Ibn-G'abar angespielt werde.

Du sollst aber nur das Werk Alfâsis studieren und es mit unserem
Kodex vergleichen. — Wenn du aber deine Zeit auf die Talmudkom=
mentarien und auf die Diskussion über dunkle Stellen verwendest,
so wirst du davon nur Zeitverlust und wenig Nutzen haben"[1]). Stärker
konnte er seine entschiedene Abneigung gegen ein besoldetes Lehramt
für die Religionswissenschaft und gegen die talmudischen Diskussionen
nicht ausdrücken.

Ungeachtet seiner Reibungen mit der Partei des Samuel ben
Ali und seiner angestrengten Tätigkeit als Arzt, die ihm kaum Zeit
zum Studium ließ[2]), vollendete er sein religionsphilosophisches Werk
Moréh Nebuchim, Dalalat al-Haïrin, um 1190)[3]), das nicht bloß
für das Judentum, sondern auch für die Geschichte der Philosophie
im Mittelalter überhaupt von außerordentlicher Bedeutung wurde. Es
bildet den Höhepunkt des maimunischen Geistes und die Rechtferti=
gung seiner innigsten Überzeugungen. Die Fragen, welche der mensch=
liche Geist stets von neuem aufwirft, über das Vorhandensein einer
höheren Welt, über die Bestimmung des eigenen Daseins und über
die Unvollkommenheit und Übel der irdischen Welt, suchte Maimuni
auf eine damals überzeugende Weise zu beantworten. Die Zweifel,
welche dem denkenden Juden an der Wahrheit seiner angestammten
Religion aufstießen, suchte er auf eine befriedigende Weise zu beschwich=
tigen. Er, dessen Denken stets auf das Höchste gerichtet war, durfte
sich herausnehmen, „der Führer der Irrenden und Schwankenden"
sein zu wollen. Die äußere Einkleidung dieses epochemachenden Werkes
ist zwar so angelegt, als wenn der Verfasser für seinen Lieblingsjünger
einzelne Abhandlungen über wichtige Punkte, welche diesen innerlich
beunruhigten und quälten, zum Niederschlagen seiner Zweifel ausge=
arbeitet hätte. Allein es wurde von dem Bedürfnis diktiert, sich selbst
die philosophische Weltanschauung und den Platz, den das Judentum
darin einnimmt, klar zu machen und ihr Verhältnis zueinander gründ=
lich auseinanderzusetzen. Die einzelnen Kapitel dieses Werkes, so

[1]) Sendschreiben an Ibn-Aknin bei Munk und Goldberg.
[2]) Das.
[3]) Folgt daraus, daß der Moreh. als er das Sendschreiben an Ibn-Aknin
erließ, 1189 noch nicht vollendet war, dagegen beruft er sich schon darauf im
Tractatus de resurrectione von 1191. Durch Scheyers Übersetzung des dritten
Teils des Moreh (Frankf. a. M. 1838) und durch dessen psychologisches System
des Maimonides (das. 1845), sowie durch Munks Übersetzung (Guide des
égarés. 3 Bde. Paris 1856—1866), beide nach dem arabischen Original und
mit sachlichen und sprachlichen Noten, ist das Verständnis desselben bedeutend
erleichtert worden.

lose auch ihr Zusammenhang untereinander scheint, bilden daher ein einheitliches Ganze, ein abgerundetes Gedankensystem. Maimuni hatte bei der Abfassung desselben lediglich denkende Leser aus dem jüdischen Kreise im Auge und versetzte sich in deren Geist; daher legte er es nicht, wie seine Art war, systematisch an, sondern entwickelte zuerst alle die Voraussetzungen, auf welchen der Gedankenbau wie auf einem sicheren Grunde aufgeführt werden kann.

Maimuni war einerseits von der Wahrheit der aristotelischen Philosophie, wie sie der mohammedanische Philosoph Ibn-Sina und andere erweitert hatten, fest überzeugt. Andererseits war ihm das Judentum nicht minder unerschütterliche Wahrheit. Beide schienen ihm denselben Ausgangspunkt und ein gemeinsames Ziel zu haben. Die Philosophie erkennt als Spitze aller Wesenheiten einen einheitlichen Gott als Weltbeweger an. Das Judentum lehrt ebenfalls mit scharfer Betonung die Einheit Gottes, und verabscheut nichts gründlicher als Vielgötterei. Die Metaphysik kennt kein höheres Ziel des Menschen, als sich theoretisch zu vervollkommnen, sich zur höchsten Erkenntnis emporzuarbeiten. Auch das Judentum, selbst das talmudische, stellt Erkennen und Wissen, Gotteserkenntnis, an die Spitze seiner Vorschriften. Sind also die Wahrheit, welche der menschliche Geist in seiner Vollkraft aus sich selbst erzeugte, und die Offenbarung, welche die Gottheit am Sinaï dem israelitischen Volke eröffnet hat, einander in Anfang und Ende gleich, so müssen die einzelnen Teile derselben einander entsprechen und sich zueinander wie eine und dieselbe Wahrheit, nur auf verschiedenem Wege gewonnen, verhalten. Das Judentum könne um so weniger mit der Philosophie im Widerspruch stehen, als beide Ausflüsse des göttlichen Geistes seien. Die Wahrheit, welche Gott offenbart hat, müsse auch mit derjenigen übereinstimmen, welche in der menschlichen Vernunft, als einer von der Gottheit stammenden Gabe, liegt, und ebenso müßten alle Wahrheiten, welche das metaphysische Denken zu Tage fördern kann, in der Offenbarung, d. h. in dem Judentum vorhanden sein. Maimuni glaubte daher, daß ursprünglich neben der schriftlichen Gesetzesoffenbarung im Pentateuch auch mündliche Lehren philosophischer Art dem größten Propheten mitgeteilt worden seien, die weiter durch Überlieferung im israelitischen Kreise fortgepflanzt worden und erst infolge der Störungen und Trübungen, welche die israelitische Nation im Laufe der Zeit erfahren hat, untergegangen seien. Spuren dieser alten israelitischen Weisheit fänden sich, nach Maimunis Ansicht, in den hingeworfenen Aussprüchen der Propheten und in den Sentenzen der Agada. Wenn daher der denkende Jude die

Wahrheit aus der griechischen Philosophie entlehnt, auf Plato und Aristoteles lauscht, so sind diese ihm nicht ganz fremde Elemente, sondern nur Mittel, sich seines eigenen, verlorenen Schatzes wieder zu erinnern[1]).

Maimuni kehrte also, um eine jüdische Religionsphilosophie zu begründen, zu Saadias Standpunkt zurück, daß das Judentum mit der metaphysischen Weltanschauung im Einklang sei und sein müsse; er wies die Weltweisheit nicht wie Jehuda Halevi als eine zudringliche Kupplerin ab, erkannte sie vielmehr als höchste Instanz in göttlichen Dingen an. Nur ist sein System viel reicher, tiefer und gediegener als das Saadias, wie die Frucht voller ist als der Keim. Maimuni begnügte sich nicht mit Scheinbeweisen, nicht mit Wahrscheinlichkeiten, nicht mit zumutenden Ideen, sondern rückte den Gedanken näher und prüfte mit gewissenhafter Strenge ihre Beweiskraft und Stichhaltigkeit. So hoch ihm auch Aristoteles, der Vollender der griechischen Philosophie, stand, und so voll Verehrung er auch für jeden seiner Aussprüche war, so beruhigte er sich dennoch nicht bei dem von ihm aufgestellten Gedankenkreise, sondern unterwarf ihn einer sorgfältigen Prüfung. Maimuni kam sogar zu dem Ergebnis[2]), daß, obwohl alles, was Aristoteles über die Natur der Welt ausgesprochen von der Mondsphäre bis zum Mittelpunkt der Erde, als auf sichere Beweise gegründet, fest und unerschütterlich sei, dennoch seine Ideen über die Natur der höheren Welt mehr Meinung als philosophische Gewißheit seien. Maimuni wich daher bei der Darstellung des Gedankeninhalts der jüdischen Religion wesentlich von Aristoteles' Philosophie ab, und in den Punkten, in welchen er über sie hinausging, war er selbständig und erzeugte eine neue, wenn auch aristotelisch gefärbte Weltanschauung. In seinen zwei älteren Werken hatte er zwar bereits philosophische Lehren entwickelt, in diesem Werke sucht er sie zu begründen und im Zusammenhange darzustellen.

Maimuni ging von dem Punkte aus, daß es mit entschiedener Notwendigkeit ein Wesen geben müsse, welches die Bewegung der Sphären und der niederen Welt leitet, das nicht anders als daseiend und existierend gedacht werden könne. Denn ohne dieses höchste Wesen wäre der Bestand und der Zusammenhang des Weltganzen undenkbar. Dieses höchste Sein, dieses „bewegende Unbewegte", ist die erste Ursache von allem Vorhandenen, ist selbst unveränderlich und daher unkörperlich und eins. Es ist die reine Wirklichkeit und der in sich beharrende un-

---

[1]) Moreh I. 71. II. 11.
[2]) Das. II. 22.

endliche Geist, dessen Gedanken stets verwirklichen und gestalten und
Ordnung, Gesetz und Regeln hervorbringen. Obwohl dem höchsten
Wesen oder der Gottheit eine Fülle von Vollkommenheiten innewohnt,
so dürfe man ihm doch keinerlei Eigenschaft (Attribut) beilegen, weil
eine solche, nach menschlicher Vorstellungsweise gedacht, entweder seine
geschlossene Wesenseinheit oder seine Unveränderlichkeit beeinträchtigen
würde. Kaum dürfe man von der Gottheit aussagen, daß sie unendlich
wirke, weil Wirksamkeit das Streben, etwas Mangelhaftes zu ergänzen,
voraussetze, und die Gottheit sei das in sich ruhende Genüge. Indessen
so wie man ihr Dasein und Verwirklichungskraft zusprechen müsse, ebenso
müsse man in ihr Allwissenheit und freie Willenstätigkeit annehmen:
nur dürften diese Vollkommenheiten weder um viele Grade höher als
die ähnlichen dem Menschen innewohnenden Geisteskräfte, noch von
ihrem Wesen getrennt, sondern durchaus eigentümlich und mit ihr in
durchschlagender Einheit gedacht werden.

Das ganze Weltall, das als ein organisches, im Einklang wirkendes,
aus übereinander schwebenden Sphären bestehendes Einzelwesen gedacht
werden müsse, ist weiter nichts als verwirklichte Gedanken Gottes, oder
vielmehr als die stets zur Wirklichkeit treibenden Ideen Gottes. Er
spendet ihm stets Gestaltungen und Formen und pflanzt der Welt Ord=
nung und Gesetzmäßigkeit ein. Alles ist darin zweckentsprechend an=
geordnet. Die griechische Philosophie nimmt zwar an, daß das Weltall
an Gottes Ewigkeit teil habe, daß es von jeher von Gott verwirklicht
worden sei und stets denselben Kreislauf von Gestalten, Werden und
Vergehen durchgemacht habe, wie es in der Gegenwart erscheint. Allein
sie vermöge weder die Ewigkeit der Welt unwiderleglich zu beweisen,
noch alle Schwierigkeiten hinwegzuräumen, welche der Annahme eines
Urbestandes des Weltganzen entgegenständen. Viel einleuchtender sei
die Lehre des Judentums, daß die Welt einen zeitlichen Anfang habe,
und daß die Zeit selbst, die vielmehr erst eine Form der Welt und ihrer
Bewegung sei, nicht anfangslos sei, sondern von dem bestimmenden
Willen Gottes ins Dasein gerufen worden. Die Annahme, daß Gott
nicht bloß Ordner und Erhalter, sondern auch freitätiger **Schöpfer
der Welt** sei, obwohl sie nicht mit voller Gewißheit bewiesen werden
könne, empfehle sich dem menschlichen Bewußtsein weit mehr als jene,
welche dem Weltall Urewigkeit zuschreibt, demgemäß die Welt eine so
notwendige Folge der Gottheit sei, wie der Schatten dem Lichte. Die
Lehre des Judentums zwinge der Gottheit keinerlei Notwendigkeit
auf, sondern lasse sie in freier Selbstbestimmung die Wesenheiten in
einem bestimmten Anfangspunkte ins Dasein rufen.

Das von Gott geschaffene und zusammengehaltene, organisch gestaltete Weltall bestehe aus einer Stufenreihe verschiedenartiger Wesen. Der Gottheit am nächsten ständen **reine Geister**, die einfach, nicht zusammengesetzt aus Stoff und Form und daher der göttlichen Natur am vollsten teilhaftig seien. Ihre notwendige Existenz ist philosophisch erwiesen, weil sich dadurch manche Erscheinungen im Weltall am besten erklären lassen. Diese reinen Geister, diese „vom Stoff losgelösten Formen" nenne das Judentum, nenne die heilige Schrift Engel. Maimuni ist geneigt, vier solche stofflose Geister und dementsprechend **vier** Engel oder vielmehr **vier Engelgruppen**[1]) anzunehmen, entsprechend der Vierzahl der Elemente in der niederen Wesenreihe. Diese Geister oder Engel seien nicht einander gleichgestellt, sondern untereinander abgestuft und verhielten sich zueinander, wie Ursache zu Wirkung, so daß es einen höchsten und einen niedrigsten Engel gäbe. Unter diesen müsse ein Geist oder Engel vorausgesetzt werden, welcher gedanken- oder ideenerzeugend wirke, **der tätige Weltgeist oder die betätigende Vernunft** (νοῦς ποιητικός Séchel ha-Poél); darunter sei der von der Agada erwähnte „Fürst der Welt" (Sar ha-Olam) zu verstehen. Seine Wirksamkeit sei erst durch die Auffassung der niederen Wesenreihe zu begreifen.

Auf der den reinen Geistern zunächst stehenden Stufe seien nun Wesenheiten, welche zwar aus Stoff und Form zusammengesetzt gedacht werden müßten, deren Stoff aber nicht plump und grob, sondern ätherischer Natur sei. Diese ätherischen Wesenheiten seien der Himmel und die lichte Sternenwelt, welche eine ewig gleiche Bewegung innehalten, daher dem Wechsel von Entstehen und Vergehen nicht unterworfen sind, sondern in steter Klarheit und in ununterbrochener Regelmäßigkeit im Weltraum dahinrollen und im Kreislauf, der regelmäßigsten aller Bewegungen, wiederkehren. Sie gestalten und verändern den tiefer stehenden Wesenkreis. So mannigfaltig und unendlich auch die Sternenwelt erscheint, so läßt sie sich doch in vier Sphären gruppieren, in die Sphäre der Fixsterne, der Irrsterne (Planeten), der Sonne und des Mondes, die ebenfalls als übereinander schwebend vorgestellt werden müßten. Diese Sternensphären seien als mit Leben begabt und geistestätig zu denken. Unter der Mondsphäre befinde sich eine Wesensstufe, die aus gröberem Stoffe gebildet, aber empfänglich sei, Form, Gestaltung und Bewegung anzunehmen, also aus Stoff und Form zusammengesetzt, aber aus einem Stoffe, der die Form nicht stetig festzuhalten

---

[1]) Daſ. II. 10.

vermöge und daher dem ewigen Wechsel, dem Entstehen und Vergehen unterliege. Es ist die Welt der vier Elemente, die ebenfalls in vier Sphären übereinander geformt sind. Innerhalb dieser Sphären bilden sich durch mannigfaltigen Formenwechsel, angeregt durch die Sternenwelt, tote Mineralien, mit Leben angehauchte Pflanzen, sich selbst bewegende Tiere und geistesempfängliche Menschen.

Wie ist aber das Einwirken Gottes auf dieses vielgestaltige, abgestufte Weltall zu denken? Die Veränderungen können nicht unmittelbar von ihm ausgehen. Denn so wie er die Welt geradezu in Bewegung brächte, würde er selbst Veränderung in seinem innersten Wesen erleiden und seine Vollkommenheit und Erhabenheit bestehe eben in seiner ewigen Ruhe und Unveränderlichkeit! Die aristotelisch-maimunische Naturphilosophie gibt folgende Antwort auf diese Frage. Die beseelten Sternenkreise, welche die Ursachen aller Veränderungen hienieden sind, werden keineswegs von Gott in Bewegung gesetzt, sondern bewegen sich als beseelte Wesen ihm zu in Sehnsucht und Liebe, um seiner Vollkommenheit, seines Lichtes und seiner Güte teilhaftig zu werden. Durch dieses sehnsuchtsvolle Streben der Himmelskörper zu Gott entsteht ihr regelmäßiger Kreislauf, und dadurch bewirken sie alle Veränderungen in der Welt unter dem Monde, im Wesenkreise des Entstehens und Vergehens durch Annehmen und Verlieren der eigentümlichen Formen und Gebilde. Indessen streben nicht sämtliche Himmelssphären zu Gott, sondern wegen ihrer niedrigeren Stellung lediglich zu den gottähnlichen, reinen Geistern oder Engeln. Dem Verlangen, von seiten der ätherischen Wesen Begeistigung und Vollkommenheit zu empfangen, kämen Gott oder die Lichtwesen spendend und überleitend von ihrer Fülle entgegen. So sei Gott nicht unmittelbar der Weltbeweger, sondern die erste Ursache der Bewegung, er aber bleibe dabei unverändert. Diese Theorie von Gott, dem Weltall und der mannigfaltigen Bewegung der Wesensstufen fand Maimuni in der heiligen Schrift und in vielen Aussprüchen der Agada angedeutet, aber nur angedeutet und nur leise darauf angespielt, weil diese Schriften und diese Lehren, die für jedermann bestimmt seien, das volle Bild der Wahrheit nicht entschleiern mochten, nicht entschleiern durften, um nicht grobe Mißverständnisse zu veranlassen. Die „Geheimnisse der Lehre" (Sitré Thora), die namentlich in dem Kapitel von der Schöpfung (Maasse Bereschit) und in den Ezechielschen Gesichten vom Thronwagen Gottes (Maasse Merkaba) niedergelegt seien, wären nichts anderes gewesen, als eben diese Theorie, und sie seien lediglich Eingeweihten überliefert worden. Für die gedankenlose Menge hätten sich die Propheten und Agadisten (predigende Schriftausleger) der Bilder und Gleichnisse bedient, weil deren blöde Augen den Glanz der vollen Wahrheit nicht ertragen könnten.

Wichtiger als die Auseinandersetzung dieser Weltanschauung ist Maimunis Gedankenentwickelung über die den Menschen näher angehenden Punkte, die er daran anknüpft. Da Gott, die Vollkommenheit und Allgüte, Urheber des Weltalls ist, so kann dieses nicht anders als gut und zweckentsprechend gestaltet sein. „Gott sah, daß alles gut war," und „aus der Höhe kommt nichts Böses". Die Übel, welche sich innerhalb der niederen Welt finden, dürfen nicht als Gottes Schöpfungen angesehen werden, sondern lediglich als Abwesenheit des Guten und Vollkommenen, wenn der schwerfällige Stoff nicht imstande ist, des Guten und Göttlichen teilhaftig zu werden. Gott hat keineswegs das Böse g e s c h a f f e n, sondern dieses entsteht aus der Natur des groben Stoffes, welcher mangelhaft beanlagt sein müsse und als solcher das Gute und den Segen nur mangelhaft annehmen und halten könne. Ohnehin entsprängen die meisten Übel von den Menschen selbst, die sie entweder sich selbst oder einander zufügten. Aber diese Übel sollten eben überwunden werden. In die Seele des Menschen, welcher allen aus grobem Stoffe und höherer Form zusammengesetzten Wesen überlegen sei, habe Gott nämlich die Anlage und den Trieb zur Erkenntnis gesenkt. Folgt sie diesem Triebe, so kommt ihr die eigens dazu geschaffene tätige Vernunft (v. S. 313) entgegen, um ihr die Quelle des göttlichen Geistes zu öffnen, auf daß sie den Zusammenhang der Welt und Gottes Einwirkung auf dieselbe zu erkennen und ein zweckentsprechendes Leben zu führen imstande sei. Der Mensch vermöge sich demnach zur höheren Engelsstufe zu erheben und die Schranken von seiten seines stofflichen Leibes zu überwinden. Durch diesen Aufschwung zum höheren Gedankeninhalt und zur Sittenreinheit, wenn er sich von dem Tierischen nicht meistern lasse, erwerbe sich der Mensch selbst den Geist, er mache sich selbst zu einem überirdischen Wesen, er erringe sich die Unsterblichkeit des Geistes und werde mit dem allwaltenden Weltgeiste geeint. Die Möglichkeit, die höchste Stufe zu erringen, sei dem Menschen mit seiner Willensfreiheit geschenkt, und diese beschränke keineswegs die göttliche Allwissenheit, so wie sie auch nicht von dem göttlichen Wissen um den Erfolg beschränkt werde, da das göttliche Wissen, als nicht auf einem mühsamen Stufengang beruhend, seinem ganzen Wesen nach von der Erkenntnisweise des Menschen verschieden sei.

Und ebenso wie die Unsterblichkeit vermöge sich der Mensch durch seine Seelentätigkeit die besondere göttliche Vorsehung zu erwerben und gewissermaßen zu erringen. Denn Gottes Fürsorge erstrecke sich nur auf das Bleibende und Dauernde, auch in der niederen Welt der vier Elemente auf die Erhaltung der Gattungen, die vermöge ihrer Form und Zweckmäßigkeit geistiger Natur seien. Erhebe sich nun der Mensch zur Geistesstufe, werde er Herr des Stofflichen, so könne ihm das fürsorgliche Auge Gottes nicht fehlen. — Und wie der Mensch sich den höchsten Lohn in der Erringung eines unsterblichen Geistes durch sittliche und denktätige Selbstarbeit erwerben könne, ebenso ziehe er sich die höchste Strafe selbst zu, wenn sein Geisteslicht durch ein sündhaftes Leben erstickt werde und im Stofflichen erlösche.

Der Mensch vermöge aber noch mehr zu erwerben, er sei imstande durch ein ideales Leben die prophetische Anlage in sich auszubilden, wenn er seinen Geist in stetigem Denken und Tun Gott zuwendet. Freilich gehöre besonders zur Erlangung der Prophetie einerseits die Ausbildung und Spannung der Phantasie von seiten des Menschen und von seiten Gottes die Ausgießung seines Geistes. Da nun eine lebhafte, vorwaltende Phantasie die Haupttüchtigkeit für die Prophetie sei, so könne sie sich lediglich in einem traumähnlichen Zustande entfalten, wenn die störende Sinnentätigkeit abgespannt sei, und der Geist frei werde, sich den Einwirkungen von oben ganz zu überlassen. Die Prophezeiung der Propheten sei stets in einer Art Traum erfolgt. Sämtliche Erzählungen, welche die heilige Schrift von dem Tun und dem Erfahren der Propheten während ihres verzückten Zustandes mitteile, dürften aber nicht als wirkliche Tatsachen, sondern nur als innere Seelenvorgänge, als Gesicht und Schau der Phantasie, aufgefaßt werden. Es gebe auch verschiedene Stufen in der Prophetie, je nach der größeren oder geringeren Tüchtigkeit, die dazu erforderlich sei. Dadurch hörten viele Wundererzählungen in der Bibel auf, übernatürlich und auffallend zu erscheinen, sowie auch die hyperbolische Redeweise der Propheten dadurch erklärlich sei. Alles dies liege an dem Vorherrschen der Phantasie und an den traumähnlichen Erscheinungen. Es sei zwar nicht gegen die Möglichkeit, Wunder anzunehmen. Derselbe Schöpfer, der die Naturgesetze geordnet, könne sie auch teilweise wieder aufheben, allein nur zeitweilig, so daß die Ordnung gleich wieder zurückkehre, wie das Nilwasser nur auf kurze Zeit in Blut verwandelt, Moses Hand auf kurze Zeit schneeweiß wurde, das Meer sich lediglich auf einige Stunden für die Israeliten spaltete. Immerhin sei die Zahl der Wunder in der Bibel zu beschränken. Wunder seien überhaupt nicht die Mittel, um die Aussagen der Propheten zu beweisen und zu bestätigen, diese müßten sich vielmehr durch den Inhalt ihrer Prophezeigung und durch das Eintreffen ihrer Verkündigungen betätigen. Wunder tun's nicht.

Der vollkommenste aller Propheten war jener Gottesmann mit strahlendem Antlitze, welcher der Welt eine tiefeingreifende Lehre gebracht hat. Moses Prophetie sei in vier wesentlichen Punkten von der späterer Propheten verschieden gewesen. Er empfing die Offenbarung ohne Vermittelung eines anderen geistigen Wesens, also ohne Einwirkung der tätigen Vernunft oder eines Engels, sondern verkehrte mit der Gottheit „von Angesicht zu Angesicht, von Mund zu Mund". Nicht im Traum, bei Entäußerung aller Sinnestätigkeit und beim Vorwalten der regen Phantasie, sondern in nüchterner, gewissermaßen alltäglicher Stimmung kam ihm die höhere Weisung zu. Sein Wesen wurde auch dabei nicht erschüttert oder aufgelöst wie das anderer Propheten, wenn der Geist Gottes über sie kam, sondern er konnte sich dabei aufrecht erhalten. Endlich war Mose beständig in der prophetischen Stimmung, während diese über andere Gottesmänner nur nach längerer oder kürzerer Unterbrechung und erst nach vorangegangener Vorbereitung zu kommen pflegte. Diese prophetische Vollkommenheit habe Mose nur deswegen besessen, weil er sich durch Aufschwung seines Geistes von den Banden der Sinnlichkeit, von der Begehrung, selbst von der Phantasie frei gemacht und sich zum Grad eines Engels oder eines reinen Geistes emporgerungen habe. Alle Hüllen, welche das Auge des menschlichen Geistes umschleiern und seinen Blick trüben, habe er zerrissen und sei bis zum Urquell der Wahrheit vorgedrungen. Er habe eine Stufe erreicht, wie noch nie ein Sterblicher; darum habe er auch vermocht, mit dem freien Auge eines reinen Geistes die Gottheit und ihren Willen zu erkennen. Ohne Vermittelung und in durchsichtiger Klarheit sei ihm von dem höchsten Wesen die Wahrheit zugestrahlt worden, ohne Wort und Rede. Das, was er auf solcher Höhe erschaute, habe er seinem Volke als eine Lehre, als eine Offenbarung übermittelt[1]). Diese der Gottheit unmittelbar entstrahlte Wahrheit sei eben die Thora. Indessen nimmt Maimuni, doch nicht ganz folgerichtig, die unter Erschütterung erfolgte Offenbarung am Sinaï als eine in die Sinne fallende, tatsächliche Erscheinung an, hält auch das Übergeben der zwei Tafeln mit den zehn Geboten im buchstäblichen Sinne fest, nur

---

[1]) Zu Moreh II. 35 beruft sich Maimuni über Moses Vollkommenheit auf sein Mischneh-Thora und auf seinen Mischnakommentar. Nur im letzteren Werke (zu Synhedrin Abschn. Chelek zum siebenten Glaubensartikel) deutet er den Hauptgedanken an.

bemüht er sich, diese Vorgänge so weit als möglich der Sinnlichkeit zu entkleiden¹).

Diese von Gott entstammte Offenbarungslehre steht einzig da, wie der Mittler, durch den sie den Menschen zugeführt wurde, einzig in seiner Art war. Als eine göttliche Lehre sei sie vollkommen, daher könne es keine nach ihr geben, die ihre Gültigkeit aufhöbe und sie ersetze, wie es auch früher keine derartige gegeben. Selbst Abraham berief nur die Menschen zu Erkenntnis eines einzigen, körperlosen Gottes, aber ohne besonderen, göttlichen Beruf und verkündete ihnen auch keineswegs den Inhalt einer umfassenden Lehre. Sämtliche Propheten nach Mose haben auch nichts Neues verkündet, sondern lediglich die Israeliten zur Befolgung der Moselehre nachdrücklich gemahnt und sie wegen Abfalls von derselben zurechtgewiesen. Als göttlich und vollkommen sei daher die Thora unverbrüchlich, und die Nachkommen Israels seien verbunden, sie wie ihren Augapfel zu wahren.

Ebenso wie an ihrem Ursprunge zeige sich die Göttlichkeit der Thora auch an ihrem Inhalte. Sie enthalte nicht bloß Gesetze und Vorschriften, sondern auch L e h r m e i n u n g e n (Dogmen) über die für die Menschen wichtigsten Fragen, und diese Zwiefachheit des Inhalts sei eben ein Merkmal, sie teils von anderen Gesetzgebungen und teils von anderen Religionen zu unterscheiden. Noch mehr. Die Gesetze der Thora erzielten sämtlich einen höheren Zweck, so daß an ihnen nichts überflüssig, nichts gleichgültig, nichts willkürlich erscheine. Man könne daher die Aufgabe der von Mose gebrachten Offenbarung dahin zusammenfassen, daß sie die Befriedigung der Seele und das leibliche Wohl ihrer Bekenner befördern wolle, das eine durch Einprägung richtiger Ansichten über Gott und seine Weltregierung, das andere durch Einschärfung der Tugend und Sittlichkeit. Maimuni machte sich anheischig, nachzuweisen, daß die sechshundertunddreizehn Pflichten der Thora oder des Judentums sämtlich darauf hinausliefen, entweder eine richtige Ansicht über die Gottheit und ihr Verhältnis zur Welt aufzustellen, oder einer falschen und gemeinschädlichen Vorstellung zu begegnen, oder eine staatliche Ordnung zu begründen, oder Unrecht und Gewalt fernzuhalten, oder an Tugenden zu gewöhnen oder endlich verkehrte Sitten und Laster auszumerzen²). Freilich dürfe man bei der Annahme höherer Zwecke in den Gesetzen des Judentums nicht zu weit gehen und sie nicht in allen Einzelheiten derselben finden wollen. Denn so

---

¹) Moreh II. 66. III. 33.
²) Das. II. 40. III. 27, 28, 31.

wie in der Natur nur der ganze Organismus einen Zweck habe, das Einzelne und die Erscheinung daran aber auch anders hätten sein können, ebenso liege lediglich jedem Gesetz der Offenbarung in seiner Allgemeinheit eine höhere Absicht zugrunde, während das Einzelne daran, die Art der Betätigung, so oder auch anders hätte sein können[1]).

Maimuni bringt nach seinem Schema sämtliche Pflichten des Judentums in vierzehn Gruppen. Ein großer Teil derselben hat nach seiner Ansicht den Zweck, dem Götzentume, heidnischen Sitten, dem Wahnglauben an Zauberei und magischen Einfluß der Gestirne entgegenzutreten. In dem Kultus und der Lehre der Sabier, — jenes zersprengten Restes der Griechen, welche sich in Mesopotamien niederließen und ein Gebräu von morgenländischem Heidentume und neuplatonischer Afterweisheit zusammengossen — fand Maimuni viele Anhaltspunkte für seine Ansichten von dem Zwecke mancher Gesetze im Judentume. Bemerkenswert ist, daß er den geordneten Tempelkultus des Judentums nur deswegen eingeführt wissen wollte, um das Opferwesen zu beschränken, um es nach und nach als unwesentlich zu beseitigen. Der Kultus sei nur für das israelitische Volk auf der damaligen Kulturstufe angeordnet worden, weil es sich damals nicht von seiner Gewohnheit und von seiner Anschauungsweise, man könne sich der Gottheit nur durch Opfer nähern, hätte abbringen lassen. Das Opferwesen im Judentume sei bloß ein Zugeständnis an die menschliche Schwäche gewesen, und darum hätten die Propheten so wenig Gewicht darauf gelegt[2]). Die zwei Cherubim auf der Bundeslade bedeuteten zwei Engel, um das Volk von dem Dasein reiner Geister augenscheinlich zu überzeugen, weil dadurch das Dasein Gottes und der Prophetie bewiesen werde[3]). Die levitischen Reinheitsgesetze seien dazu bestimmt, das Volk vom öfteren Betreten des Heiligtums fernzuhalten, weil durch allzu oftem Besuch desselben sich die Ehrfurcht vor der Gottheit, welcher der Tempel geweiht ist, vermindere und sich allmählich ganz abstumpfe[4]). Die Speisegesetze zielten darauf, dem Körper nur gesundheitsgemäße Nahrung zuzuführen oder die Menschen von ekelhaften Speisen fernzuhalten[5]). Viele Gesetze, namentlich die Keuschheitsgesetze bezweckten, die tierischen Begierden der Menschen zu beschränken und zu regeln, weil diese am meisten dem Geistesaufschwung hinderlich seien, und der grobe Tast-

---

[1]) Moreh III. 26.
[2]) Daj. III. 32 und an anderen Stellen.
[3]) Daj. III. 45.
[4]) Daj. III. 47.
[5]) Daj. III. 48.

sinn eigentlich eine Schwäche für den zu Hohem berufenen Menschen sei. Nächstdiesen will eine Gruppe von religiösen Pflichten auch den Wohltätigkeitssinn und das Mitgefühl für Arme und Hilflose einprägen.

Haben solchergestalt sämtliche Vorschriften des Judentumes einen vernünftigen Zweck, so dürfe der geweckte Sinn auch nicht an den unwichtigen und kleinlich scheinenden Erzählungen in der Thora Anstoß nehmen, denn auch sie hätten den Zweck, Lehren und richtige Auffassungsweisen einzuprägen oder Mißverständnissen vorzubeugen[1]). Auffallend ist es, daß Maimuni, obwohl er nicht bloß das Bibelwort, sondern auch die agadischen Aussprüche vernunftgemäß und philosophisch sich zu deuten bemühte und nur hin und wieder sie mißbilligte, die talmudische Gesetzesauslegung bei der Auseinandersetzung der Zweckgründe für die Gesetze nicht berücksichtigte und ausdrücklich bemerkte, er wolle nur die höheren Bezüge der Thora aufsuchen, die talmudische Auslegung dagegen ziehe er nicht mit hinein[2]), als wollte er das biblische Judentum vom talmudischen geschieden wissen. Also gerade diejenigen Elemente, denen er in seinem Kodex eine so erstaunliche Sorgfalt bis ins Einzelne zugewendet hat, ließ er in der philosophischen Auffassung des Judentums auf sich beruhen.

Maimunis Gedankenarbeit, das Judentum zur Höhe des Bewußtseins und der Zeitphilosophie zu erheben, war von ausgedehntester Tragweite. Für die Denker seiner Zeit war Maimunis Religionsphilosophie in der Tat eine „Führerin der Irrenden". Denn da diese, gleich seinem Jünger Jbn-Aknin, dem dieses philosophische Werk gewidmet war, in demselben Gedankenkreise sich bewegten, einerseits aristotelisch dachten, anderseits jüdisch fühlten, aber zwischen ihrem Denken und Fühlen eine tiefe Kluft gewahrten, so konnte ihnen nichts willkommener sein, als die Brücke zu finden, welche von dem einen zum anderen führte. Vieles, was ihnen in Bibel und Talmud anstößig oder doch mindestens nichtssagend erschien, erhielt durch die maimunische, geistvolle Auffassungsweise eine höhere Bedeutung, einen tieferen Sinn und schmiegte sich ihrem Denken an. Für die Nachwelt wirkte das philosophische Werk überhaupt anregend und gedankenerzeugend. Das Judentum erschien den jüdischen Denkern in maimunischer Beleuchtung nicht mehr als etwas Fremdes, der Vergangenheit Angehöriges, Abgestorbenes, als ein bloßes mechanisches Tun, sondern als ihr eigenes, ihrem Bewußtsein entsprechend, gegenwärtig und gedank-

---

[1]) Moreh III. 50.
[2]) Das. III. 41.

lich lebend und belebend. Die jüdischen Denker aller Zeiten nach Maimuni haben darum stets an Maimunis „Führer" angeknüpft, haben aus dieser Quelle befruchtende Ideen geschöpft und haben selbst aus ihm gelernt, über seinen Standpunkt hinauszugehen und ihn zu bekämpfen. Und da die Denker am Ende doch stets die Führer, Tonangeber und Bildner bleiben, so kann man mit Recht sagen, daß das Judentum seine Verjüngung den Gedanken Maimunis zu verdanken hat. Er beherrschte so ausschließlich die Männer von Geist, daß sein Werk die vorangegangenen Arbeiten von Saadia bis auf Ibn=Daud eine geraume Zeit völlig verdrängte.

Aber auch über den jüdischen Kreis hinaus wirkte Maimunis philosophisches Werk anregend. Denn obwohl er es lediglich für Juden verfaßt hatte und denen, welche es benutzen wollten, eindringlich, ja, wie man sagte, sogar unter Androhung eines Fluches eingeschärft hatte, es lediglich mit hebräischen Schriftzeichen zu kopieren, damit es nicht in die Hände böswilliger Mohammedaner gerate und Gehässigkeit gegen die Juden hervorrufe[1]), obwohl er sogar seinen Lieblingsjünger ermahnte, die ihm zugesandten Hefte sorgsam zu bewahren, damit nicht von Mohammedanern und schlechten Juden Mißbrauch damit getrieben werde[2]), so wurde es doch noch bei Maimunis Leben den Arabern zugänglich gemacht[3]). Ein Mohammedaner schrieb eine eingehende Erklärung zu den von Maimuni aufgestellten Voraussetzungen, um das Dasein Gottes zu beweisen[4]). Die Hauptbegründer der christlich=scholastischen Philosophie benutzten nicht nur Maimunis religionsphilosophisches Werk, sondern lernten erst daraus, sich in dem Widerstreit zwischen Glauben und Philosophie zurecht zu finden. Kaum darf man es Maimuni zum Vorwurf machen, daß er, in der Zeitphilosophie befangen, fremde, ja unverträgliche Elemente in das Judentum hineintrug, daß er statt des Gottes der Offenbarung, welcher voller Teilnahme auf das Menschengeschlecht, das israelitische Volk und jeden einzelnen blickt ein metaphysisches Wesen gesetzt hat, welches in kalter Erhabenheit und Abgeschlossenheit sich um seine Geschöpfe nicht kümmern darf, wenn sein Dasein nicht in Gedankendunst zerfließen soll. Kaum vermochte er diesem metaphysischen Gotte eine volle Persönlichkeit und nur in

---

[1]) Abdellatif bei de Sacy p. 460.
[2]) Brief an Ibn Aknin bei Munk, Notice p. 23 und bei Goldberg a. a. O.
[3]) Folgt aus Abdellatifs Angabe. Munk fand in einer Handschrift aus dem dreizehnten Jahrhundert ein Exemplar des Morch mit arabischen Charakteren (das. p. 27).
[4]) Bei Munk a. a. O.

eingeschränktem Sinne einen freien Willen beizulegen. Das Judentum, so sehr es ihm auch ans Herz gewachsen war, mußte in seinem System zu kurz kommen, weil er dessen Grundeigentümlichkeit zu erfassen verhindert war. Weil er die Offenbarung der Thora nicht in vollster Bedeutung als Mitteilung der Gottheit an sein Volk nehmen durfte, mußte er den größten Propheten zu einem Halbgott über den menschlichen Kreis hinaus erheben, dann wieder halb und halb im Widerspruch mit seiner Grundtheorie zu dem Notbehelf greifen, das Volk habe am Sinai „eine zu der Zeit in der Luft geschaffene Stimme" vernommen, und wiederum, es habe nicht sämtliche zehn Gebote mit dem Ohr erfaßt[1]). Das Ideal eines vollkommenen Menschen und Frommen wie Maimuni es aufstellt, ist nur für sehr wenige, nur für geübte Denker erreichbar, indem solche sich erst dazu durch den langen Stufengang niederer und höherer Erkenntnisse, die nicht jedermanns Sache sind, zu erheben vermögen. Ein bloß sittlicher und religiöser Wandel, wie lauter auch immer, genüge nicht, weil Gott nur im Geiste mit höchster philosophischer Anschauung angebetet werden könne, und demgemäß vermöchten nur sehr wenige die Unsterblichkeit und die jenseitige Seligkeit zu erreichen und der göttlichen Vorsehung gewürdigt zu sein. Denn diese Güter können nicht durch sittliches Leben allein, sondern ganz vorzüglich durch ungetrübte Gotteserkenntnis erworben werden, und diese kann wiederum durch die Physik, Mathematik, Logik und Metaphysik erreicht werden. Es würde also nach der maimunischen Theorie nur sehr wenig Auserwählte geben. Endlich mußte Maimuni auch die Schriftverse, um sie mit den Ergebnissen des philosophischen Bewußtseins in Einklang zu setzen, gewaltsam umdeuten und ihnen einen anderen Sinn beilegen. So geistvoll auch seine philosophische Schrifterklärung ist, und so sehr er sich auch bemüht, verschieden von den ehemaligen, alexandrinischen Allegoristen, den talmudischen Agadisten und selbst von Saadia, die Wortbedeutung durch Parallelstellen exegetisch zu rechtfertigen und sich von willkürlicher Deutung fern zu halten, so entspricht sie doch öfter keineswegs dem schlichten Wortsinn, und die erhaben-kindliche Anschauung der Bibel erhielt durch ihn ein fremdartiges Gewand, das ihre Schönheit unkenntlich machte. Diese Unangemessenheit und Befangenheit des maimunischen Systems, die mehr auf Rechnung seiner Zeit als seines Geistes kommen, haben ihm eben bleibenden Wert benommen und ihm nur eine in einem hohen Grade anregende Bedeutung gelassen.

---

[1]) Moreh II. 33.

Die denkenden Zeitgenossen Maimunis und selbst sein Lieblingsjünger Ibn-Aknin fühlten es, daß seine Theorie nicht ganz mit dem Judentum stimme. Diese Wahrnehmung machte sich besonders an dem Glaubenspunkte der Auferstehung bemerkbar. Maimuni hatte ihn zwar mit aufgenommen, allein nur so nebenbei; er fand in seinem Gedankenkreise keinen Anhalt dafür. Von vielen Seiten wurde daher gegen ihn geltend gemacht, daß er für die Unsterblichkeit eingehende Beweise aufgestellt hat, zur Auferstehungslehre dagegen sich aber sehr wortkarg verhielt. Sein Jünger selbst bemerkte, man dürfe an diesem Glaubenssatz nicht mäkeln und deuteln[1]) Maimuni sah sich daher veranlaßt, eine Verteidigungsschrift in arabischer Sprache zu verfassen, eine Abhandlung über die Auferstehung des Leibes (**Maamar Techijat ha-Metim 1191**)[2]). Darin setzte er auseinander, daß er selbst fest daran glaube, daß er diesem Dogma überall das Wort geredet, wo sich Gelegenheit dazu bot, und endlich, daß die Auferstehung zu den Wundern gehöre, deren Möglichkeit mit der Annahme einer zeitlichen Schöpfung gegeben sei. Er beklagte sich darin, daß er mißverstanden worden sei; überhaupt ist diese Schrift in einem gereizten Tone geschrieben, welche von der Ruhe seiner früheren Werke merklich absticht. Er war verdrießlich, daß er sich „vor Toren und Weibern" rechtfertigen mußte.

Unter den gelehrten Mohammedanern machte Maimunis „Führer" viel Aufsehen, wurde aber natürlich teils wegen seiner hingeworfenen Angriffe auf den Islam und auf die damals herrschende platte, aber rechtgläubige Philosophie der Ascharíten und teils wegen seiner freien Ansichten hart von ihnen getadelt. Abdellatif, der Vertreter der rechtgläubigen Richtung in der morgenländisch-islamitischen Welt, welcher bei dem Sultan Saladin wohlgelitten und nach Ägypten gekommen war, um Maimuni mit noch zwei berühmten Männern kennen zu lernen (wohl anfangs 1192)[3]), sprach zwar mit Anerkennung von ihm, fällte aber ein Verdammungsurteil über sein Werk. Abdellatif äußerte sich folgendermaßen über ihn: „Mose, der Sohn Maimunis besuchte mich, und ich lernte in ihm einen Mann von sehr hohem Verdienste kennen, aber ich fand ihn von dem Streben beherrscht, den ersten Rang einzu-

---

[1]) Bei Munk, Notice p. 23 und bei Goldberg a. a. O.
[2]) Der Tractatus de resurrectione wurde von Samuel Ibn-Tibbon ins Hebräische übertragen. Diese Übersetzung ist vielfach abgedruckt.
[3]) Bei de Sacy p. 466. Abdellatif war bei Saladin nach der Einnahme von Jean d'Acre in Jerusalem, also im August 1191, und von da reiste er nach Kahira (das.). Sein Urteil über den Moreh braucht nicht diesem Jahre anzugehören, sondern der Zeit, als er sein Werk über Ägypten schrieb.

nehmen und mächtigen Personen zu gefallen. Er hat neben medizinischen Werken auch ein philosophisches Buch für die Juden geschrieben, das ich gelesen habe. Ich halte es für ein schlechtes Buch, das geeignet ist, die Grundlehren der Religionen zu untergraben, gerade durch die Mittel, welche bestimmt scheinen, sie zu befestigen."

Nirgends fanden Maimunis Ideen einen fruchtbareren Boden und wurden gieriger aufgenommen, als in den jüdischen Gemeinden Südfrankreichs, wo Wohlstand, freistädtische Verfassung und die albigensische Gärung gegen das starre Kirchentum den Forschergeist geweckt, und wo Ibn-Esra, die Tibboniden und Kimchiden Samen einer jüdischen Kultur ausgestreut hatten (v. S. 200 f.). Je weniger die geweckten Männer Südfrankreichs imstande waren, aus sich heraus das Judentum mit den Ergebnissen einer wissenschaftlichen Richtung auszugleichen desto mehr vertieften sie sich in die Schriften des Weisen, welcher innige, strenge Religiosität mit freier Forschung auf eine überzeugende Weise zu versöhnen wußte und dessen Werke Besonnenheit, Klarheit, Durchdachtheit und Tiefe offenbarten. Nicht bloß Laien, sondern auch tiefe Talmudkenner, wie Jonathan Kohen von Lunel (v. S. 205), begeisterten sich für Maimuni, lauschten auf jedes seiner Worte und huldigten ihm wie einer außergewöhnlichen Erscheinung. „Seit dem Tode der letzten Talmudisten war nicht ein solcher Mann in Israel." „Gott erweckte ihn zur Belebung seines Volkes, weil dieses immer mehr erschlaffte." Das war das Urteil der provenzalisch-jüdischen Denker über ihn[1]). Der Dichter Charisi schickte Maimuni schwärmerische Verse zu, worin er unter anderem von ihm sang:

„Ein Engel Gottes bist du,
Bist in Gottes Bild geschaffen,
Trägst du auch menschliche Züge.
Von dir sprach Gott einst:
‚Will den Menschen in meinem Ebenbild schaffen!'"[2])

Einige Gemeinden der Provence[3]) wendeten sich an ihn mit einer Anfrage über den Wert, welcher der Astrologie beizulegen sei, und

---

[1]) Sendschreiben des Aaron ben Meschullam Taam Zekenim p. 76.
[2]) Orient. Litbl. 1843 col. 140.
[3]) Das Schreiben an die Marseiller Gemeinde (Briefsamml. Nr. 3) hat in den Handschriften das Datum 11. Tischri 1506 Sel. Dieselben geben zwar auch an, es sei an die Gemeinden von Lunel und Montpellier gerichtet gewesen. Diese Angabe ist jedoch falsch, indem M's späteres Schreiben an Jonathan und die Luneler (Gutachtensamml. Nr. 41) so gehalten ist, als wenn er das erste Mal an sie schriebe. Übrigens bezieht sich die Überschrift in den Mss.:
קיבול האגרת הזאת לפני — חכמי ארץ צרפת במונפשליר ובראשם הרב ר'

ob die Gestirne einen Einfluß auf die menschlichen Geschicke ausübten. Maimuni, dem diese Afterwissenschaft, welche nur Schwärmer pflegen, und an die nur unklare Köpfe glauben, in der Seele zuwider war, beantwortete diese Frage (27. Sept. 1194) eingehend mit der ganzen Tiefe seiner Gläubigkeit und seiner wissenschaftlichen Überzeugung. Er bemerkte unter anderem, daß es dreierlei Wahrheiten gebe, solche, von welchen sich der Sinneneindruck Überzeugung verschafft, solche, welche die Wissenschaft durch Gründe feststellt wie die der Mathematik und Astronomie, und endlich solche, welche die Offenbarung und die Prophetie beurkunden. Der Einsichtige müsse nun die auf verschiedenen Wegen gewonnene Überzeugung auseinander halten. Wer aber darüber hinaus etwas für wahr hält, von dem gelte der Schriftvers: „Der Tor glaubt jedes Wort." Die Astrologie streife an Götzendienst, und der verbreitete Glaube daran zur Zeit des ersten Tempels habe das israelitische Reich zerstört, das Heiligtum eingeäschert und verlängere noch gegenwärtig die Verbannung des jüdischen Stammes. Sie sollten sich von einzelnen agadischen Aussprüchen in Talmud und Midrasch, welche den Gestirnen Macht und Einfluß zuschreiben, nicht irre machen lassen, denn solche seien als vereinzelte Stimmen zu betrachten, deren Urhebern für den Augenblick die Wahrheit entgangen war, oder man müsse diese seltsamen Aussprüche deuten, wozu man ja auch bei auffallenden Bibelversen genötigt sei. Man dürfe überhaupt seinen Verstand nicht hinter sich werfen, „die Augen sind vorn und nicht hinten".

Später (um 1194—95) wendeten sich die Gelehrten Lunels und an ihrer Spitze Jonathan Kohen mit Anfragen wegen dunkler Stellen im Kodex an ihn und baten ihn zugleich, ihnen den „Führer" zuzusenden, von dessen Rufe sie vernommen hätten; sie seien begierig, sich daraus zu belehren. Dieses Sendschreiben[1]) ist voller Schwärmerei für Maimuni. Er führe den Namen Mose, weil er sein Volk aus den Fluten der Unwissenheiten gezogen; er habe die Vernunft zur Schwester und den Talmud zum Vater erkoren. Ihre Seele sei in Liebe an Maimunis Schriften geknüpft, in deren Besitze besäßen sie alles. — Dieses überaus schmeichelhafte Sendschreiben konnte Maimuni erst nach mehreren

---

כי זאת הנשקפה יהניכם: keineswegs auf das Responsum über die Astrologie, sondern gehört einem spätern Schreiben Maims. in betreff des Moreh an (abgedruckt in Ozar Nechmad II 3 f. aus einem Mf. der Breslauer Seminarbibliothek), welches gerade den Eingang כי זאת וכו' hat. Möglich, daß es auch an die Gemeinde von Montpellier gerichtet war.

[1]) Gutachtensammlung Nr. 17—40.

Jahren beantworten. Eine schwere Krankheit hatte ihn nämlich ein ganzes Jahr an das Siechenbett gefesselt, und er fühlte sich davon, sowie von dem zunehmenden Alter und von der angestrengten, ärztlichen Tätigkeit so sehr geschwächt, daß ihm die Hände zitterten, und er sich eines Sekretärs zum Schreiben bedienen mußte. Auch waren nach dem Ableben des großen Saladin Streitigkeiten zwischen dessen ehrgeizigen Söhnen und seinem Bruder Alabil ausgebrochen, welche Unruhen und Bürgerkriege in Ägypten zur Folge hatten.

Von diesen Unruhen konnte Maimuni als eine dem Hofe nahestehende Persönlichkeit nicht unberührt bleiben, und sie ließen lange in ihm keine freundliche Stimmung aufkommen[1]). Endlich wurde Saladins ältester Sohn nach dem Tode des jüngeren Alaziz Herrscher von Ägypten (reg. November 1198 bis Februar 1200), und Maimuni wurde sein Leibarzt. Da dieser, Alafdhal, früher ausschweifend gelebt hatte, so wurde er von Trübsinn und Todesfurcht befallen und ließ Maimuni auffordern, für ihn ein Kompendium für eine regelmäßige, gesundheitsfördernde Lebensweise (Makrobiotik) zu verfassen[2]). Unter den Gesundheitsregeln, die Maimuni infolgedessen für denselben zusammenstellte, ließ er auch die Bemerkung einfließen, daß zur Erhaltung eines kräftigen Körpers auch Kräftigung der Seele durch Sittlichkeit und philosophische Betrachtung erforderlich sei, daß übermäßiger Wein- und Liebesgenuß die Lebenskraft aufzehre. Er wagte einem launenhaften Fürsten zu sagen, was damals kein Hofmann sich herausnehmen durfte. Er wollte seinem Berufe als Seelenarzt nicht untreu werden.

Erst als Maimuni zur Ruhe gelangte, beantwortete er die an ihn gerichteten Fragen von Lunel. Wenn er sich in dem Sendschreiben entschuldigte, daß sein Sinn getrübt, seine Geisteskräfte geschwächt und seine Fähigkeiten gelähmt seien, so zeugen seine Antworten gegen ihn, denn sie bekunden vollständige Geistesklarheit und Frische[3]). — Die große Verehrung der südfranzösischen Gemeinden für die maimunischen Schriften und namentlich für seinen Kodex erweckte ihm auch einen heftigen Gegner in jenem Abraham ben David von Posquières,

---

[1]) In Gutachtens. Nr. 41 spricht M. über seine Krankheit und auch von רוב המהומות, worunter sicherlich die Bürgerkriege zwischen Alafdhal, Alaziz und Alabil zu verstehen sind (1194—1195).

[2]) Jbn-Abi-Oßaibija bei de Sacy, Abdellatif p. 490. M's. Makrobiotik ist in hebr. Sprache abgedruckt in Kerem Chemed III. Anf. in deutscher Übersetzung von Winternitz, Wien 1843.

[3]) Gutachtensammlung Nr. 18—41.

dessen rücksichtslose Art, die Vertreter einer der seinigen entgegengesetzten Ansicht zu behandeln, Serachja Halevi empfunden hat (o. S. 207). Dieser tiefkundige Talmudist unterwarf Maimunis Mischneh-Thora einer schonungslosen Kritik und behandelte ihn in wegwerfendem Tone. Er wies nach, daß der Verfasser viele talmudische Partien nicht tief genug aufgefaßt, deren Sinn verkannt und dadurch falsche Ergebnisse aufgestellt habe. Er warf ihm vor, daß er durch seine Kodifizierung des Talmuds die talmudischen Autoritäten in Vergessenheit bringen wolle, und endlich, daß er philosophische Ansichten ins Judentum einschmuggle; aber als Neuerer und Ketzer behandelte er Maimuni keineswegs, sondern ließ seiner Ansicht und seinem edlen Streben Gerechtigkeit widerfahren. Abraham ben Davids Ausstellungen (Hassagot) an Maimunis Werk boten den Talmudisten späterer Zeit Gelegenheit, ihren haarspaltenden Scharfsinn zu üben und regten die Lust zum Diskutieren mächtig an. — Der reiche, gelehrte und rücksichtslose Rabbiner von Posquières hatte auch seine Verehrer. Als er starb (Freitag 26. Khislew = 27. Nov. 1198), machten Aaroniden, die den Begräbnisplatz nicht betreten durften, sein Grab[1]), weil für eine solche Größe das Priestertum sich entweihen dürfe.

Die Polemik des Abraham ben David gegen Maimuni hat der Anerkennung des letzteren in den Gemeinden der Provence keinen Eintrag getan; er blieb für sie die unfehlbare Autorität. Der Hauptvertreter der jüdisch-provenzalischen Kultur, Samuel Ibn-Tibbon, schrieb an Maimuni, er ginge damit um, den „Führer" aus dem Arabischen ins Hebräische zu übertragen und deutete zugleich an, er sehne sich, den größten Mann der Judenheit von Angesicht zu Angesicht zu sehen. Er war damit zum Teil einem innigen Wunsche Maimunis entgegengekommen; denn er hatte sich schon früher mit dem Plane herumgetragen, seine arabisch geschriebenen Werke ins Hebräische zu übersetzen[2]). Voller Freude antwortete er Ibn-Tibbon und gab ihm Anleitung, wie ein so schwieriges Thema, wobei es mehr auf den Gedanken als auf das Wort ankommt, in der Übersetzung behandelt werden müsse (8. Tischri = 10. Sept. 1199)[3]). Er riet ihm aber davon ab, seinetwegen die gefahrvolle Seereise von Frankreich nach Ägypten zu machen, weil er ihm kaum eine Stunde werde widmen können. Er teilte ihm bei Gelegenheit seine überbeschäftigte Lebensweise, die ihn nicht zur Ruhe kommen ließe, mit: „Der Sultan (Alafdhal) wohnt

---

[1]) Vgl. Note 1. IV.
[2]) Sendschreiben an Ibn-G'abar.
[3]) Gutachtensammlung Nr. 143. Briefsammlung S. 13 ff.

in Kahira und ich in Fostat, beide Städte liegen zwei Sabbatwege (ungefähr 1/3 Meile) voneinander entfernt. Mit dem Sultan habe ich einen schweren Stand; täglich muß ich ihn des Morgens besuchen, und wenn er oder eines seiner Kinder oder eine seiner Harembewohnerinnen leidend ist, darf ich Kahira nicht verlassen. Wenn aber auch nichts Besonderes vorfällt, kann ich doch erst nachmittags nach Hause kommen. Wenn ich nun sterbend vor Hunger mein Haus betrete, finde ich die Vorzimmer voll von Menschen, Juden und Mohammedaner, Vornehme und Geringe, Freunde und Feinde, eine bunte Mischung, die meinen ärztlichen Rat erwartet. Kaum bleibt mir Zeit, von meinem Zelter zu steigen, mich zu waschen und etwas zu genießen. So geht es bis in die Nacht hinein, und ich muß dabei vor Schwäche auf dem Ruhebett liegen. Nur am Sabbat bleibt mir Zeit, mich mit der Gemeinde und der Lehre zu beschäftigen. Ich pflege an diesem Tage die Gemeindeangelegenheiten für die laufende Woche anzuordnen und einen Vortrag zu halten. So fließen mir die Tage hin."

Sei es, daß die Gemeinde von Lunel nichts davon wußte, daß Samuel Jbn=Tibbon mit der Übersetzung des „Führers" sich beschäftigte, oder daß sie ihm nicht die Geschicklichkeit dazu zutraute, genug, sie wendete sich an Maimuni, daß er für sie dieses Werk ins Hebräische übertragen möge. Maimuni entschuldigte sich mit dem Mangel an Zeit und verwies sie auf Jbn=Tibbon (um 1200). Er nahm auch Gelegenheit, die jüdischen Provenzalen zu ermutigen, sich die wissenschaftliche Behandlung des Talmuds angelegen sein zu lassen. „Ihr, Gemeindeglieder von Lunel und der Städte in der Nähe, seid die einzigen, welche die Fahne Moses hochtragen. Ihr obliegt dem Talmudstudium und pfleget auch die Weisheit. Aber im Morgenlande sind die Juden für geistiges Streben tot. In ganz Syrien ist nur Haleb, in welchem sich einige mit der Thora nach der Wahrheit beschäftigen, aber es liegt ihnen auch nicht sehr am Herzen. In Jrak gibt es nur zwei oder drei Trauben (Männer von Einsicht); in Jemen und dem übrigen Arabien wissen sie wenig vom Talmud und kennen nur die agadische Auslegung. Erst gegenwärtig haben sie mehrere Exemplare von meinem Kodex angekauft und sie in einige Kreise verteilt. Die Juden Indiens wissen kaum von der Bibel, geschweige denn vom Talmud. Diejenigen, welche unter den Türken und Tataren wohnen, haben nur die Bibel und leben nach ihr allein. In Maghreb wisset ihr, wie es mit den Juden steht (daß sie zum Scheine sich zum Islam bekennen müssen). So bleibt nur ihr allein übrig, eine starke Stütze für die Lehre zu sein. Seid also stark und mutig und steht dafür ein"¹). Maimuni ahnte, daß das von der Wissenschaft durchleuchtete Judentum seine Hauptvertretung in der Provence haben werde. Die Gemeinde von Marseille ging den Dichter Charisi an, Maimunis Kommentar zur Mischnah ins Hebräische zu übertragen²). — An diesem großen Manne und an seinen Schriften richteten sich die Provenzalen auf.

Als Maimuni sein letztes Sendschreiben an die Gemeinde von Lunel erließ, fühlte er schon die Abnahme seiner Lebenskräfte. „Ich fühle mich alt nicht an Jahren, sondern wegen Kränklichkeit." Er verschied auch aus Schwäche im Alter von siebzig Jahren (20. Tebet = 13. Dez. 1204)³), von vielen Gemeinden auf dem ganzen Erdenrund betrauert. In Foſtat begingen Juden und Mohammedaner drei Tage öffentliche Trauer um ihn, und in Jerusalem veranstaltete die Gemeinde eine außerordentliche Leichenfeier um ihn. Ein allgemeines Fasten wurde angeordnet, und man las aus der Thora das Kapitel von der Strafandrohung und aus den Propheten die Geschichte von der Gefangennahme der Bundeslade durch die Philister. Maimuni galt ihr als eine Bundeslade. Seine Hülle wurde nach Tiberias geführt. Die Sage erzählt, Beduinen hätten die Führer des Sarges unterwegs angefallen, aber nicht vermocht, den Sarg von der Stelle zu bewegen und hätten sich darauf den Juden angeschlossen, um ihm das Geleite bis zur Grabstätte zu geben. Maimuni hinterließ nur einen einzigen Sohn, Abulmeni Abraham, welcher seinen Charakter, seine Milde, seine innige Frömmigkeit, die Arzneikunde, seine Stellung als Leibarzt, seine Würde als Haupt (Nagid) der ägyptischen Gemeinden, aber nicht seinen Geist erbte. Seine Nachkommen, die sich bis ins fünfzehnte Jahrhundert⁴) behaupteten, zeichneten sich durch Frömmigkeit und Talmudkunde aus. Auf den Lippen aller seiner Verehrer schwebte das kurze, aber bedeutungsreiche Lob: „Von Mose dem Propheten bis Mose (Maimuni) trat keiner auf, der diesem gliche." Auf sein Grab setzte ein Unbekannter eine fast vergötternde, kurze Inschrift:

„Hier liegt ein Mensch und doch kein Mensch:
Warſt du ein Mensch, so haben Himmelsweſen
Deine Mutter beschattet."⁵)

---

¹) Findet sich in Ozar Nechmad II 3 f.
²) Einleitung zu Chariſis Übersetzung.
³) Vgl. Note 1 IV.
⁴) Vgl. Carmoly Annalen 1839 Nr. 7. S. 55.
⁵) In Elieser Tunensis, Dibre Chachamim p. 86.

Später wurden diese Zeilen verwischt und dafür die Worte gesetzt:

„Hier liegt Mose Maimun, der gebannte Ketzer." [1])

Diese zwei Inschriften veranschaulichen den ganzen, schroffen Gegensatz, der nach Maimunis Tod zum Ausbruch kam und den jüdischen Stamm in zwei Lager spaltete.

[1]) Ibn-Jachja, Schalschelet ed. Amst. p. 33 b unten.

Noten.

1.

Einige zerstreute Quellen zur jüdischen Geschichte.

So dürftig auch Scheriras Chronik von der talmudischen bis zur gaonäischen Zeit ist, so bietet sie doch immer einen Faden für die Kontinuität der jüdischen Geschichte. Diese Kontinuität hat Abraham Ibn-Daud in seinem Sefer ha-Kabbalah fortgesetzt und sie bis zum Jahre 1148 fortgeführt. Von dieser Zeit an fehlt der Leitfaden. Denn die nachfolgenden Chronographen Zacuto, Samuel Usque, Ibn-Verga, Gedalia Ibn-Jachja geben nur Notizen, und kein einziger von ihnen eine zusammenhängende Chronik. Aus diesem Grunde dürfte es nicht überflüssig sein, anderweitige, zerstreute Quellen zur jüdischen Geschichte von urkundlicher Gewißheit zusammenzustellen und sie, wo es nötig ist, zu beleuchten. Solche Quellen sind Mose Ibn-Esras Bericht über viele hervorragende Persönlichkeiten bis zu seiner Zeit; ferner Abraham Ibn Esras Überblick über die hebräischen Grammatiker bis zu seiner Zeit; dann ein historisches Responsum über die Diadochen der französischen und deutschen Schule und endlich eine Art Chronik, welche vom Jahre 1168 beginnt und über den Anfang des vierzehnten Jahrhunderts hinaus fortläuft. Diese Quellen liefern zwar nur ein dürres Gerippe zur Geschichte, allein ohne dieses ist eine geschichtliche Rekonstruktion ganz unmöglich, weil davon die kritische Gewißheit für die Tatsachen bedingt ist. Sie folgen hier der Reihe nach.

1.

Mose Ibn-Esra schrieb eine Art Poetik unter dem arabischen Titel כתאב אלמחאצ׳רה ואלמד׳אכרה „Schrift der Unterredung und Erinnerung", worin er über die Träger der jüdisch-spanischen Literatur ausführlich berichtet. Dieses in vieler Beziehung höchst interessante Werk existiert nur noch in einem Manuskript der Bodleiana (Codex Huntington No. 590) und harrt noch immer der kundigen Hand, die es zugänglich machen soll. In Ermangelung dessen muß man sich mit dem Auszug behelfen, welchen Zacuto in seinem Jochasin daraus (unter dem hebr. Titel אשכול הכופר) gegeben hat. Diese Partie hat aber der erste Herausgeber des Jochasin, Samuel Schulam, ausgelassen und sie ist erst in neuerer Zeit durch die Edition des kompletten Jochasin (ספר יוחסין השלם) von Filipowski bekannt geworden (London und Edinburg 1857). Indem ich sie hier wiedergebe, bemerke ich, daß sich in dem Auszug im Anfange ein Datumfehler befindet. Denn es heißt: „es sollen die Namen

der Weisen, welche vom Jahre 4700 bis zum Jahre 4800 Mundi (940—1040)
gelebt, aufgezählt werden." Es werden aber Personen bis zum Jahre 4888
(1128) aufgeführt. Die Partie lautet (S. 229 col. b):

ובספר אשכול הכופר אומר שהחכמים שהיו בשנת ד' אלפים ות"ש עד
ת"ת (תת"ן?) חס: דונש בן תמים אלקירואני. ודונש בן לברט הלוי אלבגדדי
נשרש אלפאסי הנשיא ואבן ששת תלמידו. ומנחם בן סרוק אלטרטושי
אלקורטבי. ור' יצחק בן גיקאטיליא ור' יצחק בן שאול בן גירקאטיליא והחכמים
אחרים. כלם קידם ר' שמואל הנגיד אלקורדובי נשיא גראנטא. ובזה
הנשיא הארי"כל כל המחברים בחכמתו ומספרים שחבר ושהיה בשנת תש"ג
כל מלחמותי. ובנו ר' יוסף נגיד אחריו וברוב שבת בערב יום ט' לטבת בשנת
תת"כ נהרג בגראנגטה בן ל"ה שנה. ואחריו ר' יצחק בן גיאת אליסני ור'
לוי בן שאול אלקורטבי ור' יוסי בן גיקאטיליא אלסרקוסטי ובן אבי איוב
סלימאן בן יחיא בן גבריאל אלקורטבי נשאה במלאכה וגדל בסרקוסטא ונקבר
בבלנסיריא בשנת ת"ל: ור' יצחק בן גיאת בית בקורטבא שנת תמ"ט והוליכוהו
לאלמריא. ר' יצחק אלקורטבי בר דוד מת בגראנטה שנת תתקל"ד ונקבר
בקורטבה. ובן ר' יצחק בן ראובן אלברגלוני או: ובן הרב הגדול ר' יצחק
בן יוסף(?) יעקב אלפאסי. ובן תלמידיו אבו סליטאן נ' מהגר ואבו אל פתח
נ' אחר אשבילי: ובן אבי זכריה יחיא בן בלטם אלמולטלי בן אשבילייא. ובן
אז אבו חרון (החרן) נ' אלישיש יאבי יצחק נ' אל חריזי ומשבילייא (משבילייא)
אבי יוסף בן מיגאש אלגראנגי מאשבילייא. ואבן זכריה נ' מאבון. ובגראנגטה
אבי אלברא. אברהם בן לוטף במת בבלנסיריאה שנת תתמ"ח. ואז
באנדלוס עמר (ז. עמר עמר) אבן אלדנין. ואבו יצחק בן פקודה. ואבו סליטאן
בן עמר. יאבולחסן זרח בן אלעזר. ותלמיד אבו גיאת אבו עמר בן סהל
אלקורטבי ית בקורטבה שנת תת"ג חכם גדול. ואז אבו עמר בן צדיק
אלקורטובי. ואבו זכריה בן גיאת אליסאני מגראנטה. ואבו איוב בן אלמעאלם
יאבו יצחק בן זרעא.

Soweit reicht der Auszug aus M. Ibn-Esras Poetik. Der zuletzt Genannte ist der Bruder des Verfassers, den er überlebt und auf dessen Tod er eine Elegie gedichtet hat (in דברי חכמים von Eliëser Aschkenasi Tunensis S. 82). Statt אבו אבי־הרים יצחק muß man wohl lesen יצחק. Es folgt aber darauf noch ein Passus, der nicht aus M. Ibn-Esras Wert, sondern anderswoher entlehnt und nicht weniger interessant ist: ורבבי:[1] בן ששת

---

[1]) Um diesen S ch e sch e t näher zu fixiren, den Benjamin von Tudela unter die hervorragenden Männer der Gemeinde Barcelonas zählt, hat Zunz sehr viel Bücherstaub aufgewühlt, aber auch nicht ein Stäubchen Brauchbares zutage gefördert (zur Asherschen Ausgabe des Benjamin). Es gibt aber einige auf der Hand liegende Notizen über diesen Scheschet, welche Grundlinien zu seiner Biographie geben können. Aus der obigen Stelle ergibt sich, daß, wenn er im Jahre 1203 72 Jahre alt war, er das Licht erblickte im Jahre 1131. Der Dichter Joseph ben Sabara aus Barcelona, ein Jünger des Joseph Kimchi (folglich dem letzten Viertel des zwölften Jahrhunderts angehörend) widmete seinen satirischen Roman ספר שעשועים dem Nasi S ch e sch e t b e n B e n v e n i s t e, (Carmoly, Itinéraires p. 197; Erich und Gruber, Encyklopädie Sec. II. T. 31. S. 94). Benjamin von Tudela konnte ihn daher schon im Jahre 1165 in Barcelona als einen angesehenen Mann antreffen: בברצלונא חכמים ונשיאים ובגון ר' ששת. Isaak ben Abba Mari aus Marseille, Verfasser des Ittur (verf. 1179—1189), kommentierte auf Verlangen des Nasi Scheschet den Abschnitt תכלת (Einleitung): והנשיא ר' ששת שבר שאל ממני לפרש פרק התכלת. Mehr erfahren wir über ihn aus dem Ermahnungsschreiben des Jehuda Ibn-Tibbon an seinen Sohn (ציאת ר' יהודה

Note 1. Einige zerstreute Quellen zur jüdischen Geschichte. 333

הנשיא הגדול בן בנשת עשה שיר בתירו קמ"ו בשנת ד' אלפים ותתקכ"ג היה
אז בן כ"ב שנים ושבח בה לר' יוסף ולבניו (l. ולבנו) הסגן ר' שלמה בני שושן

אבן תבון, ed. Berlin 1852), das um 1190 verfaßt ist. Darin heißt es, daß
Scheschet Naßi seine Reichtümer und seine Ehrenstellung seiner Feder, d. h.
seiner arabischen Kalligraphie zu verdanken hatte: גם בארץ הזאת אתה רואה
כי הנשיא ר' ששת זל (?) הגיע בה (בכתיבת הערבי) אל העושר והכבוד
גם במלכות ישראל ובת יצא מכל חובותיי ועשה כל הוצאותיי הגדולות
ידבריו. Wahrscheinlich verwendete ihn der König Alfonso II. von Aragonien zu diplomatischen Geschäften mit den arabischen Emiren in der
Nachbarschaft, und dabei mochte ihm seine Kenntnis der arabischen Sprache
und Schrift zustatten gekommen sein. Daß er freigebig war, erfahren wir
aus einem Gedichte Jehuda Charisis (Mf. bei Carmoly): ורשתי של הנשיא
ר' ששת שהיה ראש נדיבי עולם ואוצר החמודים כלם: אם תשאל על הנדיב
ששת הוא בזמן נשאר לראש פנה נגד ידי זקנה ינדבנו לא בלחש אך יסף
נדבה. In der gedruckten Ausgabe (Makame 46) schildert ihn Charisi mit
folgenden Worten: באתי לעיר ברצלונה היא עיר הנשיאים — ושם היה
יושב אדוננו גאוננו נשיא כל הנשיאים רבנו ששת כבוד העולם יוסיד
החסדים כל. Charisi trat seine Weltreise nach 1205 und vor 1211 an: denn
als er in Toledo war, war Joseph Jbn=Schoschan bereits tot (starb anfangs
1205, vgl. weiter), und da er mit Jonathan von Lunel verkehrte, dieser aber
1211 auswanderte, so muß er vorher in Lunel und Marseille gewesen sein.
Ja wahrscheinlich war er daselbst noch vor 1209: denn er kennt noch nicht die
Verwüstungen in Südfrankreich infolge der Albigenserkriege und sah noch die
jüdischen Gemeinden daselbst in Blüte. Also zwischen 1205—1209 lebte noch
Scheschet, war aber damals allerdings ein Greis, wie unsere Notiz lautet.
Er richtete auch ein Sendschreiben an die Luneler Gemeinde gegen Meïr
Abulafia zugunsten der maimunischen Richtung. ניםח האגרת שכתב הנשיא
ר' ששת צב"ל הספרדי ושלחה לחבריו לינגיל על אודות הכתב ששלח להם ה־
ר' מאיר ז"ל ל מדינת טוליטילא בענין תחית המתים (handschriftlich vorhanden).
Scheschets Polemik gegen Meïr und für Maimuni fällt noch während des
letzten Lebenszeit, ja noch vor 1200. Endlich ist noch von Scheschet zu bemerken, daß er Arzt war: denn in einem Oxforder Kodex heißt es: רפואה
להריון נעשה על ידי הנשיא רבנו ששת ושלחה בידי. נעתקה מפי החכם
ר' יהודה חריזי (mitgeteilt von Dukes, Ginze Oxford p. 63). — Wie Scheschet
aus dem Dunkelheit, in die er noch bei Zunz und seine Schule gehüllt war,
heraustritt, so ist auch der von ihm gefeierte Joseph Jbn = Schoschan
keine unbekannte Persönlichkeit. Seine Grabschrift ist durch Luzzattos אבני
זכרון bekannt (Nr. 75). Rapaport hat richtig ermittelt, daß dieser im Monat
Schebat 4965 Dezember 1204 oder Januar 1205 starb (Kerem Chemed VII.
249f.). Aus der Grabschrift ergibt sich, daß er hochgestellt war: אשר היה רם
נשא יגבה מאד, daß er Ansehen am Hofe (Alfonsos des Edlen von Kastilien)
hatte: הנשיא הגדול ובל שרי המלך משתחוים לו אפיס, daß er talmudisch
gelehrt war: גברי התורה, und endlich, daß er in Toledo eine neue Synagoge
erbaut hat: אשר בנה בית הכנסת החדש. Nach einer Mitteilung Luzzattos
führte er auch den arabischen Namen Aljasid Jbn=Omar (Geigers
Zeitschr. II. 129). Auf Veranlassung desselben unternahm Abraham ben
Nathan Jarchi die Abfassung seines Ritualwerkes מנהיג; (im Eingang bemerkt er): אדונינו גאוננו הגדול ר' יוסף בן הנשיא החכם ר' שלמה בשנת ד"ס
לפ"ה. Er spricht von der Synagoge des Joseph (הלכות שבת No. 22:
יבכנסת של אדוננו הנשיא ר' יוסף). Aus diesen Momenten
ergibt sich aber, daß hier von J. Jbn=Schoschan die Rede ist. Außer der Elegie,
die sich im edierten Tachkemoni (Makame 50) findet, hat Charisi noch eine
andere auf J. Jbn=Schoschan gedichtet (in Mf.) beginnend: יבלו זמירי ולא

במולימולא. Die Notiz scheint Zacuto von dem weiter erwähnten Chajim Jbn-Musa, seinem Zeitgenossen, erfahren zu haben, der auch die Spukgeschichte von einem Jbn-Schoschan aus Toledo mitteilte.

II.

Abraham Jbn-Esra schickte seinem ersten grammatischen Werke מאזנים, das er in Rom 1140 verfaßte (vgl. Note 8), eine Übersicht über die grammatischen Vorgänger voran. Da die Schriften der meisten dort aufgeführten Grammatiker untergegangen sind, so gibt bloß diese Notiz Zeugnis von ihnen. Ich übergehe die Grammatiker von Saadia bis Chajug und auch Jona Jbn-G'anach, die jetzt mehr bekannt sind, und gebe die Stelle von R. Hai an:
ואלה שמות זקני לשון הקדש — — — — — — — וארוננו ר' האי גאון אסף
ספר המאסף הוא חכמה ובליל יופי. — — — ור' שלמה בן גבירול במדינת
מלקה ארג מחברת שירה ושקילה ולא ישקל בסף מחירה והיא ארבע מאות
חרוזים. ור' משה הכהן הספרדי הנקרא בן גיקטיליא במדינת קורדבא
באר ספר הדקדוק גם היסוד גם ידעו הקדמונים גם הוא חבר ספר
זכרים ונקבות. ור' דוד הדיין בן הגר הספרדי במדינת גרונה גם הוא
גלה עלוחם ונמלך עלוי לבו וחבר ספר המלכים. ור' יהודה בן בלעם ספרדי
במדינת טולימולא אסף ספרים קטנים. ור' יצחק הנקרא בן ישוש ספרדי
במדינת טולימולא עשה ספר הצרופים. ור' לוי הנקרא בן אלחבאן ספרדי
במדינת סרקוסטה תקן ספר המפתח. וכל אלה הספרים הם בלשון ההגריים
לבד ממחברת (של מנחם בן סרוק) והשירה (של ן' גבירול) והאגרון (של ר'
סעדיה).

III.

Während über die Träger der jüdisch-spanischen Kultur eine Fülle von Nachrichten vorhanden ist, muß sich die Geschichte der nordfranzösischen und deutschen Schule mit dürftigen Angaben begnügen. Darum ist für diese jede Notiz von Wert, weil sie Licht ins Dunkel zu bringen vermag. Carmoly, Luzzatto und Zunz haben manchen Beitrag für diese Partie geliefert, doch bleibt noch des Ungewissen viel übrig. Ein historisches Responsum, das Salomo Luria (blühte 1550—1572) auf eine Anfrage in betreff der rabbinischen Diadochen erließ, wird allen diesen Untersuchungen zugrunde gelegt (תשובות מהרש״ל No. 29), darum sei dieser Quelle hier ein Platz gegönnt. Salomo Luria gibt an, er habe die Nachrichten per traditionem empfangen. Sein Gewährsmann scheint ein Jünger des R. Meïr aus Rothenburg (der 1293 infolge langer Haft durch den deutschen Kaiser Rudolph von Habsburg starb) gewesen zu sein, der wohl die Nachrichten von seinem Meister erhalten hat. Darauf deuten die Worte zum Schlusse: ומשניהם קבל הרב ר' מאיר רחמנא נצריה. Aus der Formel: רחמנא נצריה ergibt sich sogar, daß R. Meïr aus Rothenburg damals noch gelebt hat, so daß diese Notiz noch vor 1293 niedergeschrieben zu sein scheint. Um so zuverlässiger sind die darin enthaltenen Angaben, als sie durch Meïr aus Rothenburg, der selbst ein Jünger der nordfranzösischen Schule war, beurkundet scheinen. Es ist nur schade, daß dieses Verzeichnis an vielen Stellen korrumpiert ist und der emendierenden Hand bedarf.

רבלו רבינו, die aber kein neues Moment heranbringt. — Salomo, der Sohn, der im Text erwähnt ist, wird auch von Charisi (Makame 46) gefeiert.

Note 1. Einige zerstreute Quellen zur jüdischen Geschichte.

אעתיק לך מה שמצאתי דותתק:

1. ר' האי קבל תורה מר' שרירא גאון אביו — ובשב ואילך פסקו הגאונים (ור' גרשום קבל מר' האי) ונפטר שנת ד' אלפים ות"ה (ירש"י ילד באותה שנת ויחי כ"ח שנים ונפטר בשנת ד' אלפים ותתס"ח).

2. ומכהרה (ר' האי) לרבינו אליהו הזקן שיסד אזהרות בעל אחיהו של ר' האי גאון ואחיו אל ר' יקותיאל. וגם רבינו חננאל קבל מרב האי גאון.

3. ור' יצחק אלפסי ור' נתן בעל הערוך קבל בר' חננאל ור' יקותיאל אחיו של אליהו הזקן¹) ממנו יצאו בני רומי והשלישי ר' יצחק בן מנחם הנקבר באורליש (l. באורלינש).

4. ובריטיהם היה ר' אלעזר הגדול ור' שמעון הגדול במגנצא ור' שלמה הבבלי ור' קלונימוס (l. וד' בשה) אביו מלוקו. ובהם קבלו ר' גרשום מברין (l. וחם קבלו מרבי גרשום במגנצן) וחם היו גדולי לותיר הנקובים בכמה מקומות.

5. ובחם (l. וחבלו) ר' יעקב הזקן בר יקר ורבינו יצחק בר יהודה הנקרא בירר צדק ורבינו יצחק הלוי הנקרא סגן לויה בגרמיזא. ורבי קלונימוס איש רומי היה בבירי. ורבינו אברהם הכהן שעשה ברכת חתנים ור' יהודה הכהן שעשה ספר הדינין ורב יוסף טוב עלם קדמו להם הרבה. וגם רבינו בנימין הפריונה בר שמואל קדם. ובריבריו היה ר' מאיר שליח צבור (ש"ץ).

6. ורבינו שלמה הנקרא רש"י קבל מר' יצחק (l. יעקב) בר יקר ומרבינו יצחק סגן לויה ומר' יצחק בר יהודה ובריבריו נגזרה גזירה בלו(?) שנת תתג"ו לפ"ע. שלוו יסד תנות צרות לא ניכל וקללה בשטת המתחלת תתנה לחרפה וקללה ולא שבח אחד בהם. וגם ר' אליקים הלוי קבל עם רש"י מרבינו וכן(?) פירש בר' סדרום(?). ור' יצחק בר אשר הלוי בשפירא היה הזני. ובן רבינו יעקב בן ר' יצחק סגן לויה היה בימיהו הנקרא רבינו יעקב. ובשנת תתס"ח נפטר נר ישראל רש"י.

7. ומלך אחריו ר' שמואל בר מאיר (רשב"ם) ושמשו לפניו ר' יוסף דיברריש ור' תם אחיו. ור' יצחק בן אשר בא לשמש לפניו ושב למקומו.

8. ור' אליעזר בר נתן הנקרא ראב"ן אשר יסד צפנת פענח קבל מרבינו רבן ומאחיו ר' אליקים בן יוסף. וחתניו של ראב"ן חיו ר' יואל בר יצחק הלוי מבונא ור'²) שמואל בר נתרונאי יבנו מהרר ברדכי מקולניא ובני מהרר

---

¹) Die Stelle ist offenbar korrumpiert. Sicher ist nur, daß hier Elia הזקן Jekutiel und Isaak ben Menachem als **Brüder** bezeichnet werden, was auch richtig ist, da Elia in seiner Aboda sich als ben Menachem akrostichiert. Da er auch als אליהו הזקן מיש aufgeführt wird, so hat Landshut die Stelle emendiert: והשלישי ר' מנחם בני בר' יצאו ממש (Amude Aboda I. 15). Indessen paßt die Emendation nicht ganz; auch ist es noch fraglich, ob מיש bedeutet von le Mans. — Isaak ben Menachem wird in Pardes von Raschi und Responsa R. Meir Rothenburg als Autorität zitiert. Seine Schwester hat Zunz ihm irrtümlicherweise geraubt und sie Raschi beigelegt (zur Geschichte 172). In Pardes (4, 6) heißt es: ובבשרי של ר' יצחק בן מנחם הגדול לא גריס ליה וכן הנהיגה אחותי מרת בללט בן בניה מרדה לחטיב שנהיה קודם שריה. Offenbar ist hier von Isaak und nicht von Raschis Schwester die Rede. Zur Bestätigung lautet die Stelle אסופות ganz unzweideutig wie angegeben: מרת בילט אחותו של ר' יצחק בר מנחם הנהיגה בשבי (mitgeteilt von Luzzatto, Ozar Nechmad II. 10). Sie hieß auch nicht Chellit, sondern Bellet (Bellette).

²) Dieser Samuel ben Natronai wurde im Jahre 1197 am 11. Abar I. in Neuß, infolge einer Blutanklage mit andern fünf Männern ermordet (Bericht des Ephraim aus Bonn, auch in Emek ha-Bacha).

שלמה מברולא ובני מרדכי ובנו בהר"ר יהודה הטבונה ליברמן ב... בני שלמה והרב ר' אורי.

9. ואחרי ר' שמואל מלך רביבו ר"ת. לפניו שמשו הרב ר' יעקב האולניז (ל. הארלנוי)[1]) ור' יצחק בן ברוך והרב ר' יוסף בכור שור ור' חיים כהן ור' יצחק בן מאיר ור' יצחק הלבן ור' יצחק מרברון (ל. מרברוג) והר' בנימין בקנובריא (ל. מקנעבורויא) ור' יצחק בר מרדכי ור' אליעזר ממרין ור' משה כהן אשכנזי.

10. ובימיו (ביטי ר"ת) היה רבינו החסיד אליהו החסיד בפריש ור' מנחם בן פרץ ביואני ור' חזקיה באלצורא ור' משולם במילאון (ל. במילון) ור' אפרים הגבור ברעגנשפורג.

11. ואחרי ר' ת"ם מלך ר' יצחק בן אחותו ברברין (ברברוג) ובשנת תתקד"ק נהרג ר' אלחנן בנו. וגדולים שמשו לפני ר' יצחק הוא האיר עיני חכמים בפלפוליו ובחדושיו. ואלו שמשו לפני ר' יצחק ר' משה הכהן האשכנזי ור' עזרא הנשיא (ל. הנביא) ור' שמשון שנבריללא (ל. שמשון מיונברילא) ור' שמשון מסניך איש טירון (ל. סיון) ור' יצחק אחיו ור' ברוך בן יצחק אשר יסד ספר התרומה יר' יהודה בר' יצחק בפריש ור' שמשון בקוצי והרב ר' שלמה בדרוויש.

12. ובימיו (ביטי ר' יצחק) היה ר' שמריה משפירא אשר קבל מר' יצחק בן אשר בשפירא ובימיו היה ר' אליעזר בר מרין במגנצא. ואלו שמשו לפניו ר' אלעזר בן ר' יואל הלוי הנקרא אבי העזרי ור' שמחה בן שמואל ור' ברוך ר' יהונתן היה ביפילום. ור' אליעזר מגרמייזא ור' יהודה החסיד בן ר' משול (ל. שמואל) אבר ילד ר' אהרון ברעגנזבורג והרב ר' יהודה.

13. ובימיו ר' אליעזר בטרין. — ואחיו ר' מאיר ואחיו ר' דוד ביוירצבורג (ל. בוירצבורג?) יהוא ילד ר' משולם ביוירצבורג ואחיו הר' יהודה אשר יסד פירוש ר' אברייני היה ר' יואל בן יצחק הלוי ובני אבי העזרי. הזורני לחכמי צרפת:

14. ואחר שנקבר ר' יצחק מדנפיירה[2]) מלך ר' יצחק בן אברהם ור' שמשון אחיו הלך יעקב תחת רגלי הכרמל בשובה טיבה לירושלים.

15. אחרי ר' יצחק בורמרן (ל. ארמרוג) מלך ר' יהודה בפריש. ור' שמשון בסניך ור' יצחק בתפירה (?) — והרב ר' אהרון מרעבורג (ל. מרעגנזבורג) והרב ר' יהודה כהן מוירדיבורג (?) למדי לפניו. והרב ר' שלמה מלך בדרוויש (ל. בדרווית = Dreux) והרב ר' אליעזר בשנקנא. שנת פ"ד לפרט נפטר גור אריה מפריש ב"ח ובאותו שנה נפטר ר' מנחם וורדוזא.

16. אחרי ר' יהודה מלך ר' יחיאל והר' ר' יודא במילון והרב ר' שמואל ברך מיירר והר' ר' יעקב באורלניז (ור')[3]) קרשביא בדרום והר' ר' נתנאל

---

[1]) Vgl. Carmoly, Itinéraire 202, Note 39. R. Jakob aus Orleans wurde am Krönungstage des Richard Löwenherz in London bei einer Volks-emeute gegen die Juden ermordet September 1189 (Ephraim aus Bonn).

[2]) Hier scheint Isaak aus Dampierre (Damna-Petra, nicht Dompaire bei Zunz) mit Isaak, R. Tams Neffen, der als Hauptautorität aufgeführt ist, identifiziert zu werden, so daß er aus Dampierre stammte und in Rameru dem Lehrhause vorstand. Die Identität von Ri und Isaak aus Dampierre folgt aus andern Angaben. In einer handschriftlichen Tossafotsammlung heißt es: ר' אלחנן בן ר' יצחק ברמביר (G. Polak, Halichot Kedem 45). Jedenfalls setzt ihn Zunz fälschlich um 1220, da schon der Verf. des Manhig 1204—1205 Isaak aus Dampierre als einen V e r s t o r b e n e n bezeichnet mit der Formel נוחו עדן (Hilchot Berachot No. 8. H. Get. p. 206 ed. Berlin). Dasselbe folgt auch aus dem Umstande, daß s e i n N a c h f o l g e r Jehuda Sir Leon 1224 starb.

[3]) Dieser ist vielleicht identisch mit קרשביא הנקדן. Wenn Zunz diesen

Note 1. Einige zerstreute Quellen zur jüdischen Geschichte.

בקרינוף (l. בקרינון) ר' משה באריביה (באיברה?= Evreux) במולירין (?).
ובורי הר' ר' יצחק בר שמואל הקבור בגרבריזא שמש לפניו (לפני ר' יחיאל).
ובכמיהם היה הרב ר' שמואל בן ר' אלחנן ומורי הר' ר' יצחק שמש לפניו.
ובכמיהם היה ר' יהודה במריטיה (?) והרב ר' שמואל בר שלמה הנקרא שיר
אויל (מוריל?) ומשניהם קבל הרב ר' מאיר רחמנא נצריה.

Der zweite Bericht in Lurjas Responsum, beginnend: שוב מצאתי, betrifft lediglich die Genealogie der Kalonymiden, bietet daher nur ein geringes Interesse und ist ohnehin voller Korruptelen. Ich halte es daher nicht für nötig, ihn hier aufzunehmen.

IV.

Joseph Ibn-Verga, der die Chronik der Verfolgungen שבט יהודה, von seinem Vater verfaßt, ergänzt hat, gab auch als Anhang eine Chronik Südfrankreichs von der zweiten Hälfte des zwölften bis ins vierzehnte Jahrhundert. Er fand sie bei Schem-Tob Sonzolo, kürzte sie aber, wie er selbst angibt: אמר הדל והנרדף יוסף ... מצאתי ביד החכם ... שם טוב שאנצולו מנטרם בספר מאורות מלכי אדום גם קצת דברים אירעו את אבותינו שם וקצרתי ולקטתי מה שנראה לי נאות זכרון לבני ישראל (Schebet Jehuda gegen Ende, ed. Hannover, p. 112). Die darin aufgenommenen Nachrichten sind von großer Bedeutung für die Geschichte der Juden Südfrankreichs und Spaniens. Die Chronik rührt von einem Manne her, der sehr gut unterrichtet war; denn da, wo sie die Spezialgeschichte Südfrankreichs und Spaniens berührt, zeugt sie von außerordentlicher Akribie in den Tatsachen und Daten, wie die Belege aus den externen Quellen ergeben. Diese Chronik ist daher eine unschätzbare Quelle für die Geschichte der angegebenen Zeit, und sie verdient die vollste Aufmerksamkeit. Da sie bisher noch nicht kritisch geläutert wurde, so konnte sie nicht für die Geschichte benutzt werden. Manche haben sich durch ihre Korruptelen zu Irrtümern verleiten lassen. Sie berührt im ganzen mehr als 30 Fakta, von denen ich jedoch die ersten zwei, betreffend die Kreuzzüge, als ohne Interesse für die jüdische Geschichte übergehe.

1. שנת קב"ח (תתקב"ח) במסירה בדרש ונחרג השלטון ואנשי הקהל נשבו.
2. ובשנת ק"ל נתלו המוסרים פרשיו ואלה המשפטים.
3. ובשנת ההיא נתבקש בישיבה של מעלה הרב ר' משולם יהנד"ב הגדול ר' יעקב פרופירע (l. פרפיניאן).
4. שנת קל"ב תפש הצורר אליציר (l. אלציר) חה"ב ר' אברהם בר דיד.
5. ובשנת קל"ג נתפש השר יחונלה לקרקשונא לפני ח"ב.
6. בשנת קל"ב קבץ האפפיור כל הגמוניו וכומריו בצרפת ובסםרד וכל הקהלות חרדו חרדה גדולה וחתמו שלשה ימים רצופים וירב לחם אלהיהם כי לא דברו רק טוב.
7. בשנת קמ"ו נתלה מבן בכבוד ר' זרחיא ז"ל.
8. שנת קנ"ב נשבעה צר אדיר ובה כמה חכמים גדולים יובי לקץ הימין.
9. שנת קל"ה (l. קנ"ה) מת שלמון ריבזון יבקשני בלקריו נהרגו כמה נפשות בישראל.

um die Mitte des dreizehnten Jahrhunderts leben läßt (daf. 114), so ist das ein Irrtum; denn der Verfasser des ס' התרובוה, Baruch ben Jsaak aus Worms, der sein Werk zwischen 1195—1202 schrieb (vgl. ז"ח No. 135) zitierte ihn schon המגיה ('ח ס' ספר תורה) No. 201): רדו יזה לשוני: ואבי הנקדן הר' קרשביהו הנקדן בס"ב כתב אומר. Kreßbia Nakdan gehört demnach dem zwölften Jahrhundert an.

10. שנת קכ"ז [קנ"ו] בא מלך ישמעאל אלביר אלבומנונירי (l. אלבומנין) והשפיל את ארץ קאשטיליריא ובשם קלעטרבא ועיירות גדולות אחרים והשחית את כל גבול טולידו והיהודים אשר בעיר יצאו לקראתו וילחמו ויהרגו בם משנאיהם ובאחותו מלחמה מת בנו של על"י אחד משרי הגדולים.

11. שנת קנ"ז שלל שר העיר את כל הקהל וחפש אש בתיהם וכל אוצרותם.

12. שנת קנ"ח [נ"ח] מלך אינגלאטירא אחרי שיבו מחבוש את עבו ומת מלך ישמעאל אמיר אלבומנוני (l. אלבומנין).

13. ובשנה ההיא נתבקש בישיבה של מעלה המאור הגדול ר' אברהם בן דוד ערב שבת והכהנים חפרו את קברו.

14. שנת קס"ו במרדו הנוצרונים לאנשי שעברון והרגו ביהודים שמונים נפש.

15. שנת קס"ח ערב נדאל יום ז' [l. ו'] שב מלך ארגון בן רומי והוציאו לו ספר תורה והתחננו בלם ברוך הפחד והיה יום בעגון ויצא להם חמה.

16. ובשנה ההיא נתעלה נשמת כבוד משה עבד ה' במצרים וכו'.

17. שנת קס"ט היא שנת רג"ן יצאו מתערבים מצרפת לצבא צבא וביום תשעה עשר אב היה שם הרג גדול ונהרגו מן החיילים עשרים אלף וכן היהודים מאתים ורבים נשבו.

18. שנת ק"ע נעלה נשמת כבוד ר' אהרון בר משולם.

19. שנת קע"א התירו השם רבני צרפת ורבני אנגלאטירא ללכת לתוך ירושלים והיו יותר משלש מאות ובעבדם המלך בכבוד גדול ויבנו להם שם בתי כנסיות ומדרשיות גם רבינו הכהן הגדול רבינו יהונתן, חלך לשם וכו'.

20. שנת קע"ב חדש השירי נפשו הישמעאלים שלוואטירה ובאו שרידי פמירנו אשר היו שם בערב יום הכפורים לעיר טולטולא. ובשנה ההיא יצאו גדודי אמיר אלמומנים בארץ אדום וקבצו מלכי אדום וילחמו בם במערכה מול מערכה ויכום מלכי אדום אבל היו ישראל בצרה עצומה.

21. שנת קע"ג חדש שבט נקבצו כל ההגמונים קרוב למאתים וכל שרי הארץ בעיר בחר בפני הקרדיניאל והיה שם הנשיא דון יצחק בינבינשטי גם מכל הקהלות היו עם שנים שנים.

22. ובשנה ההיא (קע"ח) בחודש סיון בא מלך לואיש [בן?] מלך צרפת אל בדרישו ויצוה להפיל החומות והיו הקהל בסכנה גדולה עד שנשבע להם פחת מון פורוש ואחיו לשבור ראשיהם.

23. ובשנה ההיא (קע"ח) קבצו יהודים בכל קהלה וקהלה מנרבונא ועד מרשיליריא במגרש ייאלי במצות הנשיא הגדול שר השרים ר' יצחק בינבינשטי לפני חנשיא ר' ליי להסכים כי ילכה לרומי לחפש עצת אפיפיור ביום קבוץ כל ההגמונים.

24. שנת קע"ו גזרה בלבוש חדששה על עמנו שלכבו מצויינים בחותם נבר כ"ב שנה ולמעלה האנשים בכובעיהם והנשים בצעיפהם ועוד חבירדו שלם שיתן לו (?) כל בעל בית בגלת העיר ר' פשוטים בכל שנה לזמן הגם. ובשנה ההיא מת האפיפיור פתאום אשר דבר סרה על בני עמנו.

25. שנת קע"ז הפצה השלטנוא אשת פתח מון פורים כל היהודים אשר במלכותה הם ונשיהם ובניהם וגזרה עליהם שמד להפר ברית ולהחליף חוי בית והתמידה האנשים לבד ושף וכל כ"י שהיה ולמטה נתן ביד הגולחים להטבילם בעל ברחם והילדים צועקים לאבותם ואין מציל. וגם מי זה לא רצו לאבוד מגדוליהם ויצאו בהן ז' נפשות ויותר הקהל עמדו באמונתם ונמסרו למיתה...וכ"ח אב הגיע גזרת הפתח להתירם ולהשיב נכסיהם לבד הילדים אשר ברחו כבר גברו. בי בן צוה הקרדינאל. בשנה ההיא גזר הקרדינאל שלכבו מצויינים בעין עגלה בבלוש העליון ולימים מועטים נתבטלה הגזרה.

26. שנת קע"ט נוסעו לב יהדיו המתושבים אשר בארץ אניוב ופשיוב וברוישאנגריא על בני עמנו להמיר כבודם והתחזקו באמונתם וקדשו שם שמים

Note 1. Einige zerstreute Quellen zur jüdischen Geschichte.

ונהרגו יותר משלשה אלפים ומהם שחטו בניהם ואחרים שחטו את עצמם גם
נשתמדו יותר מחמש מאות...

27. על ידי משומד אחד שהיה מן החהר ובקש לחקור את חבל יבא
לחבריו בכל הקהלות ימירו דתם בעל כרחם וכל זה יכול הביא בן האפרס"י
חוקים לא טובים וצוה לשאת חותמות.גדולות בבגד פלטרי אדום או ברבובי
וכל איש שילך זולתו יומת. אז נתקבצו יהודים מקהלות לברר מי ילך
(Lücke) וברחו חנגלבה ר' מרדכי בר יוסף אוירינון והרב ר' שלמה דישאל(?)
במגדל נרשקון לבא אל המלך לחתחנן לו על ענין הסרמנים והשלחיהן ושבי
שמחוה כי נתבטלה הגזרה. לרמים מועטים תקפה יד החוקרים על בני טמינו
ויכלילו לחתיר בכל פרובינצא וירוציאו בממון גדול עד ארץ חקר וגם יצאו רבבים
מגדולי הארץ בציונים שבונים במרשלא ובכיר אאיגש ובאיבירון. עוד הכבירי
משא על עיר אוירינון וסגרו בביתם שני צנתרות הזהב ר' מרדכי בר יוסף
וחבר ישראל. ואחר כך יצאו בציונים בשבונים ואחר כך נעשה נס גדול יחזירו
רבבים זולתם. ותאר הציון היה רחבו זרת בן פלטרי מרבובי ירהב העגלה
ד' אצבעות ובהללה דמות לבנה לוקח בבגד שחיר.

28. בעמק חנא ארץ תלאובות בלויאררייש התכללו על בני עמנו משיבצת
אחת שבעבה בטיע היון ימיה וארץ רועה ויוציאו דבה כל היהודים שהם
המיחוה וישלחו כל היהודים ויאסרום שלם במהלנים ברוב ארץ פרוביונצא
ודחקים בדוחקים משונים ונדנו בעוניתנו.

29. בשנת שנתפם מלך צרפת ביד ישמעאלים אחר שחותר ושב לא-רצו
גרש כל היהודים בארצו.

30. שנת ה' אלפים... קמו הרוישים וכו'.

Im folgenden sollen die angegebenen Tatsachen durch Parollelen beleuchtet, präzisiert und nutzbar gemacht werden.

ad 1. und 2. Der בדרש שלבון von, von dessen Ermordung hier die Rede ist, ist Raymond Trencavel, Vicomte von Beziers und Carcassonne. Er wurde von den Bürgern dieser Stadt in einer Kirche erschlagen, 15. Oktober 1167, wegen einer einem Bürger zugefügten Unbill (vgl. Vaisette. Histoire générale de Languedoc T. III. p. 17). Das angegebene Datum entspricht dem jüdischen Datum (4) 928 Ende Tischri. Man sieht daraus, daß die Anklage gegen die Juden (במסירה) und deren Einkerkerung mit dem Tode des Raymond Trencavel zusammenhängt. Das Nähere darüber ergibt sich aus folgendem: Roger II., Sohn des Ermordeten, rächte den Tod seines Vaters an den Bürgern, indem er sie durch eingeschlichene aragonische Soldaten sämtlich erschlagen ließ, im Jahre 1170. Nur die Juden wurden beim Gemetzel verschont. On ne fit quartier qu'aux Juifs, qui apparemment n'avaient pas trempé leurs mains dans le sang de Trencavel (das. p. 24). Viele Bürger wurden bei dieser Gelegenheit gehenkt. Les Aragonais font main baisse sur une partie des habitants, pendant les autres à des potences (das.). Darauf bezieht sich wohl der Passus in unserer Chronik: ונתלו הבוסרים. Die Ankläger, welche die Juden in den Kerker geworfen hatten, waren demnach christliche Bürger von Beziers und sicherlich aus dem Grunde, weil es die Juden mit Trencavel gehalten hatten. Darum ließ sie auch Roger verschonen. Aus unserer Quelle ergibt sich sogar der Tag des Blutbades in Beziers, der in den Urkunden zur Geschichte von Languedoc nicht angegeben ist. Die Ankläger wurden gehängt in der Woche בשפטים, d. h. 21. bis 27. Schebat = Mitte Februar 1170. Trencavel und sein Sohn Roger waren überhaupt Gönner der Juden. Der erste befreite sie von den jährlichen, sich zur Osterzeit wiederholenden Judenkrawallen (histoire de

Languedoc II. 485). Roger hatte jüdische Güterverwalter (bail de sa domaine bailli), Moses de Cabarite, der bei einer Schenkung im Jahre 1171 als Zeuge angeführt wird (daſ. III. 27), und einen andern: Nathan Judaeus bajulus domini Rogeri. Derselbe fungierte ebenfalls als Zeuge bei einem Vertrage neben Edelleuten (daſ. III. preuves p. 137 Urkunde vom Jahre 1176). Roger gewährte den Juden von Carcaſſonne die Begünſtigung, daß ihre Abgaben für ihn auch auf die Gemeinden von Limoux, Alet und Raſez repartiert werden ſollten, und verſprach den Vorſtehern Aſtrüc von Alet (Astrug de Electo), Crescas von Limoux (Crescas de Limoso) und denen von Raſez, daß ſie nicht mit Steuern überbürdet werden ſollen (daſ. III. 175 No. LX).

ad 3. Das Todesjahr des für die jüdiſche Kulturgeſchichte Südfrankreichs ſo bedeutſamen Meſchullam ben Jacob, ſowie des Jacob aus Perpignan wiſſen wir nur aus dieſer Chronik. Den letzteren erwähnt nur noch Benjamin von Tudela, der ihn im Jahre 1156 (vgl. Note 10) in Marſeille antraf: וראש הקהל ר׳ יעקב פירפיניינו הנשיא (במרשיליה) של נסה (ed. Asher p. 6).

ad 4. und 5. Der Feind, welcher den berühmten Abraham ben David aus Posquières in Haft brachte, hieß Elzéar. Das war der Name eines seigneur de-Posquières im 12. Jahrhundert, abgekürzt von Eleaſar oder Elisiarius, Helisiarius (vgl. die Genealogie der Herren von Uſſès und Posquières bei Vaiſette, daſ. II preuves 42, 640). Warum Abraham ben David von Elzéar verhaftet wurde, und wie es kam, daß derſelbe seigneur (שר) nach Carcaſſonne verbannt wurde, iſt noch dunkel. Die Herren von Posquières waren Lehnsträger der Vizegrafen von Carcaſſonne und Beziers, alſo damals von dem judenfreundlichen Roger II. Möglich alſo, daß dieſer die Willkür beſtraft hat. Die Worte: לפני הרב ... הוגלה ſind rätſelhaft.

ad 6. Der Bericht, daß die Juden wegen der Verſammlung der Kardinäle in großer Angſt lebten, und daß zuletzt nur Gutes in betreff der Juden beſchloſſen worden, fordert zur Beleuchtung heraus. Im Jahre 1179 (19. März) wurde das dritte Laterankonzil unter dem Papſt Alexander III. eröffnet. Daß die franzöſiſchen und ſpaniſchen Prälaten feindſelig gegen die Juden waren, erklärt ſich daraus, daß die letzteren Ämter und Ehrenſtellen inne hatten. Der Klerus hatte alſo feindſelige Vorſchläge gegen die Juden in petto. Die Juden waren auch Gegenſtand ſynodaler Beratung auf dem Laterankonzil, aber die Beſchlüſſe in betreff derſelben fielen überraſchend milde aus. Nur ein einziger nachteiliger Paragraph iſt gegen ſie gerichtet, daß ſie ebenſowenig wie die Sarazenen chriſtliche Leibeigene und Ammen halten dürfen. Die übrigen Beſtimmungen ſind im Gegenteil zugunſten der Juden. Sie ſollen nicht mit Gewalt zur Taufe geſchleppt, nicht ohne Urteil verwundet werden; es ſoll ihnen keinerlei Gewalt angetan, und ihre gottesdienſtliche Feier nicht geſtört werden: Judaei ad baptismum non sunt compellendi, sed si voluerint, absque calumnia christiani efficiantur. Nullus eos etiam sine judicio vulnerare, vel eis res suas auferre, vel solennitates perturbare praesumat (Mansi Concilia T. XXII. p. 259). Selbſt der Beſchluß, daß Chriſten gegen Juden ebenſogut zu Zeugen zugelaſſen werden mögen, wie dieſe gegen ene angenommen werden, damit es nicht ſcheine, daß die Juden eines Vorzuges gegen die Chriſten genöſſen, zeugt er nicht von einem milden Geiſte in betreff der Juden? Testimonium quoque Christianorum adversus Judaeos in omnibus causis, cum illi adversus Christianos testibus suis utantur, recipiendum esse censemus. Anathemate condemnetur — quicunque Judaeos Christianis voluerit in hac parte praeferre cum eos subjacere Christianis oporteat, et ab eis pro sola humanitate foveantur (daſ. 231). Die weſtgotiſchen Konzilien und die Päpſte nach Innocenz III. haben die Juden zu keinerlei Zeugnis gegen Chriſten zugelaſſen, während das Lateraukonzil unter Alexander III. ihnen nur den Vorzug vor den Chriſten nehmen wollte. Sehr paſſend gibt unſere Chronik das Geſamtreſultat wieder: כי לא דברו רק טוב. Alexander hatte ſelbſt einen jüdiſchen Beamten, der ſein Finanzminiſter geweſen zu ſein ſcheint, ein Enkel des berühmten Nathan Romi (Benj. von Tudela p. 8): ר׳ יחיאל משרת של אפא (אלכשנדרוש) והוא בחור׳ נכד ר׳ נתן אשר ל׳ הנהיא פקיד ביתו ועל כל אשר ל׳. Nichtsſagend und trocken klingt der Extratt, den Zunz aus dieſem Berichte gemacht hat (Synagogale Poeſie S. 25): „In demſelben Jahre (1179) erregte die Zuſammenkunft franzöſiſcher und ſpaniſcher Biſchöfe unter der dortigen jüdiſchen Bevölkerung Schrecken." Es ſcheint faſt, daß der berühmte Literarhiſtoriker die Tragweite dieſer Notiz nicht gekannt hat. Übrigens geht daraus hervor, daß die Juden im voraus von den in der Kirchenverſammlung gegen ſie beabſichtigten Anträge in Kenntnis geſetzt waren — ſonſt wären ſie nicht vorher in Angſt geraten. Wahrſcheinlich haben ſie ſich bemüht, dieſelben zu paralyſieren. Wir werden ſpäter dasſelbe ganz deutlich finden (Nr. 23).

ad 7. Das Todesjahr des R. Serachja Halevi iſt ebenfalls nur aus unſerer Quelle bekannt, und daß das Datum genau iſt, dafür bürgt die Akribie in den übrigen Punkten.

ad 8. Iſt weiter nicht bekannt.

ad 9. Der שלטן רימון, von dem hier die Rede iſt, war Raymond V., Graf von St. Gilles und Toulouſe, der Beförderer der provenzaliſchen Poeſie, den die Troubadoure le bon Raymond nannten. Er ſtarb Ende 1194 (histoire de Languedoc III. 94). Darum muß das Datum קל״ה emendiert werden in קנ״ה. Ohnehin erfordert es die Reihenfolge der Daten in unſerer Quelle. Auf 152 kann nicht 135 folgen. Raymond V. war ein Gönner der Juden und hatte einen jüdiſchen Beamten für ſeine Güter an Abba Mari, dem Vater des Verf. von Ittur (B. von Tudela p. 5): ושם (במגרש הנקרא בירך דש׳ל) הנהיא אבא מרי בר ר׳ יצחק והוא פקיד השלטן רימון נ״רל. Auch ſein Sohn Raymond VI. war ein Gönner der Juden und vertraute Juden öffentliche Ämter an. In einem Sendſchreiben des Papſtes Innocenz III. an ihn machte ihm derſelbe unter anderem bittere Vorwürfe darüber (1207), daß er Juden zu Ämtern beförderte (commisisti Judaeis officia publica), zur Schmach der chriſtlichen Religion. (Epistolae Innocentii L. X. ep. 69). Als Raymond vom Kreuzheer gegen die Albigenſer beſiegt wurde und auf dem Punkte ſtand, ſein Land zu verlieren (1209), mußte er in ſein Sündenregiſter, das er öffentlich zu verleſen gezwungen war, auch den Punkt aufnehmen, daß er Juden Ämter anvertraut hatte: item quod Judaeis publica commisit officia (bei Mansi Concilia XXII. 770). Darauf befahl ihm der Legat Milo zu ſchwören, daß er nie mehr Juden zu irgendeinem Amte oder zu ſeinen Ratgebern zulaſſen und die bereits Ernannten entfernen werde: Ego Milo — praecipio ut universos Judaeos in tota terra et ab omni administratione publica vel privata prorsus amoveas, nec usquam eos ad ipsam vel aliam restituas, vel alios Judaeos ad aliquam administrationem admoveas, nec eorum consilio ullo tempore contra Christianos utaris (daſ. 782). Auch ſeine Barone und Vaſallen mußten dasſelbe ſchwören. Man ſieht daraus, daß die Juden in Südfrankreich vor den Albigenſerkriegen eine ſo hohe Stellung eingenommen hatten, daß der Papſt nicht genug davor warnen konnte. — Wenn übrigens in unſerer Quelle mit dem Tode Raymond V. der gewaltſame Tod mehrerer Juden in Beaucaire (בלקיררו) zuſammen erzählt wird, ſo ſcheinen beide Tatſachen in urſächlicher Verbindung miteinander zu ſtehen.

ad 10. Dieſe Notiz iſt nicht ohne Wichtigkeit, ſie dokumentiert, daß die Juden Spaniens ſich an dem Kriege gegen die Mauren beteiligt haben. Um dieſe Tatſache zu erhärten, müſſen die allgemein geſchichtlichen Punkte darin fixiert werden. Es iſt hier offenbar von den Vorgängen nach der Schlacht bei Alarcos zwiſchen Alfonſo dem Edlen und dem Almohadenfürſten Jakob Jbn-Juſſuf Almanſur die Rede. Die Schlacht fiel am 19. Juli 1195 vor. Im Frühjahr 1196 durchſtreifte der Emir Almumenin Jakob Almanſur mit ſeinem Heere das kaſtiliſche Gebiet und ließ Einöden zurück. Er belagerte ſelbſt Toledo, fand aber tapferen Widerſtand und mußte wieder abziehen (vgl. Aſchbach, Geſchichte Spaniens zur Zeit der Almoraviden und Almohaden II. 90, 93 und 318). In unſerer Quelle iſt die Rede von Ausfällen der Juden von Toledo gegen das Belagerungsheer der Almohaden. Die ohnehin corrumpierte Zahl ק"ט muß demnach in ק"ו emendiert werden. Daß die Juden gegen die Almohaden Partei nahmen und die Unternehmungen der Chriſten gegen ſie unterſtützten, bezeugt auch ein arabiſcher Schriftſteller Jbn-Allatib. Die jüdiſchen Kaufleute haben große Geldſummen dem König Alfonſo zu Kriegszwecken freiwillig geliefert (bei Casiri Bibliotheca II p. 221). Alphonsus qui cum 25 000 equitum et 20 000 peditum militibus — ingentem pecuniae vim Judaicis mercatoribus suppeditantibus — Jacobum regem oppugnare decreverat.

ad 11. Dieſe Notiz iſt umſo dunkler, als die Stadt nicht angegeben iſt.

ad 12. Das Datum des Todesjahres von Richard Löwenherz und dem almohabiſchen Emir Almumenin Almanſur iſt ſehr genau angegeben; der erſte ſtarb den 6. April 1199, der letztere im Januar oder März desſelben Jahres (Vgl. über das letzte Aſchbach, Geſchichte Spaniens uſw. II. S. 319).

ad 13. Auch Zacuto gibt das Todesjahr des Abraham ben David aus Posquières an und zwar Freitag, den 26. Kislew 4959 = 27. Nov. 1198;
ונפטר חרב הגדיל ה"ר אברהם בן דוד בפושקירוש בערב שבת בחנוכה שנת
דתקנ"ט:

ad 14) Ganz unbekannt.

ad 15) Dieſe Notiz iſt intereſſant. Sie iſt genau, denn ſie ſtimmt mit den ſpaniſchen, ſüdfranzöſiſchen und römiſchen Quellen überein, daß Peter II., König von Aragonien, ſich nach Rom begab, um ſich dort von dem Papſte Innocenz III. krönen zu laſſen und ſein Königreich vom Petriſtuhl zu Lehen zu nehmen. Die Krönung fand am 9. November 1204 ſtatt. Gegen Weihnachten (נדא‎ = Nadal) kann Peter bereits zurückgekehrt ſein. Weihnachten fiel damals auf Sonnabend, der vorhergehende Tag, ערב נדא‎, war alſo Freitag. Man muß demnach ו ſtatt י leſen. Auch haben ſich die Juden ſchwerlich am Sabbat Faſten auferlegt. Das Faſten und die von ſeiten der Juden veranſtalteten Empfangsfeierlichkeiten für den König von Aragonien beweiſen, daß ſie ſich von einer Verbindung mit dem Papſte nichts Gutes verſahen. Und in der Tat, da ſich Peter zum Vaſallen des Papſtes gemacht und

Note 1. Einige zerstreute Quellen zur jüdischen Geschichte. 343

sich gelobt hatte, in allem den päpstlichen Befehlen gehorsam zu sein und Ketzer sowie Ungläubige nicht in seinem Lande zu dulden, so durften sich die Juden auf Schlimmes gefaßt machen. Innocenz III. war kein Freund der Juden, sondern eifrig bemüht, sie zu bemütigen. Sie mochten daher mit Recht von dem Lehensträger dieses rücksichtslosen Papstes eine harte Verfolgung gefürchtet haben. Indessen war Peter keineswegs ein willfähriger Ketzerverfolger nach Order des Papstes und der Legaten, er nahm später sogar Partei für die als Ketzer verfolgten Fürsten gegen die Legaten und Simon von Montfort. Daher ist es auch erklärlich, daß auch die Juden seiner Länder unangefochten blieben.

ad 16. Als Parallele zu dieser Nachricht über das Todesjahr und den Todestag Maimunis, die Trauer um ihn und über den Transport seiner Leiche nach Tiberias vgl. Saadia, Ibn-Danan Chemda Genusa p. 30, Zusatz zum Jochasin ed. Krakau, Ibn-Jachja Schalschelet, und über die Feststellung des Datums Rapaport in Geigers Zeitschrift II. 127 ff. Unsere Notiz ist stellenweise korrumpiert und kann aus den Parallelen korrigiert werden.

ad 17. Kaum wüßte man aus dieser kurzen, aber inhaltsschweren Notiz, daß hier von dem gräßlichsten Blutbade erzählt wird, das je die Kirche geschändet hat, wenn man nicht Parallelen herbeizieht. Selbst der Name der Stadt ist verschwiegen. Es ist hier von der Eroberung Beziers durch das Kreuzheer gegen die Albigenser die Rede. Das Gemetzel fand statt am 22. Juli 1209; dem entspricht der 19. Ab. Auch Zacuto hat die Nachricht von den Leiden der Juden in Beziers in demselben Jahre (Jochasin ed. Filipowski p. 220): ובשנת תתקס״ט גזרת קהל בדרש. Unsere Notiz scheint einer sehr authentischen Quelle entlehnt zu sein. Denn die Zahl der von den heiligen Mördern Umgebrachten in Beziers ist schwankend (vgl. Vaisette, histoire de Languedoc III. 169). Die päpstlichen Legaten, welche die Affäre leiteten, geben die Zahl auf 20 000 an (in einem Schreiben an den Papst Innocenz bei Baluz, epistolae Innocentii XII. 107). Capta est civitas Biterrensis, nostrique non parcentes ordini, sexui vel aetati, fere viginti milia hominum in ore gladii peremerunt . . . . . . ultione divina in eam mirabiliter saeviente. Bekanntlich sagte ein Abt zu den ihn Fragenden, wie man die Katholiken von den Ketzern beim Gemetzel unterscheiden soll: Tuez-les tous; car dieu connait ceux qui sont à lui. Die 200 getöteten und gefangenen Juden erwähnt keine Quelle weiter. Zunz wußte aus dieser Notiz nichts zu machen; er gibt sie folgendermaßen wieder: „Der 22. Juli 1209 war ein Schreckenstag für die französischen Juden, die Einzelheiten fehlen" (Synagogale Poesie 28).

ad 18. Der Tod dieses eifrigen Anhängers Maimunis und der Philosophie, dessen zwei Brüder Mystiker und Asketen waren, ist aus keiner anderen Quelle bekannt.

ad 19. Diese Notiz von der massenhaften Auswanderung französischer und englischer Rabbinen nach Jerusalem ist ein interessantes Zeichen jener Zeit. Bemerken wir gleich im Eingange, daß das Datum 4971 = 1211 hier zuverlässig ist, da 4970 ihm vorangeht. Einige der Rabbinen, welche mit Jonathan ausgewandert waren, lassen sich noch ermitteln, und dadurch läßt sich ein fester chronologischer Ausgangspunkt für manche Fakta gewinnen. In einem Itinerarium, welches Carmoly veröffentlicht hat (Itinéraires p. 121 ff.) heißt es: ein R. Samuel ben Simson hat die Reise mit Jonathan

gemacht: Der Kopist dieses Itinerariums bemerkt: אלו הדברים ראיתי לחכתב
כאשר ארשם כל פי אדם אשר היה בארץ ישראל עם הרב ר' יהונתן הכהן
מלוניל ושמו ר' שמואל בר שמשון שהלך עמו בארץ גושן ויבר עמו במדבר
רבא עבו לירושלם... וזה היה בשנת תתק"ע. Das Datum 4970 muß nach
dem Obigen in 4971 berichtigt werden. Wenn Carmoly angibt, daß die
300 Rabbinen erst infolge des Rundschreibens von Samuel ben Simson
zur Auswanderung bewogen wurden (daf. 119), so ist das unrichtig. Denn
in dem gegebenen Zitat heißt es ja ausdrücklich, daß Samuel ben Simson
z u g l e i c h mit Jonathan durch Ägypten und die Wüste nach Jerusalem
reiste; sogleich im Eingange: nous pleurâmes — — moi et le grand Cohen
de Lunel. Mit Samuel und Jonathan zusammen waren zwei Männer:
R. S a a d i a und R. T o b i a (daf. 129) A Hebron nous nous rendimes
chez le teinturier, moi, Rabbi Saadiah et Rabbi Tobieh. Zu diesen vier sind
noch folgende Jerusalempilger hinzuzufügen: R. J o s e p h ben Baruch
begab sich mit seinem Bruder R. M e ï r nach Jerusalem, und er führt daher
in den Tossafot den Namen מארץ ישראל, ר' יוסף איש ירושלים oder, auch
ר' יוסף שהלך בארץ הצבי (vgl. die Belegstellen Zunz zur Geschichte S. 52
und zu Benj. v. Tudela II. 255). Von ihnen erzählt Abraham Maimuni,
daß er sie und noch andere in Ägypten, das sie berührt hatten, gesehen
und gesprochen (Milchamot ed. Hannover S. 96): ובשהגיעו חכבי צרפת
אל הארץ הזאת הרב הגדול ר' יוסף ז"ל ואשר אחריו נקבר בשמות הרב
ר' אברהם חזקן אביו של הגאון ר' גרשום ז"ל ור' יוסף ור' דוד הרב הנכבד
וחכמים אחרים — וראינו בכבודם כפר חובתנו ושמענו על הרב ר' יוסף
ז"ל יאחיו ר' מאיר ז"ל שכשהשתק ר' יהודה ן' אלחריזי ז"ל גם הוא ספר
מורה נבוכים ללשון הקודש הכיונו בו ושמחו בענינו. Daraus geht hervor,
daß sämtliche hier Aufgezählte zu der Rabbinerkarawane gehörten, die nach
Palästina auswanderte. Charisi traf schon 1216 Joseph und Meïr aus
Frankreich in Jerusalem an (Tachkemoni Pf. 46: ויפגעו בר מלאכי אלהים
(בירושלים) הבאים מארץ צרפת לשכון בציון וברואשם הרב החסיד ר' יוסף
(בן ר' ברוך ואחיו החכם ר' מאיר). Diese fünf namhaft gemachten können
also zu den oben genannten vier hinzugezählt werden. — R. Simson ben
Abraham, Maimuni's Antagonist, der Kommentator eines Teils der Mischnah,
ist bekanntlich ebenfalls nach Palästina ausgewandert und fand sein Grab in
Akko. Er wird ebenfalls איש ירושלים und ציון genannt (v. S. 216). Nichts
hindert, ihn der Karawane von mehr denn 300 zuzugesellen und seine Auswanderung 1211 anzusetzen. Aus der Äußerung des Abraham Maimuni
über diesen Simson scheint hervorzugehen, daß derselbe mit den von ihm
genannten zugleich die Reise nach Palästina angetreten, aber nicht wie jene
Ägypten berührt hat: ושמענו על הרב רבינו שמשון ז"ל בעל התוספות שהיה
בכבו שלא ראינו אותו שלא עבר עלינו דרך. Nicht überflüssig dürfte die
Bemerkung sein, daß die Auswanderung der Rabbinen zusammenfällt mit
den blutigen Albigenserkriegen.

ad 20. In dieser Notiz sind zwei Fakta mitgeteilt, die sich durch anderweitige Quellen ins Licht setzen lassen. Das erste betrifft die Eroberung der
Bergfestung S a l v a t i e r r a (arab. Sarbatira = שלווטירא), welche der
almohabische Emir Almuemenin Mohammed Annasir Ledinallah 1211 acht
Monate belagert hielt (vgl. Aschbach, Almoraviden und Almohaden II,
113 f. und die Quellenangabe 322, 2). Die Einnahme fiel nach unserer
Notiz am Vorabend des Versöhnungstages 9. Tischri 4972 = 18. Sep-

Note 1. Einige zerstreute Quellen zur jüdischen Geschichte. 345

tember 1211. Das zweite Faktum betrifft den berühmten Sieg bei Naves de Tolosa 16. Juli 1212, welcher durch Hilfe eines vom Papste Innocenz aufgebotenen Kreuzheeres errungen wurde. Vor der Schlacht, als die Kreuzfahrer sich vor Toledo ansammelten, erhoben sie sich gegen die Juden von Toledo, den heiligen Krieg mit deren Niedermetzelung zu eröffnen. Wenn die Ritter und der König Alfonso der Edle der Mordwut nicht Einhalt getan hätten, wäre die edelste und größte Gemeinde Spaniens damals aufgerieben worden. Vgl. Mariana, Historia Géneral de España T. III 212 L. V.: Comenzaran estas gentes a venir a Toledo par el mes de Febrero año 1212. Levantose un alboroto de los soldados y pueblo en aquella ciudad contra los Iudios. Todos pensaban hacier servicio a Dios en matarlos. Estaba la ciudad para ensangrentarse, y corrieran gran peligro, si non resistieran los nobles à la canalla, y empararan con las armas y autoridad aquella miserable gente; vgl. Annales Toledanos I. in Florenz España sagrada T. 23 p. 359.

ad 21. Hier ist von der Kirchenversammlung zu Montpellier (הר גבש) die Rede, gehalten am 8. Januar 1215 = 8. Schebat, unter dem Vorsitz des Kardinallegaten Peter von Benevent. Die Juden Südfrankreichs scheinen ungünstige Beschlüsse für sich von diesem Konzil gefürchtet zu haben, darum haben sie wohl von jeder Gemeinde zwei Deputierte nach Montpellier abgeordnet. Ihre Bemühungen scheinen auch nicht vergeblich gewesen zu sein: denn die Canones dieses Konzils enthalten keine judenfeindlichen Beschlüsse. Der hier genannte „Fürst" Don Isaak Benveniste war keine unbedeutende Persönlichkeit. In der folgenden Notiz wird er genannt: „der große Fürst, Herr über Herren", auf dessen Veranlassung später wieder jüdische Deputierte zusammenkamen. D. Kimchi kennt ihn als Arzt und Grammatiker (Michlol ed. Ven. p. 55 c. bei der Form פְּעֻלָּה und in den Wurzeln zu radix (חלם): בהן בנשת חזק דברי — בן יצחק ר' חריפא והנשיא
הראשונים והרופא ר' יצחק בן בנשת פירש בריר חלמית ברוק הבריאות.
Höchst wahrscheinlich ist dieser Isaak Benveniste identisch mit dem Leibarzt (Alfaqui) des aragonischen Königs Jakob, namens Zag oder Çag aus Barcelona, den der König und die hohen Geistlichen des Landes dem Papste Honorius III. so warm empfohlen hatten, daß derselbe ihm 1220 ein Ehrendiplom ausstellte und seinetwegen die Juden Aragoniens vom Tragen des Abzeichens dispensierte. Das Schreiben des Papstes ist ausgezogen in Baronius (Raynaldus) annales eccles. ad ann. 1220 No. 49: Tum Judaeum quendam Barchinonensem Azzachum (Zag) nomine atque Aragonum regis Alfachinum appellatum, ab usuris alienum, catholicorumque studiosum, tum ab ipso (rege) tum ab episcopis rogatus, patrocinio apostolico arcendum minime censuit, dato ad illum diplomate, in quo Romanae sedis erga infideles humanitatem et clementiam — — explicat (Honorius III.) VII Cal. Sept. — — qui suis ad regem literis illius in Azzachum beneficium se contulisse testatur, memoratoque archiepiscopo (Tarraconensi) mandavit, tum ut illum (Azzachum) vexari non permitteret, tum ne Judaeos nova signa gestare compelleret.

ad 22. Auch diese Notiz zeugt von der Genauigkeit unserer Chronik. Sie berichtet von der Reise des Kronprinzen Louis in Südfrankreich im Frühjahr 1215. Am 19. April war er in Lyon und am 21. Mai, über Beziers gereist, in Carcassonne (Vaisette, histoire III. 168, 171). Also war er im Mai = Sivan in Beziers. In dem Streit zwischen Simon von Montfort und dem

Bischof Arnaud von Narbonne, indem der erstere die Zerstörung der Mauern von Narbonne verlangte und der letztere sie verweigerte, entschied der Prinz Louis zugunsten des ersteren in Beziers, und die Mauern von Narbonne, Toulouse und anderen Festungen wurden abgetragen (Vaisette daf. 170 und die übrigen Quellen bei Christoph Ulrich Hahn, Geschichte der Ketzer im Mittelalter I. 287, 290). Dieses berichtet unsere Notiz kurz und geschichtsgemäß. Inwiefern den Juden dabei Gefahr drohte, und welche Gemeinde in Gefahr schwebte, so daß Simon von Montfort und ein Bruder ihnen Sicherheit zuschwören mußten, ist nicht bekannt.

ad 23. Es ist von dem großen Lateranonzil unter Innocenz III. die Rede, dem glänzendsten, das je tagte, anfangs November 1215, das auch für die Juden denkwürdig geworden ist. Die südfranzösischen Juden haben Kunde von dem gegen sie beabsichtigten Streich völliger Erniedrigung gehabt. Daher wählten sie vorher tüchtige Männer, die nach Rom reisen und den Schlag von ihnen abwenden sollten. Die Wähler kamen, wie angegeben wird, in Bourg St. Gilles (ריגלי = ריאלי בגרש vgl. o. S. 341) zusammen auf Veranlassung des angesehensten Mannes, Jsaak Benveniste, und die Wahl fand statt unter dem Vorsitz eines R. Levi, der nicht näher bekannt ist. Das jüdische Jahr 4975 lief mit dem 26. August ab. Daraus geht hervor, daß die Juden mindestens zwei Monate vor dem Zusammentritt des Lateranonzils Anstrengungen machten, um die gegen sie intendierten feindseligen Beschlüsse zu vereiteln.

ad 24. In dieser Notiz werden die judenfeindlichen Canones des vierten Lateranonzils namhaft gemacht: 1. Das Tragen eines absondernden Abzeichens, Männer an der Kopfbedeckung und Frauen am Schleier, und 2. Die Steuer, alljährlich 6 פשיטים = Denier an die Geistlichen des Ortes zu zahlen. Beides wurde auf diesem Konzil beschlossen (vgl. darüber Mansi, collectio conciliorum XXII. p. 1054—58). — § 67 bestimmt: Ac eadem poena Judaeos decernimus compellendos ad satisfaciendum ecclesiis pro decimis et oblationibus debitis quas a Christianis de domibus et possessionibus aliis percipi consueverant, antequam ad Judaeos quocunque titulo devenissent, ac sic ecclesiae conserventur indemnes. § 68 bestimmt: Da durch die unterschiedlose Tracht Juden mit Christinnen und vice versa sich aus Unkenntnis ehelich vermischen, so wird beschlossen: ut tales (Judaei) utriusque sexus in omni Christianorum provincia et omni tempore qualitate habitus publice ab aliis populis distinguantur, cum etiam per Mosen hoc ipsum legatur eis injunctum. Als Kommentar dazu können die Verfügungen des Narbonensischen Konzils vom Jahre 1227 (bei Mansi XXIII. p. 22 f.) dienen. Dort heißt es § III: ut in medio pectoris deferant (Judaei) signum rotae, cujus circulus sit latitudinis unius digiti, altitudinis vero unius et dimidii palmi de canna. § IV., daß jede jüdische Familie alljährlich der Kirche zahlen soll sex denarios melgorenses. Im Lateranonzil wurde noch ein gehässiger Punkt gegen die Juden festgesetzt, den zwar Innocenz schon früher praktisch geltend gemacht hatte, der aber erst durch den Konzilbeschluß allgemeine kanonische Gesetzeskraft erhielt. § 69 bestimmt: In hoc capitulo innovamus prohibentes, ne Judaei officiis publicis praeferantur, quoniam sub tali praetextu Christianis plurimum sunt infesti. Der Schluß ist interessant: quod super hoc Toletanum concilium provide statuit. Das ökumenische Konzil berief sich also auf den Beschluß des kleinen westgotischen, toledanischen

Konzils unter Recared. — Papst Innocenz starb kaum neun Monate nach dem Laterankonzil, 16. Juli 1216. Daß ihn ein plötzlicher Tod dahingerafft hat, wie unsere Chronik angibt, ist anderweitig nicht bekannt.

ad 25. Für den grausamen Fanatismus der Gräfin von Montfort, Alix von Montmorenci, ist mir keine Parallele bekannt, die Tatsache ist aber durch unsere Quelle beurkundet genug. Der Taufzwang für die Gemeinde Toulouse fiel nach der Notiz vor den Monat Ab 1217, d. h. vor Juli. Simon von Montfort führte damals Krieg in der Gegend der Rhone, und seine Gemahlin, welche in Schloß Narbonnais de Toulouse residierte, führte indes das Regiment. Am 13. September desselben Jahres war Toulouse wieder im Besitz seines legitimen Herren, des verketzerten Raymond (vgl. Vaisette a. a. O. 297—99). Der Kardinal, von dem hier die Rede ist, war Bertrand.

ad 26. Dieser Passus muß um so eher beleuchtet werden, als er verkannt wurde. Die Beleuchtung gibt zunächst ein Zeitgenosse, der Papst Gregor IX., welcher in einem Schreiben vom 9. September 1236 an den Erzbischof von Bordeaux und an die Bischöfe von Saints, Angoulême und Poitou sich tadelnd darüber ausspricht, daß die Kreuzfahrer unerhörte Grausamkeiten an den Juden dieser Gegend begangen haben. Die Juden hatten sich deswegen händeringend an den Papst gewendet. Gregorius ad archiepiscopum Burdegalensem atque episcopos Xanctonensem, Engolismensem et Pictaviensem. — Lacrymabilem Judaeorum in regno Franciae commorantium et miseratione dignam quaestionem recepimus, quod cum crucisignati civitatum vestrorum et dioecesum . . . cum aliis crucisignatis adversus Judaeos eadem impia consilia cogitantes . . . delere ipsos de terrae facie pene penitus moliendo . . . ex inauditae ac insolitae crudelitatis excessu duo millia et quingentos ex Judaeis tam magnos, quam parvos mulieresque praegnantes hostili rabie trucidarunt, nonnullis lethaliter vulneratis et conculcatis aliis equorum pedibus sicut lutum — ac libris eorum incendio devastatis (bei Raynaldus Fortsetzung von Baronius, annales ecclesiastici ad ann. 1236 Nr. 48). Die genannten Städte und Diözesen gehörten damals zu England. Auch der zeitgenössische Annalist Matthäus Paris berichtet darüber. His quoque diebus (1236) facta est strages magna (Judaeorum) in partibus transmarinis praecipue in Hispania. Timentesque cismarini sibi similia irrogari, data regi pecunia, fecerunt voce praeconis acclamari, ne quicquam injuriae vel molestiae cuivis inferret Judaeorum (ad ann. 1236 p. 413). Das Entgegensetzen von Judaei transmarini und cismarini ist wohl zu beachten. Die Juden im überseeischen englischen Gebiete hatten eine große Verfolgung erlitten. Die diesseitigen Gemeinden, im eigentlichen England, fürchteten ein ähnliches Geschick und gewannen den König, durch Herolde bekannt zu machen, daß in England den Juden kein Leid geschehen sollte. Wenn nun transmarini die Juden in den englischen Gebietsteilen innerhalb Frankreichs bedeutet, so hat der Passus praecipue in Hispania keinen Sinn. Wie kommt Spanien hierher? Es ist um so weniger richtig, als im Jahre 1236 zur Zeit Nachmanis von keiner Judenverfolgung in Spanien berichtet wird. Offenbar ist das Wort Hispania bei Matthäus Paris eine Korruptel, vielleicht aus Vasconia = Gascogne, zu emendieren, wozu Bordeaux gehört hat. Wie dem auch sei, so haben wir sichere Zeugnisse über ein Blutbad unter den Juden in den englischen Besitzungen in Anjou, Poitou und Gascogne von seiten der angesammelten Kreuzfahrer im Jahre 1236.

Man kann noch ein anderes zeitgenössisches Zeugnis hinzufügen. Nikolaus Donin, der gehässige Konvertit, welcher im Jahre 1420 vor der französischen Königin Blanche einen Religionsdisput veranstaltete — mit R. Jechiel von Paris, wendete gegen die Berufung auf die wunderbare Erhaltung Israels ein: ויכן הנבל חלא במה רבבות בכם נפלו בחרב ברדטניריו ורינויב ופיטוב ואריה הם הנפלאות (fehlt in Wagenseils Edition der Disputatio R. Jechielis cum Nicolao und findet sich in den vorhandenen Mss.). Nikolaus berief sich gerade darauf, weil das Gemetzel der Juden damals noch im frischen Andenken war. Es ist also sicher, daß diese Verfolgung im Jahre 1236 stattfand. Wir müssen daher die Zahl ק״צט in unserer Quelle emendieren in ק״צו. Vgl. Frankel-Grätz, Monatsschrift, 1869, S. 101 f. Zunz giebt diese Notiz ohne Kritik wieder mit den Worten: „Zwei Jahre nachher (nach 1217) fiel Ähnliches in Anjou, Poitou und Bretagne (?) vor" (synagogale Poesie 29).

ad 27. Eine diese Notiz vervollständigende Parallele kenne ich nicht. Sie bezieht sich wohl auf das Schreiben des Papstes Innocenz IV. vom 7. Juli 1248, daß den Juden verboten werden soll, runde und breite Hüte wie die Geistlichen, und daß ihnen eingeschärft werden soll, die absondernden Abzeichen zu tragen. (Quelle in Baluz, Miscellanea I. 207): Innocentius Episcopo Magalonensi: Tua nobis fraternitas intimas, quod Judaei tuae dioecesis non sine ordinis clericalis injuria capas rotundas et largas more clericorum — deferre praesumant. Propter quod saepe contigit, ut a peregrinis et advenis eis tamquam sacerdotibus honor et reverentia indebita praebetur. — Mandamus quatenus praefatos Judaeos, ut capis hujusmodi omnino dimissis habitum eis congruentem deferant, quo non solum a clericis verum etiam a laicis distinguantur. Nonis Julii anno sexto. — Als Anreger zu dieser Einschärfung wird ein Konvertite aus Montpellier angegeben. Es war der oben genannte ההר בן Nikolaus Donin, der es auf gewaltsame Bekehrung der Juden abgesehen hatte. Wir ersehen auch aus dieser Notiz, daß die Juden Südfrankreichs sich mit allen Kräften gegen die Abzeichen gesträubt haben, und daß sie noch immer Einfluß bei Hofe hatten.

ad 28. Für dieses Faktum ist mir keine Parallele bekannt.

ad 29. Diese Notiz sagt es mit deutlichen Worten, daß Ludwig der Heilige nach seiner Rückkehr aus der sarazenischen Gefangenschaft die Juden aus Frankreich vertrieb. Das wäre im Jahre 1254. Damit steht aber der Anfang im Widerspruche, wo es heißt, „im Jahre, als der König von Frankreich in Gefangenschaft geriet", das wäre 1250. Eine Ausgleichung dieses Widerspruches gibt eine Relation bei Matthäus Paris zum Jahre 1252 p. 732. Dort heißt es, Ludwig habe vom heiligen Lande aus den Befehl für seine Staaten ergehen lassen, daß sämtliche Juden aus Frankreich vertrieben werden sollten, mit Ausnahme der Handwerker und derer, welche von ihrer Hände Arbeit lebten. Es sei nämlich dem König von seiten der Mohammedaner zum Vorwurf gemacht worden, daß die Christen ihren Gott wenig zu lieben schienen, da sie dessen Mörder duldeten: Diebus sub eisdem venit de terra sancta mandatum domini regis Franciae, ut omnes Judaei a Francorum regno expellerentur, exilio damnati sempiterno, addito hoc temperamento etc. Causini autem Judaeorum locum et officium exulantium licenter occupaverunt. Der Befehl mag also im Jahre der Gefangenschaft ergangen sein, aber ausgeführt zu haben scheint ihn Ludwig persönlich nach seiner Rückkehr aus dem Exile. Auch eine Ordonanz von ihm vom Jahre 1257—58 spricht dafür, daß die Juden erst nach seiner Rückkehr verbannt wurden. Sie lautet nämlich im Anfang: Cum iter arripuissemus transmarinum, quadam bona percipimus a Judaeis non tamen animo retinendi. Et postmodum, cum Judaeos ipsos de terra nostra mandavissemus expelli, aliqua perceperimus quae habebant (Ordonnances des rois de France I, p. 85). Hier ist offenbar entgegengesetzt die Zeit vor dem Kreuzzuge der Zeit nachher, jedenfalls nach dem Antreten der Reise. Fälschlich hat Depping daraus geschlossen, daß Ludwig die Juden vor seiner Abreise exiliert hätte (Les juifs dans le moyen-âge p. 126).

ad 30. Die letzte Notiz betrifft die grausige Verfolgung durch die Hirten — (pastorelli, pastoraux) im Jahre 1320, die in mehreren zeitgenössischen Berichten mitgeteilt wird und auch von Ibn-Verga im Hauptwerke Nr. 6. Das Datum ist hier mangelhaft, es muß heißen: ה' אלפים פ'.

Aus dem Angegebenen ist wohl das Urteil begründet, daß wir in dieser anonymen Chronik eine der wichtigsten und authentischsten Urkunden über die jüdische Geschichte im 12. und 13. Jahrhundert mit ganz zuverlässiger Chronologie haben.

2.

R. Haï Gaon und sein Verhalten zur Philosophie und Mystik.

Rapaport hat in der Biographie des R. Haï von demselben geurteilt, er habe gleich seinem Vater Scherira der Mystik gehuldigt, d. h. nach dem richtigen Begriffe, den wir jetzt von dieser Doktrin haben, dem Anthropomorphismus der Muschabbiha. Es sprechen aber so viele Momente dagegen, und die Beweise für R. Haïs Hinneigung zur Mystik stehen auf so schwachen Füßen, daß dieser Punkt neu erörtert werden muß. In einem Gutachten des R. Haï, welches Elieser Aschkenasi Tunensis in der Sammlung (טעם זקנים S. 54 ff.) ediert hat, tritt R. Haï gerade als vollständiger Gegner der Mystik auf, behauptet, daß alles, was von Wundertätigkeit der Mystiker vermittelst des Gottes- und Engelnamen erzählt wird, leeres Geschwätz sei, und beweist es besonders dadurch, daß, wenn es frommen Männern möglich wäre, zu jeder Zeit Wunder zu tun, der Vorzug der Propheten vor Nichtpropheten schwinden würde. Dieses R. Haï beigelegte Responsum ist so entschieden antimystisch, daß nur die Alternative bleibt, entweder dessen Unechtheit zu behaupten oder einzuräumen, daß R. Haï durchaus kein Freund von Mystik war. Daß aber dieses antimystische Gutachten echt ist, d. h. von R. Haï stammt, dafür sprechen äußere Bezeugung und innere Kritik.

1 Zeugnis. Joseph Tob-Elem, der Spanier, Superkommentator des Ibn-Esra, zitiert aus diesem Gutachten die Kernstelle, welche der Mystik alle Berechtigung abspricht in: אהל יוסף zu Exodus Nr. 11 und in dem längeren Superkommentar צפנת פענח (Ms. der Breslauer Seminarbibliothek Bl. 75 r.): דעת של אברהם (בן עזרא) בדרך ר' האי גאון ששאלוהו על אידות השם כי יש כמה שמות שירשו בהם מיישים גדולים שלא יתכן לעשותם אלא באות ומופת כגון המחבא צמו מן הלסטים והאוסר אותם חשיב הגאן כ' בל אלה דברים בטלים כי אפילו צדיקים גמורים אין נעשה להם כזאת. אם היה כך במה תבררו אותות הנביאים וכח הפרש יש בין נביא ובין זולתי.

Das ist eben der gedrängte Sinn des langen Responsum.

2. Die Einleitung des Sendschreibens spricht noch mehr für die Echtheit. Ein Jünger des Jacob ben Nissim aus Kairuan hatte einmal angefragt, was denn von der Mystik der Gottesnamen zu halten sei. Darauf hatte sich der Gaon Haï wegwerfend darüber geäußert. Mehrere Kairuaner aber, die sich bei der Antwort nicht beruhigten, zumal die Weisen Palästinas und Roms (Italiens) der Mystik einen hohen Wert beilegten, fühlten sich bewogen, dieselbe Frage demselben Gaon noch einmal vorzulegen:

תשובה מן ר׳ האי גאון דשאיל מניה מר ר׳ יוסף בן מר ברכיה רבננא
ותלמידיה דבי מדרשא דמר ר׳ יעקב ראש כלה בר מר נסים על אודות השם
יש בו במה שמות — — ותשיב בר כל אלה ובוראם בהם מדברים בטלים ואמר
כי אפילו צדיקים גמורים אין נעשה להם זאת. ותמהנו מזה כי במה מחכמי
ארץ ישראל ומחכמי ארץ אדום — מגידים כי ראו זאת בפרהסיא — — יודיענו
אדוני ויבאר לנו בחכמתו. Hier spricht die Zeitangabe ganz entschieden für R. Haï als Respondenten. Ein Jünger des Jacob ben Nissim kann nur in R. Haïs Zeit gelebt haben. Das Gutachten kann also nur entweder von demselben oder dessen Schwiegervater, dem letzten Gaon von Sura, Samuel ben Chofni, herrühren, der allerdings ein Rationalist war. Aber im Verlaufe des Responsum sagt der Verfasser, er sei kein Suraner. Er bemerkt nämlich: in Sura, das in der Nähe Babels liegt, finden Wunder Gläubige; „wir aber wohnen fern von Sura": וביֿשיבת סורא היו
דברים אלה רובם כי הם קרובים למדינת בבל ובית נבובדנצר ואנו רחוקים
בשם. Der Verf. war also nicht Gaon von Sura, d. h. nicht Samuel ben Chofni, sondern wie die Überschrift sagt, und wie Joseph Tob-Elem bezeugt, R. Haï. Folglich war R. Haï ein sehr entschiedener Gegner der Mystik.

Stammt dieses antimystische Responsum von R. Haï, so kann jenes, das im Kommentar zu den Agadoth (En Jacob zu Chagigah II. No. 10) ihm vindiziert wird, ihm durchaus nicht angehören, weil darin der Mystik das Wort geredet und das Entgegengesetzte behauptet wird, daß Gott auch durch fromme Männer Wunder geschehen lasse: לרבינו האי. ודשאילתיך
הא דתנו רבנן ד׳ נכנסו לפרדס — וודי כי דבר זה היה מקובל אצל הראשונים
כי הקדוש ברוך הוא עושה אותות ונוראות על ידי הצדיקים כמו שהוא עושה
על ידי הנביאים. So widersprechen konnte sich R. Haï nicht, und diese zwei Responsen können unmöglich einen und denselben Autor haben. Die Unechtheit des letzten Responsum ist übrigens aus dem Inhalte selbst ersichtlich. Es wird darin die Ansicht des R. Samuel Gaon angeführt und widerlegt, der, weil er viele nichtjüdische Schriften gelesen, behauptet habe, nur durch Propheten tue Gott Wunder, aber nicht durch Fromme und Mystiker: ובשצמה בר ר׳ שבואל גאון ז״ל ובייצא בו שהרבו לקראת בספרי׳
גוים שאוברים אין הבראות הללו נראות אלא לנביאים — ומכחישים כל
במשה שנאבר בו נס לצדיקים ואמרי בר אין זה הלכה וכו׳. Dieser Samuel Gaon, dessen Ansicht hier getadelt wird, soll offenbar Samuel ben Chofni sein. Nun ist es undenkbar, daß R. Haï von seinem Schwiegervater so wegwerfend gesprochen hat. Dann hat R. Haï das, was hier dem Gaon Samuel zum Vorwurf gemacht wird, sich selbst zu schulden kommen lassen. Er selbst hat nichtjüdische Schriften gelesen, sogar den Koran, und hat aus demselben und aus arabischen Traditionen die Erklärung schwieriger hebräischer Wörter geholt. Diese Tatsache bezeugen Mose Ibn-Esra (in seiner handschriftlichen Poetik) und Joseph Ibn-Aknin im handschriftlichen Kommentar zum Hohenlied: אד ראית רוכא אלבסקתין ובסמא אלמתבלברין ר׳

סעדיה ור' האי וזירהם מן אלמתכלמין יסתשהד בה (באלקראן) ברתיבינך עלי אלנבואה בן אלמתאין .פך "Du siehst wohl, daß die Hauptgesetzeslehrer und die bedeutenden Mutakallimun, Saadia und Hai, aus dem Koran Zeugnisse beigebracht haben, zur Lösung archaistischer Wörter in den Propheten." So Mose Jbn-Esra (Poetik Bl. 119b). Ebenso Jbn-Aknin (127b): „Es brachte R. Hai Zeugnisse vom Koran und den Traditionen in der arabischen Sprache". אלערביה. וישתהד ר' האי באלקראן ואלחדית באללגה R. Hai war demnach gleich Saadia ein Mutakallim, d. h. ein Religionsphilosoph und rationalistischer Mutazilite. Aus einem Zeugnisse des Maimuni erfahren wir auch, daß er, wie Saadia, dessen Sohn, Samuel ben Chofni, Aaron Jbn-Sargadu und andere ein philosophisches Werk gegen die Annahme der Weltewigkeit geschrieben hat (More Nebuchim Original ed. Munk T. I., S. 462). R. Hai hat den Koran und arabische Traditionen gelesen, um aus deren Wortvorrat schwierige und alte Formen zu erklären. Geht schon daraus hervor, daß er als Mutakallim ein Gegner der Mystik, d. h. der Muschabbiha, war, so kann er noch weniger dem Gaon Samuel den Vorwurf gemacht haben, daß er in nichtjüdischen Schriften gelesen. Dieses ganze Responsum ist also sicherlich fingiert, und es ist geflissentlich R. Hai vindiziert, um an ihm eine Stütze für die Mystik zu haben.

Noch sicherer untergeschoben ist jenes antiphilosophische Responsum, das R. Hai an Samuel Nagid erlassen haben soll gegen das Studium der Philosophie (im Auszuge in Nachmanis Sendschreiben an die französischen Gelehrten in En Jacob l. c. Minchat Kenaot Brief 89 Ende und 90 p. 166 und ספר הירה daf. S. 128, und vollständig in מאירת עינים des Jsaak aus Akko Mf.). Es wird darin empfohlen, sich mit nichts weiter als mit Mischnah und Talmud zu beschäftigen; denn die Philosophie führe von der Religion und der Gottesfurcht ab; die Philosophen vernachlässigen sogar das Beten. So kann R. Hai nicht gedacht haben, er, der nach dem Zeugnis Mose Jbn-Esras, eines jüngeren Zeitgenossen, gleich Saadia, zu den Mutakallimun gehörte, also selbst sich mit Philosophie beschäftigt hat. Schon der Eingang verrät es als eine Falsifikation. Samuel, der Wesir, der Mann der Wissenschaft, soll R. Hai angefragt haben, ob man diese Wissensfächer (חכמות) betreiben dürfe! Das Responsum ist offenbar erst im Anfange des dreizehnten Jahrhunderts fabriziert worden, um Maimunis Bestrebungen zu verdächtigen. R. Hai war so wenig ein Gegner der Philosophie, ein Buchstabenknecht oder ein Anhänger der Mystik, daß er sogar der talmudischen Agada keine Autorität einräumte, sondern sie als individuelle Einfälle beurteilte (vgl. Ohel **Josef** zu Exod. Nr. 11 und Zofnat Paaneach Ms. p. 75 r.). ר' האי גאון אמר בפירוש מסכת הגיגה שלו כי דברי הגדה לא בשמועה הן אלא כל אחד דורש מה שעלה על לבו בגון אפשרה(?) ולא דבר חתוך. גם בתשובת שאלה כתב כבר בזה. Auch von einer anderen Seite erfahren wir, daß R. Hai mit der Zeitphilosophie vertraut war und mit mohammedanischen Gelehrten disputierte (Einl. zur hebräischen Übersetzung der Logik des Marsilius von Jughen ed. Jellinek, Wien 1859, S. 7): כבר שקרה לר' האי ז"ל עם חכמי ישמעאל ולא יכלו לענות אותו כי נבהלו מפני חכמתו — ונשתתקו כולם איני ולא בני עיר כי נצחם בראיותיו ולולא שהיה חכם בהגיון לא עשה כן.

War nun R. Hai ein Anhänger der mutazilitischen Religionsphilosophie und ein entschiedener Gegner der Mystik, so sind natürlich alle die ihm vindizierten mystischen Responsen und Aussprüche als untergeschoben anzusehen.

Die Unechtheit derselben läßt sich auch aus anderen Momenten nachweisen. Zunächst gehört jenes Responsum, welches dem Anthropomorphismus des Schiur-Komah das Wort redet (in Respp. תשובה ע׳ No. 122 und aus einer Boblejanischen Handschr. in Sachs' Techija p. 41 f.) gewiß nicht R. Haï an, sondern seinem Vater, wie die Überschrift im Bobl. Kodex lautet: שאלת אדירר פאס באצל אדוננו מר ר׳ שרירא ומאצל בנו דיינו דבבא. Weil R. Haï damals, obwohl noch jung, als Oberrichter fungierte, wurde sein Name beim Gutachten mitgenannt, und daher schrieben es einige ihm, andere R. Scherira zu (vgl. Sachs das. 43 f.). R. Haï hatte aber an diesem mystischen Responsum ebensowenig Anteil wie an dem historischen, das Scherira selbständig erließ, die Überschrift aber Vater und Sohn als Autoren nennt. Das mystische Responsum, welches verbietet, auch nur den Zipfel des Schleiers von den Mysterien zu lüften (das. Nr. 99), trägt die Unechtheit an der Stirne. R. Haï soll darin angegeben haben, daß Anfragen von allen Seiten an ihn ergehen: ואתם יודעים כי בארבע פנות נכנס בלבם להחזיר התורה ליושנה ת״ל ושולחים שלוחיהם מכל הארצות מתיבן ובזרח ומצפון לארץ כוש ואיצכנז וצרפה ואספמיא ומקצוי הארצות ועומדים לפנינו בעני שאלותיהם; während Abraham Ibn-Daud, der zuverlässige Chronograph gerade von Scheriras und Haïs Zeit, berichtet, daß durch die vier gelehrten Gefangenen die Einnahmen der babylonischen Lehrhäuser eingingen, weil die gutachtlichen Anfragen nicht mehr an die Gaonat gerichtet zu werden brauchten: וקודם לכן (קודם מות ר' חזקיה ר״ג בימי ר' שרירא ור' האי) היתה סבה מאת הקב״ה שנכרת חקם של הישיבות שהיה הולך אליהם מארץ ספרד בארץ המערב ואפריקיא וכו' — — וכל השאלות שהיו שואלים מן הישיבות שאלו כמנו (בן ר' משה בקורטובה). Das Responsum in betreff der zehn Sefirot, das R. Haïs Namen trägt, verrät sich als ein plumpes Falsum durch seinen Anachronismus. Man denke, der Gaon Paltoj (um 850) fragte R. Haï (1000—1038) an über das Verhältnis der 10 Sefirot zu den 13 Middot! והגאון ר' פלטוי וחכמי ישיבתו ז״ל שאלו לאדון החכמים — Schem-Tob Emunot IV. 4. p. 28b). — ר' האי גאון כי בספר יצירה בונה עשר ספירות ואם הם ר״ג מדות — Ebenso gewiß unecht sind die R. Haï zugeschriebenen Aussprüche über die zehn Sefirot, die eben im Anfange des dreizehnten Jahrhunderts aufkamen (das. S. 34a, 38b, 47a). Unrecht sind ferner die Responsen in תשובה ע׳ (Nr. 5 und 14), aus welchen David Luria das hohe Alter der Kabbala beweisen wollte. Das erstere Responsum gehört gar nicht R. Haï, sondern Alfâsi an, und das mystische Beiwerk ist eine spätere Interpolation. Unecht ist endlich das von Botarel als R. Haïs Werk ausgegebene kabbalistische ספר הקמיצה. Die Kabbala, welche ein unruhiges Gewissen wegen ihrer Jugend hatte, brauchte alte Autoritäten für ihre Theorie und fingierte sich alte Zeugnisse. Das Resultat, daß R. Haï kein Mystiker war, ist meines Dafürhaltens unerschütterlich.

3.

Das Todesjahr des Samuel Ragid, die Dauer des Wesirats seines Sohnes und andere chronologische Data.

I.

Die chronologischen Angaben des durchaus zuverlässigen Chronographen Abraham Jbn-Daud, daß Samuel Ragid Jbn=Nagrela[1]) im Jahre 4815 mundi = 1055 gestorben, und daß sein Sohn Joseph elf Jahre später am 9. Tebet (4827 = Dezember 1066) ermordet wurde, galt bisher als chronologischer Ausgangspunkt. Munk hat sie seiner Abhandlung über die beiden jüdischen Wesire zugrunde gelegt (Journal asiatique de Septembre IV. Série T. XXI. p. 291 ff. und in dem besonderen Abdrucke Notice sur Aboulvalid Ibn-G'anach Paris 1851 p. 87 ff.). Herr Dozy dagegen hat versucht, gestützt auf Angaben arabischer Schriftsteller, sie zu erschüttern (Introduction à l'histoire de l'Afrique et de l'Espagne intitulée al-Bayano'l Maghrib par Ibn-Adhari. Leyde 1846—51, premier volume, p. 81 f.). Er behauptet nämlich, Samuel sei erst im Jahre 1066, und zwar zwischen dem 2. und 11. Dezember gestorben, das Wesirat seines Sohnes habe nur etwas über zwanzig Tage gedauert. D'après (une date) Samuel mourut l'an 1055. Cette date est en opposition avec celle que donne Ibn-Haiyan, qui dit, que Samuel ou Ismael mourut dans la deuxième dixaine de Moharram de l'année 459 de l'Hégire, c'est-à-dire entre le deuxième et l'onzième décembre 1066. Je crois devoir adopter cette dernière et rejeter celle que donne l'historien Juif (Abraham Ibn-Daud), d'abord parceque dans les manuscrits hébreux les dates sont indiquées par des lettres, qui tiennent lieux des chiffres, et que pour cette raison les fautes s'y glissent bien plus facilement que dans les manuscrits arabes, où les dates sont exprimées tout au long; ensuite parceque nous avons déjà vu, que chez l'auteur hébreux, on rencontre trois fausses dates sur cinq; que ce soit la faute de l'auteur ou celle de ses copistes, toujours est-il qu'on doit se méfier des dates, qu'on trouve dans son livre. Enfin l'autorité d'Ibn-Haiyan est beaucoup plus grande que celle d'Abraham; car ce dernier n'écrivit que dans la première moitié du XII. siècle tandis qu'Ibn-Haiyan qui mourut dans l'année 1076, est contemporain des évènements qu'il raconte. D'ailleurs, d'après Ibn-Adhari, copié par Ibn-'l-Khatib, Samuel vivait encore l'an 456 de l'Hégire 1064 de notre ère. Le vézirat de Joseph ne dura donc que vingt et quelques jours; car son père était déjà mort

---

[1]) Die arabischen Kodizes, welche Dozy für die Geschichte dieses Wesirs veröffentlicht hat, haben durchweg die Lesart نغدلة oder نغدله. Die Figuren د und ر können im Arabischen nicht verwechselt werden, wohl aber ר und ד im Hebräischen. Selbst die Quelle des Jbn=Khaldun, bei Munk a. a. O. S. 103 hat die Lesart نغدله, eine Korruption, die nur aus נגראלה, aber niemals aus נגדלה entstehen konnte. Es ist also jedenfalls zweifelhaft, ob der Name נגדאלה lautete. Jhn von נגיד abzuleiten, ist absurd. Korrumpiert ist der Name auch in נקבירליה. Über die Aussprache des langen a von den spanischen Arabern als e vgl. Dozy das.

l'onzième décembre 1066, et Joseph lui-même fut tué le 30. décembre (M. Munk p. 210). D'après le calcul c'est de Samuel, que parle Ibn-Khácán dans son article sur al Mutamid, et c'est à Samuel que se rapportent les vers de Mohammed Ibn-'l-Sarrà cités par Mr. Munk.

Aber trotz des eminenten kritischen Talents des Herrn Dozy hat er sich in den beiden Daten geirrt, wie in folgendem nachgewiesen werden soll:

1. Das Datum in betreff von Samuels Todesjahr 4815 = 1055 gibt Abraham ben David zweimal an: ונפטר ר' שמואל הנגיד בשנת ד' אלפים תתט"ו, so daß dabei an keinen Kopistenfehler zu denken ist. Zu noch größerer Beruhigung gibt Saadia Ibn-Danân — der, wie Munk nachgewiesen, neben Ibn-Daubs Bericht auch aus einer anderen Quelle geschöpft hat — die Dauer von Samuels Wesirat auf 28 Jahre an, von 4787—5815 = 1027 bis 1055: והוא (שמואל אבן נגראלה = נגראלה) נסמך לראש ולנגיד שנת ד' תשפ"ז ונפטר שנת ד' תתט"ו ויהיו ימי גדולתו כ"ח שנים (Chemda Genusa p. 29).

2. Wenn auch Ibn-Hajan ein Zeitgenosse von Samuel und dessen Sohn Joseph war, so stand er als Araber und Corduenser den Vorfällen in Granada in betreff der beiden jüdischen Wesire zu fern, um als unbedingte Autorität zu gelten. Beruft er sich doch in bezug auf die in Frage stehende Angabe über Granada auf den Fakih Abu-Bekr, der sie von einem Kaufmanne gehört hat! (bei Dozy 92). Abraham Ibn-Daub war dagegen schon als Jude besser unterrichtet in bezug auf eine Tatsache, welche die ausgezeichneten, in aller Mund lebenden zwei jüdischen Wesire betraf. Außerdem war er ein Schüler des Baruch Ibn-Albalia, und dieser war der Sohn des Isaak Albalia, welcher wiederum vertrauten Umgang mit Samuel und Joseph hatte. Endlich war Isaak Ibn-Albalia des jüdischen Geschichtsschreibers Großvater. Der tragische Tod des Joseph Nagid, den zu teilen das Familienhaupt Albalia nahe daran war, und überhaupt die Geschichte des Hauses Nagrela ist sicherlich oft genug dem Geschichtsschreiber von seiner Mutter und seinem Lehrer erzählt worden, und mit Sinn für Geschichte begabt, hat er sich wohl die Data besser eingeprägt, als der unbekannte Trabant, der dem arabischen Geschichtsschreiber Ibn-Hajan den Stoff zugeführt hat. Genau genommen stammen die Datumangaben von Samuels Tod (1055) und Josephs Hinrichtung (1066) nicht von Abraham Ibn-Daub, sondern von Isaak Ibn-Albalia, dem Zeitgenossen, der sie seinem Sohn und seiner Tochter erzählt haben wird. Die genaue Angabe des Todestages von Joseph: 9. Tebet an einem Sabbat, stammt sicherlich von Isaak Ibn-Albalia, der an dem Tage des Gemetzels in Granada war und auf eine fast wunderbare Weise gerettet wurde. Es kann nicht zweifelhaft sein, wem mehr Zuverlässigkeit zuzutrauen ist, dem zeitgenössischen Juden Isaak Ibn-Albalia, der bei dem Vorfalle beteiligt war, oder dem fernstehenden, arabischen Geschichtsschreiber Ibn-Hajan, oder richtiger dem unbekannten Kaufmanne.

3. Es ist unmöglich, daß Joseph Ibn-Nagrela nur etwas über zwanzig Tage als Wesir fungiert haben soll, aus folgenden Gründen: a) Der genannte Isaak Ibn-Albalia schrieb ein Werk über die Astronomie des jüdischen Kalenderwesens für Joseph, wie Abraham berichtet: וכתב ר' יצחק זה מחברת צבור וכל סודו לר' יהוסף הלוי בן הנגיר. Zum Schlusse desselben schrieb er, wenn Gott das Leben des Nagid (Joseph) verlängern wird, so werde er das Thema weitläufiger behandeln im Kommentar zum Rosch

Note 3. Das Todesjahr des Samuel Nagid usw.

ואם המקום יאריך ימותיו של הנגיד אדונינו ויכריעונו בן השמים Haschana:
לפרש מסכת ראש השנה אבוא לפרש את דעתי. זה הוא סוף דברי הרב ר'
יצחק בן ברוך (Abr. ben Chija S. Ibbur p. 54 f.). Folglich hatte Jsaak das
astronomische Werk während Josephs Wesirat und ihm zu Ehren begonnen
und vollendet. Aus den Angaben bei Abraham ben Chija und Abr. Jbn-
Daud war dieses Werk von nicht geringem Umfange, und schwerlich konnte
es der Verfasser in kaum zwanzig Tagen vollenden. — b) Joseph stand
während seines Wesirats einem Lehrhause vor, erklärte Bibel und Talmud
vor einem Jüngerkreise, wie nicht bloß Abraham Jbn-Daud tradiert: בן
תלמידיו שהעמיד (ר' יוסף) הם היו רבי ספרד ומנהיגי הדור, sondern auch
ein jüngerer Zeitgenosse desselben, Jbn-Balam, teilt eine Verserklärung mit,
die ihm ein Jünger des Joseph Nagid tradiert hat, der sie in dessen Lehrhause vernommen: (בן בלעם: שמעתי) כאיש במדינת אלישאנה שהיה בישיבת
ר' יהוסף הנגיד נ"ע שאמר בשם אביו ז"ל שפרש הפסוק (וקסמים) אחזי
אמירת הקסמים בידיהם (Chaluz II. 61). Man muß gestehen, daß man wohl
kaum in zwanzig Tagen einem Lehrhause vorstehen und Jünger bilden kann.

4. Es geht übrigens aus den Angaben des arabischen Chronographen
Jbn-Adhari selbst hervor, daß die Dauer von Josephs Wesirat nach Jahren
und nicht nach Tagen zu zählen ist. Er erzählt von ihm, nach Dozys Übersetzung (das. p. 110): Ce Jousouf conduisit les affaires du royaume (de
Grenade) avec énergie, ramassa des trésors, pris soins que les impôts
fussent payés avec exactitude, et confia les emplois publics à des Juifs.
Badis l'honora toujours d'avantage, cependant Jousouf entretenait des
espions dans le palais royale. Ist es nun denkbar, daß ein Wesir von zwanzig
Tagen Schätze sammeln, für das regelmäßige Eingehen der Staatsein-
nahmen sorgen kann, und daß von ihm ausgesagt werden könne, er habe die
Regierung mit Energie geleitet?

5. Die arabischen Chronographen selbst, auf deren Autorität Dozy
Joseph lediglich vom 10. bis zum 30. Dezember 1066 als Wesir fungieren
läßt, deuten an, daß derselbe mindestens vor 1062 bereits im Staatsdienste
war. Jbn-Adhari berichtet nämlich, Joseph sei in Verdacht gewesen, den
Thronfolger Balkin (oder Bolokkin, Sohn des Badis zum Unterschied von
dessen Bruder gleichen Namens) vergiftet zu haben (das. nach Dozys Übersetzung): Jousouf fut soupçonné d'avoir empoisonné Bolokkin, comme
nous avons dit plus haut (מא תקדם דכרה פי דבר בלקין) dans l'article
que nous avons consacré à ce prince, où nous avons dit aussi que Jousouf
persuada à Badis que son fils avait été empoisonné par des femmes de
son harem et par quelques-uns de ses serviteurs. Jousouf fit assassiner
en autre un de ses parents qui, après lui, occupait le premier rang à la cour
et qu'on appelait le général — ויפתך הדא הלרא בקריב לה תלו לה פי אלחדמה
ודאי באלכאיל עיד (?). Hier ist also durchweg von Joseph Nagid die Rede,
daß er in Verdacht war, den Prinzen vergiftet zu haben, daß er den König
zu überzeugen wußte, daß jener durch seine Frauen und Diener getötet
wurde, und daß er auch einen seiner Verwandten (dessen Name durch den
korrumpierten Text nicht zu enträtseln ist) hat töten lassen. Dasselbe scheint
auch der Zeitgenosse Jbn-Hajan zu berichten, nach Dozys Vermutung, daß
Joseph es war, der beschuldigt wurde, Balkins Vergiftung veranlaßt zu
haben (das. S. 98 Note). Nun setzt Jbn-Adhari Balkins Tod (in dem von
Dozy zitierten Passus S. 84) in das Jahr der Hedschira 456 = 1064. Nach

einer anderen Lesart (bei Gayangos II. 502 No. 15) war es im Jahre 454 = 1062. Die Schwankung beruht auf der Verwechselbarkeit der arabischen Ziffern 4 und 6. War Joseph in Verdacht, den Prinzen Balkin im Jahre 1064 oder 62 vergiftet zu haben, so muß er damals schon Wesir gewesen sein. Dozy ist genötigt, zu einer gewaltsamen Interpretation der Stelle zu greifen, um seine Annahme von der zwanzigtägigen Dauer von Josephs Wesirat durchzuführen. Die Stelle, wo sich das Albajan auf einen früher gegebenen Bericht über Balkin beruft (מא תקדם ד־ה־ה), soll nämlich nicht von Ibn-Adhari, sondern von dem Referenten (Ibn-u'l Khatib) angebracht worden sein — und zwar, weil der erstere sich sonst widersprechen würde, da er doch Samuel den Vater zum Urheber der Vergiftung mache Da aber auch der zeitgenössische Geschichtschreiber Ibn-Hajan Balkin durch Joseph umkommen läßt, so legt sich Dozy die Tatsache so zurecht, daß Vater und Sohn in Verdacht der Vergiftung gestanden hätten (das. S. 100, Note 3): Les dernières paroles (מא תקדם) sont d'Ibn o'l Katib et non d'Ibn-Adhari. Nous avons vu plus haut que d'après ce dernier auteur, ce fut Ismail (Samuel) qui empoisonna Bolokkin. Cependant si nous avons bien rendu les paroles d'Ibn-Haiyan, cet auteur atteste que Jousouf prit part à cet empoisonnement. Ist das alles nicht gezwungen? In diesem Sinne ist der Widerspruch nicht zu lösen.

Die Lösung muß auf einem anderen Wege gesucht werden. Ibn-Hajan sagt, Joseph sei Balkins Vergifter gewesen (d. h. nach dem Verdachte), Ibn-Adhari führt die Vergiftung einmal auf den Sohn und das andere mal auf den Vater zurück. Liegt hier nicht offenbar eine Verwechslung des Vaters mit dem Sohne vor? Dergleichen Ungenauigkeiten sind bei den arabischen Chronikschreibern gar nicht selten. Hat doch Ibn-Khaldun, oder sein Gewährsmann, so weit die beiden Nagrela, Vater und Sohn, miteinander verwechselt, daß er erzählt, Samuel sei hingerichtet worden (bei Munk, Notice S. 101): „Er (Badis) setzte über sein Reich seinen Katib und den Katib seines Vaters Ismael Ibn-Nagrela (Samuel), den Dsimmi (Juden), dann züchtigte er ihn und ließ ihn hinrichten im Jahre 459 = 1066." So wie Ibn-Khaldun, so haben auch seine Vordermänner, Ibn-u'l-Katib, Ibn-Adhari und selbst Ibn-Hajan die Tatsachen von Vater und Sohn konfundiert. Ich erinnere noch einmal daran, daß Ibn-Hajan, wenn auch Zeitgenosse, doch nicht Augenzeuge der Vorfälle in Granada war, welche die zwei jüdischen Wesire betrafen.

Wir müssen noch weiter gehen. Das Datum von Samuels Tod, das der letztere nach Jahr, Monat und Tag angibt: in der zweiten Dekade des Monats Moharram im Jahre 459 (פי אלעשר אלתאני לכחרם סנה תסע וחמסין וארבע מאיה), ich sage, dieses ganz genaue Datum kann nicht dem Vater, sondern muß dem Sohne angehören. Warum sollten sich die Araber den Todestag Samuels eingeprägt haben! Es ist keineswegs eine so außerordentliche Begebenheit! Kannte doch nicht einmal Abraham Ibn-Daud, der ein lebendigeres Interesse an Samuel Nagid hatte, als der arabische Chronograph, dessen Todestag, da er ihn sonst angegeben hätte! Josephs gewaltsamer Tod dagegen, der einen Umschwung im Staate Granada hervorbrachte, über den die rechtgläubigen Mohammedaner und Granadas politische Feinde Schadenfreude empfanden, konnte den Arabern Spaniens denkwürdig sein. Man sprach im ganzen mohammedanischen Spanien von dem plötzlichen Sturz des jüdischen Katib Ibn-Nagrela.

Note 3. Das Todesjahr des Samuel Nagid usw.

Statt die Datumangabe des Abraham Ibn-Daud in betreff des Todesjahres Samuels durch die arabischen Chroniken zu korrigieren, muß man im Gegenteil deren Angaben durch den besser unterrichteten Historiker berichtigen, daß Samuel nicht 1066, sondern 1055 starb. Auch manches andere, was Dozy Samuel zuschreibt, gehört seinem Sohne an. Ibn-Hajan sagt ausdrücklich, daß Badis das unmenschliche Projekt, sämtliche Araber in der Moschee niedermachen zu lassen, seinem W e s i r J o s e p h mitgeteilt, und daß dieser inständig davon abgeraten hat (bei Dozy a. a. O., S. 87, Zeile 3): וישחר (בארים) וזירה אליהורי יוסף אסמאי־ל; „er (Badis) zog Joseph zu Rate." Man hat nur nach dem Worte יוסף das Wörtchen את zu ergänzen (יוסף אבן אסמאי־ל) und braucht nicht mit Dozy das Wort יוסף zu streichen. Auf diese Weise stehen die Tatsachen von Josephs Sturz im Einklange, und die verdeckten Widersprüche sind gelöst. Ibn-Adhari erzählt in einem Atemzuge, daß der König Joseph das höchste Vertrauen geschenkt, und daß der letztere Spione im Palaste des Königs unterhalten habe, „so daß Badis nicht atmen konnte, ohne daß es der Katib wußte." Noch widersprechender sind die Angaben über die Urheber von Josephs tragischem Tode. Nach Ibn-Adhari und Almakkari haben ihn die Berber erschlagen (bei Dozy S. 91, 101 und bei Munk a. a. O. S. 102), nach Ibn-Khaldun dagegen hat ihn der König hinrichten lassen. Nehmen wir an, daß Badis, der, wenn auch nicht nach der Schilderung der ihm feindlichen Araber ein Bluthund, doch gewiß auch kein Tugendspiegel war, Joseph die Vereitelung seines Mordplanes gegen die Araber nicht verzeihen konnte und ihm heimlichen Groll nachtrug, so ist es erklärlich, warum Joseph Vorsicht gebrauchen und sich durch Spione von Badis' Absichten Kenntnis verschaffen mußte. Als sich nun das Gerücht verbreitete, Joseph habe Granada an den Fürsten von Almaria verraten wollen, mochte Badis die Berber gegen ihn geradezu zum Morde aufgemuntert oder wenigstens sie nicht daran gehindert haben. Es wird auch nicht erzählt, daß er den Tod seines Ministers an den Urhebern gerächt hätte. Daher ist es erklärlich, wie Ibn-Khaldun berichten konnte, Badis habe ihn töten lassen.

Die Data des Abraham Ibn Daud, daß Samuel 1055 starb, und daß sein Sohn am 9. Tebet 1066 einen tragischen Tod erlitt, bleiben daher unerschüttert und können noch ferner als Ausgangspunkte für die Chronologie der Zeit genommen werden. Zunächst für Samuels Geburtsjahr. Saadia Ibn-Danan berichtet, er sei 62 Jahre alt geworden (Chemda Genusa p. 29b): ויהיו ימי חייו (של ר' שמואל הנגיד) ס״ב שנה. Folglich ist er geboren 993. — Dann für Josephs Geburtsjahr. Mose Ibn-Esra tradiert, er sei im fünfunddreißigsten Jahre erschlagen worden (Poetik, vgl. o. S. 331). Er war demnach geboren 1031. Da es Sitte war, mit dem achtzehnten Jahre zu heiraten, jedenfalls nicht früher, so fiele demnach seine Verheiratung mit der Tochter des R. Nissim aus Kairuan ins Jahr 1049—50. Um diese Zeit blühte demnach R. Nissim oder war gar in Granada anwesend, wohin er seine Tochter gebracht hat, nach Saadia Ibn-Danan (Chemda Genusa p. 29):

וכבר בא ר' נסים למדינה גראנטה בשהובא בתו להנשא לר' יהוסף הלוי.

II.

Aus diesen festen Daten lassen sich noch andere ermitteln. Das feurige Loblied des Dichters Joseph ben Chasdai, genannt יתומה (bei Dukes, Nachal

Kedumim p. 17) auf Samuel Ragib erwähnt auch dessen Sohn mit Lob und zwar, daß er, obwohl noch zarter Knabe und erst mit der Mischnah beschäftigt, doch schon tiefe Weisheit bekunde:

ואחרי לבן פורת יהוסף עלי כל אהבה גדלה וצמחה
לגור אריה וילד שעשועים וצפנת פענח כל סתומה

צעיר שנים משתעשע במשנה ועלם רך מבאר תעלומה.

Joseph stand also damals in dem Lebensalter, wo man die Mischnah zu lernen pflegte, d. h. zwischen dem zehnten und fünfzehnten Jahre: בן עשר שנים למשנה; mit dem fünfzehnten Jahre wurden die Jünglinge in den Talmud eingeführt. Diese schöne Kasside wurde demnach 1041—45 gedichtet. Um diese Zeit lebte also noch der Dichter Joseph ben Chasdai. Wenn nun Jona Ibn-G'anach in seinem Rikmah Joseph als einen Verstorbenen erwähnt, so ist dieses grammatische Werk später abgefaßt: יאריך שבע אלינו בקרבתבה אחר שנים רבות אבו (עמר) יוסף בן חסדאי נוחו עדן (Rikmah p. 189). Ferner ist das Rikmah noch vor dem Ableben Samuels geschrieben; denn der Verfasser spricht unglimpflich von ihm, was er sonst nicht getan haben würde, also vor 1055. Man kann demnach die Abfassungszeit des Rikmah 1050—55 setzen. Da sich nun Ibn-G'anach bei Abfassung desselben im heranziehenden Greisenalter fühlte: להיות לי לעזר לעת הזקנה אשר השקפני כליה ויהיה קורא אותו אפלונן אם השבחה (Einl. p. XI.), so mag er damals ein Sechziger gewesen sein. Er war demnach 990—95 geboren, d. h. war ein Altersgenosse des Samuel Nagid, seines Gegners.

Bachja zitiert in seinem Chobot Hallebabot bereits Ibn-G'anachs grammatische und lexikalische Schriften: וראיתי כ׳ כל מה שבונו (הקרבונים) לפרש ולבאר איננו יוצא מאחת משלשה ענינים: האחד ממה לפרש כפר התורה והנביאים וזה כל שני דרכים או לבאר פירוש המלות והענינים כמו שעשה רבינו סעדיה ז״ל — או לבאר ענני הלשון והתקדוק והתשמוש לכל עבריו וצדדריו ולתקן מלותיו בספרו בן גאנח (ed. Jellinek p. 6): Bachja spricht an dieser Stelle offenbar von Ibn-G'anachs bedeutendstem Werke, von כתאב אלתנקיח, welches das grammatische Gebiet (אללמע = רקמה) und den lexikalischen Stoff (אלאצול = שרשים) umfaßte. Bachja verfaßte demnach sein Chobot nach 1050, aber wohl noch beim Leben Ibn-G'anachs, da er bei Nennung seines Namens nicht ז״ל hinzugefügt, also um 1050—1070. Nicht ganz genau ist die Angabe des Karäers Daniel, daß Bachja es 1040 verfaßt habe (Orient, Jahrg. 1851 col. 737) והתחבר שחברו (ס׳ חובות הלבבות) מקדמת דנא בשנת שר״ח (ד׳ ת״ח).

Aus dem vorangegangenen lassen sich auch die biographischen Momente des Dichters und Philosophen Ibn-G'ebirol genauer, als es bisher geschehen ist, ermitteln. Sein Todesjahr hat Mose Ibn-Esra (in seiner Poetik) nur annähernd angegeben, daß er im Anfang des achten Jahrhunderts (d. h. nach unserer Sprechweise des neunten Jahrhunderts im fünften Jahrtausend) zu Gott eingegangen sei: אחתצר איצא ללה. — פי צדר אלמאיה אלתאמנה בבלנסיה ובהא חברה[1] (Munk, Mélanges p. 517). In dem Auszuge Abraham

---

[1] Auffallend ist, daß während der Ibn-G'ebirols Zeit nahestehende Mose Ibn-Esra ihn in Valencia gestorben sein läßt, eine andere Quelle ihn in Ocaña begraben sein läßt (bei Sachs: Religiöse Poesie 245, Note 2):
רבינו שלמה בן גבירול — אשר עיר מולדתו סרגוסטא במלכות ארגון וזכור

Note 3. Das Todesjahr des Samuel Nagid usw.

Zakutos aus dieser Poetik (v. S. 331) scheinen die Worte ונקבר בבלנסיריא בשנת תת"ל sein Zusatz zu sein. Sicher ist nur, daß er 1060 noch gedichtet hat, wie das Datum eines liturgischen Stückes ergibt (bei Munk das. S. 156). Nehmen wir auch dieses Jahr als Sterbejahr an, so kann die fernere Notiz M. Jbn-Esras nicht richtig sein, daß er nur über dreißig Jahre alt geworden: ובאן קד ארבי כלי אלִתְלתִין (bei Munk das.). Denn dann wäre er höchstens im Jahre 1030 geboren; es wird sich aber zeigen, daß er noch vor 1030 und zwar mit reifer Kunstfertigkeit gedichtet hat. Munk setzt sein Geburtsjahr um 1025, was auch nicht ganz zutrifft.

Soviel ist nur aus Mose Jbn-Esras Schilderung festzuhalten, daß Jbn-G'ebirol in der Blüte seiner Jahre starb; er bezeichnet ihn öfter als פתי, als Jüngling, und bemerkt, daß der Weise seine Fehler wegen seiner Jugend und der Verblendung des unreifen Alters entschuldigen wird: אלמאלם יבמט פרחא כדר אלפתוה וגמאריה אלצבא (bei Munk das.). Um nun zu einem sicheren Resultate zu gelangen, muß das Todesjahr des von Jbn-G'ebirol verherrlichten und betrauerten Alhassan Jekutiel fixiert werden. Er wurde nicht, wie die neueren Historiker annehmen, im Jahre 1040, sondern ein Jahr vorher hingerichtet. Das sagt ein Vers in Jbn-G'ebirols Elegie auf ihn deutlich:

נפל שנת תשעים ותשע שר גביר בידי מרעים אחריו נערו.

Ein Jahr darauf ereilte seine Feinde die Nemesis:

יגדל לעולם שם אלהי יעקב כי משפטי צדקו מאיד ישרי
יום תת פקודתם שנת ת"ח היתה ביום אשר שוחה לפניו כרו.

Auch der Monat von Jekutiels tragischem Geschick ist in dieser Elegie angegeben:

נהפך לך ניסן אשר היה לנס נטו צלליך וגם עברו.

Demnach wurde Jekutiel Nissan 4799 = April 1039 hingerichtet.

Jbn-G'ebirol dichtete noch beim Leben Jekutiels ein Lobgedicht auf denselben, als der Dichter 17 Jahre alt war (bei Dukes, שירי שלמה No. 8):

ואם תשאלו למי הוא זה ובן כי שלמה בן יהודה רכסו
אשר חבר לך השר (יקותיאל) לבבי — —
ואם שניו ימי משנה לפרעה בעת נמכר לעבד מסריסו,

d. h. er war damals eben so alt wie Joseph, als er nach Ägypten verkauft wurde = 17 Jahre. Dieses Gedicht ist also vor 1039 verfaßt. Nehmen wir an, daß es im Jahre 1038 war, so wäre der Dichter 1021 geboren. Viel früher dürfen wir sein Geburtsjahr nicht setzen; denn da er im Jahre 1069 noch gelebt hat, so wurde er jedenfalls 48 Jahre alt. Hätte er die Fünfzig überschritten, so hätte ihn M. Jbn-Esra nicht als jung verstorben schildern können. Folglich ist Jbn-G'ebirols Geburtsjahr um 1020—1021 anzusetzen, nicht früher und nicht später. Ebensowenig darf man sein Todesjahr später als 1069—1070 ansetzen. Setzt man sein Geburtsjahr vor 1020 oder das Todesjahr nach 1070, so müßte man annehmen, er sei über 50 Jahre alt geworden, was gegen die Voraussetzung ist. Setzt man dagegen sein Geburtsjahr nach 1021, so wäre er im Jahre 1038 noch nicht siebzehn Jahre alt gewesen.

Daß Jbn-G'ebirol mit dem Minister Samuel in freundschaftlichem Ver-

מנוחתי באוקניא בגליל ספרד השליון. Diese Notiz kann also als ungenau angesehen werden.

sehr stand, beweist seine Elegie auf dessen Tod (bei Dukes Schire No. 28), die in der Handschrift die Überschrift trägt: מר' שלמה בן גבירול על פטירת ר' שמואל הנגיד (Codex Pococke 74 Bl. 24). Saadia Jbn-Danan hat eine Notiz, woraus sich das Jahr entnehmen läßt, in welchem Jbn-G'ebirol in Granada bei Samuel war. Er berichtet nämlich, daß der erstere Zuhörer des R. Nissim war, als derselbe seine Tochter dem Sohne des Samuel zuführte: וכבר בא ר' נסים למדינת גראנטה כשהשיאה בתו לר' יהוסף הלוי הנגיד ולמד בה התלמידים ומתלמידיו היה ר' שלמה בן ר' גבירול (Chemda p. 29). Das war, wie oben (S. 357) nachgewiesen, 1049—1050. Nach 1045 war der Dichter aus Saragossa ausgewiesen worden. Wir können uns also denken, daß er von dem jüdischen Fürsten in Granada gastfreundlich aufgenommen worden. Der Grammatiker Jona Jbn-G'anach scheint ebenfalls zu seinen Feinden gehört zu haben, die ihn aus Saragossa verbannt haben. Wenigstens lassen sich einige Verse in einer Satire (das. Nr. 9, S. 16, V. 12—15) nur auf Jbn-G'anach deuten:

יאתזבר בשירתי ואתבוש פני שונאי לעולם בטמונים
אשר הנה מרירי לב ורציון וארנים שומעים כי באנים
ודע אל חשבו בה מחשבות ושגו בה והרבו עוד זדונים
ומתבונה לשון עברי עמוקה וקשה לאחז' (?) מוסר ובונים.

Es scheint eine Polemik gegen Jbn-G'anachs Manier zu sein, die Lesarten in der Bibel zu emendieren. Diese Satire scheint, wenn man die Verse (S. 16 unten und 17) berücksichtigt, Samuel gewidmet zu sein, weil darin auch seine Kunde von der hebräischen Grammatik hervorgehoben wird:

והוא בעל לשון דת הקדושה
והוא פתח תגריה ותלץ חלוציה וחדש בה ישנים.

Die letzten neun Verse, die in dem Kodex an der Seite stehen, passen aber nicht auf Samuel, weil es darin heißt, er habe seine Größe ererbt:

יירש גדולתי מאבותיו ויורישם לאחריתו לבנים.

Vielleicht sollte dieser Zusatz Joseph Nagib gelten.

Das Resultat dieser Untersuchung wäre demnach:

Samuel Jbn-Nagrela geb. 993 st. 1055.
Joseph Jbn-Nagrela geb. 1031 st. 1066.
Joseph ben Chasbai dichtete 1041—1045.
Jona Jbn-G'anach geb. 990—995, schrieb sein Hauptwerk 1050—1055.
Bachja verfaßte sein Chobot ha-Lebabot nach 1050.
Jbn-G'ebirol geb. 1020—1021 st. 1069—1070.
R. Nissim von Kairuan war um 1050 in Granada.

4.

Der jüdische Gesandte Alfonsos VI., Jbn-Schalbib oder Amram ben Isaak.

Die arabischen Chronographen berichten von der Gesandtschaft eines Juden von seiten Alfonsos von Kastilien an den Hof des Abbabiden Almutamed, der wegen seines schroffen Auftretens ums Leben gekommen ist. Ausführlich

Note 4. Der jüdische Gesandte Alfonsos VI. usw.

Jbnu'l Lebbanah (bei Gayangos, History of the mahometan in Spain II. 252). Almutamed continued to reign in prosperity until the year 475 (1082). In that year the Jew Ibn-Shalib came to Seville with a number of Christian knights, for the purpose of receiving the yearly tribute. — The Jew and his suite alighted at one of the gates of the city, whither, after they had made known the object of their visit, the sultan immediately sent them the money required, by one of the high officers of his court. The Jew, however, refused to receive it saying: "I will not take this money, I will take nothing but pure gold, but next year we will not be satisfied with any thing short of the whole wealth of the country; return it to him." The money was accordingly returned to Almutamed, who was no sooner acquainted with the Jew's insolent speech, than he ordered some of his guards to drag the Jew and his suite to his presence. — His commands being executed, and the Christians brought before him, Almutamed ordered that the Jew should be nailed to a stake, and his companions sent to prison. When the accursed Jew heard his sentence pronounced, he said to Almutamed: "Thou wilt not do this, for I will redeem myself with the weight in gold." To which Almutamed replied: "By Allah! wert thou to give me possession of Africa and Andalus, I would not take it." The Jew was accordingly nailed to a stake (and the Christians of his suite sent to prison). Dieselbe Nachricht hat auch Nowaïr (bei Dozy, Historia Abbadidarum II, 133); nur nennt er den jüdischen Gesandten statt den Schalib שלביב‎. Auch der ältere arabische Historiker Ibn u'l-Katib erzählt die Geschichte in einem erhaltenen Fragment bei Dozy (a. a. O. II. 148). Obwohl der Name in demselben nicht angegeben ist, so geht aus einem Passus hervor, daß derselbe Jude war, weil er von „dem obengedachten" Juden (אליהודי אלמזבור‎) spricht (wie Dozy das. Note 90 bemerkt).

Dasselbe Faktum von der Gesandtschaft des Schalib oder Schalbib an Almutamed, von seinem schroffen Auftreten und seinem gewaltsamen Tod infolge desselben liegt sicherlich einem anderen Berichte bei Almakkari (bei Gayangos a. a. O. S. 271) zugrunde, obwohl die Umstände hier anders erzählt werden. Anstatt der Geldforderung habe der jüdische Gesandte Alfonsos darauf bestanden, daß für dessen Gemahlin die Moschee in Az-Zahra (bei Cordova) eingeräumt werde. Gayangos' Übersetzung lautet: His (Alfonso's) physicians and priests advised him to procure a residence for his wife at Az-zahra, in order that she might visit the mosque of Cordova every day until the time of her . . . . The bearer of the message (to Almutamed) was a Jew, who was one of Alfonso's ministers, as may be presumed. — Almutamed indignantly refused to grant his indecent request. The Jew insisted, but the king of Sevilla replied, that he would never consent to it. Again the Jew repeated his demand a third time treating Almutamed in a very indecorous manner and using language, which that spirited monarch could not well breach, upon which, being unable to bear his impudence any longer, he seized inkstand, which was close by him and hurled it at the head of the Jew. The missile was aimed with such dexterily — that it lodged in the skull of the Jew, whose brain fell down his throat. After this Almutamed ordered that the Jew should be nailed to a post, with his head downwards, at the entrance of the bridge of Cordova, which was done as he commanded.

Daß Alfonso zu zwei verschiedenen Zeiten einen jüdischen Gesandten an Almutamed beordert haben soll, und daß beide wegen insolenter Sprache getötet worden wären, ist ganz undenkbar. Es ist in allen Berichten von einem und demselben die Rede. Die Tatsache von dem schroffen Benehmen des jüdischen Gesandten ist den spanischen Arabern denkwürdig geblieben, weil sich daran der Bruch zwischen Alfonso und Almutamed, die Einladung des marokkanischen Eroberers nach Spanien und der endliche Untergang der echtarabischen Dynasten knüpften.

Aus allen diesen Quellen geht hervor, daß der Hauptgesandte Alfonsos der Jude Ibn-Schalib oder Schalbib war, und daß die Christen ihm nur als Gefolge beigegeben waren. Ungenau ist daher die Nachricht bei Condé, Historia de la dominación II, 13) und nach demselben bei neueren Historikern (A s ch b a ch , Geschichte Spaniens I, 766), daß der Jude A b e n - G a l i b (sic!) eine Nebenperson neben den christlichen Gesandten gewesen: Cuentase que en esto tiempo como hubiese enviado el rey Alfonso un embajador a Sevilla y un Judio, su tesorero llamado Aben-Galib que era muy principal y privado suyo. Entweder war Condés Quelle darüber schlecht unterrichtet oder der Übersetzer hat die Stelle schlecht wiedergegeben. Hingegen setzt Condés Quelle dieses Faktum richtig nach der Einnahme von Toledo durch Alfonso, d. h. nach dem 25. Mai 1085; denn bis dahin stand Alfonso nicht nur in engem Bündnisse mit Almutamed, sondern es lag ihm daran, es so lange zu behaupten, bis sein Anschlag auf Toledo gelungen sein werde. Falsch ist daher das Faktum bei Ibn u'l-Lebbanah ins Jahr 475 der Hedschra = 1082 gesetzt. Das Datum für die Tatsache der Gesandtschaft liegt zwischen der Einnahme Toledos Mai 1085 und Jussuffs Invasion in Spanien, August 1086.

Dasselbe Faktum von dem Auftreten des jüdischen Gesandten, von seinem Tode und von den Folgen desselben, dem Anschluß des Königs von Sevilla an Jussuff erzählt auch Leo Africanus (aus einer arabischen Quelle); nur nennt er den jüdischen Gesandten nicht Ibn-Schalib, sondern A m r a m b e n J s a a k. Die Relation lautet: E m r a m f i l i u s I s a a c , natus est in civitate Toleti Hispaniae, medicus, philosophus, astronomus extitit. et suo tempore rex Hispaniae cepit dictam civitatem et oportebat eum habere secretarium linguae arabae duabus de causis, tum propter terrae populum, tum etiam propter scripturam literarum ad Dominos et vicinos regionis illius. Adeoque iste Hemram magnam ejus magistratus diligentiam ostendit. Rex autem cum eum vidisset, plurima ei commendavit et fidit. Postea accidit quod rex destinare volebat oratorem a d D o m i n u m S i v i l i a e , causa recuperandi quaedam tributa eoque delegavit dictum Hemram — supradictus Hemram magna praesumtione usus, inhoneste locutus est contra Dominum in concilio publico, et sic iratus est contra Hemram et jussit (eum) publico concilio interfici. Cum autem hoc intellexisset rex Hispaniae, decrevit venire in Siviliam, ut Dominum puniret et pejorem et potiorem poenam adhiberet. Quod cum praesensisset praefatus dominus, cucurrit ad Gebiltar et ante pedes Joseph filii Thefin (Thesfin), regis Marochi, prostratus, factum oratoris Judaei accensuit. — Fuit autem interfectus Hemram anno 387. (Leo Africanus bei Fabricius, **Bibliotheca graeca T. XIII. c. 27 p. 295**). Obwohl hier weder der Name des spanischen Königs, noch der des Herrn (Emir) von Sevilla genannt ist, so ist doch offenbar von dem Könige, der Toledo eingenommen hat, also von Alfonso VI. und demgemäß von dem Abbabiden Almutamed von Sevilla die Rede. Die Identität der Tatsache beweist also die Identität von Ibn-Schalbib und Emram oder Hemram (Amram) filius Isaaci. Das Datum ist aber sicherlich falsch, da weder Alfonso VI., noch Jussuff um diese Zeit gelebt. Es muß dafür gesetzt werden 479 = 1086. Im ganzen zeigt die Quelle historisch Authentisches. Wir erfahren also daraus Näheres über den Gesandten Alfonsos.

5.

Die Judenverfolgung des ersten Kreuzzuges[1]).

Die Ausdehnung, welche das Gemetzel unter den Juden infolge des ersten Kreuzzuges gehabt, die Reihenfolge der Gemeinden, welche das schreckliche Los getroffen, die Tage, an welchen es stattgefunden, und endlich die Richtung, welche die judenmordenden kreuzfahrenden Scharen genommen, alle diese Momente sind bisher noch nicht befriedigend ermittelt worden, weil die Geschichtsforscher größtenteils einseitigen und sekundären Quellen gefolgt sind. Seitdem aber eine Hauptquelle darüber erschlossen ist, stellen sich die Tatsachen ganz anders als bisher heraus. Ph. Jaffés „Darstellung der Judenverfolgung zu Anfang des ersten Kreuzzuges" (Orient. Litbl. 1841 col. 649 ff.) enthält viele Unrichtigkeiten, die um so mehr berichtigt werden müssen, als derselbe auf dem Gebiete der deutschen Geschichte im Mittelalter Autorität war. Wir haben jetzt mehrere zeitgenössische Berichte über diese Verfolgung:

A. Jüdische Quellen.

1. Die Hauptquelle: קינברס גזרות תתנ״ו „Bericht über die Leiden des Jahres 1096" zum ersten Male ediert von Jellinek (Leipzig 1854). Der Verf. war Elieser ben Nathan Halevi, ein Zeitgenosse. Er wohnte wahrscheinlich in Cöln. Denn er kennt die Umgegend von Cöln genau und beschreibt das Gemetzel derselben mit mehr Details als das der übrigen Städte. (Er ist nicht identisch mit Elieser ben Nathan ראב״ן, dem Verf. des אבן היזר aus Mainz, welcher nicht Levite war.) Aus dieser Quelle schöpfte Joseph Kohen seine Nachrichten über diese Leidensgeschichte in seinem דברי הימים und עמק הבכא; da er aber einen korrumpierten Text benutzte und von Kritik nichts verstand, so hat er namentlich in betreff der Lokalien manche Irrtümer begangen. Diese Irrtümer sind infolge schlechter lateinischer, deutscher und englischer Übersetzungen von Ferrand, Rabe und Bialloblotzky durch das Medium von Wilken in die Geschichtsbücher übergegangen. Auch die abgerissenen Nachrichten, welche Schaab (Diplomatische Geschichte der Juden zu Mainz S. 8) im Namen von Johann Gamans mitteilt, der sie aus der Handschrift des Genebrado schöpfte, sind ebenfalls dieser Hauptquelle entnommen, wie die Vergleichung ergibt.

2. Kalonymos ben Jehuda in zwei Klage- oder Bußliedern über diese Leiden, das eine mit dem Anfange: מי יתן ראשי מים (in der Kinotsammlung) und das andere [weniger speziell]: את הקול קול יעקב

[1]) Monatsschrift 1879, p. 520.

(in der Selichotsammlung). Da es zwei Jehuda ben Kalonymos gegeben, einen in Mainz: ben Mose und einen in Speyer: ben Meïr (vgl. Luzzattos Bemerkung in Kerem Chemed VII. 70), so war der Poet Kalonymos Sohn des einen oder des anderen, und je nachdem ein Augenzeuge der Vorfälle in Speyer oder Mainz[1]).

3. Das Memorbuch der Mainzer Gemeinde (handschriftlich im Besitze des Herrn Carmoly, der mich freundlich eine Kopie desselben nehmen ließ). Es ist gegen Ende des Jahres 1296 kopiert worden und enthält über manche Verfolgungen der deutschen Gemeinden interessante Notizen.

B. Externe Quellen.

1. Albertus Aquensis, in dessen historia hierosolomitanae expeditionis L. I. c. 126—129 (in der Sammlung Gesta Dei per Francos von Bongars T. I.). Albertus war Zeitgenosse des ersten Kreuzzuges und lebte in Aachen (Aquae Grani), wie die Kritik festgestellt hat, also in der Nähe des Schauplatzes.

2. Berthold von Constanz im Chronicon (in der Sammlung Usserman, Prodromus sacrae Germaniae II. 172). Berthold schrieb 1054 bis 1100, war demnach Zeitgenosse.

3. Anonymus der historia oder gesta Trevirensium episcoporum (in der Sammlung von Martene und Durand und in Calmets Histoire de Lorraine I, preuves c. 66). Der Verf. schreibt wie ein Zeitgenosse. Die übrigen Chroniken und Annalen, welche über den ersten Kreuzzug berichten, sind nur als Sekundärquellen zu betrachten, selbst der Anonymus Saxo und Wilhelm von Tyrus.

Aus diesen Quellen läßt sich folgendes, als historisch beurkundet, feststellen: Peter von Amiens, der Haupturheber des ersten Kreuzzuges, und Godschalk mit ihren Scharen waren unschuldig an dem Gemetzel der Juden. Als die Hauptführer des judenmörderischen Gesindels führt Albertus Aquensis auf: Emicho, Clarembaldus de Vinduil, Thomas de Feria (und im Verlauf auch) Willehelmus Carpentarius) cum spoliis eorum (Judaeorum) viam Jerusalem continuarunt, und zwar nachdem Peter und Godschalk bereits vorangezogen waren. Eodem anno, aestatis tempore inchoante, quo **Petrus et Godescalcus praecesserant**, postmodum ex diversis regnis et terris, scilicet e regno Franciae, Angliae, Flandriae, Lotharingiae gens copiosa et innumerabilis — undique incessanter per turmas

---

[1]) Mehrere Poetanen haben noch über die Leiden des ersten Kreuzzuges gedichtet: 1. Benjamin ben Chija in der Selicha: ברית ברותה בלשבח worin das Datum vorkommt: הפרש כנפרש בחיים בשנת תתנ"ו. 2. David ben Meschullam in den Selichot: אלהים ה' אלה רבת צררוני מנצרי und ה' דמי לדבי אל. — 3. Isaak ben Halevi in der Selicha: אוי לי על שברי נחלה מבתי (Ms. vgl. Landshut, Amude Aboda I. p. 106). — 4. Samuel ben Jehuda in einem liturgischen Stück zum Sabbat vor dem Wochenfeste: אלהי אקראך במחשב, das Datum ist zum Schlusse angegeben: שנת חנישים וששה. Er erwähnt der Kirchenversammlung zu Clermont, wo der erste Kreuzzug beschlossen wurde, und nennt diese Stadt per antiphrasin קרן אפלה statt Claromontium: נזדרו לקרן אפלה בכבוד נוצרי להתהללה יהנה (vgl. Arnheim, Jozeroth für alle Sabbate S. 281 Note 5). איבה חשכה גדולה

Note 5. Die Judenverfolgung des ersten Kreuzzuges. 365

suas confluebant. Albertus beschreibt weiter die Laster dieses Gesindels. His itaque per turmas ex diversis regnis et civitatibus in unam collectis, sed nequamquam ab illicitis et fornicariis commixtionibus aversis, immoderata erat commessatio cum mulieribus et cum puellis sub ejusdem levitatis intentione egressis assidua delectatio et in omni temeritate sub hujus viae occasione gloriatio.

Albertus berichtet ferner, wie das kreuzfahrende Gesindel den Anfang des Kreuzzuges mit den Juden gemacht habe: inde, nescio si vel Domini judicio aut aliquo animi errore, spiritu crudelitatis adversus Judaeorum populum surrexerunt per quascunque civitates dispersum, et crudelissimam in eos exercuerunt necem et praecipue in regno Lotharingiae, asserentes adesse principium expeditionis suae et obsequii contra hostes fidei Christianae. Übereinstimmend damit Elieser ben Nathan: קמו עזי פנים עם לוצי הגוי חמר והנ״הר צרפתים ואשכנזים מכל צד ומכל פאה — וישימו על מלבושם סימן שלהם שתי וערב בל ארץ ואשה אשר נשאה לבם לכת כרבו רבו מארבה אנשים ונשים וטף — ויהי בעברם דרך העירות אשר שם יהודים אמרו בלבב הנה אנו הולכים לבקש הרפתנו ולנקום נקמתנו מן הישמעאלים הנה היהודים אשר הרגוהו וצלבוהו נקמ*ה בהם תחלה ולא יזכ*ר שם ישראל עוד או יחיו במונו וירדו ביחוס חזנה.

In den Spezialien ist natürlich die jüdische Quelle exakter als Albertus. Dieser meint, das Gemetzel habe zuerst in Cöln begonnen, sei von den Bürgern ausgegangen und habe sich von da aus nach Mainz gewälzt: Haec strages Judaeorum primum in civitate Coloniensi a civibus acta est, qui subito irruentes in modicam manum illorum, plurimos gravi vulnere, detruncaverunt — Nec mora — Moguntiam pervenerunt (Peregrini). Dem widerspricht Elieser aufs entschiedenste: er setzt den Anfang mit der Stadt Speyer und gibt die Tagesdaten genau an. Sabbat 8. Jjar in Speyer: בשבונה באייר ביום שבת קמו האויבים על קהל שפירא, nur zehn Juden erschlagen.

Damit stimmt Kalonymos überein, der im Klagelied das Martyrium der Speierer Gemeinde zuerst schildert und das Datum hinzufügt: ואקונן מר כל הרוגי אשפירא בשני לשבונה בו ביום ברעש הקרה — ובתני ועלבי בלב עשרה. Ebenso das Memorbuch: תתנ״ו (I.) לפרט ה׳ באייר ביום השבת. Die Verfolgung in Cöln fand dagegen erst drei Wochen später statt. Daß in Speyer im Verhältnis zu den übrigen Städten so wenig umgekommen sind, hat seinen Grund in der Menschlichkeit des damaligen Bischofs von Speyer, der, wie sein Vorgänger, die Juden begünstigte und sogar einige Wallbrüder wegen ihrer Exzesse hinrichten ließ. Dann stimmen wiederum Elieser und Berthold von Constanz überein: der erstere: והנשארים נצלו על ידי החגמין, und der letztere: Hoc anno (1096) — Judaei magna caede trucidati sunt — ita dico ut apud Spiram fugientes in palatium regis atque episcopi etiam repugnando vix se defenderent, eodem episcopo Johanne illis auxiliante, qui etiam postea ob hoc ira commotus et pecunia Judaeorum conductus, quosdam fecit obtruncari Christianos.

Am 23. Jjar begann das Gemetzel in Worms, damals wurde nur ein Teil der Gemeinde erschlagen, die übrigen fanden anfangs Zuflucht im Palaste des Bischofs, und diese töteten am 1. Siwan einander. So Elieser: ובריום כ״ג באייר קמו זאבי ערבות על קהל וירמישא ומקצת הקהל היו בבתיהן ומקצת בבית החגמון — ויהי לשבעת הימים ביום ראש חודש סיון התחילו איום אשר בחדר החגמון וישלחו יד בעצמם. Ebenso Kalonymos: קהל

וורכיישא בחונה ובחורה. — פעמים קדשו שם המיוחד במורא בעשרים ושלשה
בחודש זיו לטהרה ובחודש השלישי בקריאת הלל לשוררה. Bertholds Bericht
ergänzt viele Tatsachen, daß die Juden sich erst zum Selbstentleiben entschlossen, als ihnen der Bischof eröffnete, er werde sie nur dann schützen,
wenn sie sich taufen ließen: Apud Wormatium Judaei — fugiendo Christianos
ad episcopum properabant qui, cum non aliter illis salutem, nisi baptizarentur, promitteret, inducias colloquii rogaverunt. Et eadem hora episcopi cubiculum intrantes, nostris foras expectantibus, quid responsuri
essent, diabolo et propria duritia persuadente se ipsos interfecerunt. — Das
Märtyrertum der zwölf Gemeindevorsteher von Worms (רי״ב פרנסים), die
zuerst die Bürgermeister und die Ratsherren getötet, dann die Gemeinde
zum Kampfe aufgefordert und endlich sich selbst entleibt haben, darf man
nicht (mit Levysohn, Epitaphien des Wormser Friedhofes S. 16) zur Zeit
des ersten Kreuzzuges setzen aus mehrfachen Gründen. Einmal schwankt die
Angabe der zwei Hauptquellen über das Faktum in betreff des Datums;
während das Minhagbuch es 1096 setzt, datiert es das Maase-Nissim unter
1349. Dann wissen weder Elieser ben Nathan noch Kalonymos von diesem
Vorfall. Endlich waren die Bürger und der Rat ganz unschuldig an dem
Gemetzel der Wormser Gemeinde beim ersten Kreuzzug. Ihre Henker waren
lediglich die Kreuzfahrer und der Bischof. Die Zahl der Märtyrer von Worms
an beiden Tagen gibt Elieser an: ישבועה כ׳אות היו אשר נהרגו באלו שני
היכים וכלם נתנו לקבורה. Einige Namen der Märtyrer nennt das Wormser
Memorbuch bei Zunz, Synagogale Poesie S. 20.

Am 3. Siwan kam die Reihe an die Gemeinde von Mainz, an einem
Dienstag (Elieser): ויהי ביום השלישי יום סדרן יום קדוש ופרישה
(Kalonymos): וכל לישראל במתן תורה הופרשה קהל מגנצא חסידי עליון
אדירי קהל מגנצא ההדורה בחודש השלישי בשלישי נוסף לדאבון. Den Tag
gibt auch richtig der sächsische Annalist beim Gemetzel von Mainz an: ante
dominicam pentecostes feria III., d. h. Dienstag vor dem Pfingstsonntag.
Ph. Jaffé hat die Stelle mißverstanden, weil ihm die jüdischen Quellen
unzugänglich waren. Er ergänzt vor pentecostes das Wort die und meint,
die Verfolgung habe am jüdischen Wochenfeste am Sabbat den 30. Mai stattgefunden (a. a. O. S. 651 Anm. 15). Dem ist aber nicht so, denn das
jüdische Wochenfest fiel damals auf den Freitag den 29. und die Verfolgung
fiel auf den 27. Mai. — Das Detail gibt Albertus: (Judaei Moguntiae)
ad episcopum Rothardum spe salutis confugiunt, thesauros infinitos in
custodiam et fidem illius reponentes multumque de protectione ejus —
confidentes. Hic autem sacerdos civitatis pecuniam inauditam ab eis
receptam caute reposuit; Judaeos in spaciosissimo domus suae solario a
specie Emichonis et ejus sequacium constituit. Dieses Sachverhältnis
deutet auch Elieser mit den Worten an: כלם (כל קהל מגנצא) היו בחצר
ההגמון. Beide Quellen geben übereinstimmend an, daß die Kreuzfahrer
(unter Emichos Anführung) einen bewaffneten Angriff auf den erzbischöflichen Palast und die Juden gemacht haben: וישליכו עליהם (על היהודים)
בתוך החצר של ההגמון האויבים אבנים וחצים ולא חששו לנוס. (Albertus):
verum Emicho et caetera manus habito concilio orto sole (zu ergänzen
ante dominicam pentecostes feria tertia)[1]) in sagittis et lanceis in solario

---

[1]) Daß der sächsische Anonymus gewiß von Albertus kopiert hat.

ad septingentos peremerunt, frustra resistentes contra tot millium vires et assultus. Wenn hier von 700 Getöteten die Rede ist, während Elieser die Zahl auf 1300 angibt: אלף ושלש מאות נפשות נהרגין ביום אחד, so muß man diese Zahl als die Gesamtsumme der Getöteten und der Selbstentleibten ansehen. Denn beide Quellen geben an, daß viele sich und die Ihrigen entleibt haben: גם חגרו נשים בעוז מתניהם וישחטו בניהם ובנותיהם וגם עצמן וגם אנשים רבי לב ואמיצי כח שחטו נשיהם ובניהם וטפם העונגה והרכה מחנה ילד שצעשעיה. Der Annalist von Aachen: Judaei vero videntes Christianos hostes in se suosque parvulos insurgere, et nulli aetati parcere, ipsi quoque in se suosque confratres natosque, mulieres, matres et sorores irruerunt, et mutua caede peremerunt. Matres pueris lactentibus, quod dictu nefas est, guttura ferro secabant, alios transforabant volentes, sic potius manibus propriis perire quam incircumcisorum armis extingui. Die Namen vieler Märtyrer gibt das Mainzer Memorbuch: ר' הרוגי מגנצא: יהודה בן רבנו יצחק. רבינו יצחק ואשתו מרת ברידא. ר' יהודה הלוי ואשתו מרת צפירה. — מר דורבלו¹) יבנה רבינו דוד — רבינו ר' מנחם בר דוד הלוי ואשתו. רבינו שמואל הלוי ואשתו מרת רבקה. — מרת בירונא ובנה. Elieser berichtet noch, daß 60 an diesem Tage im Dome gerettet, vom Bischof nach dem Rheingau geschickt und dennoch später erschlagen wurden: וס' נפשות נצולו בו ביום בבית האוצר של החום והולכיבם ההגמון לכפרים שקורין רינקווא כדי להצילם וגם לשם נקבצו האויבים עליהם והרגו בלם.

Bisher stimmten die jüdischen und die christlichen Quellen, namentlich Elieser ben Nathan und Albertus Aquensis, miteinander, dagegen in betreff der Nachrichten über die Juden Cölns gehen sie weit auseinander. Zunächst im Punkte der Zeit. Während der letztere, wie schon erwähnt, das Gemetzel der Cölner Gemeinde der Zeit nach allen übrigen voranstellt: strages Judaeorum primum in civitate Coloniensi — nec mora Moguntiam pervenerunt, berichtet der erstere, daß es drei Tage nach dem Blutbade in Mainz stattgefunden habe: והשמועה באה לקולוניא בה' בחודש שהוא ערב שבועית חרדו להם — למחרתו ביום הבקר קמו האויבים וב'. Dann herrscht unter den beiden Hauptquellen eine Divergenz in betreff der Teilnehmer am Gemetzel und der Ausdehnung desselben. Nach Albertus hätten die Bürger Cölns selbst einen Angriff auf die Juden gemacht, viele von ihnen getötet, deren Häuser und Synagogen zerstört und deren Habe unter sich geteilt: strages Judaeorum in civit. Col. a civibus acta est, qui subito irruentes in modicam manum illorum, plurimos gravi vulnere detruncaverunt, domos et synagogas eorum subverterunt, plurimum pecuniae inter se dividentes. Elieser dagegen referiert das Gegenteil: Die Cölner Bürger hätten die Juden beschützt, und es seien überhaupt nur ein einziger Mann und eine Frau in Cöln getötet worden; die Kreuzfahrer hätten nur Häuser und Synagogen zerstört: חרדו להם ויחרדו כל אדוש ואיש אל בית מכרו גוי ויהרו שם למחרתו ביום הבקר קמו האויבים וישללו שלל — ויהרסו בתי הכנסת ויוציאו את ספרי התורות ויחללום בהם ויחגום למרמס חוצות ביום נתיבה — ובאית

---

¹) Der Name Durbal kommt in der Rheingegend in dieser Zeit öfter vor. Raschi korrespondierte mit einem ר'Durbal (Responsa in Chofes Matmonim p. 8) ובה כלתה כל לב רבינו הזקן ראש נדיבי יעקב ר' דורבל (l. דורבלו). Luzzatto zitiert aus dem ס' אסופות und aus dem handschriftlichen Schibole Leket einen ר' יצחק בן דורבלו (Ozar Nechmad II, p. 11 Zion p. 91).

הִיוֹם שֶׁבָּנוּ דָּם חָסִיד אֶחָד בַּר יִצְחָק שְׁמוֹ אֲשֶׁר הוֹלִיכוּ לְבֵית תַּרְפָּתָם וְיָרוֹק רוֹק בְּפָנָיו — וְגַם חֲסֵרָה אַחַת. וְהַנִּשְׁאָר נִצְּלוּ בְּבֵית מְבָרַם עַד אֲשֶׁר הוֹלִיכָם (שם .delend) הֶחָגְמוֹן לִכְפָרִים שֶׁלּוֹ בְּיוֹם ו׳ בַּחוֹדֶשׁ לְהַצִּילָם וְסִלְּקָם (.I וְחִלְּקָם) וְנִתָּנָם בַּז׳ כְּפָרִים וְהָיוּ שָׁם עַד חוֹדֶשׁ תַּמּוּז מְצַפִּים יוֹם יוֹם לַמָּוֶת. Wenn der jüdische Berichterstatter den christlichen Bewohnern Cölns ein so günstiges Zeugnis ausstellt, daß sie die unglücklichen Verfolgten vier Tage in ihren Häusern verborgen hielten, so ist in seine Worte kein Zweifel zu setzen. Auch war, wie schon erwähnt, Elieser wahrscheinlich ein Cölner, jedenfalls besser unterrichtet als Albertus Aquensis. Ich nehme keinen Anstand, seinem Berichte den Vorzug zu geben.

Das, was Elieser ben Nathan weiter mit größter Ausführlichkeit erzählt, ist von den Forschern vollständig mißverstanden worden. Sie haben den Sinn verkannt, dadurch Irrtum auf Irrtum gehäuft, und die Verfolgung der Juden, nach Elieser, einerseits bis Geldern und andererseits bis Ulm ausgedehnt, wovon im Texte auch nicht ein einziges Wort spricht. Sein Bericht muß daher durchweg kritisch beleuchtet werden. Aus der mitgeteilten Stelle hat sich ergeben, daß in Cöln nur z w e i Personen am jüdischen Wochenfeste umkamen, weil die Bürger die übrigen in ihren Häusern bis zum 10. Sivan geschützt haben, bis sie der Erzbischof in seine Dörfer zur Sicherheit verteilte, wo sie bis zum Monat Tammus in Angst weilten. Näher bestimmt Elieser, daß der Erzbischof sie in sieben Ortschaften verteilte. Das Gemetzel, welches Elieser ausführlich beschreibt, traf eben nur die Cölner Juden in den sieben Ortschaften in der Gegend von Cöln. Diese sieben Ortschaften führt Elieser der Reihenfolge nach auf, wie sie von den Kreuzfahrern erreicht und Schauplätze greulichen Blutbades geworden sind: 1. כְּפַר נוֹשָׁא am Johannistage; 2. בֶּרֶךְ וַוִיבְּלִינְק הוֹבָּא 2. Tammus; 3. אִילִינְדָא 3. Tammus; 4. כְּפַר אִילִינְדָא 4. Tammus; 5. נוֹשָׁא an demselben Tage; 6. בֶּרֶךְ מִירָא 7. Tammus; 7. כְּפַר כְּרְפָּנָא (das Datum erst zu bestimmen). Alle diese Ortschaften muß man in der Nähe von Cöln suchen. Die Gemeindeglieder von Cöln sind nicht in der Stadt selbst, sondern außerhalb niedergemetzelt worden. Dafür spricht die ganze Darstellung des Elieser ben Nathan. Zum Schlusse des ganzen Berichtes rekapituliert er die Data (S. 11): בְּח׳ בְּאִיָּיר קְדוֹשֵׁי שְׁפַּיְיאֵר בְּב״ד בּוֹ קָצַב בֶּן קְהַל בְּוֵוירְרְמִיזָא וּבִ״ה סִיוָן בג׳ בַּסִּיוָן קְהַל שֶׁבְּבָגְנְצָא. וּבִמְדִינַת קוֹלוֹנְיָא הִתְחִילוּ בָּהֶם לַהֲרוֹג וְלַעֲרֹךְ מִיּוֹם עֲצֶרֶת עַד ח׳ בְּתַמּוּז.

Das Gemetzel in Cöln hat also vom Wochenfest bis zum 8. Tammus über vier Wochen gedauert. Wenn nicht die emigrierten Cölner Juden darunter zu verstehen sind, so hat der Passus keinen Sinn, da in Cöln selbst nur zwei Opfer gefallen sind. Bis zum 8. Tammus sind aber die in den sieben Ortschaften verteilten Gemeindeglieder aufgerieben worden, der Anfang geschah in נוֹשָׁא und das Ende in כְּרְפָּנָא. Noch mehr. Bei den Märtyren von וַוִיבְּלִינְק הוֹבָּא bemerkt Elieser, daß die ganze Genossenschaft, welche dahin geführt worden, umgebracht wurde: קְדוֹשֵׁי אֶת הַשֵּׁם ר׳ לֵוִי בַּר שְׁמוּאֵל וְכָל הַחֲבוּרָה שֶׁהֵבִיאוּ עִמּוֹ לְשָׁם אֲנָשִׁים וְנָשִׁים וְכוּ׳ —. Zu diesem Orte bestand also keineswegs eine Gemeinde, sondern es waren Cölner Juden, welche dahin geführt worden waren, die dort den Tod gefunden. Wenn es noch eines Beweises bedürfte, daß die Cölner Märtyrer nicht in Cöln selbst, sondern in den genannten Ortschaften umkamen, so ließe er sich aus einer Parallele von Eliesers Konteros und dem Mainzer Memorbuche führen.

Note 5. Die Judenverfolgung des ersten Kreuzzuges.

Das erstere berichtet, ein R. Peter in אילינדא habe mit noch vieren die ganze Gemeinde getötet, und dann sich vom Turme gestürzt: ויצל גם הוא (ר׳ פטר) על מגדל אחד ויפיל את עצמו. Diesen R. Peter in אילינדא zählt nun das Mainzer Memorbuch zu den Märtyrern von Cöln: ר׳ הרוגי קולניא: פטר בן רובן הפיל עצמו בן המגדל.

Steht es nun unzweifelhaft fest, daß in den sieben Ortschaften nur Cölner Juden umkamen, welche der menschliche Erzbischof dorthin zur Rettung hat bringen lassen, so müssen diese Ortschaften in der Gegend von Cöln gesucht werden, und man darf dabei weder an Geldern, noch an Ulm denken. Suchen wir diese zu ermitteln:

1. כפר נוסא. Das ist nun unzweifelhaft Neuß am Rhein unterhalb Cölns. Dorthin kamen die Kreuzfahrer, nach Elieser, am (רחנו ו.) איר רחיס, am Johannistage, 24. Juni = 1. Tammus. Nach dieser Quelle war die Gruppe der Juden Cölns bereits 20 Tage, vom 10. Sivan bis zum 1. Tammus in Neuß, als sie von den Kreuzfahrern erblickt und gemartert wurden. Damit stimmt der Bericht Albertus' überein: Hac ergo crudelitate visa (in civitate Coloniensi) circiter-ducenti (Judaeorum) in silentio noctis Nussiam navigio fugam inierunt, quos peregrini et cruce signati comperientes, nec unum quidem vivum reliquerunt, sed simili mulctatos strage rebus omnibus spoliaverunt. Es folgt aus dieser Angabe keineswegs, daß die nach Neuß fliehenden Cölner Juden während ihrer Fahrt auf dem Rheine umgebracht worden sind, wie Jaffé annimmt (a. a. O. 651), sondern daß sie später von den Kreuzfahrern entdeckt und getötet wurden.

2. ויבלינג הובא ist offenbar Wevelinghofen an der Erft (im Kreise Graevenbroich), südwestlich von Neuß. Bei Joseph Kohen ist der Name korrumpiert in: ויבלצף und im Mainzer Memorbuche in: ובלינגש. Wenn Elieser im Eingange berichtet: ויבד קמו האוירים למחרתו ונהרגו חסידים ופשטו צוארם להתיר על קדש׳ und dann fortfährt: שבדרך וויבלינג הובא השם בתוך אגמי מים אשר סביבות בדרך, so kann man nichts anderes darunter verstehen, als daß die nach Wevelinghofen geflüchteten Cölner Juden einander in den Sümpfen oder Seen um Wevelinghofen entleibt hatten. So verstand es auch Joseph Kohen mit Bezug auf die früher genannte Stadt: וישחטו איש את רעהו בתוך אגמי המים אשר לעיר סביב, und ebenso lautete die Lesart bei Genebrado (bei Schaab) verglichen mit dem Texte. Allenfalls kann man emendieren סביבות לבדך statt בדרך סבי׳. Nur der Unverstand kann daraus die Stadt Bacharach machen.

3. בדרך אילינדא, und zwar tags darauf, am 3. Tammus: der Name dieser Ortschaft ist sehr korrumpiert: אילינרא, אילנדא, אילינדא, גילדא, אילבנרא und gar bei Gedalja Ibn-Jachja קילרא. Das Mainzer Memorbuch hat die Lesart: הרוגים מאילנדרא und an einer anderen Stelle: הרוגי אלנדרן. Es ist offenbar Aldenahr oder Altenahr an der Ahr (Kreis Ahrweiler) südlich von Bonn. Man muß also lesen אלדנרא, und daraus sind sämtliche Korruptelen entstanden.

4. כפר אילינדרא oder richtiger כפר אלדנרא. Es ist von einem Dorfe Aldenahr die Rede, im Gegensatz zum Städtchen Aldenahr. Elieser spricht sich selbst über den Unterschied aus (S. 11 Zeile 6 von unten): ישני אילנדא הם שהרגו בם קדושי ישראל האחד כפר אילנדא בצד אולם והאחר בדרך אילנדא באשר הוא שם. Die Lage des Dorfes gibt er selbst genau an בצד אולם. Es ist lächerlich, es bei Ulm im Württembergischen zu suchen,

da hier nur von der Rheingegend bei Cöln die Rede ist. Es ist vielmehr das alte Ulma oder Olma, Ollheim bei Rheinbach (vgl. Lacomblet, Urkunden für die Geschichte des Niederrheins I. 202, 203, 228, 271, 450, 478). So wie אולם hier nicht Ulm, so kann אילנדא nicht Geldern bedeuten, sondern das eine das Städtchen, das andere das Dorf Aldenahr. Merken wir uns, daß das Gemetzel in dem letzten Ort am 4. Tammuz, an einem Freitag, stattfand.

5. וננא. Unmöglich kann dieses Xanten bedeuten, weil Elieser ausdrücklich referiert, daß die Mörder der Emigranten in Dorf Aldenahr an demselben Tage, Freitag in der Abendstunde, die Emigranten in וננא überfielen und zur Selbstentleibung brachten: ויגע הדבר באותו יום צצבו אל חסידיו וזנא אשר קמו עליהם האויבים בשעה שקדשו חיים והרגום. Die Kreuzfahrer konnten unmöglich den Weg von der Nähe Rheinbachs bis Xanten im Norden an einem Tage zurücklegen und dort ihr Mordgeschäft fortsetzen. Es kann eher Sinzig bedeuten.

6. מורא. Man nimmt es gewöhnlich für Mörs, obwohl es zweifelhaft erscheint, ob die Kreuzfahrer beim Aufsuchen der ihnen entgangenen Cölner Juden sich zuerst nördlich, dann südlich und dann wieder nördlich gewendet haben. Die jüdischen Emigranten daselbst wurden nach Eliesers Angabe am 7. Tammuz gemeuchelt.

7. כרפנא ist wohl sicher Kerpen: ובכפר כרפנא עשו ביהודים שבו כרצונם. Dieses Gemetzel fand wohl tags darauf statt, 8. Tammuz; denn wie schon oben angegeben, dehnt Elieser die Leiden der Juden Cölns bis zum 8. Tammuz aus, und in Kerpen ist eben der Rest der Cölner Gemeinde aufgerieben worden. Wenn Elieser zum Schlusse ein Trauerlied um die heilige Gemeinde Cölns, um die קולניא, חסידי anstimmt, so gilt es den Gemordeten und Selbstentleibten in den sieben Ortschaften, nördlich, südlich und westlich von Cöln.

Aus dem Angegebenen erhellt zur Genüge, daß es falsch ist, anzunehmen, das kreuzfahrende Gesindel habe die Richtung von Nord nach Süd verfolgt, d. h. mit Cöln begonnen und von da bis Speyer vorgedrungen. Nach der exakten Datumangabe des Elieser ben Nathan nahm es vielmehr eine entgegengesetzte Richtung, begann (in Lothringen) mit Speyer und endete mit der Vertilgung der Juden in der Umgegend von Cöln. Dadurch läßt sich auch die Zeit des Gemetzels in Trier entscheiden. Elieser hatte keine speziellen Nachrichten über die Leiden der von seinem Wohnorte (wahrscheinlich Cöln) entfernten Gemeinden. Er berichtet daher nur summarisch darüber: „Ebenso verfuhren sie in andern Gemeinden, in Trier, Metz, Regensburg und Prag: ובמיץ (.var טריברים) כן עשו בקהלות אחרות בעיר טריבירש וגם ברגנשבורק (רישפורק) ובפראגא. Näheres über das Gemetzel von Trier haben die Quellen A 3 und B 3. Die erste nennt unter andern zwei Mädchen, die sich ins Wasser gestürzt: הרוגי טריברש: מרת אסתר בת ר' חזקיה הגבאי ושתי בחורות מקולוניא הלכו על הגשר והטילו עצמם במים ובער. Die letztere berichtet: Judaei in civitate Trevirorum — quidam ex eis accipientes parvulos suos defixerunt cultros in ventribus eorum. Quaedam autem de mulieribus ascendentes super pontem fluminis et adimpletis sinibus eorum et manicis lapidibus praecipitaverunt se in profundum. Die übrigen unter Michäus' Vorgang nahmen die Taufe gezwungenerweise an, um später, außer Michäus, zum Judentum zurückzukehren. Keine dieser

Quellen gibt das Datum dabei an, so daß man nicht wissen kann, ob die Vorgänge in Trier vor denen zu Speyer, Worms usw. vorfielen oder später. Da aber Albertus Aquensis angibt, daß das kreuzfahrende Gesindel sich zunächst aus England, Frankreich und Flandern rekrutierte, und da die meisten Führer desselben, mit Ausnahme des Emicho von Leiningen, nämlich Clarenbaldus de Vinduil, Thomas de Feria und auch Guilelmus Carpentarius Franzosen waren, so folgt daraus, daß das Wüten gegen die Juden auf französischem Boden oder wenigstens an der Grenze zwischen Flandern und Deutschland begonnen hat. In der Tat kamen damals auch Judenverfolgungen in Frankreich vor. Ein Zeitgenosse, Guilbertus von Novigento berichtet, daß die Juden der Stadt R o u e n von den sich ansammelnden Kreuzfahrern in die Kirche getrieben wurden, und mit der Degenspitze erging an sie der Zuruf: La mort ou le baptême (bei Bouquet, Recueil XII. p. 240). Wenn auch der Bericht des Annalisten Richard von Poitiers übertrieben ist, daß: Judaeos per omnem fere Galliam multa strage peremerunt (cruce signati, das. 411) — da die Martyrologen und namentlich Elieser ben Nathan ein so allgemeines Blutbad unter den französischen Juden wenigstens angedeutet hätten (wie es sein Nachfolger Ephraim von Bonn in dem Martyrologium des zweiten Kreuzzuges getan[1]) — so müssen doch hin und wieder auch in Frankreich Metzeleien vorgekommen sein.

Haben sich also die Kreuzscharen in Frankreich zuerst gesammelt und sind von da auf Lothringen gezogen, so ist es sicher, daß die Gemeiden von Metz und Trier vor denen von Speyer und Worms die Opfer des Fanatismus wurden. Aber eben weil R. Elieser keine speziellen Nachrichten von den Vorfällen in Frankreich hatte, berichtet er summarisch darüber.

Noch eine Tatsache ist für die Geschichte der Juden während des ersten Kreuzzuges festzustellen. Albertus Aquensis bemerkt ausdrücklich, daß nur das liederliche, verworfene, lasterhafte Gesindel sich an Juden vergriffen hat.

---

[1] Der erste Herausgeber des Originals von Ephraims Martyrologium, sowie die Bearbeiter von Joseph Kohns Emek ha-Bacha haben vollständig verkannt, daß dasselbe von einer Judenverfolgung in F r a n k r e i c h im zweiten Kreuzzuge berichtet und haben die darin vorkommenden französischen Städtenamen arg mißgedeutet. Nachdem Ephraim die Verfolgung in Deutschland detailliert hat, fährt er fort: גם בהם נהרגו בק״ן נפשות — גם בסולי נהרגו כמה וכמה נפשות — גם בקרנבן נהרגו נפשות אין מספר — וחרב הגדול ר׳ פצר תלמיד ר׳ שמואל ור׳ דקדר אחרי דברירו נהרג בלויתו פרנס אחד. Der letzte Passus spricht ganz deutlich von den Vorgängen in F r a n k r e i c h, und also auch die vorangehenden. Nachdem R. Ephraim noch mitgeteilt, wie R. Tam ebenfalls in Gefahr schwebte, schließt er: ובשאר קהלות צרפת לא שמענו שנהרג או בהם איש, d. h. außer den Gemeinden סולי הם, und קרנבן ist keine Gemeinde weiter betroffen worden. Lächerlich ist es nun, aus הם mit Hinzufügung eines ב Böhmen; aus סולי Schlesien oder Saalfeld, aus קרנבן Krain oder Kärnten zu machen, als wenn R. Ephraim damals von so weit her spezielle Nachrichten hätte haben können. קרנבן kommt noch einmal in diesem Martyrologium vor: Abraham der Kopist aus einem Orte zum Markt in Cöln mit einem andern zusammen aus einer sicherlich französischen Ortschaft ווליאר. Die drei so rätselhaft scheinenden Namen sind übrigens leicht zu entziffern: הם ist Ham [im Departement Somme], סולי ist Sully und קרנבן ist Carentan [im Departement Eure].

Von den Kirchenfürsten haben die Prälaten von Speyer und Cöln sie geschützt, und selbst Rodthard von Mainz war nur aus Gier nach den Schätzen der Juden mit Emicho und seiner Schar einverstanden, wofür er später vom Kaiser Heinrich IV. zur Rechenschaft gezogen wurde. Die Bürger in Cöln, weit entfernt, sich an den Exzessen zu beteiligen, haben die Juden, wie Eliëser als Augenzeuge berichtet, in ihren Häusern vier Tage, vom 6. bis 10. Siwan verborgen gehalten. Man darf also als gewiß annehmen, daß das Volk in Deutschland den Juden keineswegs gehässig war. Es ist daher durchaus falsch, wenn Schaab (in seiner diplomatischen Geschichte der Juden in Mainz S. 67) ein grauenhaftes Bild von der niedrigen Stellung der Juden in Deutschland entwirft und hinzufügt: „Zu keiner Zeit waren die Christen erbitterter gegen die Juden" und zwar „wegen ihres Wuchers und Schachers". Der Vizepräsident des Kreisgerichtes zu Mainz, der es sonst gut mit den Juden meint, entschuldigt die Juden der damaligen Zeit, daß sie dieses entehrende Gewerbe treiben mußten, weil jedes andere ihnen verschlossen worden war. Dem ist aber nicht so. Von den Juden in Speyer wissen wir, daß sie im Jahre 1090, also sechs Jahre vor dem ersten Kreuzzuge, Ländereien besessen haben: de rebus eorum (Judaeorum Spirensium) **quas jure hacreditario possident in areis, in casis, in ortis, in vineis, in agris, in mancipiis**, seu caeteris rebus mobilibus et immobilibus, sagt Kaiser Heinrich IV. in der Urkunde bei Würdtwein nova subsidia diplomatum p. 128. Als ihnen der Bischof von Speyer, Rüdiger Huozmann, 1084 die ausgedehntesten Privilegien erteilte, bemerkt er: **ad summum, pro cumulo benignitatis concessi illis (Judaeis) legem, quamcunque meliorem habet populus Judaeorum in qualibet urbe Teutonici regni** (das. 127). Sie waren also in Deutschland damals nicht auf Wucher und Schacher beschränkt. Man muß sich sehr hüten, in der Geschichte der Juden aus späteren Zuständen auf frühere zu schließen. Vergleicht man die fanatischen Rundschreiben des Petrus Venerabilis gegen die Juden zur Zeit des zweiten Kreuzzuges mit der Bemerkung des Albertus Aquensis in betreff der Exzesse des ersten Kreuzzuges, so kann man daraus mit Sicherheit schließen, daß die Juden im elften Jahrhundert durchaus nicht verhaßt waren. Petrus ermahnte den König von Frankreich, den Juden alle Habe abzunehmen, weil sie dieselbe auf unrechtmäßige Weise erworben, und riet nur deswegen vom Totschlagen derselben ab, weil es heißt: „Du sollst sie nicht töten, sondern sie sollen unglücklich umherirren." Albertus Aquensis, ebenfalls ein Kleriker, mißt den Untergang des kreuzfahrenden Gesindels unter Emicho, Thomas, Clarembaldus und Wilhelm in Ungarn den Verbrechen bei, die es gegen die Juden begangen hat. Sic manus Domini contra peregrinos esse creditur, qui nimis immundiciis et fornicario concubitu in conspectu ejus peccaverant, et exules Judaeos licet Christo gravi caede mactaverant, cum justus judex sit Dominus et neminem invitum aut coactum ad jugum fidei Catholicae jubeat venire (l. c. c. 30).

6.

Abu-Suleiman David Ibn-Mohagar, Rabbiner und Grammatiker.

Mose Ibn-Esra erwähnt in seiner Literaturgeschichte einen אבו סלימאן בן מהאגר als Jünger des Alfâßi (o. S. 332). Die Kunje Abu-Suleiman bedeutet bekanntlich bei den Arabern D a v i d. Er hieß also auch David Ibn-Mohagar. Ohne Zweifel ist es derselbe, von dem in den Responsen Schaare Zedek (l. 2 Nr. 22 p. 13b) eine Auseinandersetzung über Ehescheidungsgesetze aufgenommen ist. Es beginnt mit den Worten: ר' דוד: דע כי הגרושין על חמשה פנים, und schließt mit den Worten des Herausgebers: אמר המעתיק דברים הללו מצאתי בספר דיני הגט לרבי דוד בן הגר. Offenbar muß man für הגר lesen בן מהאגר. Wenn aus diesen Angaben folgt, daß derselbe ein Jünger Alfâßis und Rabbiner war, so erfahren wir durch Abraham Ibn-Esra, daß er auch zu den hebräischen Grammatikern zählte und aus Granada stammte (o. S. 334). Auch hier muß man דוד הדריין בן הגר emendieren in בן מהאגר. Sicherlich ist es auch endlich derselbe, an den Jehuda Halevi ein Gedichtchen von zwei Versen für ein schmeichelhaftes Geschenk gedichtet hat (Luzzatto, Betulat p. 19). Freilich muß man zu dem Namen ר' דוד בן מהגר אלדריין ergänzen ר' דוד בן אלדריין. Da es einen jüdischen Wesir Abu - Ishak Ibrahim Ibn-Mohagar gegeben hat (Betulat S. 20, Kerem Chemed IV. S. 29: ואל וזיר אבו אסחאק בן מהאגר), so ist der erstere wohl ein Verwandter des letzteren gewesen. Ich bemerke noch, daß in den jüdischen Schriften die Orthographie des Namens Mohagar bald mit ה bald mit ח vorkommt. Richtiger ist das letztere, weil es die Araber so gebrauchen, vgl. Ibn-Adhari, ed. Dozy II. S. 14.

7.

Nathan Official und die günstige Stellung der Juden in Frankreich im 12. Jahrhundert.

Wir besitzen eine erdrückende Menge literaturhistorischer Notizen aus der Zeit der ersten Tossafisten, dagegen über das innere Leben der Juden Frankreichs und ihr Verhältnis zur christlichen Welt in dieser Zeit erfahren wir aus diesem Notizenwust durchaus nichts. Reiches Material für diese Seite der jüdischen Geschichte liefert ein unediertes Werk antichristianischen, polemischen und apologetischen Inhalts, das sich auf der Hamburger Stadtbibliothek (Codex hebr. No. 80, 6) und in der Bibliothèque impériale (eine Kopie auch in der Seminar-Bibliothek) befindet. Der Kodex in der erstgenannten Sammlung 21 Folioblätter stark in inkorrekter Schrift, hat keinen authentischen Titel und figuriert unter dem Namen Nizzachon. Aus dem Eingang geht hervor, daß es der zweite Teil eines Werkes ist, welches über die Messiaszeit gehandelt hat. Laut Dukes' Mitteilung ist der Pariser Kodex kürzer, enthält aber eine Einleitung, woraus hervorgeht, daß der Sammler der polemischen Disputationen E l i a hieß, daß der Hauptbestandteil der Sammlung von R. Nathan aus Joigny und seinem Sohn Joseph stammt, und daß sie endlich den Titel „**Joseph der Eiferer**" (Joseph ha-Mekané) führt (Orient. Literbl. 1847. Kol. 84, Note G): לשון הרב ר' אליה עד התחלת בראשית כי משם ואילך תשובות הר' יוסף בר נתן היוני ותשובות אביו ר' נתן ושאר הנזכרים כאשר על שכם נשארים — ראו קראתי בשם החבור יוסף המקנא.

So viel über die Äußerlichkeiten. Inhaltlich besteht das Werk aus Disputationen zwischen Juden und Christen in betreff christologischer Schriftverse, welche an die Reihenfolge der Bibel: Pentateuch, Propheten, Hagiographen angeknüpft werden. Es werden darin viele Autoren von Sentenzen und Erklärungen namhaft gemacht, die, soweit sie bekannt sind, dem zwölften Jahrhundert angehören. Am häufigsten werden, wie schon angegeben, Nathan und sein Sohn Joseph von Joigny genannt. Der erstere verkehrt und disputiert öfter mit dem Bischof von Sens und läßt sich so frei über das Christentum aus, wie man es kaum heutigentags auf dem Festlande Europas wagen darf. Einige Beispiele dürften von Interesse sein. In Abschnitt (כי תשא) heißt es: ההגמון מיריינו שאל אל הר' נתן בפני ההגמון כשיגץ ותשיחה אחרים מדוע אינך מאמין במריאה? השיב לו ואתה הכי אתה מאמין בה? א"ל לא אלא אני שואל מדוע אינך מתחנן אליה — השיב אי אפשר בכך... אל ואי אחת מאמין שנכנס בה כדי להציל חטאים מגחינם. השיב (ר' נתן) הקשיתי לי דום מיט ואני אקשה אשאלך... ואיך יוכל לומר שיכנס באשה והוא הזהירנו אל תגשו אל אשה ג' ימים בשביל פעם אחת שרצה לדבר אלינו... חחל ההגמון משינע ואמר אמת ארן הארש הזה חשוב להשיב לכם נבקש גדול כמנו.

פ"ב אחת חיינו יושבים בחצר ההגמון wird mitgeteilt: נצבים משינע והיה שם הרבה הגמונים וכומרים וחר' נתן היה צמחה שאלו לו למה החריחה רשו ולמה תליתם אותו? אמר להם שפטו לי משפט אחד לאמתו. מלך אחד רוצה לעבור במדינת הים — — — וירשי בא כעני — וכך היה פ"ב אחת היה. Zu Richter heißt es: לנו להאמין שהוא מלבו של עולם ריב"ב ר' נתן אצל הגמון משינע בדרך. ירד ההגמון נגד הסנה להטיל מים ראה איתו ר' נתן וירד גם הוא מעל סוסי נגד תועבה מצי והטיל מים עליה. ו'ראיהו ההגמון והקפיד א"ל ארן נבון להבאיש — — — שתי וערב: השיבו שאל הגמון משינע לחר' נתן בה בה אתה אומר מן הקונפשיראון (Confessio). Zu Amos 1.

Auch mit dem Papste hatte dieser R. Nathan eine Unterredung über religiöse Themata (zu Numeri 24, 17:) שאל האפיפיור אל הר' נתן מי הוא אותו כוכב? השיב לו אותו כוכב סימן קללה הוא. Der König fragte ihn einst scherzend, wer seine Frau sei, und auf seine Antwort, daß er seine Cousine geheiratet, bemerkte ein Mönch: „Diese Leute heiraten in Verwandtschaft untereinander, wie die Tiere." Darauf bewies Nathan, daß in der Bibel Ehen mit Cousinen als gestattet vorkommen. Die Töchter Zelaschads und Othniel mit Kalebs Tochter: המלך שאל אל ר' נתן דרך בדיחותא כי אשתך א"ל בת דודי (a. a. D.). Gleich im Eingange erzählt Nathan dem Bischof von Sens eine passende Parabel, um die trinitarische Deutung des Verses: „wir wollen den Menschen schaffen", zu widerlegen, und bemerkt dabei: Du bist doch überzeugt, daß ich nicht wuchere: ואתה רודע שאינני מלוה ברבית.

Dieser Nathan, welcher in dieser Sammlung eine Hauptrolle spielt, mit Prälaten und einem Könige umgeht, ist meines Dafürhaltens kein anderer, als der in den talmudischen und pentateuchischen Tossafot genannte **Nathan Official** אופיציאל oder אופיסיראל (korrumpiert נתן אופיסיראל, vgl. Zunz,

Note 7. Nathan Official usw.

zur Geschichte S. 54, 84 und andere Stellen). Der Beweis liegt auf der Hand. Die lange Auseinandersetzung in betreff des goldenen Kalbes in der Wüste, welche in unserm Werke im Namen Nathans mitgeteilt wird, referiert das alte Nizzachon (bei Wagenseil, Tela ignea III. 39 f.) von Nathan Official. Auf die Frage des Bischofs von Joigny, warum Nathan nicht an Maria glaubt (oben), setzt dieser als Beleuchtung die Bedeutung des Kultus des goldenen Kalbes auseinander. Ich stelle die Auseinandersetzung aus beiden Schriften nebeneinander, damit sich der Leser von der Identität überzeugen könne:

I יוסף המקנא

אמר לחם (ר' נתן לחגמון בייוייני ולהגמון משנץ ותשעה אחרים) מה זה היה שאמרו ישראל לעגל הזהב אלה אלהיך ישראל? א"ל החגמון השבן חתום. א"ל אפשר שש מאות אלף רגלי היו הגברים — ואיך יכול להיות שכלם טעו ולא היה בהם אחד שאמר טועים אתם שהעגל נעשה עכשיו ואנו יצאנו ממצרים כבר עברו ג' חדשים? מיד שתקו ולא ענו החגמונים. אמר לחם ר' נתן. שמעוני ואשיבכם מלים. אין לתמוה אם תעו ישראל. כי ראו כי בשש משה — ומיד שנתנו (אהרון) באש יצא העגל ולא חלו בו ידים — זה תמיחה גדולה. ראו גדולה כזאת שמיד חלך ואבל את העשבים שנא' ויכרירו את כבודם בתבנית שור אובל עשב — חם לא טעו לומר שחוא אליח אלא כך אמרו אלה אלהיך — כלומר זה האלהות שיצא כפי משה רוח הקדש שהיה בו נכנס בעגל הזה שהרי נראו בו מופתים באלה. אם בכך טעו אין זו תמיחה גדולה. — והנה חמנורה והשולחן וכלי שרת — היו של זהב. א"כ לא היו יכולים לומר שנכנס רוח הקדש בדבר מזהב. ראו כה הגיע אליחם ויפול מן חעם ביום ההוא כג' אלפים וכתיב וביום פקדי ופקדתי. ואיך יכול לאמר שנכנס באשה (wie o. S. 374.).

II נצחון ישן

השיב ר' נתן האופסאל (האופיסיאל) לבומרים שישאלו לו למה עשיתם את העגל? אמר להן אף אני שואל בן. וחלא משה רבינו קרא אותם עם נבון וחכם שראו נסים ונפלאות המקום שהוציאם ממצרים — ואח"כ טעו בעגל ואמרו אלה אלהיך ישראל וחלא בסיל שבבסילים לא יעשה אות כזאת חתו ולא ענו דבר. אמר להן עתה אומר לבם מה סברא אני אומר בדבר: לפי שהרי רואים את העגל שהיה הולך מאליו ורוהו באחו שנאמר ויכררו את כבודם בתבנית שור אובל עשב אמרו בלבבם אין דבר צח וניקי בכל העולם בזהב ישמע רוח המקים נוצצה בו ויש בי רוח הקדש. אמרו לו הכיסרים רפה אבירה דידאי בזה טעו. אמר לחם אריריס עירים אשר עיניים לבם ולא תראי — וחלא דברים קל וחומר. הם שטעו בדבר נקי כמו הזהב נכחם ונכס לפני המקים ואבר וביום פקדי ופקדתי — אתם שאתם אומרים שנכנס דבר קדוש באשה באיזה מקים הסרוח שאין בכל העולם דבר מאוס כבבן אשה — על אחת במה וכמה שהאבלבם אש ולא נופח.

Beide Darstellungen haben denselben Inhalt, nur ist die Fassung I ursprünglicher gehalten. Daraus geht also hervor, daß der Nathan in Joseph Mekané identisch ist mit Nathan Official, und daß dieser in einem besonderen Verhältnisse zu einem Bischof von Sens stand, mit einem Könige von Frankreich und mit einem Papste Unterredung hatte und in seinen Disputationen sich ohne Zwang gehen ließ.

Es gilt jetzt, das Zeitalter des Nathan Official festzustellen. Von vornherein müßte man schon annehmen, daß er nicht später als im zwölften Jahrhundert lebte. Denn seit Philipp August und namentlich seit dem Pontifikat Innocenz III. wurde die Lage der Juden so unerträglich, daß sie nicht den Mut haben konnten, sich so freimütig Prälaten gegenüber über das Christentum auszusprechen. Die Konstitutionen des Bischofs Odo von Paris vom Jahre 1197 verbieten den Christen bei Androhung der Exkommunikation jeden Umgang mit Juden und alles Disputieren mit ihnen (bei Mansi concilia XXII. 385): Prohibeantur — (Christiani) — cum Judaeis commercia facere, quorum enim dispar est cultus — nullus debet esse animorum consensus. Insuper laici prohibeantur sub poena excommunicationis — ne praesumant disputare cum Judaeis de fidei christianae articulis. Noch mehr. Nathan war Official, d. h. Beamter und wahrscheinlich des Bischofs von Sens, soviel als bailli, Güterverwalter, Vogt. Nun hat Innocenz III. energisch den Grundsatz durchgeführt, daß kein Jude officialis eines christlichen Fürsten sein solle, und den freisinnigen Grafen von Toulouse so lange quälen lassen, bis er beschwören mußte, seine jüdischen Beamten zu entfernen und keine Juden anzustellen (o. S. 341). Folglich muß Nathan Offizial vor Innocenz III. geblüht haben. Es lassen sich aber noch mehrere Beweise anführen, daß derselbe dem zwölften Jahrhundert angehört, und darunter einen, aus welchem Zunz gefolgert hat, er habe um 1220—1240 geblüht (a. a. O. 84, 87, Note a).

1. Die Sammlung der pentateuchischen Tossafot (unter dem Titel דעת זקנים Livorno 1783) teilt eine Erklärung von Nathan Official mit, die der Sammler aus dem Munde seines Lehrers vernommen (zu נח p. 3 b): מדברי (.I אופיציאל) ששמע מפי הרב נתן אופיניאל. An einer andern Stelle teilt der Sammler mit (zu וישלח p. 19a), sein Vater habe aus der Zahlenbeutung eines Verses entnommen, der Messias werde am Ende des fünften Jahrtausends der Welt = 1240 erscheinen: וימצאהו איש והנה תיה בשדה כאן רמז לו גבריאל השלשה גליות ת' של גלות מצרים. כ' של גלות בבל ה' של גלות אדום לסוף ה' אלפים יכלה במהרה בימינו: כפי' אבי ז"ל. Daraus geht hervor, daß nicht nur der Vater des Sammlers, sondern auch dieser selbst vor 1240 gelebt haben, sonst würde dieser nicht angegeben haben, der Messias werde in diesem Jahre auftreten, wenn das bereits abgelaufene Jahr diese Deutung dementiert hätte. Zu כי תבא Ende gibt der Sammler an, der Messias werde 1290 nach der Tempelzerstörung kommen, d. h. 1222. Fälschlich folgert Zunz daraus, der Vater habe kurz vor 1240 und der Sohn später geblüht. Lebte nun der Sammler vor 1222, so gehört sein Lehrer dem zwölften Jahrhundert an, und jedenfalls sicher Nathan Official, der Lehrer des Lehrers.

2. Der Sammler des יוסף הבקנא war ein Jünger des Jom-Tob von Joigny, wie er selbst auf dem ersten Blatt angibt: ונתה דברי הקדוש ר' יום טוב מרווני אפרש אשר בפיר יקרא אלד. Dieser wurde Märtyrer im Jahre 1190 (Note 9). Folglich lebte der Sammler Elia Ende des zwölften und wohl auch Anfang des dreizehnten Jahrhunderts[1]). Nun teilt dieser nicht nur viel von Nathan, sondern auch von einem Joseph mit, dessen Großvater es von Nathan vernommen: שאל הגמון אל ר' יוסף אותו השה

---

[1]) Man darf dagegen nicht einwenden, daß er auch manches von Jechiel von Paris mitteilt, der 1240—1252 blühte; denn es gab auch einen ältern desselben Namens: וכן היציר רבינו יוסף קרא שראה בפני רבינו יחיאל בפרוש (Responsa R. Meïr aus Rothenburg p. 113 a).

שצוה המקום לאכול בפסח מפני מה? והשיב במו שאמר זקנו הר"ר' יוסף
בשם הר"ר נתן.

3. Der Sammler der pentateuchischen Tossafot referiert eine Ausgleichung des Nathan Official auf die Frage, warum die Israeliten nicht beim Einzug ins gelobte Land von dem neuen Getreide מצה bereitet haben: והקשה הרב נתן האופניאל (אופיציאל) למה המתינו — יבא עשה דמצה האזינו (zu) וידחה לא תעשה דחדש — ותירץ גזירת ראשון בזית שני p. 88). Diese Ausgleichung ging in die talmudischen Tossafot über (Kidduschin 8 a), aber anonym. Nun war der Sammler der Tossafot zu Kidduschin ein Jünger Isaaks des älteren (das. 10 a³): ונראה רמורי ר' יצחק. Dieser starb um 1200 (vgl. o. S. 338); folglich lebte Nathan Official vor 1200.

Diese Zeit ist noch dahin zu beschränken, daß sie vor den Regierungsantritt des Philipp August fällt. Nur unter seinem Vater Ludwig VII., der die Juden auffallend begünstigte, durften sich Juden herausnehmen, sich so ungeniert über das Christentum zu äußern. Godofredus Voisiniensis berichtet darüber in seiner Chronik (Bouquet recueil XII. 286): Iste Ludovicus in hoc tamen graviter Deum offendit, quod in regno suo Judaeos ultra modum sublimavit et eis privilegia, Deo et sibi contraria, immoderata deceptus cupiditate, concessit. Ein anonymer Annalist dieser Zeit berichtet, die Juden hätten damals die Hälfte der Stadt Paris inne gehabt: Judaei medietatem villae Parisiensis obtinebant (Chronicon regum Franciae bei Bouquet, Recueil XII. p. 215). Die günstige Stellung der Juden in Frankreich vor Philipp August reflektiert auch der Eingang zum philosophischen Dialog Abälards. Es tritt darin der Philosoph dem Juden und Christen gegenüber, und der Verf. teilt dem Juden die Rolle zu, für sich und zugleich für seinen Bruder, den Christen das Wort zu führen und die offenbarte Religion gegen die Philosophie zu rechtfertigen. Judaeus (ad Philosophum): Duos quidem simul interrogasti, sed duos respondere non convenit, ne multitudo loquentium propediat intellectum. Respondebo, si placet, ego primus, quia primam legis suscepimus disciplinam. Frater vero iste, qui se christianum profitetur, ubi me deficere vel minus sufficere conspexerit, imperfectioni meae supplebit. (Abelardi Dialogus inter philosophum, Judaeum et christianum ed. Rheinhold. Berlin 1831 p. 6). In der Zeit Innocenz III. und fernerhin hätte kein christlicher Schriftsteller den Juden auch nur als Charaktermaske dem Christen gleichgestellt und ihn als Bruder anerkannt. So etwas wäre bei ihm bei der tiefen Gehässigkeit nicht über die Lippen gekommen. Daß die französischen Juden im zwölften Jahrhundert von Philipp August Steuerpächter waren und auch andere amtliche Funktionen ausübten, bezeugt R. Tam (zu Bezah 6 a): ועוד אומר ר"ת דבזמן הזה נמי יש יהודים שהן משועבדים למלכות — כגון לקבל המס ולהתעסק בצרכיהם.

Von den übrigen Personen in diesem polemischen Werke ist nicht viel mitzuteilen. Es werden kurze Disputationen und Bemerkungen angeführt von Nathans zwei Söhnen Joseph und Ascher und von seinem Oheim mütterlicherseits, Joseph von Chartres: הר' יוסף מקרטרש אחי אמי הר' oder ר' נתן ובן. Auch dieser gab einem Geistlichen eine ungenierte Antwort: שאל גלח אחד אל הוי' (יוסף) מקראוטרש מפני מה גלה הקב"ה (zu) בסנה יותר מכין אחר? והשיב לפי שאין יכולים לעשות ממנו צלם Abschn. שמות). — Von Joseph Bechor-Schor wird erzählt, er habe durch die sachgemäße Deutung des christologisch ausgelegten jesaianischen Kapitels

einen jüdischen Apostaten zum väterlichen Glauben zurückgeführt: דבר בא
משומר אחד שהיה אדוק ביותר לפני הרב יוסף בכור שור א"ל מה אתה יכול
להשיב על פרשה זאת? א"ל ר' יוסף — ואם הוא אלוה האיך קוראין אותו
עבד? מיד קרע אותו משומד את בגדיו ונתפלש באפר וחזר בתשובה.

8.
Ibn-Esra, die Reihenfolge seiner Schriften und die Daten seiner Reise.

Den Fachmännern ist die Konfusion bekannt, welche über Ibn-Esras biographische Data herrscht. Die gelehrten Untersuchungen Rapaports, Zunz', Geigers, Edelmanns vermochten sie nicht zu lichten. Um dabei zu einem sicheren Resultate zu gelangen, wollen wir von sicheren Punkten ausgehen, und es wird sich zeigen, daß die Schwierigkeit nicht gar zu groß ist. Die Reihenfolge seiner Schriften mit ihren Daten soll uns als Wegweiser dienen.

I. Dem ersten Datum begegnen wir im Kommentar zu Kohelet. Er hat ihn in Rom geschrieben und beendigt im Jahre 4900 = 1130—1140. Das erste sagt die Einleitung aus:

שמ' אמרי שפר לאברהם סופר
בן מאיר נקרא מכונה בן עזרא
ומארצי :ספרד אשר היא בספרד ואל רומי ירד בנפש נחלת.

Das andere sagt der Schluß: דהספר נשלם — לחשבון היורדים תעודה
שעטיעים תשע מאות יש עם אלפים ארבעה. Es geht auch daraus hervor, daß Drangsale ihn genötigt haben, sein Vaterland zu verlassen. Wahrscheinlich verfaßte er die Kommentarien zu den übrigen vier Megillot ebenfalls in Rom, d. h. im Anfang seiner exegetischen Karriere, denn zu Canticum und Threni bildet der Eingang eine Art Rechtfertigung seines exegetischen Standpunktes, daß er sich ebenso sehr von philosophischen Allegorien wie von agadischer Willkür fernhalten wolle. Diese Rechtfertigung paßt nur für die Erstlingsarbeit. Dafür spricht auch, daß er in der Einleitung zu Threni noch mehr als in der zu Kohelet über der Zeiten Not klagt, die ihn aus seinem Vaterlande ins Exil getrieben: ואני אברהם בן מאיר מארץ
מרחקים הוצאתני מארץ חמת המציקים וספרי אלו (וספרי אלהים?)
בגלותי היו בידי מחזיקים וייווי לבאר ספרים בטעמים מנופף מתוקים. Endlich spricht noch dafür, daß er in den Kommentarien zu Megillot keines seiner Werke zitiert, nicht einmal zu Kohelet, wo ihm doch Gelegenheit genug dazu geboten wäre.

In Rom verfaßte er auch sein grammatisches Werk מאזנים, und zwar nicht lange nach seiner Ankunft, da er in den Eingangsversen von seiner überstandenen Mühseligkeit spricht, und sich der gegenwärtigen Ruhe mit einer gewissen Behaglichkeit zu freuen scheint: — ובן עזרא נקרא ובאהלי צרה
בצרת כבכברה — עדי בא אל רומה — ושם ספר — קראו מאזנים. Daß „Mosnajim" seine Erstlingsarbeit auf dem Gebiete seiner hebräischen Grammatik war, bezeugen die Methode, die er darin entwickelt, und die historische Einleitung über die hohe Bedeutung der hebräischen Sprache und über die 16 hebräischen Grammatiken von Saadia bis Levi Ibn-al-Tabben

(v. S. 334). In den späteren Grammatiken setzt er diese Schrift voraus. Er zitiert darin keines seiner Werke als eben den Kommentar zu Kohelet (im Artikel עבדים und שרשים). — In Rom übersetzt er auch Chajugs sechs grammatische Werke ins Hebräische, wie der Schluß angibt: נשלם כפר האותיות אשר חבר ר' יהודה ואשר תרגמן בלשון הקודש חדר' אברהם בר מאיר בן עזרא ספרדי במדינת רום רבתי (ed. Dukes p. 178).

In Rom verfaßte er endlich den Kommentar zu Hiob, wie die Eingangsverse aussagen: זה פירוש יסדו איוב — לאברהם בנו מאיר ספרדי בנו עזרא ברומי חברו בלשון אבותינו. Er zitiert darin nur den Kommentar zu Kohelet (14, 16 כאשר פירשתי בספר קהלת) und sein erstes grammatisches Werk 37, 6 (וכבר הזכרתי בספר מאזני הלשון). Die Schlußerklärung, worin er sich auf seinen Kommentar zu Exodus beruft, gehört wahrscheinlich einer späteren Rezension an. Den Kommentar zu Hiob verfaßte er zu Ehren seines Jüngers Benjamin ben Joab, wie Codex Vaticanus (54) angibt (Lippmann, Einleitung zu Sapha berura 1 b). — Wie lange er in Rom weilte, läßt sich nur annäherungsweise bestimmen.

II. Ehe er in Mantua war (wovon später) hielt er sich in einem Orte auf, der zwischen Rom und Mantua liegt, in welchem er seine Satire dichtete. Ich vermute, daß dieser Ort S a l e r n o war, weil nur dadurch der Sinn der spitzigen Satire verständlich wird. In dieser Satire, bekannt unter dem Eingangsvers נדוד הסיר אוני והבהיל רעיוני (abgedruckt von Luzzatto, Kerem Chemed IV. S. 138 ff.), ich sage in dieser Satire, die man richtiger ein Pamphlet nennen könnte, beklagt er sich, daß ein Weiser aus arabischen Landen im christlichen Reiche nicht geachtet wird:

ובאדום אין חדר
לכל חכם הוא דר
באדמת בן קדר ועליני שורקים. (Vers 21)

Wenn aber eine griechische Heuschrecke sich einfindet, so wird sie als Riese angestaunt.

ואלו בא חגב
יוני בא שגב
ורכב על כל גב ונחשב בענקים. (Vers 22)

Gegen diese „griechische Heuschrecke" scheinen die satirischen Spitzen am meisten gekehrt zu sein. Wer diese war, läßt sich wohl aus folgendem erkennen. Der Satiriker macht sich über einen Mann lustig, der zwar mit allen Ordnungen der Mischna vertraut ist, aber dem Hebräischen noch weniger als ein Kind versteht; er wird R a b b e n u J s a a k genannt (Vers 31—37):

ורבנו יצחק יברך משחק אמרים אליו חק (מחק) והיים נמחקים
ואכר לתועים אני מלא דעים במועד וזרעים ונשים ונזקים
וצעקותיו רבות ונגעו עד עבות ולא ידע אבות וכמה כדליקים
בלמת הממרה צעיר ימים יורה בטהרות הוא קורא וצובה בפסיקים
וראשית פרשה עלי פיהי קשה אשר היא נדרשה בפי התינוקים.

Irre ich nicht, so war die Zielscheibe von Jbn-Esras Satire R. Jsaak ben Malki-Zedek, d e r G r i e c h e הרב היוני, der von Siponto, einer zum griechisch-byzantinischen Reiche gehörenden Stadt, nach Salerno kam, wo ihn der Tourist Benjamin von Tudela um 1165 bereits antraf: עור שלירפה (שלירנה .l) ושם ישיבת הרופאים לבני אדום ושם כמו שש מאות יהודים

ושם חכמים ר' יצחק בן (רבי) מלכי צדק הרב הגדול שהיה מעיר ציפונטו
ור' שלמה הכהן. Dieser Isaak aus Siponto schrieb einen Kommentar zu
Seraim und Taharot, auch zu andern Ordnungen, die Asulai zum Teil
gesehen hat (vgl. dessen שם הגדולים ed. Ben-Jacob p. 106, No. 337, 351).
Er ist ganz sicherlich identisch mit dem הרב היוני, den Abraham ben David
in seiner Kritik gegen Maimuni öfter zitiert und hin und wieder tadelt (vgl.
Reifmann, Biographie des Serachja Halevi S. 65, Note 96). Das war also
der Isaak, der sämtliche Ordnungen der Mischna gründlich kannte, aber mit
Verachtung auf die grammatischen und exegetischen Studien Ibn-Esras
herabsah, dafür von ihm als Idiot gegeißelt wurde und das Epitheton
„griechische Heuschrecke" erhielt, „der mit lauter Stimme keifte und Bescheidenheit und Sanftmut, obwohl vom Talmud so sehr empfohlen, nicht kannte":
וצעקותיו רבות ונגינו עד עבות ולא ידע אבות ובמה מדליקים[1])
Von der
Interesselosigkeit der Salerner Gemeinde für hebräische Grammatik und
Exegese spricht auch Salomon Parchon vom Jahre 1160 (Prolog zu Aruch
p. XXII) ובשבאתי אני למדינת סלירנו וראיתי כי אין להם מכל אילו
הפירושים כלום. Was noch dafür spricht, daß Ibn-Esras Satire gegen die
Gemeinde von Salerno gerichtet ist, ist der Umstand, daß er darin einen Rabbiner Rabbi Salomo auffordert, sich doch seiner, des Gekränkten und Ge-
schmähten, anzunehmen (Vers 29—31):

וחרף בן תורה וכל יודעי מקרא לזאת אנשי מירא מכוסים בשקים
ואיך יקרא בינים לבנים נאמנים חסידים וכל שעירו שותקים
ואיה קנאת רב שלמה נר בערב ולמה זה לא רב למתים(?) ושוקים.

Dieser Rabbi Salomo ist wohl identisch mit dem von Benjamin von Tudela
genannten. Überhaupt wird diese Satire durch die vermutete Auffassungsweise viel verständlicher, wenn auch viele Partien darin noch dunkel bleiben,
teils weil uns die Anspielungen auf die Detailgeschichte unbekannt sind, und
teils weil der Text des Gedichtes sehr korrumpiert ist.

Kommen wir wieder auf den Ausgangspunkt zurück. Aus der Auseinandersetzung dürfte wohl die Vermutung nicht zu gewagt sein, daß Ibn-
Esra auch in Salerno war. Aus einem Verse der Satire ergibt sich, daß er
schon vorher Werke verfaßt hatte, worunter wohl die in Rom verfaßten zu
verstehen sind (Vers 2, 3):

לפנים בנעורים הבינותי שירים בצואר הדברים נתתים כענקים
בכל מקום גרתי ספרים חברתי וסודות בארתי ובראי מוצקים.

Jedenfalls war er in Mantua später als in Salerno; denn in dem in letztgenannten Orte verfaßten Zachot zitiert er bereits seine Satire נדור הסיד
(ed. Lippmann p. 10 a).

III. Gegen Ende des Jahres 1145 war er in Mantua und verfaßte dort
sein kritisch-grammatisches Werk Zachot חברתי) כפר צחוה), ובציר מנטווה,
sagt er selbst (in Sapha Berua a. a. O.) und das Datum gibt das Schluß-
gedicht: בתשרי ראש שנת שש נשלמו עם תשע מאות וארבעת אלפים: Tischri
4906 = September oder Oktober 1145. Im Eingangsgedicht gibt er zu er-

---

[1]) Was unter אבות zu verstehen ist, ist klar: mit במה מדליקים aber
spielt Ibn-Esra offenbar auf die Stelle Sabbat 34 a an: א״ג דאמור רבנן
ג׳ דברים צריך אדם לומר וכו׳ צריך למימרינהו בניחותא.

Note 8. Jbn-Esra, die Reihenfolge seiner Schriften usw. 381

kennen, daß er damals bereits dem hohen Alter nahe stand: — ואברהם זקן
בעים נורד בקץ. — Wahrscheinlich hat er auch in Mantua die kleine Schrift
über Behandlung des Astrolabs unter dem Titel: פירוש האצטרלב oder כלי
הנחושת bearbeitet, denn sie trägt das Datum 4906. Er hat übrigens dieselbe wie viele seiner Schriften in einer zweiten Rezension überarbeitet
(Ohel Joseph zu Genesis 33 Nr. 29). Er verspricht darin die Abfassung astro-
logischer Schriften.

IV. Im Jahre 1147—1148 verfaßte er nun seine astrologischen Schriften;
denn eins derselben, das ס׳ העולם trägt dieses Datum: ואם תרצה לדעת זאת
השנה שהיא שנת תתק״ח. Es sind im ganzen acht Schriften, die aus einem
Gusse hintereinander gearbeitet sind; denn er verweist von einer auf die
andere; er werde diesen und jenen Punkt in diesem und jenem Buche bearbeiten, oder er habe ihn da und da bereits beleuchtet. Sie sind sämtlich
noch Handschrift in mehreren europäischen Bibliotheken: 1. ראשית חכמה
;ס׳ העולם .5 ;ס׳ המבחרים .4 ;המזלות .3 ;טעמים .2 ;ס׳ משפטי המזלות oder
6. ס׳ השאלות למשאלה; 7. ס׳ למשאלה בקדרות הלבנה; 8. ס׳ המאורות.
(Ich verdanke die Einsicht in das Ms. Herrn Dr. Jellinek.) Sämtliche Schriften
haben in einigen Kodices den Gesamttitel: חוקות השמים oder ס׳ אצטגנינות
(vgl. Orient. Litbl. 1847 col. 470 ff. und Michaels Katalog S. 317). — Wo er
diese Schriften verfaßt, und wo er sich damals aufhielt, hängt von folgendem Punkte ab.

V. Im Jahre 1152—1153 war nämlich sein Kommentar zu Exodus
(und wahrscheinlich auch zu Genesis) bereits vollendet. Denn mehrere Kodices
und die Prinzepsausgabe des Kommentars zum Pentateuch von Neapel 1488
haben zum Schlusse von Exodus folgendes kurze Gedicht mit Datumangabe:

ספר ואלה שמות חבור לאברהם נשלם שנת תתקי״ג יקר במו שחם.

(Es wird sich später erweisen, daß dieses Datum richtig ist, und daß man es
nicht, wie einige meinen, in תתקי״ר emendieren darf.) Als er an das Kommentieren des Pentateuchs ging, war er 64 Jahre alt und eben von einer
Krankheit genesen, in welcher er das Gelübde getan, sich seinem Wohltäter
dadurch dankbar zu zeigen. Dieses gibt ein Gedicht an, welches sich in einigen
Kodices vor dem Pentateuchkommentar befindet (Ginse Oxford Einl. XVI):

לאברהם בנו מאיר רצו עוז . . .
יזרוחו עד חלום ומספר שני חייו שמונה על שמונה
בזקנותו בכרוחו עיניו ביד מכה חדשה גם ישנה
ורב משה בנו מאיר סמכו ושב גוו ככפה רעננה
ונדרתי לאל נדר בחליי לבאר דת סיני בהר נתינה.

Es ist dies ein wichtiger Anhaltspunkt zur Bestimmung seines Geburts-
jahrs. Er hat also im 64. Jahre die Arbeit unternommen und war mit Exodus
im Jahre 1152—1153 fertig. Bei der Schnelligkeit, mit der Jbn-Esra arbeitete
(wovon wir weitere Beispiele kennen lernen werden), darf man zwischen
Anfang und Vollendung höchstens ein einziges Jahr setzen.

Wo er diesen Kommentar ausgearbeitet, muß erst ermittelt werden.
Zu Exodus 12,2 gibt er selbst den Ort an, um die Meridianentfernung von
Jerusalem bis dahin zu bestimmen. Aber die Lesart ist schwankend. Die
editio princeps hat die Lesart: כי הנה בין ירושלם ובין העיר הזאת ששמה
רודוס יותר משלש שעות, ebenso las der Verf. des Ohel Joseph Einl. zu

Exodus. In den späteren Ausgaben dagegen heißt es durchweg: לוקא ששמה (לובא, לובח); ebenso haben zwei Kodices der Seminarbibliothek (Nr. 29 vom Jahre 1476 und Nr. 31 dem Duktus der Buchstaben und den gemalten Figuren nach zu urteilen, noch älter). Woher nun dieses Schwanken? Mir scheint, daß es sich leicht dadurch lösen läßt, daß Jbn-Esra in b e i d e n Städten den Pentateuch kommentiert, in der einen die erste, in der andern die zweite Rezension. Möglich auch, daß Jbn-Esra selbst die Stadt gar nicht namhaft gemacht, sondern einfach הציר הזאת geschrieben hat, und die Kopisten ihn hinzugefügt haben, der eine L u c c a, der andere רודוס, weil jedenfalls bekannt war, daß er in beiden Städten die Pentateuchkommentarien geschrieben hat. Es würde sich also fragen, ob er zuerst oder zuletzt in Lucca kommentiert hat. Um diese Frage zu lösen, muß ich zwei Punkte vorweg als Voraussetzung annehmen, die erst später bewiesen werden sollen: 1. daß רודוס nicht die I n s e l R h o d u s, sondern die Stadt R h o d e z oder R o d e z in Südfrankreich bedeutet, und 2. daß er die zweite Rezension 1167 vollendet hat. Die Frage müßte demnach also formuliert werden: War er zuerst in Italien oder in Südfrankreich? Durch diese Formulierung ist die Frage eigentlich schon halb gelöst. Denn wir wissen, daß er sich seit Ende 1155 größtenteils in Südfrankreich aufhielt. Er hätte sich also, wenn er die zweite Rezension in Lucca ausgearbeitet haben sollte, von Südfrankreich wieder nach Italien begeben haben müssen, was durchaus unwahrscheinlich ist. Die erste Rezension ist also höchst wahrscheinlich in Lucca entstanden, und somit ist die Lesart ששמה לוקא ציר הזאת gerechtfertigt. Wie ist aber die andere Lesart entstanden? Zu Exodus hat Jbn-Esra die sonderbare Behauptung aufgestellt, der Ort, in dem er den Kommentar schreibt, liege um mehr als drei Stunden = 45 Meridiangrade von Jerusalem entfernt. Nun mag er sich damals in diesem Punkte geirrt haben. Seine Bewunderer aber, welche sich so etwas von ihm nicht denken konnten und auch fanden, daß er in andern (spätern) Schriften die Entfernung richtiger bestimmt hat, setzten vielleicht statt Lucca das westlicher gelegene רודוס (als Rhodez), um den Widerspruch einigermaßen aufzuheben. So mag die Lesart רודוס statt לוקא entstanden sein.

Sämtliche Schwierigkeiten, welche Joseph Sephardi (in Ohel Joseph zu Genesis 33 und in der Einl. zu Exodus) aufgeworfen, sowie seine Ausgleichung, daß der Kommentar zu Exodus eine Kompilation von Jbn-Esras Jüngern sei, fallen hiermit als unerheblich weg. Man kann also annehmen, daß er sich in Italien mindestens von 1140—1155 aufgehalten hat. — In Lucca verfaßte er auch astronomische Tafeln, worin er angab, daß diese Stadt von dem äußersten Westen (Algarb?) nur 4 Meridiangrade entfernt sei (Ohel Joseph zu Genesis a. a. O.): בלוחותיו שחבר בלוקא בעיר לומברדיא אמר כי אורך לוקא היא מרחקת מן המערב לד' מעלות, was ebenfalls unrichtig ist.

VI. Auch aus folgendem geht hervor, daß er in Lucca war. Joseph Tob Elem Sephardi bezeugt nämlich, daß er zum Schlusse des Jesajakommentars die Worte gelesen habe, er sei תתק"ה — 1145 daselbst vollendet: בסוף ספר ישעיה אמר כי היה בלבה שנת ד' תת"ח לעולם (in dessen handschriftlichem Zophnat Paaneach, wovon das Ohel Joseph eine Abkürzung ist; in dem letztern fehlt der Name der Stadt). Nun kann dieses Datum nicht ganz richtig sein. Denn im Jesajakommentar zitiert er bereits seinen Kommentar zu Genesis (zu Kap. 41 Ende): ובבר פרשתי בספר בראשית

Note 8. Ibn-Esra, die Reihenfolge seiner Schriften usw.

כי ברא קרוב גזר, der doch erst 1153 (nach einigen gar erst 1157) verfaßt wurde. Da nun der Psalmenkommentar damals noch nicht geschrieben war, indem er zu Jes. 2, 14 und 26, 4 bemerkt: באשר אפרש בספר תהילים, und dieser erst 1156 fertig war (wovon später), so muß der Jesajakommentar vor 1156 und nach dem Kommentar zu Genesis (und Exodus), also nach 1153, geschrieben sein. Hier paßt das Datum 1155. Man muß also bei Joseph Sephardi lesen: תתק״יה statt תתק״ה, was auch besser im Zusammenhange seiner Beweisführung paßt. Folglich war Ibn-Esra noch 1154—1155 in Lucca, also wohl schwerlich schon 1153 in Südfrankreich. — In Lucca verfaßte er zwei grammatische Werke, wie er selbst angibt (Sapha Berura p. 15): בעבור עכבר חברתי בדרוק במדינת רומא ס׳ המאזנים ובעיר לוקא ס׳ היסוד ושפת יתר. Das letztere ist bis jetzt unbekannt geblieben; das erstere polemisch gegen Dunasch ben Labrat und apologetisch für Saadia, ist einem Jünger Chajim gewidmet: ספר — ספר בשם תלמיד שמו חיים לאברהם בנו מאיר קראהו שפת יתר. Gelegentlich sei hier bemerkt, daß er vor Abfassung des Sephat Jeter in Ägypten gewesen war; denn er gibt darin an, er habe Dunasch' Teschubot in diesem Lande in korrumpierter Gestalt gefunden: אמר אברהם זה ספר התשובות שהשיב ר׳ אדונים מצאתיו בארץ מצרים (zu Ende).

VII. Erst gegen Ende des Jahres 1155 treffen wir ihn in Rodez. Hier verfaßte er seinen Danielkommentar, wie der Epilog angibt: נשלם ספר דניאל במרחשון שנת ארבע אלפים ותתק״ו בעיר רודוס; Marcheswan 4916 = Oktober 1155. Auch im Anfang des Kommentars nennt er diese Stadt, und aus einem Beispiele, das er dort anführt, scheint hervorzugehen, daß er ihn im Monat Tammus begonnen hat: והמשל בנולד ביום ו׳ לפני שקוע השמש בעיר הזאת שהיא רודוס בתקופת תמוז והיום ארוך י״ו שעות. Man hat dieses רודוס immer für die Insel Rhodus gehalten, und auch der Superkommentator J. Tob-Elem nahm es so und konnte sich darum nicht zurechtfinden. Ahron Fuld und Kirchheim haben aber das Richtige aufgestellt, daß es Rhodez oder Rodez in Languedoc ist, wie auch ein Superkommentator zu Ibn-Esra ausdrücklich sagt: רודוס בצרפת (vgl. Orient. Litbl. 1846 col. 666). Schon daraus, daß einige lasen בעיר הזאת שהיא רודוס, geht hervor, daß nicht eine Insel, sondern eine Stadt zu verstehen ist. Auch aus dem Kommentar zu Daniel selbst ergibt sich, daß er in Frankreich verfaßt wurde. Zu 1, 16 heißt אפונים אינם אלה הנמצאים בצרפת כי אלה הם קרים ורעים — והאפונים הם נמצאים בספרד ומצרים ופרווינצה. Diese Bemerkung wäre ganz müßig, wenn der Kommentator nicht für südfranzösische Juden, sondern für Juden auf der Insel Rhodus geschrieben wäre. Übrigens scheint unser Danielkommentar eine zweite Rezension zu sein, denn er muß schon vorher dieses Buch kommentiert haben, da er sich im Exoduskommentar zu 32, 32 darauf beruft, diese Stelle findet sich aber in unserm Danielkommentar nicht. Also zwischen תתק״יה und תתקי״ו = 1154—1155 begab er sich von Lucca nach Südfrankreich.

VIII. Ehe er Rhodez erreichte, muß er eine der südfranzösischen Seestädte berührt haben. In der Tat ergibt sich, daß er vorher in Beziers war (בְּדָרֵשׁ auch בדריש, provenzalisch Bedarrés vgl. Preuves zu Vaisette, Histoire générale de Languedoc III. p. 61). Denn in diesem Orte verfaßte er das zahlenmystische Werk S. ha-Schem für zwei edle Gönner, wie das Einleitungsgedicht angibt:

אחד יסוד כל האחדים קרא סודות בסוד השם יסודים
לאברהם בנו מאיר בקרית בדרש חברו לשני חסידים
לאברהם¹) בן חיים גביר דוד ויצחק בן יהודה שר יהודים.

In Beziers wurde er von gelehrten frommen Männern der Gemeinde mit außerordentlicher Zuvorkommenheit behandelt, wie Jedaja Bedaresi erzählt: ואבותינו ספרו לנו שמחת גדלי הארץ החסידים ורבנים לקראתו בעברו אליהם (אברהם בן עזרא) (Apologetisches Sendschreiben in Responsa ben Adret). Da er bereits im Danielkommentar S. ha-Schem zitiert, so muß es vor Oktober 1155 daselbst verfaßt sein.

IX. Neun Monate nach Abfassung des Danielkommentars vollendete er den Psalmenkommentar ebenfalls in Rhodez. Dieses bezeugt ein de Rossischer Kodex (510), welcher folgenden Epilog hat: Ego Abr. filius Meir hispanus exposui librum psalmorum. Absolutus est anno 4916 ab O. C. sub dimidium mensis ellul in urbe Rhodi. 15. Ellul 4916 = Anfang September 1156.

X. Kaum vier Monate später hat er bereits die Kommentarien zu den kleinen Propheten vollendet, wie der Epilog dazu angibt: פרשתי אני המחבר אברהם בן עזרא הספרדי בשנת ארבעת אלפים ותשע מאות ושבע עשרה בראש חודש טבת בעיר רודוס. 1. Tebet 4917 = 16. Dezember 1156. Also in etwa einem halben Jahre hat er die Kommentarien zu Daniel, den Psalmen und kleinen Propheten geschrieben! Wir lernen daraus die außerordentliche Arbeitskraft und Schreibfertigkeit Ibn-Esras kennen. — Ich komme jetzt auf den Punkt zurück, ob der Kommentar zu Exodus und also auch zu Genesis im Jahre 1153 oder 1157 verfaßt wurde, d. h. ob man mit Rapaport תקי״ג in תקי״ז emendieren darf (Geigers Zeitschrift IV. S. 273). Da er, wie wie wir gesehen, im Jesajakommentar (mindestens verfaßt 1155) den Kommentar zur Genesis und im Psalmenkommentar nicht nur denselben, sondern auch den Kommentar zu Exodus zitiert, jener aber 1156 vollendet war, so kann es nicht zweifelhaft sein, daß er Genesis und Exodus vor 1157 kommentiert haben muß. Die Zitate im Psalmenkommentar aus Genesis und Exodus sind Pf. 149: וישמח ישראל בעושיו לשון רבים כדרך כי בועליך החזיר מהשלש. Zu Pf. 103, 8: נושיך ומלת אלהים וכבר פרשתי בפ' בראשית עשרה כדות כה שצריך לו על כל דבר התחלואיו כאשר עשה משה בעת תפלתו כי לא הזכיר רחום וחנון ה' ולא נוצר חסד וכבר פרשתי הטעם במקומו. Dieses bezieht sich auf Exodus 34, 7, wo Ibn-Esra dieses Verhältnis näher entwickelt. Man ist also genötigt, die ursprüngliche Lesart תקי״ג für Abfassung des Genesis- und Exoduskommentars festzuhalten.

XI. Im Sommer des Jahres 1158 finden wir ihn in England. Auf Verlangen eines jüdischen Mäzens in London verfaßte er sein orthodoxphilosophisches Werkchen Jesod Mora, und zwar in vier Wochen (Epilog in einem Oppenheimerschen Kodex, mitgeteilt von Dukes, Orient. Litbl. 1850 col. 301 Nr. 16: אני אברהם הספרדי בן מאיר הנקרא אבן עזרא התחילותי לחבר זה הספר (יסוד מורא) ולבותנו בעיר לונדרוש באר אנגלטירא בירח תמוז ונשלם בירח אב סוף ד' שבועות שנת ארבעת אלפים ותשע מאות ושמונה

---

¹) Die zwei Männer rühmt auch Don Vidal Salomo Meïri in seiner Einleitung zum Abotkommentar p. 18b: ובחם הרב הגדול רבי יצחק בן מרון הלוי ונכדו הרב הגדול רבי משה בן הרבי יוסף בן מרון לוי רבי יצחק בר' יאודה והרב רבי אברהם בר' חיים.

Note 8. Ibn-Esra, die Reihenfolge seiner Schriften usw.

בשרה לבריאה, d. h. zwischen Mai und Juni 1158). Nach einem de Rossischen Kodex 314 sei es ein Jahr später abgefaßt. Er muß übrigens schon einige Zeit vorher in London gewesen sein; denn wie er in diesem Werkchen angibt, hatte er schon vorher für seinen lernbegierigen Gönner einige Bücher verfaßt: חברתי לנדיב שלמד לפני ספרים שחברתי לו ובקרוב אחביר אותו הוגעתי נפשי לכתוב לו ספר במצות כי ראיתיו כי הוא איש אמת וירא את ה'. In London hat er auch einen Jünger Joseph aus Madeville (?), wie sein Superkommentator in der Einleitung zu Exodus mitteilt: בסוף תרי עשר כתוב נשלם פי' תרי עשר לר' אברהם בן עזרא אני יוסף ממדוויל תלמידו חברתיהו והוספתי בו פי' על דבריו במו ששמעתי מפיו. גם נמצאו קצת פרשיות מפי' התורה שלו מהנוסחאה הראשונה וכה' בהם אב' יוסף ממדוויל שמעתי פי' אלה הפרשיות בלונדרש על פה מפי' החכם ראב"ע.

XII. Am 7. Dezember 1158 verfaßte er in England (wahrscheinlich auch in London) seine apologetische Abhandlung über den Sabbat, worin er der Ansicht entgegentrit, daß der Tag und also auch der Sabbat nicht mit dem Abend, sondern mit dem Morgen beginne: ויהיה בשנת ארבעת אלפים ותשע מאות ותשע עשרה בחצי ליל שבת בארבעה עשר יום לחודש טבת ואני אברהם הספרדי הנקרא אבן עזרא הייתי בעיר אחת מערי האי הנקרא קצה הארץ — וחלום אם אתן שנת לעיני אחר צאת יום הקדוש. Weil ihm nämlich seine Jünger Schriften ins Haus gebracht, worin der Satz vorkam, daß der Sabbat an dem vorangehenden Abend gewissermaßen entweiht werden dürfe, sei ihm der personifizierte Sabbat im Traume erschienen und habe ihn aufgefordert, sein Ritter zu werden. Er läßt den Sabbat sprechen:

בזקנתך שגגה נמצאה בך
אשר הובאו אלי ביתך ספרים
ושם כתוב לחלל יום שביעי
ואיך תחשה ולא תדור נדרים

ואוציא הספרים חוצה אל אור הלבנה והנה שם כתוב בפירוש ויהי ערב ויהי בוקר והיא כי כאשר היה בוקר יום שני אז כלה יום אחד שלם כי הלילה הולך אחר היום.

Ibn-Esra ist natürlich entrüstet über diese ketzerische Ansicht und widmet ihrer Widerlegung sein אגרת השבת. Merkwürdigerweise scheint gerade der berühmte Samuel ben Meïr (רשב"ם), Raschis Enkel, der Vertreter dieser Ansicht zu sein, wie aus seinem Pentateuchkommentar hervorgeht (Fragment in Kerem Chemed VIII. S. 44): ויהי ערב: אין כתיב כאן ויהי לילה. ויהי יום אלא ויהי ערב שהחריב יום ראשון ושיקע האור ויהי בקר בוקרו של לילה שעלה עמוד השחר תמז הושלם יום א' מן הנו. ימים שאמר ואח"כ ולחושך קרא לילה: לעולם אור תחלה, und ein Vers vorher: התחיל יום שני ואחר כך חשב. Manches in der Einleitung zu Iggeret ha-Schabbat wird erst dadurch verständlich, wenn man von der Voraussetzung ausgeht, daß Ibn-Esra gegen Raschbams Ansicht in dessen Pentateuchkommentar polemisiert hat. Er läßt den Sabbat ausdrücklich sich darüber beschweren, daß diese Ketzerei in einer Erklärung zur Thora ausgesprochen worden: דיין. ויאמר אלי ציר השבת הגד הוגד לה את אשר הביאו תלמידיך אתמול אל ביתך ספרים פירושי התורה ושם כתוב לחלל את ליל השבת. ואתה תאזור מתניך בעבור כבוד השבת להלחם בלחמת התורה עם אויבי השבת ולא תשא פני איש. Der letzte Satz: "Du sollst auf keine Persönlichkeit Rücksicht nehmen", deutet hinlänglich an, daß der Urheber dieser Ansicht als eine angesehene Persönlichkeit, als eine Autorität, galt. (Herr P. M. Heilperin, in Nordamerika gestorben, hat mich zum Teil auf diese Bemerkung aufmerksam gemacht.) Könnte man sich dieser Vermutung hingeben, so würde daraus hervorgehen, daß Samuel ben Meïr seinen Pentateuchkommentar um 1158 verfaßt hat, da Jbn-Esras Polemik angibt, erst Tages vorher sei ihm der Kommentar zugebracht worden, er hat ihn also während seines Aufenthaltes in Südfrankreich und auf seiner Reise nach England noch nicht gekannt. Es darf aber nicht verschwiegen werden, daß Jbn-Esras Kommentar zu Exodus, der jedenfalls vor 1158 verfaßt ist (v. S. 381) bereits gegen diese Ansicht von dem Beginne des biblischen Tages mit dem Morgen polemisiert (zu Exod. 16, 25): רבים חסרי אמנה השתבשו בעבור זה הפסוק ואמרו כי׳ חייב אדם לעבור יום השבת והלילה ופרשו ויהי ערב וכו׳ - כרצונם - כי יום ראשון לא השלים עד יום בקר יום שני. ולא דבריו נכונה. Im Verlauf bringt der Kommentar zum Teil dieselben biblischen Beweise gegen diese Ansicht, wie im Iggeret ha-Schabbat heran. Ein Glossem einer seiner Jünger kann diese Stelle nicht sein. — Entweder auf dem Wege von Südfrankreich nach England oder auf der Rückreise wurde Jbn-Esra mit R. Tam bekannt und korrespondierte mit ihm, wie aus den Gedichten in Gawisons **Omer ha-Schikhcha** bekannt ist.

XIII. Der unruhige Geist hielt es nämlich nicht lange in England aus. Denn im Oktober 1160 stellte er in Narbonne das Horoskop für ein neugeborenes Kind (in der Sammlung seiner apologetischen Schriften, abgedruckt in **Schete Meorot** p. 4): נולד המבורך בחלק הראשון מן השעה הראשונה ביום שבת ר״ג יום לירח מרחשון שנת ארבעת אלפים ותשע מאות ועשרים ואחת לבריאת עולם והיא יום ט״ו לחודש הראשון שנת אלף וארבע מאות ושבעים ושנים לחשבון אלכסנדר והוא מנין שטרות — — — והכוכב החוזר על אורך מידת נרבונא ורחבה הבולות הי״ב. — — — הכל מתוקן לעת הנזכר על אורך מידת נרבונא ורחבה. 13. Marcheschwan 4921 = 15. Oktober 1160. Zu dieser Zeit war er in Narbonne. Auch hat er daselbst astronomische Tafeln angelegt, wie Joseph Sepharbi bezeugt (zu Genesis 32, 32): ובספר הלוחות שחבר אל עיר נרבונה שהיא במלכות פרובינצא אמר כי אורך ירושלים ס״ח מעלות. Möglich, daß darunter die Albatinischen Tafeln zu verstehen sind, die er (nach einer Notiz in de Rossis dizionario storico I. p. 64) im Jahre 1160 übersetzt hat.

XIV. Vom Jahre 1160 bis nahe vor seinem Todesjahre verliert sich die Spur seiner Tätigkeit. In der letzten Zeit seines Lebens vollendete er nämlich noch zwei Werke, die uns seinen Aufenthaltsort in dieser Zeit ermitteln helfen. In zwei vatikanischen Kodizes (Nr. 39 und 240) befindet sich zum Schluß des Pentateuchkommentars ein Gedicht, welches angibt, daß er ihn im Jahre 4927 vollendet hat (abgedruckt in Kraft und Sterns hebr. Katalog der Wiener Bibliothek und in Lippmanns **Sephat Jeter** Einleitung S. 22):

ועזרני להתחכם בדתך ואדעם יהיו על פי סדורים
כמו עד כה עזרתני בטובך לפרש עוד פשט כל הספרים
והשלמתיו בארבעת אלפים תשע מאות ועוד שבע ועשרים
שנת ששר למחזור רם ברומי שנת רצון שנת תפקוד אסירים
ביום ששר ביום טובה ושמחה לישראל קדושים גם טהורים.

Der Monatstag ist dunkel, vielleicht am Chanukafeste (ביום טובה ושמחה), da er an Purim desselben Jahres bereits hingeschieden war. So

Note 8. Ibn-Esra, die Reihenfolge seiner Schriften usw.

bestimmt aber auch das Jahresdatum ist, so zweifelhaft erscheint der Ort der Abfassung. Wir müßten nämlich nach dem Buchstaben annehmen, daß Ibn-Esra im Todesjahr wieder in Rom gewesen sei. Dagegen sprechen nun folgende Momente. Nach einem de Rossischen Kodex (314) hat Ibn-Esra sein letztes grammatisches Werk Sapha Berura in demselben Jahre und ebenfalls in Rom vollendet. De Rossi bemerkt zu dieser Nummer: Notandum quoque sunt, quae sub hujus libri finem in nostro codice occurrunt, auctoris verba et versus, testantis se eum Romae absolvisse feria sexta . . . anno 4927. Aus dem Inhalt des Sapha Berura läßt sich aber mit Bestimmtheit annehmen, daß er es keineswegs in Rom abgefaßt hat. Dieses grammatische Werk ist nämlich für einen Jünger Salomo verfaßt, weil dieser die vier ältern grammatischen Werke Ibn-Esras nicht auftreiben konnte. Ibn-Esra referiert das selbst und bemerkt dabei, an welchem Orte er seine frühern grammatischen Werke abgefaßt hat, und spricht dabei von Rom, wie von einer Stadt, in der er sich damals nicht befunden hat (ed. Wien p. 16), וירשמע אחד
בן התלמידים ובקש ממני לחבר לו ספר שיוכל להכיר בו בדקדוק הלשון וקשה בעיניו לשאול בעבור שכבר חברתי בדקדוק במדינת רומה ס' המאזנים ובצחר לוקא ס' היסוד וכו' ויען ויאמר כי אין איש מהם שהספרים הם אצלך שירצה לתתם לו ולא היו הספרים אצלי כי מנהגי לכתוב כל אשר יכלה על לבד וכו'.

Wäre S. Berura in Rom verfaßt, so hätte der Verfasser sagen müssen: בעבור שחבבתי ס' המאזנים במדינה הזאת שהיא רומה. Er war also im Jahre 4927, wenigstens zur Zeit der Abfassung dieses Werkes, entschieden nicht in Rom. Man kann noch einen Beweis hinzufügen. Er gibt an einer Stelle an, daß Raschis unexegetische, auf die Agada gegründete Bibelerklärungen in der Gegend sehr beliebt waren: בדרך ר' שלמה שפרש התנ"ך על
פי דרש והוא חושב כי הוא על דרך פשט וחכמי דורנו יתהללו באלה הספרים. Nun waren wohl schwerlich Raschis Kommentarien etwa 60 Jahre nach seinem Tode in Italien so sehr verbreitet, wohl aber waren sie es in Frankreich, auch in Languedoc. Die Lesart ברומי in dem de Rossischen Kodex ist entweder ein Versehen von de Rossi oder eine Korruptel vom Kopisten. Kommen wir wieder auf das Gedicht zum Schluß des Pentateuchkommentars. Das Datum ist da auch nach den Mondzyklen angegeben, das 240., aber es ist falsch, wie schon Lippmann und Edelmann bemerkt haben. Es muß heißen ר"ס statt ר"ם. Aber dann paßt der beigefügte Gleichklang ר"ס ברומי nicht. Man muß dann eine Stadt dafür substituieren, welche dieselbe Endung hat, entweder בבדרס oder ברודס. Erinnern wir uns, daß es bekannt war, Ibn-Esra habe den Pentateuch in Lucca und Rhodez kommentiert, so bietet sich die Lesart רודס von selbst dar. Man müßte also lesen שנת ששי למחזור
ר"ס ברודס. Weil nun der Kopist ר"ם gelesen hat, machte er daraus das Tequis ברומי. Demnach war Ibn-Esra im Todesjahr nicht in Rom, sondern in Rhodez. — Dasselbe ist wohl der Fall mit dem mystisch-philosophischen Büchlein, סודות התורה, das nach Bartolocci ebenfalls im Jahre 4927 und zwar zu Rom verfaßt worden sein soll. Vgl. Wolf, Bibliotheca I. p. 47; III. p. 75 und de Rossi, Dizionario storico.

Der im Jahre 4927 vollendete Pentateuchkommentar ist die zweite Rezension (נוסחא שניה), wovon jetzt der Teil zu Exodus ediert ist (Prag 1840). Die zweite Rezension unterscheidet sich wesentlich von der ersten durch größere Kürze und durch den Wegfall vieler grammatischer Bemerkungen, weil Ibn-

Esra diese in seinen grammatischen Schriften bereits gegeben hatte. Rapaport hat richtig bemerkt, daß der Kommentar zu Genesis in den Editionen ebenfalls zur zweiten Rezension gehört (Geigers Zeitschrift IV. S. 269 ff.) und wohl auch der zu Numeri und Deuteronomium, welche sich ebenfalls durch größere Kürze auszeichnen. Ein weitläufigerer Kommentar zu Genesis, der sich in der Michaelschen Bibliothek befindet (Katalog Nr. 316), stammt sicherlich von der ersten Rezension. Alle Widersprüche, die man bemerkt hat, sind auf die Verschiedenheit der Rezension zurückzuführen, und man braucht nicht mit Joseph Sepharbi anzunehmen, daß der längst edierte Kommentar zu Exodus von einem Jünger Ibn-Esras angelegt sei. Wenn nun der edierte Kommentar zu Genesis der zweiten Rezension angehört, so kann er nicht in Lucca verfaßt sein; denn, wie schon vorausgeschickt, befand sich Ibn-Esra im letzten Lebensjahre nicht in Italien. In der Bemerkung zu Genesis 32 את המדינה שחיברתי בה זה הפירוש ושמה לוקא, ist der Name der Stadt sicherlich Glossem, herübergenommen aus Exodus der ersten Rezension.

XV. Wenn Ibn-Esra im Jahre 4927 zwei Werke vollendet hat, den Pentateuchkommentar zweiter Rezension und Sapha Berura, wie konnte er in diesem Jahre gestorben sein? So fragten sich die Chronographen und folgerten daraus, daß er ein Jahr später gestorben sei, 4928 = 1168 (so Isaak Israeli in Jesod Olam und Zacuto in Jochasin; die Zahl 4908, welche bei dem letzteren vorkommt, ist keine Variante, sondern einfach eine Korruptel, indem das ס von ה"תקפ ה' ausgefallen ist). Wir besitzen aber eine ganz authentische Notiz (zum Schlusse einiger Kodizes des Pentateuchkommentars), daß Ibn-Esra dennoch in demselben Jahre gestorben ist, in welchem er die zwei genannten Werke vollendet hat. Sie lautet: ביום שני בר"ח אדר ראשון שנת ד' תתקכ"ז נפטר אבן עזרא ז"ל והוא בן ע"ה נכתב סימן לעצמו בשנת (צ"ל בשעה) פטירתו בכתיבת ידו: ואברהם בן חמש ושבעים שנה בצאתו מחרון אך. Diese biographische Notiz ist authentisch; denn sie befindet sich in einem Wiener Kodex, in zwei vatikanischen Kodizes Nr. 39 und auch Nr. 29 (correctis corrigendis; vgl. de Rossi, Diz. storico I. 124 a). Auch Zacuto hat sie zum Teil gekannt und tradiert infolgedessen: נפטר אבן עזרא ר"ח אדר יום ב' ע"ה שנה. Eine so bestimmt gehaltene Notiz, welche J a h r, M o n a t und T a g so genau fixiert, muß die Kritik respektieren, zumal da die Data auf keine andere Jahresform passen. Was Edelmann dagegen eingewendet hat (Ginse Oxford XVI. not.) ist von keinem Belang. 1. Adar I. 4927 entspricht dem 23. Januar 1167 am Montag. Da er nun im Beginne des christlichen Jahres gestorben ist, so hat er die letzten zwei Werke nicht in demselben christlichen Jahre, sondern zwischen dem 29. August 1166 (mit welchem das jüdische Jahr 4927 damals begann) und 23. Januar 1167 vollendet. Wenn Assemani im vatikanischen Kodex gelesen haben will, Ibn-Esra habe seinen Pentateuchkommentar Ab 4927 vollendet (catalogus codicum Vaticani p. 29), so hat er sicherlich falsch gelesen. Es ist also nichts im Wege anzunehmen, daß er Januar 1167 gestorben. Die von Zacuto angeführten drei Varianten in betreff seines Todesjahres stehen damit nicht im Widerspruche. Die Variante תתקכ"ח beruht, wie schon gesagt, auf einer Kombination, die zweite תתק"ח auf einer Korruptel, und die dritte תתק"ד hält Zacuto selbst für ein Datum für einen andern Ibn-Esra. — Der Ort, wo er sein Grab gefunden, ist wohl sicher, wie ihn Zacuto angibt, Calahorra: בקלאהירה; denn daß er in Palästina begraben

Note 8. Ibn-Esra, die Reihenfolge seiner Schriften usw.

sei und gar zusammen mit Jehuda Halevi, ist sicherlich eine Sage. Auf einer Reise in Südfrankreich nach seiner Heimat mag er in Nordspanien dem Alter erlegen sein.

XVI. Es bleibt noch die Notiz zu beleuchten, daß Ibn-Esra im 75. Lebensjahre gestorben, und daß er witzig einen Schriftvers darauf angewendet. Der Wert dieser Notiz hängt natürlich mit der Fixierung seines Geburtsjahres zusammen. Nach Nr. V hat er den Kommentar zu Exodus (erste Rezension) 1153 vollendet und war beim Beginne des Kommentierens 64 Jahre alt. Diese beiden Data stehen unerschütterlich fest. Nehmen wir an, daß er bei seiner Schnelligkeit im Arbeiten mit dem Kommentieren von Genesis und Exodus ein Jahr zugebracht hat, so war er im Jahre 1152 64 Jahre alt, und war geboren 1088. Es stimmt damit, daß er sich bei Abfassung des Zachot (1145) זקן nennt, da er den sechziger Jahren nahe war. Auch in seiner Satire spricht er von seinen ימי הנצורים, als von einer ihm entrückten Zeit. Ist er nun 1088 oder frühestens 1087 geboren und starb 1167, so wäre er 79 oder 78 Jahre alt geworden, da man bei Zeitrechnungen mindestens ein Jahr fallen lassen muß. Jene Notiz würde sich also nur darin bewähren, daß er als S i e b z i g e r gestorben ist. Sie mag auch ursprünglich so gelautet haben: ואברהם בן שבעים ושמונה oder ותשע, aber die Tradenten, welche sein letztes Witzwort mit dem Bibelverse nach allen Seiten hin passend machen wollten, mögen die Einheiten verwechselt haben.

XVII. Resümieren wir nun die gefundenen Resultate:

1087 oder 1088 Geburtsjahr Ibn-Esras.

1140 in Rom; Kommentar zu fünf Megillot zu Hiob und Mosnaïm.

1140—1145 Salerno; Satire נדוד הסיר הוני.

1145 Mantua; Zachot, über Astrolab.

1148 astrologische Schriften; Italien, Ort unbekannt.

1152—1153 Lucca; Kommentar zu Genesis und Exodus (erster Rezension). In Lucca auch astronomische Tafeln.

1155 Lucca; Kommentar zu Jesaja.

1155—1156 Beziers; Sefer ha-Schem.

1156—1157 Rhodez; Psalmenkommentar, Daniel, kleine Propheten.

1158 London; Jesod Moreh, Iggeret ha-Schabbath.

1160 Narbonne; astronomische Tafeln.

1166 Rhodez; Pentateuchkommentar (zweiter Rezension), Sapha Berura.

1167 Tod.

XVIII. Bis jetzt haben wir Ibn-Esras Wanderjahre seit 1140 bis zu seinem Tode verfolgt. Die nächste Frage ist, wann hat er sein Geburtsland verlassen, und welche Länder hat er außer Italien, Frankreich und England gesehen? Geiger folgert aus einer Notiz, er sei noch nach 1139, also mindestens um 1140 in Spanien gewesen (Diwan des Abul Hassan 129 f.); folglich mußte Ibn-Esra unmittelbar von Spanien aus nach Rom gereist sein, da er 1140 in Rom war. Aber wann war er in Afrika, Ägypten, Palästina und in noch anderen Ländern? Diese Frage hat sich noch niemand klar gemacht. Die Quelle, aus welcher G. diese Kombination schöpfte, sagt aber eigentlich das nicht aus, was er daraus lesen will. David ben Joseph aus Narbonne fragte nämlich Ibn-Esra unter anderm, wie es denn komme, daß im Jahre 1139 die Differenz zwischen dem jüdischen Passahfeste und den christlichen

Ostern beinahe vier Wochen betrage, worauf ihm der letztere eine Antwort erteilte. Daraus wird nun gefolgert, daß die Anfrage nach 1139 geschehen sein müsse, und daß sich damals Ibn-Esra noch in Spanien befunden habe. Das letztere ist richtig, aber aus dem Texte geht gerade hervor, daß die Anfrage vor 1139 aufgeworfen wurde. Nehmen wir zuerst Ibn-Esras Antwort: התשובה על השנית בשנת ר"י למחזור רנ"ח היא שנת ד' אלפים תתצ"ט תהיה תקופת שמואל באחרית מועד הפסח גם כן בשנת חמש למחזור (Schete ha-Meorot S. 1). Das Jahr 4899 war also zur Zeit der Anfrage noch nicht eingetreten, und David aus Narbonne interessierte es nur zu wissen, wie es kommt, daß nächstens eine so große Differenz eintreten wird. Die Anfrage muß in demselben Sinne gefaßt werden: השאלה השנית מדוע היה בין חג הפסח שלנו ובין מועד של ערלים בשנת שש עשרה למחזור המולדות קרוב מארבעה שבועות ימים (das jüdische Fest fiel nämlich im Jahre 1139 auf den 18. März, und die christlichen Ostern auf den 16. April). Offenbar muß man in der Anfrage analog der Antwort מדוע יהיה emendieren statt: מדוע היה. Die Anfrage kann also lange vor 1139 gestellt worden sein. Es bleibt demnach Raum zwischen seinem Aufenthalte in Spanien und seiner Ankunft in Rom. In diese Zwischenzeit fallen seine weiten Reisen.

XIX. Daß Ibn-Esra in Afrika war, erzählt sein Jünger Salomo Parchon (Einl. p. 4): ‏ושבאו ר' יהודה הלוי ז"ל ור' אברהם בן עזרא ש"ץ לאפריקי‎. — In Ägypten war er ebenfalls und fand dort Dunasch ben Labrats Polemik gegen Saadia (o. S. 383). — Daß er in Palästina war, sagt er selbst: 15 Weise von Tiberias haben ihm geschworen, daß sie einen Bibelkodex mit außerordentlicher Sorgfalt dreimal durchgelesen haben (zu Exodus 25): ראיתי ספרים שבדקום חכמי טבריה ונשבעין חמשה עשר מזקניה ששלש פעמים הסתכלו כל מלה וכל נקודה והיה כתוב יוד במלת תיעשה ולא מצאתי כח בספרי ספרד וצרפת ומעבר לים. Jerusalem selbst hat er nicht gesehen; denn er begeht manche topographische Schnitzer, die einem Augenzeugen nicht passieren dürfen, was selbst seinen ihn hochverehrenden Superkommentator Joseph Sephardi befremdete. Ibn-Esra identifiziert nämlich den Gihon der Vierströme mit dem Nebenflüßchen Gihon bei Jerusalem (Genesis zur Stelle). Er verlegt den Berg Zion auf die Nordseite Jerusalems, während er gerade in der entgegengesetzten Richtung liegt (zu Pf. 48, 2). Joseph Sephardi rechtfertigt ihn damit, daß er bei Abfassung des Genesis- und Psalmenkommentars noch nicht in Jerusalem gewesen sei und die Reise dahin erst später angetreten habe: ‏ואמר כי גיחון קרוב מארץ ישראל ואף אמר בפרוש על הספר תהלות כי חר ציון לצפון ירושלים ומזה נראה בעניני כי ר' אברהם לא בא לארץ ישראל רק אחר שחבר פירוש התורה גם פי' תהלות — וזה לאות שלא ראה ירושלים כי אם אחר שחבר פירוש התורה‎ (Ohel Joseph zu Genesis Nr. 119, zu Leviticus Nr. 16; Zophnat Paaneach Ms. f. 17 verso 119 v). Dem ist aber nicht so; denn der edierte Genesiskommentar gehört, wie schon angegeben, der zweiten Rezension an, und diesen hat er kurz vor seinem Tode vollendet. Folglich hatte er bis dahin, d. h. nie Jerusalem gesehen. — Er scheint auch in Irak gewesen zu sein. Wenigstens geht dieses aus einer Angabe hervor, wo er sämtliche Länder aufzählt, die er selbst gesehen haben mag (zu Exodus 25, 18): ‏אל תתמה בעבור שלא נהגו אנשי אלה מקומות‎: ‏וכן (אישליאו) לאכול גדי עזים כי כל הרופאים מורים כי אין בשר במותם‎ — ‏אוכלים אותו בספרד ובאפריקא וארץ ישראל ופרס ובבל‎. Zu Exodus 16, 3

Note 8. Ibn-Esra, die Reihenfolge seiner Schriften usw. 391

erzählt er, er habe Manna in einem Lande gesehen, wo es stets in den
Frühlingsmonaten fällt. Der Name dieses Landes lautet in den Ausgaben
אלנצר, in den Kodizes (der Seminarbibliothek) lautet der Name dagegen
אשור; also war er auch in Assyrien und Persien. — Sein Sohn Isaak
dichtete in Bagdad, im Jahre 1143, ein überschwengliches Loblied auf den
Arzt Nathanael H'ibat-Allah ben Malka (abgedruckt in Kochbe Jizchak Wien
1858 S. 23, Graetz, Blumenlese S. 125):

אני יצחק בנו אברהם כתבתיו אשר בספר ספרד הוא גמריו
בנו מאיר בנו עזרא יקורא אשר מדד אלי בבל אשירירו
שנת את״נד כתבהו בסירון בעיר בגדאד וסירם מאמריו.

1454 Seleucidarum = 1143. Wenn dieser seinen Vater auf seiner Reise nach
dem Orient begleitet hat, wie es den Anschein hat, und er in Bagdad zurück-
blieb, so fällt diese Reise vor 1143 und, wenn man berücksichtigt, daß der
Sohn sich daselbst bereits eingelebt hatte, mehrere Jahre vorher. Man kann
also annehmen, daß Ibn-Esra, ermüdet von seinen orientalischen Wanderungen, nach Rom 1140 kam und dort Ruhe fand. Dieses liegt auch in den
Worten seines Gedichtes:

ובאה לו צרה כצרת מבכירה עדי בא אל רימא.

In seiner Satire, welche, wie angegeben, zwischen seinen Aufenthalt in Rom
und den in Mantua fällt, klagt er schon, das Wandern habe seine Kraft geschwächt, seine Gedanken geraubt und seine Sprache gelähmt:

נדוד הסיר אוני ונבהל רעיוני ושם פי ולשוני אסורים באזיקים.

Man geht daher nicht fehl, wenn man den Anfang seiner Reise zwischen 1138
und 1140 ansetzt. Damals war er bereits den fünfziger Jahren nahe. Schriftstellerisches hat er bis dahin nichts Nennenswertes geleistet. Denn die Werke,
die ihn unsterblich gemacht, hat er, wie sich gezeigt hat, erst in Italien und
Südfrankreich im Mannes- und Greisenalter verfaßt. Sagt er ja selbst, daß
er in der Jugend nur Lieder gesungen hat:

לפנים בנעורים חכינתי שירים בצואר העברים נתתים כענקים.

Möglich, daß er kleine Schriften, welche weder Datum- noch Ortsangabe
tragen, vor seinen exegetischen und grammatischen Hauptarbeiten verfaßt hat.

XX. So hat das arithmetisch-mystische Opuskulum, welches den Doppel-
titel ספר האחד וספר המספר führt (Handschr. in mehreren Bibliotheken,
gedruckt in Kobaks Jeschurun I. p. 3 ff.) den Vers:

אשר חבר בנו מאיר קטן שנים וחכם בתבונה.

Vgl. Michaels Katalog S. 317. — Auch zitiert er das ס׳ האחד im השם ס׳.
Das ס׳ האחד ist wohl auch identisch mit dem ס׳ התשבורת, wie Assemani
bei de Rossi, Dizionario sub voce bemerkt. Zu unterscheiden von diesem
Werkchen ist ein anderes unter dem Titel יסוד מספר, welches den grammatischen Gebrauch der Zahlwörter behandelt (Handschr. in mehreren Bibliotheken).

Mindestens zwölf kleine Schriften werden Ibn-Esra beigelegt, deren Echtheit jedoch zweifelhaft ist. Ihre Titel lauten: 1. צריגת המומה ופרדס החכמה;
2. ס׳ כל עשרת הדברים; 3. שער השמים; 4. ס׳ העצמים; 5. חי בן מקיץ;

6. טוב שם; 7. סוד המונה אותיות; 8. בית מדות; 9. ס׳ ההגיון, diese sämtlich
philosophischen oder mystischen Inhalts; 10. שערי הצות ומשפט השעות,
astrologisch; 11. ס׳ העבור, kalendarisch; 12. הנסיונות ס׳ הרפואה להראב״ע.
Die ersten drei Nummern (von denen Nr. 1 und 2 in Kerem Chemed IV.
und Betulat abgedruckt sind, und Nr. 3 öfter ediert) sind sicherlich unecht.
Es ist eine Beleidigung für Ibn-Esra, ihm diese Machwerke ohne Spur von
Geist zu vindizieren. Ihr Inhalt ist ganz gegen seine Gedankenrichtung, wie
schon Luzzatto und S. Sachs zum Teil bemerkt haben (Betulat XI, XIV,
Kerem Chemed VIII, 88). Die Echtheit der übrigen Schriften, teils handschriftlich und teils nur vage angegeben, kann erst durch Autopsie ermittelt
werden.

9.

Die Judenverfolgung in York und Bray.

Ephraim von Bonn, welcher ein Martyrologium seiner Zeit vom zweiten
Kreuzzuge bis zum Jahre 1196 geschrieben hat (gedruckt als Beilage zur
deutschen Übersetzung des Emek ha-Bacha, Leipzig 1858), berichtet auch über
die überschriebenen Judenverfolgungen. Aber die Handschrift, der dieser
Konteros entlehnt ist, hat eine stark korrumpierte Gestalt, und der Text bedarf der nachhelfenden Hand der Kritik. Namentlich müssen die Data berichtigt werden. Er gibt nämlich an, die Verfolgung in York habe im Jahre 1191
stattgefunden, und zwar am Sabbat vor dem Passahfeste, dem großen Sabbat
(S. 10): אחר כך בשנת תתקנ״א באו מיעים על שם ה׳ בעיר אבר״וך אשר
באנגלטרא בשבת הגדול וצת הנס נהפך לאוגן ולטונש ויברחו אל בית התפלה
וימעמד הר״ר יום טוב וישחט כס׳ נפשות. Der zeitgenössische Annalist aber,
Wilhelm aus Newbury, welcher diese Judenverfolgung in England ausführlich beschreibt, setzt das Gemetzel in York ein Jahr vorher, nicht lange
nach Richards Abreise nach Frankreich, um die Rüstungen zum dritten Kreuzzuge zu treffen. Des Tages Datum ist bei ihm wie bei Ephraim dasselbe,
nämlich das Ende der Verfolgung und namentlich die Belagerung der Burg
von York am Sabbat vor dem Palmsonntag: sane tempore dominicae pas-
sionis, pridie scilicet ante dominicam palmarum talia Eboracis (Judaeis)
contigerunt (rerum Anglicarum historia IV, 10 Ende, in Catuats Rerum
Britannicarum scriptores vetustiores, Lyon 1587). Auch der Zeitgenosse
Radulph de Diceto setzt diese Verfolgung an im Jahre 1190 und näher am
17. der Aprilischen Kalenden: septimo decimo calend. April. apud Eboracum
sicut dicitur, fere quingenti neci traditi sunt (Judaei), mutuis sese vul-
neribus appetentes (Imagines historiarum in Twydens Historiae Anglicanae scriptores decem p. 651).

Halten wir die Angabe fest, daß die Verfolgung einerseits am שבת
הגדול, anderseits am Sonnabend vor dem Palmsonntage, und zwar im
März, stattgefunden hat, so wird sich Jahr und Tag genau ermitteln lassen.
Im Jahre 1191 kann das Faktum nicht vorgefallen sein; denn damals fiel
der große Sabbat auf den 6. April. Dagegen traf er im Jahre 1190 auf
den 17. März, gerade auf den Sabbat vor dem Palmsonntag. Bei de Diceto
muß man demnach emendieren XVII. Calend. April. in XVI. Das übrige,
was Ephraim darüber berichtet, stimmt mit den Angaben Wilhelms aus

Note 9. Die Judenverfolgung in York und Bray.

Neubury überein. In betreff der Zahl der Märtyrer weicht er von de Diceto ab: dieser hat 500, Ephraim nur 250.

Ephraims Angabe in betreff der Verfolgung in Bray läßt sich beleuchten aus Rigords Bericht über denselben Vorfall (de gestis Philippi bei Duchesne V, und Bouquet, Recueil XVII). Das Jahr ist bei Ephraim nicht deutlich angegeben, wohl aber Monat und Tag, an welchem die Gemeinde zu Bray den Mörder eines Juden hingerichtet hat, infolgedessen Philipp August intervenierte und ein Blutbad anrichtete. Es heißt bei ihm: כי רצח גוי רשע אחד בעיר ברי"ש אשר לצרפת יהודי אחד ויבואו קרוביו ויצעקו אל גברת הארץ והרוצח היה עבד מלך צרפת ויתן לה שוחד לתלות הרוצח ויתלוהו ביום פורים, וישמע מלך צרפת — ויבא אל ברי"ש ויצו לשרוף את היהודים. Aus Rigord läßt sich das Datum genau fixieren. Er berichtet: Philipp August hatte während seines Aufenthalts in St. Germain am XIV. Calend. April. 1191 erfahren, daß die Juden in Bray mit Erlaubnis der Gräfin von Champagne einen Christen wegen angeblichen Mordes hingerichtet hätten, und eilte dahin, um strenge Strafe zu üben: ejusdem anni (1191) XIV. Calend. April. Philippus rex existens apud Sanctam Germanam de Laia, audita cujusdam Christiani morte ignominiosa a Judaeis perpetrata — subito — — iter arripuit — et ad Castrum quod Braïam vocant velociter volat — positis custodibus et comprehensis Judaeis octoginta et eo amplius fecit comburi. Comitissa enim (Campaniae) ipsius Castri magnis Judaeorum muneribus corrupta — tradiderat eis quendam Christianum cui falso imponebant furtum et homicidium; XIV. Calend. April. = 19. März 1191: Purim fiel damals auf den 12. März. Also acht Tage nach der Exekution büßte die Gemeinde von Bray dafür, daß sie mit Erlaubnis der Landesfürstin einen Mörder hinrichtete. Die Strenge, mit welcher Philipp August verfuhr, läßt sich aus Ephraims Angabe erklären, weil der hingerichtete Christ sein Untertan war: והרוצח היה עבד מלך צרפת. — Die Zahl der jüdischen Märtyrer in Bray gibt Wilhelm Brita (a. a. O.) genauer an:

> Quotquot apud Braïam Judaeos repperit, omnes
> Igni supposito Domini pugil incineravit
> Nonaginta novem — — — —

Merkwürdigerweise spielt im Texte von Ephraims Martyrologium ein Rabbi Jom-Tob in beiden Verfolgungen zu York und Bray dieselbe Rolle. Er schlachtet ungefähr 60 Personen mit ihrer Einwilligung, um der Taufe und der Beschimpfung zu entgehen. Bei dem Vorfall in York heißt es: ויצמוד הר"ר יום טוב וישחט כפ' נפשות וגם אחרים שחטו, und ebenso bei dem in Bray: ויצמוד הר"ר יום טוב זצ"ל וישחוט בידו כס' נפש ומקצתם נשרפו על יחוד השם. Es ist gar nicht denkbar, daß gerade bei beiden Vorfällen eine Person desselben Namens die gleiche Zahl zu Märtyrern gemacht haben soll. Noch mehr; der Rabbi Jom-Tob, von dem hier die Rede ist, ist sicherlich identisch mit Rabbi Jom-Tob aus Joigny (ר' יום טוב מיוני) und mit Rabbi Jom-Tob dem Heiligen oder Märtyrer (ר' יום טוב הקדוש); vgl. Tosafot Joma 48a, Keritot 14b, o. S. 225). Ist dieser nun als Märtyrer bei York gefallen, so kann er nicht dieselbe Rolle als mutiger Vollstrecker der Selbstentleibung in Bray gespielt haben. Ist er aber in Bray 1191 umgekommen, so kann der bei dem Vorfalle in York genannte Rabbi Jom-Tob nicht identisch sein mit dem Märtyrer. Offenbar ist der Passus: ויצמיד הר"ר רום טוב וירשחוט כס' נפשות ein lapsus calami eines Kopisten, der ihn an unrechter Stelle angebracht hat. Welches ist aber die rechte und welches die unrechte Stelle? Aus einer Bemerkung von Wilhelm von Neubury läßt es sich einigermaßen entscheiden. Er bemerkt nämlich (a. a. O. IV, 10) bei dem Vorfall in York: erat ibi senior legis famosissimus doctor, qui ad docendos Judaeos Anglicanos ex partibus venerat transmarinis. Dieser hat die in der Burg eingeschlossenen Juden von York überredet, sich selbst zu entleiben, und hat zuerst Hand an sie gelegt. Es war also ein Franzose und nichts ist dagegen, daß es Jom-Tob aus Joigny, der berühmte Tossafist und Märtyrer war. Es läßt sich wohl denken, daß dieser Rabbiner der angesehenen und reichen Gemeinde von York gewesen war. Was sollte er aber in der ganz winzigen Gemeinde Bray gemacht haben?

10.

Die genau fixierte Chronologie der Itinerarien des Benjamin von Tudela und des Petachja von Regensburg und einige davon abhängige Daten.

Der Schatz von historischen Tatsachen, den die מסעות des Benjamin von Tudela und das סביב R. Petachjas von Regensburg liefern, kann nur dann richtig verwertet werden, wenn die Jahre, innerhalb welcher ihre Reise fällt, genau fixiert werden. Diese Präzision lassen aber die sonst vollkommen ausgestattete Ashersche Ausgabe von Benjamins Itinerarium und auch die anderweitigen kritischen Arbeiten darüber vermissen, obwohl der ganze gelehrte Apparat dazu von namhaften Gelehrten fleißig zusammengetragen wurde. In betreff des R. Petachja fehlt die kritische Untersuchung überhaupt; die genaue Fixierung der Reisezeit ist umso notwendiger, als die Notizenjäger viel Gewicht darauf gelegt und die Data zum Ausgangspunkte chronologischer Unbestimmtheiten gemacht haben. Sie geben an: diese und diese historische Persönlichkeit war zu dieser Zeit an dem und dem Orte, da Benjamin sie in dem Jahre nicht erwähnt. Es kommt also dabei auf Präzision an. Die Hauptmitarbeiter an Benjamins Itinerarium setzen nun dessen Reisezeit zwischen 1160—1171. Lebrecht, welcher dazu einen Exkurs über die Kalifen geliefert hat, ist geneigt, sie noch früher anzusetzen. Eine eingehende Kritik ergibt aber das Resultat, daß Benjamin nicht vor dem Jahre 1165 seine Reise angetreten hat. Und auf dieses plus oder minus von fünf Jahren kommt es bei manchen unbestimmt gehaltenen Tatsachen gerade an.

Die Beweise für meine Behauptungen sind folgende:

1. In Rom war Benjamin, als der Papst Alexander III. bereits im ruhigen Besitze des Pontifikats und der Hauptstadt war, d. h. nach dem 23. November 1165, dem Tage des Einzuges in Rom nach jahrelanger Verbannung. Folglich war Benjamin frühestens 1166 in Rom. Allzu lange dauerte sein Aufenthalt in den Städten, die er berührt hatte, keineswegs. Denn in Cilicien war er im Jahre 1166 oder 1167, da er noch von dem König Toros von Armenien spricht (I. p. 26), der im letztgenannten Jahre starb.

Note 10. Die genau fixierte Chronologie der Itinerarien usw.

Man braucht daher seiner Reise von Tudela bis Rom höchstens ein Jahr zu geben.

2. In Antiochien war er nach dem Jahre 1163. Denn er gibt an, daß damals der Fürst Boemond III. oder Boemond von Poitou, mit dem Beinamen le baube, regierte, nach der glücklichen Emendation des Herausgebers von Ashers Itinerarium (Hr. Zedner): (אנטוכיא) עיר בצורה והיא (statt der sinnlosen Lesart ממשלת פריניציפי באמונת הפריציבין הבובא, zu p. 36). Boemond III. regierte 1163—1200. Folglich kann Benjamin unmöglich im Jahre 1160 die Reise angetreten haben.

3. In Isfahan, der Hauptstadt Persiens, war er um 1170. Denn er erzählt ausführlich von der Niederlage des Sultans (Singar) durch die Ghusen (I, p. 84—87), und gibt an, daß diese Tatsache 18 Jahre vorher stattgefunden. והרום ר"ח שנה כשבאו (בני גוג כופר אל תורך) לארץ פרס — ובששבע מלך פרס חרה אפו עליהם — ויוצא במרי מעט אל ארצו. Der Kriegszug und das erste unglückliche Treffen Singars gegen die Ghusen fanden im Jahre 1153 statt nach den Quellen bei d'Hosson (angeführt vom Editor II, 174 und bei Weil, Geschichte der Kalifen III, 278). Dieses Faktum fand also statt 18 Jahre vor Benjamins Aufenthalt in Isfahan, wie er es von den jüdischen Gefangenen Mose aus der Gegend von Nischabur erzählen hörte (I. 88), d. h. 1170—71. Da er nun, wie die Herausgeber richtig angemerkt haben, vor dem Tode des letzten fatimidischen Kalifen in Ägypten war, so fällt seine Reise in Ägypten vor den 13. September 1171, mithin seine Reise in Persien 1170.

4. Damit hebt sich auch eine Schwierigkeit, welche namentlich Lebrecht vielfach ventiliert hat und die ihn zum Resultate brachte, Benjamin schon in dem Jahre 1140—1150 reisen zu lassen, was nach dem oben Angeführten ganz unmöglich ist. Die Schwierigkeit besteht darin, daß der Tourist ganz ausdrücklich von Saif-Eddin, dem Bruder Nureddins, Herrn von Moßul spricht, dessen Astronom ein angesehener Jude Joseph war. Saif-Eddin Ghasi starb nun 1149. Allein durch eine geringe und gerechtfertigte Emendation des Textes ist die Schwierigkeit gehoben. Man lese: ור' יוסף המכונה ברהאן אל פלך והוא חוזה למלך זיף אל דין בן אחיו של נור אל דין מלך דמשק, statt אחיו של נור אל דין. Saif-Eddin II., Sohn des Kotbeddin, Bruders von Nureddin, übernahm die Regierung von Moßul nach dem Tode seines Vaters 565 d. Heg. = 1170. Benjamin spricht also von Nureddins Neffen und nicht von dessen Bruder. Er war also in Moßul 1170, nicht früher. Aus allen diesen Punkten geht wohl mit Sicherheit hervor, daß man bisher Benjamins Reiseanfang um fünf Jahre zu früh angesetzt hat.

Weniger Anhaltspunkte bietet Petachjas Bericht für eine präzisierte Chronologie; ohnehin ist er nur im Auszug mitgeteilt, und die Partien sind bunt untereinander gewürfelt. Nur annähernd läßt sich die Zeit seiner Reise bestimmen. Damaskus gehörte damals schon Saladin, dem Sultan Ägyptens: ילך לדמשק — ומלך של מצרים מושל עליה. Diese Stadt, welche bis dahin einen eigenen Herrscher hatte, kam erst November 1174 in Saladins Besitz (Weil, Kalifen III, S. 363), also war Petachja im Orient nach 1174. Jerusalem war zur Zeit seiner Reise noch in den Händen der Christen: בימי קדם כשהיתה ירושלים ביד הישמעאלים, also vor Oktober 1187. Demgemäß muß man die Reise zwischen 1175—1185 setzen. Sehr wichtig wäre es, wenn sich das Jahr genauer fixieren ließe, weil sich dadurch manche Vorgänge innerhalb der orientalischen Judenheit besser ermitteln ließen.

Zunächst läßt sich aus dem Umstande, daß Benjamin 1170 in Persien war, das Jahr bestimmen, in dem der Pseudomessias David Alrui auftrat, nämlich zehn Jahre vorher: ‏(באלמצרירה) איש אחד קם שם שנים עשר והיום‎ ‏ושמו דוד אלרואי‎. Munk hat einen sehr interessanten Beitrag zu dessen Geschichte aus einer Schrift des Apostaten Samuel Jbn-Abbas geliefert. Durch dessen Güte bin ich in den Besitz einer Abschrift davon gelangt. Gegenwärtig ist sie abgedruckt als Anhang zur Übersetzung des Emek ha-Bacha p. כב f. Nach diesem Stücke hieß der Pseudomessias ‏מנחם בן סלימאן אבן אלרוחי‎. An der Identität ist nicht zu zweifeln, und die Verschiedenheit der Namen spricht nicht dagegen, weil entweder der Name David oder der Name Menahem ein messianisch-symbolischer war. ‏אלרואי‎ ist sicherlich dasselbe wie ‏אלרוחי‎, und darf man diesen Beinamen um so weniger von Raï ableiten, als dieser Pseudomessias nicht von Raï, sondern von Amadia war. In beiden Berichten sind aber die Fakta nicht treu wiedergegeben. Benjamin flicht Wunder ein, wie er sie aus dem Munde der morgenländischen Juden vernommen, und der Apostat Samuel Jbn-Abbas machte eine Karrikatur daraus, um seine ehemaligen Religionsgenossen lächerlich zu machen. Aus dessen Angabe läßt sich indes entnehmen, daß das Datum 1160 richtig ist. S. Jbn-Abbas ging zum Islam über 1163 (Munk, Notice sur Joseph b. Jehuda p. 8 Note) und starb in Maraga um 579 der Hedschra = 1174 (Alfisti bei Casiri, Bibliotheca I. 440). Er schrieb also seine Schmähschrift gegen das Judentum zwischen 1163—1174, und in dieser sagte er von dem Auftreten des Pseudomessias: „was sich in unserer Zeit zutrug": ‏מא ערר פי זמהננא‎.

Wichtig ist dieses Datum für einige Persönlichkeiten, welche damals eine Rolle gespielt haben. Benjamin bemerkt, daß David Alrui Jünger des Exilarchen Chasdaï und des Lehrhausvorstehers Ali war: ‏ולמד דוד (אלרואי)‎ ‏לפני ראש הגולה חסדאי ולפני ראש הישיבה עלי גאון יעקב בבגדאד‎ (p. 77). Dieselben haben ihn auch nach seinem Auftreten beschworen, seine Aufwiegelei einzustellen (p. 80). Chasdaï, der Vater des von Benjamin so sehr gerühmten Exilarchen Daniel, und Ali, der Vater des durch seinen Antagonismus gegen Maimuni so berüchtigten Samuel Halevi, lebten also noch im Jahre 1160. Im Jahre 1170, als Benjamin in Bagdad war, fungierten bereits als Exilarch: ‏דניאל בן חסדאי‎ und als Quasi-Gaon ‏שמואל בן עלי הלוי‎ (p. 60). Von dem letzteren bemerkt auch übereinstimmend damit Maimuni, daß er zu seiner Zeit, d. h. während seines Aufenthaltes in Ägypten, ordiniert worden sei: ‏ראש ישיבת רבינו שמואל הלוי‎ ‏הנסמך בבגדד בזמננו זה‎ (Tractatus de resurrectione ed. Amst. p. 129a). Den Exilarchen nennt aber Petachja auffallenderweise stets Daniel ben Salomo: ‏והמלך שהיה קדם בימי ר' שלמה אביו של ר' דניאל היה אוהב‎, und an einer anderen Stelle: ‏את ר' שלמה‎ ‏והמלך שהיה בימי ר' דניאל ראש גולה‎. Um diese Angabe mit der Benjamins auszugleichen, müßte man annehmen, daß Daniels Vater zwei Namen geführt hat: Salomo-Chasdaï, oder vielleicht Jbn-Chasdaï. Aus Petachjas Worten geht mit Bestimmtheit hervor, daß die zweite Auflage des Exilarchats, welches seit Scheritas Zeit erloschen war, erst mit Daniels Vater restauriert wurde, weil der Kalif dessen Freund war, oder gar ein solcher Verehrer des Judentums gewesen sein soll, daß er im Begriffe war, sich dazu zu

Note 10. Die genau fixierte Chronologie der Itinerarien usw. 397

bekennen, als ihn der Tod abrief: ‏ואמר (המלך) לכל צבי שארץ במשות לא‎ ‏במחנה ולא ברחו — ולא הספיק לגייר עד שמת‎. Dieser Exilarch Salomo oder Chasdai, Daniels Vorgänger, scheint schon in der Zeit, als Jbn-Esra in Bagdad war (1139), fungiert zu haben; derselbe berichtet nämlich im Kommentar zu Zachar. 12, 7: ‏ברית דוד עוד חיום בבגדד — והם ראשי הגלות‎ ‏משפחה רבה וגדולה ולהם ספר הייחוס‎. Aber daß der damals regierende Sultan Jbn-Abdallah Mohammed Almuktafi irgendeine Vorliebe für das Judentum gehabt hat, ist aus anderen Quellen nicht bekannt. Auch von dem Kalifen in Daniels Zeit berichtet Benjamin, er sei judenfreundlich gewesen und habe hebräisch und die heilige Schrift verstanden. Wie dem auch sei, so hat wohl die Restauration des Exilarchats erst mit Salomo-Chasdai begonnen.

Sein Nachfolger D a n i e l starb ein Jahr vor Petachjas Ankunft in Bagdad: ‏ושנה אחת קודם שבא הר' פתחיה מת ר' דניאל ראש הגולה‎. Hier wäre es gut, wenn man dies Jahr präzisieren könnte. Denn seit dieser Zeit verdunkelte sich wieder der künstlich erhaltene Glanz der Exilarchen. Daniel hinterließ nämlich keine Söhne, und zwei Vettern prätendierten die Würde, die nicht in Bagdad, sondern in Moßul residierten: ‏ואין לשם הראויין להיות‎ ‏ראש גולה אלא אותם נשיאים מבית דוד ומקצת החירים בוחרים בר' דוד‎ ‏ומקצת ברבי ישראל (ל שמואל) ועדיין לא הושיעו — ולר' דניאל לא היו לו‎ ‏בנים כי אם בנות‎. Von ihnen berichtet derselbe früher bei der Beschreibung Moßuls: ‏ושני נשיאים בה (בנינוה החדשה) אחד שמו ר' דוד ואחד שמו‎ ‏ר' שמואל הם שני בני אחים‎. David, der die Würde behauptet hat, lebte noch um 1217; denn Charisi, der im Jahre 1216 in Jerusalem war, traf ihn noch in Moßul an (Pforte 46): ‏ושם (באשור) ראיתי דוד ראש הגולה היהודים‎. Nimmt man an, daß Petachja frühestens 1175 im Orient war, so hätte dieser Quasi-Exilarch bereits 42 Jahre fungiert. Dieser und also auch sein Rival leiteten übrigens ihre Abstammung nicht von den e c h t e n Exilarchen, d. h. von dem König Jojachin und von der männlichen Linie des Davidischen Hauses ab, sondern von den palästinensischen Patriarchen, also von Hillel und der weiblichen Linie. So lautet die Genealogie in einer Bannformel, welche David über die Gegner des Samuel ben Ali geschrieben hat: ‏דוד בן הודיה — בן רבן גמליאל בתראה — — בן הלל‎ (Orient. Ltbl. 1854). Die Echtheit der Genealogie läßt übrigens viel zu wünschen übrig. Es scheint, daß die Gemeinde von Bagdad und noch viele andere orientalische Gemeinden weder den einen, noch den anderen Prätendenten des Exilarchats anerkannt haben, sondern daß sich das Schulhaupt Samuel ben Ali die Suprematie zugeeignet hat. Mehrere Bemerkungen Petachjas über denselben führen darauf: ‏וכל יהודי שבבבל נותן זהב לשנה לגולגלתו‎, und vorangehend: ‏לראש הישיבה כי אין המלך מקבל מהם מס אלא ראש הישיבה‎ ‏ובכל ארץ אשור ובדמשק ובצרי פרס ומדי ובארץ בבל ארץ לחם‎ ‏דיינין אלא מה שמוסר ראש ר' שמואל ראש ישיבה ונתן רשות בכל עיר לדון‎ ‏להורות בעיר וחותמו הולך בכל הארצות ובארץ ישראל והכל יראים ממנו‎ ‏ויש לו כס' צבדיים שרודים את העם במקלות‎. An einer anderen Stelle: ‏ונתן ר' שמואל ר"י כתב וחותמו לר' פתחיה. בכל מקום שבא שם‎ ‏כיתיררו אותו — — והוליך ר' פתחיה חותם של ראש ישיבה עמו וכל מה‎ ‏שהיה מבקש היו עושין ויראים ממנו‎. Alle diese Funktionen, das Einziehen des Kopfgeldes, das Anstellen von Rabbinen, der Besitz eines allgemein anerkannten Insiegels waren Prärogative des Exilarchats, die sich also Samuel angemaßt haben muß.

11.

Über einige, Maimunis Namen tragende Schriften.

Maimunis Name war in seiner Zeit und noch mehr in der seinem Tode unmittelbar folgenden so sehr gefeiert, daß gewiß jedes von ihm hinterlassene Blättchen mit Interesse studiert worden ist. Wenn sich nun einige philosophische Opuskula finden, die seinen Namen tragen, aber weder im zwölften noch im dreizehnten Jahrhundert benutzt und zitiert werden, so darf man von vornherein annehmen, daß sie nicht echt sind. Bei näherer Einsicht verrät auch ihr Inhalt die Unechtheit. Solche kleine Schriften sind:

1. פרקי ההצלחה (gedruckt in Maimunis Gutachtensammlung Peer ha-Dor p. 33), zwei Kapitel, angeblich an Maimunis Jünger Joseph ben Aknin gerichtet. Es kommen darin so viele Trivialitäten und eine so platte Moral vor, durchflossen von Deutung der Tempelsymbolik und der Agada, daß unmöglich solche Abgeschmacktheiten von einem Weisen stammen können, der kein Wort zu viel zu schreiben pflegte.

2. מאמר היחוד (gedruckt Berlin 1846) mit einer nichtssagenden Einleitung und einem bevorwortenden Schreiben von Rapaport. Es ist aus dem Arabischen ins Hebräische von Isaak ben Nathan dem Frommen übersetzt worden. Obwohl darin der Moreh (zweimal) und die dreizehn Glaubensartikel, wie von Maimuni selbst, zitiert werden (S. 11, 12, 22), so ist es doch nicht minder ein untergeschobenes Werk, ein schlechter Abklatsch maimunischer Gedanken. Solche weitschweifige Plattheiten hat Maimuni niemals aus seiner Feder entlassen, auch nicht im hohen Alter, womit man es entschuldigen wollte. —

3. צואת הרמב״ם לבני אברהם (abgedruckt mit dem Testamente Jehuda Ibn-Tibbons, Berlin 1853). Es verrät sich schon dadurch als unecht, daß der angebliche Vater darin seine „Söhne" ermahnt, während Maimuni nur einen einzigen Sohn hatte. Es strotzt ebenfalls von moralisierenden Trivialitäten.

4. Der erste Brief in der Maimunischen Briefsammlung, angeblich an seinen Sohn Abraham, ist entschieden und durchweg unecht. Der Gedankengang oder richtiger die Gedankenlosigkeit darin hat viele Ähnlichkeit mit dem Opuskulum Nr. 1. Die erbärmliche Allegoristik darin, daß Pharao die bösen Begierden, Mose den göttlichen Geist, Ägypten den Körper und das Land Gosen das Herz bedeuteten, erinnert allzu sehr an Levi von Villefranche, als daß man auch nur einen Augenblick in Zweifel darüber sein könnte, ob es von Maimuni stammt. Die lügenhaften gehässigen Ausfälle gegen die französischen Rabbinen, daß sie in Bigamie lebten, in Genüssen und Stupidität versunken seien, und anderes sind Zeichen heftiger Parteileidenschaftlichkeit, wie sie nach Maimunis Tode ausbrach, und seiner ganz unwürdig. Da nun dieser Brief in Maimunis Namen seine früheren Werke zitiert, und er überhaupt so gehalten ist, als wenn ihn Maimuni verfaßt hätte, so sieht man daraus, daß sich die Afterphilosophen nicht entblödeten, ihre Machwerke unter seiner Firma erscheinen zu lassen.

5. ספר הנמצא oder ausführlicher ס׳ הנמצא בדרך ובמוצא, eine Art Diätetik, dessen Dasein von respektablen Forschern geleugnet wurde, bis es Geb. Polak aus dem Büchersarge ans Licht zog (in der Schrift בן גרני

Note 11. Über einige, Maimunis Namen tragende Schriften. **399**

Amsterd. 1851 aus einer Sammelschrift gedruckt Saloniki 1595). Dieses 13 Oktavseiten starke Schriftchen verdient nicht, der Verschollenheit entrissen worden zu sein. Es enthält bloß Auszüge aus Maimunis diätetischen Regeln und ist im ganzen bedeutungslos.

Nur der Vollständigkeit wegen führe ich noch an, daß außer den im Texte behandelten Schriften Maimunis noch eine kleine Logik von ihm vorhanden ist unter dem arabischen Titel: מקאלה פי צנאעה אלמנטק, hebräisch übersetzt von Mose Jbn-Tibbon unter dem Titel: מלות ההגיון, von dem noch sieben Kapitel im Original vorhanden sind. — Die von Maimuni selbst in der Einleitung zum Mischnahkommentar erwähnten Kommentarien zum Talmud dreier Ordnungen: מועד, נשים, נזיקין und zum Traktat חולין, die ganz verschollen sind, hat wohl der Verfasser selbst als eine unreife Jugendarbeit nicht in Zirkulation bringen lassen.

Register.

A.

Aaron Ibn-Alamani 137.
Aaron von Lunel 204.
Abba Mari von St. Gilles 207.
Abdellatif 304, 323.
Abdulmumen 155.
Abraham ben Chajim 176.
Abraham ben Chasdaï 196.
Abraham ben Chija 101.
Abraham ben David 198, 207, 326 f.
Abraham ben Isaak 200.
Abraham Ibn-Alfachar 190.
Abraham Ibn-Daud 160—167, 193 f.
Abraham-Ibn-Esra 160, 167—178.
Abraham Ibn-Kamnial 100, 114.
Abraham Kabasi 6.
Abraham Maimuni 301.
Abu-Ajub s. Ibn-G'ebirol.
Abu-Fadhl Chasdaï 49.
Abu-Harun s. Mose Ibn-Esra.
Abu-Ischat Ibn-Mohagar 100.
Abu Manßur 138, 261.
Abulala 302.
Abularab s. Ibn-Moïscha.
Abulfarag s. Jeschua Abulf.
Abulfatach, Eleasar 103.
Abulfihm s. Ibn-Tabb'én.
Abulhassan s. Jehuda Halevi.
Abulmaali 301.
Abulmeni Abraham 329.
Abulwalid ben Chasdaï 44.
Abulwalid s. Jona Ibn-G'anach.
Abunaßar, Asaria 61.
Abu-Said s. Chalfon Halevi.
Aden, Juden in 252.
Adherbaidan, Juden in 247, 259.
Afrika, Juden in 8 f., 154, 156, 269 f.
Ägypten, Juden in 262 f.
Akko, Juden in 245.
Alaftal, Sultan 326.
Albargeloni s. Abraham ben Chija.
Alcharisi s. Charisi.
Aldenahr, Verfolgung in 90.
Alexander III., Papst 239.
Alexandrien, Juden in 262, 300.
Alfadhel 303, 305.
Alfäßi s. Isaak Alf.
Alfachar s. Ibn-Alf.
Alfonso Raimundez, König 158.
Alfonso VI. von Kastilien 71, 74 f.
Ali Halevi von Bagdad 246.
Ali Ibn-Suleiman, Karäer 57.
Alkabri s. Joseph Ibn-Alfarug.
Allebrandus, Bischof 87
Al-Malimah 80.
Almani s. Aaron Al.
Almuallen s. Salomo Ibn-Alm.
Almulk 304.
Alroy s. David Alrui.
Alruchi s. David Alrui.
Alrui s. David Alrui.
Altabbén s. Ibn-Altab.
Amadia 247, 249.
Amram ben Isaak s. Ibn-Schalbib.
Antiochien, Juden in 243.
Arabien, Juden in 252 f.
Aragonien, Juden in 20, 195.
Armenien, Juden in 255.
Armiros, Juden in 242.
Arnold, Bischof von Cöln 150.
Arruchi s. David Alrui.
Arta, Juden in 242.
Ascher von Lunel 204.
Asien, Juden in 256 f.
Askalon, Juden in 244.
Avencebrol s. Ibn-G'ebirol.
Avendeath 39 (Anm.)
Avicebrol s. Ibn-G'ebirol.
Avicebron s. Ibn-G'ebirol

B.

Bachja Ibn-Paluda 40 f.
Bagdad, Juden in 245, 249.
Balduin von Canterbury 221.
Barcelona, Juden in 195.
Baruch ben David 186.
Baruch ben Isaak Ibn-Albalia 104.
Baruch ben Isaak aus Worms 234.
Beaucaire, Juden in 208.
Bechaja s. Bachja.
Beirut, Juden in 243.
Bellet 52.
Benedikt aus York 222, 224 f.
Benevent, Juden in 241.
Benjamin aus Canterbury 220.
Benjamin ben Chija 96.
Benjamin der Poetan 53.
Benjamin von Tudela 196.
Ben-Jasus s. Zizchaki ben Jasus.
Bernhard von Clairvaux 148, 151, 153.
Bethlehem, Juden in 245.
Beziers, Juden in 202 f.
Bibelerklärung 7, 19, 52 f., 67 f., 109, 128, 169, 171 f., 174, 178, 201, 202.
Blois, Verfolgung von 184.
Bologna, Verfolgung von 239.
Bon fils s. Tob-Elem.
Bonn, Juden in 231 f.
Boppard, Verfolgung von 230, 233.
Böhmen, Juden in 56, 92, 93 f., 238.
Bray, Verfolgung von 212.
Brundisium, Juden in 241.
Buch Zerubabel 54 f.
Byzantinisches Reich 242 f.

C.

Carenton, Juden in 152.
Cäsarea, Juden in 244.
Capua, Juden in 241.
Chaibar, Juden in 253.
Chajim Cohen 186.
Chalfon Halevi 138, 139.
Chanan von Taima 253.
Chananel aus Kairuan 6, 8, 9, 10.
Chananel ben Chuschiel 8.
Charisi 192, 193, 195, 324, 329.
Chios, Juden in 242.
Chiskija, Gaon 8.
Chiskija ben Reuben aus Boppard 233.
Chiskija, Karäer 262.
Chiva, Juden in 252.
Chorasan, Juden in 250 f.
Chozari, Buch 122.
Cibellus 72, 81.
Clemens III., Papst 93.
Cöln, Juden in 89, 91.
Cordova, Juden in 11, 77, 157, 265.
Cresselin 214.
Crissa, Juden in 242.
Ceylon, Juden in s. Kandy.
Cypern, Juden in 242.

D.

Damaskus 244, 306 f.
Daniel, Exilarch 254.
Daniel-Grab 251.
Darbal 65.
David Alrui 247 f.
David Kimchi 202.
David Maimuni 269, 275.
David ben Meschullam 83, 96.
David ben Mohagar 102.
David ben Samuel Halevi 96.
Deutschland, Juden in 50, 73, 82 f., 85, 95, 146, 148, 154, 227—238.
Timuh, Juden in 263.

E.

Egilbert, Bischof 85.
Eleasar ben Jehuda aus Worms 234.
Eleaser ben Nachman s. Ibn-Ashar.
Elia der Alte 51.
Eliëser aus Böhmen 238.
Eliëser von Metz 234.
Eliëser ben Nathan Halevi 146.
Eliëser ben Nathan aus Mainz 146, 182.
Eliëser ben Simson 182.
Elzéar von Posquières 207.
Emicho von Leiningen 88, 93.
England, Juden in 153, 220 f.
Ephraim ben Jakob von Bonn 186, 235.
Ephraim von Thyrus 243, 285.
Esra-Synagoge 246.
Esra-Grab 257.
Esther aus Trier, Märtyrerin 85.
Exilarchenwürde 245, 253.
Ezechiel-Grab 256 f.

F.

Farussal s. Salomo Ibn-F.
Fez, Juden in 269.
Fostat, Juden in 262, 275, 329

Frankreich, Juden in 50 f., 64 f., 84, 141, 145, 152, 208—216.
Friedrich Rotbart, Kaiser 228, 231.
Fulko von Neuilly 213.

G.

Gallipoli, Juden in 242.
Gaonat 1, 2 f., 7.
G'ebilſ, Juden in 243.
G'ebirol ſ. Ibn-G'ebirol.
Genua, Juden in 241.
Gerona, Juden in 197.
Geſirat-ul-Omar, Juden in 246.
Gerſchom R. von Mainz 6.
G'ikatilla ſ. Iſaak und Moſe Ibn-G'ik.
Gilles, St. 207.
Giſchala, Juden in 245.
Glaubensartikel Maimunis 278 f.
Gneſen, Juden in 56.
Granada, Juden in 18, 48, 60 f., 160.
Gregor VII. 73 f., 83.
Griechenland, Juden in 242.
Gundiſalvi 39 (Anm.).

H.

Haï, Gaon 1, 2, 4 f., 6. 8, 17.
Hajozer ſ. Abraham Ibn-Alfachar.
Haleb, Juden in 243.
Hama, Juden in 244.
Hamadan, Juden in 251.
Heinrich IV., Kaiser 73, 83 f., 93.
Heinrich VI., Kaiser 231, 233.
Herakles, Rabbi 242.
Hibat-Allah, Abul-Barkat 258 f.
Hibat-Allah, Ibn-Algami 261 f., 305.
Hillali, Sefer 110, 195.
Hillel ben Jakob 186.
Hochſchule in Pumbadita 2 f., 3, 6, 7.

J.

Jabuſtriſſa 242.
Jakob Ibn-Alfajumi 253, 281, 284.
Jakob ben David 53.
Jakob ben Eleaſar 110.
Jakob ben Jakar 53.
Jakob ben Iſaak Halevi 96.
Jakob Naſir 205.
Jakob von Orleans 220, 222.
Jakob Perpignano 208.
Jakob ben Reuben, Karäer 57.
Jakob Ibn-Schahin ſ. Niſſim aus Kairuan.
Jakob ben Simon, Karäer 80.

Jakob Tam ſ. Tam.
Ibn-Abbas ſ. Jehuda Ibn-Abbas.
Ibn-Ashar 103.
Ibn-Al-Bazak ſ. Mazliach.
Ibn-Alchatoſch 62.
Ibn-Almuallem ſ. Salomo Ibn-Alm.
Ibn-Aknin 301, 308, 323.
Ibn-Alfachar ſ. Abraham Ibn-Alf.
Ibn-Alfarug ſ. Joſeph Ibn-Alf.
Ibn-Allevi ſ. Jehuda Halevi.
Ibn-Al-Tabbén 110.
Ibn-Altaras 79, 80.
Ibn-Balam ſ. Jehuda Ibn-Bal.
Ibn-Daudi 8.
Ibn-Daud ſ. Abraham Ibn-D.
Ibn-Eſra Abraham ſ. Abraham Ibn-Eſra.
Ibn-Eſra, Jehuda ſ. Jehuda Ibn-E.
Ibn-Eſra, Joſeph ſ. Joſeph Ibn-E.
Ibn-Eſra, Iſaak ſ. Iſaak Ibn-E.
Ibn-Eſra, Iſaak ben Abraham ſ. Iſaak Ibn-E.
Ibn-Eſra, Moſe ſ. Moſe Ibn-E.
Ibn-Eſra ſ. Abraham Ibn-E.
Ibn-Faruſſal ſ. Salomo Ibn-Faruſſal.
Ibn-G'anach ſ. Jona Ibn-G'anach.
Ibn-G'ebirol 1, 8, 18, 24 f., 26 f., 29 f., 32 f., 35 f., 38 f., 50.
Ibn-Giat ſ. Iſaak und Juda Ibn-Giat.
Ibn-G'ikatilla ſ. Iſaak und Moſe Ibn-G'ik.
Ibn-Haſſan ſ. Jekutiel Ibn-Haſſan.
Ibn-Kamnial ſ. Abraham Ibn-Kam.
Ibn-Kaſtar ſ. Jizchaki ben Jaſus.
Ibn-Miſcha'l 61.
Ibn-Mohagar, Weſir 100.
Ibn-Mohagar 102.
Ibn-Moiſcha, Abdularab 274, 305.
Ibn-Sahal ſ. Joſeph Ibn-Sahal.
Ibn-Saktar ſ. Jizchaki ben Jaſus.
Ibn-Schalbib 71, 75.
Ibn-Tabbén ſ. Ibn-Al-Tabbén.
Ibn-Tibbon ſ. Jehuda, Samuel Ibn-T.
Ibn-Tumart 155.
Ibn-Zadik ſ. Joſeph Ibn-Zadik.
Jechiël ben Abraham 240.
Jechiël aus Blois 185.
Jechiël aus Rom 70.
Jehuda ben Abbas 244.
Jehuda ben Barſilai 104.
Jehuda Hadaſſi, Karäer 159.
Jehuda Halevi 111, 117 f., 132 f., 136 f., 138 f., 140, 168.

Jehuda ben Joseph Jbn-Esra 158.
Jehuda Jbn-Abbas 112, 156, 244, 259.
Jehuda Jbn-Balam 69 f.
Jehuda Jbn-Esra 158 f.
Jehuda Jbn-Sussan 157.
Jehuda Jbn-Tibbon 205.
Jehuda ben Nathan 68, 144.
Jehuda der Fromme s. Jehuda Sir Leon und Jehuda ben Samuel.
Jehuda von Paris s. Jehuda Sir Leon.
Jehuda ben Samuel 234.
Jehuda Sir Leon 216—220.
Jekutiel von Blois 185.
Jekutiel Jbn-Hassan 26 f.
Jekutiel ben Menahem 51 f.
Jemen, Juden in 252 f., 281 f., 306 f.
Jephet ben Elia 245, 274.
Jephet ben Said, Karäer 260.
Jeschua Abulfarag, Karäer 79.
Jerusalem, Juden in 95, 244, 305, 329.
Jizchaki ben Jasus 43.
Jizchaki, Salomo s. Raschi.
Joab ben Salomo 241.
Joceus aus York 222, 224, 225.
Johann ohne Land 227.
Johannsen, Bischof 86.
Jom-Tob aus Joigny 225.
Jona Jbn G'anach 19, 20 f., 22 f., 173.
Jonathan Kohen von Lunel 205, 324, 325.
Joseph Alfabri 80.
Joseph Amarkala 250.
Joseph aus Chartres 143.
Joseph Barihan Alfalach 247, 249.
Joseph Bechor Schor 216.
Joseph ben Chasdai 44.
Joseph Jbn-Aknin s. Jbn-Aknin.
Joseph Jbn-Alfarug 80.
Joseph Jbn-Esra 113, 116.
Joseph Jbn-Migasch I. 14, 49.
Joseph Jbn-Migasch II. 107, 109.
Joseph Jbn-Nagrela 44 f., 46, 48, 49.
Joseph Jbn-Sahal 78, 103.
Joseph Jbn-Schartamikasch 77.
Joseph Jbn-Zadik 105, 136, 157.
Joseph Kara 145.
Joseph Kimchi 201.
Joseph ben Pilat 244.
Joseph ben Sabara 196.
Joseph ben Schoschan 190.
Joseph Tob-Elem I. 51.
Joseph Tob-Elem II. 179.
Indien, Juden in 252.

Isaak Albargeloni 62.
Isaak Alfāßi 59, 77, 78, 96.
Isaak ben Abba Mari 207.
Isaak ben Ascher II. 144.
Isaak ben Ascher II. 232.
Isaak der Ältere s. Isaak ben Samuel.
Isaak ben Baruch 183.
Isaak Ha-Laban 238.
Isaak Halevi Gerundi 197.
Isaak Halevi aus Worms 53.
Isaak der Jüngere 216.
Isaak Jbn-Albalia 59, 60 f., 76, 77, 78.
Isaak Jbn-Esra 113.
Isaak Jbn-Esra ben Abraham 170, 258, 259.
Isaak Jbn-Giat 59, 61, 77, 78.
Juda ben Menahem 230.
Isaak Jbn-G'ikatilla 19.
Isaak Jbn-Saknai 59.
Isaak ben Jehuda aus Worms 53.
Isaak ben Jehuda aus Beziers 176.
Isaak ben Leon 14.
Isaak ben Malchi-Zedek s. Isaak aus Siponto.
Isaak ben Meïr 144.
Isaak ben Menahem 51 f.
Isaak aus Rußland 238.
Isaak ben Samuel aus Dampières (Ri) 211, 214.
Isaak aus Siponto 172.
Isfahan, Juden in 250.
Israel Iskandri, Karäer 7.
Italien, Juden in 170, 239, 241 f.
Judäa 244.
Juda von Blois 185.
Juda ben Kalonymos 83.
Juda ben Menahem 230.
Juda Jbn-Giat 111, 137.
Judenverfolgung von Blois 184.
Judenverfolgung von Granada 84.

K.

Kahira, Juden in 262.
Kairuan, Juden in, s. Afrika.
Kalonymos ben Todros 200.
Kalonymos ben Jehuda 96.
Kalonymos aus Rom 70.
Kammerknechte 154, 229.
Kamnial s. Jbn-Kamnial.
Kandy, Juden in 252.
Karäer 7. 21, 57, 79, 159, 242, 244, 252, 260 f., 262, 306.
Kerpen, Verfolgung in 90, 91.
Kimchi s. David, Jehuda, Mose Kimchi.

Kimchiden 200 f.
Kleinasien, Juden in 243.
Konrad III., Kaiser 149.
Konstantinopel, Juden in 242, 252.
Korinth, Juden in 242.
Kreuzzüge 82, 84 f., 95, 148 f., 151 f., 153.
Krim, Juden in der 252.
Kufa, Wallfahrtsort 256.

L.

Larta' s. Arta.
Laterankonzil 239.
Lega (Laodicea), Juden in 243.
Leon s. Isaak ben Leon.
Lepanto, Juden in 242.
Levi Abulfihm s. Ibn-Al-Tabbén.
Lincoln, Verfolgung von 224.
London, Juden in 177, 220.
Lothringen, Juden in 52 f.
Lucena, Juden in 78, 99, 158.
Ludwig VII. von Frankreich 148, 157, 208.
Lunel, Juden in 204 f., 326, 328.
Lynn, Verfolgung von 223.

M.

Madda, Sefer 290.
Mähren, Juden in 56.
Märtyrer 85, 86, 87 f., 89, 90 f., 92, 95, 147, 150, 152, 153, 156, 184 f., 210, 212, 222, 223, 224 f., 226 f., 230, 231 f., 233 f.
Märtyrer von Blois 184.
Märtyrer von Bray 212.
Maimun 109, 265 f., 269, 275.
Maimuni 265—330.
Mainz, Juden in 88, 93.
Maor, Buch 198.
Mantua, Juden in 241.
Mardochai aus Polen 238.
Marinus s. Jona Ibn-G'anach.
Mar-Jekutiel 109.
Mar-Isaak, Märtyrer 89.
Mar-Sacharia 308.
Marseille, Juden in 208, 329.
Mazliach Ibn-Al-Bazak 3, 70.
Meïr ben Samuel aus Rameru 63, 144.
Meïr Ibn-Migasch 109, 158, 192.
Menahem ben Chelbo 52 f., 145.
Menahemisten 250.
Menahem ben Perez 182, 183.
Menahem ben Salomo s. David Alrui.
Mervan s. Jona Ibn-G'anach.

Meschullam aus Melun 180.
Meschullam ben Jakob 204.
Messias, falscher, in Amadia s. David Alrui.
Messias in Cordova 283.
Messias in Fez 283.
Messias in Frankreich 283.
Messias in Jemen 281, 284.
Messina, Juden in 242.
Metz, Juden in 85.
Micha 86.
Michael ben Kaleb 243.
Migasch s. Joseph Ibn-Migasch.
Mischnahkommentar Maimunis 276.
Mischneh-Thora Maimunis 288.
Montpellier, Juden in 203.
Mörs, Verfolgung von 90, 91.
Moreh Nebuch'm 309 f.
Mose ben Abraham 183.
Mose Cavarite 203.
Mose Ibn-Esra 78, 97, 103, 113 f., 116, 118.
Mose Ibn-G'ikatilla 69.
Mose Ibn-Guthiel 83.
Mose ben Kimchi 201 f.
Mose ben Meïr 174.
Mose ben Maimun s. Maimuni.
Mose aus Narbonne 52.
Mose-Synagoge 263.
Mose aus Pontoise s. Mose ben Abraham.
Moßul, Juden in 245, 246.
Mytilene, Juden in 244.

N.

Nagid 261, 305, 329.
Narbonne, Juden in 200.
Nassi 158, 180.
Nathanael s. Hibat-Allah.
Nathan, Landvogt 203.
Nathan Official 142.
Nathan aus Rom 70.
Nathan ben Samuel 137.
Neapel, Juden in 241.
Negroponte, Juden in 242.
Nehemia Eskafa 14.
Neuß, Verfolgung in 90, 232.
Nissim aus Kairuan 6, 9, 18.
Norwich, Verfolgung in 224.

O.

Obadia 145.
Otranto, Juden in 241.
Otto, Pfalzgraf von Burgund 233.

P.

Palästina, Juden in 139, 243 f.
Palermo, Juden in 242.
Palmyra, Juden in 244.
Parschandata s. Raschi.
Petachja, der Tourist 257.
Peter von Amiens 82, 84.
Peter, Rabbi 103.
Peter ben Joëz 91.
Peter Venerabilis, Abt von Clugny 148.
Philipp August, König 209, 214.
Philipp, Bischof 231.
Philipp, Kämmerer 240.
Pinchas ben Meschullam 262, 300 f.
Pisa, Juden in 241.
Polen, Juden in 56.
Posquières, Juden in 206.
Prag, Juden in 56, 92, 93 f.
Provence, Juden in 198, 324 f., 328 f.
Pulcelina 184, 185.

R.

Rabd I. s. Abraham Ibn-Daud.
Rabd II. s. Abraham ben David.
Rahel Formosa 194.
Raschbam s. Samuel ben Meïr.
Raschi 59, 64 f., 66 f., 68, 70, 96, 97.
Raymond V. von Toulouse 207.
Raymond VI. 208.
Regensburg, Juden in 92.
Reïs s. Nagid.
Rhodus, Juden in 242.
Ri s. Isaak ben Samuel.
Riba s. Isaak ben Ascher.
Riban s. Jehuda ben Nathan.
Richard Löwenherz 220 f., 222 f., 226, 233.
Rizba s. Isaak der Jüngere.
Rodosto, Juden in 242.
Rom, Juden in 170 f., 172, 241.
Rovinaca, Juden in 242.
Rouen, Juden in 85.
Rudolph, Mönch 150.
Rüdiger Huozmann, Bischof 83.
Ruthard, Bischof 88.

S.

Sabbataï aus Rom 70.
Sacharia, Mar s. Mar Sacharia.
Saïda (Sidon), Juden in 243.
Sakkaï 247.
Saladin 280, 305 f., 327.
Salerno, Juden in 172, 241.
Salomo, der Agypter 243.
Salomo, Exilarch 245 f.
Salomo Ibn-Almuallem 100.
Salomo Ibn-Farußal 100.
Salomo Ibn-G'ebirol s. Ibn-G.
Salomo Ibn-Krispin 114.
Salomo Jizchaki s. Raschi.
Salomo Kohen 280.
Salomo I., Karäer 262.
Salomo von Sanaa 253.
Salomo ben Sakbel 112.
Salomo aus Wien 230, 233.
Salomon Parchon 241.
Saloniki, Juden in 242.
Samaritaner 245.
Samarkand, Juden in 242.
Samuel ben Ali 254 f., 255, 257, 306, 307, 308.
Samuel ben Chasdaï 196.
Samuel ben Chofni 1, 7.
Samuel, der Fürst, s. Samuel Ibn-Nagrela.
Samuel, der Fürst aus Kahira s. Abu-Manßur.
Samuel ben Jehuda 96.
Samuel Ibn-Abbas 259.
Samuel ben Meïr 145, 178.
Samuel Ibn-Nagrela 1, 6, 11 f., 13, 17 f., 19, 31, 44.
Samuel Ibn-Tibbon 206, 327, 328.
Samuel Nagid s. Samuel Ibn-Nagrela.
Samuel ben Natronaï 232.
Sanaa (Tana), Juden in 253.
Saragossa, Juden in 20, 29 f., 69.
Sar-Schalum von Isfahan 251.
Scheschet Benveniste 195.
Schiras, Juden in 251.
Serachja Halevi Gerundi 197 f., 205.
Sefer Chassidim 217—220.
Sefer ha-Kabad s. S. Chass.
Sefer Zerubabel s. Buch Zerubabel.
Sens Tosafot 216.
Sevilla, Juden in 157.
Simcha Kohen 88.
Simon ben Anatolio 208.
Simon ben Chelbo Kara 52.
Simson ben Abraham von Sens 216.
Sir Leon s. Jehuda Sir Leon.
Spanien, Juden in 10, 50, 59, 72, 75, 76 f., 79, 99, 100, 141 f., 156, 159, 190.

Speyer, Juden in 83, 86, 87, 232.
Sprache, hebräische 111, 119.
Staleke 150.
Stannor 242.
Stenon s. Stannor.
Süßkind von Trimberg 235 f.
Susa, Juden in 251 f.
Synagoge in Worms 52.
Synoden, rabbinische 181—184.
Syrien, Juden in 243.

T.

Tachkemoni 112, 193.
Taima, Juden in 253.
Talmudstudium 2 f., 9 f., 52, 59, 62 f., 70, 96 f., 109 f., 143, 144, 176, 180, 192, 200 f., 205, 216 f., 239 f..
Tam, R. 142, 144, 153, 176, 179, 181, 182, 183, 184, 186.
Tarent, Juden in 241.
Tataren 255.
Theben, Juden in 242.
Tibbon, Tibboniden s. Jeh. und Samuel Jbn-Tibbon.
Tiberias, Juden in 170, 245.
Tob-Elem (Bonfils) s. Joseph Tob-Elem.
Tob-Elem II. 179.
Tobia aus Konstantinopel 80.
Tobia Ha-Baki s. Tobia aus Konstantinopel.
Tobia ben Elieser 144.
Tobia Ha-Obed s. Tobia aus Konstantinopel.

Toledo, Juden in 75, 120, 190, 194.
Toron de los Caballeros, Juden in 244.
Tossafot Jeschenim 211.
Tossafisten-Schule 143, 179, 238.
Trani, Juden in 241.
Trauernde um Zion 253.
Trier, Juden in 85.
Tudela, Juden in 196.
Tyrus, Juden in 243.

V.

Venedig, Juden in 241.
Visseno, Juden in 242.

W.

Wallbrüder 87 f., 90, 92, 150.
Wesire, jüdische 13 f., 44 f., 100.
Wevlinghofen, Verfolgung von 90.
Wien, Juden in 233.
Wolkenburg 150.
Worms, Juden in 53, 72, 87, 88, 230, 233.
Würzburg, Gemeinde in 152.

Y.

York, Juden in 224—227.

Z.

Zadok, Rabbi 243.
Zenki 246.
Zerubabel, Buch 53 f.
Zionide 121, 135.